财经易文
www.ewinbook.com

定位：攻心之战

〔第2卷〕

心战法则

攻城为下 攻心为上

刘松涛 著

中国财政经济出版社

图书在版编目（CIP）数据

心战法则：攻城为下，攻心为上/刘松涛著．—北京：中国财政经济出版社，2011.6

（定位：攻心之战；2）

ISBN 978-7-5095-2901-0

Ⅰ.①心…　Ⅱ.①刘…　Ⅲ.①市场心理学　Ⅳ.①F713.55

中国版本图书馆CIP数据核字（2011）第095757号

责任编辑：刘占彬　　封面设计：华乐功

版式设计：孙志云　　责任校对：孙志敏

中国财政经济出版社出版

URL：http：//www.cfeph.cn

E-mail：win@ewinbook.com

社址：北京海淀区阜成路甲28号　邮政编码：100142

发行电话：010-88190406

三河市祥达印装厂印刷　各地新华书店经销

787×1092毫米　16开　35印张　460千字

2011年8月第1版　2011年8月北京第1次印刷

定价：68.00元

ISBN 978-7-5095-2901-0/F·2462

（图书出现印装问题，本社负责调换）

世界上最难的事情
是那些无形的东西
无形的东西
往往是起决定作用的东西

营销之战
攻心尤难
攻心战最为有效

善攻者，动于九天之上
善守着，藏于九地之下
攻守之间
在于无形
此善战者神妙之所

运用之妙
存乎一心
攻心之战
贵在于此

作者简介

刘松涛，拥有多年教育管理工作背景，以及企业管理工作背景。深入研究定位理论，重新构建定位思想的理论体系，历时 9 年撰写《定位：攻心之战》——全球第一套、全案例定位理论系列教科书。本套定位理论教科书包括四个分卷：(1)《心战之地：存亡之道，不可不察》、(2)《心战法则：攻城为下，攻心为上》、(3)《攻心战术：以逸待劳，避实击虚》、(4)《攻心战略：求之于势，不责于人》。开创了“定位理论”研究的新领域，将《孙子兵法》的谋略思想引入了营销战争这个新战场——首创运用《孙子兵法》的军事谋略思想，详细解读“定位理论”的营销策略方法，以此致力于传播定位理论的营销思想，推动定位理论的中国化理解与运用。

目 录

前 言

手艺人

《定位：攻心之战》——关于定位理论的系列教科书，全套包括四个分卷：(1)《心战之地：存亡之道，不可不察》；(2)《心战法则：攻城为下，攻心为上》；(3)《攻心战术：以逸待劳，避实击虚》；(4)《攻心战略：求之于势，不责于人》。定位系列教科书的思想，并非创作者独家原创。但是，定位理论系列教科书，又包含着创作者原创的东西。创作者原创了什么东西？定位的思想犹如一颗颗璀璨的珍珠，散落在十几部定位著作之中。定位理论教科书创作者，拾取了定位思想的精华，沿着一条逻辑的主线，将定位核心思想串联在一起，穿成了一条精美的“珍珠项链”。如果说定位思想是一颗颗散落的珍珠，那么定位系列教科书创作者，就像是制作艺术品的手艺人——将珍珠制作成为精美的艺术品。在艺术品制作过程中，手艺人串联在一起的东西，不仅是定位思想的璀璨珍珠，还包括大量真实的相关案例，以及中国古代谋略思想、中国古代哲学思想，构成了定位理论的全新内容。

重构建

定位思想观念的创始人——艾尔·里斯（Al Ries)、杰克·特劳特(Jack Trout)，撰写了许多关于定位的文章，出版了许多关于定位的著作，风格侧重于定位观念的实战应用。但是，对于定位思想的逻辑性、理论性和体系性，则缺乏理论要求的重视和关注，使人难以读懂定位原著的思想精髓，甚至令人感到不知所云。定位理论系列教科书，以定位思想精华为逻辑主线，融合了唐·舒尔茨（Don E. Schultz）整合营销理论，亨利·明茨伯格（Henry Mintzberg）战略形成观点，迈克·波特（Michael Porter）战略定位思想，在结构上更加具有逻辑性，在理论上更加具有系统性，在内容上更加具有完整性。从整体内容上来看，定位理论系列教科书，对定位思想进行了重新梳理，对定位体系进行了重新构建，为学习者提供了基础性的理论框架。

多视角

与人们熟知的各种营销与竞争理论相比，定位理论显得“离经叛道”。事实上，人们熟知的主流营销理论和竞争理论，在本质上并不与定位理论“相互冲突”。相反，定位理论与主流的营销理论及竞争理论，在深层次上存在着相互补充、相互佐证、相互贯通的内在关系。关键问题在于：学术界、教育界、企业界各执一词，学习者、运用者面对众多的理论观点感到无所适从。为此，定位系列教科书创作者，从学习与应用的角度入手，结合主流的营销理论与竞争理论，从多个视角对定位理论加以阐述，以便于学习者对包括定位理论在内的各种理论能够融会贯通，在实践应用过程中不至局限于一家之说。定位理论与主流营销竞争理论的关系，以序言的形式安排在第一个分卷中，即《攻心九序》部分所论述的内容，构成了定位理论与其他营销与竞争理论融会在一起的全新视角。

全案例

定位理论的价值，在于对营销实战的指导作用。但是，对于定位来说，存在着太多的曲解以及错误的认识。关键问题在于：只有深入正确地理解了定位思想的精髓，才能充分发挥出定位理论的实战价值。因此，在重新构建定位理论过程中，不仅局限于把定位思想简单地串联在一条逻辑的主线上，而且采用大量真实的案例阐释定位思想和理论，严格地遵循着“用案例诠释定位观点”的原则，坚持一个观点对应一个案例或者多个案例，以帮助读者深入理解定位思想的精髓，并力图对读者产生新启发，实现教科书“学以致用”的撰写目标。定位系列教科书的最大特点：真正意义上的“全案例”教科书。

抓关键

教科书的作用在于：引导和帮助学习者系统地掌握某个方面的知识。教科书的关键在于：把整个知识系统串联在一起的核心概念。理解了核心概念，就抓住了理论的脉络。对于定位教科书来说，核心概念包括：品牌、选择、认知、心智、定位、战术和战略。核心概念本身的意义，以及核心概念之间的相互关系，构成了定位教科书的内容体系。定位核心概念的意义，大多数体现在各章节、段落的标题上。理解了各章节、段落的标题，就理解了定位理论的核心概念，以及定位理论的主要脉络。因此，在定位系列教科书中，各种大小标题——包括章目标题、章节标题、段落标题——均构成理解定位理论的关键点所在。抓住各章节、段落的标题，就抓住定位理论的精华。否则，恐怕要陷入思维的混乱。

启思维

几乎所有人都可以读懂《孙子兵法》。但是，不是读懂《孙子兵法》，就能成为优秀的指挥官。这就是说：对理论生搬硬套，必然导致失败。定位理论系列教科书，可以称之为商战《孙子兵法》。但是，定位系列教科书，不是手册式操作教程，切不可照本生搬硬套。定位理论系列教科书，仅仅提供了一种营销竞争的策略思想。所谓“运用之妙，存乎一心”——能够产生什么样的营销实战效果，则完全取决于运用者依据市场竞争格局，对定位思想加以创造性地发挥与运用。定位系列教科书的构成要素——观点、案例、诠释，旨在帮助学习者深入理解定位的思想，启发学习者对定位思想的创造性运用。教科书作用在于：启发学习者“达到彼岸”——依据市场上的竞争地位与格局（因敌），创造性地找到有效的营销竞争策略（制胜）。

卷首语

定位的法则

本卷为《定位：攻心之战》第 2 卷——《心战法则：攻城为下，攻心为上》，重点介绍“攻心之战”的基本法则。本卷包括四个部分内容——（1）定位法则：构建差异性的顾客心智地位；（2）基础法则：遵循共通性的品牌定位法则；（3）定位陷阱：步入危险性的品牌思维误区；（4）定位步骤：开始操作性的定位实施程序。

第一部分，包括 6 条核心法则。这 6 条核心法则又可以分为两组。第一组：阶梯法则、领先法则、类别法则。这 3 个法则之间的关系：阶梯法则为根源法则——由此引出领先的意义，领先法则为核心法则——定位的首要核心目标，类别法则为衍生法则——在一个新类别中做第一。第二组：聚集法则、属性法则、牺牲法则。这 3 个法则之间的关系：聚焦法则为根源法则——任何品牌都需要一个焦点，属性法则为核心法则——品牌通常需要聚焦在一种价值属性上，牺牲法则为衍生法则——要聚焦必须有所选择、取舍、牺牲。但是，这两组法则并不是毫无关系。聚焦同样是为了获得领先地位。聚焦往往意味着：在某个业务领域上获得领先地位，在某一种价值属性上获得领先地位。

第二部分，包括 4 条基础法则。这 4 条基础法则分别为：资源法则、趋势法则、长效法则、诚信法则。所谓基础法则，就是 6 条核心法则的基础。换句话来说，无论争取领先地位，还是占有价值焦点，都应该以这四条基本法则为基础。脱离了基础法则，定位目标很难实现和维持。从这个意义上看，基础法则与核心法则同样重要。

第三部分，包括 8 种定位陷阱。这 8 种定位陷阱，又可以分为两组。第一组：品牌延伸陷阱、搭顺风车陷阱、缩写名称陷阱、通用名称陷阱。这四种定位陷阱与品牌名称有关。对于品牌定位而言，品牌的名称往往充当传递品牌价值概念的第一角色。人们往往通过品牌名称，理解品牌的价值概念。实际上，品牌名称成为与顾客头脑的第一个接触点。从这个角度上看，品牌名称的营销作用，甚至超过产品或者服务本身。因此，与品牌名称相关的定位陷阱，尤其值得引起营销人员关注。第二组：品牌成功陷阱、品牌增长陷阱、效仿他人陷阱、人人满意陷阱。这四种定位陷阱与企业贪婪有关。品牌在获得成功之后，往往由于贪婪落入定位陷阱，从而破坏品牌已经形成的价值定位。

第四部分，包括 4 个基本步骤。这 4 个基本步骤分别为：分析竞争环境、寻找区隔概念、寻找可信支点、整合营销传播。从定位操作过程上看，定位的实施步骤十分简单。但是，定位法则的所有要求，以及定位陷阱的所有误区，都应该在定位的步骤中得以体现。或者说，所有的定位原则，包括定位法则和定位陷阱，都应该集中在定位的 4 个基本操作步骤上。尽管定位的步骤并不复杂，但是定位步骤背后所隐藏的原则，并不像定位步骤一样简单。

第1章

定位法则：构建差异性的顾客心智地位

【题义】什么是定位？定位，首先不是要对产品做的事；定位，首先是要对头脑做的事。定位，不是要对一项产品做什么事情；定位，是要对顾客头脑做一些事情。这就是说，要在人们头脑里给产品定位，要在人们头脑里为品牌定位。定位，就是要在顾客心智里，让品牌占据一个“独具特色”的价值地位，使品牌拥有一个“与众不同”的价值概念。定位，就是要在顾客心智里，让品牌占据一个“具有优势”的价值地位，使品牌拥有一个“超越一般”的价值概念。在潜在顾客心智里面，一旦品牌获得一种价值地位，要不断地维护这个价值地位，要不断地巩固这种价值地位，使他人无法取代这个价值地位，或者无法超越这种价值地位。从而，在潜在顾客心智里面，拥有一个“不同于竞争者”的价值位置；在潜在顾客心智里面，保持一个“具有相对优势”的价值位置。这是真正意义上的品牌定位，这是真正意义上的差异竞争，这是真正意义上的营销优势。

1.1 阶梯法则

【释义】品牌所能够采取的竞争策略，取决于在品牌阶梯上的相对地位。人们头脑采用分类和排队的方法，存储与记忆所接受的信息。人们头脑采用分类与排队的方法，处理与记忆产品及品牌信息。因此，在人们的头脑中，犹如存在着一排一排的梯子，一个梯子代表着一种产品类别——品类概念，一层梯级代表着一个品牌地位——心智地位。这种阶梯状信息存储结构，既代着表品类概念又存储着品牌信息，被称为“品牌阶梯或者品类阶梯”。人们头脑中一定存在品牌阶梯吗？不一定。但是，这不意味着，营销人员不能利用人们头脑处理、存储、调取信息的方式——采用分类和排队的方法，处理、存储、调取头脑中的信息。这就是说，如果人们头脑中不存在某类产品的品牌阶梯，那么营销者可以通过有效的营销手段，对人们进行引导、施加影响，帮助人们在头脑中构建、形成一个品类的品牌阶梯。其方法十分简单：首先，在人们心智中植入品类概念——在许多时候，人们心智中已经存在品类概念；然后，在人们心智已经存在的品类中，抢先成为代表品类的领先品牌——在许多时候，人们心智中尚不存在领先品牌。在人们心智中，一旦存在品类的领先品牌，自然就会存在品类的第二品牌、第三品牌。这样，就形成了品类的品牌阶梯。这就是说，如果人们心智中尚不存在一个清晰的品牌阶梯——存在着领先品牌的空白，那么营销人员可以抓住这个难得的机会，在人们心智中构建一个明确的品牌阶梯——占领品牌阶梯顶端位置。在人们的头脑中，对品牌概念印象越深刻，在品牌阶梯上位置就越高，品牌的心智价值地位就越高。反之，在人们的头脑中，对品牌概念印象越模糊，在品牌阶梯上位置就越低，品牌的心智价值地位就越低。当人们做购买选择的时候，首先对“可相互替代”的品类作出选择，然后对“在相互竞争”的品牌作出选择。这意味着：首先选择品类，然后选择品牌。从这个意义上看，品类为第一位的概念，品牌为第二位的概念。人们对品牌的选择购买，受到品牌心智地位的直接影响。这种影响作用，经常具有决定性意义。如果品牌的顾客心智地位越高，被选择的机会就越大。反之，如果品牌的顾客心智地位越低，被选择的机会就越小。这决定了定位的首要目标：在人们心智空间里面，让品牌占领品类阶梯顶端，让品牌成为产品类别的代表，或者让品牌代表这个产品类别，成为人们购买这类产品的首选对象。

阶梯层级

品牌阶梯与阶梯层级

——品牌阶梯的层级十分有限

【观点】 品牌阶梯拥有多少层级？对于大多数产品来说，人们头脑中的品牌阶梯仅拥有 3、4 个层级。在第 3、4 层之后，一般不再存放什么品牌，或者随便摆上几个品牌，或者不再为品牌做排序。地位较低或者地位模糊的品牌，很难在人们头脑中留下什么印象。一个品类阶梯层级数目多少，取决于人们对产品类别的消费兴趣。人们对产品类别的消费兴趣越高，品类阶梯层级就会越多。人们对产品类别的消费兴趣越低，品类阶梯层级就会越少。一个品类阶梯的层级，一般不会超过 7 ±2 层。这意味着什么？品牌阶梯层级非常有限，品牌必须挤上品类阶梯。否则，只能扮演一个“被遗忘”的角色，只能处于一种“被冷落”的境地。这就是品牌阶梯层级对于营销的价值和意义。

【诠释】 《老子》（33）：不失其所者久，死而不亡者寿。㊣如何理解这个道理？圣人，代表一种人文精神，因此活在人们心目中。难道这不是“死而不亡者寿”？品牌，代表一种价值概念，因此存在人们心智里。难道这不是“不失其所者久”？这根本不是什么秘密。早有人说过这样的话——产品是在工厂里生产的，品牌是在头脑里创建的。品牌，不脱离心智阶梯，则是不失其所，则能长久生存。关键问题在于：一个品牌能否登上人们头脑的品类阶梯，在人们头脑中拥有一个容身之地。这才是问题的关键所在。

【案例】 品牌阶梯的数目可以达到 7 个层级。但是，人们不会把这些层级填满。有些品牌阶梯的层级较多，有些品牌阶梯的层级较少。品牌阶梯层级的多少，与人们的消费兴趣密切相关。品牌在阶梯上的位置，与时机、运气、策略密切相关。例如，品牌抢先进入人们心智，许多时候依靠时机与运气。然后，抢先进入人们心智的品牌，自然而然地成为人们心智中的领先者——位居品牌阶梯顶端。除此之外，要想登上品牌阶梯，占据一个优势的竞争位置，则需要运用恰当的营销策略。

品牌阶梯

青岛（Tsingtao）、雪花（Snow） +（1～2个）地方性品牌
伊利（Yili）、蒙牛（MengNiu） +（1～2个）地方性品牌。
Nokia、Samsung、Motorola、Philip、SonyEricsson
Benz、Bmw、Audi、Lexus、Cadillac
格力（Gree）、海尔（Haier）、美的（Midea）、海信（Hisense）
特伦苏（Te Lunsu）、金典（Satine）
茅台（MouTai）、五粮液（WuLiangYe）
喜力（Heineken）、蓝带（Blue Ribbon）、百威（Budweiser）、嘉士伯（Carlsberg）
潘婷（Pantene）、海飞丝（Head&Shoulders）、飘柔（Rejoice）
雕牌（DiaoPai）、立白（Liby）、汰渍（Tide）、碧浪（Ariel）。
长城（Greave Wall）、张裕（ChangYu）

在某些品类阶梯上，只有一个品牌占领着阶梯顶端。例如，谁知道第二个可以称为“终极驾驶机器”的汽车品牌？谁知道第二个可以称为“安全轿车”的汽车品牌？恐怕没有人知道。这是因为：在这两类产品阶梯上，各自只有一个品牌——即宝马汽车（BMW）和沃尔沃汽车（Volvo），根本不存在第二个品牌，这样的品牌才是具有竞争力的品牌。事实上，市场上存在着许多性能相近的汽车产品和品牌。这就是说，在“驾驶性能”与“安全性能”方面，一些汽车产品和品牌并不逊于宝马汽车和沃尔沃汽车。所不同的是，宝马汽车和沃尔沃汽车在品牌阶梯上所占据的地位——分别抢占了“驾驶”和“安全”这两个价值地位，其他汽车品牌很难占据相同的价值地位。在这个世界上——确切地说是在人们心智里，存在第二“宝马”这样的汽车品牌吗？会有第二“沃

尔沃”这样的汽车品牌吗？在人们心智中不存在这样的品牌。这为我们提供了一个启示：要想在品牌阶梯上占有一席之地，品牌应该拥有一个独特价值焦点。或者，要想在品牌阶梯上占有一席之地，品牌应该成为某个产品类别的首席代表。

品牌阶梯与二元定律

——品牌阶梯的二元结构

【观点】 从长期的角度来看，人们心智中品类阶梯的结构，趋向于只剩下两个层级。在初始的时候，品类阶梯会有多个层级——品牌阶梯上存在多个品牌。在结尾的时候，品类阶梯只剩两个层级——品牌阶梯上剩下两个品牌。在长期的竞争与反复的淘汰过程中，促成了这种“二元化竞争”格局。品牌“二元化竞争”格局，不但是一个最终结果，而且还是一种必然趋势。对此，我们称之为“二元定律”。这意味着什么？对于一个品牌来说，要么成为第一品牌，要么成为第二品牌。否则，在长期的竞争与反复的淘汰过程中，品牌很难找到足够的生存空间。在“二元化结构”中，老品牌往往由于抢占先机而位居第一，新品牌往往由于与众不同而紧随其后。

【诠释】 《老子》（28）：知其雄，守其雌，为天下谿[1]。为天下谿，常德不离，复归于婴儿。知其白，守其黑，为天下式[2]。为天下式，常德不忒[3]，复归于无极。知其荣，守其辱，为天下谷[4]。为天下谷，常德乃足，复归于朴。朴散则为器，圣人用之，则为官长，故大制不割。㊣ 理解品牌二元定律的关键，在于理解“知”与“守”这两个概念，首先要知道“成为第一”的重要性——这可以理解为“知其雄”，然后要知道“保持第一”的重要性——这可以理解为“守其雌”。如果不能“做第一”——这可以理解为“知其雄”，那么就努力“做第二”——这可以理解为“守其雌”。知道“第一”不可为——知其雄，不妨努力“做第二”——守其雌。不知道“守雌”，就难以“为雄”。知其白，守其黑；知其荣，守其辱。所蕴含的道理完全一样。守住第二，伺机而动，不失为一种策略。守住第二，不被淘汰，同样是一种成功。

注解：

〔1〕知其雄，守其雌，为天下谿。物无与敌谓之雄，柔伏处下谓之雌。谿，乃窊下之地，众水所归之处也。

〔2〕知其白，守其黑，为天下式。白，昭然明白，智无不知之意；黑，昏闷无知之貌。式，谓法则。

〔3〕忒，差谬也。

〔4〕知其荣，守其辱，为天下谷。荣，乃光荣贵高。辱，乃污辱贱下。谷，乃虚而能应者也。

【案例】 “二元定律”不仅是一种现象，同时亦是一个过程。这种过程和现象，普遍存在于各种产品市场上。在不同的产品市场上，这种二元化竞争结构存在着程度与阶段的差别。第一种情况是：两个品牌控制着整个市场。例如，波音（Boeing）与空客（Airbus）控制着全球大飞机制造的市场。第二种情况是：两个主要品牌独大，剩余品牌跟随。例如，高露洁（Colgate）与佳洁士（Crest），充当牙膏行业的领导者，其他品牌远远跟在后面。这两种情况之间的差别，既是发展阶段上的差别，亦是发展程度上的差别。当然，这种二元化结构的形成，必须经历一个较长的时间与过程。

产品类别	第一品牌	第二品牌
干电池	金霸王(Duracell)	永备(Eveready)
胶卷	柯达(Kodak)	富士(FujiFilm)
出租车	赫兹(Hertz)	艾维斯(Avis)
漱口液	李施德林(Listerine)	斯科普(Scope)

续表

产品类别	第一品牌	第二品牌
汉堡包	麦当劳(McDonald's)	汉堡王(Burger King)
运动鞋	耐克(Nike)	阿迪达(Adidas)
牙膏	高露洁(Colgate)	佳洁士(Crest)
可乐饮料	可口可乐(Coca-Cola)	百事可乐(Pepsi)
大飞机	波音(Boeing)	空客(Airbus)

“二元定律”形成过程案例：1904 年，美国汽车市场上有 60 家汽车制造商，生产 195 种不同型号的汽车。在此后 10 年之中，诞生了 531 家汽车制造商，同时倒闭了 346 家汽车制造商。又过了 10 年之后——到了 1923 年，在美国汽车市场上剩下了 108 家汽车制造商。又过了 4 年之后——到了 1927 年，在美国汽车市场上仅剩下了 44 家汽车制造商。今天，在美国汽车市场上，仅剩下 2 家大汽车公司——福特汽车公司（Ford）、通用汽车公司（GM），这两家公司主宰着美国汽车制造行业。如今，在经济全球化背景之下，“二元定律”将呈现全球化趋势——全球市场上的二元化竞争格局。

“二元定律”形成过程案例：1969 年，在美国可乐饮料（Cola）市场上有 3 个主要品牌——可口可乐（Coca-Cola）、百事可乐（Pepsi）、皇冠可乐（Royal Crown）。第一品牌——可口可乐市场份额达到 60%。第二品牌——百事可乐市场份额达到 25%。第三品牌——皇冠可乐市场份额仅有 6%。剩余一些小品牌，瓜分剩余的市场份额——不到 10%。这种市场份额分布状况，不会长期保持稳定不变。按照一般发展规律，第一品牌会丧失一些市场份额，第二品牌会提升一些市场份额。第三品牌则会渐渐沉沦下去。在 22 年之后，第一品牌——可口可乐市场份额下降至 45%。第二品牌——百事可乐市场份额上升至 40%。第三品牌——皇冠可乐市场份额只剩下 3%。

通用电气公司（GE）前首席执行官——杰克·韦尔奇（Jack Welch）曾经提出过一个业务战略原则——在企业所从事业务中，必须做到第一，或者做到第二。否则，就不要再做。从本质上来看，杰克·

韦尔奇的战略观点，与“二元定律”如出一辙，本质上都是竞争地位的问题。诺基亚公司（Nokia）主席兼首席执行官——约玛·奥利拉（Jorma Ollila）曾经持有完全一致的观点。约玛·奥利拉认为，在全球化竞争中，如果不能挤进行业前三位，那么企业将没有生存和发展的基础。要么做第一，要么做第二。这意味着一种生存优势。在竞争过程中，保持压在对手上面，直到竞争对手遭到淘汰。

品牌梯级与市场份额

——品牌地位与市场份额成正比

【观点】 一个品牌所占据的相对市场份额，与品牌在阶梯上的位置成正比关系。这种正比关系，与人们消费选择的决策过程有关。人们在选择消费产品的时候，首先对相互替代的产品类别作出选择。在选择产品类别的基础之上，人们沿着品牌阶梯的排列次序，从上向下逐个考虑选择购买。由此产生一种不平等现象——位于品牌阶梯越上层的品牌，被选择机会就越大；位于品牌阶梯越下层的品牌，被选择机会就越小。在人们心智的品牌阶梯上，占据第一位置的品牌，市场份额必然大于第二品牌；占据第二位置的品牌，市场份额必然胜过第三品牌。品牌阶梯的道理、价值与秘密，全部在于被选择的机会上，以及由此产生的市场份额上。

【诠释】 📖《孙子兵法·行军》：凡军好高而恶下[1]，贵阳而贱阴[2]，养生而处实[3]，军无百疾，是谓必胜[4]。《孙子兵法·行军》：凡处军相敌：绝山依谷[5]，视生处高[6]，战隆无登[7]，此处山之军也[8]。㊣ 对于定位而言，人们心智中的高地与战场上的高地一样重要。在营销战争中，抢占人们的心智中的制高点具有重大意义。品牌的顾客心智地位越高，所获得的市场份额就越大，企业的经营收益就越多，这就是所谓的“养生”；品牌的顾客心智地位越高，所拥有的顾客信誉就越好，企业的竞争地位就越强，这就是所谓的“处实”。因此，在头脑的争夺战中，必须遵循一个同样的作战原则——“好高恶下，视生处高，战隆无登”，就是要抢先占据有利地形，避免对高地上的敌人发起仰攻。

注解：

〔1〕梅尧臣：高则爽垲，所以安和，亦以便势；下则卑湿，所以生疾，亦以难战。

〔2〕梅尧臣：处阳则明顺，虚阴则晦逆。

〔3〕曹操：恃满实也。养生，向水草，可放牧，养畜乘。实，犹高也。王皙：养生，谓水草粮糒之属；处实者，倚固之谓。张预：养生，谓就善水草放牧也。处实，谓倚隆高之地以居也。

〔4〕李筌：夫人处卑下必疠疾，惟高阳之地可居也。杜牧：生者，阳也，实者，高也。言养之于高，则无卑湿阴翳，故百疾不生，然后必可胜也。

〔5〕李筌：绝山，守险也；依谷，近水草。

〔6〕李筌：向阳曰生，在山曰高。生高之地，可居也。

〔7〕李筌：敌自高而下，我无登而取之。杜牧：隆，高也。言敌人在高，我不可自下往高，迎敌而接战也。贾林：战宜乘下，不可迎高也。

〔8〕张预：凡高而崇者，皆谓之山。

【案例】 日本豪华汽车有三个主要品牌——讴歌（Acura）、雷克萨斯（Lexus）、英菲尼迪（Infiniti）。这三个品牌进入美国市场的时间，分别为1986 年3 月、1989 年9 月、1989 年12 月。这些品牌的市场份额如何分布？从 1986 年到 1998 年，这三个品牌的销量排序为：讴歌（Acura）、雷克萨斯（Lexus）、英菲尼迪（Infiniti）。品牌进入人们心智的时间与顺序，与品牌的销量数量保持着一致的正比例关系。一个处在竞争格局里的品牌，在品类阶梯上的次序，决定了其在销售市场上的地位。

销售数量	截止时间		
	讴歌(Acura)	雷克萨斯(Lexus)	英菲尼迪(Infiniti)
1992 年	累计 14.3 万辆	累计 7.1 万辆	累计 3.4 万辆
1995 年	当年 9.7 万辆	当年 7.9 万辆	当年 5.9 万辆
1998 年	Lexus 汽车超越了 Acura 汽车——成为日本豪华汽车第一品牌		

从 1986 年 3 月至 1987 年 3 月——在第一个财政年度中，讴歌汽车超过了宝马（BMW）、奥迪（Audi）、捷豹（Jaguar）、沃尔沃（Volvo）、梅赛德斯—奔驰（Mercedes-Benz）……在美国市场上，成为最畅销的进口豪华汽车品牌。1987 年，J. D. Power and Associates 的《消费者满意度调查报告》显示，讴歌汽车消费者满意度排在第一位。讴歌汽车的领先地位，一直保持到 1998 年。

在领先位置上，讴歌这个品牌，持续盘踞了 12 年的时间。12 年之后，讴歌这个品牌又丧失了领先地位。关键原因在于：讴歌出现了品牌战略失误，开始向低端产品延伸。讴歌这个品牌，偏离了“日本高级轿车”的这个定位。结果：“高级日本轿车”的领先地位，拱手让给了雷克萨斯这个品牌。反过来说，如果讴歌不出现品牌战略失误，那么雷克萨斯恐怕不容易获得超越的机会。

【案例】 在中国牛奶市场上，“伊利”抢先进入人们心智，成为牛奶品类第一品牌。值得关注的是，“伊利”这个品牌，不是市场上第一个牛奶品牌。在伊利之前，在一些区域市场上已经存在着一些区域性品牌。确切来说，在这些区域市场上，存在着一些区域性产品，不存在着区域性品牌。当时，绝大多数牛奶生产企业，只是在卖（牛奶）产品，而不存在卖品牌的想法——把一个品牌送入人们的心智。“伊利”抢先行动，“伊利”这个品牌名字，在人们心智里开始代表牛奶这种产品类别。于是，“伊利”成为第一个进入人们心智的牛奶品牌。或者说，在人们的心智里，“伊利”成为牛奶这种品类里的第一品牌。

在几年之后，“蒙牛”这个品牌开始进入牛奶市场。当时，“伊利”

已经成为第一牛奶品牌。在人们心智里，第二品牌的位置仍然还是一个空白。于是，“蒙牛”这个品牌运用“比附定位”策略，与“伊利”等同在一起。在牛奶品牌阶梯上，“蒙牛”抢占了第二品牌的心智地位。值得一提的是，“蒙牛”这个品牌名字起到了非常积极的定位作用。对于牛奶这种产品来说，与“伊利”这个名字相比，“蒙牛”这个品牌名字拥有更加强大的竞争力。当人们听到“蒙牛”这个名字的时候，自然联想到了内蒙古与大草原、以及奶牛与牛奶。“蒙牛”这个名字，产生了不可忽视的营销力，产生了难以想象的吸引力。

从定位的角度上看，“蒙牛”这个品牌名字，无疑优于“伊利”这个品牌名称。但是，“蒙牛”这个品牌始终无法超越“伊利”。问题的关键在于：在人们的心智里，“伊利”已经居于领先地位。“蒙牛”只能居于第二位置。这两个品牌的市场份额如何分布？在多年之后，“伊利”依然保持着领先地位。2009 年第一季度至第三季度，“伊利”销售额超过 192 亿元人民币，不但在市场份额上保持行业领先地位，而且在增长速度上实现了新突破。“伊利”始终是行业领先者。品牌的市场份额，与品牌的阶梯地位保持着一致。品牌心智地位越高，品牌市场份额越大。

在普通牛奶市场上，“蒙牛”落后于“伊利”。在高级牛奶市场上，则存在着正好相反的竞争格局。“特仑苏”牛奶——蒙牛公司的高级牛奶品牌，领先于“金典”纯牛奶——伊利公司的高级牛奶品牌。在普通牛奶市场上，伊利公司能够生产出更好的产品。在高级牛奶市场上，伊利公司难道不能生产出更好的牛奶产品？这一点根本不是问题。问题的关键在于：营销不是一场产品战，营销是一场认知战。尤为重要的是，谁第一个进入人们心智，谁占领了品牌阶梯顶端。

在高级牛奶市场上，谁第一个进入人们心智。“特仑苏”牛奶——中国第一个高级牛奶品牌。在一年之后，市场上诞生第二个高级牛奶品牌——“金典”纯牛奶——伊利公司的的高级牛奶品牌。这两个品牌的市场份额如何分布？“特仑苏”一直保持着领先地位，“金典”只能位居第二位置。“特仑苏”——由于未经管理部门许可，在牛奶里添加了一种物质——一种叫做“OMP”的东西，在市场上引起了广泛的信誉危机。尽管如此，“特仑苏”依然保持着领先地位。

抢先为上

品牌阶梯与抢先占领

——抢占品牌阶梯的顶端位置

【观点】 品牌阶梯顶端拥有什么营销价值？从心智地位角度看，品牌阶梯顶端具有特殊的价值意义。这种价值源自于独特的心智含义：一个产品类别里的第一品牌、一个产品类别里的代表品牌、一个产品类别里的首选品牌。这就是说，抢先占领品牌阶梯顶端，具有心智意义上的价值地位——人们心智里“首选品牌”、人们心智里的“代表品牌”、人们心智里的“第一品牌”。“分类与排队”的信息处理方式，决定了“第一品牌”的心智价值意义。“抢占品牌阶梯顶端”，其含义为“抢先获得人们的心智认知，抢先成为人们心智中的领先品牌”。从品牌发展历史来看，第一个进入产品市场的品牌，不一定能够成为领袖品牌。第一个占领人们心智的品牌，大多数能够成为领导品牌。这是因为：一旦品牌抢先占领心智阶梯顶端，人们心智很难改变对品牌的价值印象。由于这种原因，抢先占据品牌阶梯顶端，拥有难以超越的初始竞争优势，拥有难以企及的心智竞争优势。概括起来说，抢占心智品牌阶梯顶端，成为认知竞争的首要目标，成为定位游戏的首要原则。

【诠释】 📖《孙子兵法·虚实》：凡先处战地而待敌者佚，后处战地而趋战者劳[1]。📖《孙子兵法·九地》：我得则利，彼得亦利者，为争地[2]。📖《孙子兵法·九地》：争地则无攻[3]。📖《孙子兵法·九地》：争地，吾将趋其后[4]。㊣从根本性质上来看，营销就是一场认知战。战地即人们的心智，战地即人们的头脑。人们心智中品牌阶梯的顶端，为必先争之地，而后趋者难与之争，故先处者以佚待劳，后趋者以劳敌佚。

注解：

〔1〕梅尧臣：先至待敌则力完，后至趋战则力屈。李筌：彼来攻我，则我为主，彼为客，主易客难也。贾林：形势之地，我先据之，以待敌人之来，则士马闲逸，而力有余。

〔2〕杜牧：必争之地，乃险要也。曹操：可以少胜众，弱击强。李筌：此阨喉守险地，先居者胜，是为争地也。陈皞：彼我若先得其地者，则可以少胜众，弱胜强也。梅尧臣：无我无彼，先得则利。何氏：争地，便利之地，先居者胜，是以争之。

〔3〕曹操：不当攻，当先至为利。李筌：敌先居地险，不可攻。

〔4〕曹操：利地在前，当速进其后也。陈皞：所谓争地必趋其后者，若地利在前，先分精锐以据之，彼若恃众来争，我以大众趋其后，无不克者。

【案例】⊕“凉茶”是什么？在“王老吉”罐装凉茶之前，对于大多数中国人来说，根本不知道“凉茶”是什么——恐怕会理解为“冷却茶水”。在人们的意识里，根本不存在一种叫“凉茶”的产品概念。“凉茶”是什么？“凉茶”这种产品——至少拥有十几个品种的液体饮料，以草本植物为原料熬制而成，各种凉茶都有一种简单治疗功效，人们喝凉茶“祛湿降火”——“祛湿气”“降火气”。

在“王老吉”罐装凉茶之前，“凉茶”这种产品，仅仅是一种地方性季节产品——只存在于广东这个地区，大多数人在夏季饮用凉茶。从诞生之日起，凉茶这种产品，只在广东这个区域售卖。凉茶这个概念，只有当地人知道是什么。在“王老吉”罐装凉茶之前，凉茶这种产品都采用传统方式销售——“现装现卖”——“一杯一杯”卖给消费者。这是因为：“凉茶”像中药汤剂一样，不能“凉了喝”，必须“温着喝”。

在“王老吉”推出罐装产品之前，市场上有许多凉茶品牌——例如：黄振龙、徐其修、金葫芦、王老吉……这些凉茶品牌，都以散装方式进行售卖。确切一点来说，在大街小巷的小店铺里售卖。这就是说，“王老吉”这个品牌，不是市场上惟一的凉茶品牌，不是市场上第一个凉茶品牌。但是，“王老吉”这个品牌，打算将凉茶卖给所有中国人。“王老吉”凉茶——第一个采用罐装方式，销售“一直是散装货”的地方性季节产品。

在开始的时候，“王老吉”罐装凉茶并不好卖。当地人不喝“灌装”的凉茶。从消费习惯的角度来看，“灌装”凉茶这种产品，不是一种正宗凉茶。走出广东这个地区，人们不知道“凉茶”是什么，人们不知道“王老吉”是什么。“王老吉”这个名字，足以令许多人提不起兴趣。谁愿意喝一罐“王老吉”？偶尔，人们或许会喝一罐“王老吉”。“王老吉”什么味道？与“加了糖的水”一个样！为什么要喝“王老吉”？似乎找不到恰当的理由。

“一言兴邦，一言丧邦”——对于“王老吉”来说，这似乎再合适不过。“王老吉”这个品牌最终能够获得成功，完全是因为一句口号——怕上火，喝王老吉。其中的关键在于：凭借着一句定位口号——怕上火，喝王老吉，“王老吉”这个品牌，带着凉茶这个概念，第一个进入了人们的心智。对于大多数中国人来说，人们不知道什么是凉茶，也不清楚“凉茶”这个概念。但是，人们头脑里却有“上火”这个概念。“上火”这个概念，本身就是中国人心智里“传统的中医概念”。在日常生活中，人们也经常遇到“上火”这个问题。

“王老吉”这个品牌高声喊出一个定位口号——“怕上火，喝王老吉”。借助人们头脑里“上火”这个概念，“王老吉”这个品牌成为第一个进入人们心智的凉茶品牌。因此，“王老吉”这个品牌抢先占领了凉茶品牌阶梯的顶端。进一步，“王老吉”这个品牌成为人们心智里的领先品牌，开启了中国大陆凉茶市场。从此，“王老吉”这个品牌的销售额，从不到 1 亿元人民币起步，一路爬升超过 100 亿元人民币。这样一个“从 1 到 100”的增长过程，仅仅用了 6 年的时间。这似乎是一个传奇式神话。

“王老吉”成功秘密在何处？“王老吉”这个品牌，代表着“防上火”这个概念。当人们接受了“王老吉——防上火”之后，人们开始渐渐地接受了“凉茶”这种产品，在人们的心智里就有了“凉茶”这个品类。对于中国市场来说，“王老吉”抢先进入人们的心智，在人们心智里成为“凉茶第一品牌”。理所当然，“王老吉”这个品牌成了“凉茶”品类的首席代表，抢占了“凉茶”这个品类的阶梯顶端。这有什么实际意义吗？“王老吉”这个品牌，因为“防上火”这个概念而获得成功，不是因为占据阶梯顶端而获得成功！占据阶梯顶端又有什么实际意义？品牌阶梯的顶端，乃是品牌战争的必争之地，先得者则能“以逸待劳”，后趋者只能“以劳攻逸”。

占据品牌阶梯顶端，其营销意义在于：当竞争品牌出现的时候——“和其正”推出了瓶装凉茶、“吉吉高”推出了罐装凉茶，“王老吉”将成为人们的首选品牌。跟在后面的效仿品牌，不但无法与“王老吉”直接竞争，反而会巩固“王老吉”在人们心智里的价值地位——正宗货的地位。道理十分简单：在人们心智里，与“王老吉”相比，跟随品牌的价值地位差多了——二流货、效仿品。“和其正”“吉吉高”，只能跟在“王老吉”身后慢慢爬行。定位理论说：谁首先进入市场并不重要，重要的是谁首先进入人们的心智，谁抢先占据品牌阶梯的顶端。凭借“防上火”这个定位，“王老吉”这个品牌，不但第一个进入人们心智，还牢牢占据着第一凉茶品牌的地位。

【案例】 和其正——第二个进入瓶装凉茶市场的品牌。“和其正”这个品牌，没有找到区分“王老吉”的方法。或者说，“和其正”这个品牌，没有找到一个有效的定位，从而在人们心智里与“王老吉”区分开来。“和其正”在广告里告诉说：“和其正”——清火气、养元气。与此同时，“和其正”试图还表达一个想法——做人要大气。“养元气与要大气”，能让“和其正”与“王老吉”区分开吗？从广告词语上看，两者当然存在着区别。从人们心智上看，两者没有什么本质上区别。为什么？对于凉茶这种产品来说，“清火气”是人们拥有的惟一产品观念。人们选择购买凉茶产品，就是因为“清火气”。在人们的心智里，凉茶不具有第二功效——“养元气”。人们相信凉茶具有治疗功效——“清火气”，人们不相信凉茶具有滋补功效——“养元气”。

“做人要大气”——这又是怎么一回事？难道在教育消费者——做人要大气？对于大多数人来说，这样一句广告词，显得十分“不着边”，令人感到十分“无厘头”。“做人要大气”——这与“清火气”“养元气”有什么关系？或许，“和其正”想暗示消费者——“王老吉”很小气——包装小、价格贵、很小气。相反，“和其正”很大气——包装更大、价格更低。问题的关键在于：人们理解不到这层含义——人们不会考据一句广告词，不会研究一句广告词。这种攻击毫无力量。如果想攻击王老吉“包装太小”，那么应该直接告诉人们事实真相——凉茶都一样。“和其正”与“王老吉”，这两种凉茶都一样。“和其正”讲究实在——价格更低，凉茶更多。一样的钱，三倍的货。“和其正”这个品牌——摆脱不掉“效仿品”这个地位。

【案例】 ⌖ 吉吉高——第三个进入罐装凉茶市场的品牌。“吉吉高”这个品牌，一个地道的效仿品。不但沿袭了“王老吉”的品牌包装，还沿袭着“王老吉”推广路径——首先从餐饮市场开始，然后再进入零售渠道。“吉吉高”似乎认为，既然“王老吉”那么好卖，那么“吉吉高”自然不会太差。“吉吉高”这个品牌，自称是一种港式凉茶同时，“吉吉高”还制作了一首说唱音乐广告。在电视广告上，一边不断切换香港风景，一边播放说唱音乐广告。同时，广告画面不断闪现“吉吉高”——罐装凉茶产品。“吉吉高”这首广告歌，不像在卖产品，而像一个标准的旅游广告。

吉吉高说唱广告—— 港式凉茶

香港地铁，叫 MTR
旺角的中心，在弥敦道
太平山比大佛高
维港湾畔，有星光大道
吃海鲜，到南丫岛
降火凉茶，当然“吉吉高”
港式凉茶——哈哈，当然“吉吉高”
天天都比昨天好
喝凉茶，喝吉吉高

“吉吉高”的宣传——港式凉茶广告，不是在推销“吉吉高”，简直是在帮助“王老吉”。想一想吧，观众看了广告怎么想？嘿嘿……喝凉茶，不喝“吉吉高”。呵呵……喝凉茶，当然“王老吉”。“吉吉高”的宣传——港式凉茶广告，就是这种效果。为什么会产生这种效果？在 20 年之前，若是推出一种香港式产品，对消费者或许还有吸引力。如今，香港式产品对人们没什么吸引力。在人们心智里，香港这个地方，不是一个以产品闻名的地方。港式凉茶这个定位，对消费者没有什么吸引力。“吉吉高”的宣传——港式凉茶广告，起到了两种负作用或者反效果，第一种作用：娱乐广大观众——让人们感觉到“很好玩”；第二种作用：为他人做嫁衣——让人们想起了“王老吉”。降火凉茶——喝什么？当然喝“王老吉”。

“吉吉高”这种做法，似乎十分高明——有人说“王老吉种树，吉吉高乘凉”。这句话只有一半正确。事实刚好相反，“王老吉种树”不假，“吉吉高灌溉”是真。使用类似的品牌名称——“吉吉高”这个名字，更像抄袭“王老吉”；进入同样的销售场所——火锅烧烤餐馆；售卖同样的凉茶产品——红色罐装凉茶，都是效仿者惯用的方法。这种效仿行动，只在一种情况下起作用——人们心智里没有占领者，人们心智里没有领先者，品牌阶梯上没有代表者。若是情况相反，“直接效仿行为”等于“为他人做嫁衣”。“吉吉高”的这种做法，正好是在“为他人做嫁衣”。当人们想喝“凉茶”的时候，首先会想到哪个品牌？降火凉茶——喝什么？当然喝“王老吉”。

【案例】 对于大多数人来说，心智里存在着三个凉茶品牌——王老吉、和其正、吉吉高。从产品本身上看，这三个品牌没有什么差别——味道几乎一样的凉茶。但是，在顾客心智地位上，三个凉茶品牌——王老吉、和其正、吉吉高，存在着巨大的心智地位差距。在凉茶这个品类阶梯上，由上而下依次放着 2 ~ 3 个品牌——王老吉、和其正、吉吉高。这有什么意义吗？当人们想喝凉茶的时候，第一个想到“王老吉”，而非“和其正”，亦非“吉吉高”。在大多数情况下，大多数人会把“王老吉”作为首要选择。在凉茶这个品类里，“王老吉”这个品牌市场份额最大。领先的好处在于：对于领先者，人们会赋予其一种代表性意义。

在“和其正”与“吉吉高”之间，大多数人会选择谁呢？多数人选择“和其正”，而不是“吉吉高”。在人们的心智里，与“吉吉高”相比，“和其正”拥有更高的地位。这是因为：在电视广告里，“和其正”这个品牌，紧随“王老吉”，坚持“清火气”。“吉吉高”默默无闻，大多数人不知道“吉吉高”这个品牌。“吉吉高”——港式凉茶，广告宣传只在小范围地区播放。更加糟糕的是，“吉吉高”的港式凉茶广告——“长而无力”，既不能吸引人们注意，又不能吸引人们购买。最为糟糕的是，“吉吉高”的罐装产品形式，完全模仿“王老吉”——罐装产品，大红颜色、相似名称、竖排文字……这是“吉吉高”，还是“王老吉”？

如果一个品牌不是“第一品牌”——无论“第二品牌”，还是“第三品牌”，必须寻找一种定位策略，与人们心智里“第一品牌”区别开来。这样，才能给人们一个理由，以选择购买“第二品牌”，或者“第三品牌”。“和其正”或者“吉吉高”，应该与“王老吉”区分开——在人们心智里，与“第一品牌”区分开。在哪里寻找区分点？在“王老吉”身上找。“王老吉”是什么？“王老吉”是凉茶。什么样的凉茶？罐装凉茶。与“散装凉茶“相比，“罐装凉茶”有什么不同？品种少，加了糖。若想区分“第一品牌”，应该向相反的方向走——品种多，不加糖。朝相反的方向走——“和其正”或者“吉吉高”，应该采用这样的定位策略。

“不加糖”定位——真正的凉茶，从来不加糖。在凉茶里加糖，从“王老吉”罐装产品才开始。凉茶里为何不加糖？医生在中药汤剂里为何不加糖？人们喝中药为何不加糖？加糖会影响治疗效果。因此，正宗的凉茶不加糖，加糖的凉茶不正宗。“和其正”或者“吉吉高”，应该抢先占领“不加糖”这种凉茶概念——正宗的凉茶。“正宗凉茶”这个定位，需要一个可靠的支撑点。这个支撑点是什么？这个支撑点是：广东人为什么都买散装货？因为散装货里面不加糖——加糖的凉茶，不是正宗凉茶。采用这个定位的品牌，应该大声告诉人们——谁是正宗货。“王老吉”虽然强势，但有致命弱点。“王老吉”这个品牌，由于当初担心产品不好卖，所以在凉茶里添加糖。对于大多数人来说，选择喝“王老吉”凉茶，不是因为“味道甜”，而是因为“祛火气”。所以，不用担心凉茶口味问题——不加糖，不好卖。广东人喝的凉茶，味道多数比较苦。在与“王老吉”对立的基础上，可以对“王老吉”进行“再定位”——小孩喝的凉茶，才需要往里面加糖。这等于告诉消费者：“王老吉”凉茶——小孩喝的凉茶。

“多品种”定位——为什么要搞多品种？凉茶本来就有许多品种。“王老吉”罐装产品，只是凉茶的一个品种。与不同品种相对应，不同品种的凉茶具有不同的功效。第三品牌——不能抢占“不加糖”定位的品牌，应该用“多品种”策略发起一场侧翼进攻战。这是一个无奈之举。对于一种传统产品来说，可选择的竞争（定位）视角非常有限。太多的创新花样，会让人们失去信任。如果不能站在“王老吉”的对立面，那么只能对“王老吉”侧翼阵地发起进攻——不设防的阵地——多品种。这种“多品种”的策略，遵循了品类分化的原则——细分出不同的品种，在这些分化出来的品种里抢占先机。这些可以用来分化的品种，不需要进行重新研发——都摆在那里，直接拿来用就行了。对于“王老吉”来说，凉茶是一个强大的品牌焦点——就像太阳一样——在当前凉茶市场上，就“王老吉”一个焦点。“多品种”定位——就是要把这个焦点分散开，让人们知道凉茶真相——“原来”凉茶这么多，凉茶应该有选择地喝——不同的症状，喝不同的凉茶。同样，这个策略亦需要支撑点，不然人们不相信。支撑点是什么？这个支撑点就是——大街小巷（广州）凉茶铺子里，摆放着的各种凉茶壶。“多品种”策略要大声告诉人们，凉茶“祖地人”怎么喝凉茶——凉茶不能随便喝，凉茶应该选择喝！把“王老吉”的焦点分散掉。

对于“不加糖”，或者“多品种”，“王老吉”一定会反击。甚至，“王老吉”已有这样的反击预案。“王老吉”没有推出“不加糖”产品，或者“多品种”产品，因为没有遇到真正的竞争对手——“和其正”或者“吉吉高”，都在效仿“王老吉”，这对“王老吉”不构成威胁。“和其正”或者“吉吉高”，只要一直跟着“王老吉”，“王老吉”永远会保持领导地位。在这种情况下，“王老吉”不愿意进行自我防御，不愿意分散凉茶品类的焦点。这给“和其正”或者“吉吉高”提供了机会。“王老吉”在等待时机——等待“不加糖”，或者“多品种”出现的时候，再采取拦截行动——推出“不加糖”凉茶，或者“多品种”凉茶。“和其正”或者“吉吉高”，不应该因此而被丧失信心。营销不是一场产品战，营销是一场认知战。成功关键在于：谁能够先抢先进入人们心智——谁抢先占有一个概念——把“不加糖”或者“多品种”送入人们心智。为此，“和其正”或者“吉吉高”，应该准备足够的武器弹药——资金与传播工具，针对“王老吉”打一场新概念争夺战。“和其正”或者“吉吉高”，应该进行战略合作——“吴蜀联合，共同抗曹”，分别在“不加糖”“多品种”两条战线上，同时对“王老吉”发起进攻——分散“王老吉”反击力度。不要指望彻底打败“王老吉”，但是一定能提高攻击者的市场份额。

认知为要

领先地位与直线进攻

——不要对领先者发动直接进攻

【观点】头脑不会接收所有信息，头脑以选择性方式接收新信息。头脑接收新信息，遵循着一个基本条件——符合头脑里的已有观念，符合头脑里的既存信息。头脑根据既有观念，做出选择性决定——接受什么样信息，拒绝什么样的信息；相信什么样的观念，不相信什么样的观念。对于品牌的信息与观念来说，人们愿意接受与头脑品牌阶梯相匹配的新信息，拒绝接受与头脑品牌阶梯相抵触的新信息。这意味着：如果不是品牌阶梯上的领先者，那么将很难与领先者直接争锋——请注意，此处是指直接争锋，即采用与领先者一样的方式进行市场竞争。进一步来说，落后者无法使人们接受——落后者与领先者一样优秀；落后者很难让人们承认——落后者比领先者做得更好；落后者不能使人们确信——落后者能取代领先者地位。对于定位游戏来说，两点之间的直线进攻距离，不是赢得战争的有效路径。由此可见，人们心智里的落后者，不应对领先者发起直接攻击。直接与领先者争夺领先地位，不但结果会徒劳无功，还将消耗巨大的资源。对于人们头脑里的观念，要像对待战场地形一样——要正视而不能无视，要重视而不能轻视，要顺应而不能违背，要抓住而不能脱离，要利用而不能抛弃。

【诠释】《荀子·劝学》：顺风而呼，声非加疾也，而闻者彰。《鬼谷子·谋篇》：无以人之所不欲而强之于人，无以人之所不知而教之于人。人之有好也，学而顺之；人之有恶也，避而讳之。《权谋残卷·攻心》：欲得其心，莫若投其所好。君喜则我喜，君憎则我憎，我与君同心，则君不为我异。㊣ 对于品牌定位来说，顺应人们头脑里的认知，即为顺风而呼；违反人们头脑里的认知，即为逆风而呼。顺之者倡，逆之者亡，这就是心智认知的特点。定位，首先要从人们的头脑开始，先看看人们的头脑中有什么？亦要知道人们的头脑中没什么？对于头脑中没有的东西，看看能不能填补上去；对于头脑中存在的观念，注意顺应而不要违逆。此两者，都是对头脑的顺应。“顺风而呼”，才能顺利进入人们心智。反之，则为直攻强取。所谓“直攻强取”，就是与人们心智观念相抵触，努力让人们接受一个不认可的概念。

【案例】 Bing vs. Google。微软公司（Microsoft）——操作系统、办公软件、网络浏览器的市场领导者，没有人怀疑微软在这些领域的绝对领先地位。在搜索引擎市场上，Microsoft 公司开发出了 Bing 搜索引擎。Bing 能够战胜 Google 吗？2009 年 9 月，根据市场研究机构——AC 尼尔森公司（AC Nielsen）的报告显示：2009 年 8 月份，微软公司的 MSN、Windows Live、Bing 搜索引擎，其市场份额首次突破了 10%——从 2009 年 7 月份的 9% 上升至 2009 年 8 月份的 10.7%，MSN/Windows Live/Bing 三个品牌，2009 年 8 月份整体市场份额增长了 22.1%。微软公司的三个搜索引擎——MSN/Windows Live/Bing，整体成为美国市场增长最快的搜索引擎。

AC 尼尔森公司指出，Google 公司占据着 65% 的市场份额，将其他竞争对手远远甩在身后。在宣布与 Microsoft 公司搜索合作之后，雅虎公司（Yahoo）的市场份额减少了 4.2%，市场份额下跌至 16%。Microsoft

公司抢走了谁的市场份额？抢走了 Comcast 的市场份额。Google 的市场份额被 Bing 抢走了吗？没有！Bing 能够战胜 Google 吗？不会！原因十分简单：在人们的心智里，Google 才是搜索引擎的第一品牌。这意味着：在人们的心智里，Google 这个品牌代表着最好的搜索引擎。微软公司没办法让人们相信——Bing 比 Google 更好。Microsoft 公司要想战胜 Google 公司，不是要让 Bing 比 Google 更好，而是要让 Bing 与 Google 不同——完全不同的搜索引擎，才能拥有更大的获胜机会。

2009 年 8 月美国搜索市场份额排行榜

搜索引擎	搜索次数	当月增幅	市场份额
Google	6986580	+2.6%	64.6%
Yahoo!	1726060	-4.2%	16.0%
MSN/Bing/ Live	1156415	+22.1%	10.7%
AOL	333231	+1.8%	3.1%
Ask	186270	+2.9%	1.7%
My Web	128432	+0.5%	1.2%
Comcast	50328	-21.6%	0.5%
Yellow Pages	37923	+2.7%	0.4%
NexTag	31830	+0.4%	0.3%
Local	16314	+2.9%	0.2%
Total	10812734	+2.9%	100%

【案例】 Google vs. Microsoft。Microsoft 公司向 Google 公司的搜索阵地发起直接攻击。同时，Google 公司向 Microsoft 公司的浏览器和操作系统阵地发起了直接进攻。Google 公司能够在 Microsoft 公司的阵地上站稳脚跟吗？从技术的角度看，Google 公司当然能够推出一种新的浏览器产品。但是，从商业战争的角度看，Google 公司获胜的机会十分渺茫。〔Google 公司向微软发起猛攻——《商业周刊》（*BusinessWeek*）（2009 年 9 月），作者：希瑟·格林（Heather Green），翻译：慈艾。题记：搜索巨人 Google 公司推出的 Chrome 浏览器，这会改变人们使用电脑方式吗？这不大可能是最后一次关于浏览器的战争。〕

2009年9月2日，当Google公司发布Chrome网络浏览器的时候，媒体舆论普遍认为：20世纪90年代后期，网络浏览器大战再次上演了。这次浏览器之战，不是网景公司（Netscape）挑战Microsoft公司，而是Google公司挑战Microsoft公司。不过，Google公司的野心显然更大一些。Google公司的主管人员指出，其目标不仅仅要赢得现有市场的占有率，而是要改变互联网的浏览方式，以及人们使用电脑的方式。如果Chrome能按预期工作，那么大部分运算工作——将由“电脑桌面”转向“远程数据中心”，而“桌面”正是微软公司的领地。在技术业界里，这种远程运算的方式，统称为“云计算”。Google公司拥有全球规模最大、效率最高的多个数据中心。Google公司的核心战略，致力于把世界上大部分的电脑运算工作，转移到Google公司的数据中心里面。Calafia网络资讯公司（Calafia Consulting）负责人——丹尼·苏利文（Danny Sullivan）认为：Google公司坚信，网络世界的未来在于直接在网络上运行应用程序，Google公司希望能抢占先机。

在这场战争中，Microsoft公司从一开始就遥遥领先。Microsoft公司的IE浏览器，在浏览器市场上一直占据着主导地位，占有近3/4的市场份额。此外，Microsoft公司已经发布了升级版的IE8浏览器。IE8具有很多新特点，有些功能可以干扰Google公司的产品。Microsoft公司的IE8浏览器，具有信息拦截功能——方便用户对某些信息进行拦截。这些可能被拦截的信息，恰恰可以帮助Google公司发布相关的广告。与之相比，Google公司的Chrome浏览器简陋之极。对此，Google公司的工程师指出，Chrome的优势在于：可以更快、更安全地运行应用程序，特别是可以使用“云计算”的非个人电脑的软件。与搜索引擎运算系统不同——Google公司视为绝密，Chrome浏览器的源代码完全开放，公众不仅可以获得Chrome源代码，还可以对Chrome进行修改。

Google公司的主管人员表示，开发Chrome浏览器，部分原因是要在内部使用。由于传统的浏览器通常便于用户浏览网页、却无法满足Google工程师的工作需求。因此，Google工程师在工作中一直使用

Gmail 和 YouTube 等网络应用程序。正是因为如此，在两年之前，Google 公司开始研发 Chrome 浏览器。目前，Google 公司免费向公众提供 Chrome 浏览器，希望借此鼓励公众使用网络应用程序——例如：文字处理、制表及视频编辑等软件。如果 Chrome 能够成功地引领潮流，Google 公司甚至无须抢占大量的市场份额了。这样一来，只要用户进行更多的网络活动，无论运用 IE 浏览器，还是运用 Chrome 浏览器，Google 公司都可以借机获得更多的数据信息，发布更多的搜索广告。《大转变：为世界重新布线，从爱迪生到谷歌》（*The Big Switch*：*Rewiring the World*，*from Edison to Google*）一书作者——尼古拉斯·卡尔（Nicholas Carr）认为：Google 公司相信，只要人们花更多的时间上网、网络活动更活跃，Google 公司的收益就会更多。

在浏览器领域，Google 公司雄心勃勃——Chrome 浏览器以 43 种不同语言，同时在 122 个国家进行发布。Google 公司的工程师开发出一种多处理器系统，这意味着：在不同的网页或不同的屏幕上，Chrome 能够同时运行不同的应用程序。这样一来，即使其中一个软件出现故障，其余软件也能继续运行。Chrome 还有一个有趣的特点是：搜索栏与地址栏合二为一。只要键入想要搜索的内容，Chrome 就会显示出相关的网页或者搜索结果。然而，在早期的 Chrome 浏览器上，也反映出存在一些缺陷——例如：缺少书签管理系统等。对此，Google 公司承认，这次遵循了一贯的发布模式——首先尽早发布，然后反复修改。Google 公司竞争对手——Firefox 浏览器开发者——Mozilla 公司的首席执行官——约翰·里莱（John Lilly）指出：虽然现在还很难说未来的受欢迎程度，但是许多人会立刻试用 Chrome。不过，这种局面不是几小时或几天就能看到，也许需要几星期、几个月，甚至几年时间。

Google 公司有机会获胜吗？能够赢得网络浏览器之战吗？目前，看不出 Google 公司获胜的迹象。Firefox 浏览器——公认最好的网络浏览器。但是，依然无法战胜 Microsoft 公司 IE 浏览器。除非 Google 公司让人们意识到，Chrome 网络浏览器，是一种完全不同的网络浏览器。否则，Google 公司要想战胜 Microsoft 公司，获胜的机会十分渺茫。Chrome 浏览器机会在于：让人们认识到 Chrome 浏览器的不同——“云计算”网络浏览器的领先者，然后告诉人们“云计算”网络浏览器的好处。

【案例】 Chrome vs. Windows。2009 年 7 月 7 日，Google 公司在网站上发布声明，承诺推出一款新计算机操作系统，对 Microsoft 公司发起直接攻击。网络巨头 Google 公司承诺：将于 2009 年推出自主研发的操作系统，给世界最大软件公司——Microsoft 公司迎头一击。这似乎是一场意义非凡的对决。

Microsoft 公司的 Windows 操作系统，占据了超过 90% 的市场份额。虽然这个软件霸主已经有削弱的迹象，但是不影响其对市场的绝对垄断地位。观察家们认为，互联网大鳄——Google 公司进军新领域，对 Microsoft 公司构成了巨大威胁。技术博客网站——“技危”（TechCrunch）发布消息称：Google 公司给 Microsoft 公司投了一枚核弹，清楚地表示 Microsoft 公司不堪一击。事实上，这枚炸弹不会这么快被引爆。

首先，Google 公司研发这款名为“Chrome”的操作系统，将主要市场对准了时下流行，经济小巧的“上网本电脑”。其主要设计理念是：用户界面简捷；网络连接迅速——只需要几秒钟的时间；用户能安全方便地进行收发邮件，网络聊天等基本网络运用。基于此，Google 公司推出了 Chrome 操作系统，Chrome 这款操作系统软件，建立在广受欢迎的开源操作系统 Linux 基础之上，并与同名浏览器——“Chrome”相互配套。

Chrome 操作系统要想占领市场——达到巅峰状态——还需要一个漫长的时间。在这项新产品发布公告栏里，Chrome 项目主管——Google 公司执行总裁——马修·帕帕基普斯（Matthew Papakipos）写道：要做工作的还有很多，肯定需要来自开源群体的帮助。他解释道：第一款

"Chrome"操作系统——运用在"上网本电脑"上，2009 年底之前还无法投放市场。

Google 公司意图非常明显。20 世纪 90 年代，网景公司（Netscape）第一款浏览器投放市场的时候，预期目标就是就想取缔 Microsoft 公司的 IE 浏览器，让 Netscape 浏览器成为计算机处理平台。今天，Google 公司抱有完全一样的意图。所有应用软件的编写将基于网络，并与其他浏览器一起，统一遵循最新的网络标准，即便是在 Windows 上运行也不例外。最终，"Chrome"将为已经发展成熟的 PC 提供服务。"Chrome"还能为用户提供离线工作、稍后同步等服务。

对此，Microsoft 公司未作出任何正式回应。但是，Microsoft 公司肯定该料到 Google 公司会有这么一招。Microsoft 公司操作系统最新版本——Windows Vista 并没有获得成功。趁这个软件巨头最脆弱的时候，Google 公司对 Microsoft 公司发出了直接攻击。欧洲反垄断组织死死抓住 Microsoft 公司不放，这也限制了 Microsoft 公司进行反击的能力。同时，Microsoft 公司也试图抢占 Google 公司的地盘：提供网络搜索及在线广告服务，但是都收效甚微。

2009 年 10 月，Microsoft 公司推出其第七代操作系统：Windows7，该操作系统也能与上网本兼容，运行状况良好。与此同时，Google 公司推出了 Chrome OS 0. 4. 207-X86 BETE 操作系统。此外，Microsoft 公司计划斥资数十亿美元，打造一个全球数据网络中心，以与 Google 公司的搜索引擎抗衡。届时，Microsoft 公司也能提供各种网络应用服务了。

谁会成为真正的赢家？搜索引擎的赢家是 Google 公司！操作系统的赢家是 Microsoft 公司！不会因为 Google 个推出了 Chrome 操作系统，Windows 就输掉了操作系统的阵地。同样，也不会因为 Microsoft 公司推出了 Bing 搜索引擎，Google 公司就输掉了搜索引擎的阵地。双方相互侵入对方的阵地，实际上是双方相互发出警告，让对方不要在自己的阵地上"生事"。

对立为策

领先品牌与对立品牌

——充当领先品牌的对立品牌

【观点】在争夺心智的战争中，做一个“与领先者对立”的品牌，胜过做一个“与领先者相同”的品牌。从根本上做领先品牌的对立品牌，胜过做领先品牌的效仿品牌。就像“石头、剪刀、布”游戏一样。赢得胜利的关键在于：根据对方的策略，采取完全相反的策略。这就是定位的“对立原则”。这意味着：要想赢得与领先者的竞争，不是要与领先者趋同，而是要与领先者对立。这就是说，打败领先品牌的有效策略，不是做领先品牌的效仿品牌，而是做领导品牌的对立品牌。打造品牌有两条捷径：（1）做第一，让品牌成为一个品类的领导品牌。（2）做第二，让品牌成为领导品牌的对立品牌。对立之所以有效，关键原因在于：领先品牌的强势地位。在人们的心智里，领先者地位越强大，对立者效果越显著。从本质上看，这种对立策略属于借力打力——借助领先者的心智地位，突出对立者的心智地位。

【诠释】📖《老子》（02）：有无相生，难易相成，长短相较，高下相倾，音声相合，前后相随。㊣ 这就是对立相生、对立相成的道理。这些相互对立的东西，反映在人们的头脑中就形成了相互对立的概念。对于定位来说，对立的概念一样相反相成、相辅相成。“长”与“短”，“高”与“低”，这些都是人们心智中定义出来的概念。有了“长”的概念和形制，人们自然而然地会定义“短”的概念，并赋予“短”这种概念以形制。在人们的心智中，似乎总是为对立的概念留下了空间，等待一个具体的形制来代表这个对立的概念。这大概就是对立相生、对立相成的道理。这就是说，“对立”更容易把品牌放入人们的心智中，从而在人们心智中占据一个有力的竞争地位。

【案例】G. I. Joe Vs. Barbie doll。假设想要推出一种玩具娃娃，与美泰公司（Mattel）的芭比娃娃（Barbie doll）竞争，这将是一个十分艰巨的任务。因为在人们心智中，儿童玩具娃娃只有“芭比娃娃”一个品牌，而没有第二个儿童玩具娃娃品牌。于是，Hasbro 玩具公司把娃娃概念带向一个极端。该公司没有推出“针对小女孩的更好的娃娃”，而是推出了叫做 G. I. Joe 的玩具娃娃——“针对小男孩的娃娃”。男孩会和娃娃玩吗？没有问题。Hasbro 玩具公司把这种新产品称为“行动人物”。1964 年，G. I. Joe 在玩具市场上掀起了风暴，就像美国大兵在诺曼底（Normandie）抢滩登陆一样。至 2004 年，G. I. Joe 已经卖出了 3.75 亿个娃娃。

【案例】Bratz Vs. Barbie doll。1997 年，芭比娃娃（Barbie doll）在顶峰时销售额达到 19 亿美元，在时尚玩具娃娃市场上占有超过 90% 的份额。但是，2004 年，芭比娃娃的市场份额降到了 70%。原因是对立品牌——Bratz 娃娃。芭比娃娃目标顾客，是吸引 3 ~ 7 岁的小女孩；Bratz 娃娃的目标人群，则是 8 ~ 12 岁的女孩。2001 年，MGA 娱乐公司推出的 Bratz 娃娃非常醒目、与众不同。Bratz 娃娃长着超大的头，噘着嘴，卡通眼睛，一副搞笑的模样。芭比娃娃则是甜蜜而一本正经。2009 年，Bratz 娃娃的销售额预计超过 5 亿美元。

许多企业和个人，通常会叹息为时已晚。事实上，领先品牌的发展与成功，往往会为第二位品牌和新分枝创造无穷的机会。奇怪的是，这些机会存在了相当长时间，才等来创业家的突然采纳。Bratz 娃娃的推出，与芭比娃娃的推出间隔了 43 年。Bratz 娃娃是美泰公司的垄断性品牌——芭比娃娃最可行的替代品。43 年时间之后，才有人提出了有效的第二位品牌战略——对立策略。不要哀叹缺少机会，不要自己局限在顾客已有的认知上。四处看看，就能看到在各个方向都存在着机会。

【案例】 Reebok Vs. Nike。20 世纪 80 年代，以粗布为主要面料的“耐克”（Nike），以体育运动为品牌导向，聘请迈克尔·乔丹（Michael Jordan）充当代言人，成为一个聚焦于男性的运动鞋品牌。相反，以真皮为主要面料的“锐步”（Reebok），则是一种吸引女性的、有个性的、有舒适气垫的运动鞋。1991 年，“锐步”运动员鞋的收入为 22 亿美元，相对于“耐克”27 亿美元的销售额，“锐步”已经做得非常不错了。“锐步”通过成为“耐克”的对立品牌，成了运动员鞋的第二品牌。

“锐步”的对立战略没能保持多久。“锐步”开始抄袭“耐克”的战略——聘请艾伦·艾弗森（Allen Iverson）、肯扬·马丁（Kenyon Martin）等球员充当品牌代言人。到了 2003 年，“锐步”销售额仅为 16 亿美元，远远落后于“耐克”58 亿美元的销售额，以及“阿迪达斯”（Adidas）28 亿美元的销售额。如今，“锐步”不再是运动员用鞋的第二品牌。2004 年，“锐步”调整了品牌战略。曾经是气垫鞋女王的“锐步”运动鞋，进入了赚钱的 Hip-Hop（嘻哈）市场，以期恢复昔日的元气。在一年的时间里，“锐步”与 Hip-Hop 明星——50 Cent、Shakira、Fabolous、Eve 和 Jay-Z 等签下了合约。“锐步”的新战略会有效吗？不得而知。但是，Hip-Hop 战略的优势在于：与“耐克”不同。

【案例】 BMW vs. Benz。第二位品牌应该怎么做？成功的案例，可能是“宝马汽车 vs. 奔驰汽车”的案例。宝马汽车处于很不幸的位置上，不得不与奔驰汽车进行竞争。问题的难点在于：奔驰汽车是世界上第一款汽车。此外，奔驰汽车还是全球最尊贵的轿车品牌。宝马汽车应该如何与奔驰汽车这样的品牌竞争？这可不是一件容易的事情。但是，道理非常清晰——即要成为领先品牌的对立面。

奔驰汽车的出名之处在于：车体大、马力强、豪华、驾驶平稳和座椅舒适。奔驰汽车称得上是一个“超级乘坐机器”。于是，宝马汽车把自己定位成奔驰汽车的对立面，即“终级驾驶机器”。“终级驾驶机器”，已经成了这个品牌长期的广告口号。但是这不仅仅是一个广告口号。宝马汽车设计的轿车车体更小、更轻，驾驶起来也比奔驰汽车有更多乐趣。即便是奔驰的跑车——比如 SL500，都不能称之为真正的“终极驾驶机器”。宝马汽车把自己摆在与领导品牌对立的位置上，长期坚守“终级驾驶机器”这个战略位置超过 30 年。

在美国以及全球很多国家，宝马汽车与奔驰汽车总是被相提并论。甚至，宝马汽车的销售量还一度超过了奔驰汽车。令人感到遗憾的是，宝马汽车偏离了这个战略地位，开始向“超级乘坐机器”靠拢。与此同时，奔驰汽车也偏离了自己的战略地位，开始向“终级驾驶机器”靠拢。如今，宝马汽车越做越像奔驰汽车，奔驰汽车越做越像宝马汽车。难怪宝马汽车输给了奔驰汽车，奔驰汽车又输给了雷克萨斯汽车。

【案例】 凤凰城大学 vs. 普通大学。当今世界，在所有营销机会里面，教育最具有营销潜力。然而，除了少数几个大学和商学院——例如：沃顿商学院（The Wharton School）、雷鸟商学院（Thunderbird School）、凯洛格商学院（Kellogg School of Management）、百森商学院（Babson School of Business）、麻省理工学院（Massachusetts Institute of Technology）……大多数教育机构都在犯基本营销错误。这个错误就是：大多数学院、大学和研究生院没有做到不同。结果，这些教育机构不代表任何东西，无法打造出强势教育品牌。

美国规模最大的私立大学是哪家？很多人可能不知道，美国规模最大的私立大学，是凤凰城大学（University of Phoenix）——这家大学拥有 157800 名在校学生。凤凰城大学与哈佛大学（Harvard University）、普林斯顿大学（Princeton University）、斯坦福大学（Stanford University）不处于同一个品类里。凤凰城大学没有校园，没有社会捐款，亦没有体育运动队。凤凰城大学没有吸引 18～22 岁的年轻人市场，而是吸引平均年龄超过 35 岁、有稳定工作的成年人市场。凤凰城大学没有聘用全职教师和终身教授，而是让有工作的教授来打零工。在 9000 多人的职员里面，全职职员只有大约 250 人。凤凰城大学没有建造昂贵的校园，而是租赁相对便宜的办公区做教室。但是，在大多数私立大学亏钱的时期，凤凰城大学年收入达到 12 亿美元，创造 2 亿美元的利润。凤凰城大学是一个概念完全不同的大学。

【案例】 在高科技领域中，总是存在实际上的标准问题。在个人电脑操作系统领域，Windows 在全球的市场份额达到了 90%，Windows 成为个人电脑操作系统的实际标准。一个玩笑说明了 Microsoft 公司的强大地位——如果要安装一个灯泡，需要多少位 Microsoft 工程师？答案是：一个都不用。只要 Microsoft 公司宣布：黑暗就是标准，那么所有的问题就都解决了。这真是一个黑色的幽默。

1984 年，当苹果公司（Apple）推出麦金塔电脑（Macintosh，简称 Mac）的时候，人们普遍欢呼这是个优于 IBM PC 的重大改进产品，特别是其图形用户界面。实际上，在 Windows 推出窗口界面之前，麦金塔电脑（Mac）就已经推出了窗口界面。然而，这对 IBM PC 没什么影响。IBM PC 于 1981 年推出，这使得 IBM 及其模仿产品，还有围绕在周围的部件生产伙伴——例如，像 Microsoft 公司这样的软件开发商，以及像英特尔公司（Intel）这样的硬件制造商，有 30 个月的时间来确立标准。当 1984 年到来时，苹果公司推出“更好产品”已经为时太晚。然而，推出“更好的战略”还为时未晚。

人们可能赞叹麦金塔电脑（Mac）——拥有出色的工艺、独特的设计、出位的颜色，以及史蒂夫·乔布斯（Steve Jobs）对公关手段的绝妙运用。有人可能认为麦金塔电脑的操作系统，比 Windows 的电脑操作系统更好。但是，如果别人都在使用 Microsoft 公司的产品——Windows 操作系统，那么就没人愿意转向苹果公司的电脑产品，这就是苹果公司的电脑及其操作系统所面对的事实。在全球个人电脑操作系统市场上，苹果公司只有 2.6% 的市场份额，仅领先于拥有 2.3% 市场份额的 Linux 操作系统。

苹果公司所遇到的问题，不是出在产品本身上，而是出在竞争品牌的领导地位上。苹果公司的战略出了问题。确切地说，苹果公司针对 Microsoft 公司的竞争战略出了问题。在许多时候，企业无法凭借“更好的产品”赢得标准之争，但是能够依靠“更好的战略”赢得品牌之战。面对像 Microsoft 公司一样强大的竞争对手，相对弱小的一方应该怎么办？必须把市场分割出来！必须放弃大部分市场，把精力聚集在剩下的小板块上。苹果公司本应怎么做？充当 Microsoft 公司的对立面——Windows 操作系统电脑：商用办公普通电脑；苹果麦金塔电脑：图形处理专业电脑。

苹果公司应该放弃普通商用电脑市场，苹果公司在这场战斗里已经落败。苹果公司应该专注于图形处理电脑市场，苹果公司在这场战斗里已经获胜。大部分艺术总监、设计师、建筑师，以及其他图形专业人士都用麦金塔电脑。或者说，苹果公司应该把麦金塔电脑推销给商用市场的一个板块，推销给那些处理很多图形与图片的商业用户。美国数百万主管人员，几乎天天都用 Powerpoint 要做演示。根据 Microsoft 公司估计，使用 Powerpoint 放映的图片，一天达到 3000 万张的数量规模。苹果麦金塔电脑，原本就是 20 年聚焦图形处理的结果。这就是说，苹果麦金塔电脑，应该沿着“图形处理专用电脑”的分支进化——在这个分支上 Microsoft 公司不是苹果公司的对手，而不是应该沿着“普通商用办公电脑”的分支进化——在这个分支上苹果公司不是 Microsoft 公司的对手。

比附为用

领先地位与比附定位

——利用领先品牌地位，提高已方品牌地位

【观点】对于绝大多数品牌来说，在人们心智里不具有什么价值地位，不可能与领先品牌直接争锋。这不意味着：领先品牌不可接近。在一些竞争格局里面，一些不具有顾客心智价值地位的品牌，可以利用领先者的地位提高自身价值地位。这就是说：领先者的身份与地位，可以为落后者所利用。缺少顾客心智地位的落后者，应该巧妙地寻找机会与视角，借助于领先者的地位和身份，提高已方品牌在人们心智里的价值地位。这种定位游戏方法，被人们称为“比附定位”。“比附定位”有两种常用方法：（1）可以寻找一个定位视角，把落后者与领先者及其地位对等起来。（2）可以利用某些个别机会，把落后者与领先者及其身份联系起来。其效果在于：把落后品牌与领先品牌相挂钩，利用领先者的身份与地位，充当落后者的注解与说明，以此提高落后者在人们心智里的价值位置，以此提高落后者在品牌阶梯上的竞争地位。比附定位的效果，关键在于两个方面。一是在于巧妙——联系得上。二是在于真实——人们相信。否则，则会弄巧成拙。

【诠释】《荀子·劝学》：登高而招，臂非加长也，而见者远。㊣ 比附定位，即为“登高而招”，意在“远者见之”。比附定位，无非是要借助领先者在人们心智中的领先地位，使已方品牌在人们心智中的地位变得更高一点而已；无非是要借助领先者在人们心智中的领先地位，使已方品牌在人们眼睛中变得更好一点而已。当然，所要比附的领先对象，并不完全限于本品类里的领先者，凡有助于提高品牌在人们心智里地位的事物，都可以成为“比附对象”。当然，“比附定位”依然需要方向。如果偏离了方向，恐怕意义就会发生偏离。犹如登高而招，依然是要向着一个固定的方向。否则，不是“登高而招”，而是“登高乱舞”。

【案例】 蒙牛乳业刚刚进入市场时，遇到过这样一个难题：怎样把品牌推荐给消费者？怎样使品牌迅速在行业中占有一席之地？伊利牛奶是乳业老大，蒙牛乳业能否做个老二？抑或老三呢？于是，蒙牛乳业将自己与伊利牛奶巧妙地联系在一起。

在伊利牛奶和蒙牛乳业的所在地——中国·内蒙古·呼和浩特，人均牛奶拥有量位居中国第一，人均牛奶消费增长速度位居中国第一。据此，蒙牛乳业提出了倡议：“建设我们的共同品牌——中国乳都·呼和浩特。”蒙牛的广告主题是：“为内蒙古喝彩”。蒙牛的广告词是：“千里草原腾起伊利集团、兴发集团、蒙牛乳业；塞外明珠照耀宁城集团、仕奇集团；河套峥嵘蒙古王，高原独秀鄂尔多斯……我们为内蒙古喝彩，让内蒙古腾飞。”

这样，蒙牛乳业就将自己列入了内蒙古一些著名企业之中。当然，最重要的是将自己与乳业老大——伊利牛奶——联系在一起，开始在人们心目中树立起中国乳业第二名的形象。

【案例】 如果能够成为 Intel 公司的“中国首选合作伙伴”，那么品牌一定有机会“在人们的头脑里”占据一个有力的竞争地位。TCL 公司曾经有过这样的机会，以在电脑市场上获得这样的竞争地位。遗憾的是，TCL 公司没有利用好这次难得的机会。在推出奔腾 4 处理器的时候，Intel 公司没有选择联想公司（Lenovo）作为自己在中国市场上的首选合作伙伴，而是选择了 TCL 公司。这里面的缘由是什么，至今仍然不得而知。

通常的做法：Intel 公司应该首选联想公司，作为自己在中国市场上的第一合作伙伴。毕竟，联想公司控制着中国电脑市场最大的市场份额。同时，联想（Lenovo）这个品牌，亦是中国本土电脑市场最大的个人计算机品牌。我们猜想一下：一个世界级的品牌巨头，必须借助一个区域性的领导品牌，把己方的产品卖给当地的消费者，双方会有一种什么样的合作关系？一个是大恐龙，一个是地头蛇。两者之间的关系，一定是一种既竞争又合作的竞合关系。这种竞合关系，决定了 Intel 公司与联想公司之间的博弈矛盾。但是，对于 TCL 公司来说，则是一个提升己方品牌地位的绝好机会。电脑这个行业，以处理器的速度为先进的标志。毕竟，奔腾 4 是新一代的处理器。尤为重要的是，TCL 公司成为 Intel 公司"奔腾 4 电脑"的首选合作伙伴。对于 TCL 公司来说，不管 Intel 公司是出于什么样的意图，这次合作都是一个"利用 Intel 领导地位"的绝好时机，以提高己方在中国电脑市场上的竞争地位。这个时机就是："Intel 新一代处理器的首选合作伙伴"。TCL——Intel 新一代处理器的首选合作伙伴。这意味着：Intel 公司认为，TCL 公司比联想公司更棒。不管 Intel 公司是否真的这样认为，但是对消费者能够起到这样的营销作用，能帮助 TCL 提升己方品牌的市场地位。

令人感到遗憾的是，TCL 公司的营销重点，放在了"奔腾 4 电脑"产品本身上了——只是告诉人们：TCL 在卖奔腾 4 处理器的电脑。TCL 公司，全然不顾"TCL：Intel 新一代处理器的首选合作伙伴"的身份与价值。换而言之，TCL 公司，没有发现这个身份的营销价值，没有发掘这个身份的营销价值。

【案例】⌖联想公司被 Intel 公司暂时抛弃了！但是，联想公司没有急着推出奔腾 4 概念的电脑产品。如果联想公司这样做了，那么可是帮了 TCL 公司的大忙。这是因为：TCL 公司的奔腾 4 电脑已经抢先了一步。联想公司怎么做了呢？联想公司开始大造声势，宣称"液晶电脑"将是下一代电脑的主流。联想公司不断放出信息，连续与多家生产商签订了液晶显示器的定购合同。领导品牌的声势，不但会对消费者产生影响，同时会对竞争者产生影响。在联想公司的声势之下，TCL 公司对己方的奔腾 4 电脑开始不自信了！

看着行业领导者——联想公司大张旗鼓地宣传液晶显示器电脑，TCL 公司开始坐不住了！TCL 公司宣称也要搞液晶显示器电脑。于是，TCL 公司的营销焦点开始模糊了，开始放弃“奔腾 4 电脑”这个概念。当 TCL 公司跟在联想之后搞液晶电脑的时候，联想公司却杀了一个“转身回马枪”。这个“回马枪”就是：TCL 公司已经放弃了的营销概念——奔腾 4 电脑。联想公司运用“调虎离山”之计，利用其强大的品牌影响力，诱使 TCL 公司脱离“已经抢先一步”的优势地位。然后，联想公司再掉回头来，抢占 TCL 公司几乎不再设防阵地，以达到“声东击西”的战术效果。这就是所谓：兵不厌诈，避实击虚。

【案例】 设想一下：如果 TCL 公司利用好 Intel 这个领袖品牌的地位，宣称自己是“Intel 新一代处理器的首选合作伙伴”，结果会如何？如果 TCL 公司不去追逐联想公司倡导的液晶显示器，坚持住“奔腾 4 电脑”这个已经抢得先机的概念，结果会如何？其结果永远不得而知。因为谁都没办法回到过去，重新选择“事后看来更好”的策略。事实证明，TCL 公司，没有因为奔腾 4 电脑而变得更强；TCL 公司，在电脑行业里仍然处在极其落后的位置上。最终，TCL 公司卖掉电脑业务，退出了电脑制造行业。这就是所谓：机不可失，失不再来。

再设想一下：如果 TCL 公司没有犯下错误——营销策略选择正确，那么联想公司应该怎么办？其实办法很简单，就是利用领导者地位，将“液晶电脑”进行到底。事实上，Intel 公司不可能彻底抛弃联想公司。选择 TCL 公司作为“新一代处理器的首选合作伙伴”，不过是 Intel 公司对联想公司的竞合博弈策略。别忘了，联想这个品牌才是中国本土最具竞争力的品牌。此外，还有 ADM 这个品牌——Intel 的竞争品牌，如果

Intel公司抛弃了联想公司，那么无疑是为ADM创造了机会。对于联想公司来说，同样不可能放弃与Intel公司的合作。别忘了，多数消费者愿意选择Intel处理器。因此，Intel公司与联想公司，在合作上谁都离不开谁。但是，在“竞合关系”之下，双方这种博弈游戏，还是要继续进行下去。否则，双方在合作过程中的利益，将难以达到那种“合理的均衡状态”。从这个角度来看，联想公司并不怕失去Intel公司。但是，联想公司必须让Intel公司回到合作的正轨上来。

TCL公司会对联想公司构成直接威胁吗？不会。联想这个品牌的地位，决定了其对消费者具有垄断性的话语权。即无论联想这个品牌鼓吹哪个概念，消费者都会认为那将成为下一个主流产品。TCL公司对谁会构成直接威胁？那些与TCL公司处在同一地位上的弱势品牌。从其他弱势品牌身上，TCL公司会争夺到更多的市场份额。当然，人们会拿TCL与联想这两个品牌做比较。毕竟，TCL成为“Intel新一代处理器的首选合作伙伴”。消费者会这样想：TCL公司还真不错，成为“Intel新一代处理器的首选合作伙伴”，看来TCL还不算很差！从这个意义上看，对于联想公司来说，TCL公司仍然会产生间接的影响，至少缩短了与联想公司的差距程度。从长远一点来看，联想公司的市场份额仍然会有所流失，但是市场份额不会流失很多。如果竞争的态势真的如此演进，那么联想公司就会“假戏真做”——将“液晶电脑”鼓吹成为“人们相信的下一个主流产品”，避免己方品牌在营销上处于被动局面。这就是所谓“奇正之变，不可胜穷”。

据地为战

不同地位与不同策略

——己方品牌所采取的策略，取决于竞争品牌的相对地位

【观点】 如果不能成为品牌阶梯上的第一品牌，那么不等于失

去参与市场竞争的游戏机会。在一个品牌博弈格局中，占据不同位置的竞争品牌，应该沿着不同的思维视角，积极寻找独特的定位策略。关键原因在于：一个品牌能够采用什么定位策略，既由己方品牌在阶梯上所占据的位置决定，又由竞争品牌在阶梯上所占据的位置决定。这是因为：第一，己方品牌在阶梯上所占据的位置，决定了其相对于竞争品牌的营销力量，从而决定了己方品牌所能收获的竞争资源，进而也决定了己方品牌所能够采用的竞争策略。第二，己方品牌在阶梯上所占据的位置，决定了其相对于领先品牌的攻击距离，从而决定了己方品牌所能达到的攻击效果，进而决定了己方品牌所应该采用的竞争策略。这就是说：从第一个方面看，能够采用什么定位策略，由品牌相对于领先品牌的资源多寡所决定。这种竞争资源的多寡，不但决定着“应该发动”一场什么样的营销战争，亦决定着“发动得起”一场什么样的营销战争。从第二个方面看，能够采用什么样定位策略，由品牌相对于领先品牌的攻击距离所决定。这种攻击距离的远近，不但决定着“应该动用”多大量的营销战争资源，亦决定着“能够达到”什么样的营销进攻效果。因此，地位不同，策略亦不同。

【诠释】 ⌖ 📖《孙子兵法·虚实》：水因地制流，兵因敌制胜[1]。故兵无常势，水无常形，能因敌变化而取胜者，谓之神[2]。㊣ 这个意思是说，采取什么策略，因敌人而决定。📖《孙子兵法·谋攻》：故用兵之法，十则围之[3]，五则攻之[4]，倍则分之[5]，敌则能战之[6]，少则能逃之[7]，不若则能避之[8]。㊣ 这个意思是说，采取什么战术，因兵力而决定。📖《孙子兵法·地形》：夫地形者，兵之助也[9]。料敌制胜，计险阨、远近，上将之道也[10]。知此而用战者必胜，不知此而用战者必败[11]。㊣ 这个意思是说，战术战策的制定，取决敌我双方所处的战略位置。敌我双方三个方面的内容——敌人、兵力、位置，构成了战略定位的重要前提条件。换而言之，敌人的虚实、资源的多寡、所处的位置，决定了“应该采用什么样”的定位战术。定位与兵法并无直接联系。然而，其背后的哲理似乎同源相通。

注解：

〔1〕杜佑：水因地之倾侧而制其流，兵因敌之亏阙而取其胜者。梅尧臣：随虚实也。何氏：因敌强弱而成功。张预：虚实强弱，随敌而取胜。

〔2〕杜牧：兵之势，因敌乃见，势不在我，故无常势。如水之形，因地乃有，形不在水，故无常形。水因地之下，则可漂石，兵因敌之应，则可变化如神者也。王晳：兵有常理，而无常势；水有常性，而无常形。兵存常理者，击虚是也。无常势者，因敌以应之也。水有常性者，就下是也；无常形者，因地以制之也。夫兵势有变，则虽败卒，尚复可使击胜兵，况精锐乎？

〔3〕曹操：以十敌一则围之，是将智勇等而兵利钝均也。若主弱客强，不用十也。李筌：愚智、勇怯等，十倍于敌则围之，攻守殊势也。杜佑：若敌坚垒固守，依附险阻，彼一我十，乃可围也。敌虽盛，所据不便，未必十倍然后围之。张预：吾之众十倍于敌，则四面围合以取之，是为将智勇等而兵利钝均也。若主弱客强，不必十倍然后围之。《尉缭子·守法》：“一而当十，十而当百，百而当千，千而当万。”言守者十人，而当围者百，与此法同。

〔4〕曹操：以五敌一，则三术属正，二术属奇。李筌：五则攻之，攻守势殊也。杜牧：术，尤道也。言以五敌一，则当取己三分为三道，以攻敌之一面，留己之二，候其无备之处，出奇而乘之。杜佑：若敌并兵自守，不与我战，彼一我五，乃可攻战也。或无敌人内外之应，未必五倍然后攻。王晳：谓十围而取五，则攻者皆势力有余，不待其虚懈也。此以下亦谓智勇利钝均耳。张预：吾之众五倍于敌，则当惊前掩后，冲东击西；无五倍之众，则不能为此计。

〔5〕曹操：以二敌一，则一术为正，一术为奇。杜佑：己二敌一，则一术为正，一术为奇。彼一我二，不足为变，故疑兵分离其军也。何

氏：兵倍于敌，则分半为奇，我众彼寡，足可分兵。主客力均，善战者胜也。张预：吾之众一倍于敌，则当分为二部。一以当其前，一以冲其后。彼应前，则后击之。彼应后，则前击之。兹所谓二术为正，一术为奇也。

〔6〕曹操：己与敌人众等，善者犹当设伏奇以胜之。李筌：主客力敌，惟善者战。陈皞：料己与敌人众寡相等，先为奇兵可胜之计，则战之。张预：彼我相敌，则以正为奇，以奇为正，变化纷纭，使敌莫测，以与之战。兹所谓设奇伏以胜之也。

〔7〕曹操：高壁坚垒，勿与战也。梅尧臣：彼众我寡，去而勿战。李筌：量力不如，则坚壁不出，挫其锋，待其气懈，而出奇击之。杜牧：兵不敌，且避其锋，当俟隙，便奋决求胜。张预：彼众我寡，宜逃去之，勿与战，是亦为将智勇等而兵利钝均也。若我治彼乱，我奋彼怠，则敌虽众，亦可以合战。贾林：彼众我寡，逃匿兵形，不令敌知，当设奇伏以待之，设诈以疑之，亦取胜之道。王皙：逃，伏也。谓能倚固逃伏以自守也。或兵少而有以胜者，盖将优卒强耳。

〔8〕曹操：引兵避之也。杜佑：引兵备之，强弱不敌，势不相若，则引军避，待利而劲。梅尧臣：势力不如，则引而避。王皙：将与兵俱不若，遇敌攻，必败也。张预：兵力、谋勇皆劣于敌，则当引而避之，以伺其隙。

〔9〕贾林：战虽在兵，得地易胜。故曰兵之易也。山可障，水可灌，高胜卑，险胜平也。张预：能审地形者，兵之助耳，乃末也；料敌制胜者，兵之本也。孟氏：地利待人而险。

〔10〕王皙：料敌穷极之情，险阻远近之利害，此兵道也。何氏：知敌、知地，将军之职。张预：既能料敌虚实强弱之情，又能度地险呃远近之形，本末皆知，为将之道毕矣。

〔11〕杜牧：谓知险阨远近也。梅尧臣：将知地形，又知军政，则胜；不知则败。张预：既知敌情，又知地利，以战则胜。俱不知之，以战则败。

【案例】防御战：第一品牌应该采取的策略。最好的防御策略，是鼓起勇气向自身发起攻击与挑战，在己方掌控的阵地上不断实现自我超越，从而保持对竞争对手的领先和压制态势。此种策略即以逸待劳。

金克·吉列（King C. Gillette）——吉列公司（Gillette）创始人，曾经是巴尔迪摩瓶盖公司（Baltimore Cap Company）的业务推销员。1895年，金克·吉列萌生了开发一种新刮胡刀的设想。经过几年的敲打之后，金克·吉列发明了使用后可丢弃的剃须刀片。1901年，金克·吉列创立了吉列公司。1903年，吉列公司仅售出了51套剃须刀架、168个刀片。1904年，为了使新式刀架能为普通大众接受，吉列公司制作了系列漫画广告，形象的广告很快吸引了大众。当年，吉列公司销售新式刀架达到9万把，销售刀片达到14万片之多。吉列公司之所以能取得这样的业绩，其原因绝不能归功于广告，而是与吉列公司的销售方式密不可分。吉列公司一把剃刀的零售价格为55美分，这个价格还不到生产成本的1/5。然而，吉列剃须刀架，只能与吉列的专利刀片配套使用，顾客购买吉列剃须刀架，必然再配套购买吉列刀片。吉列公司把刀片的价格定为5美分，而刀片的成本还不到1美分，吉列公司在刀片上大赚特赚。对消费者来说，一个刀片可以使用六七次，一次刮脸成本不足1美分，这是去理发店刮脸消费额的1/10，因此消费者趋之若鹜。

第一次世界大战爆发之后，吉列公司时刻关注着战局的发展，盘算着如何把新式剃刀推向世界。1917年4月，美国向德国宣战，并派兵进入欧洲战场。吉列公司相信：与传统剃须刀相比，士兵们一定乐于使用新式保险剃须刀。吉列公司抓住机遇，以成本价向军需品采购部门供应安全剃刀。于是，美国国防部给所有士兵配发一把吉列安全剃须刀，并配发几十枚吉列刀片。这样，大量的新式剃刀被送进盟军战壕，吉列公司利用这一策略扩大了剃须刀的影响力。1917年，吉列刀片销售量达到1.2亿片，市场占有率达到80%。到1920年，大约有2000万人在使用吉列刀架与刀片。第一次世界大战结束之后，盟军士兵把这些剃须刀带回自己的祖国，这等于免费为吉列剃须刀做产品宣传。这样，通过赴欧洲战场作战的美国士兵，吉列公司把保险剃须刀的影响扩展到全世界。第二次世界大战战爆发之后，吉列公司仍以“军需品”的名义，把数量巨大的剃须刀供应美军，再次通过美国士兵把吉列保险剃须刀带到世界各地。

【案例】 吉列公司的发展历史，像许多企业一样走上了多元化经营的道路。1958 年，齐格勒（Ziegle）出任吉列公司总经理。在一次重要职员与董事联席会议上，齐格勒提出：“以剃刀为中心的经营时代已走到终点，本公司的业务不应再以刀片为惟一事业”。当时，吉列公司 98% 的收益贡献来自剃须刀片。在实行多元化经营的同时，吉列公司继续积极研究剃刀技术，以维持在剃须刀市场上的固有的市场份额。齐格勒首先选择兼营“化妆品”事业，以实现企业的多元化经营。从此，吉列公司先后推出了喷射式罐装剃须面霜，口红、泡沫剃须膏、妇女用除臭剂、Adorn 喷发剂，以及 Thorexin 止咳糖浆等各种多元化产品。1966 年，吉列公司化妆品部的营业额达到 6000 万美元，占吉列公司总销售额的 18%。此后，吉列公司又先后开发出各种洗发精、烫发机、吹风机、打火机、原子笔，甚至高级香水、医药品等繁多种类的产品，并成立了相应的研制开发机构。从此，吉列公司不再是专业的剃须刀生厂商了。为了占领更大市场，吉列公司以“多角化经营”为战略，重整海外的专业机构。1966 年，吉列公司成立了两个国际事业部：一个是东半球事业部，负责欧洲、非洲、中东等地区的市场；一个是西半球事业部，负责加拿大、中南美、太平洋等地区的市场。这两个事业部管理着 32 个全资子公司，其中有 11 个子公司制造“吉列”产品。

在 1975 年至 1991 年期间，柯尔曼·莫克勒（Colman Mockler）出任吉列公司首席执行官。20 世纪 80 年代，受到廉价一次性剃刀的冲击，吉列剃须刀市场份额明显下降。虽然吉列同样推出廉价一次性剃刀，但是毕竟失去市场先机，一次性剃刀一直是不赚钱的项目。20 世纪 80 中期，一些企业甚至试图乘机收购吉列公司。在柯尔曼·莫克勒（Colman Mockler）任期内，吉列公司成功挫败了 4 起收购企图。值得注意的是，时间到了 1980 年，吉列公司销售总额 23 亿美元，剃须刀和刀片的销售额所占比例还不到 35%。从 1998 年至 2001 年期间，吉列公司的市场份额有很大程度的下降。从 1999 年至 2000 年期间，吉列公司的市场价值减少了 55%。显然，吉列公司失去了焦点，在多元化经营的过程中迷失了方向。不论是收购派克钢笔（Parkerpen），还是收购金霸王电池（Duracell），吉列公司的多元化经营都不算成功。1997 年，收购金霸王电池的第二年，金霸王电池的市场份额是 50%；2001 年，金霸王电池的市场份额降至 46%；2003 年，金霸王电池的市场份额降至 39%。至于派克钢笔业务，则已在 2000 年被卖掉。幸运的是，吉列公司没有像许多企业那样，被多元化经营最终拖垮。

从 1991 年到 1999 年期间，阿尔弗雷德·泽恩（Alfred M Zeien）担任吉列公司首席执行官。这是吉列公司的黄金时期，利润年增长均超过 15%。遗憾的是，1998 年，吉列公司的业绩又开始出现下滑。迈克尔·霍利（Michael Hawley）接任首席执行官之后，吉列公司业务加速下滑。市场份额减少、利润率下降、股价连跌不止、员工士气低落。2000 年 10 月，吉列公司董事会迅速采取行动，任职仅一年的迈克尔·霍利被迫辞职。从 1998 年开始，吉列剃须刀的主要竞争对手——舒适剃须刀（Schick）咄咄逼人，气势如虹。2002 年 11 月 30 日至 2003 年 11 月 30 日，舒适剃须刀在美国的销量大幅增长了 149%，而吉列剃须刀的销量却大幅下滑了 13%。

【案例】 2001 年 2 月，詹姆斯·基尔茨（James Kilts）担任吉列公司首席执行官。在吉列公司 100 年的历史上，这是第一位“空降而来”的首席执行官。詹姆斯·基尔茨以善于控制成本著称。面对迅速下滑的业绩，詹姆斯·基尔茨直言不讳地指出，至少要花 60 天的时间，了解吉列公司的状况。在此之前，他不会制定出任何整改计划。詹姆斯·基尔茨不仅研究吉列公司以往的财务报告与华尔街（Wall Street）的分析报告，而且还亲自到工厂、商店，找各级员工谈话，深入一线了解吉列公司的状况。在深入一线了解情况的基础上，他制定了一个较为现实的业绩增长目标。迈克尔·霍利（Michael Hawley）曾经希望，吉列公司能够恢复 15% ~20% 的增长速度。詹姆斯·基尔茨则认为，过高的目标很容易导致决策错误。

詹姆斯·基尔茨将增长配方调整为："研发、营销、成本"。詹姆斯·基尔茨对吉列公司的修复，围绕着"利润"两个字展开。所不同的是：以前，吉列公司偏重于从顾客身上获取利润。如今，詹姆斯·基尔茨则强调从部门自身获取利润。有一次，詹姆斯·基尔茨召集全体中层与高层管理者开会。在会议上，詹姆斯·基尔茨问道：有谁认为公司的成本太高？结果所有人员无一例外举起了手。詹姆斯·基尔茨又问道：谁认为本部门的成本过高？结果却没有一人举手。为了控制成本，詹姆斯·基尔茨调整了对本土采购的倚重，实行了全球化采购策略。一位分析师指出，全球化采购战略是詹姆斯·基尔茨重构计划的重要组成部分。通过对成本进行控制，直接降低了成本，提高了利润率。同时，吉列公司有能力投入更多资金，用于研发和营销的投入，这进一步提高吉列剃须刀的竞争力和利润率。

2004 年 1 月，吉利公司开始组织绝地反击。吉利公司推出了 M3Power 和 Intuition（直觉）两款剃刀。M3Power 是一种电动的湿刮剃须刀，这是世界上第一种男用四刃剃刀。吉列公司希望，M3Power 能够取代"锋速 3"（Mach Ⅲ）剃须刀，成为吉列剃须刀家族里的新一代主导性产品。Intuition（直觉）剃刀，则是针对女性消费者的剃刀，这是一款融润滑与剃刮于一体的多功能产品。2001 年，吉列公司的利润率为 18.5%。2003 年，吉列公司净利润增长了 14%，利润率提高到了 21.7%。2004 年 10 月 28 日，吉列公司公布 2004 年前 3 个季度业绩——与2003年同期相比，净利润增长了26%。2005年，在《商业周刊》（*BusinessWeek*）公布“世界品牌Top 100排行榜”，吉列位列第15位，品牌价值175.3亿美元。今天，提到“吉列”这个名字，人们就会想到世界上最好的剃具。“掌握全世界男人胡子”的吉列剃须刀，在美国市场占有率高达90%，全球市场的份额超过70%。

有分析师指出，吉列公司的文化与市场战略，都是以其卓越的剃须技术为基础。在吉列公司100多年的历史中，“吉列”开创许多行业第一。1946年，剃须刀架；1971年，第一个双刀剃须刀（Trac Ⅱ）；1977年，第一个旋转头剃须刀（Atra）；1990年，第一个弹簧剃须刀（Sensor）；1997年，第一个“锋速3”剃须刀；2004年，第一个Venus Vibrance女用剃刀；2005年，Venus Disposable女用剃刀。不断推出新产品，使“吉列”保持着较高的利润率。由于剃刀不是昂贵商品，因此新产品的定价十分灵活。例如，“锋速3”剃须刀刚推出时，价格比吉列Sensor Excel剃刀价格高35%。吉列公司发现，顾客们并不特别在乎价格高出25%，还是高出35%，只要顾客认为产品好就行。尤为重要的是，吉列公司正是通过不断地自我挑战，使自己牢牢地居于剃须刀行业的领先地位，这正是“吉列”基业得以长青的秘密之一。

从1991年至1999年期间，吉列公司首席执行官——阿尔弗雷德·泽恩（Alfred M Zeien）——曾把“研发、资本投资和广告”称为吉列公司增长的驱动器。在阿尔弗雷德·泽恩的任期内，吉列公司的市场价值，由60亿美元增至约600亿美元。进入21世纪之后，吉列公司研发费用逐年增加。2001年，研发费用为1.87亿美元。2003年，研发费用为2.02亿美元。迈尔斯·尤曼（Miles Yeoman）的实验室，坐落在英格兰里丁（England Reading）区郊，是吉列公司众多研发实验室之一。该实验室被誉为剃须技术的“洛斯阿拉莫斯实验室”（Los Alamos Laboratory）——1945年7月，该实验室研制出首枚原子弹。这里只关心三样东西：皮肤、须发和金属。这里使用世界上最先进的成像、冶金和设计技术，开发最平常无奇的东西——不锈钢剃须刀片。

吉列公司的“锋速 3”剃须刀，正是从迈尔斯·尤曼的实验室诞生。从设想的提出，到产品的生产，“锋速 3”剃须刀用了将近 4 年时间。1997 年秋，“锋速 3”剃须刀生产线投产。当时，吉列公司用胶合板在工厂里建了一堵高大的围墙，将“锋速 3”生产线与其他生产线分隔开来。生产“锋速 3”剃刀的工人必须签订一份严格的保密协议。最先进的生产设备，是一个 18 米多长的数据链路控制真空室。在产品被送进这个真空室之前，刚刚打磨过的刀片，在一个清洗间里由穿着浴袍、浴帽的工人进行彻底清洁。在真空室里面，通过高压溅镀工序，刀片被镀上一层碳原子。大概许多人都想象不到，在这种简单产品的背后，却是如此不简单的故事。实际上，把平凡的东西做得不平凡，正是吉列公司历经百年而不倒的秘密之一——凭剃须刀这种毫不起眼的小玩意，吉列成为世界上强大的品牌之一。根据估计，在北美洲，在 3 个男人里就有 2 个人在使用“锋速 3”剃须刀。2005 年 1 月，美国宝洁公司（P&G）宣布并购吉列公司，整个交易金额高达 570 亿美元。什么是防御战？不断地挑战自我就是防御战。当然，这是领先者应该采取的策略。

【案例】 ⊕进攻战：第二品牌应该采用的策略。在领先者的强势中，寻找领先者固有的内在弱势，然后集中力量攻其薄弱环节。此种策略即避实击虚。

Villavicencio——阿根廷（Argentina）饮用水第一品牌，市场份额接近 30%。ECO De Los Andes——阿根廷饮用水第二品牌，市场份额为 10%。两者的水源均取自安第斯山脉（Andes），但是取水地点有所不同。定位的任务是，为几乎完全同质化的 ECO De Los Andes 寻找一个差异化定位，以有力地对抗领导者 Villavicencio。

从一个极其细微的地方，ECO De Los Andes 发现了机会——在 Villavicencio 的包装标签上，精细地标示着矿物质的含量。包括：钙离子

2320 毫克，钾离子 720 毫克……其中：钠离子的含量是 272 毫克。由于 Villavicencio 和 ECO De Los Andes 具体的取水地点的不同，ECO De Los Andes 的水钠含量为 10.4 毫克，远低于 Villavicencio。ECO De Los Andes 可以借助这一细微区别，站在领导者的对立面，发展出有力的定位战略——低钠矿泉水，从而将领导者重新定位为不利于健康的“高钠矿泉水”。这一定位支持点，是美国心脏学会曾向全世界发布过的研究结果——饮用水的钠含量不应超过 20 毫克，钠盐过多影响健康，特别是对血压与心脏影响更大。因此，ECO De Los Andes 应该利用对手钠含量过高这一固有的弱点，在狭窄的战线上对领先者发起营销攻势，从而产生针对领导品牌的替代优势。

在具体传播策略上，ECO De Los Andes 将这个战略演化成了一个品牌故事。ECO De Los Andes 在广告里说道：在超过 5000 米高的地球最纯洁之处，ECO De Los Andes 诞生了——它源自白雪渗透岩石的自然过滤。但是，大自然有时可能添加过多的钠，对人体造成有害的影响。美国心脏学会警告世人，饮用水的钠含量不应超过 20 毫克，ECO De Los Andes 水钠含量仅为 10.4 毫克。因此，在含钠量最低的取水地点，ECO De Los Andes 建立起矿泉水罐装厂。凭借这一策略的展开攻击，ECO De Los Andes 把 Villavicencio 打得手忙脚乱。

Villavicencio 能够进行有效还击吗？Villavicencio 很难组织反击。原因很简单，Villavicencio 不可能拆掉既有的生产设施，重新找一个含钠量低的地方取水建厂。况且，能否找到这样的取水地点，尚且是一个无法预料的未知数。最终，ECO De Los Andes 真的是阿根廷饮用水的领导品牌了。这就是所谓的“因敌制胜”。

【案例】 侧翼战：第三、四品牌应该采取的策略。在领先者尚未设防的侧翼空白地带，选择一个狭窄的战线发起突然袭击。此种策略同样为避实击虚。与进攻战相比，侧翼战更加强调出其不意，攻其不备。

在美国，公认最成功的匹萨连锁店，是 Papa John's（棒！约翰）匹萨连锁店。《华尔街日报》（*The Wall Street Journal*）说道：谁说小人物不能打败大人物？就是指 Papa John's 以小击大，痛击 Pizza Hut（必胜客）的故事。Papa John's 这个企业，原来的规模确实非常小。如今，则成为美国第三大的匹萨连锁企业，而且是发展最快、盈利最丰厚的匹萨连锁店。Papa John's 是如何打败大公司的呢？以前，Papa John's 不但规模小，还有更大的问题。这家匹萨店就像一个小杂货店，既卖匹萨又卖干酪牛排、三明治、潜水艇汉堡、炸蘑菇、炸南瓜、色拉和洋葱圈。这正是 Papa John's 的核心问题——Papa John's 缺少一个经营焦点。

Papa John's 公司的创始人——约翰·施耐德（John Schnatter）是一个制作匹萨的高手，亦是 Pizza Hut 的创始人之一。Papa John's 制作匹萨的方法十分独特——不用混合干酪，而是完全用意大利干酪；不用冷冻面粉，而是用新鲜面粉；不用自来水，而是用纯净水；不像 Pizza Hut 那样用浓缩的沙司，而是直接采用“自然成熟与新鲜包装”的番茄现制沙司……如此一个复杂而奢侈的制作流程，本身就是一个很好的定位概念。这个定位概念就是：最高级的匹萨。于是，Papa John's 舍弃许多其他食品，将经营焦点聚集在制作高级匹萨上，并以市场领先品牌 Pizza Hut 为竞争对手，强调“更好的原料，更好的匹萨”。

“更好的原料，更好的匹萨”— 这样几个简单的词汇，就是 Papa John's 品牌的秘密武器。在品牌传播方面，Papa John's 充分利用了 Pizza Hut 创始人这个故事——约翰·施耐德曾经是 Pizza Hut 创始人之一，并以此制造了轰动一时的公共传播效果。在广告里，约翰·施耐德说道：自己发明了一种“更好的匹萨”，所以就跳槽离开 Pizza Hut，并亲手创建了 Papa John's，这让 Pizza Hut 感到十分愤怒。这个广告取得了意想不到的传播效果，引发了媒体的大量公共传播报道。Papa John's 将“最高级匹萨”这个战略执行得很棒，以至于“更好的原料，更好的匹萨”几乎成了流行语。在《华尔街日报》上，一篇文章谈论到 Papa John's

的财务数字——Papa John's 的销售增长 2 倍于行业平均速度，利润上升了 66%，股票价格已经增长了 4 倍。Papa John's 通过攻击 Pizza Hut 没有设防的侧翼空白地带——高级匹萨，从而成为美国第三大匹萨连锁品牌。

【案例】 游击战：那些无法挤上品牌阶梯的落伍者，应该采取游击战策略。所谓游击战策略，就是在远离领先者的地方找一小块足以守住的领地，在狭小的领地上构建己方品牌的根据地。此种竞争策略，从根本上要求远离强大的敌人。

格林纳达（Grenada）是一个很小的主权国家，位于加勒比海（Caribbean Sea）的中央位置上。从地理学的角度看，Grenada 则是一个高山雨林小火山岛。Grenada 人口只有 94000 人，但是其失业率高达 30%。由于传统经济主要是农业，因此旅游业变得越来越重要了。Grenada 曾经使用"盛产香料的小岛"这个口号，试图推动岛上旅游产业的发展。但是，结果则是收效甚微。原因很简单，旅行者不会为此而长途跋涉，专门为了看看香料的生长和制作。这就是问题所在——Grenada 的定位不准。Grenada 需要一个新的定位，以招揽游客来到岛上旅游。事实上，加勒比海有很多更大的岛屿，旅游配套设施更加完善，更加具有现代气息与韵味，而且更受旅游者们的欢迎。这些大的岛屿，都是 Grenada 的竞争对手。

Grenada 需要寻找一个"狭小的利基市场"。Grenada 的优势，恰恰在其弱势之中。正由于默默无闻，Grenada 还没有被发展商所开发，更像是一个未被破坏的自然公园。在 Grenada 这个小岛上，没有拥挤的旅游者，没有高楼大厦，没有大饭店……这是岛屿现实的情况，这是区别于加勒比海上热门旅游岛屿的关键所在——这是一个完全没有受到破坏的小岛。在这里，人们可以领略到加勒比地区的原始风貌。这就是 Grenada 应该选择的根据地。Grenada 将其原本的弱点转化成了强而有力的定位焦点。

围绕这样一个根据地（定位）——加勒比地区的原始风貌，Grenada 展开了整合营销传播。Grenada 在宣传广告里说道：这里没有一座建筑会比棕榈树更高；这里瀑布是天然而非人造；这里的海滩没有受到开发商污染，依然保持着加勒比海的原貌……所有这一切，都用戏剧化的方式展开。在所有介绍 Grenada 小岛的媒体上，都会诉说同一个令人心动的故事：像一颗饱满的水珠，挂在加勒比海南端。Grenada 是一个无人触及、未被破坏的小岛，北面临近的岛屿已经永远地改变了。在这里，既没有飞机，也没有信用卡，这里远离了城市喧嚣……这是 20 世纪 50 年代的加勒比海，可能是最后一个保持原始风貌的小岛。这个定位战略非常成功，Grenada 旅游业大为改观，带来了充分的就业。

【结语】在制定和实施营销计划之前，营销人员应该先弄清楚：己方处于品牌阶梯的什么位置上？敌方又处在品牌阶梯的什么位置上？根据己方与敌方在品牌阶梯上的位置，选择与制定具有针对性的营销策略。这就是说，己方与敌方在人们心智在中的地位，共同决定了己方的定位及其策略。从某种意义上看，敌方的地位与己方地位一样重要，有时甚至更加重要。如果想让定位策略产生营销效果，那么既不可无视己方所处的位置，也不能忽视敌方所占据的位置。这就是说，要依据敌方在人们心智里的位置，制定己方的定位策略；针对敌方在人们心智里的位置，制定己方的定位策略；甚至利用敌方在人们心智里的位置，制定己方的定位策略。

1.2　领先法则

【释义】“做第一”胜过“努力做”。在定位的游戏里，领先具有独特的含义。其定义为“抢先占领品牌阶梯顶端”，或者“占据顾客心智第一位置”。从竞争的角度看，领先的意义在于“占据着压制性竞争地位”。要想在人们心智里获取领先地位，其捷径为“捷足先登，争做第一”。所谓“捷足先登”，不是指“第一个进入产品市场”，而是指“第一个进入人们心智”。所谓“争做第一”，不是指“在商品市场上销售数量第一”，而是指“在人们心智里建立领先地位”。这引申出两个观念：(1) 首先进入潜在顾客头脑，要胜过首先进入市场。谁抢先发明了一种产品并不重要，重要的是谁抢先进入了人们心智。(2) 人们心智里的领先地位，胜过市场销售上的数量第一。在货品市场上谁卖出了更多产品并不重要。重要的是谁在人们心智里建立起领先地位。这两个观念告诉人们，在竞争的格局下，如果不抢先在顾客心智里取得领先地位，那么销售数量的领先就经不起竞争的考验，产品发明领先同样经不起竞争的考验。其原因在于：“卖品牌”与“卖产品”之间的差别。品牌代表一种认知价值，产品代表一种使用价值。仅有后者而没有前者，必然会被两者兼备的竞争者所战胜。

抢先占位

领先地位

——抢先在人们心智中建立起领先地位

【观点】 领先法则的首要任务，就是要建立起领先地位。为此，首先需要考虑的问题是，品牌在什么领域能够获得领先地位？或者，品牌在哪个方面能够获得领先地位？这个问题的答案，不能在经营者的头脑里寻找，而是要在消费者的头脑里寻找。或者说，首先寻找一个“在人们头脑里未被占领”的空白领域，然后抢先占领人们头脑里这片未被他人所占领的空白地带，最后在这片空白领域建立起领先的顾客心智地位。简而言之，就是“寻找未被他人所占领的领域，抢先建立起领先的心智地位”。理解“空白领域”，应该掌握“两不”和“两是”原则。(1)“两不”原则：所谓空白领域，不是指没人生产的产品项目，不是指企业制造上产品生产的空白领域；所谓空白领域，不是指没人售卖的产品类别，不是指商品市场上产品销售的空白地带。(2)“两是”原则：所谓空白领域，是指没人认知的品类，是指人们心智中产品类别的概念空白；所谓空白领域，是指没人领先的品类，是指人们头脑里品牌阶梯的顶端空白。概括起来说，所谓空白领域，不是指产品生产和商品销售的空白地带，而是指人们心智中品类概念和领先品牌的空白之处。第一种情况是：在现实当中，某类产品可能已经存在于市场之上。但是，对于人们的心智来说，这类产品并未广泛地被人们所认知，这就是产品类别的心智空白。第二种情况是：人们心智里已经存在了某种品类概念。但是，在人们心智中，尚未出现代表这个品类的领先品牌，这就是领先品牌的心智空白。抢占领先地位的含义包括四个关键环节：(1)关键环节之一：空白与品类。在人们的头脑里，找到一处仍是一片空白的地方，找到一个未被他人占领的品类，找到一个能够成为第一的领域。(2)关键环节之二：速度与抢先。要想抢先一步占领头脑空白，必须抢先一步进入人们头脑，必须抢先一步进入人们心智。这就是说，不能让人们慢慢对品牌产生认知，不能让人们慢慢对品牌产生好感。或者说，应该先于竞争者进入人们心智，应该先于竞争者占领人们心智。(3)关键环节之三：第一与领先。在人们心智里成为品类的第一品牌，在人们心智里建立品牌的领先地位。(4)关键环节之四：心智与头脑。空白、抢先与第一，这三方面的概念都是专门针对人们心智与头脑的概念，不是专门针对市场与产品的概念。这就是说，这些概念所指向的目标，都是头脑里的空白、心智上的抢先，以及心理上的第一。这四个方面的环节，是抢先与领先策略的全部构成要素。所谓“快鱼吃慢鱼，关键在速度”。其道理在于：抢先占领人们头脑，抢先建立领先地位。其好处在于：“一步领先走，步步领先行”。“建立起领先地，创造出领先优势”，关键还是要依靠速度。

【诠释】⌖ 📖《孙子兵法·作战》：故兵闻拙速，未睹巧之久也[1]。夫兵久而国利者，未之有也[2]。📖《孙子兵法·作战》："兵贵胜，不贵久[3]。㊣ 从表面上看，营销战争的胜负体现在对市场份额的攫取上。从根源上看，营销战争的胜负则体现在对心智空间的占领上。头脑之战，速则得利，迟则不利。心智空间，犹如战场之战地，先占者易守，后来者难攻。因此，对于人们的心智，应趁无人之际，抢先占为己有，构筑防御阵地，从而获取"以逸待劳"之效。所谓"兵贵神速"，旨在"抢占先机"。迟恐为人先居，不但劳财费力，而且后患无穷。此中道理，兵法与营销并无二致。

注解：

〔1〕何氏：速虽拙，不费财力也；久虽巧，恐生后患也。杜牧：攻取之间，虽拙于机智，然以神速为上，盖无老师、费财、钝兵之患，则为巧矣。

〔2〕梅尧臣：力屈货殚，何利之有？张预：师老财竭，于国何利？

〔3〕曹操：久则不利。兵犹火也，不戢将自焚也。张预：久则师老财竭，易以生变，故贵其速胜疾归。

【案例】⌖ 在中国的果冻行业里，排在前两位的品牌分别是"喜之郎"和"金娃"。"金娃"比"喜之郎"更早进入市场。但是，"喜之郎"是第一个在中央电视台做广告的果冻企业。"喜之郎"的广告，不但简单易懂，而且也不花哨，直接针对人们的心智发力。"果冻布丁喜之郎"，这样就抢占了人们心智里的品牌阶梯。

借助中央电视台这个传媒平台，"喜之郎"迅速进入人们的心智。在人们的心智里，抢占了果冻品牌阶梯的第一位置。今天，"喜之郎"果冻的市场份额已经超过了70%。"喜之郎"在儿童市场占据主导之后，立即推出了新的品牌"水晶之恋"，主攻年轻人这个消费群体。如今，"水晶之恋"也成为了这个市场的第一品牌。

【案例】 一些产品及其品牌拥有显著地域性特征——只在特定地理区域销售。这些产品及其品牌面临着突破地域限制的问题——这既是一种限制，同时亦是一种机会。广东地区的凉茶——“王老吉”这个品牌，突破区域性销售问题，成为了一个十分成功的典范。在中国的各个地区，几乎都存在着一些地域性的产品。例如：四川的苦荞茶、北方的酸梅汤、江浙的花雕酒、女儿红……这些产品及其品牌，几乎都面临着同样的问题与机会——突破地域限制的问题与机会。在地域性的市场上，这些产品及其品牌已经存在于人们心智里。但是，在这些地域之外的市场上，这些产品及其品牌尚未在人们心智里建立起品类阶梯。其机会就在于：这些产品与品牌都存在着均等的机会，在其他市场区域抢先一步进入人们心智，在其他市场区域抢先一步建立领先地位。

凉茶这种产品，曾经是一种典型地域性产品——在广东地区具有悠久历史，在人们心智里存在着产品概念。在广东之外的地区，人们心智里没有凉茶这个概念。当然，在人们的心智里，也不存在凉茶的品牌阶梯。有鉴于此，“王老吉”这个品牌，抢先一步走出地域市场，与遍布各地的川菜馆、烧烤店进行合作——吃川菜、吃烧烤，会上火；怕上火，喝王老吉。借助这些渠道，“王老吉”抢先进入中国消费者的心智，建立起“防上火饮料”的概念。如今，“王老吉”获得了巨大的成功。“和其正”大力跟进，同样宣传“防上火”的概念。事实上，“和其正”是个落伍者——在为他人做嫁衣，正好帮助“王老吉”建立领先地位，正好帮助“王老吉”巩固领先地位。

在中国江浙地区，人们喜欢喝黄酒——例如：花雕酒、女儿红。在消费者心智里，黄酒这个产品类别存在着品牌阶梯。在江浙之外的地区，人们没有喝黄酒的习惯，许多人认为黄酒只是一种烹饪调味品。在消费者心智里，可能存在着黄酒这个概念，但是不存在黄酒的品牌阶梯。黄酒这类产品，面临着与凉茶类似的问题与机会。在中国江浙区域，各个黄酒品牌营销工作的核心——争取占领品牌阶梯的上层。或者，争取在阶梯上占有一席之地。但是，面对整个中国市场，黄酒品牌营销的首要任务，不是向人们卖黄酒——就像王老吉一样，首先不是卖凉茶，而是首先告诉人们正确的概念——黄酒是什么、有什么好处，首先建立起正确的品类概念，然后占领品牌阶梯顶端。这是非常关键的战略任务。

领先作用

印刻作用

——领先者总是能够给人留下深刻印象

【观点】 “第一个”与“第一名”，留给人们的印象总是尤为深刻。第一个进入人们心智的东西，则很难改变其在人们心智里的印象。第一个占领人们心智的东西，则很难改变其在人们心智里的地位。前者（第一个），就是人们常说的第一印象效应。后者（第一名），就是人们所谓的领导地位效应。这两种效应，都是印刻作用的体现。(1) 第一印象效应。人们对事物的第一印象，决定了其对事物的整体看法。尽管人们并不真正掌握事物的整体面貌，但是依然很难改变其对事物的初次看法。在人们的心智里，一旦从某个视角对事物形成了固定的认知，那么事物将长时间保持着被认知的形象。也就是说，一旦人们对事物形成印象，那么这种印象很难被改变。即便仅仅是非常肤浅的第一印象，那么这种十分表面化的初次印象，依然会被深深印刻在人们心智里。尤为糟糕或者更为严重的是，人们依据第一印象做出判断，以及采取进一步的应对行动。在对事物具备了整体认识之后，即使人们对初次看法有所改变，第一印象依然会印刻在记忆里，并在适当情景下发挥原始作用。(2) 领导地位效应。“第一印象”效应已经非常强烈。“领导地位”效应则更加深刻。问题的不同之处在于，人们往往赋予“第一名”某种象征性的价值意义。不管是正面意义上的“第一名”，还是负面意义上的“第一名”，不但都会被深深印刻在记忆里，而且其所代表的意义也很难被改变。只不过，人们更加喜欢最好的那个事物，更加不喜欢最糟的那个事物。介于此两者之间的事物，则既不会给人们留下深刻印象，也不会被赋予什么特别意义。无论什么东西，一旦被赋予一种象征意义，那么这个东西就不再是普通东西了，这个东西也就开始与众不同了。领先地位的含义，往往与“最好”这种概念划等号，往往与“最优”这种形象相等同。由此可见，“第一个”与“第一名”，其作用所以如此之强大，与其对人们心智的抢先占领密不可分。这就是所谓的“先入为主”效应。

【诠释】 ⊕ 📖《孙子兵法·军争》：故三军可夺气[1]，将军可夺心[2]。📖《尉缭子·战威》：善用兵者，能夺人而不夺于人。㊣ 商战与兵法，均以攻心为上策，以攻城为下策。对于定位来说，定位之要，在于能否夺取人心；定位之难，在于人心被人所夺。夺心之要，在于“先入为主，先声夺人”；夺心之难，在于“焦点集中，印记深刻”。抢先夺取人们的心智空间，即能夺竞争对手之士气，亦能夺竞争对手之军心。其中的好处，盖即在于此。

注解：

〔1〕曹操：左氏言：一鼓作气，再而衰，三而竭。李筌：夺气，夺其锐勇。

〔2〕杜牧：心者，将军心中所倚赖以为军者也。何氏：先须己心能固，然后可以夺敌将之心。张预：心者，将之所主也。夫治乱、勇怯，皆主于心。故善制敌者，挠之而使乱，激之而使惑，迫之而使惧，故彼之心谋可以夺也。传曰：先人有夺人之心，谓夺其本心之计也。李靖曰：攻者，不止攻其城、击其陈而已，必有攻其心之术焉。所谓攻其心者，常养吾之心，使安闲而不乱，然后彼之心可得而夺也。

【案例】在美国的大学之中，被公认为最好的六所大学，分别是哈佛大学（Harvard University）、耶鲁大学（Yale University）、普林斯顿大学（Princeton University）、麻省理工学院（Massachusetts Institute of Technology）、斯坦福大学（Leland Stanford Junior University）、加州理工学院（California Institute of Technology）。哪个大学是美国第一所大学？按照定位理论的观点，排名第一的大学应该是美国第一所大学。哈佛大学——美国排名第一的大学，美国历史上的第一所大学，创建于1636年。

排名顺序	大学名称	创建时间
1	哈佛大学	1636年
2	耶鲁大学	1701年
3	普林斯顿大学	1746年
4	麻省理工学院	1861年
5	斯坦福大学	1891年
6	加州理工学院	1891年

那么，美国最好的六所大学，其排名次序与创建时间存在着什么关系吗？或者说，美国最好的六所大学的排名次序，是否与进入人们心智的时间存在某种关系？从排名列表上看，美国最好的六所大学，其排名顺序与创建时间成正比关系——创建时间越早，历史越长，排名位置就越高。或者说，大学创建时间越早，进入人们心智时间越早，在人们心智里的地位就越高。值得注意的是，美国这六所大学，全部都是私立大学。

【案例】人们对事物的第一印象，决定着其后对事物的态度和看法。这就是第一印象的印刻作用。在一个竞争的格局中，第一个品牌——第一个进入人们心智的品牌，总是领先于第二个品牌，或者稍后进入市场的品牌。除非，第一品牌犯下原则性错误。

- 可口可乐（Coca-Cola）——可乐类饮料第一品牌，诞生于1886年；

百事可乐（Pepsi）——可乐类饮料第二品牌，诞生于 1890 年。如今，可口可乐仍然是可乐类饮料的领袖品牌——全球可乐饮料市场领袖品牌。

- 赫兹出租车公司（Hertz），创办于 1918 年——美国第一个出租汽车公司；艾维斯出租车公司（Avis），创办于 1946 年——美国出租车第二品牌。赫兹出租车公司一直领先于艾维斯出租车公司。
- 《花花公子》（*Playboy*）杂志，创办于 1953 年——第一本男性杂志；《阁楼》（*Penthouse*）杂志，创办于 1965 年——第二本男性杂志。《花花公子》杂志一直领先于《阁楼》杂志。
- 《人物》（*People*）杂志，创办于 1974 年——第一本人物新闻杂志；《美国周刊》（*US Weekly*）杂志，创办于 1977 年——第二本人物新闻杂志。《人物》杂志一直领先于《美国周刊》杂志。
- 《时代周刊》（*Time*）杂志，创办于 1923 年 3 月——第一本实事新闻周刊；《新闻周刊》（*Newsweek*）杂志，创办于 1933 年 2 月——第二本实事新闻周刊。《时代周刊》杂志一直领先于《新闻周刊》杂志。

从人们心智的角度看，抢先获得第一印象，会留下不可磨灭的印记。在人们的购买过程中，印刻作用不知不觉地影响着人们的选择。在某种程度上，这意味着：第一个品牌永远胜过第二个品牌——跟随进入市场的品牌。

【案例】 第一个发明者，往往能成为人们心智第一个进入者。彼得·德鲁克（Peter Ferdinand Drucker）曾经说道：企业只有两项职能——创新和营销。那么，创新和营销之间存在着什么联系？“创新”意味着：创造出一种新东西，抑或创建出一个新品类。但是，仅仅有创新远远不够，还必须有好的营销。“营销”意味着：抢先占领人们的心智，成为人们心智里的领先者。

- 克莱斯勒汽车公司（Chrysler），1983 年，第一个推出小型箱式货车。

1993 年，在小轿车市场上，克莱斯勒汽车公司的市场份额为 10%。在小型箱式货车市场上，克莱斯勒汽车公司的市场份额达到了 50%。2009 年 4 月，克莱斯勒汽车公司申请了破产保护。克莱斯勒汽车公司为何变得如此脆弱？不巩固自己的强势阵地，用自己的弱势与对手的强势竞争。

- 惠普公司（HP），1984 年推出了第一台激光打印机。1993 年，在个人电脑市场上，惠普公司占有的市场份额为 5%，在激光打印机市场上，惠普公司所占有的市场份额为 45%。今天，惠普公司的激光打印机，被视为激光打印机全球标准。如今，惠普公司成为全球最大个人计算机公司。惠普公司如何获得领先地位？2002 年，收购了康柏公司（Compaq）。2005 年，IBM 公司个人电脑业务卖给联想公司（Lenovo）。
- 喜力啤酒（Heineken），第一个引入美国的进口啤酒品牌。在 50 年之后，在美国进口啤酒市场上，谁是第一啤酒品牌？喜力啤酒。事实上，在美国市场上，当时已经有 425 个啤酒品牌。在 425 个啤酒品牌之中，肯定存在着一些啤酒品牌，其味道、口味比喜力啤酒还要好一些。但是，喜力啤酒一直是进口啤酒领先品牌，所占据的市场份额大约达到了 30%。

定位理论认为：谁第一个发明了一种产品并不重要。那么，什么最重要？第一个进入人们心智——第一个印刻在人们心智里。对于营销来说，抢先进入人们心智最重要。品牌一旦抢先印刻在人们心智里，跟随者就很难再占有相同的心智位置。这意味着：在同一条跑道上赛跑，起跑晚的品牌很难对领先者实现超越。这就是领先品牌的意义所在。因此，“创新”需要借助“营销”才能发挥竞争作用。

【案例】 许海峰——中国第一个奥林匹克运动会（Olympic Games）冠军，1984 年第 23 届洛杉矶（Los Angeles）奥林匹克运动会男子自选手枪冠军。北京时间 1984 年 7 月 30 日上午，当许海峰夺冠的消息传回北京时，这个名字立刻传遍了整个中国大地——在奥林匹克运动会的历史上，中国人实现了金牌“零的突破”。中国第一个奥林匹克运动会奖牌，在中国人心智里被赋予了特殊的意义——洗雪了中国人“东亚病夫”的耻辱。中国第二个奥林匹克运动会冠军呢？对此，几乎没有人知道。1984 年，在第 23 届洛杉矶奥林匹克运动会上，中国体育代表团获得了 15 枚比赛金牌。在第一个奥运冠军之后，在剩余 14 个奥林匹克运动会冠军之中，有几个在人们的头脑里留下了深刻印象？

项目序号	比赛项目	金牌获得者
01	男子自选手枪	许海峰
02	跑猪射击	李玉伟
03	女子标准步枪	吴小旋
04	女子跳台跳水	周继红
05	女子花剑	栾菊杰
06	52 公斤级举重	曾国强
07	56 公斤级举重	吴数德
08	女子排球	中国女排
09	60 公斤级举重	陈伟强
10	67.5 公斤级举重	姚景远
11	鞍马	李宁
12	吊环	李宁
13	自由体操	李宁
14	高低杠	马燕红
15	跳马	楼云

杨利伟——中国第一个飞上太空的航天员。同样，中国第一个飞上太空的航天员，在人们心智里也被赋予了特殊的意义——中国人首次登上了太空。在返回地球之后，杨利伟头衔改变了，变成中国载人航天工程宇航员系统副总指挥。当杨利伟出现在电视屏幕上的时候，提醒人们的字幕是：中国首飞航天员。那么，中国第二个飞上太空的航天员呢？聂海胜、费俊龙。但是，聂海胜、费俊龙这两位航天员，无法获得“中

国首飞航天员”一样的机会。有多少人还记得这两个名字？中国第一个实现太空行走的航天员呢？翟志刚。如今，有多少人能够记得这个名字呢？恐怕不会有很多人记得这个名字了。

标杆作用

——人们总是倾向性地认为领先者最好

【观点】 人们总是会倾向性地认为：首创品牌是原创品或正宗货，跟随品牌是仿效品或二流货。所谓“首创品牌”，不是指“第一个进入市场的品牌”，而是指“第一个占领人们心智的品牌”。品牌的这两种情况，可能会重叠在一起，也可能不重叠在一起。因此，“首创品牌”的含义，是指人们心智里的首创品牌。即抢先进入人们心智的品牌，首先获得心智认知的品牌。正是由于这种原因，首创品牌往往成为人们衡量跟随品牌的对照标准，在人们心智里成为跟随品牌难以超越的品牌标杆。由于首创品牌在人们心智里具有标杆作用，因此最有可能成为人们心智里的领导品牌。在这个过程中，除非首创品牌自身犯下战略错误，从而为竞争品牌创造了可趁之机，使竞争品牌抓住机会而后来居上。否则，领先地位则非首创品牌莫属。在许多产品类别里，那些取得优势地位的领导品牌，都是首先进入人们心智的首创品牌。那些已经获得领先地位的首创品牌，不但在人们头脑里构建起品类概念，而且还牢牢地占据着心智阶梯顶端，成为仿效品牌不容易超越的心智标杆。

【诠释】 📖《孙子兵法·虚实》：故善战者，致人而不致于人[1]。㊣ 对于定位来说，当一个品牌占领了人们心智制高点的时候，这个品牌就成为人们心智里衡量其他品牌的标准。当此之时，所有的跟随效仿者均沦落成为“二流货”。在争夺人们心智的战争中，这就是“致人而不致于人”的道理。“致人”与“不致于人”，谁居于主动地位？谁处于被动地位？其答案不言而喻。所谓“先发者制人，后发制于人”，其道理即在于此。

注解：

〔1〕李筌：故能致人之劳，不致人之佚也。杜牧：致令敌来就我，我当蓄力待之，不就敌人，恐我劳也。杜佑：两军相远，强弱俱敌，彼可使历险而来，我不可历险而往，必能引致敌人，己不往从也。梅尧臣：能令敌来，则敌劳；我不往就，则我佚。王皙：致人者，以佚乘其劳；致于人者，以劳乘其佚。张预：致敌来战，则彼势常虚；不往赴战，则我势常实。比乃虚实彼我之术也。

【案例】 “做第一”胜过“努力做”，这是迄今为止最具效力的定位理念。要想在人们的头脑里占据压制性的竞争地位，首先要做的不是向人们推销产品，而是要寻找一个能够“做第一”的领域。一旦找到了能够“做第一”的领域，就有机会建立起一个强大的品牌——一个具有代表意义的品牌，或者一个具有象征意义的品牌。

- Jeep——第一个四轮越野汽车品牌
- Acura——第一个日本豪华轿车品牌
- Tide——第一个衣物清洁剂品牌
- Sun Micro Systems——第一个拥有 Work Station 品牌
- Gillette——第一个安全剃刀品牌
- Oracle——第一个大型数据库软件品牌
- 用友——第一个中国财务软件品牌

一旦品牌抢先进入人们心智，在人们心智里建立起领先地位。那么，这个获得领先地位的品牌，就会成为跟随品牌的心智标杆。这个标杆的营销意义在于：跟随者很难超越这个心智标杆，只能屈居于“二等货”的心智位置上。在一个竞争的格局中，这种标杆性的领先地位，对人们的购买选择产生决定性意义。

产品类别	领先者	追随者
可乐饮料	可口可乐(Coca-Cola)	百事可乐(Pepsi)
复印机	施乐(Xerox)	IBM
计算机	IBM	RCA
激光打印机	惠普(HP)	爱普生(EPSON)
摄影胶卷	柯达(Kodak)	富士(FUJI)
凉茶饮料	王老吉	和其正、吉吉高

（1）可口可乐（Coca-Cola）——第一个可乐类饮料，如今依旧是可乐类饮料的第一品牌。无论百事可乐（Pepsi）怎样发动攻击，始终无法超越可口可乐。（2）施乐（Xerox）——第一个普通纸复印机，在复印机领域长期保持着的领先者。IBM 曾经试图与施乐一较高低，结果无功而返。（3）IBM——第一个进入人们心智的计算机品牌，曾经是计算机领域里的领先品牌。美国无线电公司（RCA）曾经斥巨资向 IBM 发动进攻，结果惨败而归。（4）惠普（HP）——第一个进入人们心智的激光打印机品牌，如今在该领域里仍处于领先地位。爱普生（EPSON）等品牌加入竞争，但是，惠普依然保持领先地位。（5）柯达（Kodak）——第一个进入人们心智的普通胶卷品牌，如今仍是该领域里的第一品牌。富士（FUJI）曾经是最大竞争对手，但是始终无法超越柯达。（6）王老吉——第一个进入人们心智的凉茶品牌饮料，效仿品牌有和其正、吉吉高和邓老凉茶。谁是凉茶品牌的市场领导者？王老吉。效仿品牌则不值一提。

反衬作用

——效仿者的模仿行为，反而会强化领先者的地位

【观点】 在人们的心智中，一旦抢先者已经建立起领先地位，那么仿效者很难取代其领先地位；一旦抢先者已经树立起领先形象，那么仿效者很难拥有同样的领先形象。从这个方面来看，如果抢先者已经

占领了人们的心智，那么效仿者很难与领先者直接竞争。从相反方面来看，直接对领先者的仿效行动，会使领先者显得愈加与众不同，从反方向愈加衬托出领先地位。直接对领先者的仿效行动，会对领先者产生三个方面的反衬作用。（1）不但起不到削弱领先者心智地位的作用，反而会起到强化领先者心智地位的作用；（2）不但起不到降低领先者心智地位的作用，反而会起到抬高领先者心智地位的作用；（3）不但起不到模糊领先者心智地位的作用，反而会起到强调领先者心智地位的作用。其中的道理十分简单：首先，如果越来越多的人（效仿者）朝着领先着的方向走（效仿活动），那么人们会认为这个方向（品类）很重要。其次，如果越来越多的人（效仿者）宣传同一种东西（品类），那么在人们心智里这种东西（品类）的代表者地位愈加突出。从这个意义上看，对于跟随者的仿效行动，领先者不是要将跟随者剿灭，领先者也很难将跟随者消灭。对此，只要保持压制性的领先地位，领先者就是最大的赢家。这种策略被称为“不排斥竞争原则”。“不排斥竞争原则”的运用，必须以取得牢固领先地位为前提。

【诠释】 《老子》（39）：贵以贱为本，高以下为基。《老子》（27）：善人者，不善人之师。不善人者，善人之资。不贵其师，不爱其资，虽智大迷，是谓要妙。㊣ 对于定位而言，没有追随者，就没有领先者。是效仿者的效仿行动，突出了领先者的地位。这同样是一种形式的“对立相成”哲学。

【案例】 佩珀博士公司（Dr. Pepper）始创于 1885 年。Dr. Pepper 是一种口味独特的饮料，主要原料是由果汁混合而成。据说，这种口味独特的饮料，需要经多次尝试才会习惯。但是，Dr. Pepper 仍然获得了强烈的顾客忠诚。可口可乐公司始创于 1886 年，主要生产可乐类饮料。可口可乐是可乐饮料的首创者，并占据着可乐类饮料领导者的地位。

在佩珀博士公司来看，可口可乐公司无疑是一家巨型企业，拥有庞大的竞争资源。可口可乐公司推出了皮伯先生（Mr. Pibb），试图争夺 Dr. Pepper 的市场份额。但是，可口可乐公司饮料巨头的地位，对 Mr. Pibb 并没有什么太大帮助。Dr. Pepper 卖掉六瓶饮料，Mr. Pibb 只能卖掉一瓶饮料。可口可乐公司无法用 Mr. Pibb 打败 Mr. Pibb。于是，可口可乐公司只能花钱收购佩珀博士公司。

1986 年，可口可乐公司花了 36.5 亿美元，收购了佩珀博士公司。佩珀博士公司股权投资人，所获得的投资回报超过了 90%。可口可乐公司仍没吸取这个经验教训，又推出“增力”（PowerAde）运动饮料，试图取代“佳得乐”（Gatorade）运动饮料的领先地位。结果如何？不言而喻。无论从理论上来看，还是从市场上来看，“增力”这个跟随品牌都无法战胜“佳得乐”这个领先品牌。

百事可乐公司吸取了这样的教训，避免与可口可乐公司面对面地直接交锋。百事可乐公司经过调查发现，可口可乐在人们心智里占据的位置，是原创的可乐、正宗的可乐、经典的可乐。但是，人们同时认为可口可乐有些守旧，甚至有些傲慢和官僚。显而易见，可口可乐应该属于“年长一点儿”的消费者。针对可口可乐的这种顾客心智地位，百事可乐在饮料里增加了一点额外的甜度，其口味更适合“年轻一点儿”的消费者。百事可乐宣称，这是“新一代的选择”。这一定位策略，不但把百事可乐与可口可乐区分开来，还引起了目标受众的共鸣，缩短了百事可乐与可口可乐之间的差距。

光环作用

——在人们心智中“做第一”，胜过在市场上“努力做”

【观点】 如果要问“哪个品牌最好”，那么答案总是：“第一品牌最好”。这不是因为：第一品牌在客观事实上最好。这是因为：第一品牌在心智认知中最好。如果不是人们心智里的“第一品牌”，那么很难说服人们相信品牌“胜过第一”。对于“哪个品牌最好”这个问题，人们宁愿相信“领先者的地位与声誉”，也不愿意相信“追随者的劝说与证明”。进一步来说，如果不是人们心智里的“第一品牌”，即使比“第一品牌”做得更多，也很难获得人们的认同与认可。如果不是人们心智里的“第一品牌”，即便比“第一品牌”做得更好，也未必得到人们的信任与支持。同样的道理，如果不是人们心智里的“第一品牌”，纵然堪比“第一品牌”，人们总认为是“夸大其词，自我吹嘘”。如果不是人们心智里的“第一品牌”，纵然超越“第一品牌”，人们也认为是“王婆卖瓜，自卖自夸”。人们这样认为的理由，既十分简单且又非常坚决。那就是：如果这个品牌真是“如此之好”，那么这个品牌早就“做第一了”。这个品牌怎么没能做第一？对于第一品牌，效果则恰恰相反。如果能够成为人们心智里的“第一品牌”，不需“第一品牌”多说什么，人们也总是认为“第一品牌最好”。如果能够成为人们心智里的第一品牌，纵然“第一品牌”存在缺陷，人们也总愿相信“这是偶然现象”。这种现象被称为：“做第一”胜过“努力做”。这就是说：与“努力做”相比，“做第一”更容易获得人们信任。与“做得好”相比，“做第一”更容易吸引人们购买。其中的原因很简单，即领先者头上总是会产生光环。这种品牌光环，只能照亮自己，不能照亮别人。不但如此，跟随者的亮点以及领先者的暗点，也被一起湮没在领先者光环背后。

【诠释】 ⌖ 📖《老子》（77）：天之道，损有余而补不足。人之道则不然，损不足以奉有余。㊣ 对于心智中的品牌，人们一样“损不足以奉有余”。当选择品牌的时候，人们愿意选择强者，而不愿意选择弱者。因为人们相信，强者所生产的东西，一定比弱者更加可靠一些。在购买产品这个问题上，人们不存在同情弱者的选择心理。这就造成了

“强者越强，弱者越弱”的现象。

【案例】在中国大陆市场，如果打算购买一台个人品牌电脑，那么可供人们选择的品牌非常之多——仅本土企业生产的产品，就可以超过20个品牌。例如：联想、七喜、方正、神舟、长城、创想、四通、浪潮、新兰、海尔、海信、大恒、中柏、实达、好福、睿智、润衡、宝朗、明基、华硕、宏碁、TCL、白玉兰、北极熊、清华同方、清华紫光……如此等等，令人感到无所适从。如今，一些品牌早已经消亡。一些尚存的品牌，状况也好不到哪里去。不是因为这些产品不好，关键是这些品牌不好——这些品牌在人们心智中的地位不高。相反，如果这些产品都换贴上领先品牌商标，那么这些产品绝不会比领先品牌逊色。差别不在产品本身上，差别存在于顾客心智里。因为顾客不认为这些品牌好，所以这些品牌或者已经消亡，或者痛苦地挣扎在市场上。“TCL”与“联想”的不同命运，就是这种情况的典型代表。

在这些本土品牌当中，哪个品牌最好？毫无疑问，大多数人认为“联想”最好。“TCL”不好吗？或许“TCL”也不错，但是“联想”更好。这就是绝大多数人的想法。事实上，仅就生产技术而言，“TCL”丝毫不逊色于“联想”。对于产品制造的历史与经验而言，“TCL”甚至绝对优于“联想”。两者不同的发展历程，足以证明这种观点。“联想”的发展历史：依靠代理销售电脑起家（贸易），沿着“贸易—工业—技术”的路线发展起来；“TCL”的发展历史：依靠生产电子产品起家（制造），沿着“工业—技术—贸易”的路线发展起来。当“联想”还在做贸易的时候，“TCL”已经开始生产电子产品了。在“TCL”的历史上，还曾经成为“Intel新一代处理器”的首选合作伙伴。事实尽管如此，人们依然不会改变对“联想”的看法，人们也不会改变对“TCL”的看法。“TCL”丝毫不逊色于“联想”，对于这种说法人们充满怀疑，甚至根本就不愿意相信。

对于电脑产品来说，品质真相是什么？无论是贴着标签的品牌电脑，还是 DIY（Do it youself）的组装电脑，无论是“联想”电脑，还是“TCL”电脑，本质上没什么太大差别。不同之处在于，在人们心智里的地位不同而已。大多数人认为“联想”最好。这是因为：在本土品牌里面，“联想”占据着领先地位，是人们心智里的“第一品牌”。“联想”这个名称，就是代表电脑这种产品概念。与此相反，“TCL”这个名称，则是代表电视这种产品概念。在人们心智里，这两个品牌代表着完全不同的产品概念，拥有着完全不同的心智地位。在个人电脑领域，当“TCL”遭遇“联想”的时候，竞争的天平一定会偏向“联想”一边。如今，“TCL”早已退出了电脑市场。“联想”这个品牌，仍然站在“第一品牌”的位置上。这就是领先地位产生的光环效应。“做第一”胜过“努力做”。这个游戏规则，得到了充分证明。

替代作用

——领先者的品牌名称，可能替代品类名称

【观点】 一个产品类别里首创品牌的名称，可能被用于替代产品类别的名称。当人们想起这类产品的时候，人们只说出首创品牌的名称，不会说这个产品类别的名称。产生这种替代现象的原因是：首创品牌抢先进入人们心智，在人们心智里建立领先地位。同时，或许在一个相对较长时间段内，完全不存在能够与之相匹敌的竞争品牌。人们都知道首创品牌代表什么含义，用首创品牌名称代替产品类别名称，既简化语言且又不会引起语义混乱。当人们形成习惯之后，无论在产品类别里是否存在竞争品牌，人们仍会继续延用这种称呼习惯。这有什么营销价值？这种习惯意味着：人们不知不觉地帮助品牌强化顾客心智地位。这个过程包括：习惯性的行为与隐蔽性的效果。习惯性的行为是指：把首创品牌名称当作产品类别名称，把首创品牌当成一个产品类别代表；隐蔽性的效果是指：强化首创品牌在人们心智里的概念，巩固首创品牌在人们心智里的地位。但是，首创品牌名称成为品类替代名称，还需要具备另外一个关键性条件。这个条件就是：要有一个易于传播的品牌名称。

【诠释】 《三十六计》（秘本兵法）：反客为主。〔解语〕乘隙插足，扼其主机，渐之进也。（易经·渐卦。渐，渐进之意）。〔按语〕为人驱使者为奴，为人尊处者为客。不能立足者为暂客，能立足者为久客，客久而不能主事为贱客，能主事则可渐握机要，而为主矣。故反客为主之局：第一步须争客位；第二步须乘隙；第三步须插足；第四步须握机；第五步乃成功。为主，则并人之军矣。此渐进之阴谋也。㊣对于定位而言，品类为主，品牌为客；领先者为主，追随者为客。品牌名称代替品类名称，即为反客为主；追随品牌取代领先品牌，亦为反客为主。为什么说“品类为主，品牌为客”？这是因为：在人们的心智中，品类概念是第一位的概念，品牌概念是第二位的概念。品牌概念是品类概念之下的次级概念，人们总是将品牌概念纳入一个品类框架之内加以思考。当人们选择消费的时候，人们首先选择可以相互替代的品类，然后才选择品类中的品牌。品牌名称代替品类名称，就是“反客为主”之计。

【案例】 邦迪（BAND-AID），是一种家用止血胶布品牌。当人们购买这种止血胶布的时候，人们往往会用“邦迪”代替“止血胶布”。人们往往这样说：我要购买一盒“邦迪”。人们不会这样说：我要购买“邦迪”止血胶布。当人们使用这种止血胶布的时候，人们不会说“贴一块邦迪止血胶布”，人们也不会说“贴一块止血胶布”，人们往往说“贴一块邦迪吧。”人们使用“邦迪”这个品牌名称，代替“止血胶布”这个品类名称。同样，当人们想购买 Coca-cola 的时候，他们会说：请给我一个 Cola。他们不会说：请给我一个 Coca-cola。他们不会说：请给我一个 Pepsi-Cola。对大多数人来说，当他们说 Cola 这个词汇的时候，他们心里是指 Coca-cola。舒洁（Kleenex），是第一个小包装纸巾品牌。当人们想要一包纸巾时，人们会说：“给我一包舒洁”。人们不会说“请给我一包舒洁纸巾”。在人们的心智里，“舒结”这个名字，就是纸巾的代名词。

人们经常使用第一个品牌的名称代表他们所希望得到的产品，尽管这些产品根本就不是他们所说的那个东西。例如：施乐（Xerox），是第一个普通纸复印机的品牌。当人们站在一台夏普（Sharp）复印机面前，或者站在一台理光（Ricoh）复印机面前，正打算用这台机器复印一些文件，人们依然会说：我想 Xerox 文件。联邦快递（FedEx），是人们心智中 24 小时送达的快递领先品牌。当人们想邮寄一份快递包裹的时候，人们可能使用 DHL 完成递送任务，人们依然会说：把这个邮包 FedEx 到中国，当人们想上网搜索一些资料时，人们可能会说：Google 一下，或者 Baidu 一下，但是人们可能使用了其他网站的搜索服务。尽管如此，Xerox、FedEx、Google、Baidu 这些品牌仍然拥有强大的力量，因为他们都不再仅仅是一个品牌名称，他们变成了可能执行某项功能的动词。这意味着什么？这意味着：这些“品牌名称”成为一种“替代名称”——在人们的心智里，成为产品类别的代表品牌，成为某个行业的首席代表。

证明作用

——领先地位成为品牌可信的最好证明

【观点】 品牌在人们心智里取得领先地位，是所有定位游戏的终极目标。在顾客心智中的领先地位，也是品牌可信的直接证明，或者品牌可靠的有效担保。这就是说，一旦品牌取得了领导地位（可信证明），人们可能相信品牌的一切自我言论。其原因很简单：品牌的领先地位，其本身就构成了品牌可信的有力证据。在定位这场游戏里，领先地位已经成为一个极好的认知竞争平台。人们往往把“大”等同于成功、身份和领导地位，人们往往对“大”心怀着羡慕、尊敬和赞美之意。因此，一旦品牌在业绩上成为领先者，一定要让人们知道谁是领先者，从而在人们心智上成为领先者。对于跟随品牌来说，一个不肯自吹的领先者，是再好不过的便宜事。如果领先者不宣扬自身成就，那等于向竞争者敞开了大门。一旦竞争者抓住机会必将长驱直入，绝对不会给领先者留下一线生机。我们必须明白：一个企业要想壮大与发展，并非完全凭借产品与服务。尤为需要凭借的是：品牌在人们头脑里所构建起来的价值地位。

【诠释】 《尉缭子·守权》：夫守者，不失险者也。《孙子兵法·地形》：险形者，我先居之，必居高阳以待敌[1]；若敌先居之，引而去之，勿从也[2]。㊣ 在人们心智中，若居高守险，则力省事倍，佚而难及，此定位之要。人们心智中的高地，就是品牌的险要之地。对于居于高地上的品牌，应该守住自己的制高点，保持自己在人们心智中的领先地位。这就是“不失其险”。对于没能抢占制高点的品牌，应该避免与领先者正面交锋，重新寻找一个于己有利的高阳之地。这就是“去之勿从”。

注解：

〔1〕杜佑：居高阳之地以待敌，敌人从其下阴而来，击之则胜。

〔2〕曹操：地形险隘，尤不可致于人。李筌：若险阻之地，不可后于人。梅尧臣：先得险固，居高就阳，待敌则强，敌苟先之，就战则殆，引去勿疑。张预：平陆之地，尚宜先据，况险阨之所，岂可以致于人？故先处高阳，以佚待劳，则胜矣。若敌已据此地，宜速引退，不可与战。

【案例】 《心理观察：人们为什么会表现出他们自己那样的行为举止》（*Mindwatching*：*Why People Behave The Way They Do*）一书中，

心理学家汉斯·于尔根（Hans Jurgen）、迈克尔·艾森克（Michael Eysenck）提到一个著名的研究。

一名被称为“英格兰先生”的实验参与者，被介绍给若干个班级的美国大学生。这位“英格兰先生”，要么被介绍为“英格兰先生——剑桥大学的学生”，要么被介绍为“英格兰先生——剑桥大学的教授”。然后，研究者要求美国大学生们估计这位“英格兰先生”的身高。当“英格兰先生”的地位从学生上升到教授的时候，“英格兰先生”在学生们眼中的身高也随之增加了 5 英寸。

“英格兰先生”，不是惟一的实验。身高与薪酬之间存在关系吗？有一项研究给出了类似结论。美国匹兹堡大学（University of pittsburgh）男性毕业生——身高超过 6 英尺 2 英寸的学生所获得的平均起薪，比身高低于 6 英尺的学生至少高出 12 个百分点。市场亦如此，市场上的身高，以销售数量来衡量，以市场份额来衡量。

【案例】 AmBev 公司，是当今巴西（Brazil）企业中表现最佳者之一。1989 年，以马歇尔·泰勒斯（Marcel Telles）为首的一群私人投资者，共同投资买下了 Brahma 公司——AmBev 公司的前身。当时，Brahma 公司表现并不出色。与市场上一个表现差不多的竞争者——Brazilian Beer 公司并列为领导者。Brahma 公司的新股东认为，市场核心潜力几乎完全发挥，因此应该运用广泛的零售网络，推出其他产品，以此进行新市场的扩张。但是，管理层却没有走这条道路。相反，他们认为核心业务还没有完全发挥营运与盈利潜力，因此决定从头开始打基础，使其成为未来扩张的跳板。Brahma 公司的新管理者选择了正确的道路。现在，AmBev 公司是南美洲的顶尖啤酒制造商及世界第四大啤酒企业。从 1989 年至 2001 年的 12 年间，AmBev 公司的营业额从 7 亿雷亚尔增长到 65 亿雷亚尔，在低速发展的市场中仍有 20.4% 的增长率，其股票价格以 34.4% 的年增长速度递增。

"婆罗贺摩"（Brahma），是 Brahma 公司拥有的啤酒品牌，已经拥有百年的历史，市场占有率约为 45%，在巴西啤酒市场上位居第二。当年，一位瑞士移民想要重新制造家乡浓郁的黑啤酒，并以某个东方神明名字——Brahma 为其啤酒品牌命名。在 Brahma 创立一个世纪之后，Brahma 公司经历了数十年的零增长，缺乏积极的企业文化、设备老旧、利润超薄、生产力又十分低下。"南极洲"（Antarctica），是 Brazilian Beer 公司拥有的品牌，在巴西啤酒市场上位居第一，"婆罗贺摩"则紧跟在"南极洲"之后。这里关键的问题是，这仅仅是销售量上的排名。在人们的心智中，并不知道谁是真正的第一。在人们的意识中，"婆罗贺摩"与"南极洲"这两个品牌不分上下——并列为领先者。"婆罗贺摩"抢先展开争夺领先地位的行动，发动了一场大规模的广告攻势。在宣传广告里，"婆罗贺摩"声称自己拥有领导地位——巴西啤酒市场上的第一品牌。在广告里，"婆罗贺摩"采用"伸向销售点之手"的画面，运用"夸张伸长的食指"充当品牌位居第一的象征。

在"婆罗贺摩"展开行动的时候，"南极洲"仍然处在领先者位置上。遗憾的是，消费者并不知道"南极洲"是领先者。其原因就在于："南极洲"从未打出代表领先者的旗帜，从未告诉消费者谁是第一品牌。当尘埃落定之时，结果令人十分震惊——"婆罗贺摩"成了真正的领先者。这是因为：尽管人们会同情处于弱势的一方，但是人们更加倾向于购买强势一方的产品。一旦人们认为自己喝的不是领先品牌，便会放弃选择"南极洲"，更多地选择"婆罗贺摩"。Brahma 公司首席执行官马歇尔·泰勒斯说道：我们了解到，我们购买下了一个很棒的市场位置。我们发现能够不断地从开发核心业务中挖掘更多潜力。为了获取领先的市场地位，Brahma 公司全力以赴投入战斗。1989 年，Brahma 公司员工的生产力增加了将近 7 倍。此外，Brahma 公司所有地方都有所改善。实际上，Brahma 公司的发展从降低核心业务成本与企业文化重建开始，从而培养出了一种强烈的企业文化——对任何未发挥潜力的事情都感到不满意。

在“婆罗贺摩”战胜“南极洲”10 年之后，导致了“婆罗贺摩”和“南极洲”所属的两家企业合并在一起。在合并之后，企业名称改为“AmBev”。如今，在巴西啤酒市场上，AmBev 公司已经掌控了 69% 的市场份额。10 年来持续改善生产力，以及与竞争对手整合，AmBev 公司的税前盈利率从 8.7% 上升到 30.5%。充沛的现金流，进一步投资在核心的生产力与扩张市场上 AmBev 公司所获得市场时机千载难逢，因为当时巴西啤酒消耗量正蓄势待发。一项研究统计，全世界的啤酒利润的新增长量，有 42% 将来自巴西市场。AmBev 啤酒大学的校长，是一名受过训练的人类学家。他曾经与澳洲原住民在一起生活过，并从中学到了两个简单而又重要的原则。第一个原则是：明确的目标。原住民总是在出门的前一晚去打猎，这时他们已决定了想要猎取什么，以及想要去哪里猎取。第二个原则是：专注的力量。如果他们想猎狐猴，但是一只诱人的其他猎物出现了。这时候，其他猎人会说道：这就简单了，就打这个家伙吧！但是，领导者总是会说：如果出去的目的是又为猎取狐猴，那么就不要去追羚羊和袋鼠。

在啤酒业务上，AmBev 公司尽量压低成本，并将低成本营运系统移植到巴西之外的市场。这样，相对于国外竞争者来说，AmBev 公司能够保持更低的价格，却拥有较高的利润。凭借这种盈利结构的优势，AmBev 公司进入了新的地理区域市场。例如：在巴拉圭与乌拉圭市场上，AmBev 公司占有了近乎 100% 的市场份额：在阿根廷市场上，AmBev 公司占有 83% 的市场份额；在玻利维亚市场上，AmBev 公司拿下了 99% 的市场份额，并且占领了委内瑞拉与智利啤酒市场的滩头阵地。到 2001 年，AmBev 公司已经蜕变成为全球第四大、且盈利最佳的啤酒企业。在 12 年之前，AmBev 公司还是一个表现不佳、盈利微弱啤酒生产企业——仅仅是巴西啤酒市场上领先者中较弱的一方。今天，AmBev 利用其 100 万个据点所组成的零售网络，进一步扩张到高级啤酒市场。

【案例】 德雷尔之巅公司（Dreyers Grand），是一家拥有两个品牌的冰淇淋生产企业。一个品牌是德雷尔（Dreyers），在落基山脉（Rocky Mountains）以西销售；一个品牌是埃迪（Edy），在落基山脉以东销售。这两个品牌名称，分别以该公司两位创始人——威廉·德雷尔（William Dreyer）和约瑟夫·埃迪（Joseph Edys）的名字命名。凭借这两个品牌，德雷尔之巅公司成为美国头号冰淇淋生产商。美国头号冰淇淋生产商，又成为这两个品牌的营销平台。

德雷尔之巅公司能够位居第一，主要凭借“直接送货到店”的经营方式。“直接送货到店”，让雷尔之巅公司显得与众不同。德雷尔之巅公司拥有一个由专家管理的冷藏车队，这些专家还负责亲自押车送货，以及冰淇淋在零售店里的存放。这种运作模式，绕过了批发分销商的冷藏车环节——批发分销商的冷藏车是冰淇淋保鲜的天敌，能够确保冰淇淋更加新鲜。其经营理念是：精雕细镂，制作出精美的冰淇淋。或许正是由于这个原因，德雷尔之巅公司生产的冰淇淋，成为“美国最受欢迎的冰淇淋”。

无论是直接送货到店的经营模式，还是更加令人信服的领导地位，都是“美国最受欢迎的冰淇淋”的有力证明。这些证明有什么营销价值吗？其营销价值在于：这两方面的证据，可以演绎出一个有力的定位战略。这个战略定位就是：德雷尔之巅公司的冰淇淋——“美国最受欢迎的冰淇淋”，因为这是“直接送货到店的的冰淇淋”。告诉人们“美国最受欢迎的冰淇淋”的秘密，就是“直接送货到店的运作方式”。德雷尔之巅公司运用这样的定位战略，可以轻而易举地守住行业的制高点。

心智第一

市场第一与心智第一

——在人们心智中做第一，而非在市场上做第一

【观点】 品牌要想取得成功，捷径是“做第一”。人们知道

"做第一"的重要性，但是人们不知道在哪里"做第一"。"市场第一"与"心智第一"，两者经常被混为一谈。这是最常见的错误，亦是最致命的误区。要想避免对"做第一"的不正确理解，必须辨别三个方面的误区。(1) 不是在产品市场上做抢先品牌，而是在人们心智中做抢先品牌；(2) 不是在销售规模上做第一品牌，而是在人们心智中做第一品牌；(3) 不是在技术领域上做领先品牌，而是在人们心智中做领先品牌。这不意味着：这三个方面的"前者"不重要。"前者"必须到达"后者"——客观领先必须获得心智接受，这种领先作用才会形成发酵效应。对许多品牌的研究发现：在众多领先品牌中，只有少数是真正第一个进入市场的品牌。其根本原因在于：尽管许多品牌第一个进入了市场，但是却没能第一个进入人们心智。其中关键在于：抢先获得顾客对品牌的认知——即要在人们的心智之中，成为一个品类的象征或者代表。在一个品类创建之初，第一个进入市场者往往不存在直接的竞争者，因此能够独自享受着整个市场份额，独自收获着整块市场利润，并尽情地体验着收割的忙碌，以及享受着收获的喜悦。当此之时，第一个进入市场者往往意识不到在人们心智中"做第一"的重要性，或者根本不知道在人们心智中"做第一"的重要性。但是，如果收获者不能抢先在人们心智中"做第一"，那么就等于给竞争者提供了抢先在人们心智中"做第一"的机会。这种"后来者居上"的过程十分简单——跟随者紧跟先行者者进入市场，由于先行者未能占领人们心智，故此跟随者有机会抢先进入了人们心智。或许，跟随者同样不知道要在人们心智中"做第一"的重要性。但是，跟随者存在针对、超越"先行者"的竞争想法。于是，跟随者抢先对消费者发起营销攻势。结果：在人们的心智中，跟随者反而后来居上，占据了人们心智的第一位置。自此，第一个进入市场者开始失去市场份额，开始流失销售利润。

【诠释】 🕀 📖《孙子兵法·军争》：故迂其途，而诱之以利，后人发，先人至，此知迂直之计者也[1]。📖《孙子兵法·军争》：先知迂直之计者胜，此军争之法也[2]。㊣ 对于定位而言，有后发先至者，因先发者不抢先占领人们心智，故后来者能够居上；有先发先至者，因先发者能抢先占领人们心智，故后来者无法居上。所谓“后发先至，后来居上”，其秘密尽在于此。对于那些潜在的领先者，千万不要为眼前的利益所迷惑，以至于“自迂已途”，而被竞争对手“后发先至，后来居上”。

注解：

〔1〕曹操：迂其途者，示之远也。后人发、先人至者，明于度数，先知远近之计也。李筌：故迂其途，示不速进，后人发，先人至也。用兵若此，以患为利者。杜牧：以迂为直，示敌人以迂速，敌意已怠，复诱敌以利，使敌心不专。然后倍道兼行，出其不意，故能后发先至，而得所争之要害也。梅尧臣：远其途，诱以利，款之也；后其发，先其至，争之也。能知此者，变迂转害之谋也。张预：形势之地，争得则胜。凡欲近争便地，先引兵远去，复以小利啖敌，使彼不意我进，又贪我利，故我得以后发而先至，此所谓“以迂为直，以患为利”也。

〔2〕张预：凡与人争利，必先量道路之迂直，审察而后动，则无劳顿寒馁之患，而且进退迟速不失其机，故胜也。王皙：量敌审轻重而动，又知迂直必胜之道也。梅尧臣：称量利害而动，在预知远近之方则胜。杜牧：言军争者，先须计远近迂直，然后可以为胜。其计量之审，如悬权于衡，不失锱铢，然后可以动而取胜，此乃军争胜之法也。

【案例】 ⊕“九阳”（Joyoung）豆浆机，是市场上销量第一的豆浆机品牌。“九阳”这个品牌，是第一个进入豆浆机领域的品牌。或者说，“九阳”这个品牌，开创了豆浆机这个新品类。这就是说，“九阳”第一个进入豆浆机市场。在消费市场上，当人们看到豆浆机的时候，顺便就把“九阳”买回了家。在豆浆机这个产品领域里，“九阳”长时间处于没有竞争对手的境地。

由于在不存在竞争对手，“九阳”豆浆机不但销量可观，而且获利丰厚。于是，“九阳”豆浆机在市场上销量第一。那么，在人们的心智中，“九阳”豆浆机拥有豆浆机第一品牌地位吗？这个问题比较复杂。在人们的心智中，“九阳”不完全拥有第一品牌的地位。或者说，在人们的心智中，“九阳”豆浆机的第一品牌地位并不十分清晰。这是为什么？

第一个方面的原因：在豆浆机购买者心智里，“九阳”豆浆机自然十分不错。这是因为：在不存在竞争者的情况之下，“九阳”自然成为最好的豆浆机品牌。在这部分消费者心智里，“九阳”无疑为豆浆机的第一品牌。实际上，一些家庭主妇认为，“九阳”就是指豆浆机这种产品。正是因为如此，在一些家庭主妇的语言里，使用“九阳”这个品牌名称，代替了“豆浆机”这类产品名称。

第二个方面的原因：“九阳”豆浆机在市场上保持销量第一。但是，潜在的消费者不知道这一点，不知道“九阳”这个品牌究竟代表着什么。为什么会这样？这是因为：“九阳”从未告诉过潜在消费者，“九阳”就是代表着豆浆机。当消费者谈论“九阳”的时候，不知道“九阳”潜在消费者会感到十分困惑——“九阳”是什么？“九阳”从未告诉潜在消费者——不知道“九阳”豆浆机的潜在消费者——“九阳”这个品牌代表着豆浆机。

“九阳”为什么不告诉潜在消费者，“九阳”这个品牌代表着豆浆机？“九阳”这个品牌，沉浸在销量的自豪之中，沉浸在利润的喜悦之中。“九阳”这个品牌甚至根本不知道：在人们的心智中，“做第一”究竟拥有什么样的营销意义；在人们的心智中，代表着豆浆机拥有什么样的营销价值。因此，在大多数潜在消费者心智中，“九阳”还不是豆浆机第一品牌。或者说，“九阳”——豆浆机第一品牌的地位还不是十分显著。

【案例】 在人们心智中“做第一”究竟有何意义？如果没有竞

争者对豆浆机市场的入侵，那么“九阳”可以继续独自享受豆浆机市场。如此，能不能成为人们心智中的第一品牌，对“九阳”而言不具有什么太大意义。问题的关键在于：在市场和利润的诱惑之下，“九阳”这个品牌不可能长期独享豆浆机市场。当竞争者侵入的时候，在人们心智中“做第一”，就开始拥有了“与众不同”的营销价值。“九阳”所面临的关键问题，恰恰正在于此。在豆浆机市场上，“九阳”还不完全是人们心智中的第一品牌。

“九阳”这个品牌，依靠豆浆机这种产品，获得了可观的销售，还有可观的利润。正是因为如此，“九阳”逐步陷入了品牌成功的陷阱。“九阳”不想告诉消费者，“九阳”仅仅代表着豆浆机。相反，“九阳”想告诉消费者，“九阳”还生产“小家电”产品。对于豆浆机这种产品——“九阳”赖以获得成功的核心产品，“九阳”不想将其单独放入人们的心智中。在现实当中，存在一种悖论现象：一个所获得成功品牌，往往凭借一种单一的产品。但是，在品牌获得成功之后，这个品牌往往又会忘记了自己所以成功的原由——品牌赖以获得成功的关键是什么？在豆浆机市场上，“九阳”这个品牌还没扎下很深的根基，就开始抛弃了豆浆机这个品牌核心，开始向小家电产品延伸。

当“九阳”四面出击的时候，“美的”（Midea）这个品牌杀入了豆浆机市场。“美的”这个品牌告诉消费者：豆浆机换代了！“美的”豆浆机——“无网、干豆”豆浆机。无网——结构简单、冲洗方便；干豆——想喝就打，不用泡豆。因此，“美的”豆浆机高声大喊：豆浆机，选美的。凭借着“无网、干豆”豆浆机——新一代豆浆机，“美的”对“九阳”发动了一场侧翼攻击战。在人们的心智中，“美的”豆浆机变成了换代的豆浆机——新一代豆浆机——“无网、干豆”豆浆机。结果毫无疑问，“美的”豆浆机——新一代豆浆机，从“九阳”豆浆机那里抢走了不少市场份额。

“九阳”豆浆机开始乱了阵脚。于是，“九阳”开始告诉消费者：“九阳”——豆浆机的开创者、领先者——这似乎有点为时已晚了。不错，这确实是一个事实。但是，在人们的心智中，“九阳”豆浆机并不是一个完全的领先者。“九阳”这个领先地位，体现在“九阳”自己的产品销售规模上，不完全存在于多数潜在消费者的心智上。“九阳”豆浆机，如果硬要塞给人们一个领先地位，那么效果如何则可想而知——大多数人不会接受这个说法。“九阳”这个品牌，似乎意识到了这个问题。于是，“九阳”又开始强调“有网豆浆机”的好处。结果会如何？尚不得而知，大家拭目以待吧。

“九阳”这个品牌第一个进入豆浆机市场。在很长一段时间里，“九阳”独享着豆浆机市场。或许，正是因为如此，“九阳”这个品牌并不知道抢占一个心智地位的营销意义——“抢先进入人们心智”的营销价值。当竞争者出现的时候，竞争者开始争夺消费者心智——新一代豆浆机。市场第一个进入者——“九阳”豆浆机的市场份额开始流失。然而，“九阳”豆浆机的遗憾，不完全是市场份额的流失，关键在于顾客心智地位的弱化。在尚未出现竞争者的时候，“九阳”这个品牌应该把焦点聚集在豆浆机上面，抢先占领人们心智中的品牌阶梯，抢先成为人们心智中的第一品牌。

对于营销价值而言，谁第一个进入市场，并不十分重要。尤为重要的是，谁第一个进入消费者心智，从而成为消费者心智中的第一品牌。第一个市场进入者，如果不想被入侵者所超越，那么必须抢先占领人们的心智空间，成为人们心智中的领先者。例如：杜里埃（Duryea）——美国市场上第一个汽车品牌。杜·蒙特（Du Mont）——美国市场上第一电视机品牌。赫尔利（Hurley）——美国市场上第一个洗衣机品牌。但是，Duryea、Du Mont、Hurley——第一个进入市场，都未能第一个进入人们的心智空间。结果如何？本来应该成为大赢家的品牌，充其量不过处在中间位置上。不要忘了！营销是一场认知战，营销是一场攻心战。营销战争的根本原则是：攻心为上，攻城为下。

【案例】 “九阳”豆浆机 VS.“美的”豆浆机。“九阳”应该怎样应对“美的”发起的豆浆机攻势？“九阳”应该从三个方面入手，反击“美的”豆浆机的进攻。这三个方面策略分别是：“传统”VS.“创新”、“领先”VS.“追随”、“专一”VS.“分散”，这不仅涉及品牌传播策略的问题——怎样应对“新一代豆浆机”的进攻，还涉及品牌的战略取舍问题——选择做什么，选择不做什么？

（1）“传统”VS.“创新”。“美的”豆浆机用什么策略攻击“九阳”豆浆机？新一代豆浆机——“无网、干豆”豆浆机。不用泡豆，想喝就打；结构简单，冲洗方便。这是“美的”豆浆机争夺人们心智的进攻视角。不但如此，在人们的心智中，“无网、干豆”豆浆机，还成了“美的”专有的品牌符号，或者说，“美的”成了“新一代豆浆机”的代表品牌。当然，“九阳”同样可以推出“无网、干豆”豆浆机。但是，“九阳”不能强调“无网、干豆”豆浆机的好处。如果“九阳”强调“无网、干豆”豆浆机的好处，那么等于在帮助“美的”豆浆机提高价值地位。相反，“九阳”豆浆机应该强调“泡豆”豆浆机的好处。怎样强调“泡豆”豆浆机的好处？利用人们心智里固有的传统观念——在人们的心智中，无论传统的豆浆，还是传统的豆腐，都用什么方法来制作？先泡豆、再研磨。为什么这样做？这样做才能“出浆”——有营养，味道香。“泡豆”豆浆机——传统的做法，地道的豆浆，这就是“九阳”应该选择的回击视角——“传统”VS.“创新”。这里的关键在于：利用人们心智里固有的观念，回击“美的”豆浆机的进攻。

（2）“领先”VS.“追随”。在坚持“传统”的基础上，“九阳”应该告诉消费者，“九阳”豆浆机为什么坚持传统？理由就是：多年的研发和实验表明，用“传统方式”制作出的豆浆，最有利于人体吸收营养。借此，“九阳”这个品牌应该展示自己的历史——在豆浆机领域，“九阳”经历了一个怎样的发展历程。“九阳”这个品牌，必须讲述一个关于豆浆机的品牌故事。这个故事的意义在于：用一种间接而非直接的方式，用一种可以令人相信的方式，用一种带有历史证据的方式，给消费者一种强烈的心理暗示——谁是豆浆机的开创者，谁是豆浆机的领导者。为什么要绕这么大一个弯子？直接告诉消费：“九阳”——豆浆机的开创者，豆浆机的领导者——这样难道不是更好吗？我们不要忘了，“九阳”并不是一个完全的领先者。或者说，“九阳”这个品牌，并没有完全占领人们心智中的领先地位。在人们的心智中，“九阳”这个品牌尚未与豆浆机画上完整的等号。如果直接告诉消费者：“九阳”——豆浆机的开创者，豆浆机的领导者。那么，等于是硬把这个概念塞给消费者。对于这种硬塞给消费者的领先概念，消费者往往会持有保留、怀疑、抗拒态度。因此，“九阳”豆浆机必须演绎自己的历史，以告诉消费者自己成为领先者的过程。实际上，就是要为人们提供一种历史证据，证明自己拥有豆浆机的领先地位。“九阳”豆浆机必须解决这个顾客心智认知问题。如果解决了这个认知问题，那么就解决了“九阳”的领先地位问题。“九阳”豆浆机，应该将“展示历史”与“新品推出”结合在一起。这样，“九阳”豆浆机的故事，将更加显得真实可信。一旦赢得了这个领先地位，“美的”对“九阳”的威胁就从根本上解除了。

（3）“专一”VS.“分散”。在“豆浆机”之战中，“九阳”与“美的”哪个品牌占有优势？在开始的时候，“美的”占据有优势——“美的”豆浆机，发起了一次成功的侧翼突袭战。在结尾的时候，“九阳”拥有了占据优势的机会，“九阳”豆浆机有机会形成“兵力集中”优势——以专　，对分散。当侧翼攻击奏效的时候，“美的”豆浆机应该乘胜追击——持续宣传“无网、干豆”豆浆机，继续扩大“新一代豆浆机”的营销战果。但是，“美的”豆浆机似乎无力、无意继续乘胜追击。“美的”这个品牌是什么？不只是豆浆机、还有空调机、电冰箱。在“美的”的产品线阵营中，豆浆机这个“小家电”产品，必须为空调机、电冰箱这种“大家电”让开道路。当夏季到来的时候，在电视广告中只有“美的”空调的声音，看不到“美的”豆浆机的身影。当此之时，“九阳”豆浆机应该不遗余力，不断告诉消费者：“营养王”豆浆机——磨得更细，味道更香。如果“九阳”豆浆机抓住这个机会，那么谁会赢得最终的胜利？不言而喻——“九阳”豆浆机将赢得胜利。

对于“九阳”豆浆机来说，这是一次可以巩固领先地位的机会。令人感到遗憾的是，当“美的”分散兵力的时候——“豆浆机”为“空调机”让开了道路，“九阳”豆浆机停止了继续巩固自己的领先地位。当夏季远去的时候，“美的”豆浆机又展开了秋季攻势——“美的”豆浆机又开始换代啦！又开始大肆宣传豆浆机选“美的”了。在这一轮攻击中，“美的”豆浆机又强调了新东西——宣称自己是不锈钢豆浆机。“九阳”又在做什么？在主流媒体上，推出了电压力锅的宣传广告。“九阳”豆浆机要想获得长久领先，必须做出取舍与牺牲。“九阳”这个品牌应该放弃“小家电”产品的想法——放弃生产“小家电”全线产品，集中精力做好“豆浆机”这种单一化产品。“豆浆机”领导者，不仅仅是一个营销口号，还要转化为战略行动。否则，“九阳”豆浆机的领先地位，就不会具有企业运营上的战略基础。

在市场趋向于一体化的背景之下，保持品牌的专业化与产品的单一化——坚持一个品牌、一个品类；不搞一个品牌、多个品类，才是获得成功的根本秘诀。例如：吉列（Gillette）——剃须刀、麦当劳（McDonald's）——汉堡包、肯德基（KFC）——炸鸡快餐、微软（Microsofe）——个人电脑操作系统、谷歌（Google）——搜索引擎……这些全球市场的顶尖品牌，全部凭借单一化的产品获得了成功。当然，这些已经获得巨大成功的品牌，同样试图经营多样化的产品和业务，但是却难以战胜那些单一化的专业品牌。“九阳”豆浆机要想获得巨大成功，必须保持聚焦在单一化产品上。然后，“九阳”这个品牌才能拥有获得巨大成功的机会——将单一化的产品卖到地球上所有的角落里去。这不是“天方夜谭”一样的神话。“九阳”这个品牌，应该成为全球最好的豆浆机。然后，让豆浆这种健康饮料食品，成为牛奶这种饮料食品的替代品。

经济全球化或者市场一体化，不意味着品牌多元化延伸的机会。相反，这意味着品牌应该保持专业化和单一化——专业化的品牌，单一化的产品，然后才能将品牌卖到世界各个角落的市场里去。只有专业化的品牌，以及单一化的产品，才能具备“走遍全球”的营销力——专注力、耐久力，还有在人们心智中的竞争力。一个企业或者一个品牌，如果什么都想做，什么都想搞，那么就会失去“走得更远”的营销力——失去在人们心智中的竞争力。

【案例】 2000 年的 7 月，新加坡创新科技公司（Creative Technology Ltd.），在美国市场上抢先推出了带有硬盘驱动器的 MP3 播放器——Creative Nomad Jukebox。2001 年 11 月，苹果公司（Apple）在美国零售商店出售带有硬盘驱动器的 MP3 播放器——iPod。与苹果公司相比，创新科技公司提前了 16 个月推出“iPod”类产品——带有硬盘驱动器的 MP3 播放器。除此之外，创新科技公司的 Creative Nomad Jukebox 拥有 6G 的硬盘存储量，而最初的 iPod 只有 5G 的硬盘存储量。创新科技公司的 Creative Nomad Jukebox 抢先进入了市场，却未能抢先进入消费者的心智。创新科技公司犯了四个营销错误，致使其痛失抢先进入消费者心智的机会。

（1）品牌延伸陷阱。在推出 Creative Nomad Jukebox 之前，创新科技公司已经在销售两款 MP3 播放器——Creative Nomad Ⅱ 和 Creative Nomad Ⅱ MC（镁包装）。这两款产品都有 64M 的闪存量，这意味着：这种闪存 MP3 播放器，只能容纳几十首歌曲。硬盘 MP3 播放器则完全不同，能够容纳几千首歌曲。换而言之，硬盘 MP3 播放器，可以成为一个完全独立的新品类。“Creative”这个品牌名字，被用在两个完全不同的品类上，很容易使消费者对产品概念产生混淆。这有损品牌地位的塑造，不利于品牌成为品类的代表。用一个代表老概念的名称，命名一个代表新东西的品牌，不利于这个品牌在人们的心智里独立出来。

（2）通用名称陷阱。Creative（创新）这个词汇，是一个描述性、通用性的名字。企业不应该拿一个通用名称，命名一个具有特别含义的品牌。对于一个代表独特概念的品牌，需要一个真正意义的品牌名称。什么是真正意义的品牌名称？那些人们创造出来的独特名字，可以被称为真正意义的品牌名称。例如，苹果公司的 iPod 硬盘 MP3 播放器，苹果公司的 iPad 平板电脑。例如，红牛（Red Bull）——一种能量饮料名称，康柏（Compaq）——一个电脑品牌名称。这些品牌名称，都是独特的专有名称，都被人们赋予了独特的含义。与这些品牌名称相比，Creative 这个品牌名称，能被赋予独特的含义吗？恐怕比较困难。Creative 这个词汇，可以被赋予太多的意义，很难赋予品牌一个独特的具体含义。

（3）违反名称法则。如果比较一下 iPod 与 Creative Nomad Jukebox 的这两个名称，那么不难发现 iPod 的英文发音只有两个音节，Creative Nomad Jukebox 的英文发音则有 7 个音节。今天，在这个传播过度的市场上，要想建立一个全球性的品牌，需要一个简短的品牌名称——像红牛（Red Bull）、星巴克（Starbucks）、灰雁（Grey Goose）一样的品牌名称，其英文名字都只有两个音节。一个真正成功的品牌名称，会成为其所在的品类的代名词。例如，没人会用“硬盘驱动器 MP3 播放器”这个通用名来称呼这类产品，人们把这类产品叫“iPod”。甚至那些其他企业生产的硬盘驱动器 MP3 播放器，也会被人们称呼为“iPod”。这就是品牌的名称成为品类代名词的例子。那些第一个进入市场的企业，应该问自己这样一个问题：这个品牌名称，是否有机会成为一个品类的代名词？要想成为品类的代名词，必须为品牌起一个简洁易懂、且易于传播的名字。

（4）品牌失去焦点。创新科技公司除了生产 MP3 播放器之外，还生产其他产品。比如，创新禅移动媒体中心（Creative Zen Portable Media Center，又是一个糟糕的品牌名称）、数码相机、图形加速卡、调制解调器、CD 和 DVD 光驱、主板喇叭、声卡和电子乐器。创新科技公司应该学习诺基亚公司（Nokia）——砍掉其他的产品线，聚焦于一个热点产品——就是硬盘驱动器 MP3 播放器。相比较而言，苹果公司的经营焦点则更加集中。至少在一个时期内，苹果公司把精力集中在

“iPod”的营销上面。这使苹果公司能够后来者居上，“iPod”成为硬盘驱动 MP3 播放器的代表。

创新科技公司第一个发明了硬盘驱动器的 MP3 播放器，第一个把硬盘驱动器 MP3 播放器投入了市场。创新科技公司从硬盘驱动器 MP3 播放器上收获了什么？Creative Nomad Jukebox 这个品牌，并未为创新科技公司带来太多收益。当然，创新科技公司获得了微小的道德胜利，从苹果公司得到了 1 亿美元的技术专利费。与“iPod”所创造的收入相比，这笔技术专利费收入就像苹果公司付给的小费。谁第一个发明了产品不十分重要，谁第一个进入市场也不十分重要。重要的事情是，谁第一个占领了人们的心智。

维护领先

成为第一与保持第一

——成为第一固然重要，守住第一更加重要

【观点】领先者，应该懂得认知战争的阶段与过程。进攻与防御，既是战争的两个阶段，也是战争的两件事情。这也就是说：（1）“能够成为第一”，仅仅是一件事情，仅仅是战争第一阶段。这个战争成果，往往通过进攻获得。（2）“能够保持第一”，则是另一件事情，则是战争第二阶段。这个战争成果，往往依靠防御获得。这两者是完全不同的两件事情，是完全不同的两个阶段。在人们的心智里，如果一个品牌抢占了第一位置，那么这个品牌必须守住领先地位。既不要让潜在顾客找到理由改变品牌在人们心智里的领先位置，也不要让竞争对手找到机会取代品牌在人们心智里的领先位置。值得令人注意的是：领先者往往为竞争者创造机会，竞争者经常抢走领先者地位。在绝大多数情况下，不是竞争者抢走领先者地位。事实恰恰相反，是领先者为竞争者创造机会，为抢走领先者地位创造机会。领先者要想守住已有的领先地位，必须采取积极主动的防御性战略，不断地针对自我发起进攻与挑战。

【诠释】 《孙子兵法·军形》：昔之善战者，先为不可胜[1]，以待敌之可胜[2]。不可胜在己，可胜在敌[3]。故善战者，能为不可胜[4]，不能使敌之可胜[5]。故曰：胜可知[6]，而不可为[7]。不可胜者，守也[8]；可胜者，攻也[9]。守则有余，攻则不足[10]。善守者，藏于九地之下；善攻者，动于九天之上，故能自保而全胜也[11]。㊣ 对于定位来说，领先者应该打好自我防御战，以使自己立于不败之地；落后者应该打好侧翼攻击战，以使自己获得可胜之机。

注解：

〔1〕张预：所谓“知己”者也。

〔2〕张预：所谓“知彼”者也。梅尧臣：藏形内治，伺其虚懈。

〔3〕王皙：不可胜者，修道保法也；可胜者，有所隙耳。张预：守之故在己，攻之故在彼。

〔4〕张预：藏形晦迹，居常严备，则己能焉。

〔5〕杜牧：敌若无形可窥，无虚懈可乘，则我虽操可胜之具，亦安能取胜敌乎？梅尧臣：在己故能为，在敌故无必。王皙：在敌不在我也。张预：若敌强弱之形不显于外，则我岂能必胜于彼？

〔6〕杜牧：知者，但能知己之力，可以胜敌也。陈皞：取胜于形，胜可知也。

〔7〕杜牧：言我不能使敌人虚懈，为我可胜之资。贾林：敌若隐而无形，不可强为胜败。杜佑：敌有备也。已料敌，见敌形者，则胜负可知；若敌密而无形，亦不可强使为败。故范蠡曰：时不至，不可强生；事不究，不可强成。张预：己有备，则胜可知；敌有备，则不可为。

〔8〕杜牧：言未见敌人有可胜之形，己则藏形，为不可胜之备，以

自守也。杜佑：藏形也。若未见其形，彼众我寡，则自守也。何氏：未见敌人形势虚实有可胜之理，则宜固守。张预：知己未可以胜，则守其气而待之。

〔9〕杜牧：敌人有可胜之形，则当出而攻之。杜佑：敌攻己，乃可胜也。已见其形，彼寡我众，则可攻。梅尧臣：见其阙也。王皙：守者，以于胜不足；攻者，以于胜有余。张预：知彼有可胜之理，则攻其心而取之。

〔10〕张预：吾所以守者，谓取胜之道有所不足，故且待之；吾所以攻者，谓胜敌之事已有其余，故出击之。言非百胜不战，非万全不斗也。后人谓“不足”为弱，“有余”为强者非也。

〔11〕梅尧臣：九地，言深不可知；九天，言高不可测。盖守备密，而攻取迅也。王皙：守者，为未见可攻之利，当潜藏其形，沉静幽默，不使敌人窥测之也；攻者，为见可攻之利，当高远神速，乘其不意，惧敌人觉我而为之备也。九者，极言之耳。何氏：九地、九天，言其深微。尉缭子曰：“治兵者，若秘于地，若邃于天。”言其秘密邃远之甚也。张预：藏于九地之下，喻幽而不可知也；动于九天之上，喻来而不可备也。尉缭子曰：“若秘于地，若邃于天”是也。守则固，是自保也，攻则取，是全胜也。

【案例】 Acura（讴歌）这个汽车品牌，是第一个进入美国市场的日本豪华汽车品牌。1986 年 3 月，美国汽车市场上，本田汽车公司（Honda）卖出了第一辆 Acura 汽车。1989 年 9 月，在美国汽车市场上，丰田汽车公司（Toyota）卖出了第一辆 Lexus（雷克萨斯）汽车。1989 年 12 月，美国汽车市场上，日产汽车公司（Nissan）卖出了第一辆 Infiniti（英菲尼迪）汽车。毫无疑问，在美国汽车市场上，Acura 成为日本豪华轿车的第一品牌。直到 1999 年，在美国汽车市场上，Lexus 才超越了 Acura，成为日本豪华汽车的领先品牌。这就是说，Lexus 汽车用了

10年的时间，超越了“早于自己3年诞生”的Acura汽车。这不是因为：Lexus汽车的策略更加高明。这是因为：Acura汽车自身的品牌战略出现严重失误。结果：Acura这个优势品牌，断送了“日本豪华汽车领先品牌”的地位。那么，Acura这个品牌，为什么没能守住“日本豪华车领先品牌”的地位呢？想要理解营销的结局，必须研究品牌的历史。

Acura这个品牌怎么了？Acura这个品牌，对于自身的信仰不够坚定。Acura这个汽车品牌，不再是一个“纯粹”的豪华汽车品牌。1989年——Lexus推出的那一年，Acura正在使用两个分品牌，销售着两种型号汽车——四缸的Integra汽车，售价为11950~15950美元；六缸的Legend汽车，售价为22600~30690美元。Lexus仅使用了一个品牌，推出了两种型号的汽车——六缸的Lexus ES250，价格为21050美元；八缸Lexus LS400，价格为36000美元。与Acura汽车相比，Lexus的车型更加豪华，引擎动力更加强大，其平均售价高出Acura汽车40%。像所有高端品牌一样，高价位本是一个奢侈品牌的有力说明——便宜是豪华的天敌。

Acura这个汽车品牌，独一无二的地位被瓦解了。Acura汽车是像传奇Legend汽车一样——一种售价在3.6万~4.4万美元之间的豪华汽车呢？还是像Integra汽车一样——一种售价在1.6万~2.1万美元之间的大众汽车呢？其实，Integra汽车的销售数量，几乎为Legend汽车销售数量的两倍。产生这样的销售结果，实属意料之中的事情。原因十分简单，如果一个豪华品牌推出低端产品，那么将吸引更多的低端消费者购买。实际上，Acura这个汽车品牌，已经向低端产品倾斜。Acura的问题恰恰在此——虽然在销售豪华汽车，但是并没有专注于这个目标。其次，日本豪华汽车的“豪华”地位被Lexus汽车夺去。Lexus这个汽车品牌，同样销售两种车型——六汽缸的轿车或八汽缸轿车，其售价则在3.2万~5.1万美元之间，其豪华型汽车销售数量超过Acura汽车两倍。此外，Lexus汽车使用了一个品牌名称，讴歌Acura汽车则使用了两个品牌名称。焦点更加集中的Lexus，对目标更加分散的讴Acura。

Acura 被取代只是时间的问题而已。

Acura 又推出 NSX 运动型汽车，Acura 的处境更加雪上加霜。在美国市场上，Acura 一年仅能销售出 900 辆 NSX 汽车。如此之小的销售规模，非但没能给 Acura 带来利润，反倒使得 Acura 的焦点越来越分散。本田汽车公司为什么要推出 NSX 汽车呢？本田汽车公司北美销售公司总经理——夸山健一承认：主要是为了创造一种形象。这完全是一种错误的想法。当然，Acura 的地位不会在一夜之间突然坍塌。尽管 Acura 的品牌战略欠佳，但是在日本豪华汽车领域，占据领先地位的时间依然长达 12 年之久。直到 1998 年，Lexus 汽车最终超越讴歌 Acura 汽车，成为日本豪华汽车的领先品牌。如今，在美国汽车市场上，Lexus 已经成为销量最大的豪华汽车品牌。2007 年，Lexus 汽车的销售数量，遥遥领先于同类品牌。Acura 汽车则排在 Infiniti 汽车之后。

序　号	品　牌	销　量
1	雷克萨斯	329177 辆
2	宝马	293795 辆
3	梅赛德斯—奔驰	253277 辆
4	凯迪拉克	214726 辆
5	林肯	131487 辆
6	英菲尼迪	127038 辆

管理层通常果断地制定清晰的目标，并要求在短期内得到结果。营销人员则应该十分具有耐心。改变心智需要很长的时间，营销本质是一门“实践心理学”。Lexus 汽车的案例告诉我们，如果没能成为第一个，那么仍然可能取得成功。首先保持品牌经营焦点不被分散，然后等待竞争对手丢失经营焦点。这样，尽管不会马上实现对领先品牌的超越，但是一定会出现超越领先品牌的机会。这就是所谓的“不可胜在己，可胜在敌”。

【案例】 1998 年，从斯坦福大学（Stanford University）毕业的

两个研究生，创建了Google公司。近期核查显示：在股票市场上，谷歌公司的价值达到916亿美元。通用公司（GM）与福特公司（Ford）的股票价值加在一起，还不到Google公司市场价值的1/14。Google成为世界上最具价值的品牌之一。在此过程中，Google公司上千员工成为了百万富翁。什么造就了Google？普遍的想法认为，这是技术领先创新的结果——Google设计出了更好的搜索引擎。Google不是第一个进入搜索市场的网站品牌，Google不是第一个进入人们心智的搜索引擎。如今，Google却成为市场领先者。

第一个进入心智的搜索引擎——AltaVista。但是，对AltaVista来说，“搜索”这个品牌概念似乎还不够好。于是，AltaVista增加了通讯录、公告板、电子邮件、比较购物，以及大量的首页广告。AltaVista还用10亿多美金收购了多家企业，包括比较购物网站Shopping. com和金融网站Raging Bull。实质上，AltaVista把自己转型成了一个门户网站，随后出售给一家互联网控股公司CMGI，并最终被Overture所收购。Overture后来又被雅虎（Yahoo!）收购，雅虎把AltaVista恢复到最初的搜索引擎。但是，一切已经为时已晚了，Google已经到来了。

第二个进入心智的搜索引擎——GoTo. com。GoTo. com推出了点击付费模式。随后GoTo. com变得贪婪起来，决定把其搜索服务与MSN. com、Netscape和AOL联合起来。与目标网站（Destination Site）相比，联合服务更加盈利。于是，GoTb. corn的管理高层作出决定，把其名字改为Overture，并聚焦于联合服务。从短期来看，这是一个不错的决策。但是，从长期来看可是糟糕透了。设想一下：如果GoTo. com能把搜索服务坚持到底，集中力量打造一个全球性搜索引擎品牌，那么GoTo. com无疑会成为今天的Google，Google则很难有诞生的机会。

第三个进入心智的搜索引擎——Google. com。此后的历史，人人知道了。许多管理派人士，确确实实让机遇从指间溜走了。其中的缘由十分清楚，这些管理人士没能将自己的品牌进行聚焦。AltaVista如此，GoTo. com亦是如此。许多在证券市场上发行股票的企业，原本可以拥有更高的股票市场价值。但是，由于受错误发展战略的影响，无不失去“成为世界最具价值品牌”的机会。在短期效益与创建品牌之间，许多企业理所当然地选择了前者，同时毫不犹豫地放弃了后者。实际上，将品牌聚集在一个焦点上，更有利于创造超值的品牌价值。这种做法一举两得，既能够塑造出品牌，又能够创造出价值。

【结语】如果品牌在人们头脑里建立起领先地位，那么领先者就完全掌握了语言的主动权。无论领先者说什么，人们都会倾向于信任领先者。人们头脑里的观念一经形成，很难改变头脑里的这种观念。若是没有强烈反面理由的支持，人们很少改变对领先者的看法。几乎所有实质性的优势，都会汇聚到了领先者身上。这使竞争者无法与领先者直接抗衡，这使竞争者无法与领先者直接竞争。在短时期内，领先者的地位几乎坚不可摧，仅凭领先惯性就能维持下去。从长期来看，领先者要保护好领先地位，不要给竞争对手留下机会，让竞争对手抢走领先地位。

1.3　类别法则

【释义】如果不能在一个品类里成为第一品牌，那么就创造一个能够成为第一品牌的新品类。占据人们头脑的难点，是第一的位置被人抢占了。如果不是抢先进入某个品类的“领先品牌”，那也不等于没有超越领先者的“制胜路径”。如果不是驻足在顾客心智里的“第一品牌”，那也不等于没有打败领先者的“胜算机会”。在同质化竞争的环境里，新品牌层出不穷，新品类少之又少。人们对新类别的关注，胜过对新品牌的关注。当一个新类别出现的时候，总有人愿意做一些新尝试。获取胜利的机会在于：或者创造一个能够首先进入的新类别，或者寻找一个能够抢先占领的新领域，然后成为新领域或新类别里的领先者。这就是所谓的“类别法则”。值得注意的是，一个新品类必须成为人们心智中认可的新品类。如果一个新品类不能存在于人们的心智中——被人们心智所接受、所认可，那么成为所谓新品类中的领先品牌，不但没有任何意义，反而会令新品类创建者损失惨重。

不与领先者争锋

进攻的方向

——对领先者发动直线进攻，很难获得预期效果

【观点】 在次第分明的品牌阶梯上，一个处于落后位置的品牌，直接向领先品牌发起挑战，根本没有获取成功的机会。小企业可能很容易认识到这一点，然而大企业却很难认识到这一点。当小企业变成大企业之后，往往也很难认识到这一点。人们往往认识不到一个事实——“大企业”不等于“大品牌”。在某一个领域里强有力的大品牌，不等于在其他领域里同样是大品牌。一个品牌的强弱程度，不在于其有多么显赫的血统，而是在于其在人们心智中代表着什么样的概念。一个品牌的营销力量，不在于其有多少资金的支持，而是在于其在人们心智中拥有着什么样的地位。离开了在人们心智中的价值地位，大品牌就不再是一个“大品牌”；脱离了在人们心智中的价值概念，大品牌就变成了一个“小品牌”。大企业总是认为，凭借其强大的资源支持以及品牌优势，可以直接挑战任何其他领域的领先者，可以直接征服任何其他领域的领先者。其结果：经常事与愿违，往往铩羽而归，甚至一败涂地。

【诠释】 📖《孙子兵法·谋攻》：小敌之坚，大敌之擒也[1]。📖《孙子兵法·谋攻》：知可以战与不可以战者胜[2]。📖《孙子兵法·作战》：“不尽知用兵之害者，则不能尽知用兵之利也[3]。📖《战

略论：间接路线》（李德·哈特，B. H. Liddell Hart）：名将宁愿采取最危险的间接路线，而不愿意驾轻就熟地走直接路线。📖《战略论：间接路线》（李德·哈特，B. H. Liddell Hart）：从历史上看来，除非路线具有足够的间接性，否则在战争中就很难产生效果。此种间接性，虽然经常是物质的（行动）——这是对己方而言，但却一定是心理的（影响）——这是对敌方而言。㊣ 对于“营销战”而言，直线进攻同样不可取。对于“认知战”来说，直线进攻效果甚微。但是，企业管理者更喜欢直线进攻——试图凭借自己充足的兵力资源，对其他领域的领先者发起直接攻击。问题的关键在于：在一个由他人控制的顾客心智领地上，远道而来的直线进攻者，并不像表面看上去那么强大。实际上，在一个由他人控制的顾客心智领地上，远道而来的直线进攻者往往只能充当一个“小角色”——不具有强大的顾客心智地位。因此，就会产生“小敌之坚，大敌之擒”的战争结果。在营销战争中，同样需要知道“知可以战与不可以战”的作战原则，同样需要知道“用兵之利与用兵之害”的作战结果。

注解：

〔1〕曹操：小不能当大也。李筌：敌不量力而坚战者，必为大敌所擒也。孟氏：小不能当大也，言国不量其力，敢与大邦为仇，虽权时坚城固守，然后必见擒获。张预：敌不度强弱而坚战，必为大敌之所擒。孟氏：小固不可以敌大，弱固不可以敌强，寡固不可以敌众。

〔2〕孟氏：能料知敌情，审其虚实者胜也。梅尧臣：知可不可之宜。王皙：可则进，否则止，保胜之道也。何氏：审己与敌。张预：可战则进攻，不可战则退守。能审攻守之宜，则无不胜。

〔3〕李筌：利害相依之所生，先知其害，然后知其利也。杜牧：害之者，劳人费财；利之者，吞敌拓境。苟不顾己之患，则舟中之人尽为敌国，安能取利于敌人哉？杜佑：言谋国、动军、行师，不先虑危亡之之祸，则不足取利也。张预：先知老师殚货之害，然后能知擒敌制胜之利。

【案例】美国无线电公司（RCA，Radio Corporation of America），1919 年由美国联邦政府创建，1985 年由美国通用电气公司（GE）并购，1988 年转至汤姆逊公司（Thomson）麾下。在 RCA 的历史上，曾经生产电视机、显像管、录放影机、音响及通讯产品，雇用员工达到 5.5 万人，分布全球 45 个国家，产品广泛销售到 100 多个国家。

由于美国联邦政府的支持，RCA 在技术上的遥遥领先。在广播风靡的时代，凭着顶尖的技术，RCA 成为全球无线电领域的领先者；在全球沉醉于无线电魅力的时候，RCA 率先发明了第一台黑白电视机，带领全球进入影像时代；1950 年 3 月，RCA 研制出第一只全电子彩色电视显像管。RCA 董事会主席——戴维·萨尔诺夫（David Sarnoff）宣布："我们已踏上电视新纪元的门槛 —— 彩色电视时代"。

RCA 生产的大尺寸映像管产品，销售数量全球排名第一。电视机、录放影机、音响数量均居美国第一。RCA 成为一家财大气粗的企业。1970 年，RCA 全速向计算机行业进军，对 IBM 公司发起了直接挑战。RCA 董事长兼总裁——罗伯特·萨尔诺夫（Robert W Sarnoff）预言：RCA 的此次投入，远远超过了以往为开拓任何业务所做的投入。到 1970 年底，RCA 计算机在行业中将稳居第二。

各种商业报刊也连篇累牍地报道了这件事情。《商业周刊》（*BusinessWeek*）杂志（1970 年 9 月 10 刊）说：RCA 向龙头老大万炮齐发；《财富》（*Fortune*）杂志（1970 年 10 月刊）说：RCA 与 IBM 势均力敌；《广告时代》（*Advertising Age*）杂志（1970 年 10 月 26 日刊）说：RCA 电脑大促销，是对 IBM 的当头一棒。然而，在不到一年的时间内，灭顶之灾出现了。《商业周刊》（*BusinessWeek*）杂志（1971 年 9 月 25 日刊）说：2.5 亿美元的灾难袭击了 RCA 公司。RCA 公司直接挑战 IBM 公司的努力，惨遭失败。

RCA 公司为什么会失败？是技术因素，还是产品因素？是实力因素，还是声誉因素？似乎不大可能是这些因素。如果问题出现在这些方面，那些整天盯着企业的媒体，不会看不出其中的问题所在，更不会一边倒地认为“RCA 一定会赢”。问题一定出现在“某个看不见的地方”。这个看不见的地方就在人们的心智里。在人们的心智中，IBM 代表着电脑产品，RCA 代表着音像设备，这是两种完全不同的东西。但是，RCA 不这样认为。RCA 认为借助其在音像领域的强大地位，有能力对电脑领域的强大敌人（IBM）发起直接进攻。这完全是一个错误。

资金的作用

——资金只有用对了方向，才能发挥营销作用

【观点】 当企业打算推出新品牌的时候，传统思维总会首先发挥作用。企业总会这样思考问题：如何说服人们接受这个新品牌？如何说服人们购买这个新品牌？企业总是这样回答问题：用钱说服人们接受这个新品牌，说服人们购买这个新品牌。用钱建立服务机构，用钱举办新闻发布、用钱策划公关活动，用钱进行广告轰炸，用钱打造强势品牌……这给人们造成一个深刻的假象，认为钱是解决问题的关键所在。对于品牌塑造这个问题，缺少金钱固然寸步难行。但是，金钱不是一把万能钥匙。在大多数时间里，不幸的事情总是在发生。企业花费了巨额的资金，依然得不到顾客的认可。当一场悲剧演绎到结尾的时候，企业总是怀疑产品本身有问题。企业很少意识到：问题不是出在产品本身上，问题出在顾客心理认知上。要想打开顾客“心智的大门”，要先找到顾客“心智的锁孔”。这就是说，如果金钱没有花到“正确的地方”，那么很难开启人们“心智的大门”。如何让人们接受新品牌？仅靠金钱解决不了问题。这不是钱多或钱少的问题，而是资金使用方向的问题。如果资金的使用方向不对，那么再多的资金也不管用。

【诠释】 《孙子兵法·行军》：兵非贵益多也[1]，惟无武

进[2]，足以并力、料敌、取人而已[3]；夫惟无虑而易敌者，必擒于人[4]。📖《孙子兵法·兵势》：三军之众，可使必受敌而无败者，奇正是也[5]；兵之所加，如以锻投卵者，虚实是也[6]。㊣兵法，以实击虚；定位，避实击虚。资金运用，应集中到攻击对手的薄弱环节（方向），才能产生有效的攻击效果（结果）。这种攻击方向，就是针对竞争对手在顾客心智上的薄弱环节；这种攻击结果，就是通过对顾客心智的影响产生的购买选择。因此，在营销战争中，不是拥有充足的兵力（资金）就能保证获得营销胜利。获得胜利的关键在于：料敌——不盲目对敌人发起直线强攻，知敌之强弱与虚实，寻找、发现敌人的空虚之处；并力——集中自己有限的兵力（资金），对敌人的薄弱环节发起猛烈攻击；取人——从敌人那里夺取市场份额。否则，营销战争的结果就是“必擒于人”。

注解：

〔1〕曹操：权力均。张预：兵非增多于敌，谓权力均也。王皙：权力均足矣，不以多为益。贾林：不贵众击寡，所贵寡击众。

〔2〕曹操：未见便也。贾林：武不足专进，专进则暴。王皙：不可但恃武也，当以计智料敌而行。张预：武，刚也。未能用刚武以轻进，谓未见利也。

〔3〕贾林：虽无武勇之力而轻进，足以智谋料敌、并力而取敌人也。王皙：谓善分合之变者，足以并力、乘敌间取胜人而已。故虽厮养之辈可也，况精兵乎？张预：兵力既均，又未见便，虽未足刚进，足以取人于厮养之中，以并兵合力，察敌而取胜，不必假他兵以助己。

〔4〕杜牧：无有深谋远虑，但恃一夫之勇，轻易不顾者，必为敌人所擒也。陈皞：惟，犹独也。此言殊无远虑，但轻敌者，必为其所擒，不独言其勇也。王皙：唯不能料敌，但以武进，则必为敌所擒。明患不在于不多也。张预：不能料人，反轻敌以武进，必为人所擒也。

〔5〕李筌：当敌为正，傍出为奇。将三军，无奇兵，未可与人争利。贾林：当敌以正陈，取胜以奇兵，前后左右俱能相应，则常胜而不

败也。梅尧臣：动为奇，静为正，静以待之，动以胜之。

〔6〕曹操：以至实击至虚。李筌：锻实卵虚，以实击虚，其势易也。何氏：用兵识虚实之势，则无不胜。张预："善战者，致人而不致于人"，此虚实彼我之法也。引致敌来，则彼势常虚。我不往赴彼，则我势常实。以实击虚，如举石投卵，其破之必矣。夫合军聚众，先定分数，分数明，然后习形名，形名正，然后分奇正，奇正审，然后虚实可见矣。四事所以次序也。

【案例】 Xerox（施乐）——复印机市场的领导品牌。但是，Xerox 希望进入计算机市场。十分不幸的是，在进入计算机领域 25 年之后，Xerox 花费了 20 亿美元的巨额资金，在计算机市场上没有收获到任何东西。Wang（王安）在字处理方面位居第一，尽管花费了数百万美元推销 Wang 大型计算机和 Wang 微型计算机，但是 Wang 在人们心智里仍然是一个文字处理品牌。RCA 是无线电广播领域的龙头老大，花费了 2.5 亿美元进军计算机市场，在不到一年的时间内遭遇了灭顶之灾。

为了在一个看似十分诱人的市场上争夺利益，如此一般使用巨额资金砸向这个市场的企业，在商战历史上的失败案例简直多得不可胜数。在商业的战场上，资金仅仅相当于武器与弹药这样必要的军需物资，其本身不能取代能够产生进攻效果的进攻战术。如果仅仅凭借拥有充足的武器和弹药，就向固守在高地上的敌人发起直接冲锋，那么其结果不是惨遭失败就是收益甚微。别忘了！固守在高地上的敌人，同样储备了充足的武器与弹药，等待对进攻者发起反击。Xerox、Wang、RCA 的失败，其根本原因也正在于此。

【案例】 在电脑制造行业，美国无线电公司（RCA）应该如何与国际商用机器公司（International Business Machine，简称 IBM）展开竞争呢？RCA 在通信方面居于领先地位，假如 RCA 把计算机与其通信业务挂上钩，利用已经拥有的强大地位开辟一个新的计算机领域，在新的计算机领域建立起一个强大的滩头阵地，获取一个强有力的行业地位，谁还能把 RCA 打败呢?

令人感到遗憾的是，RCA 没有这样做。具有讽刺意味的是：通信业是促使计算机真正发展的行业。如今，IBM 公司、微软公司，以及其他一些计算机企业，都把大部分资源投入到了逐鹿互联网的战役之中，互联网成了通信行业的大蛋糕。

NCR 公司（National Cash Register Company），是一个与 RCA 完全相反的案例。在现金出纳机方面，NCR 公司拥有强大的领先地位。NCR 公司利用既有的技术优势，开发了零售数据记录系统——商业零售领域的计算机及管理系统。在这些行业应用计算机领域中，NCR 公司取得了长足的进展。如今，在自动柜员机（ATM）、零售管理系统领域，NCR 公司成为全球领先企业。

创建新的根据地

创造新品类

——填补人们心智中的品类空白

【观点】 打造品牌的首要原则，就是成为一个产品类别中的“第一品牌”，或者成为一个产品类别中的“领先品牌”。这不是说，如果不能在一个品类里占据领先地位，那么就应该针对领先者打一场攻坚战。所谓攻坚战，就是在既有产品类别里，与领先者直接正面交锋，与领先者争夺媒体攻势，与领先者竞赛优质产品，与领先者比拼完美服务。除非与领先者势均力敌，否则应该避免打攻坚战。这是因为：那些已经取得牢固地位的领先者，在人们心智中已经变得坚不可摧，要从正面攻击很难取得进攻成效，反而会消耗大量营销资源与时间。针对领先者发动的攻坚战，不是打造品牌的有效途径。打造品牌的有效途径之一，就是要创建出一个新品类，然后成为新品类中的领导者。那么，如何创建一个新品类？（1）找到一个新领域，抢先进入这个新领域，在这个新领域里争取“做第一”。（2）寻找一个新方向，抢先领跑这个新方向，在这个新方向上成为“领跑者”。（3）创造一个新类别，抢先占领这个新类别，在这个新类别里争当“领先者”。（4）分化一个新种类，抢先抓住这个新种类，在这个新种类里争作“主导者”。（5）发掘一个老品类，抢先推广这个老品类，在这个老品类里充当“代表者”。创健新品类的关键在于：创建一个新的产品类别，必须获得潜在消费者的认可与接受。否则，这个新品类就仅仅是创建者自己的新品类，而不是潜在消费者心智中的新品类。如果消费者不能认识并接受一个新品类，那么这个新品类就失去了营销意义。这就是说，若想要打造一个具有竞争优势的强势品牌，首先要创建一个能为人们接受的产品类别，然后再抢先占领这个产品类别的第一位置。这就是所谓的“创健新品类”。

【诠释】 🕮《孙子兵法·虚实》：出其所不趋，趋其所不意。行千里而不劳者，行于无人之地也[1]。㊣ 创建新品类，就是出竞争对手所不趋，趋竞争对手所不意。在新品类诞生之初，潜在的竞争对手很少立刻加入战争。在相当长的一段时间里，新品类创建者不会承受“来自敌人”的竞争压力。直到新品类创建者获得市场成就，竞争者才会加入新品类的争夺。此时，新品类的创建者已经在市场上站稳了脚跟。这就是“行千里而不劳者，行于无人之地也。”

注解：

〔1〕曹操：出空击虚，避其所守，击其不意。李筌：出敌无备，纵孤击虚，何人之有？陈皞：夫言空虚者，非只为敌人不备也。但备之不严，守之不固，将弱兵乱，粮少势孤，我整军临之，彼必望风自溃。是我不劳苦，如行无人之地。梅尧臣：出所不意。张预：掩其空虚，攻其

无备，虽千里之征，人不疲劳。

【案例】 2003年，品牌估值业的领先企业——Interbrand按惯例评选出全球十大最有价值的品牌及其评估价值。从这些品牌身上，可以归纳出其共同的特征。这些品牌的共同特征是：聚焦于一个产品类别，开创了一个行业市场，夺取了一个领先地位。这些全球最具价值的品牌，或许不是某个新产品的发明者，但却一定是某个行业的开创者，成为其所在产品类别的代表者。这就是说，这些品牌抢先一步占领了人们的心智，成为所在品类的市场拓荒者。具有这样历程的这些品牌，如今成为所在产品类别的领先品牌。

（1）Coke-cola（可口可乐）开创并成为可乐饮料的主导品牌，长期位列“最具价值品牌排行榜”第一名；（2）Microsoft（微软）第一个开发出16位制的操作系统，通过长期聚焦于操作系统软件与办公软件，从而成为操作系统与办公软件的主导品牌；（3）IBM（国际商用机器）第一个进入人们心智的主机电脑品牌，成为主机电脑市场的实际开创者，长期居于这个行业的领袖地位；（4）GE（通用电气）——在托马斯·阿尔瓦·爱迪生（Thomas Alva Edison）发明电灯之后，爱迪生电灯公司（Edison Electric Light Company）发展成通用电气公司（GE），这是GE这个企业与品牌的由来；（5）Intel（英特尔）第一个推出微处理器芯片，并聚焦于微处理器这个产品类别，成为微处理器市场的主导品牌；（6）Nokia（诺基亚）通过长期的聚焦战略，让Nokia这个名字与手机紧密地联系在一起，在全球开创了手机通讯这个行业，超越了Motorola（摩托罗拉）、Ericsson（爱立信），成为手机行业的主导品牌；（7）Disney（迪士尼）开创并主导“卡通童话主题”的儿童乐园，成为这个领域里的主导品牌；（8）McDonald's（麦当劳）开创并主导了汉堡快餐市场，成为连锁快餐领域里的全球主导品牌；（9）Daimler-Benz（戴姆勒—奔驰）世界上第一辆高级轿车，一直是高级豪华轿车的代表品牌；（10）Marlboro（万宝路）第一个声称“具有男子汉气概”的香烟品牌，凭借“美国牛仔”这个形象，成为香烟市场上的全球品牌。

第一名：可口可乐（700 亿美元）。这数字足以让人瞠目结舌，因为可口可乐公司的账面资产只有 245 亿美元。也就是说，可口可乐公司的市场价值，几乎是账面资产的 3 倍。可口可乐这个品牌，怎么会有如此之高的市场价值？不是因为这个品牌的推出，很好地满足了现有市场的顾客需要。当时，在软饮料市场上，有各种各样的饮料，包括橙汁、柠檬汁、姜汁汽水、乐啤露（Root Beer）、沙士（Sarsaparilla），以及其他调味饮料。可口可乐能发展成一个大品牌，则是因为创建了可乐（Cola）这个新品类。从根本上看，可口可乐这个品牌，就是通过创建新品类的方式，或者通过分化老品类的方式，打造出了全球顶级品牌。通过改善现有品类的方式，很难打造出成功的品牌。在中国市场上，汇源（Huiyuan）成为果汁饮料的第一品牌。与汇源这个品牌相比，可口可乐无疑是一个巨人品牌。尽管如此，可口可乐公司的“美汁源”（Minute Maid）——全球最大的果汁品牌，却无法战胜中国的本土品牌——汇源果汁。无奈之下，可口可乐公司打算出资 24 亿美元收购汇源果汁。这是可口可乐公司惯用的手段。如果在市场上打不过哪个品牌，那么就出巨资买下这个品牌。

第二名：微软（650 亿美元）。在相对短暂的时间内，微软公司（Microsoft）如何形成这种品牌强势呢？2003 年，微软公司的历史只有 29 年，可口可乐公司的历史已有 118 年。微软公司不是通过打造更好的个人电脑操作系统而变得如此强大。大多数专家称赞苹果公司的麦金塔电脑（Macintosh）——外观出众、感觉更好。微软公司通过“成为第一”赢得了操作系统之战。最初，像苹果公司的“OS 操作系统”一样，或者像数码研究公司（Digital Research）的“CP/M 操作系统”一样，个人电脑操作系统都是 8 位制的系统软件。在“8 位制”朝着“16 位制”分化（进化）的过程中，微软公司第一个把自己确立为 16 位操作系统的领导品牌。实际上，这要感谢 IBM 公司。1981 年 8 月，IBM 公司推出了搭配微软公司 16 位制操作系统的个人电脑。直到 1984 年 1 月，苹果公司才推出了 16 位麦金塔电脑及其操作系统。不能给竞争对手 32 个月的领先起步时间，然后还指望着能够赢得这场比赛，特别是面对“像 IBM 一样强大”的竞争对手。当苹果电脑公司的麦金塔电脑出现之时，16 位制的 IBM 个人电脑早已经开始成为行业标准。如今，人们普遍使用 32 位或者 64 位的操作系统，微软公司一直守护着这个阵地。

第三名：IBM（520 亿美元）。什么打造了 IBM 这个品牌？简而言之，就是主机计算机这类产品。IBM 公司并不是第一个推出商用计算机的公司。1951 年，雷明顿·兰德公司（Remington Rand）推出了第一个品牌主机计算机（Univac）。然而，雷明顿·兰德公司是一家大型的联合企业，拥有生产电动剃须刀、工业电视系统、打卡机和商用电脑等广泛的产品线，而 IBM 公司则把所有精力都聚焦在商用信息机器上。尽管如此，若不是因为主机计算机的飞速发展步伐，雷明顿·兰德公司的 Univac 主机计算机本来还可以获得成功。1953 年，IBM 推出了第一台 701 主机计算机。在不到一年的时间里，IBM 又推出了 702 主机计算机，该电脑能以 Univac 机器的两倍速度处理信息。有趣的是，IBM 公司在主机计算机市场的成功做法，在个人电脑市场上却没发挥多大用处。IBM 公司推出了第一台严格意义上的 16 位个人商用电脑（IBM PC）。但是，在个人电脑市场上，IBM 还是输给了其他专业品牌。例如，康柏（Compaq）、惠普（HP）和戴尔（DELL）。为什么会这样？问题就在 IBM 这个品牌自身上。IBM 代表主机电脑，而不是个人电脑。

第四名：通用电气（420 亿美元）。通用电气公司（GE）的发展历史，可以追溯到托马斯·爱迪生（Thomas Edison）。1879 年，托马斯·爱迪生（Thomas Edison）发明了电灯泡。爱迪生电灯公司发展成通用电气公司。电灯泡在当时是革命性的产品，就好比今天的互联网。电灯泡彻底改变了社会，把 12 小时的白天变成了 24 小时的白天。在此基础之上，通用电气公司具有足够的资源，抢占 19 世纪的许多新兴产业，并成为这些新兴行业的领先者。在通用电气公司的历史上，杰克·韦尔奇（Jack Welch）成为当代首席执行官的英雄。对于通用电气公司的经营，杰克·韦尔奇的战略十分简单——要么做第一，要么做第二，否则就不做。

第五名：英特尔（310 亿美元）。一项灵感迸发的结果，造就英特尔（Intel）这个品牌。简而言之，电脑微处理芯片，造就英特尔这个品牌。英特尔公司第一个推出了微处理器 Intel 4004。英特尔公司进一步做出了明智的选择——舍弃了电脑存储器业务，聚焦于微处理器这类新产品。如今，英特尔成为全球微处理器的领导品牌。尽管 AMD 这个品牌不断发起挑战，但是人们始终认为 Intel 处理器最好。还记得“Intel Inside”这个传播口号吧？如果人们的电脑以“Intel Inside”为荣耀，那么其他品牌就别想超越 Intel 这个品牌。AMD 处理器很差吗？一点都不比 Intel 处理器差！但是，人们就是认为 Intel 更好。AMD 能改变人们的这种认知吗？几乎没有可能改变。这个例子证明：聚焦战略所产生的品牌威力。

第六名：诺基亚（290 亿美元）。什么造就了诺基亚（Nokia）这个品牌？简而言之，就是手机这个产品类别。实事求是地说，全球第六大最有价值品牌，原本应该属于摩托罗拉公司（Motorola），因为摩托罗拉公司第一个推出了手机产品。但是，摩托罗拉公司输给了诺基亚公司，其原因在于：诺基亚公司聚焦于手机这个产品类别，摩托罗拉公司却在四面出击搞品牌延伸。摩托罗拉公司生产从“通讯设备”到“卫星系统”等一系列产品。诺基亚公司的做法，与摩托罗拉公司截然相反。诺基亚公司集中力量专攻手机产品，从而舍弃了其他所有“非核心业务”，这包括造纸、电脑、机械制造、电子产品、还有轮胎和靴子等橡胶产品。结果：诺基亚公司成为手机产品的代表。用诺基亚这个品牌名字，诺基亚公司把手机这类产品推向了全球市场。这就是说，诺基亚获取成功的秘密在于：趁对手混乱之际，集中兵力抢占了手机这个品类。

第七名：迪斯尼（280亿美元）。什么造就了迪斯尼（Disney）这个品牌？简而言之，就是以米老鼠（Mickey Mouse）为代表的卡通人物形象。迪斯尼是第一个被视为等同于电影的动画品牌。白雪公主和七个小矮人（Snow White and the Seven Dwarfs）、米老鼠与唐老鸭（Mickey Mouse and Donald Duck）、唐老鸭与普卢托狗（Donald Duck and Pluto the Dog），还有其他动画人物，在给人们带来幽默与欢乐的同时，也帮助迪斯尼打造了世界级的品牌。如今，动画世界已不仅仅限于在电视机里面，动画世界已经被搬到了电影院里面。喜欢动画世界的人，不只是天真的孩子，还有那些现实的大人。谁是这个领域的领袖品牌？迪斯尼（Disney）。

第八名：麦当劳（1250亿美元）。什么造就了麦当劳（McDonald's）这个品牌？答案是：数十亿的汉堡包。如果去麦当劳不是为了吃汉堡包，那么根本就没有必要去麦当劳了。在第一家麦当劳餐馆开业的时候，菜单上只有11个食品项目。这11个食品项目，已经包括了不同分量汉堡包和不同风味的汉堡包。在麦当劳的菜单上，所有其他项目都是汉堡包的补充品。如今，在麦当劳的菜单上，大约有50个食品项目。如果算上“不同分量”与“不同的风味”食品项目，那么麦当劳的菜单上有超过了100个食品项目。这个品牌已经陷入麻烦，有谁能帮麦当劳修剪一下菜单吗？别忘了，把麦当劳这个品牌带到世界各地的食品，是“汉堡包”而不是“填充的食品项目”。麦当劳需要保持焦点清晰。

第九名：万宝路（220亿美元）。毫无疑问，万宝路（Marlboro）这个品牌，是全球最强大的香烟品牌。万宝路是如何做到的呢？在成为全球香烟第一品牌之前，万宝路走过了相当长的弯路。传统观点认为，广告是万宝路获得成功的主导因素。然而，广告只是一个工具而已。如果要想建造一所房子，那么必须借助一些专业工具。但是，如果要建造出引以为荣的房子，那么就需要一位出色的建筑师。万宝路这个品牌的成功，要归功于菲利浦·莫里斯（Philip Morris）对香烟品类的划分。在万宝路之前，所有香烟品牌都男女皆宜。这是因为：这些品牌都想同时去吸引男人和女人。非常具有意味的是，万宝路这个品牌，最初是专门针对女性的香烟品牌。但是，女性对香烟的需求数量有限。因此，万宝路这个品牌的销量十分有限。菲利浦·莫里斯收购了这个品牌之后，认为只有抓住男性香烟消费群体，才能卖出更多的万宝路香烟。有鉴于此，菲利浦·莫里斯——万宝路这个品牌的建筑师，对万宝路进行了重新定位。万宝路放弃了女性香烟的品牌定位，被重新定位成男子汉的香烟。幸运的是，女性香烟的这个定位，并未真正深入人心。因此，万宝路能够得以进行重新定位，并未遭遇太大的障碍。于是，那些从事户外工作的男子汉，成为万宝路香烟广告的主角。最终，万宝路的形象固定在"美国牛仔"身上。从此之后，万宝路这个香烟品牌，成为"具有男子汉气魄"的香烟品牌。"美国牛仔"这个形象深入人心，带着万宝路香烟走遍了全球各地。男子汉的香烟，这就是万宝路成功的秘决。

第十名：梅赛德斯—奔驰（210 亿美元）。1885 年，卡尔·本兹（Karl Benz）发明了汽车（三个轮子）。1886 年，戈特利布·戴姆勒（Gottlieb Daimler）推出了四轮汽车。然后，这两位汽车制造的先驱者，把这两家汽车公司合并在一起，成立了戴姆勒—奔驰汽车公司（Daimler Benz AG）。梅赛德斯—奔驰（Mercedes-Benz），戴姆勒—奔驰公司创建的豪华汽车品牌，成为全球最尊贵的汽车品牌之一。如今，这个尊贵的汽车品牌，正在被不遗余力地破坏。梅赛德斯—奔驰这个品牌，正在加大油门向低端汽车疾驶。1998 年 5 月 7 日，德国戴姆勒—奔驰汽车公司与美国克莱斯勒汽车公司（Chrysler Corporation）宣布合并，新公司称为戴姆勒—克莱斯勒汽车公司（Daimler-Chrysler）。戴姆勒—奔驰公司的股东持有新公司 57% 的股份，克莱斯勒公司的股东持有 43% 的股份。在两家合并之后，戴姆勒—克莱斯勒汽车公司，推出了一系列针对低端市场的梅赛德斯—奔驰汽车。

2004 ~ 2005 年，品牌估值业的领先企业——Interbrand 按惯例评定了全球十大最有价值的品牌及其评估价值。从这个排名榜上，品牌的排名次序并没有太大变化。有所不同的是，在这个排名榜上，Toyota（丰田）这个品牌取代了梅赛德斯—奔驰。在美国汽车市场上，日本高级轿车的代表品牌——Lexus（雷克萨斯），超过了世界高级轿车的代表品牌——梅赛德斯—奔驰。尽管这并不影响梅赛德斯—奔驰继续充当高级轿车的代表，但是谁都没法保证 Lexus VS. Acura 结局的再次重演。梅赛德斯—奔驰或许会成为下一个 Acura？目前，结果还不得而知。这要看 Lexus 在正确的道路上坚持多久，还要看梅赛德斯—奔驰在错误的道路上走多远？梅赛德斯—奔驰还记得那个“保持领先地位”的忠告吗？一旦获取某一个品类的领先地位，领先者一定守护好这个领先地位，不要给竞争对手留下机会，抢走属于领先者的位置。如果不再是豪华与尊贵汽车的代表品牌，那么还有多少有钱人购买梅赛德斯—奔驰？希望梅赛德斯—奔驰不要像 Acura 一样，在短期内销售大量的低端产品，却把高端产品冷落在一旁。当人们看到大街上到处都是梅赛德斯—奔驰的时候，梅赛德斯—奔驰或许就不再是一个豪华尊贵的汽车品牌了。

2004/2005 年的全球十大最有价值品牌 单位：百万美元

品牌名称	国家名称	排名		价值	
		2004 年	2005 年	2004 年	2005 年
Coke-Cola	美国	01	01	67394	67525
Microsoft	美国	02	02	61372	59941
IBM	美国	03	03	53791	52276
GE	美国	04	04	44111	46996
Intel	美国	05	05	33499	35588
Nokia	芬兰	06	06	24041	26452
Disney	美国	07	07	27113	26441
McDonald's	美国	08	08	25001	26014
Toyota	日本	09	09	22673	24837
Marlboro	美国	10	10	22128	21189

2007～2008 年，品牌估值业的领先公司——Interbrand 按惯例评选

出全球十大最有价值的品牌及其评估价值。2007 年评选结果：Marlboro 品牌价值 21283 百万美元，在排行榜上名列第 14 位。香烟这个产品类别，是一个正在逐渐消融的产品类别。这个品类里的品牌，也逃脱不了价值消融的命运。梅塞德斯—奔驰品牌价值 23568 百万美元，在排行榜上名列第 10 位。丰田（Toyota）品牌价值 32070 百万美元，在排行榜上名列第 6 位。2007 年，在美国汽车市场上，梅塞德斯—奔驰（Mercedes-Benz）的销售数量排名第三，排在了雷克萨斯、宝马（BMW）的后面。在这一年，雷克萨斯销售 329177 辆汽车；宝马销售 293795 辆汽车；梅塞德斯—奔驰销售 253277 辆汽车。这再次证明，品牌失去焦点，就失去了价值。2008 年评选结果：Marlboro 品牌价值 21300 百万美元，在排行榜上名列第 18 位。梅塞德斯—奔驰品牌价值 25577 百万美元，在排行榜上名列第 11 位。丰田（Toyota）品牌价值 34050 百万美元，在排行榜上名列第 6 位。2008 年，Google 品牌价值从第 20 位上升到第 10 位，取代了梅塞德斯—奔驰的品牌价值排名位置。这再次证明，品类开创者的品牌力量。

2007/2008 年的全球十大最有价值品牌　　单位：百万美元

品牌名称	国家名称	排名		价值	
		2007 年	2008 年	2007 年	2008 年
Coke-Cola	美国	01	01	65324	66667
Microsoft	美国	02	03	58709	59007
IBM	美国	03	02	57091	59031
GE	美国	04	04	51569	53086
Nokia	芬兰	05	05	33696	35942
Toyota	日本	06	06	32070	34050
Intel	美国	07	07	30954	31261
McDonald's	美国	08	08	29398	31049
Disney	美国	09	09	29210	29251
Google	美国	20	10	17837	25590

风险与机会

——不承担开创新品类的风险，就抓不住新品类的机会

【观点】 要想开创一个新品类，不但面临着很多困难，还要担负着巨大风险。在开始的时候，开拓者面对的是一片荒芜的土地。如果新品类不能发展成“大市场，那么开拓者将会面临着“大损失”。正是这个原因，在开创新品类面前，许多企业裹足不前。事实上，没有人能够预知未来是否成功。企业若想收获大成功，既需要企业家的远见，又需要创业家的勇气。在真实的世界里，品类的诞生、分化和消亡，这个过程从来就没有停止过。同时，品类的诞生、分化和消亡，这个过程不断催生出新领袖。品类发展就像物种进化一样，需要经过不断地进化、分化和淘汰，才能在激烈的竞争环境里延续下去。要想继续生存，要么选择进化，要么选择分化。无论分化还是进化，成功的关键都在于获得领先地位。所谓进化，是领先品牌应该采取的策略，即对自我发起攻击与挑战，保持在既有品类里的主导地位。所谓分化，是跟随品牌应该采取的策略，即创建出一个新产品类别，保持在新创品类里的领先地位。进化，往往是领先品牌的有效武器。分化，往往是跟随品牌的发展契机。进化与分化是品牌别无选择的生存和发展的途径，由不得品牌按照自我意志拒绝或者阻止。

【诠释】 📖《老子》（64）：为之于未有，治之于未乱。📖《六韬·龙韬·军势》：故善战者，不待张军；善除害者，理于未生；善胜敌者，胜于无形。上战无与战，故争胜于白刃之前者，非良将也，设备于已失之备者，非上圣也。智与众同，非国师也；技与众同，非国工也。📖《孙子兵法·兵势》：激水之疾，至于漂石者，势也[1]。鸷鸟之击至于毁折者，节也[2]。是故善战者，其势险[3]，其节短[4]。势如彍

弩，节如发机[5]。㉒ 抢占一个新品类，最佳时机应该在“未有之时，未生之时”。不待竞争对手有所察觉反应，以激水、鸷鸟之势，抢先把新品类据为己有——成为新品类的领先者。从而，避免低水平、低层次的白刃战——价格战、广告战。

注解：

〔1〕孟氏：势峻，则巨石虽重，不能止。杜佑：言水性柔弱，石性刚重，至于漂转大石，投之洿下，皆由急疾之流，激得其势。张预：水性柔弱，险径要路，激之疾流，则其势可以转巨石也。

〔2〕杜牧：势者，自高往下，得险疾之势，故能漂石也。节者，节量远近则搏之，故能毁折物也。杜佑：发起讨敌，如鹰鹯之攫撮也，必能挫折禽兽者，皆由伺候之明，邀得屈折之节也。王子曰：“鹰隼一击，百鸟无以争其势；猛虎一奋，万兽无以争其威。”梅尧臣：水虽柔，势迅则漂石；鸷虽微，节劲则折物。何氏：水能动石，高下之势也，鸷能搏物，能节其远近也。张预：鹰鹯之擒鸟雀，必节量远近，伺候审而后击，故能折物。

〔3〕曹操：险，犹疾也。杜牧：险者，言战争之势，发则杀人，故下文喻如彍弩。王皙：险者，折以致其疾也，如水得险隘而成势。

〔4〕曹操：短，近也。杜牧：言以近节也。如鸷鸟之发，近则搏之，力全志专，则必获也。梅尧臣：险则迅，短则劲，故战之势，当险疾而短近也。王皙：鸷之能搏者，发必中，来势远，而所搏之节至短也。兵之乘机，当如是耳。

〔5〕曹操：在度不远，发则中也。李筌：弩不疾，则不远；矢不近，则不中。势尚疾，节务速。杜牧：彍，张也。如弩已张，发则杀人，故上文云“其势险”。机者，固须以近节量之，然后必能中，故上文云“其节短”。短，乃近也。梅尧臣：如弩之张，势不逡巡，如机之发，节近易中也。王皙：战势如弩之张者，所以有待也，待其有可乘之势，如发其机。何氏：险，疾也：短，近也。此言击战得形，便如张弩发机，势宜疾速，仍利于便近，不得追击过差也。张预：如弩之张，势

不可缓；如机之发，节不可远。言趋利尚疾，奋击贵近也。故太公曰："击如发机者，所以破精微也。"

【案例】可口可乐（Coke-Cola）推出之初，可乐饮料市场有多大？微软公司MS/DOS系统推出之初，16位个人电脑操作系统市场有多大？托马斯·爱迪生推出改变历史的发明之初，灯泡市场有多大？英特尔公司推出Intel 4004之处，微处理器市场有多大？沃尔特·迪斯尼公司（The Walt Disney Company）的米老鼠（Mickey Mouse），第一次在荧屏亮相之初，电影动画市场有多大？麦克唐纳兄弟（McDonald Brothers），开第一家餐馆的时候，快餐汉堡包市场有多大？万宝路香烟，定位为男子汉香烟的时候，"男子汉"香烟市场有多大？卡尔·本兹推出第一辆汽车的时候，汽车这种产品的市场有多大？IBM公司在推出主机电脑的时候，主机电脑市场有多大？诺基亚公司在聚焦手机研发与制造的时候，手机产品的市场需求有多大？拉里·佩奇（Larry Page）和谢尔盖·布林（Sergey Brin），在创建谷歌公司的时候，网络搜索引擎的市场有多大？在获得巨大成功之前，这些全球最具价值的品牌，面临的市场需求并不大。其中，许多品牌所面对市场需求，实际上都是从零开始。这些全球最具价值的品牌，要么是所在品类的开创者，要么是所在品类的领先者。市场营销的最高目标，就是拥有或者主导一个品类。但是，要想拥有或者占有一个品类，最有效的路径是从品类创建开始，绝不能指望竞争对手犯错——放弃已经开创的新品类。

【案例】最初，美国广播电视孕育出三个电视网品牌。这三个品牌分别是：哥伦比亚广播公司（CBS）、美国国家广播公司（NBC）和美国广播公司（ABC）。有线电视的出现，有线电视品牌也随之涌现。例如，HBO（Home Box Office，译为：家庭票房）、ESPN（Entertainment and Sports Programming Network，译为：娱乐与体育节目电视网，一家 24 小时专门播放体育节目的美国有线电视联播网）、美国有线电视新闻网（CNN），以及众多其他有线电视品牌。此后，卫星电视出现了，这为 Direct TV 和 Dish Network 创造了机会。

当时，有线电视刚刚出现。一方面，三大电视网构成的广播电视业，正在创造数十亿美元的营业收入；另一方面，有线电视业务的收人为零，而且其前景无法预料。假设：一家企业正准备进入电视业行业，首席执行官应该怎么办？设法“在电视网这样的既成市场上”分得一块蛋糕，还是设法“在有线电视这样不确定的新品类中”创建一个新品牌？从今天的结果来看，答案显然是“有线电视”。但是，如果时间回到 1968 年——那时，美国联邦通信委员会（FCC）刚刚批准付费有线电视传输，那么这个问题的答案就没有这么明显了。

创办第一家有线电视新闻网的人，不是哥伦比亚广播公司、美国国家广播公司或者美国广播公司。特德·特纳（Ted Turner）——户外广告的行业巨头，创办了第一家有线电视新闻网——美国有线电视新闻网。此外，特德·特纳还第一个把本地电视台接上卫星装置，从而创办了覆盖整个美国的 WTBS 电视台，这种模式后来被称为 Super Station（超级电视台）。

创办第一家有线电视体育网的人，不是哥伦比亚广播公司，也不是美国国家广播公司或者美国广播公司。斯科特·拉斯马森（Scott Rasmussen）和比尔·拉斯马森（Bill Rasmussen）创办了第一家有线电视体育网——ESPN。斯科特·拉斯马森和比尔·拉斯马森，用信用卡上 9000 美元的预支现金创办了 ESPN。如今，ESPN 宣称自己是世界体育赛事转播的领导者。

创办第一家高级有线电视网的人，不是哥伦比亚广播公司，也不是美国国家广播公司或者美国广播公司。查尔斯·多兰（Charles Dolan）创办了第一家高级有线电视网——HBO。当时，查尔斯·多兰经营着由时代公司（Time Inc.）控制的 Sterling Manhattan 电缆系统公司。此后，查尔斯·多兰又创办了 Cablevision Systems 公司，该公司已成为第五大有线电视运营商。如今，HBO 隶属于时代华纳公司（Time Warner Inc.），已经成了大把赚钱的印钞机器。据报道，美国四家大广播公司——哥伦比亚广播公司、美国国家广播公司、美国广播公司、福克斯广播公司（Fox Broadcasting Corporation）等加在一起还，不如 HBO 一家所赚的钱多。事情就是这样。大企业总是只看到事物的表面，创业家总会看到事物的潜力。

品类总是在分化

品类分化

——品类发展必然经历的过程

【观点】 市场总是被细分，品类总是要分化。在大多数情况下，市场细分与品类分化，为一个不可分割的整体。在一个细分市场背后，必然存在着一个产品类别。反之，在一个产品类别背后，必然存在着一个细分市场。从市场的角度看，市场细分为企业发展提供机会。从品类的角度看，品类分化为品牌成长提供机会。两者结合在一起，构成企业与品牌成功的基础。尽管人们无法预知未来，但是人们可以确信分化。从产品发展历程看，品类必将会分化，品类已经在分化，品类将继续分化。实际上，分化必将发生，只是方向不同。或者往这个方向分化，或者往那个方向分化。市场上所有存活着的产品类别，都是起始于一个单一的产品，而且通常会被一家企业所垄断。经过一段时间之后，产品必然开始分化。一个单一的产品类别，分化成两个或两个以上种类，分化出两个或两个以上分支。任何一个分化出来的分支，均为一个与众不同且又独立存在的部分。任何一个分化出来的类别，总有自己的立足点与公认的领先者。问题的关键在于：新品类里的领先者，很少为老品类的领先者。因此，产品类别不断进行分化，为品牌创造了成长的机会，为企业提供了发展的动力。

【诠释】《老子》（42）：道生一，一生二，二生三，三生万物。㊣ 品类的发展，同样是无中生有，一生二，二生三，三生多。品类的分化，是企业发展的战略机遇。战略定位，关键是要抓住分化，而不是等待分化。关键是要拥有一个品类，而不是追随领先品牌。

【案例】在计算机市场上，IBM 占据第一的位置之后，大量公司进入了这个市场。例如：Control Data、General Electric、Honeywell、NCR、RCA、Sperry、Snow White、The Seven Dwarf……其中，许多计算机制造企业，不是努力成为“世界第二大计算机公司”，而是在计算机市场上创建新品类，努力在新类别里成为领先者。这些新品类包括：Main Frames、Mini Computers、Personal Computers、Laptops、Work Station、Notebooks 和 Pen Computer……结果，在 Main Frames 计算机领域里，IBM 是第一名；在小型计算机市场上，DEC 是第一名；在容错计算机市场上，Tandem 是第一名；在 Work Station 计算机市场上，Sun Micro Systems 是第一名。此外，Stratus 公司成为第一个生产容错微型计算机的企业；Cray Research 公司则站在技术高端，第一个提出了超级计算机概念，第一个生产出了超级计算机产品；Convex 公司将技术高端和微型结合起来，第一个生产了微型超级计算机产品。这些计算机公司，都因为抓住与利用品类分化，在计算机领域占有一席之地。同时，避免在主机计算机领域与 IBM 公司正面交锋。

【案例】在艺术领域，塑造品牌遵循同样的原理。如同一辆汽车不能靠模仿保时捷（PORSCHE）的设计风格而畅销。一个艺术家也不能靠模仿巴勃罗·毕加索（Pablo Picasso）的画风而成为著名的绘画大师。一个卓有成就的艺术家，可以通过开创一个新画派，成为一位著名的绘画大师。随着时间的流逝，艺术评论家给这些新画派起了名字。这些新画派的名称，与这些新画派开创者的名字联系到一起。开创这些新画派的绘画家，成了这些新画派的代表人物（品牌）。

美术画派	代表人物
煽情主义(Sensationalism)	戴明·赫斯特(Damien Hurst)
印象派(Impressionism)	莫奈(Claude Monet)
点画法(Pointillism)	乔治·修拉(Georges Seurat)
表现主义(Expressionism)	文森特·梵·高(Vincent van Gogh)
景泰蓝式画法(Cloisonnism)	保罗·高更(Paul Gauguin)
天然画法(Naive Painting)	亨利·卢梭(Henri Rousseau)
野兽派(Fanvism)	亨利·马蒂斯(Henri Matisse)
立体主义(Cubism)	毕加索(Pablo Picass)
行为绘画(Action Painting)	杰克孙·波洛克(Jackson Pollock)
运动艺术(Kinetic Art)	亚历山大·考尔德(A1exder Calder)

分化基础

——利用既有地位和优势创建新品类

【观点】 如果不能在一个产品类别里面占据优势位置，那么可以充分利用在现有品类里的既有地位，或者充分利用在现有品类里的既有优势，或者充分利用在现有品类里的既有技术，选择一个“具有广阔成长空间”的新方向，选择一个“能够取得领先地位”的新方向，选择一个“能够成为第一品牌”的新方向，把既有优势与新方向结合在一起，努力开创出一个新领域或新类别，再抢先占领这个新领域或新类别，成为这个新领域或新类别主导者。从而，避开与原有品类领导者正面交锋，抢占一个不同于领导者的新位置。

【诠释】 📖《孙子兵法·虚实》：夫兵形像水。水之形，避高而趋下；兵之形，避实而击虚[1]。㊣ 在老品类中，领先者势强，跟随者势弱。在老品类中，领先者处实，跟随者处虚。跟随者创建新品类、寻找新方向，则为转换作战阵地，则可避实击虚，则能化弱为强。定位之道，不出于此。善此虚实之道者，则无往而不胜。

注解：

〔1〕张预：水趋下则顺，兵击虚则利。

【案例】 2009年，在金融危机和经济危机的双重作用下，消费数码相机的销售量严重下滑，奥林巴斯公司（Olympus）对此无计可施。在消费数码相机领域，奥林巴斯公司的市场地位并不很高。佳能（Canon）、尼康（Nikon）、索尼（Sony）、柯达（Kodak）、富士（FuJiFilm）这些品牌，依次排在奥林巴斯公司前面。但是，奥林巴斯公司却掌控着另一个高速增长的摄像市场。这个摄像市场，普通的摄影爱好者恐怕闻所未闻，那就是外科医用摄像机市场。

奥林巴斯公司第一个把高清电视信号引入“视频示波器”（Videoscope）。高清电视信号，大幅提高了“视频示波器”的成像质量，并帮助奥林巴斯公司坐上了一个头把交椅——规模达到25亿美元的胃肠道内窥镜市场，在全球市场上的占有率达到了70%。内科医生可以让照相机像蛇一样在病人的身体里蜿蜒前行，探测胃里的肿瘤，做结肠镜检查，或是协助切除患病的胆囊。

由于对科学技术的执著，以及略高一筹的远见，奥林巴斯公司在高清视频设备研发上如虎添翼。数年之前，奥林巴斯公司的科学家们，还在寻找改善外科照相机的方法。如今，奥林巴斯公司已设计并制造出图像传感器芯片——能够将光信号转变为电荷，从而在高清视频设备领域取得领先优势。虽然传媒产业还没有完全接受高清技术，但是奥林巴斯公司的管理人员认为，这种栩栩如生的视频画面，对外科医生将产生巨大的吸引力。

为进一步提高画面质量，奥林巴斯公司的科学家将“高清视频设备”与“可过滤干扰色的窄带成像技术”结合在了一起，组合后的技术可以放大毛细血管等细微结构，帮助外科医生发现人体组织异常。奥林巴斯公司还在柔性内窥镜的末端，装上了直径 6 毫米的照相机，以便能够在人体内转弯，并从几乎各个角度进行拍照。2005 年，奥林巴斯公司推出了第一款高清视频外科照相机。

在 2008 财政年度里，奥林巴斯公司销售收入总额 108 亿美元，医用设备部门的销售额占据 31% 的比例。奥林巴斯公司外科设备销量增长了 29%，医用设备销售总额达到 34 亿美元。目前，奥林巴斯公司医用设备部门的收入，已超过消费类照相机、移动通讯和实验室检验设备等部门。医用照相设备，正在成为奥林巴斯公司的新主角。这个新主角的诞生，则有赖于利用既有优势创造的新品类。

在这个新领域里，竞争对手正在追赶奥林巴斯公司。日本的宾得（Pentax）和富士（FujiFilm）正在争夺第二名的位置。2007 年 12 月，美国医疗设备巨头——Stryker 公司推出了第一台高清视频设备示波器。奥林巴斯公司的领先地位让顾客相信，其售价高达 2.1 万美元的外科照相机确实价有所值。奥林巴斯公司所要做的事情，就是继续保持在这个行业里的领先地位。尽管金融危机会使越来越多的医院在缩小资金预算，但是只要病人存在对身体检查的需要，那么奥林巴斯公司的领先地位就会发挥应有的营销作用。

分化方向

——考虑在哪儿能够做第一

【观点】 那些在人们心智里找不到优势地位的品牌，由于产品类别不断分化而有了发展的契机。如果企业发明了一项新技术，或者开发了一个新产品，那么企业首先要做的事情，不是研究“这种新技术或者新产品与竞争者相比有哪些新优势”，而是考虑“这种新技术或者新产品可以抢先进入到哪个新类别”。或者说，应该首先考虑“这个新技术或者新产品可以在哪个领域里面做第一”。这就是说，不要盯着新技术或新产品本身，而是首先要去寻找一个新类别——一个“能够做第一”的新类别，然后抢先占领这个新类别，进而成为新类别里的领先者。其中的道理很简单：宁愿先在一个小池塘（小品类）里做一条大鱼（大品牌），也不要在一个大池塘（大品类）里做一条小鱼（小品牌）。一条游动在大池塘里的小鱼，随时可能被里面的大鱼吃掉。等在小池塘里长成了大鱼（大品牌），再考虑逐步扩大池塘边界（大市场）。谁说小池塘里长不出大鱼？世界上一些顶级品牌，都是小池塘里的大鱼。

【诠释】 ⌖ 📖《草庐经略·游失》：伺敌之隙，乘间取胜。㊣ 此种谋略思想的核心：乘敌之微小间隙，向敌薄弱处发展，创造和捕捉战机。📖《三十六计》（秘本兵法）：顺手牵羊。〔解语〕微隙在所必乘，微利在所必得。少阴，少阳。〔按语〕大军动处，其隙甚多，乘间取利，不必以胜。胜固可用，败亦可用。㊣ 对于定位来说，不应从表面意思上理解“顺手牵羊”，不可简单理解为“乘隙延伸品牌，顺手延伸品牌”。“顺手牵羊”的意义在于：乘隙抢位，乘隙占位；专一品牌，占而为王。市场虽小，规模虽微，利或未少，势或未弱。此“弱者”良策也。那些正在萌芽的新品类，或者那些尚未萌芽的新品类，多数是领导品牌看不到的市场缝隙，弱势品牌应该乘机占领这些新品类。

【案例】 ⌖ 汽车这种产品，曾经是美国工业的代表。今天，汽车依然能够代表美国的工业水平。美国因此被称为“坐在轮子上的国家”。通用汽车公司（GM）和福特汽车公司（Ford），都曾经是世界上最大的汽车制造企业，所生产的汽车及品牌遍布世界各地的市场角落。但是，这不意味着“其他汽车制造企业或者品牌就没有生存与发展的机会”。

看看那些获得成功的其他品牌，或许能够明白一个简单的道理。事实上，人们都知道“成功的途径不只一条”，只不过不善于发现成功的途径而已。

品　牌	国别	品　类	注　释
大众(Volkswagen)	德国	小型汽车	第一个在美国推出小型汽车
吉普(Jeep)	美国	多功能越野汽车	第一个越野汽车
悍马(Hummer)	美国	军用越野汽车	第一个军用越野汽车
克莱斯勒(Chryler)	美国	微型厢式汽车	第一个微型厢式汽车
凯迪拉克(Cadillac)	美国	高档汽车	美国第一款高档汽车
考维特(Corvette)	美国	跑车型汽车	美国第一款跑车型汽车
保时捷(Porsche)	德国	高档跑车型汽车	跑车型汽车的鼻祖
宝马(BMW)	德国	高驾驶性能的汽车	强调驾驶性能的汽车
沃尔沃(Volvo)	瑞典	安全的汽车	把安全放在第一位的汽车
奔驰(Mercedes-Benz)	德国	尊贵的汽车	豪华与舒适的汽车代表
劳斯莱斯(Rolls-Royce)	英国	贵族的汽车	工艺精良的顶级汽车

这些品牌成功的秘密在哪里？不是制造更好的汽车产品，而是抢先制造出不同的汽车产品，并在这个不同的汽车产品领域保持领先地位。可以肯定地说，这些汽车企业或者品牌，如果不是因为趁机创建出一些新品类，并在新品类里占据了领先地位，那么恐怕没有几个能够在残酷的竞争中生存下来。即便如此，其中一些品牌由于自身的战略失误，或者已经失去领先地位，或者领先地位岌岌可危。同时，那些始终如一坚守自我阵地的品牌，要么逐渐成长为强势品牌，要么逐渐发展成专家品牌。这就是说，不但要开创一个新品类，而且还要聚焦于这个新品类。如此，品牌才不会失去经营焦点，品牌才能够立于不败之地。“不可胜在己，可胜在敌”，就是这个道理。

在甲壳虫汽车（Beetle）获得成功之后，大众汽车公司（Volkswagen）开始生产高档汽车，结果把小型汽车的阵地让给了日本汽车制造企业。如今，丰田汽车公司（Toyota）成了小型汽车的领袖。戴姆勒—奔驰汽车公司与克莱斯勒汽车公司合并在一起，向低端市场推出“不那么尊贵”的奔驰汽车（Benz）。在高级轿车市场上，奔驰汽车排在了宝马汽车、雷克萨斯汽车之后。沃尔沃汽车公司宣称，沃尔沃汽车仅有安全还不够，沃尔沃汽车还是一个豪华轿车。在金融危机到来之际，沃尔沃汽车打算把这个品牌卖掉。这些说明了什么？成也品类，败也品类。开创了一个品类，占领了这个品类，还要守护好这个品类。

【案例】 “七喜”饮料（7-Up）——第一款柠檬碳酸饮料。“七喜”饮料投放市场之后，销售状况一直都不十分理想。当时——1968 年，在美国饮料市场上，可口可乐与百事可乐统治着饮料市场，几乎把持着可乐饮料的全部市场份额，形成了寡头垄断的市场格局。在整个饮料市场上，可乐类饮料独占鳌头。在人们消费的三瓶饮料产品之中，就有两瓶是可乐类饮料。在人们的意识中，饮料产品就意味着可口可乐、百事可乐。可乐类饮料就代表着饮料这个品类，可乐类饮料就是饮料的代名词。在人们的心智之中，可乐类饮料的地位是如此之强大。但是，可乐类饮料的地位越强，建立对立品类的难度就越小，创立对立品类的效果就越好。

面对可乐类饮料的包围，“七喜”饮料必须突围出来。事实十分清楚，不找到一条突围之路，“七喜”饮料永无出头之日。或者说，“七喜”饮料将永远无声无息，淹没在可乐类饮料的声浪之中。“七喜”饮料清楚地知道，自己无法与强大的可乐类饮料直接抗衡——无法与可口可乐、百事可乐这样的强势品牌面对面交锋。“七喜”饮料不能直接告诉人们，相对于可乐这种饮料，“七喜”饮料口味很不错，大家都来购买“七喜”饮料吧。这种做法没有多大用处。因为人们不会相信，“七喜”饮料会比可口可乐还好喝。

“七喜”饮料要想获得消费者的接受，必须告诉消费者有何不同之处。“七喜”饮料有何不同之处？这不在于“七喜”饮料产品本身有什么特别之处，关键在于人们对“七喜”饮料能够形成什么样的认知。这就是说，“七喜”饮料必须在人们心智中与众不同。要想在人们心智中占有一席之地，“七喜”饮料可以在人们心智中寻找一个空白之处，然后抢先占领人们心智中的这片空白，从而运用新品类概念与可乐类饮料区分开来。不要忘了，人们的头脑利用概念来划分事物类别。因此，“七喜”饮料应该寻找一个新概念，从而能够与可乐类饮料区分开来，能够在新领域中“做第一”，能够在人们心智里占有一席之地。这个新概念就是：站在可乐类饮料的对立面，成为第一种“非可乐饮料”，成为“非可乐饮料”的首席代表。

“非可乐饮料”这个概念，不但可以在品类上与可乐类饮料对立起来，而且还能在品牌上与可口可乐对立起来。“七喜”饮料在广告中说道：饮料分为两大类。一类是“可乐饮料”，一类是“非可乐饮料”。最好的“可乐饮料”是可口可乐；最好的“非可乐饮料”则是“七喜”饮料。对立的营销意义在何处？对立的营销意义就在于：借助对立面在人心智中的地位，可以使己方品牌顺利地进入人们心智，并与地位强大的对立面区分开来。对立之所以能够达到这样的效果，完全在于对立面在人们心智中的强势地位。例如，在政治领域中，尽管“执政党”往往拥有强大的政治地位，但是“反对党”同样能够获得大量民众的支持。这就是“对立相生，对立相成”的道理。

借助“非可乐饮料”这个概念，“七喜”饮料实现了战略定位。在人们的心智中，“七喜”饮料创造出一个新品类，并在这个新品类中“做第一”。在可乐类饮料中，可口可乐是第一品牌；在非可乐饮料中，“七喜”饮料是第一品牌。可口可乐在可乐类饮料中称雄；“七喜”饮料在非可乐饮料中领先。“七喜”饮料的战略定位，不但将自己与饮料领导品牌区分开来，同时使自己从可乐饮料中突围出来。“七喜”饮料——非可乐饮料的广告播出之后，当年的销售数量就上升了15%。从此以后，“七喜”饮料的销售额逐年增长，销售额从9000万美元跃升到1.9亿美元，增长幅度超过了200%。

在一年时间之内，“七喜”饮料成为美国第三大饮料品牌，仅次于可口可乐与百事可乐，这十分耐人寻味。事实上，在“七喜”饮料之前——在定位为“非可乐饮料”之前，饮料市场上存在着许多“非可乐饮料”产品和品牌。但是，没有哪个品牌宣称自己是“非可乐饮料”。正是因为如此，没有哪个品牌占据“非可乐饮料”这个心智空白。当然，人们心智中不可能存在“非可乐饮料”的领先品牌。“七喜”饮料抢先定位为“非可乐饮料”。从而，“七喜”饮料开创了一个新类别，“七喜”饮料成为新品类里的领先者。

事实又一次证明：谁发明了一种新产品并不重要。尤为重要的是，谁开创了一个新品类。如果不能在既有的品牌阶梯上立足，那么干脆创建一个新品类，独自树起一个新的品牌阶梯，进而成为新品类中的领先者。1978 年，菲利普·莫里斯公司（Philip Morris）以 5.2 亿美元的价格，收购了七喜饮料公司。“七喜”饮料凭借“非可乐饮料”，卖出了一个史无前例的好价格。

新品类与新品牌

品类名称是什么

——为品类起一个简单易懂的名称

【观点】如果想开创一个新品类，那么需要考虑的第一个重要问题，不是“产品特色是什么”的问题，而是“品类名称是什么”的问题。如果无法用简单易懂的词语命名一个新品类，那么很难把这个新品类送入人们的心智空间，这个新品类很难在人们心智里获得认可。技术人员通常喜欢使用冗长而复杂的产品名称，总想用复杂名称表达产品发挥作用的独特方式，以说明产品本身技术的复杂性和功效的重要性。然而，这种复杂而又难以被消费者理解的产品名称，为“产品进入人们心智”造成了极大的障碍。品类名称要符合三个条件——简单、易懂、贴切。

【诠释】《说文解字》：名，自命也。从口夕。夕者，冥也。冥不相见，故以口自名。《尹文子·大道》：今万物具存，不以名正之，则乱；万名具列，不以形应之，则乖。故形名者，不可不正也。㊣ 由此可见，“名字”的显著特点，就是要“名形相符”；“名字”的显著作用，就是要“闻名知义”。品类的名称，既要“名形相符”，又要“闻名知义”。但是，名称必须保持简洁。这是命名产品所必须遵循的原则。

【案例】第一台主机电脑被叫做 ENIAC，这是“电子数字积分计算器”（Electronic Numerical Integrator and Calculator）的英文缩写。为何不把这个新设备叫做电脑？任何长度几英里的电线、18000 个真空管、数千个电阻和开关的东西都太复杂了，因而不能叫做电脑。此外，ENIAC 重达 30 吨。像这样的大机器需要一个大名字。这就是人们习惯的思维。可是，谁会记住这个名字及其所代表的概念？如今，这个庞然大物早已不存在了，更为复杂的替代产品已经遍布整个世界。但是，这种产品的名字却变得十分简单了。如今，这个名字叫电脑。所谓电脑，就像人脑一样能够进行逻辑思考与计算，但是不像人一样需要吃饭才能工作，只要接通电源就能从事人脑难以完成的许多工作。所以，电脑这个名字再好不过了。

【案例】摩托罗拉公司（Motorola）发明了第一款手机，取名为“摩托罗拉 DynTAC8000X”（Motorola DynTAC8000X）。MITS 公司发明了第一台个人电脑，取名为“米茨阿塔尔 8800”（MITS Altair 8800）。ASUS 公司（华硕）推出第一台超轻薄笔记本电脑，取名为“华硕 3E 个人计算机”（Asus Eee PC）。第一根火柴叫做“可滑式硫化过氧化氢”

（Sulphuretted Peroxide Strikable），第一个测谎仪叫做“心肺无意识手动描记器”（Cardio-Pneumo-Psychograph）。如果不对这些产品进行解释，谁会仅凭这些名字就能理解这些产品？与这些产品现在的名字相比，那个更加容易让人理解？不言而喻。这说明了什么问题？不管为产品起了多么复杂的名字，人们终究要把复杂的名字简化成易懂、易记词语。

【案例】 索尼公司（Sony）推出的第一款 32 位游戏机，命名为“三维互动多功能游戏机”（3D Interactive Multiplayer）。这个产品的性能更好（32 位），功能更强（具备光盘存储功能），领先于主要竞争对手——世嘉（Sega）与任天堂（Nintendo），很受媒体报道的欢迎，其背后还有 AT&T、松下公司（Panasonic）和时代华纳（Time Warner）的共同支持。但是，这个产品仍然没有获得成功。其中原因之一，就是这个糟糕的名字。“三维” +“互动” +“多功能” +“游戏机”，人们的大脑讨厌这么复杂的东西。要理解这个产品是什么，需要把四个概念合在一起。算了吧，还是选一个简单一点的玩吧。如果按照这种方式命名产品，那么今天的电视机还不知道该叫什么呢。还好，尽管产品越来越复杂，人们依然还用电视机这个名字。

产品要有俩名字

——品类名称和品牌名称

【观点】 对于任何一个产品而言，实际上都需要两个名称。一个是品类名称，一个是品牌名称。在人们的心智中，品牌是品类的次级概念，人们把品类概念置于品牌概念之上。对于任何一个品牌而言，人们都会将其放入一个品类概念的框架之中。在使用这些概念的时候，或者说在对产品做消费选择的时候，人们首先会使用品类名称，然后才会考虑使用品牌名称。人们用品类名称思考选择问题，然后用品牌名称表达选择结果。人们在选择消费产品的时候，首先对可以相互替代的品类作出选择，然后才对品类里的品牌作出选择。因此，品类的名称与品牌的名称，分别具有不同的作用。对于品类名称与品牌名称，如果不能将其作用区分开来，通常会造成人们心智的混乱。如果发明了一种新产品，那么为新产品命名则是首要任务。首先要给这种产品起一个恰当的品类名称，然后再为己方生产的这类产品起一个恰当的品牌名称。

【诠释】《尹文子·大道》：名者，名形者也；形者，应名者也。然形非正名也，名非正形也，则形之与名，居然别矣，不可相乱，亦不可相无。无名，故大道无称；有名，故名以正形。㊣ 这个意思是说："名称用来命名事物，事物应与名称相符。但是，事物本身不是名称，名称本身也不是事物。两者有分别，不可相互混淆，不能有名无实，也不能有实无名。《尹文子·大道》：名称者，别彼此而检虚实者也。自古至今，莫不用此而得，用彼而失。失者，由名分混；得者，由名分察。㊣ 这个意思是说："名称，用来分辨彼此，查验虚实。自古至今，都是用得好则对事物有利，用不好则对事物不利。不利，是因为名称的分辨作用混乱；有利，是因为名称的分辨作用清晰。"对于定位来说，品类是品类，品牌是品牌，两者不同，名称自然不可相混。所谓"让品牌代表品类"，不是说"只要品牌，不要品类"，而是说"让品牌成为品类的首席代表"。在人们心智中，依然存在着品类的概念；所谓"让品牌名称代替品类名称"，不是说"只要品牌名称，不要品类名称"，而是说"让人们用品牌名称表达品类概念"在人们心智中，依然存在着品类的名称。

【案例】 IRIS 科技公司发明了一个产品，起初叫做 VideoTizer。VideoTizer 其实是一个"不用磁带"的录像机，能让用户把录像带内容录制成数码形式的普通 MPEG2 视频文件。实际上，这是一种不同影像资料的转换设备，即把磁带上的录像转换成数码视频文件。录像带一旦数字化之后，用户就能把数码文件“归类”，并且能“马上”跳到文件中的任何位置，从当前的位置开始播放视频录像。

VideoTizer 这种产品及其特性，使其成为培训、教育、体育、比赛等领域，以及其他很多领域可以使用的理想演示设备。实际上，售价 5000 美元的 VideoTizer，具备橄榄球联盟球队使用的、售价 15 万美元的录像回放设备的很多功能。但是，VideoTizer 这个名字严重阻碍了品牌。VideoTizer 不仅是个复杂的名字，而且把太多注意力集中在了产品如何工作上（特点），而不是集中在产品功能的作用上（好处）。正是基于这种原因，IRIS 公司决定不再使用 VideoTizer 这个产品名称，而是把这种新产品叫做“比赛分析仪”，并且把这种设备推销给高中橄榄球教练。

然后，IRIS 公司又为开始为品牌命名，把品牌命名为“兰德罗”（Landro）。“兰德罗”这个名字取自 IRIS 公司首席执行官——杰瑞·萨蓝德（Jerry Salandro）名字的一部分。因此，“兰德罗”这个品牌名字，本身没有什么特别含义。但是，“兰德罗”比赛分析仪一炮冲天。许多高中的橄榄球教练，把球队表现的改善归功于这个高级培训机器。如今，“兰德罗”成为“比赛分析仪”的领先品牌。

【案例】 在美国啤酒市场上，哪个品牌位居领先地位？Budweiser（百威）啤酒——美国啤酒的领先品牌，年销售额达 80 亿美元。然而，Budweiser 啤酒的领先地位，本来可以属于米勒酿酒公司（Miller Brewing Company）。米勒酿酒公司错失了终身超越 Budweiser 啤酒的机会。米勒酿酒公司做错了什么？米勒酿酒公司推出了第一款清淡啤酒（Light Beer），这是一次非常不错的侧翼进攻战。但是，米勒酿酒公司却起了一个糟糕的品牌名字——Lite（莱特）。Lite 与 Light，英文发音相同（谐音），Light 含有清淡意思。因此，Lite 这个名字，听起来就是“清淡”的意思。对于“清淡啤酒”这个产品类别，Lite 这个品牌名字很糟糕吗？对于清淡啤酒（Light Beer）这个品类来说，使用 Lite 这样的品牌名字，究竟有什么不好呢？

Lite 的巨大优势在于：第一个进入人们头脑里的低度啤酒品牌。但是，Lite 这个通用性品牌名称，却成为一个巨大的品牌劣势。Lite 这样的品牌名称——直接描述品类本质属性——是一个很糟糕的品牌名称。这是因为：这种名称听起来更像品类名称，竞争对手可以采用同样的品类名称，推出类似的产品与品牌，从而轻而易举地消灭首创品牌的独特性。米勒酿酒公司在推出 Lite 啤酒之后，竞争对手先后推出了 Schlitz Light、Pabst Light、Coors Light、Natural Light、Bud Light……这些品牌听起来都叫“莱特”（Light）——Lite 与 Light 英文发音相同，这淹没了 Lite 这个品牌名称的独特性。Lite 这个品牌名称，很难成为“淡啤酒”（Light Beer）这个品类的代表品牌。问题的关键在于：当听见 Lite 或者 Light 这个词的时候，人们很容易想到这是一个产品类别，而不是一个专门的品牌名称。

从出发点上来看，米勒酿酒公司的营销直觉十分正确。米勒酿酒公司试图建立一个啤酒新品类，试图为这个啤酒新品类推出一个专门的代表品牌。正是因为如此，Miller 这个品牌名称，没有被运用在新品牌名称里面，而是单独为其起名 Lite。问题的关键在于：米勒酿酒公司没有意识到，当竞争者大量使用 Light 命名品牌的时候，Lite 这个品牌名称无法从众多的 Light 啤酒里面突围出来，Lite 啤酒无法成为新品类的代表品牌。无奈之下，Lite 这个品牌名称被迫变成了 Miller Lite。Miller Lite 这个延伸式的品牌名称，以及 Miller 这个品牌名称的疯狂延伸，使米勒酿酒公司错失了超越 Budweiser 啤酒的机会。

Miller 这个啤酒品牌名称，究竟延伸到了什么程度？例如：Miller High Life、Miller Lite Brewers Collection Amber、Miller Lite Brewers Collection Blonde、Miller Lite Brewers Collection Wheat、Miller High Life Light、Miller Genuine Draft Light、Miller Genuine Draft、Miller Genuine Draft 64、Miller Chill、Miller Lite Ice、Miller Brewers Collection、Miller Lite Brewers

Collection 等等……这些延伸式的品牌名称，不但模糊了 Miller Lite 这个品牌的代表意义，还严重损害了一个已经获得成功的品牌——米勒高品质生活（Miller High Life）。结果：在“清淡啤酒”这个新品类中，都是从“老品类”延伸过来的“老品牌”，不存在能够代表“清淡啤酒”的专门品牌了。米勒酿酒公司充当新品类代表者的战役失败了。

市场发展的趋势表明：“清淡啤酒”超越了“普通啤酒”。结果：在美国市场上，Bud Light（百威淡啤）——清淡啤酒，成了第一畅销的啤酒品牌，平均年销售额达到 47 亿美元。Budweiser 啤酒——普通啤酒，成为第二畅销的啤酒品牌，平均年销售额达到 28 亿美元。在新品类开创失败的时候，谁会成为这种失败结局的受益者？当然不会是新品类开创的失败者，而是那个老品类里的领先者——Budweiser 啤酒。在人们的心智中，清淡啤酒不是一个独立的啤酒品类。人们普遍认为，清淡啤酒与普通啤酒属于同一各产品类别，清淡啤酒只是更加清淡一些的啤酒而已。正是由于这个原因，Bud Light 啤酒打赢清淡啤酒营销战，成为美国市场畅销的清淡啤酒品牌。如果想要扼杀一个新品类，那么首先要确保具备一个先决条件。这个先决条件是：本身在既有品类里具有领先地位。

【案例】 19 世纪 60 年代初，针对可口可乐和百事可乐的侧翼阵地，Crown Cola 公司发起了猛烈的侧翼攻击战，第一个推出了健怡可乐品牌——Diet Rite Cola。此举出其不意，Crown Cola 公司的侧翼进攻大获全胜。在 3 年之后，可口可乐和百事可乐才进行反攻。可口可乐公司才推出了健怡可乐品牌——Tab，百事可乐公司推出了百事健怡可乐品牌——Diet Pepsi。20 世纪 60 年代末，在健怡可乐饮料这个品类中，Diet Rite Cola 的销售数量已经名列第一位。同时，在皇冠可乐公司内部，Diet Rite Cola 的销售额几乎达到了的 50%。侧翼战的基本原则之一：“乘胜追击”与“进攻本身”一样重要。在 3 年的时间内，皇冠可乐公司足以利用这段时间作出抉择了。应该全线出击——推出多种品种的可乐饮料呢？还是应该集中精力——放在获胜的那种品种上呢？

Crown Cola 公司应该怎样对待 Diet Rite Cola？管理层似乎从来没有给过答案，管理者总希望让市场来作出决定。因此，Crown Cola 公司企图开辟两个阵地，一个是健怡可乐这个阵地——Diet Rite Cola，一个是普通可乐这个阵地——Crown Cola。如此，Diet Rite Cola 的结局就可想而知了。这场战斗本身并不公平。可口可乐公司与百事可乐公司，以自身丰厚的利润为后盾，支援着各自的健怡可乐饮料品牌——Tab、Diet Pepsi。在普通可乐和健怡可乐两条战线上，Crown Cola 公司只能利用 Diet Rite Cola 产生的利润，支撑着针对可口可乐与百事可乐展开的战斗。结果：在可乐饮料市场上，Diet Rite Cola 逐渐销声匿迹。这个品牌曾一度占领了健怡可乐饮料市场。结局：在可乐饮料市场上，Diet Rite Cola 的市场份额只有 4%。可口可乐的健怡可乐——Tab 的销售数量达到了 Diet Rite Cola 的 14 倍。正确的战略选择——放弃 Crown Cola，主攻 Diet Rite Cola。

Diet Rite Cola 这个品牌名称，就像 Lite 啤酒故事的一个翻版。在英文中，Diet 是节食的意思，Rite 是仪式的意思。Diet 与 Rite 合在一起，意思是“节食式”的东西。如果把 Diet Rite 用在可乐饮料上面，那么 Diet Rite 的意思就是“节食式”可乐饮料——喝了不长胖，相当于节食。这是个好名字吗？这个名字发音本身就不好读。尤为糟糕的是，这个名字像是一个描述品类的通用名称。Diet Rite 与 Lite 这个名字一样，都是直接描述品类本质属性的品牌名称。这样的品牌名称，很容易被一些品类杀手攻击。百事可乐公司首先加入战役，推出了健怡可乐品牌——Diet Pepsi。可口可乐公司则先后推出了四个健怡可乐饮料品牌——20 世纪 60 年代中期，推出 Tab 可乐饮料；20 世纪 80 年代初期，推出 Diet Coke 可乐饮料；20 世纪 90 年代中期，推出 Coke Light 可乐饮料。21 世纪初期，推出 Zero 可乐饮料。如今，对于健怡可乐饮料，人们并不认为是一个独立的产品类别。所谓健怡可乐饮料，不过是普通可乐饮料中的糖分，由人工甜味剂取代而已。可口可乐——老品类里的领先品牌，虽然最后一个进入“健怡”可乐饮料这场争夺战，但是却成为“健怡”可乐饮料的领先品牌。

品类名字的作用

——在人们心智中创建新品类

【观点】品类的名称，是要把一个品类概念送入人们的心智。在人们的心智中，首先需要借助一个名称代表某种类别概念，然后才能在这个类别概念里建立品牌概念。品类的名称，是一个品牌名称进入人们心智的桥梁。即在人们的心智里，如果缺少了品类名称为品牌发挥引导作用，那么人们心智将无法为品牌分配存储地址。品类的名称，既是一个通用性名称，又是一个公共性名称。但是，这不意味着可以随意为品类起名字。对产品类别名称的命名，必须遵循头脑认知规律。概括起来说，品类名称应该达到几个方面的要求。（1）使用“极其简单与易懂的短词语”；（2）解释“品类效用概念与关键特点”；（3）强调“本品类与其他品类的不同”；（4）突出“本品类的独特作用和好处”。简单一点说，品类名称的营销作用，就是要让人们很容易理解“所卖的是什么东西”。品类的名称，只有达到这样的命名要求，才能发挥应有的营销作用。

【诠释】古人云：“有其名必有其实，名为实之宾也”。㊣这个意思是说：有名称这种符号，必有与这个名称符号相符合的事物。有了某种事物，就会产生代表事物的名字符号。名称，是事物的概念反映。从名字这种符号上，可以了解事物的内容及特征。对于一个品类来说，从功能好处的角度来命名，更容易为人们的心智所接受，即所谓“名附于实则见其义”。因此，定义一个新品类，或者创造一个新品牌，一定要抓住品类与品类的关键特征，使用简洁的词语对品类与品类进行命名。

【案例】 Krating Daeng（红水牛）是什么？除了泰国（Thailand）之外的地区，几乎没人知道是什么东西。Krating Daeng 是一种含微量二氧化碳、高浓度咖啡因的调制饮料。这种饮料富含草本、复合维生素 B 和氨基酸。Krating Daeng 这种饮料，不是在泰国大受欢迎之后，才发展成为全球性能量饮料品牌。一个奥地利人（Austrian）——迪特里奇·马特基茨（Dietrich Mateschitz）发现了这种饮料的营销潜力。

本来，迪特里奇·马特基茨可以继续保留 Krating Daeng 这个品类名称，亦可以把这种新饮料成为为“泰国茶”（Thai Tea）。最终，迪特里奇·马特基茨还是给这个亚裔混合物起了一个新的品类名称——“能量饮料”（Energy drink）。Krating Daeng 这个产品名称，被翻译成英文“Red Bull”（红牛）。Red Bull 这个名字被用于充当品牌名称。于是，“红牛”成为了第一款能量饮料品牌。

从营销意义上来看，“能量饮料”这个品类名称，不仅仅是一个品类名字那样简单。在“能量饮料”之前，已经存在一种被称为“能量棒”（Power Bar）的产品。如果已经有一个叫做“能量棒”的产品，那么再出现一种叫做“能量饮料”的产品，消费者会理所当然地接受新类别。因此，“能量饮料”这个品类概念，顺理成章地在人们心智里立足。当然，“红牛”这个品牌，自然会成为“能量饮料”的代表品牌。

事实上，“能量棒”与“能量饮料”在构成成分上没多大区别。但是，“能量饮料”作为一个新品类名称，仍然表现出一种鲜明的品类概念。人们对“能量饮料”的认知是：在压力过大或者过于紧张的时候，能够帮助改善人们的体能。甚至有人认为，“能量饮料”与“性表现能力”两者紧密相关。“红牛”这个品牌名称，给人以“红色公牛”的直观印象，这与力量、激情这样的概念十分一致，恰到好处地表达了“能量饮料”这个概念。如今，“红牛”这个品牌，不但是第一款能量饮料，而且成为一个强大的品牌。

在命名一个品类的时候，一些思维方式过于死板。这种思维认为：重要的不是描述新品类的好处，而是尽可能地表达出新品类的实质。按照这种命名思维，难道要告诉消费者，“红牛”这种饮料，是一种“富含草本、氨基酸和复合维生素”的咖啡因饮料吗？果真如此，消费者知道这个饮料的好处吗？品类的名称，就是要直接告知消费者“这类产品有什么好处”。那种试图表达实质的品类名称——“富含草本、氨基酸，以及复合维生素”的咖啡因饮料，不如“能量饮料”这种品类名称更直观，更容易对潜在顾客产生吸引力。

品牌名字的作用

——在人们心智中构建品牌概念

【观点】 品牌的名称，是要在人们心智的品牌阶梯上，代表一个独特的价值概念，从而占据一个有力的竞争地位。这就是说，品牌的名称，是要让品牌与品类关联在一起，进而让品牌成为品类的代表。品牌的名称，是要让品牌与品类的某种属性锁定在一起，进而让品牌代表品类某一方面的独特价值。品牌名称，是要在品类里发挥作用。这就是说，当人们选择了品类之后，品牌要依靠自身的价值概念发挥作用。因此，品牌的名称，应该强调所表达价值概念的专有性，应该强调所表达价值概念的独特性。因此，品牌的名称，不应该是一个通用性的名称。此外，为了让品牌名称具有信息传递的穿透力，品牌的名称应该保持简洁，并能够清晰地传递品牌的价值概念。

【诠释】 古人云：赐子千金，不如教子一艺；教子一艺，不如赐子好名。《尹文子·大道》：善名命善，恶名命恶，故善有善名，恶有恶名。是以立善名者命运必善，立恶名者定会运蹇不举。

严复：一名之立，旬月踟躅。㊣ 由此可见，命名的重要性有多大。品牌的名称，是把品牌挂上人们心智阶梯的钩子。恰当的名称，帮助品牌建立顾客心智地位；不恰当的名称，破坏品牌构建顾客心智地位。品牌的名称，既要切合所属品类的特点，又要突出品牌本身的价值。

【案例】 1992 年，美国一批退役飞行员试图效仿美国西南航空公司的策略，将“低价策略”引入美国东部市场。从此，纽西兰几维鸟国际航空公司（New Zealand Kiwi International Airlines）诞生了。纽西兰几维鸟国际航空公司的经营策略，与美国西南航空公司完全一样，采用了“低价机票、单一价格、单一舱级、短途飞行、快速到达”这种经营策略。尽管经营策略非常好，但是品牌名字太糟糕。尤为糟糕的是，“几维鸟”（Kiwi）生长在纽西兰，是一种不会飞的鸟。如果品牌的营销驱动力源自于在人们头脑中形成一个概念，那么“几维鸟”一开始就在人们头脑中留下了一个错误的概念——纽西兰、不会飞的鸟，这不是企业真正想要表达的品牌概念——简单、低价、快捷。如果在一开始就给人留下糟糕的品牌印象，那么“几维鸟”怎么可能获得预期的成功呢？一家在美国本土飞行的航空公司，用了“纽西兰”这个国家的名字，还用了“一种不会飞的鸟”命名品牌，能够给人们留下什么样的品牌印象？答案再清楚不过了。谁会乘坐“一只不会飞的鸟”去旅行？没有多少人会做出这样的选择。

事实上，“几维鸟”取得了一些成功。1994 年，*Conde Nast Traveler* 杂志——旅游行业最具权威的出版物，根据读者的评选反馈，将“几维鸟”誉为“年度最好的国内航空公司”，这说明什么问题？“几维鸟”是一家能够令顾客满意的航空公司。但是，就在这一年中，“几维鸟”总收入为 1.16 亿美元，营业亏损 1600 万美元。1995 年，“几维鸟”董事会解聘了创业元老——鲍勃·伊文森——“几维鸟”主席、总裁兼首席执行官。“几维鸟”一步一步走向了衰落。就像真正的纽西兰“几维鸟”一样，“几维鸟”最终还是飞不起来。1996 年，“几维鸟”终于宣告破产。“几维鸟”的首席执行官认为，瓦卢喷气式飞机（Valuiet）坠毁的余波，以及政府对新开航空公司日益增多的检查，造成了“几维鸟”的破产命运。没有人提到“几维鸟”——不会飞的鸟——这个名称对品牌造成的负面影响。一家在美国本土成立的航空公司，一条在美国东部起降的航运线路，为什么要用“纽西兰无翼之鸟”为品牌命名？“几维鸟”没有任何合理理由，成为一家美国航空企业的名称。

【案例】 20 世纪 70 年代末期，日本五十铃汽车有限公司（Isuzu），设立了美国五十铃汽车有限公司。第一年计划销售 35000 辆汽车，广告预算为 1000 万美元。“五十铃”的广告主题是什么？广告的主题是：“五十铃：先进的汽车，落后的名字”。这种“带有落后名字”的先进汽车，在美国市场上遭遇到严重的挫败。美国五十铃汽车有限公司没有完成 35000 辆汽车的销售计划。

1981 年，美国五十铃汽车有限公司只售出了 17805 辆汽车。此后，美国五十铃汽车有限公司的销售量仍然落后于日本其他汽车制造商。1985 年，美国五十铃汽车有限公司将广告预算增加到了 2200 万美元。广告主题利用了这家汽车制造商 69 年的历史——日本首家汽车制造商。广告标题十分具有攻击性：“我们要教会日产、本田和丰田怎样尊敬长辈”。当年，美国五十铃汽车有限公司销售量仅为 26953 辆汽车。五十铃的“晚辈”销售量达到了 1561832 辆汽车，——超过了五十铃这个“长辈”58 倍。

1986 年，美国五十铃汽车公司聘请了美国演员戴维·莱热（David Leisure），充当美国五十铃汽车公司的品牌代言人。在广告中，戴维·莱热扮演一名汽车推销员——乔·五十铃（Joe Isuzu）。乔·五十铃这则广告曾经十分著名。2003 年，《广告时代》（*Advertising Age*）杂志评选“20 世纪最好的广告”，乔·五十铃这则广告排在第 83 位，紧随其后的是宝马汽车的“终极驾驶机器”广告。在广告里面，乔·五十铃站在一辆五十铃汽车前面，微笑着告诉人们：只需要9美元就能购买一辆五十铃汽车。于是，诞生了“骗子五十铃”这个著名的广告——人们认为乔·五十铃是一个大骗子。

1987年，五十铃汽车销售数量小幅上升了1.7%。此后，五十铃汽车销量一直下落。1988年，五十铃汽车销量下降了38%。1989年，五十铃汽车销量继续下降了34%。1990年，五十铃汽车销量又下降了64%。1991年，美国五十铃汽车公司解雇了广告代理商——乔·五十铃广告的制作公司。1992年，美国五十铃汽车公司宣布停产乘用汽车。2007年，五十铃在美国仅销售了7098辆汽车。如今，五十铃这个品牌已经退出美国市场，因为其销售数量一直持续低迷。五十铃出了什么问题？根据一份报告称，五十铃的死亡原因，是由于其缺乏创新，误判市场和营销上的投资空白。当一个有着糟糕名字的品牌遭遇失败的时候，管理派人士似乎很少将责任归咎于名字，他们总是倾向性地认为产品有问题。

“五十铃”这个名字如何？“五十铃”这样的名字，不但很难理解，而且很难发音，拼写出来还很怪。“五十铃”的英文名字——Isuzu，发音类似“e-suzu”，而不是“i-suzu”。从汉语意义上看，“五十铃”仍然不是一个好名字。“五十铃”——50个铃铛！挂在一辆汽车上？这绝对符合人们的认知。在人们的人之中，好像马车才挂那么多的铃铛。“五十铃”更像是一驾不错的马车。人们谁会花费一辆轿车的价钱，购买一驾挂满50个铃铛的马车？绝对不会！

“五十铃”这个品牌，不是第一个因为糟糕名字而退出美国市场的汽车品牌。标致（Peugeot）——在1991年退出美国市场；尤格（Yugo）——1992年退出美国市场；大发（Daihatsu）——1993年退出美国市场；大宇（Daewoo）——2002年退出美国市场。大宇、大发、尤格、标致、五十铃……这些名字有什么共同点？对于以英语为主要语言的人群来说，这些名字读起来不顺口，听起来还很怪。尽管如此，仍然存在一些怪怪的汽车品牌名称，努力在美国汽车市场占有一席之地。例如，起亚（Kia）、铃木（Suzuki）、三菱（Mitsubishi）、斯巴鲁（Subaru）。对于美国人来说，这些品牌的名称都比较糟糕。

在美国市场上，五十铃这个品牌的失败，究竟是产品的问题，还是品牌名称的问题？2007 年，五十铃汽车在全球卖出了 650734 辆汽车。这个数字是否令人感到惊讶？“五十铃”这个品牌名称，不太被美国消费者所接受。但是，在世界其他国家和地区，“五十铃”汽车有着不小的销售数量。或许，在这些国家和地区，“五十铃”不是一个非常糟糕的品牌名称。品牌名称是市场营销的基础。要想创建一个成功的品牌，不能用一个不合适的品牌名称。这犹如在沙滩上建房子，永远建不起高楼大厦。

新品牌与新品类

——一个新的品类，需要一个代表性的新品牌（名称）

【观点】 什么是定位？从狭义的角度来看，定位概念十分简单。定位：让一个品牌名称在人们心智里代表一种独特概念。一个新的品牌名字，可以与一个产品类别紧密地联系在一起，让这个新的品牌名字代表这个产品类别。同样，一个新的品牌名字，可以与一种价值属性紧密地联系在一起，让这个新的品牌名字代表这种价值属性。让品牌名称代表产品类别，就是我们所说的领先法则；让品牌名称代表价值属性，就是我们所谓的属性法则。这两个关键定位法则发挥作用的过程，均需要借助品牌名称的指代作用，实现品牌价值的代表意义。人们心智中的品牌名称，如果能够与某个产品类别紧密地联系在一起，那么这个品牌就能成为这个产品类别的代表者。同样，人们心智中的品牌名称，如果能够与某种价值属性紧密地联系在一起，那么这个品牌就会成为这种价值属性的代表者。这种具有代表意义的品牌，要么代表着一个产品类别，要么代表着一种价值属性。但是，在人们的心智空间里面，一个品牌只能代表一样东西，不能同时代表两种不同概念。这意味着，不能让一个老名称代表一个新东西。同时，一个品牌的力量越强大，就越深刻地代表着一个概念，就不可能再代表其他概念。这意味着，很难用一个老名称代表一个新东西。人们心智中的品牌名称，就像地球上挖出的深洞。这个深洞可以继续挖深，却无法被转移到其他一个地方。如果想在另一个地方拥有同样一个深洞，那么只能在那个地方单独再挖一个深洞。这就是说，对于一个新产品类别，应该使用一个新的品牌名称，不要使用一个老的品牌名称。如果弱势品牌的成长机会在于创建出新品类，那么赢家总是那些专门为新品类而推出的新品牌，而不是那些延伸进入到新品类里面的老品牌。

【诠释】 《尹文子·大道》：大道无形，称器有名。名也者，正形者也。形正由名，则名不可差。故仲尼云：必也正名乎！名不正，则言不顺也。㊣ 这就是说，事物的名称，用以定义事物概念。事物的概念，通过名称完成表达。因此，名称所表达的事物概念，是不应该出现偏差的。所以必须正确地命名，否则“名不正，言不顺”。《尹文子·大道》：形以定名，名以定事，事以验名。㊣ 这就是说，观察、辨别事物，首先应确定名称，然后才可以成事。事物的成败得失，又可以检验其名。对于定位而言，新品类是不同的新事物，不但应该有定义新品类的品类名称，而且应该有与新品类（名称）相对应新品牌（名称）。

【案例】 1911 年，宝洁公司（P&G）推出第一个全植物油起酥油品牌——克里斯科（Crisco）。理所当然，“克里斯科”这个品牌成为起酥油领先品牌。事实证明：在一个新品类中，专门为新品类而推出的新品牌，总能成为新品类里的领先者。

随着时间的逐渐推移，人们开始消费蔬菜油。当然，宝洁公司又推出了“科瑞斯克”（Crisco）蔬菜油。那么，谁赢得了蔬菜油的战争？不是宝洁公司（P&G），而是蔬菜油的专业化生产者——韦森公司（Wesson）。其原因很简单：在人们的心智中，“克里斯科”这个名字代表着起酥油，不代表蔬菜油。

随着时间继续推移，玉米油开始闪亮登场了。当然，韦森公司紧跟技术的发展，推出了“韦森”玉米油。那么，谁又成了这场玉米油混战大赢家？不是韦森公司，而是玉米油的专业化生产者——马佐拉公司（Mazola）。原因很简单：在人们心智中，“韦森”这个名字代表蔬菜油，不代表玉米油。

由于不含胆固醇，玉米油获得了成功。人们自然想到不含胆固醇的“人造玉米奶油”。因此，马佐拉公司开发出了“马佐拉”玉米奶油。那么，谁又是“人造玉米奶油”的获胜者呢？不是马佐拉公司，而是专业化生产“人造玉米奶油”的公司——弗莱舍曼公司（Fleischmann）。其原因并无二致。

历史在不断证明：在一个新品类里面，那些能够取得领导地位的品牌，都是那些专门为新品类而推出的新品牌，而不是从“老品类”延伸而来的“老品牌”。其原因很简单：在人们心智里，老品牌代表着老品类，而无法再代表新品类。在一个新品类里，需要存在一个新品牌，专门代表这个新品类。

【案例】 1937 年，英美烟草集团公司（British American Tobacco Group，BAT）推出了“波迈”香烟（Pall Mall）——第一个 85mm 长支香烟品牌。像“好彩”（Lucky Strike）与“骆驼”（Camel）这样的标准香烟，香烟单只长度只有 60mm。因此，“波迈”这个品牌，成为 85mm 香烟的专门品牌名称，其销售状况十分令人满意。到 1960 年，“波迈”销量超过“骆驼”香烟，成为市场上最畅销的香烟品牌之一。

有人建议说：“为什么到这里就停下来了呢？应该一直把香烟加长

到100mm”。这是一个绝妙的主意！英美烟草集团公司应该打防御战——在继85mm香烟之后，应该继续推出一个100mm香烟的新品牌，以巩固在长支香烟市场上的地位。这样就会形成了一种防御格局——一个品牌代表85mm长支香烟，另一个品牌代表100mm超长支香烟——两个品牌分别占据着两个制高点。

但是，英美烟草集团公司没有推出一个新品牌，而是将代表“85mm长支香烟”的品牌——“波迈”——延伸到“100mm超长支香烟”身上。1965年，英美烟草集团（BAT）推出了“金波迈”（Pall Mall Gold)，这是市场上第一种100mm超长支香烟。“金波迈”是第一个100毫米超长香烟品牌。

此后不久，加拉赫集团公司（Gallaher Group Plc.）——英国最大的烟草跨国集团公司——推出了“金边臣”（Benson & Hedges）100mm超长支香烟。与“波迈”不同的是，“金边臣”是一个专门用于100mm香烟的品牌名字。“金边臣”在香烟市场上迅猛发展，成了100mm超长香烟的领先品牌。1964年，“波迈”还是美国第一香烟品牌。1965年，“波迈”(第一次实施品牌延伸。在此之后，“波迈”销售量就落到了第二位，在美国香烟市场上的份额开始逐年下降。“波迈”和“金波迈”加在一起，这两个品牌所占有的市场份额仅仅为3.1%，“金边臣100”香烟所占有的市场份额仅为4.2%。

“波迈”走入了品牌延伸的误区，先后推出了“金波迈”“轻淡型波迈”(Pall Mall Light)、“清凉型波迈”（Pall Mall Cool)、“超淡型波迈”（Pall Mall Super Light）等延伸品牌。这些延伸品牌名称造成了混乱，影响了“波迈”这个品牌的销售。“波迈”第一次采用延伸品牌名称——“金波迈”推出第一支100mm香烟之后，加拉赫集团（Gallaher Group Plc.）趁机而入，推出了“金边臣100”香烟。在人们的头脑中，“金边臣100”这个名字，专门代表着100mm超长支香烟。由此，“金边臣100”借此抢占了超长支香烟的领先地位。

“波迈”的一个延伸品牌——“清凉型波迈”，同样落入了品牌延伸的陷阱。英美烟集团公司想法是：清凉型香烟——包括酷尔（Kool）和沙龙（Salem），在市场上所占据的份额越来越大，如果推出“清凉型波迈”香烟，就能从这个不断扩大的市场上分得一块蛋糕。于是，英美烟集团公司推出了“清凉型波迈”香烟。“清凉型波迈”香烟投放市场之后，市场份额从来没超过“酷尔”香烟的 7%。

老品牌与新品类

——在没有专业品牌的新品类中，往往老品牌获得领先地位

【观点】 在真实的品牌世界里，许多延伸品牌成为新品类的领导者。难道“新品类应该使用新品牌”的原则有错误？考察这些新品类的历史，就会找到新品类的真相。（1）真相之一：在这些新产品类别中，不存在专门为新品类而推出的新品牌。如果没有专门为新品类而推出的新品牌，那么延伸品牌会成为新品类里的领先者。如果没有专门为新品类而推出的新品牌，那么使用老品牌不会产生什么大问题。这是因为：在新产品类别中，如果不存在专门为新品类而推出的新品牌，那么延伸进入新品类的老品牌，则能够借助在原有品类里的品牌声望，在新品类中获得一定程度的营销成功。这种品牌延伸成功，关键有两个方面的条件。首先，在新品类里面，不存在专门为新品类而推出的新品牌。其次，在老品类里面，老品牌在顾客心智里拥有怎样的地位。（2）真相之二：在新产品类别中，即便存在着专门为新品类而推出的新品牌，如果新品牌没有获得充分的营销资源，亦不能在人们心智里成为新品类的代表者。这就像用火箭（资源）发射飞船（品牌）。飞船要想进入预定的轨道（心智），必须依靠火箭（资源）的助推力。因此，一个为了占领新品类而专门推出的新品牌，如果不能在人们心智里成为新品类的代表品牌，那么抢先进入新品类也不会产生太大的竞争优势。这里的关键是，新品牌与老品牌，哪方拥有充足的资源，从而能够抢先占领人们的心智。

【诠释】 ⌖ 📖《尹文子·大道》：名贤不肖为亲疏，名善恶为赏罚，合彼我一称而不别之，名之混者也。故曰：名称者，不可不察也。📖《论语·子贡》：名不正，则言不顺；言不顺，则事不成。㊣ 所谓名正，就是“名称”与其所代表的东西“相符”“相称”。对于定位而言，一个新品类（名称），要有一个与之“相符”的新品牌（名称），要有一个与之“相称”的新品牌（名称），则不会产生混乱，则可以名正言顺。

【案例】 ⌖ 柯达公司（Kodak）第一个发明了消费数码相机。索尼公司（Sony），推出了第一架商用数码相机。两者却不能成为数码相机的主导品牌，甚至不能成为数码相机的领先地位。其原因在于：“柯达”这个品牌名称，代表着“普通胶卷”这个概念。“索尼”这个品牌名称，代表着“电子产品”这个概念。这两个品牌名称，从来就不曾代表过照相机，更不用说代表数码相机。尽管柯达公司曾经生产照相机，但是在人们心智中“柯达”这个品牌从来就不代表照相机。

在数码相机市场上，没有一个专门为数码相机而推出的新品牌。所有的数码相机品牌，都是从其他领域（品类）延伸过来的品牌。在一个由延伸品牌构成的市场里，什么样的品牌能够取得领先的优势地位？考察一下品牌排名与历史地位，不难发现：那些“在原有品类里具有优势地位”的品牌，在新品类里成为拥有少许优势的领先品牌。这就是说，这种领先优势并不十分明显，不能在新品类里成为占据主导地位的领先品牌。

2009 全球十大数码相机品牌排名

排名	品　牌	始年	地　　位
01	Canon	1937	全球著名相机制造商，精密光学技术代表企业之一
02	Nikon	1917	全球著名照相机品牌，光学影像产品代表企业之一
03	Sony	1946	世界 500 强企业，全球著名的电子产品生产商之一
04	Samsung	1938	世界 500 强企业，全球著名的电子产品制造商之一

续表

排名	品　牌	始年	地　　位
05	Fujifilm	1917	世界 500 强企业，全球最大的影像产品制造商之一
06	Panasonic	1918	世界 500 强企业，全球最大的电子产品制造商之一
07	Olympus	1880	全球著名的相机品牌，精密光学技术代表企业之一
08	Kodak	1880	世界 500 强企业，全球最大的影像产品制造商之一
09	Casio	1946	电子仪器、电子计算器生产商，电子手表品牌之一
10	Pentax	1919	专业相机著名品牌，世界著名的光学相机品牌之一

在数码相机十大品牌里面，传统相机领导品牌占据着第一个层级，电子技术领导品牌占据着第二个层级，胶片产品的领导品牌、电子技术与传统相机的二级品牌交替占据着第三个层级，普通电子产品领先品牌、传统专业相机著名品牌占据着第四层级。在数码相机十大品牌里面，三星（Samsung）为韩国企业，柯达（Kodak）为美国企业，剩余均为日本企业。这种品牌竞争结构，与日本企业在传统领域的领先地位密不可分，在传统光学相机与电子产品领域，日本企业一致处于领先的品牌地位上。在数码相机这个市场里，不存在专门为新品类而推出新品牌，那些在传统且密切相关领域里领先的品牌，借助其在原有领域里建立起来的品牌声望，占据了数码相机品牌阶梯的上层位置。

〔**资料：数码相机的发展历程**〕1981 年，索尼公司（Sony）发明了静态视频照相机〔Mavica〕——世界第一架不用感光胶片的电子静物照相机，这是当今数码照相机的早期雏形。1991 年，柯达公司（Kodak）试制成功世界第一台真正意义的数码相机。1994 年，柯达公司正式推出商用数码相机〔Dc40〕。1995 年，卡西欧公司（Casio）发售低价数码相机〔Qv-10：25 万像素、6.5 万日元〕，从而引发对数码相机需求的爆发。1995 年，佳能公司（Canon）开始了单反数码相机发展的历史，推出 Eos-Dcs3c、Eos-Dcs1c 两款相机。1995 年，相机数字化的序幕正式拉开了。为迎接数码相机时代的到来，柯达公司董事会决定全面发展数码技术产品〔1996 年，与尼康公司（Nikon）联合推出 dcs-460、Dcs-620x 型数码相机；1996 年，与佳能公司（Canon）合作推出 dcs-420 专业级数码相机〕。1996 年，奥林巴斯公司（Olympus）推出了自己的数码相机。紧随其后，富士、尼康、理光、索尼、东芝、三洋、Jvc、柯尼卡、美能达、康太克斯等近 20 家公司，先后参与了数码相机的研发与生产，各自推出自己的数码相机产品。1997 年，柯达公司发表了变焦数码相机〔Dc210〕，使用 109 万正方像素 ccd 图像传感器。同年，奥林巴斯公司首先推出超百万像素单反数码相机〔Ca-Mediac-1400l〕，从而引起行业巨大震动。1998 年，富士胶片公司（Fujifilm）推出首款百万级像素〔150 万像素〕轻小型、普及型数码相机〔Nepix700〕；同年，佳能公司与柯达公司合作，开发了首款带有 lcd 监视器的数码单反相机〔Eosd2000 和 eosd6000〕。1999 年，200 万像素之年——轻便型数字相机跨入 200 万像素之年。同年，世界各大照相机生产厂商，所投放市场的数字相机远远超过百种之多。2000 年，数码相机进入 300 万像素级(3mp)。同年，奥林巴斯公司推出了 400 万像素的 4 倍光学变焦普及型数码相机〔Camediae-10〕，创下了当年数码相机的新纪录。

回过头来做一个设想：时间回到 1981 年，索尼公司发明了第一款不用胶片的照相设备。然后，索尼公司进一步深挖这项技术，直到开发出消费数码相机产品。接着，索尼公司为数码相机产品专门推出一个新品牌，并告诉人们这个品牌就代表数码相机的最先进技术。于是，会诞生一个数码相机的专门品牌。时间回到 1991 年，柯达公司试制出第一款消费数码相机。然后，柯达公司为数码相机产品推出专门的品牌。接着，告诉人们这个品牌代表最好的数码相机。于是，也会诞生一个代表数码相机的专门品牌。如果这两家公司都为数码相机推出专门品牌，那么以这两家公司的资金实力一定能打造出两个领先品牌。如今，本来已经取得技术领先地位的这两家公司，在数码相机领域只能充当二、三流的品牌角色。

今天，在数码相机核心技术方面——感光成像芯片，索尼公司依然居于领先地位。然而，在数码相机市场上，“索尼”却不能成为一个领先品牌。在现实世界里，成功的品牌很少愿意为新品类推出新品牌，成功的品牌更相信已经成功的感觉，更愿意看到成功的品牌征服新领域。在人们的心智中，成功的品牌则具有完全不同的含义。一个品牌获取了成功，是因为在人们心智中代表着一种独特的价值概念。当一个成功品牌延伸进入新领域的时候，这个成功品牌在原有领域建立起来的价值地位，很难在人们心智中获得一样的品牌价值认同与认可。或者说，老品牌在老品类里的价值地位，很难转换成为在新品类中的价值地位。这是因为，在人们的心智中，这是两种完全不同的东西。这就是品牌延伸效果不好的根本原因。

在美国，饮料品牌与数码相机的情况完全不同。虽然美国有几百家饮料企业，但是各种饮料品类都有自己的主导品牌。例如："佳得乐"（Gatorade）独占运动饮料市场份额的82%，"可口可乐"占有可乐饮料市场份额的60%，"红牛"拥有能量饮料的市场份额的43%。这些取得主导地位的品牌，都是抢先进入新品类的"新品牌"，而不是延伸进入新品类的"老品牌"。在什么情况下，"老品牌"能够主导新品类？如果专业化的品牌不会出现，那么使用"老品牌"或许是一个很好的战略。如果专业化的品牌参与竞争，那么使用"老品牌"将会是一个糟糕的战略。问题的关键，不在于是否使用"老品牌"，而在于竞争对手怎么做。即在一个新的产品类别中，竞争者采用一个"专门化的新品牌"，还是使用一个"延伸式的老品牌"？

心智里的新品类

先有新品类，后有新品牌

——首先建立在人们心智中品类概念，然后建立品牌概念

【观点】 什么创造了新品类？不是产品的客观事实，不是企业的主观意愿。或者说，客观事实上创造出来的新东西，以及企业主观上

创造新品类的意愿，实际上不足以帮助创造出一个新品类。创造新品类的关键因素是：潜在顾客心智中对新品类的认知。一个新产品或者一个新东西，如果不被潜在顾客当作“一个新品类”，那么就不能成为人们心智中“存在着的新品类”。因此，一个不被潜在顾客认可的新品类，只是存在于企业愿望中的新品类，而不是存在于顾客心智中的新品类。这就是说，惟有被潜在顾客心智认可了的新品类，才是具有定位意义上的新品类。否则，这种所谓新产品或者新东西，只是老品类中的一个新产品。这就引出一个结论：要想在新品类中“做第一”，首先要在人们心智中构建起“新品类”概念，然后才能在新品类的品牌阶梯上抢占领先地位。或者说，首先要让人们认识到新品类的存在，然后人们才会认识领先者的存在。人们对新品类与新品牌的认知，就是这样一种逻辑顺序关系。简单一点来说，在人们的心智中，要想成为某一个品类中的第一品牌，必须先为品牌找到栖息的产品类别。反过来说，一个新品类同样需要一个新品牌，充当新品类独特的标志性代表。如果缺少这种标志性的代表品牌，那么这个新品类同样很难独立起来。这是因为：在人们的心智中，那个标志着新品类的代表性品牌，能起到不断强化新品类概念的作用。这解释了一种现象——如果所有品牌都以延伸方式进入新品类，那么在人们心智中新品类就会被扼杀掉。这是因为：无论在市场上，还是在心智中，都不存在能够标志、代表、强化新品类及其概念的独立品牌。随着时间的推移，人们就不再认为“存在着一个独立的新品类”。老品类中的领先品牌，常采用品牌延伸方式抢先进入一个新品类，利用其自身资源优势，在摇篮中杀死新品类。这给人们一种错觉，认为大品牌在哪里都能成功。

【诠释】 ⌖ 📖《礼记·大学》：物有本末，事有终始，知所先后，则近道矣。㊣ 对于定位来说，应该知道品类与品牌在人们心智中的本末关系，应该知道品类与品牌在人们心智中的先后次序。即品类为本，品牌为末；品类在先，品牌在后。明白了这种本末关系，知道这种先后次序，则近乎“品牌定位”之道了。如果违反了这种本末关系，颠倒了这种先后次序，那么人们的心智则很难产生新品类，同时人们的心智也很难接受新品牌。

【案例】 娃哈哈（Wahaha）这个名称，既是一家企业的名称，又是许多产品的品牌名称。2009 年，娃哈哈公司又推出了一种叫做“啤儿茶爽”的饮料（品类名称）。同时为这种饮料起了品牌名称——“娃哈哈啤儿茶爽”。为了让这种饮料攻入人们的心智，娃哈哈公司展开了大规模的广告轰炸行动。广告场景之一：课堂。年轻漂亮的女教师，在课堂上看见女生拿着一个啤酒瓶子。惊叹道：上课还喝啤酒！学生齐声说到：老师，你 Out（过时）了！广告场景之二：放学。老师坐在轿车驾驶位上，喝了一口“啤儿茶爽”。男朋友惊叹道：开车还喝啤酒！带着撒娇而又自豪的神情，年轻漂亮的女教师娇滴滴地说道：你 Out（过时）了！这是娃哈哈“啤儿茶爽”的广告——你 Out（过时）了！广告似乎告诉人们——学生和年轻人，不喝这种东西（啤儿茶爽）就过时了！“啤儿茶爽”会获得成功吗？不会！其中的原因很简单，这个产品或者说这个品牌，在人们的心智中找不到自己的位置。

在人们的心智中，“啤儿茶爽”很难成为一个独立的产品类别。从“娃哈哈啤儿茶爽”这个名字上看，“娃哈哈”是品牌名称，这一点没有人会怀疑，因为娃哈哈本来就是一个知名品牌。“啤儿茶爽”似乎是一个产品类别的名称，这一点应该没问题，这符合人们对品牌与产品名称的理解方式。但是，一个关键的问题是，“啤儿茶爽”能不能成为人们心智中独立的一个产品类别？答案很显然，不能！在人们的心智中，有啤酒、有茶水这样的饮料品类，但是不会有“啤酒＋茶水”这种混合饮料。

在人们的心智中，“啤儿茶爽”为何不能成为一个独立的品类？答案很简单！在佐餐蘸料中，有酱油，有食醋，人们甚至还把酱油和食醋混在一起充当混合蘸料，但是没有一种叫做“酱油醋”的产品类别。在人们的心智中，酱油就是酱油，食醋就是食醋，啤酒就是啤酒，茶水就是茶水。如果把将这些东西混合在一起，既不是酱油又不是食醋，既不是啤酒又不是茶水。制造者可以把这些东西混合成一种饮料产品，但是不能将其称为“酱油醋”，又不能将其称作“啤酒茶”，因为人们的心智不接受两种毫无关系的“混成怪兽”。这样的一种东西，究竟是食醋还是酱油？究竟是啤酒还是茶水？如果人们接受了这种“混成怪兽”，人们的心智就会陷入一片混乱。在人们的心智中，应该把“啤儿茶爽”归入哪个产品类别？因为没有“啤酒茶”这个类别！

在人们的心智中，人们是借助于概念，运用分类和排队的方式，处理和记忆品牌信息。人们在进行消费选择的时候，首先是确定选择什么产品类别，然后才会选择这个品类中的品牌。一个找不到品类归属的产品或者品牌，借助广告的推动与传播作用，可能会成为“人人知道”的东西，但是仅仅是“人人知道”而已，人们并不会真正购买这种东西，亦难以成为一个成功的品牌。这是因为：一个找不到品类归属的产品或品牌，很容易被排除在头脑的选择机制之外，因此很难成为一个获得成功的品牌。例如，人们消费饮品的时候，首先会在酒类饮料、果汁饮料、茶水饮料、奶制饮料里面作出选择。假如选择了酒类饮料，又会在白酒、啤酒、红酒、果酒里面作出选择。然后，在所选择的品类之下，按照对品牌的认知，选择想要的品牌。“啤儿茶爽”不能成为人们心智中的品类，或者说人们不认为“啤儿茶爽”是一个产品类别。那么，“娃哈哈啤儿茶爽”又有多大被选择机会呢？这个机会很小！娃哈哈公司应该先考虑品类构建的问题，然后才应该考虑品牌推广的问题。

在中国东北地区——在一个狭小的区域之内，曾经有一种兼备汽水与啤酒两种特征的饮料——一种含酒精的汽水，酒精度比啤酒还低。那些嫌啤酒酒精含量太高、或者不喜欢喝啤酒的年轻人，比较喜欢喝这种含微量酒精的饮料。生产者没有把这种产品称作“汽水啤酒”，没有把这种产品称作“啤酒汽水”。这种兼备汽水与啤酒两种特征的饮料，依然被定义为一种“酒类”产品，生产者将这种产品被称为“汽酒”。在人们的心智中，为什么们能够接受“汽酒”这个概念？这是因为：在人们的心智中，已经存在了“啤酒”这个概念，出现一种叫做“汽酒”的东西，似乎是十分顺利成章的事情。如今，“汽酒”这种产品已经不存在了。在向市场经济转变的时候，人们没有什么品牌意识与概念，生产这种产品的又是国有企业。当国有企业倒闭或者退出的时候，私营企业又没能及时接过国有企业的领地，一个可以长大的新品类就从此消亡了。当然，可能诞生一个大品牌的机会，跟着汽酒这个品类一起消亡了。在人们的心智中，一种新东西能不能被人们接受为新品类，不但要看人们心智中没有什么样的概念，而且要看人们心智中拥有什么样的概念。还记得“有无相生”这个道理吗？不要只看见“无能生有”，还要能看见“有会生无”。

【案例】 微酿（Microbrew）vs. 淡啤（Light Beer）。波士顿啤酒公司（Boston Beer Company）推出了“塞缪尔·亚当斯波士顿啤酒”（Samuel Adams Boston Lager），从而建立了“微酿啤酒”这个新品类。具有讽刺意味的是：这种小批次酿造的啤酒，最早由铁城酿造公司（Iron City Brewing Company）酿造出来。但是，这没什么关系。“微酿”这个品类概念，使这种啤酒成为人们心智中的啤酒新品类。安海斯—布施公司（Anheuser Busch）和米勒酿造公司（Miller Brewing Company），分别用各自延伸式的品牌进行阻击。例如：安海斯世界精选（Anheuse World Select）和米勒珍藏（Miller Reserve），都是小批量酿造的“微酿”啤酒。但是，这种延伸式的品牌名称，未能扼杀“微酿”啤酒这个新品类。原因十分简单，“塞缪尔·亚当斯波士顿啤酒”，是“微酿啤酒”标志性的代表品牌。如今，“微酿”啤酒品类的开创者和代表者——“塞缪尔·亚当斯波士顿啤酒”已经成为大赢家。

从逻辑上似乎无法解释，为什么小批次酿造的“微酿”啤酒，就能够被人们认为是一个独立的新品类？实际上热量更低的“清淡”啤酒，为什么就不是一个独立的品类？相对于普通啤酒，“淡啤”的革新程度比“微酿”更为明显。相对小批次酿造和大批次酿造之间的差别，饮酒者非常容易认识到清淡啤酒与普通啤酒之间的差别。区别并不存在于啤酒产品上，而是存在于人们心智中。“淡啤”的问题出在哪里？问题出在营销时机与营销活动上。企业的营销时机与营销活动，能够帮助企业创造一个新品类，从而使创造者从新品类中获益。“淡啤”的问题是：起了一个近乎“通用性”的品牌名称，这是营销活动的问题。当意识到这个品牌名称有问题的时候，市场上已经充斥着太多的竞争品牌，不可能再为“淡啤”重新起一个新品牌名称，因此被迫选择了一个延伸式的新品牌名称。这就是营销时机的问题。时机错过了，不可能从头再来。

在第一个推出“淡啤”品牌的时候，米勒酿造公司打算把“淡啤”作为一个新品类发展，因此还特别为“淡啤”起了一个清淡的名字——“莱特”（Lite）。在英文发音上，Lite 与 Light 谐音，Light 有“清淡”的含义。米勒酿造公司想以此告诉人们这是一种不同的新啤酒类别。然而，问题恰恰出在“莱特”这个品牌名称上。因为 Lite 与 Light 谐音，当竞争对手使用“延伸式品牌名称”——老品牌名称 + Light——纷纷推出“清淡”啤酒的时候，“莱特”被淹没在众多品牌的“Light”啤酒里面。首先，“莱特”这个品牌名称，无法在语言上与品类名称区别开来。其次，“莱特”作为品牌名称，也无法与众多品牌的清淡啤酒区分开来。无奈之下，“莱特”被迫更改了品牌名字，把名字改为“米勒莱特”（Miller Lite）。这样的结果是：在啤酒市场上，只有延伸式的清淡啤酒（Light Beer）普通品牌，没有标志着的清淡啤酒代表品牌。一个可以成为新品类的东西，如果在市场上没有一个标志性的代表品牌，那么很难在人们心智里成为独立的新类别。记住，类别产生在人们的心智里。

先推新品类，后跟新品牌

——首先介绍新品类的好处，然后强调新品牌的地位

【观点】 人们在做消费选择的时候，首先用品类思考选择范围，然后用品牌表达选择结果。进一步来说，当人们进行消费选择的时候，首先对可以相互替代的品类作出选择（在心智中作出选择），然后对那些相互竞争的品牌作出选择（在心智中作出选择），最后用品牌名称表达出这种选择结果（用语言表达出所选择的品牌）。这就是说，人们在做消费选择的时候，品类是第一层次的选择，品牌是第二层次的选择。这意味着：在人们的心智中，品类概念在先，品牌概念在后。对于一个创建新品类而言，这又意味着“首先要让人们接受新类别，然后人们才能接受新品牌”。这就是说，在创建新品类的过程中，应该首先推销新类别的好处，而不是首先推销新品牌的好处。在创建新品类的时候，应该首先宣传新类别的优点，而不是首先宣传新品牌的优点。如果人们接受了一个新类别，那么自然会接受新类别里的“第一品牌”。反之，如果人们不接受一个新类别，那么则很难接受新类别里的“第一品牌”。从这个角度来看，所创造“新品类”的成长与发展，决定着“新品牌”的成长与发展。

【诠释】 📖《礼记·大学》：本乱而末治者，否矣。其所厚者薄，而其所薄者厚，未之有也。㊣ 对于定位而言，品类为本，品牌为末。定位的首要目标，是让品牌成为品类的代表者，从而让“品牌”拥有“整个品类”。定位的次要目标：当品牌不能“代表品类”的时候，则转而求其次——代表品类某一方面的特性，从而让“品牌”拥有“价值特性”。无论哪种情况，品牌都是手段，品类才是目标。因此，品类代表和价值特性，始终是品牌追求的目标。相比之下，何者为薄，何

者为厚，不言自明矣。

【案例】 在消费者的心智中，牛奶是一个已经十分确定的品类，但是，这个品类分化出了一些子类别。例如：脱脂牛奶、低脂牛奶、调味牛奶、乳酸牛奶等等。在牛奶市场上，还分化出一个子类别：牛奶替代品——豆奶。实际上，牛奶并不适合所有人。例如，对乳糖过敏的人群，就不能饮用牛奶。此外，还有一些人不喜欢牛奶的味道。这就产生了牛奶的替代产品，其中一种替代品就是豆奶。对于许多人来说，豆奶是一种怪东西——通过高温加工成无菌方盒包装。最初，豆奶只在保健品商店里出售，或搁在杂货店的货架上，而不是乳品柜里。豆奶的保质期很长，但味道却有点奇怪。同时，豆奶面临着定位的问题——豆奶放在货架上，而不是挨着牛奶，消费者并没有把豆奶当成牛奶的替代品。

美国白浪公司（WhiteWave），创造了一个新类别——冷冻豆奶，并把产品命名为“思尔克”（Silk）。在1996年之前，在美国市场上，从未有公司销售过冷冻豆奶。白浪公司研制出了一种干豆奶粉，把干豆奶粉运到牛奶加工厂，在干豆奶粉里加上水，再包装成类似冷冻牛奶的产品，然后销往美国各地市场。这些牛奶加工厂，愿意为白浪公司加工冷冻豆奶。因为利用工厂的空余时间加工豆奶，可以获得一笔额外收入。为了显示“思尔克”不同于“真正的”牛奶，该产品被放在乳品柜的牛奶旁边。这样，白浪公司就可以克服了第一个挑战——让“思尔克”从其他豆奶中突出出来。接着，白浪公司面临的第二个挑战——使消费者认为：“思尔克”豆奶，就是牛奶的替代品。

当然，豆奶肯定不同于牛奶。首先，白浪公司通过天然食品店销售“思尔克”豆奶，因为那里的消费者更容易接受豆奶。但是，在传统的杂货店里面，还存在着大片尚未开发的豆奶市场，还有那些不一定是“天然食品迷”的消费者——对乳糖过敏的人群、希望降低胆固醇的人群、想从食物中摄取另一类蛋白质的人群——这些消费者都是“思尔克”豆奶的最终市场。

1999 年 10 月，美国食品及药物管理局（FDA）宣布，大豆是有助于心脏健康的物质，能降低胆固醇。这为白浪公司提供了一个突破性的时机，有机会使豆奶成为正式的主流产品。此时，白浪公司就可以宣称，用豆奶来搭配谷类早餐，是摄取大豆的方便简单之道。白浪公司利用美国食品及药物管理局的声明，作为品牌宣传活动的基础支撑点。但是，白浪公司拿不出很多钱做广告。于是，白浪公司搞起了公关营销活动。

如何让消费者尝试豆奶，这是一个很大的挑战。于是，白浪公司决定采取大规模的商店试喝活动。为避免消费者对样品感到腻烦，“思尔克”豆奶被设计成 280ml 的小盒包装，就像孩子们在学校里喝的小包装牛奶一样。这些样品与购物优惠券一起，免费赠送给商店的购物者，这样，家长们就可以把样品带回家，在家里品尝“思尔克”豆奶样品——在没有任何压力的情况下，决定该产品是否适合他们和孩子。

白浪公司极其聪明地使用极其有限的促销预算。白浪公司出资拍摄了亮丽的彩色照片——画面上豆奶正从容器中倒出，同时衬托色彩鲜艳的画面背景。在“思尔克”豆奶的包装上，还有关于大豆的有趣说明，以及其他一些关于大豆的有趣知识。美国食品及药物管理局的认可标志，则印在包装的显眼之处，以使产品更具说服力。此外，白浪公司还在注重健康消费者参与的活动里发放样品——例如：“为治愈而跑”（Race for the Cure）活动——美国苏珊科曼乳腺癌基金会（The Susan G. Komen Foundation）举办的著名活动。这个基金会年年都在美国城市里举办赛跑或竞走比赛，为乳腺癌的研究、治疗项目筹款。

同样重要的是，让传统的杂货店接受“思尔克”豆奶。白浪公司再次利用美国食品及药物管理局——第三方机构所公布的证据——突出自己的优势。白浪公司向连锁杂货店指出，豆奶是健康食品商店里的流行食品。同时，白浪公司还意识到，至少一周要卖出一箱产品——“思尔克”豆奶，才能让杂货店愿意接受这种产品——“思尔克”豆奶。于是，白浪公司作出保证，如果产品卖得不好，白浪公司立即撤柜。

白浪公司还显示独特的环保意识，在包装盒上推广风力发电好处。所有这一切，都是为了让豆奶包装盒更吸引人，在餐桌上放置的时间更长。白浪公司还选择“思尔克”豆奶销势强劲的若干城市，发布户外广告和公共汽车车身广告。同时，还赞助美国国家公共广播电台（National Public Radio）。这是因为：白浪公司觉得，电台听众符合“思尔克”豆奶消费者的特征。在消费者开车的时候，如果能收听美国国家公共广播电台，又看到“思尔克”豆奶广告车擦身而过，就能发挥相当大的媒体效益。

白浪公司采用了一个聪明的战术，让“思尔克”豆奶看上去比实际情况更受欢迎。白浪公司购买了大卡车车身的广告权，贴上色彩艳丽的“思尔克”豆奶广告画。在一些市场上，消费者可以看到贴有“思尔克”豆奶广告的卡车，在大街上飞驰而过。其实，大多数卡车并没运送“思尔克”豆奶，白浪公司只是购买了这些卡车的车身广告。但是，这给消费者造成极为深刻的印象。看上去，这些卡车似乎在运送“思尔克”豆奶。事实上，白浪公司仅购买了卡车的车身广告，让人感到它的产品在市场上很受欢迎。

通过这些营销活动，“思尔克”豆奶，终于在市场上自成一家。从1996年到2003年，市场份额从零激增到85%。其中，巧克力味的“思尔克”豆奶，变成了一种“对健康有益”的成人巧克力奶，并成为美国第二大巧克力奶品牌。如今，在杂货店的乳品柜里，就能找到“思尔克”豆奶，——就摆放在牛奶产品的旁边。

白浪公司的成功，理所当然地引起了投资者的注意。2001年，迪安食品有限公司（Dean Foods Co.）收购了白浪公司。在一开始的时候，白浪公司（WhiteWave）创始人——史蒂夫·迪莫斯（Steve Demos）并不赞成这次收购。史蒂夫·迪莫斯担心，迪安食品有限公司（Dean Foods Co.）会损害白浪公司的文化。不过双方最终还是签署了协议——迪安食品有限公司以1.54亿美元收购了白浪公司。

当其他竞争者争相涌入冷冻豆奶行业的时候，白浪公司并没有固步自封。例如，与星巴克（Starbucks）合作——“思尔克”豆奶，成为星巴克惟一使用的豆奶品牌。这些抢先行动，使其竞争者无法动摇“思尔克”的霸主地位。

对立老品类，突出新品类

——与老品类做对比，很容易让人们对新品类产生认知

【观点】 人们为什么要把一个新的品类放入自己的心智里？或者说，怎样让一个新的品类进入到人们的心智里？有效的方法是：要想把新品类放入到人们的心智里，可以用新品类去攻击老品类。具体一点来说，新品类，可以通过针对老品类进行定位而进入人们的心智里。新品类，可以通过把老品类当成对立者而进入人们的心智里。通过新老品类的对比与对立，让人感们觉到新品类的存在与价值，以及新品类独特的与众不同之处。定位的秘诀是：要“不同”，勿“相同”。

【诠释】 《寄兴》（宋·戴复古）：黄金无足色，白璧有微瑕。《六韬·龙韬·军勢》：夫先胜者，先见弱于敌，而后战者也，故事半而功倍焉。《鬼谷子·抵巇》：自天地之合离、终始，必有巇隙，不可不察也[1]……世无可抵，则深隐而待时；时有可抵，则为之谋。此道可以上合，可以检下。能因能循，为天地守神。㊣ 定位与兵法，道理相通，皆以“避实击虚”为要点。新品类之于老品类，自然也应该“避其实，击其虚”从而在人们心智里立足。俗话说，尺有所短，寸有所长。新品类自然可以“以己之长，攻彼之短”，不然人们凭什么把新品类当一回事呢？

注解：

〔1〕陶弘景：合離合离谓否泰，言天地之道正观，尚有否泰为之巇

隙，而况于人乎！故曰不可不察也。抵，击也；巇，缝隙。抵巇，即弥补缝隙。墙崩因隙，器坏因巇。

【案例】McNeil 营养品公司，在推出 Splenda（不含卡路里）甜味剂的时候，谁是其竞争对手？敌人显然就是 NutraSweet，这是第一种食用后不会导致不舒服的人工甜味剂。在“天然”食品变得越发重要的时代，攻击 NutraSweet 的战术视角，显然就是指出其含有人工成分。于是，Splenda 的定位宣传口号是：“由糖制成，所以味道像糖”。结果，Splenda 在零售市场上的市场份额，相当于两大竞争对手 Equal（阿斯巴甜甜味剂）和 Sweet'N Low（赛卡林甜味剂）的市场份额之和。

【案例】多年以前，拜耳公司（Bayer）生产的阿司匹林（Aspirin）是头号的非处方解热止痛药。然后，强生公司（Johnson & Johnson）发明了“泰诺”（Tylenol）——一种叫对乙酰氨基酚的解热镇痛药。针对阿斯匹林的副作用，“泰诺”对“拜耳”阿司匹林进行了重新定位，从而把自己与阿司匹林对立起来。在广告里，“泰诺”直接攻击阿司匹林。

泰诺（Tylenol）的广告

为千百万不应服用阿司匹林的人着想
如果你胃容易不舒服
如果你患有胃溃疡
如果你患有哮喘、过敏或者缺血性贫血
在服用阿司匹林之前，你应该请教一下医生
阿司匹林会刺激胃黏膜，引起哮喘或过敏反应，造成胃肠道隐性微量出血幸好还有“泰诺”

“泰诺”取得了很大的成功，对乙酰氨基酚的销售量大增，超过了“拜尔”“安纳心”（Anacin）“百服宁”（Bufferin），成为解热镇痛药的第一品牌。“拜尔”“安纳心”“百服宁”都是阿司匹林药品的品牌。

【案例】 1984 年，美国家用产品公司（AHP）推出了“爱得维”（Advil）。“爱得维”是第一种非处方布洛芬（Ibuprofen）——消炎镇痛药。在“爱得维”出现之前，市场上只有 Motrin 布洛芬。但是，Motrin 布洛芬是处方药。“爱得维”的敌人是谁？那些非处方消炎镇痛药和品牌——“泰诺”、阿司匹林，还有 Motrin。于是，“爱得维”的广告展示了所有三种止痛药，然后标明各自推出的时间：阿司匹林，1899 年；“泰诺”，1955 年；“爱得维”，1984 年。

“爱得维”进一步强调一个概念，即“爱得维”是最新的止痛药——新一代产品，自然是最好的止痛药产品。“爱得维”的广告主题是：“治疗疼痛的先进药物”。此外，“爱得维”还把自己定位为“与处方药 Motrin 效果一样的药品”。对潜在顾客而言，那意味着无须大价钱的贵重药品。

在“爱得维”推出 5 年之后，Motrin 推出了延伸品牌 Motrin IB（非处方布洛芬）。然而，5 年的时间足够“爱得维”建立起领先地位，何况 Motrin IB 是一个延伸式的品牌，在 Motrin IB 推出之前，进入非处方布洛芬药品领域的第二个品牌是 Nuprin，第三个品牌是 Medipren。然而，这些品牌没有找到与“爱得维”对立起来或者区分开来的途径，这两个品牌都早已消声匿迹了。结果，市场上尚存的非处方布洛芬品牌是 Motrin IB 和 Advil（爱得维）。但是，Motrin IB 的市场份额还不到“爱得维”的 1/3。

【案例】 1994 年，宝洁公司（P&G）推出了“阿利夫”（Aleve），这是“萘普生纳”药品的“非处方药”品牌。从此，“非处方止痛药”，从“布洛芬”（Ibuprofen）过渡到“萘普生钠”（Naproxen Sodium）。“阿利夫”刚面世 3 个月，市场份额就达到了“爱得维”的 50%。从时间排列顺序上可以看出，四种“非处方止痛药”品牌——“拜耳”“泰诺”“爱得维”“阿利夫”互相取代，这种发展模式完全相同——本来一个品牌独霸市场，接着又被一个品牌——新一代产品的代表品牌所取代。这种取代的路径完全相同，即把新一代产品与老一代产品对立起来。实际上，新一代产品未必就比老一代产品更好，不过是人们认为新一代产品更好罢了。

运用老品类，解释新品类

——人们熟知的老品类，可以充当新品类的注解

【观点】 在产品同质化的市场上，一些新东西——新产品或者新品类，并不被人们所接受。人们可能认为，“新品类”不如“老品类”。或者，人们不知道“新东西”有什么“用处”和“意义”。如果想让人们像对待熟知的产品一样，对待或者接受新产品或者新类别，那么可以借助人们熟知的、相关或者相似的产品类别，充当新产品或者新类别的注释和注解，从而帮助人们对新产品（类别）产生新的认识和新的理解，进而进入人们的头脑，在人们的头脑建立起独特的心智地位。其方法是：找出新产品与相关或者相似产品类别共有的关键本质，把新产品与人们所熟知的、相关或者相似的产品类别“放在一起”。告诉人们这些产品本质上是同一类东西，让这些人们熟知的、相关或者相似的产品类别，充当新产品的注释和注解，进而把新产品与老产品“等同起来”。这样，才能把新产品带入到人们头脑的品牌阶梯上。从本质上说，这仍然是一种“比附定位”，只是比附的对象不同而已——不是“领先者”，而是“老品类”。

【诠释】 《荀子·劝学》：假舆马者，非利足也，而致千里；假舟楫者，非能水也，而绝江河。君子生非异也，善假于物也。㊣在一些特定情况之下，己方品牌需要借助自身之外的东西——包括借助其他品类，甚至借助竞争对手，己方品牌及其价值概念才能进入人们心

智之中。这是一种借力的智慧——善假于物。当然，己方品牌所借助的东西，必须是那些已经存在于人们心智中的东西。

【案例】 在人们的头脑中，人们所熟知的食糖类产品只有两类——甘蔗糖和甜菜糖。科学家经过研究，发现了一种从玉米淀粉中提取甜味剂的方法，结果从玉米淀粉中提取出了几种产品——分别叫做右旋糖、玉米糖浆和高果糖玉米糖浆。由于起了“高果糖玉米糖浆”之类的名字，这些产品在市场上被人们拿去与蔗糖（即真正的糖）相比，并被认为是仿制品和低人一等的东西，难以登上食糖产品类别的阶梯。于是，玉米糖浆主要供应商之一——美国玉米制品公司（Corn Products），决定将这种甜味剂改称为“玉米糖”。在广告中，美国玉米制品公司说道：“请比较一下这三种糖，甘蔗糖、甜菜糖和玉米糖。”这样，就将玉米这种制糖原料，与甘蔗、甜菜两种主要制糖原料放在了同等的地位上，玉米糖与甘蔗糖、甜菜糖站在了同一个起点上，挤进了食糖类产品的阶梯上。

【案例】 TiVo，一种全新的数码产品——数字视频录像机（DVR），与老式盒式磁带录像机（VCR）相比，TiVo 使用起来更简单，还可以在录像中跳过广告。当人们觉得录像机没什么新意可谈的时候，TiVo 带着全新的概念出现在市场上。在极短的时间之中，就像舒洁（Kleenex）、谷歌（Google）、联邦快递（Fedex）等代表性品牌一样，TiVo 产生了同样的市场影响力。

在美国，如果需要在互联网上搜索一些资料，那么人们会说“Google It”（谷歌一下），在中国人们会说“百度一下”；如果要求在第二天把包裹送达某地的收件人，那么人们会说“Fedex It To Someone”（联邦快递给某个收件人）；如果晚上不能回家看总决赛，那么人们会说“Tivo It”（把节目录下来）。此外，如果想要一包纸巾，那么人们会说

"Give me a packet of Kleenex"（给我一包舒洁）。TiVo，不但成为品类的代名词，而且还成为一个专门的动词——录下某个电视节目。TiVo 获得非常难得的品牌成就。

在 TiVo 面世之初，TiVo 面临着一个挑战——如何解释什么叫 TiVo。TiVo 是一个全新的技术，人们对 TiVo 毫无概念。最初，TiVo 定义为"个人电视系统"——品类名称。但是，对于"个人电视系统"这个概念，不同的人有不同的理解。这是因为：个人电视系统，可以被理解成为许多东西。几乎没人能够准确地知道，"个人电视系统"到底是什么东西。在新品类命名上，TiVo 走上了一个极端，竭力避免使用老品类——盒式磁带录像机，解释一个全新的品类——TiVo。TiVo 试图通过离奇的广告宣传，来吸引人们对新品类的注意力。TiVo 认为，这样就可以保证人对产品的理解。虽然广告做得非常有娱乐性，但是还是没有说明白 TiVo 到底是什么东西。尽管人们记住了 TiVo 的广告，但是依然对 TiVo 产品一头雾水。

人们需要借助一些熟悉的东西作为比较，才能理解一个新生事物到底是什么东西。至少，要告诉人们 TiVo 跟什么比较相像、相近或者相似。当 TiVo 明白过来的时候，开始说明 TiVo 像盒式磁带录像机，但是不需要使用盒式录像磁带，而是使用硬盘作为影像存储介质。此时，消费者才恍然大悟，很快就理解了什么是 TiVo。结果，TiVo 被称为"数字视频录像机"，而不是"个人电视系统"。这样，TiVo 通过一个老品类概念，终于铭记在人们头脑中。在人们的心智中，TiVo 开创了一个新品类——数码视频录像机。

抓住新品类，缔造领先者

——创建新品类的目标，是在新品类中成为领先者

【观点】 如果首创品牌已经创建一个新类别，那么首创品牌应

该要让人们感觉到——谁是新类别里的“开创者”，谁是新类别中的“首创者”。如果首创品牌抢先进入一个新类别，那么首创品牌应该让人们认识到一个价值地位——谁是新类别里的“第一名”，谁是新类别里的“领先者”。在人们的心智中，如果成为新类别里的“领先品牌”，成为新品类里的“第一品牌”，那么意味着首创品牌占领了这个新品类，首创品牌代表着这个新类别。这样，首创品牌将拥有一种强大的竞争优势，首创品牌将拥有一个强大的地位平台。创建新品类的关键，是在人们的心智中建立起“第一品牌”的认知。这是因为：新类别“第一个市场进入者”，不等于是人们心智中的“领先品牌”，不等于是人们心智中的“第一品牌”。新类别“第一个市场进入者”，可能因此获得丰厚的利润，但是不一定能成为人们心智中的“第一品牌”。其原因是：新类别“第一个市场进入者”，只顾着销售产品、收割利润，不懂得要在人们心智中成为“第一品牌”。这是缺少品牌塑造意识的常见现象。定位理论所说的“领先品牌”，是指在人们心智中的“代表意义”，以及在人们心智中的“领先地位”。在人们的心智中，如果没有抢先建立起“第一品牌”的价值认知，那么意味着：首创品牌不是新类别的“代表品牌”，不会拥有一个强大的竞争优势，亦不会拥有一个强大的地位平台。

【诠释】《老子》（54）：善建者不拔，善抱者不脱。㊣ 对于定位而言，善建者，不拔于顾客的心智；善抱者，不脱于领先的地位。离开了人们心智中的领先地位，品牌就失去了生存和竞争的根基。不拔于人们的心智，不脱于领先的地位，则可称为品牌的“善建者”。善建者，善于“创建”新产品类别；善抱者，善于“抱住”新领先地位。善于创建产品类别，善于守住领先地位，亦可称为品牌的“善建者”。

【案例】企业应该在哪里寻找创新路径？不是在企业的工厂里，而是在顾客的心智里。进一步来说，所有创造出来的新东西，如果不能成为人们心智中的某种价值代表，那么这种新东西的营销意义就不会很大。如果企业创造出一种新东西，那么一定要让这种新东西成为人们心智中的“第一名”。

- Califoria Closets——第一个橱柜组装者品牌。
- Callaway Big Bentha——第一根超大高尔夫球杆品牌。
- Carrier——第一台空调品牌。
- Dr. Scholl's——第一种脚部护理产品品牌。
- Footjoy——第一双高尔夫鞋品牌。
- National Enquirer——第一张超级市场小报品牌。
- PowerBar——第一根能量条品牌。
- Q-tips——第一支棉签品牌。
- Reynolds wrap——第一个铝箔品牌。
- Samuel Adams——第一个微酿啤酒品牌。
- Saran wrap——第一个食品塑料包装品牌。
- Vise-Grip——第一个老虎钳品牌。
- WD-40——第一种超级润滑剂品牌。

……

这些品牌获得成功的秘密是什么？成功秘密就在于：首先创建一个新类别，然后成为新品类里的领先者。一旦品牌成为人们心智里的品类代表者，那就意味着：这个品牌被置于人们的首选位置上。一旦品牌被人们置于首选的位置上，就意味着：这个品牌必然要获得营销战争中的胜利。

【案例】诺和诺德公司（Novo Nordisk），是丹麦（Danmark）

一家胰岛素生厂商，在胰岛素产业中开创了一个新品类。胰岛素是供糖尿病人使用的药品，用以调节病人血糖水平。历史上，胰岛素生产工业就如同整个制药业一样，把注意力都集中在影响施加者身上——即医生身上。在影响糖尿病患者做出购买胰岛素决定方面，医生的建议起到了关键性的重要作用。因此，医生成了药品产业的目标推广群体。与之相应，整个药品产业则集中精力，努力制造更纯的胰岛素，以满足医生对更好的药品的追求。问题的关键是，经过 20 世纪 80 年代初期的技术创新，胰岛素的提纯技术已经有了显著改进，只要胰岛素的纯度是企业竞争的主要参数，那么再想沿着这个方向改进已经很难了。因此，厂家之间的竞争越来越趋于同质化。诺和诺德公司制造出第一种“人体单一成分”胰岛素，在化学成分上与人类的胰岛素完全相同。

然而，诺和诺德公司认识到一个机会，可以通过把产业对医生的关注转移到使用者身上——即病人身上，从而摆脱竞争、开创一个新品类。当把视线集中到病人身上的时候，诺和诺德公司发现一个产品使用问题。胰岛素通常放在小药瓶里提供给病人，注射起来很不方便。病人必须面对复杂而令人不快的种种工作，诸如处理注射器针管、针头、胰岛素，还需要按照自己的病情掌握注射剂量。携带针管和针头令病人产生一种社会压力，这种压力令病人感到十分不快。因此，病人在家门以外不愿意摆弄那些针头和针管。但是，许多病人一天需要注射好几次胰岛素。因此，这种尴尬的状况就常常要发生。

从这种新发现之中，诺和诺德公司找到了创建新品类的机会，并于 1985 年推出了“诺和笔”（NovoPen）。“诺和笔”是第一种注射胰岛素的方便方法——在产品设计上，去除了注射胰岛素的种种麻烦和窘迫。“诺和笔”就像是一支自来水笔，附带一个盛胰岛素的小盒子，盒子里面装有一星期剂量的胰岛素，以便于病人携带。“诺和笔”自身带有调节按钮，即使是双眼失明的病人同样能够控制剂量，自己完成胰岛素注射工作。病人可以随身携带注射笔，注射时方便简洁，免去了针头、注射管这些复杂而令人难堪的东西。

为了进一步统治这个已经开启的新品类，诺和诺德公司又在1989年推出了NovoLet注射器。这种注射器是一种预填充型、一次性胰岛素注射笔，带有剂量系统，病人使用起来更方便、更容易。1999年，诺和诺德公司又推出了Innovo胰岛素计量器，这是一套嵌入电子记忆的盒式给药系统。该装置设有内置记忆系统，可以显示使用剂量、上次剂量及间隔时间，以便对胰岛素注射进行过程管理。这些信息，对于减少错过注射时间的风险、去除这方面的忧虑，都起到了关键的作用。

诺和诺德公司的品类战略突破了既有的产业框架，使企业自身由胰岛素生产企业转变为糖尿病治疗企业。“诺和笔”及其后续的注射系统席卷了整个胰岛素药品市场。在欧洲和日本，病人被建议一天频繁注射胰岛素，在这些市场上，预填充型一次性胰岛素注射装置或者注射笔产品，已经拥有了占据统治地位的市场份额。在欧洲市场上，诺和诺德公司已经占有了60%的市场份额。在日本市场上，诺和诺德公司占有了80%的市场份额。如今，诺和诺德公司70%的产值，来自糖尿病治疗业务。糖尿病治疗业务这个概念，则是基于对使用者而不是影响者的思考，从而开创出一个新品类，并成为新品类的领先者。

带头做大新品类

领先者，不应该排斥竞争

——新品类的开创者，仅靠自己做不大新品类

【观点】 如果品牌成为一个新类别的领先者，那么就应该努力把这个新类别的馅饼做大，而不是紧紧盯住新馅饼的一小块。领先者，应该带领跟随者，与替代品类展开消费者选择的竞争。一个成长着的新品类，总是会不可避免地出现跟随者。新品类中的领导者，不应把注意力放在“驱逐跟随者”上面。事实上，领先者不可能把跟随者“驱逐

出境”。尤为重要的是，在人们的心智中，追随者产生的“反衬作用”，往往帮助了领导者塑造了领先地位。如果没有追随者，那么领导者“做不大”新类别，亦“做不大”新市场。这不是说，领先者不需要与跟随者竞争，只不过是竞争的着力点不同而已——不是“驱逐跟随者”，而是“保持领先地位”。领先者应该采取的竞争方式，是不断地自我挑战、自我攻击和自我否定，不断地推陈出新，不断地与跟随者拉开距离，把竞争者远远地甩在自己的身后，保持自己在行业里的主导地位。

【诠释】 《三十六计》（秘本兵法）：欲擒故纵。〔解语〕逼则反兵，走则减势。紧随勿迫，累其气力，消其斗志，散而后擒，兵不血刃。〔按语〕所谓纵者，非放之也，随之，而稍松之耳。穷寇勿追，亦即此意。盖不追者，非不随也，不迫之而已。《老子》（36）：将欲歙之，必固张之；将欲弱之，必刚强之；将欲废之，必固兴之，将欲夺之，必固与之。《鬼谷子・谋篇》：去之者纵之，纵之者乘之。㊣商战之道，亦应有“围师必阙、留有余地”之策；领先者定位之法，亦要形成“众树成林、众星捧月”之势。对于定位来说，“欲擒”是要让自己保持“领先之势”，“故纵”是要给竞争对手“留有余地”。

【案例】 20 世纪 70 年代，日本索尼公司（SONY）开发出了一种能够播放家庭录影带的机器，这种机器采用 Betamax 技术。1975 年，Betamax 录像机（亦称 VCR）开始在商店中销售，当年仅在美国就售出了 30000 台。一年之后，索尼公司的竞争对手——JVC 公司推出了 VHS（家庭影像系统）格式的录像机。1977 年 1 月，又有四家日本企业开始制造、销售 VHS 制式的录像机。索尼公司从一开始就不愿意发放 Betamax 技术的许可证，或者索尼公司不能够发放 Betamax 技术的许可证。JVC 公司的做法截然相反，与索尼公司形成了鲜明的对比，JVC 公司十分乐意与其他企业分享 VHS 格式录像机的技术。正是由于这个原因，录像机制造商和录像带制造商，愿意选择生产 VHS 格式的产品。事实证明，这是 Betamax 灭亡的关键因素。

虽然索尼公司引领了多数的技术进步，但是 JVC 公司与其他 VHS 机器制造者追赶的速度并不缓慢。例如，索尼公司首先推出 Betamax 格式三高保真度音响设备，仅仅在几周之后，JVC 公司和松下公司（Panasonic）就推出了 VHS 格式的高保真度音响设备。不过，大多数专家承认 Betamax 录像带的质量要好于其竞争对手。虽然索尼公司一直宣称 Betamax 是技术优越的格式，但是录像带的拥有者越来越认识到 Betamax 格式的一个严重缺点。VHS 的机器可以录制较长时间的影像，而 Betamax 格式的机器只能录制一个小时的影像——这意味着：不能用一盒录像带录制完一部电影或者一场足球比赛。这是索尼公司为高质量的声音与图像所付出的代价。为达到更高的品质标准，索尼公司使用更大、速度更慢的录像带。结果，有时要使用 3 盘盒带才能播完一整部电影，这让消费者和零售商都感到十分懊恼，因为必须在收看期间更换盒带，而且还要配备更多的盒带。在 www. blockinfo. com 网站上，一个匿名的 VHS 格式爱好者解释了这个问题。“VHS 成功的因素是：用一个盒带就能看完整部电影，或许 VHS 格式的图像和声音不如 Betamax 制式那么好，这又有什么关系，至少不用在中间站起来去更换盒带。对于消费者来说，VHS 提供的价值很重要，而 Betamax 制式提供的价值对消费者不重要。”但是，直到 20 世纪 80 年代初期，“Betamax”一直被当作“录像机”的同义词。

由于 Betamax 和 VHS 两种格式不兼容，消费者只能在两者中进行选择。很快，索尼公司就感受到压力的存在。自 1981 年起，Betamax 制式的机器迅速失宠，公众不断得到这样的警告：Betamax 录像机的拥有者，可选择的录像带租用点要稍少于 VHS 的租用点。同时，竞争对手开始降低录像机价格，价格降至低于“索尼”录像机 300 美元的价位。1982 年，价格战愈演愈烈，索尼公司被迫加入价格战，提供 50 美元的还款作为“家庭改善基金”。1982 年，在整个市场份额中，Betamax 的 VCR 仅占中微不足道的 25%。但是，索尼公司没有勇敢地承认错误。确实，索尼公司的市场份额在逐渐减少，但是产品销售量仍然在增长，1984 年达到顶峰——全球销售了 230 万台。

在 3 年之后，VHS 的市场份额超过了 95%。1987 年，《滚石》（*Rolling Stone*）杂志刊登了一篇关于 Betamax 的文章——《制式之战》，宣布“战争已经结束”。1988 年 1 月 10 日，索尼公司终于宣布，将要开设 VHS 录影机生产线的计划。虽然索尼公司坚定地认为，不应将此视为 Betamax 的“死亡”。但是，媒体根本就不这么认为。1988 年 1 月 25 日，在索尼公司宣布消息只有两周之后，《时代》（*Time*）杂志就以“再见了 Betamax”为大标题，发表了对这一品牌的挽歌。文章认为 Betamax 的失败原因在于：当初，索尼公司将 Betamax 技术据为己有，拒绝向其他企业发放格式许可证，而 VHS 技术的发明者——JVC 公司却与大量企业分享技术秘密”。同样，Betamax 录像机仅仅由索尼公司生产，这意味着无法与数量日益增多的、使用 VHS 制式生产录像机的企业相抗衡。

在索尼公司开始生产 VHS 机器的时候，并未放弃 Betamax 制式录像机的生产。2002 年 8 月 22 日，索尼公司才最终宣布将中断 Betamax 制式录像机的生产。索尼公司在声明中这样说道：“由于数字化机器和其他新录像机制式控制了市场，Betamax 的需求持续下降，获得零部件变得不那么容易了”。此后，VHS 录像机遇到来自 DVD 影碟机迅猛发展的威胁。但是，DVD 这种新的家庭影音技术，没有及时吸取 Betamax 与 VHS 格式之战的教训。同样，由于不同的 DVD 格式之争，为 DVD 技术发展制造了破坏性的障碍，因此延误了在市场上的飞跃。2002 年，索尼公司与 8 个竞争者联手，创造一个共享的 DVD 格式。这意味着：索尼公司这次不会被甩在一边而成为局外人。

领先者，应与竞争者联盟

——领先者应联合自身品类的竞争者，以抗衡其他品类的竞争者

【观点】领先者与竞争者的关系，是一种既竞争又合作的竞合关系。竞争关系，体现在领先者想要保持“领先地位”，而竞争者想要挑战“领先地位”。合作关系，则是体现在双方要面对“共同的外部环境、挑战和风险”。这种“共同的外部环境、挑战和风险”，构成了领先者与竞争者的共同利益基础。这种“共同的外部环境、挑战和风险”，需要领先者与竞争者联合起来，才能产生更加有效的应对效果。领先者，应该利用其行业代表者的身份和地位，与竞争者结成利益同盟，共同应对外部的环境、挑战和风险，以期获得更大的市场空间，或者避免更大的经济损失，或者应对共同的行业危机。在这个过程中，领先者则是最大的受益者。

【诠释】📖《司马法·仁本》：王霸之所以治诸侯者六：以土地形诸侯，以政令平诸侯，以礼信亲诸侯，以礼力说诸侯，以谋人维诸侯，以兵革服诸侯。同患同利以合诸侯，比小事大以和诸侯。㊣ 领先者与竞争者之间的关系，实际上是“既竞争、又合作”的关系。所谓竞争关系，就是以各种手段维护领先地位。所谓合作关系，就是以利害得失作为共同基础，领先者与竞争者联合起来，从而使领先者亲近竞争者，竞争者尊重领先者，两者和睦相处。📖《三十六计》（秘本兵法）：树上开花。〔解语〕借局布势，力小势大。鸿渐于陆，其羽可用为仪也。〔按语〕此树本无花，而树则可以有花。剪彩粘之，不细察者不易觉，使花与树交相辉映，而成玲珑全局也。此盖布精兵于友军之阵，完其势以威敌也。㊣ 对于定位而言，所谓树上开花，就是要“借众家之势，突自我之位”，成为行业代表者，或者成为行业代言人。

【案例】 对于 DVD 标准的角逐比好莱坞（Hollywood）惊悚片的情节更加曲折离奇。两年来，由索尼公司和其他 170 家公司组成的蓝光（Blu-ray）格式 DVD 阵营，与东芝（Toshiba）、微软（Microsoft）为代表的高清 DVD（HD DVD）技术联盟，在新的 DVD 格式标准上争执不下。两大技术阵营均承诺：在下一代平板高清电视上，采用其标准可以实现更高品质的视频享受。不论谁在这场竞争中胜出，都将能够主宰一个价值数十亿美元的"钱景诱人"的新兴市场。两大阵营一直都在为博取主要电影公司的芳心而明争暗斗。目前，兼容两种 DVD 格式的华纳兄弟公司（Warner Bros.）成为了双方争夺的焦点。〔《商业周刊》（*BusinessWeek*）（2008 年 01 月刊）：《下一代 DVD 标准之争：索尼略占上风》——作者：罗纳德·格罗弗（Ronald Grover）和克利夫·爱德华兹（Cliff Edwards）翻译：夏芳。〕

2008 年 1 月 7 日，国际消费类电子产品博览会（International Consumer Electronics Show）的日益临近，索尼公司和东芝公司都急于想宣布，自己最终拿下了好莱坞这座坚固的堡垒。同时，为赢得华纳兄弟公司的欢心，双方都使出了浑身解数。在双方间的竞争处于僵持状态的时候，以索尼公司为首的蓝光阵营，似乎突然间占了上风。2007 年夏天，尽管高清 DVD 阵营与派拉蒙影业公司（Paramount Pictures），以及梦工厂动画公司（Dreamworks Animation）签约，从而对蓝光 DVD 阵营带来了冲击，但是蓝光 DVD 阵营却获得了更多电影公司的支持，而且 2007 年"索尼"阵营销售的光碟超过了竞争对手的两倍。狮门影业公司（Lionsgate）支持播放"索尼"蓝光格式的电影，该公司副董事长迈克尔·伯恩斯（Michael Burns）公开表示："据说华纳公司要加入蓝光阵营，这将会使高清 DVD 阵营面临更为严峻的局面"。索尼公司拒绝就此发表评论，东芝公司仅表示"仍与华纳兄弟公司保持着正常联系"。

从一开始，这两大阵营就采取了同样的策略：争取获得尽可能多的电影公司的支持。这并不难理解，因为消费者只认可大多数电影所采用的格式。现在，支持蓝光阵营的电影公司阵容空前庞大，其中不乏迪士尼（Disney）、福克斯（FOX）以及索尼这样的电影制作企业巨头，占有目前DVD市场49%的市场份额。华纳兄弟公司是一家多产的电影企业，算上其姊妹公司——新线电影公司（New Line Cinema），一年要出品电影多达30部。如果索尼公司真能说服华纳兄弟公司与其签署独家协议，将会促使蓝光阵营在DVD市场上所占的份额飙升至70%。这将会诱使其他电影公司叛离高清DVD阵营。反之，如果东芝公司与华纳兄弟公司携手合作，那么两大阵营将会分庭抗礼。这可能会对消费者造成极大不便，对于DVD市场新技术发展——电影公司对此寄予厚望，同时亦将会产生间接影响。这正是华纳兄弟公司长期以来一直致力于推动单一格式的真正原因。

自从把派拉蒙影业公司和梦工厂动画公司拉入高清DVD阵营之后，两大阵营之间的竞争便日趋白热化。双方都是华纳兄弟公司位于加利福尼亚伯班克（California Burbank）总部的常客。据知情人士透露，自2007年夏天以来，Yoshihide Fujii——日本东芝公司高清DVD业务负责人，已经三次前往美国华纳兄弟公司。与此同时，索尼公司首席营销官安德鲁·豪斯（Andrew House），亦在向华纳兄弟公司力荐蓝光格式产品，索尼公司的首席执行官霍华德·斯特林格（Howard Stringer），还亲自拜访了华纳兄弟公司的控股企业——时代华纳公司（Time Warner Inc.）的两位高级管理人员——理查德·帕森斯（Richard D. Parsons）和杰弗里·比克斯（Jeffrey L. Bewkes）。东芝公司在价格上大做文章，宣称其技术的价格更为低廉，可以更加迅速地实现批量推向市场。据行业杂志《DVD发行报告》（*DVD Release Report*）估计，高清DVD光碟的建议零售价为31.74美元，比蓝光DVD光碟便宜了2美元。零售商通常会把价格压到低于29美元。此外，东芝公司还降低了其播放器的价格。在2007年早些时候，东芝公司将其入门级播放器的价格降到了299美元。正是这种价格因素，在2007年夏初，梦工厂动画公司和派拉蒙影业公司加入了高清DVD阵营。与华纳兄弟公司一样，派拉蒙公司先前支持两种格式。

梦工厂动画公司首席执行官杰弗里·卡岑伯格（Jeffrey Katzenberg）表示："对我们来说，之所以转而选择高清 DVD 格式，因为硬件成本的大幅降低可以赢得广大的消费者。此外，未来软件制造成本将大大低于蓝光技术。"为此，东芝公司共计支付了 1.5 亿美元的推广资金——支付给派拉蒙影业公司和梦工厂动画公司。其中，包括梦工厂动画公司的怪物史莱克（Shrek）的形象特许营销费用。但是，此举不会对索尼公司造成太大影响。蓝光阵营坚持认为，目前还没有特别必要的理由，与高清 DVD 联盟打一场价格战。蓝光 DVD 协会主席安迪·帕森斯（Andy Parsons）表示："我们认为，华纳兄弟公司将会考虑这样一个事实，即蓝光产品支持更多的影片，这使我们成为单一标准的可能性更大。"一位支持蓝光却不愿透露姓名的高级管理人员预计，低于 300 美元的蓝光播放器很快就会投放市场。此外，据好莱坞内部人士称，在派拉蒙影业公司和梦工厂动画公司身上，东芝公司阵营花费的 1.5 亿美元资金迅速改变了当前的竞争格局。这些人士认为，如果华纳兄弟公司加盟了高清 DVD 阵营，那么蓝光阵营同样将会投入数亿美元，推广和支持蓝光 DVD 产品。这样，蓝光阵营在这场竞争中肯定会稳操胜券。

目前，华纳兄弟公司仍未表态，不过据知情人士透露，该电影公司现在仍在观望，试图探明在 2007 年圣诞假期哪一种新款播放器销量更大。一名了解华纳兄弟公司意图的高级管理人员认为："华纳兄弟公司想让其中一方作出承诺，将其格式标准推广到尽可能多的消费人群中去。"迄今为止，东芝公司还在竭力维持着其优势地位。来自行业调查公司——亚当斯媒体研究公司（Adams Media Research）的数据显示，到 2007 年底，高清 DVD 播放器的家庭拥有数量将达 57.8 万户，相比之下，蓝光播放器的家庭拥有数量则为 37 万户。亚当斯媒体研究公司预计，微软公司（Microsoft）的 Xbox 游戏机将推动消费者市场配备 30 万台高清 DVD 播放器。但是，与索尼 PlayStation 3 游戏控制台相比，微软公司的 Xbox 游戏机要逊色得多了。索尼公司的 PlayStation 3 游戏控制台——配有蓝光播放器，在美国销售达到400万台。此外，蓝光阵营还具有一个优势。许多家庭喜欢为孩子购买迪士尼公司的老电影。这可能会有助于在广大消费者中推广该格式标准。市场研究公司Envisioneering Group分析师——理查德·多尔蒂（Richard Doherty）认为："庞大的蓝光DVD客户群，更有可能成为一个巨大的光碟库，电影公司最为看重这一点"。目前，仍有一点尚不明朗。如果以索尼公司为首的阵营赢得了华纳兄弟公司的支持，那么其他企业会因此而摒弃高清DVD格式标准吗？现在还不得而知。不过，梦工厂动画公司和派拉蒙影业公司，与东芝公司签署的协议有效期仅为18个月。因此，两家电影公司到时候有可能会拿了钱后转换阵营。

新品类的扼杀者

新品类的创造者

——小企业往往成为新品类的开创者

【观点】新品类的创建者，往往不是大企业，而是小企业；往往不是领先者，而是落后者。这似乎符合古老的东方哲学——穷则变，变则通。大企业和领先者，往往不是新品类的创建者，究其原因是"其道未穷"。小企业和落后者，往往成为新品类的创建者，究其原因是"穷则思变"。新品类的创造者，往往具有其敏锐的嗅觉和独到的眼光。从趋势之中，发现了创建新品类的新方向。由细微之处，看见了创建新品类新领域。于事发之始，推出了抢占新品类的新品牌。在事成之终，成为了主导新品类的领先者。从本质上看，新品类开创者的成功，不是通过"在既有的市场上，为人们提供新产品"而谋求生存，而是通过"在人们的心智中，为人们创建新品类"而获得成功。新品类的创造者，是真正的经营创新者，是真正的市场创造者。

【诠释】 《孙子兵法·九地》：投之亡地然后存，陷之死地然后生[1]。夫众陷于害，然后能为胜败[2]。《孟子·告子》：生于忧患，死于安乐！㊣ 置之死地而后生，与创新的道理完全一样，无路可走就会寻路去走，有路可行就难再寻出路。对于定位来说，关键是要走在前面，而不是跟在别人后面。小企业往往没有第二条路可走，因此能够集中力量走好一条路。

注解：

〔1〕张预：置之死亡之地，则人自为战，乃可存活也。曹操：必殊死战。在亡地无败者，孙膑曰：兵恐不投之死地也。李筌：兵居死地，必决命而斗以求生。梅尧臣：地虽曰亡，力战不亡；地虽曰死，死战不死。故亡者存之基，死者生之本也。

〔2〕梅尧臣：未陷难地，则士卒心不专，既陷危难，然后胜败在人为之尔。张预：土卒用命，则胜败之事在我所为。

【案例】 许多获得成功的企业，都是从创建一个新品类开始。这些企业最初虽然规模不大，但是这些企业具备很好的营销直觉。例如：查尔斯·施瓦伯（Charles Schwab），创立的第一家折扣经纪公司——嘉信理财（Charles Schwab）；凯文·普兰克（Kevin Plank），创立的第一家运动内衣公司——安德玛（Under Armour）；拉里·埃里森（Larry Ellison），创立的第一家关系数据库软件公司——甲骨文（Oracle）。

- 亚马逊网站（www. Amazon. com）——第一家网上书店；
- 邦迪（Band-Aid）——第一种粘贴胶带；
- CNN——第一个有线新闻网；
- 戴尔（Dell）——第一个个人电脑直销公司；
- 达美乐（Domino's Pizza）——第一个宅送比萨饼连锁；

- 金霸王（Duracell）——第一个碱性电池；
- ESPN——第一个有线体育网；
- 依云（Evian）——第一瓶高档瓶装水；
- Gore-Tex——第一种透气防水布；
- 喜力（Heineken）——第一种进口美国的啤酒；
- Hoover——第一个直立吸尘器；
- 吉露（Jell-O）——第一个果冻甜品；
- 肯德基（CFK）——第一个鸡肉快餐连锁；
- 舒洁（Kleenex）——第一个袋装纸巾；
- 耐克（Nike）——第一种运动员专用鞋；
- 帮宝适（Pampers）——第一个一次性婴儿尿布；
- 《花花公子》（*Playboy*）杂志——第一份男性杂志；
- 宝丽来（Polaroid）——第一个即时成像照相机；
- 斯沃琪（Swatch）——第一个时尚手表；
- 太阳微系统公司（Sun Microsystems）——第一个 UNIX 工作站；
- 汰渍（Tide）——第一个洗衣粉；
- 《时代》（*Time*）杂志——第一个新闻周刊；
- 施乐（Xerox）——第一台普通纸复印机。

……

这些企业或者品牌的成功，都从一个新的品类开始。与大企业相比，小企业拥有什么优势？小企业的优势在于：拥有无限的创新精神。但是，凭借这种创新精神获取成功的秘密，不是要创造出新产品，而是要创造新品类——开创一个可以获得人们接受的新品类，然后成为新品类里的领先者。小企业的劣势就是小企业的优势，正是由于小企业力量十分弱小，所以才会积极寻找针对大企业的突破口——创建一个新品类，然后成为人们心智中的领先者。

新品类的扼杀者

——大企业往往充当新品类的扼杀者

【观点】老品类中的领先者，在新品类中所扮演的角色，往往是新品类的扼杀者，或者是新品类的破坏者，或者是新品类的混淆者。老品类里的领先者，通常采用品牌延伸的方式，把老品牌延伸进入新品类，试图抢占新品类的领导地位。这种品牌延伸的做法，一方面，对新品牌的成长起到拦截作用，使新品牌难以在人们的心智里立足生根；另一方面，对新品类的生长起到扼杀作用，使新品类难以在人们的心智里独立出来。如果新品类夭折，那么谁会成为最终的获益者？是老品类里的领先者。如果把新东西纳入老品类，那么老品类里的领先者，自然会成为新品类的代表者。因此，老类别里的领先者，倾向于扼杀新品类的生长。但是，如果想要扼杀一个新品类，那么必须是老品类里的领先者。从这个意义上讲，扼杀一个新品类的成长，恰恰是领先者必须采取的“消极”防御策略。

【诠释】《孙子兵法·始计》：乱而取之[1]。《三十六计》（秘本兵法）：混水摸鱼。〔解语〕乘其阴乱，弱而无主。随，以向晦入宴息。〔按语〕动荡之际，数力冲撞，弱者依违无主，散蔽而不察，我随而取之。《六韬·龙韬·兵征》：三军数惊，士卒不齐，相恐以敌强，相语以不利，耳目相属，妖言不止，众口相惑，不畏法令，不重其将。此弱征也。是鱼，混战之际，择此而取之。㊣ 在新品类诞生之初，新品牌尚未建立起领先地位，老品类里的领先者延伸而入，在新品类市场上趁“乱而无主之际”，干扰品类创建者品牌地位的形成，以达到混乱人们心智的效果，从而把“新品类”占为己有。

注解：

〔1〕杜牧：敌有昏乱，可以乘而取之。传曰：“兼弱攻昧，取乱侮亡。”武之善经也。梅尧臣：彼乱，则乘而取之。

【案例】 “金霸王”（Duracell）开创了碱性电池这个新品类。“金霸王”碱性电池的电量，是当时领先品牌“永备”（Eveready）碳锌电池的两倍，“永备”隶属于大规模企业美国联碳（Union Carbide）。在“金霸王”推出的6年之前，“永备”就推出了自己的碱性电池产品。很自然地，这个新产品被命名为“永备”碱性电池。这是“永备”犯下的错误，因为使用了一个延伸式的品牌名字。这是“永备”的贪婪，它想扼杀掉一个新生的电池品类。

“永备”的管理层希望，电池这种产品能保持在一个品类概念之下，其中包括碱性电池、碳锌电池等多种产品。“永备”作为电池品类里的领先品牌，当然希望能够继续统领电池这个大品类。遗憾的是，“永备”管理层的希望没有实现。“金霸王”背后的品牌营销团队，最终让消费者领悟到一个电池品类概念：电器电池有两个品类——价格便宜的碳锌电池，以及更加耐用的碱性电池。这就是说，尽管“永备”抢先进入了产品市场，但是“永备”没能在人们心智中建立起品类概念，亦无法建立起代表品类的领先地位。“金霸王”则后发先至，抢先在人们心智中建立起品类概念，以及在品类中的领先地位。如今，这两个品类分别由两个品牌统领：“永备”和“金霸王”。因此，这种扼杀新品类的行为没有获得成功。

“永备”管理层最终明白了一个事实——不可能扼杀碱性电池这个新品类。于是，又推出了自己的碱性电池品牌——“劲量”（Energizer）。但是，管理派的行动为时已晚，即使投入大量的金钱都无法弥补时间的损失，创意广告同样无法弥补时间损失所造成的后果。“劲量”的小兔子广告，被《广告时代》（*Advertising Age*）杂志誉为“20世纪最好的 100 个广告”之一（排在第 34 位）。尽管投入了庞大的广告预算，“劲量”还是碱性电池品类里的第二品牌，排在“金霸王”之后。如果“永备”一开始就采取这样的行动，那么“金霸王”胜算的机会就十分渺茫。

在这场竞争的各个阶段，“金霸王”屡次被一些规模更大的企业收购。“金霸王”先后被达拉斯公司（Dart）、卡夫集团公司（Kraft）、科尔伯格·克拉维斯·罗伯茨公司（Kohlberg Kravis Roberts）、吉列公司所收购。如今，“金霸王”隶属于宝洁公司（P&G）。如今，两大电池品牌都被大企业所控制，他们显然已经很成功地扼杀了下一代电池品类——锂电池。毫无疑问，“锂电池”可以成为一个单独的电池品类。但是，前提是要有一个独立的品牌名字，代表这个新的电池品类。“劲量”和“金霸王”都用延伸式的品牌名称，推出了各自的锂电池产品，而且已经推出很长一段时间了。对于一个品类的开创者来说，现在加入锂电池竞争已经太晚了。

在这样一种格局下，很难重新创建一个新的电池品类，这是一场由营销资源决定胜负的战争。在营销战争里，时机就是一切。一个品类一旦消亡，很难再将其复活。谁在新品类消亡时获胜？当然是既有品类里的领先品牌获胜。如果想要扼杀一个新兴的品类，首先要确保品牌在既有品类里拥有领先地位。从这个意义上讲，扼杀一个新品类是领先者的防御策略。这一次，领先者成功扼杀了新品类，把新东西牢牢地控制在自己掌管的“老品类”里。

新品类的错失者

视而不见

——领先者无视新品类的潜力，等于无视对自己的威胁

【观点】老品类里的领先者容易犯下的最大错误，就是对新品

类的成长视而不见，看不到新品类的诞生和崛起。当潜在的新品类出现的时候，管理层总是倾向性地认为，新品类不过是对既有品类的改良，而不是一个生机无限的新品类。管理层似乎认为：品类几乎固定不变。即便是技术上有革命性突破，也只是对既有品类的升级和延伸，根本不存在什么新品类的诞生。新品类的诞生需要具备两个基本条件。第一个条件是：产品本身的特点；第一个条件是：顾客心智的认知。管理层似乎只盯住产品本身，而忽视了顾客心智，忽视了对顾客心智的抢先占领。问题的关键在于：人们总是从产品自身的视角出发，而不是从人们心智的视角出发，思考一个产品是否能够成为一个新品类。这就是说，一种新产品能否成为新类别，更加倾向于是否能够成为人们心智中的一个类别概念。

【诠释】 《吕氏春秋·察今》：审堂下之阴，而知日月之行，阴阳之变；见瓶水之冰，而知天下之寒，鱼鳖之藏也。㊣ 所谓见微知著，就是要从细微之处发现新品类的未来趋势，考虑对新品类心智制高点的抢先占领。对于新品类的发展，老品类的领先者应该认真关注新品类的趋势，避免被新品类淘汰出局。

【案例】 一些品类里的领先者，为什么会错失开创新品类的好时机？因为没有人能够预知未来。一个新生品类是否能够发展成一个独立的新品类，在早期发展阶段无法得出明确的定论。例如：万维网（WWW）——环球信息网（World Wide Web）的缩写，亦可以简称为Web，中文名字为“万维网”。在早期发展阶段，没有明显的迹象表明，万维网会成为一个新媒体品类。在一开始的时候，如果那些媒体大亨能意识到，一种力量强大的新媒体正在诞生，那么在今天的互联网站中，恐怕就不会有 Yahoo、Gloogle 这样的强势品牌。如今，万维网不仅仅是一个新的媒体品类，甚至是比书籍、报纸、杂志、广播和电视等所有传统媒体联合起来都更为重要的品类。在万维网这种媒体品类中，那些占据领导地位的品牌，并不是传统的媒体品牌，而是那些具有代表性意义的新品牌。为什么会这样？新媒体类别的领先者者，难道比传统的媒体巨头更加懂得新闻报道？不是这个原因？真正的原因在于：传统的媒体巨头，没能看到新媒体的发展趋势——成为影响人们生活和工作方式的重要媒体类型。否则，传统的媒体巨头不会给新品类的领先者任何机会。

【案例】 在切斯特·卡尔森（Chester Carlson）之前，要想复印一样东西，要做到清晰又耐久，还不可能做到的事情。那时，必须采用热写法，在一张薄薄的透明纸上复印。采用这方法复印出来的东西，不但看不清楚，而且没过多久就会褪色。切斯特·卡尔森改变了这一切，他发明了平板纸张复印技术。利用静电复印技术（Xerography），可以把影像从一张纸上传输到另一张纸上。

静电复印技术不是一项轻易能够推销出去的技术。切斯特·卡尔森花了整整 10 年时间，一家家地联系可能购买这种复印技术的企业，试图为自己发明的技术找到购买者。当时，3M 公司与柯达公司（Kodak）都有机会购买卡尔森静电复印技术。但是，这些企业都拒绝了这项技术。这些企业的想法是：利用涂膜纸复印的方法，一张只需 1 分 5 厘钱，谁还会花 5 分钱用普通纸进行复印。

哈洛伊德公司（Haloid）——美国纽约一家小型影印纸企业——趁机购买了卡尔森静电复印技术，开发出了静电复印机。哈洛伊德公司把这个设备改名叫作“哈洛伊德—施乐”（Haloid Xerox）。1959 年，哈洛伊德公司推出了第一台自动复印机——施乐 914 型，1 分钟复印 7.5 张纸。这个重达 650 磅的复印机，被《财富》（*Fortune*）杂志称为：“美国有史以来最成功的产品”。

结果：其他的复印方法都成了历史。1968 年，哈洛伊德公司的销售额突破了10亿美元。正是卡尔森静电复印技术，使这家企业成为一家价值几十亿美元的大公司，甚至超过了3M公司和柯达公司，这家企业的新名字叫“施乐”（Xerox）。

等候太久

——等待是拥有新品类的最大敌人

【观点】 老品类里的领先者，容易犯的典型错误之一，就是对新品类的反应太迟，对新品类的争夺等候太久。老品类里的领先者，总是对新品类不屑一顾。当新品类获得成功的时候，老品类里的领先者才幡然醒悟，但是往往是为时已晚，新品类创建者已经占领了新品类。人们一旦确认新品类的存在，首先进入心智的那个品牌，总能赢得获知战争的胜利。对于新品类的诞生，老品类的领先者不应观望太久。新品类总是缓慢地成长，这为品类创建的落后者提供了机会。合理的做法是：抢在新品类的创建者进入人们的心智之前，对新品类的创建者进行中途拦截。所谓“对新品类中的创建者进行中途拦截”，就是在新品类的创建者尚未进入人们的心智空间之前，或者在新品类的创建者尚未建立起领先地位之前，老品类中的领先者推出相同的新产品或者相似新品牌，与新品类的创建者争夺人们心智空间的领先地位。

【诠释】 📖《六韬·龙韬·军势》：善战者，居之不挠，见胜则起，不胜则止。故曰：无恐惧，无犹豫。用兵之害，犹豫最大；三军之灾，莫过狐疑。㊣ 对于新品类，老品类的领先者应该“见利而起”，不要“过后而悔”。在新品类的诞生之初，人们心智中的领先地位尚未被牢固占领，甚至根本没有竞争者占据领先地位。当此之时，老品类中的领先者应当乘虚直入，抢先占领新品类的领先地位，不要因为犹疑而错失“必争之地”。

【案例】1956 年，“泰诺”推出的时候，是一个阵痛解热处方药品牌。4 年之后，这个品牌成为非处方药。在进入药店零售渠道 8 年之后，“泰诺”非处方药的年销售额还不足 500 万美元。到了 1975 年，就是说“泰诺”推出 19 年之后，“泰诺”投放了第一个消费品广告。结果，“泰诺”成了美国药店里最畅销的品牌。在很多年之后，“拜耳”才开始投放广告，回应“泰诺”的攻击。

“泰诺的制造商，你省省吧！”（Makers of Tylenol，shame on you！）。“不，泰诺并不比阿司匹林更安全”（No，Tylenol is not found safer than Aspirin）。这是为“拜耳”阿司匹林所做的广告。但是，这里有个错误。如果想要扼杀一个新兴的品类，不能刻意强调既有品类。相反，首先应该拓宽老品类，然后把新品类包含在内。但是，一切都为时已晚，“拜耳”阿司匹林无法夺回市场。

【案例】可口可乐公司是一家拥有超级力量的企业。但是，这不意味着：可口可乐公司可以“后来者居上”。对于一些新品类，屡屡错过机会的可口可乐公司，没办法凭借“实力”超越新品类的开创者。

例如：(1) 可口可乐公司错过了加有咖啡因的碳水橙汁品类——开创者为“激浪”（Mountain Dew）。于是，可口可乐公司尝试以 Mello Yell 这个品牌加入竞争，这种做法没什么作用。于是，可口可乐公司又试着推出 Surge 这个品牌，结果同样没有什么作用。(2) 可口可乐公司错过了辣味可乐品类——开创者为“胡椒博士”（Dr. Pepper）。于是，可口可乐公司尝试用 Mr. Pibb 这个品牌加入竞争，结果没有什么作用。(3) 可口可乐公司错过了天然饮料品类——开创者为“斯纳普”（Snapple）。于是，可口可乐公司尝试以 Fruitopia 这个品牌加入竞争，结果没有取得多大成果。(4) 可口可乐公司错过了能量饮料品类——开创者为“红牛”（Red Bull）。于是，可口可乐公司尝试用 KMX 这个品牌加入竞争。KMX 不仅迟了 14 年，而且成了一个毫无力量的品牌。

(5) 可口可乐公司错过了运动饮料品类——开创者为“佳得乐”(Gaterade)。于是，可口可乐公司尝试以PowerAde这个品牌加入竞争，PowerAde成为虚弱无力的第二品牌，难以对Gaterade实现超越。(6) 百事可乐公司(Pepsi)放弃了“跟风式”的运动饮料品牌——All Sport，花了130亿美元购买了正宗货——佳得乐(Gaterade)及其控股企业——桂格麦片公司(Quaker Oats Company)。PowerAde、KMX、Fmitopia、Mr. Pibb、Surge和Mello Yellow这6个品牌——可口可乐公司受到的6次品牌误导。原本，可口可乐公司应该集中精力创建新品类。或者，在新品类出现的时候，及时拦截新品类的创建者，与新品类的创建者争夺在新品类中的领先地位。

企业不应该盲目打造新品牌。企业应该首先寻找创建新品类的机会——应该利用品类分化创建品类，然后让新品类带动新品牌起飞。一旦错过创建新品类的机会，应该重新寻找创建新品类的新机会。

做得太多

——在还没做大新品类之前，应该把新品类概念集中在一个产品上

【观点】 潜在的品类开创者常犯的典型错误之一是：面对竞争的压力，面对销售的诱惑，在新品类里做得太多。在一个品类诞生之初，品类及其潜在的占领者，还未在人们心智里站稳脚跟。当之此时，潜在的品类开创者总是做得太多，总是试图用一个品牌名称，覆盖一条非常宽泛的产品线，从而获得更多的销售收入。潜在的品类开创者，在做得太多的同时，为自己布下了陷阱——难以在人们心智里建立起品类概念，难以在人们心智里突破品类扼杀者的包围。合理的做法是：把焦点聚集在一种单一的产品上，从所聚焦的产品开始，先打赢新品类的创建战，然后再打产品线的扩大战。这就是说，要先塑造出一个有力的焦点，在人们心智里建立起品类概念和品牌地位，然后才能用这个品牌扩

展这个概念。

【诠释】《老子》（12）：五色令人目盲，五音令人耳聋，五味令人口爽。㊣ 新品类的开创者不应把品牌的概念分散到各种相关产品上，而是应该把品牌集中于单一产品项目上，让品牌概念与单一产品项目紧密相连，从而达到占领人们心智的定位目标。一个品牌概念，如果分散在太多的产品项目上，则会分散在人们心智里的品牌焦点。令人眼花缭乱的产品项目，同样会让人们的心智对品牌概念“目盲耳聋”。

【案例】在有机品类食品中，Horizon 这个牛奶品牌大有所成。但是，有很多企业正在扼杀“有机食品”这个品类。如果在超级市场的通道上走一走，那么不难发现几十个“有机食品”品牌。几乎所有食品生产商，都用自己的老品牌延伸进入了低碳水化合物行业。当所有的竞争者都采用品牌延伸的方式进入新品类的时候，新品类就难以在人们心智中形成独立的品类概念。这样，很快就会扼杀掉创造一个独立品类的机会。这是因为：在人们的心智中，不存在代表“有机食品”的专门品牌，以至于“有机食品”没有自己的标志性品牌。

事实上，尽管对“低碳水化合物”进行了很多公共宣传，但是“低碳水化合物”从未能在人们心智中成为一个独立的品类。这完全是因为“老品牌”对新品类的扼杀——扰乱了新品类在人们心智中形成独立的品类概念。例如，在“德尔蒙”（Del Monte）这个品牌名称之下，推出了豌豆罐头、有机豌豆罐头两种产品。例如，在“健康之选”（Healthy Choice）这个品牌名称之下，已经推出了几百种食品产品。人们只不过把“健康之选”当作一个普通品牌而已。今天，几乎很少有消费者能将“健康”作为一个食品品类。

面对品类的扼杀者，像 Horizon 这样的品牌应该怎么办？Horizon 应该怎样才能让自己成为“有机食品”的首席代表？Horizon 应该从有机牛奶开始，首先让 Horizon 在人们心智中代表有机牛奶这个品类，成为有机牛奶这个品类的代名词。然后才能扩大产品线，推出有机牛奶的衍生产品——例如，黄油、芝士、酸奶油和乳酪等，以此突破品类扼杀者的包围。一旦人们接受了 Horizon 代表有机牛奶这个概念，Horizon 才有机会代表有机食品。当然，前提条件是：人们心智中不存在专门代表其他有机食品的专门品牌。

【案例】肯塔基炸鸡公司（Kentucky Fried Chicken），曾经代表着炸鸡快餐这个品类概念。但是，当人们趋向选择健康的食品的时候，"油炸"这个字眼成为一个极为不利的因素。因此，肯塔基炸鸡公司将名称更改为"肯德基"（KFC）。当形势对一个产品类别不利的时候，就会成为其他产品类别的机遇。1985 年，在美国马萨诸塞州（Massachusetts），两位企业家开了一家波士顿烤鸡店（Boston Chicken），这家新开的连锁店的主营产品不是炸鸡，而是一种更加健康的食品——烤鸡。

1991 年，三位名噪一时的执行官——斯科特·贝克（Scott A. Beck）、塞德·内德荷尔（Saad J. Nadhir）、杰弗里·夏洛（Jeffrey J. Shearer），在接管波士顿烤鸡店之后，波士顿烤鸡店才真正开始迅速崛起。1993 年，波士顿烤鸡店公开发行股票，第一天股票价格就翻了一番。波士顿烤鸡店的发展速度引人注目。数据显示：1995 年，波士顿烤鸡已拥有了 600 家连锁店，并计划在 10 年内增加 3000 家连锁店。波士顿烤鸡还有很大的发展空间，肯德基（KFC）就有超过 5000 家分店。烤鸡顺应了正在风靡的、追求健康的市场趋势。实际上，无论在哪个食品行业，占最大市场份额的都将是更加健康的产品，健康食品成为食品行业追求的主题。

波士顿烤鸡店做了什么呢？波士顿烤鸡不再专门卖烤鸡，而在菜单上增加了烤火鸡、火腿和猪肉。除了土豆泥、玉米面包这些传统的家庭类食品之外，还提供熟食类三明治。同时，波士顿烤鸡店更名为"波士顿市场”。现在，在人们的头脑中，这家“波士顿市场”是什么概念？波士顿市场，这个名称听起来像是一个超级市场的名称，而不像一个快餐连锁店的名称。在人们头脑中形成一个品牌代名词，这无论在企业内部还是在企业外部，都能成为一种强劲的驱动力。这将告诉员工企业的核心产品是什么，同时告诉顾客企业的核心产品是什么。与绞尽脑汁想出的经典口号相比，一个简单的词语更加具有驱动力。那么，“波士顿市场”的品牌代名词是什么？不再是烤鸡！

如果，一家快餐企业的宣传口号说道：“成为新鲜、便利饮食业公认的领先者；不断改善产品服务质量，绝对满足顾客要求；尊重我们的竞争对手，分析并借鉴他们的长处；合理分配和集中资源，最大限度地保证股东的长期利益；为有责任感的员工、开发商和经销商提供并维持一个能够施展抱负的环境。”那么，能否看出这是哪家快餐企业？从这些任务陈述中，找不到一丝线索！这是“波士顿市场”的宣传口号。像这样的宣传口号，几乎适用于任何种类的食品、任何类型的快餐连锁店。企业的高层管理者，总是不想把自己限制在某一个方向上。波士顿市场的副总裁认为：“我们有一个百宝箱，能够随时变化，及时满足顾客在某一方面的需要。我们必须有这样一种态度，否则我们的经营就太死板了”。然而，当做得太多的时候，就失去了开创一个新品类的好机会，就失去了超越“肯德基”的好机会。

品类必然要消亡

品类消亡，引起品牌灭亡

——品牌是品类的附属品，品类是品牌的依托体

【观点】 一些产品类别，就像水面上的冰山，会随着环境的变化而溶化。一些领先品牌，像是冰山上的一角，会随着冰山的溶化而消

溶。当品类消溶之时，在老品类里领先的品牌，其价值将开始消逝。在品类消亡之后，在老品类里领先的品牌，其生存会难以维继。当品类消亡的时候，能否通过重新定位，让领先品牌获得重生。所谓重新定位，是要在人们的心智里，重新为品牌寻找一个新位置，或者重新让品牌代表一个新概念。重新定位，不能像天马行空一样，而是存在着一定的限制性条件。第一个限制性条件是：重新定位的范畴——难以“脱离”品牌所属的类别范畴。这就是说，难以“脱离”品牌所属的类别范畴对品牌进行重新定位，难以“跨越”品牌所属的类别范畴对品牌进行重新定位。这就是说，对品牌进行重新定位的范畴，应该限定在品牌所属的类别范畴里面。在人们的心智中，一个代表着某个品类的老品牌，或者代表着品类某种价值的老品牌，很难转而代表一个本质上毫无关系的新东西。否则，在人们的心智里，“老定位”会成为“新定位”的拦路者。第二个限制性条件是：重新定位的前提——必须放弃品牌的“老定位”。在人们的心智中，一个品牌只能占据一个位置，不能同时代表两种不同的东西。否则，在人们的心智中，必然引起品牌所代表概念的混乱。一些品类正在消亡，一些品类必将消亡。但是，品类不会立刻消亡，品类会渐渐地消亡。这意味着，不可能马上放弃老品类。在老品类里面，仍然需要老品牌继续发挥定位及其营销作用。从这个意义上看，老品类里的领先品牌，即不能脱离老品类，又不能跨越老品类，只能伴随着品类的消亡而消亡。

【诠释】《左传·僖公十四年》：皮之不存，毛將焉附。㊣对于一个领先品牌来说，如果产品类别这座冰山倘若消融了，那么领导品牌这个山峰也就没有了。同时，“此皮之毛”，很难附上“彼兽之皮”。老品类中的老品牌，很难转移到一个已被他人占领的其他品类里。但是，企业往往舍不得这个老品牌。非但如此，还把期望都寄托在这个老品牌身上。

【案例】数码照相机——一个独立的品类分枝，正在迅速替代模拟照相或化学胶片照相，化学胶片照相正是柯达（Kodak）这个品牌主导的品类。今天，数码相机的销量已经超过模拟相机。毫无疑问，柯达的照相胶片和相纸业务正在逐渐消亡，这可能需要几年或者十几年的时间。柯达——全球辨识度最高和最受尊敬的品牌之一，正在试图把“柯达”这个品牌名称转移到不同的品类里。具有讽刺意味的是，柯达这个品牌的强势，使得这种转移难以实现。柯达公司花费了十多亿美元，开发了 Advantix 高级照相系统，试图用弥补传统照相和数码照相之间的差距。1996 年，柯达公司把 Advantix 高级照相系统推向市场。24 毫米高级照相系统（APS）——五家公司联合开发，其中包括柯达、佳能、富士等公司。这个系统的功能，既包括在一卷底片上拍摄常规照片和全景照片，又包括经过改善的照明技术，这个照相系统成本比传统胶卷高出了 15%。

24 毫米高级照相系统从未抓住过顾客——要么仍然使用高质量的 35 毫米胶卷和照相机，要么转而使用数码相机去了。高级照相系统是一个泥泞的中间地带，要在这个无人地带生存十分困难。尤为糟糕的是，柯达公司试图把化学胶片成像技术和数码成像合并，形成一个叫做信息影像的品类。谁听到真正的顾客说过“我们这里需要信息影像”？柯达公司的一则广告说：“信息影像技术，可能是自互联网以来最有前途的技术融合，我们欢迎其他伙伴加入，以完成这个有潜力的任务”。事实上，柯达公司无法完成这个自己认为“有潜力”的任务。这是因为：柯达这个品牌名称，就是代表化学胶片成像照相技术，而不是代表着其他什么东西。但是，化学胶片成像照相技术这个品类正在逐步消亡。如果人们选择购买数码照相机，那么宁愿选择一个更加具有代表意义的品牌——例如，佳能或者尼康。

【案例】1975 年，王安实验室（Wang Laboratories）开发电脑

文字处理系统，即世界第一台具有编辑、检索等功能的文字处理系统，简称“WPS”。这一办公工具减轻工作人员的劳动强度，受到办公人员的普遍欢迎，自然给王安公司带来滚滚财源。此外，王安实验室还推出了许多“第一”产品。例如：为机床研制出的“电子数码控制器”，为报纸排版设计的“半自动齐行排字机”，还有“无线电打字印刷机”。在人们的心智中，王安公司是做什么的企业？王安公司是专门生产文字处理设备的企业。文字处理器，使“王安”（Wang）成为该品类里的领导品牌，“王安”在聚光灯下度过了短暂的幸福时刻。

1981 年 8 月，IBM 公司推出商用个人电脑之后，实用、便宜、多用的商用个人电脑出现了，不但可以进行文字处理，还能做上百种商务工作。在 IBM 公司推出个人电脑之后，人们开始怀疑起文字处理和文字处理企业的前景。那时，王安公司本应思考一个问题——今后应该怎么办？如果没有了“文字处理”这个概念，王安公司将用什么新的词语代替？毫无疑问，王安公司的生存环境正在发生变化。然而，市场环境变化带来的后果，不会在一夜之间发生。眼前形势还一片大好，未雨绸缪谈何容易。20 世纪 80 年代初期，王安公司一路顺风，年销售额和纯利润增长都超过40%，在这个时候，有谁敢向王安公司提出一词一语。20 世纪 80 年代中期，王安公司明显陷入困境。1985 年，王安公司的销售额增加了 8%，利润率由原来的 10% 降到不到 1%。尽管如此，王安公司仍然价值 24 亿美元。王安公司依然坚守着“融化的冰山”——“文字处理”设备。

实际上，王安公司试图扩大业务服务。但是，这只是让情况变得更加糟糕。王安公司所采取的对策，就是让“王安”这个名字成为“办公自动化计算机”。当然，这就不只是文字处理了。王安公司投入巨额资金，设计和生产多种多样的系列配套产品，包括个人电脑、语音邮件系统以及“王安”网络。“王安”网络是一种专用网络，用于办公室电脑之间传送数据、文本和语音符号。《纽约时报》（*The New York Times*）报道说，王安公司的策略为：提供一种新产品——高科技的办公自动化系统，将电脑、文本编辑、电子邮件系统和绘图装置联成网络，管理者只需敲一下键盘就可以收集或发送大量的信息。王安公司总裁约翰·昆宁汉姆（John Cunningham）夸耀说道："我们的办公系统比任何企业都要多"。

一切努力都将白费。当企业试图什么都经营的时候，最终结果就是什么都经营不好。从 1986 年至 1988 年，王安公司的销售额一直很小，纯利润不到 1%。1989 年，王安公司举步维艰，陷入了绝境。销量毫无起色，亏损 4.24 亿美元。此后，亏损状况一直没有改变，王安公司累计亏损了 20 亿美元。1992 年，王安公司不得不申请破产。

拯救企业，还是拯救品牌

——成功取决于占有品类，而非取决于拥有品牌

【观点】 当品类消亡的时候，企业应该怎么办？企业有两个选择，一是设法拯救品牌，二是设法拯救公司。拯救品牌——把老品牌延伸到新品类，用老品牌进入新领域，让品牌得以延续生命；拯救企业——把老品牌留在老品类，用新品牌抢占新领域，让企业塑造领先品牌。太多数企业的选择，是试图拯救品牌，而不是拯救企业。这些企业认为，品牌才是关键。不错，品牌非常重要。定位理论的观点认为，品牌所以重要的原因，要么是在人们的心智中品牌成为一个品类的代表；要么是在人们的心智中品牌代表着品类的某种价值。如果品类消亡了，那么品牌对"品类及其独特属性"的代表价值就随之消失了。当品类消亡的时候，能否通过品牌延伸的方式，进入其他领域或者其他品类而延续品牌的生命？所谓品牌延伸，是指借助老品牌的知名度，把老品牌的名字用于其他领域上，或者用在其他产品上，以求对潜在顾客产生吸引力。品牌延伸是一个陷阱，只有幸运者不会落入陷阱。品牌延伸的安全指数，不是取决于延伸者，而是取决于竞争者。延伸成功的机会在于：

延伸者能否抢先占领一个新类别，竞争者是否同样采用延伸方式进入一个新类别。否则，品牌延伸的安全系数会很小，品牌延伸的成功机会会很低。对于强势品牌而言，其强势在于“在人们心智中与一个品类紧密相联”，或者“在人们心智中与品类的某种价值紧密相联”。越是强势品牌，摆脱在人们心智中的地位就越困难，脱离在人们心智中的地位就越危险。从这个意义上看，品牌延伸靠运气，盲目延伸不可取。当品类消亡的时候，应该拯救企业，而不是拯救品牌。当品类消亡的时候，领先者应该寻找一个新领域，采用新品牌抢占一个新类别。

【诠释】 《孙子兵法·虚实》：知战之地，知战之日，则可千里而会战[1]；不知战地，不知战日，则左不能救右，右不能救左，前不能救后，后不能救前，而况远者数十里，近者数里乎[2]？《孙子兵法·地形》：远形者，势均，难以挑战，战而不利[3]。㊣ 对于消亡着的品类来说，老品牌会逐渐失去“在人们的心智中”的战地。当此之时，不必一味固守“已经失去战略价值”老阵地，而是应该及时以转移“战略阵地”，此谓“知战之地”。当此之时，应该采用一个“新品牌”，抢占一个“具有战略价值”的新战地，此谓“知战之日”。“老品牌”代表着“老品类”，让“老品牌”跨越进入“新领域”，则会因为“品牌跨越品类”的心智距离太大，而很难被人们的心智所接受，无法在人们的心智阶梯上立足，此谓“远不能救”。《三十六计》（秘本兵法）：远交近攻。〔出处〕《战国策·秦策》范雎：王不如远交而近攻。得寸，则王之寸也；得尺，亦王之尺也。〔解语〕形禁势格，利以近取，害以远隔。上火下泽。〔按语〕混战之局，纵横捭阖之中，各自取利。远不可攻，而可以利相结；近者交之，反使变生肘腋。范雎之谋，为地理之定则，其理甚明。㊣ 远不可攻，所以要远交；近则易取，所以要近攻。当老品类消亡的时候，拯救老品类中的领先品牌——延伸进入一个新领域，此谓远攻。创建一个新品牌，抢占一个新品类，此谓近攻。

采用新品牌抢占新品类——近攻：得寸，则新品牌之寸也；得尺，亦新品牌之尺也。

注解：

〔1〕曹操：以度量知空虚会战之日。孟氏：以度量知空虚，先知战地之形，又审必战之日，则可千里期会，先往以待之。若敌已先至，可不往以劳之。王皙：必先知地利敌情，然后以兵法之度量，计其远近，知其空虚，审敌趣应之所及战期也。如是，则虽千里可会战而破敌矣。曹公曰："以度量知虚空会战之日"者也。张预：凡举兵伐敌，所战之地，必先知之。师至之日，能使敌人如期而来，以与我战。知战地日，则所备者专，所守者固，虽千里之远可以赴战。

〔2〕杜牧：管子曰："计来定而出兵，则战而自毁也。"杜佑：敌已先据形势之地，己方趣利欲战，则左右前后疑惑进退，不能相救，况数十里之间也？梅尧臣：不能救者，寡也。左右前后尚不能救，况远乎？张预：不知敌人何地会兵，何日接战，则所备者不专，所守者不固，忽遇劲敌，则仓遽而与之战，左右前后犹不能相援，又况首尾相去之遥乎？

〔3〕陈皞：夫与敌营垒相远，兵力又均，难以挑战，战则不利。夫挑战，先须料我兵众强弱，可以加敌则为之。不然，则不可轻进，自取败也。孟氏：兵势既均，我远入挑，则不利也。杜佑：挑，迎敌也。远形，去国远也。地势均等，无独便利，先挑之战，不利也。梅尧臣：势既均一，挑战则劳，致敌则佚。王皙：以远致我，劳也。张预：皆垒相远，势力又均，止可坐以致敌，不宜挑人而求战也。

【案例】 宝丽来公司（Polaroid），曾经是一次成像照相机的领导者。数码相机的出现，一次成像照相机开始消亡，"宝丽来"这个品牌随之陷入困境。于是，宝丽来开始执行拯救品牌的战略行动。宝丽来公司认为，惟一希望是把自己的品牌应用到一系列其他产品上面，包括传统照相底片。然而，这不是一个好主意，“宝丽来”这个品牌意味着“立即成像”，而不是传统底片。结果：企业破产了。

数码相机的出现，使传统胶卷的领先者——柯达公司陷入困境。柯达公司同样在执行拯救品牌的战略行动。柯达公司在研发上投入巨额资金，使用“柯达”这个品牌名称，延伸进入数码照相业务领域。到目前为止，在数码照相机领域，“柯达”的品牌地位与其在胶片照相领域的主导地位差得太远了。当前，在数码照相机市场上，“柯达”的销售排名远远落后于尼康、佳能、索尼和奥林巴斯（Olympus）。品牌只是代表品类的工具，品牌的作用就是创造顾客的选择。事实上，就数码相机这个品类而言，人们对“索尼”这个品牌的喜欢程度，恐怕远远超过了对“柯达”的喜欢程度。这是因为：“索尼”这个品牌意味着“电子产品”，而“柯达”这个品牌则意味着“胶片照相”。电子产品与数码相机更加接近，胶片照相则与数码相机距离更远。

柯达公司应该选择第二个方法：拯救企业。柯达公司应该用新品牌推出数码照相机。这个做法有两大好处。第一个好处是：为数码相机推出专用的品牌名称，能让“柯达”这个名称聚焦在传统胶片上。尽管胶片照相可能是一个垂死的艺术，但是顾客不会一下子抛弃已经拥有的照相机，数以百万计照相机消失需要很多年的时间，柯达公司可以继续用老品牌出售价值数十亿美元的底片和相纸。第二个好处是：创造了一个只代表数码相机的新品牌。当品类分化的时候——就像数码照相从模拟照相分化出去一样，创造全新品牌名称的条件就成熟了。如果柯达公司能把充足的资源与独立的第二个品牌结合起来，那么几乎就为成功提供了基本保证。

【结语】 企业经常陷入“我能”的精神状态里。企业总是认为只要付出足够的努力，任何事情都可以办到。营销是一场认知战，不是一场产品战。在人们头脑里找不到恰当位置的产品和品牌，不管如何努力，都难以得到想要的结果。在头脑的争夺战中，不是付出了足够的努力，花费了足够的钞票，就能到达想要的位置上。企业可以推出一个了不起的产品，拥有一只了不起的销售队伍，发起一次了不起的广告宣传。但是，如果无法在人们头脑中占据一个有利的竞争位置，无论如何努力，无论花多少钱，都会无济于事，都会一败涂地。在头脑的争夺战中，任何试图直接挑战领先者地位的努力，都将徒劳无功，都无成功希望，都无法从现有的位置上到达想要的位置。其中的关键原因就是：不能直接挑战领先者的地位，除非领先者频频地为挑战者创造取代其位置的机会。但是，在争夺人们头脑的战斗中，不能把获胜的希望寄托在领先者自己频频犯下的错误之上。

1.4　聚焦法则

【释义】在营销战争中，最强有力的概念就是在潜在顾客头脑中拥有一个代表自己特色的词汇。营销是一场认知战，不是一场产品战！品牌竞争力不是来自于资本规模，不是来自于厂房设备，甚至不是来自于产品本身，而是来自于品牌在人们心智中的位置。在头争夺脑的战争中，关键是要在人们的头脑里建立某种不同凡响的声誉。头脑争夺战的有效武器之一：就是品牌的代名词。品牌在人们心智里面拥有自己的代名词，是品牌竞争的力量之源。这就是说，要在人们的心智里面，让品牌拥有一个代表自己特色的表达语。要在人们的心智里面，让品牌拥有一个属于自己专有的代名词。要想在人们心智里拥有一个属于自己的品牌代名词，首先必须把品牌价值聚集在某一个焦点上，让这个焦点形成一个能够占领人们头脑的品牌概念，然后用一个简明的词语把这个概念表达出来，让这个词语带着这个概念深入人心。这样，在人们的心智里，品牌就会拥有一个属于自己的代名词。几乎所有品牌的成功，都源自于一个焦点！聚焦的作用在于：企业虽小，焦点强大；以小胜大，以强胜弱。“以小胜大，以强胜弱”的关键，在于以“焦点集中”对“焦点分散”。这就是聚焦法则的价值所在。

品牌力与代名词

整个行业的代名词

——领先者往往拥有行业代表者的心智地位

【观点】在人们的心智中，品类里的领导者拥有一个能够诠释整个行业的词汇，拥有一个能够代表整个行业的词汇。当人们想到领导者的时候，就会首先想到这个行业，或者会首先想到这个类别。反之，当人们想到一个行业的时候，或者当人们想到一个品类的时候，就会首先想到行业的领先品牌，或者会首先想到行业的领导者。在人们的头脑里，如果领先者已经成为一个行业的代表者，那么竞争品牌很难有机会取代领先者的地位，很难再有机会成为这个行业的代表者，很难再有机会拥有代表整个行业的代名词。这是领先者的效应，亦是领先者的优势。

【诠释】《唐太宗李靖问对》：太宗问：兵贵为主，不贵为客；兵贵速，不贵久。何也？李靖答：兵不得已而用之，安在为客且久哉！孙子曰：远输则百姓贫，此为客之弊也。又曰役不再籍，粮不三载，此不可久之验也。臣校量主客之势，则有变客为主，变主为客之术。㊣ 对品牌定位而言，抢先占领一个品类，成为品类的代表为主；跟随进入一个品类，充当品类的附庸为客。为主者，则以逸待劳，胜而愈强；为客者，则久战难胜，战而愈疲。为主者——若想在人们心智中成为一个品类的代表，那么就应该宜速不宜迟，贵速不贵久。迟久之患在于：跟随者可能变客为主，先行者则可能变主为客。

【案例】 ⌖当人们听到“胶卷”（Flim）这个词汇的时候，人们会第一个想起什么品牌？如果大多数人首先想到“柯达”（Kodak）这个品牌，那么这会令人感到奇怪吗？当然不会。对于大多数人来说，这很自然，也很正常。

反过来说，当人们听到“柯达”这个品牌名称的时候，人们头脑里会浮现出什么概念？如果大多数人头脑里浮现出“胶卷”这种产品概念，那么这会令人感到奇怪吗？当然也不会。对于大多数人来说，这也很自然，也很正常。

这是因为：在人们的心智中，“柯达”这个品牌，已经成为“胶卷”的代表者。“柯达”这个品牌名称，成为“胶卷”代名词。如果一个品牌成为一个品类的代名词，那么这个品牌一定会成为一个成功品牌。

【案例】 ⌖当人们听到“可乐”（Cola）这个词汇的时候，人们会第一个想起什么品牌？如果大多数人首先想到“可口可乐”这个品牌。那么这会令人感到奇怪吗？当然不会。对于大多数人来说，这很自然，也很正常。

反过来说，当人们听到“可口可乐”这个品牌的时候，人们头脑中会浮现出什么概念？如果人多数人头脑里浮现出“可乐”这种产品概念，那么这会令人感到奇怪吗？当然也不会。对于大多数人来说，这也很自然，也很正常。

这是因为：在人们的心智中，“可口可乐”这个饮料品牌，已经成为“可乐饮料”的代表者。“可口可乐”这个品牌名称，成为“可乐饮料”的代名词。如果一个品牌成为一个品类的代名词，那么这个品牌一定会成为一个成功品牌。

【案例】 ⌖当人们听到“凉茶”这个词汇的时候，人们会第一个想起什么品牌？如果绝大多数答案是“王老吉”这个品牌，那么这会令人感到奇怪吗？当然不会。对于大多数人来说，这很自然，也很正常。

反过来说，当人们听到“王老吉”这个品牌名称的时候，人们头脑里会浮现出什么概念？如果大多数人的头脑里浮现出“凉茶”这个概念，那么这会令人感到奇怪吗？当然也不会。对于大多数人来说，这也很自然，也很正常。

这是因为：在人们的心智中，“王老吉”这个饮料品牌，已经成为“凉茶”这种饮料的代表者。“王老吉”这个品牌名称，成为“凉茶”这种饮料的代名词。如果一个品牌成为一个品类的代名词，那么这个品牌一定会成为一个成功品牌。

【案例】 当人们听到“能量饮料”（Energy Drink）这个词汇的时候，人们会第一个想起什么品牌？如果大多数人首先想到“红牛”（Red Bull）这个品牌，那么这会令人感到奇怪吗？当然不会。对于大多数人来说，这很自然，也很正常。

反过来说，当人们听到“红牛”这个品牌名称的时候，人们头脑里会浮现出什么概念？如果大多数人头脑里浮现出“能量饮料”这种产品概念，那么这会令人感到奇怪吗？当然也不会。对于大多数人来说，这也很自然，也很正常。

这是因为：在人们的心智中，“红牛”这个品牌，已经成为“能量饮料”的代表者。“红牛”这个品牌名称，成为“能量饮料”代名词。如果一个品牌成为一个品类的代名词，那么这个品牌一定会成为一个成功品牌。

【案例】 当人们听到“运动饮料”（Sports Drinks）这个词汇的时候，人们会第一个想起什么品牌？如果大多数人首先想到“佳得乐”（Gatorade）这个品牌，那么这会令人感到奇怪吗？当然不会。对于大多数数人来说，这很自然，也很正常。

反过来说，当人们听到“佳得乐”这个品牌名称的时候，人们头脑里会浮现出什么概念？如果大多数人头脑里浮现出“运动饮料”这种产品概念，那么这会令人感到奇怪吗？当然也不会。对于大多数人来说，这也很自然，也很正常。

这是因为：在人们的心智中，“佳得乐”这个品牌，已经成为“运动饮料”的代表者。“佳得乐”这个品牌名称，成为“运动饮料”代名词。如果一个品牌成为一个品类的代名词，那么这个品牌一定会成为一个成功品牌。

某一方面的代名词

——如果不能代表行业，那么就努力代表一种价值

【观点】 如果一个品牌不能成为某一个行业里的领先者，那么这个品牌亦能拥有一个属于自己的代名词。这个品牌所能拥有的品牌代名词，不同于领先者所拥有的品牌代名词。这个品牌不能拥有代表着整个行业的代名词，这个品牌只能拥有行业里某一方面的代名词。进一步来说，如果一个品牌不能成为某一个行业里的领先者，那么这个品牌只能在行业某一领域上寻找代名词，这个品牌只能在行业某一方面上寻找代名词。这就是说，如果一个品牌不能成为某一个行业里的领先者，那么这个品牌应该占据行业里某一个狭窄领域，在这个行业里某一个狭窄领域上进行深入渗透，以此在人们心智里建立起不同凡响的品牌声誉。或者说，如果一个品牌不能成为某一个行业里的领先品牌，那么这个品牌代名词必须集中在行业某一个价值方面上。尤为关键的是，一个品牌所选择的代名词，必须未被其他竞争品牌所占有，还要有令人信服的定位支撑点。

【诠释】 📖《孙子兵法·地形》：隘形者，我先居之，必盈之以待敌；若敌先居之，盈而勿从，不盈而从之[1]。📖《三十六计》（秘本兵法）：围魏救赵。〔解语〕共敌不如分敌，敌阳不如敌阴。〔按语〕兵如治水，锐者避其锋，如导疏；弱者塞其虚，如筑堰。夫解杂乱纠纷者，不控拳；救斗者，不搏击；批亢捣虚，形格势禁，则自为解耳。📖《战略论》（李德·哈特，B. H. Liddell Hart）：若认为间接路线是万应灵丹，实乃大错。战略的目标，是要击败敌人。若能用直接路线达到此种目标，则又何乐而不为。间接路线只是一种不得已的下策而已。究竟应采何种路线要看双方的态势来决定。㊣ 对于定位来说，如果能够成为一个品类的领先者，那么就努力维护好这个领先地位。此所谓“我先居之，必盈之以待敌”。如果不能成为一个品类的领先者，那么就努力抢占品类中某种独特的价值属性。此所谓“若敌先居之，盈而勿从，不盈而从之”。定位观念与兵法思想，本质上相通相合。避实击虚，以实击虚，永远是两者的精要所在。如果正面攻击和直接进攻能够奏效，那么固然可以直线进攻。但是，如果直接进攻的方法不可行，那么就采用间接的攻击策略；如果从正面进攻的方法不可行，那么就从侧面寻找攻击视角。

注解：

〔1〕贾林：从，逐也。盈，实也。敌若实而满之，则不可逐讨，若虚而无备，则入而讨之。李筌：盈，平也。敌先守隘，我去之。张预：左右高山，中有平谷，我先至之，必齐满山口以为陈，使敌不得进也。我可以出奇兵，彼不能以挠我。敌若先居此地，盈塞隘口而陈者，不可从也。若虽守隘口，俱不齐满者，入而从之，与敌共此险阻之利。

【案例】 联想（Lenovo）这个电脑品牌，是最具全球潜力的中国品牌，是中国最大的个人电脑制造商。2005 年，联想集团公司以 17.5 亿美元价格，收购了 IBM 公司个人计算机业务。除了台式机电脑和笔记本电脑，联想集团公司还生产显示器、存储驱动器，以及一系列的工作站电脑。此外，联想集团公司还拥有 IT 服务业务。目前，联想集团公司与台湾宏基公司（Acer)，并列成为全球第三大的个人电脑制造商，其市场份额为 6.7%。惠普公司（HP）排名第一，市场占有率为 19.1%，戴尔公司（Dell）位居第二，市场占有率为 15.2%。在个人电脑行业中，联想这个品牌如何才能越爬越高？

（1）聚焦产品项目。有些时候，虽然领先者扩张了产品和服务领域，但是他们仍然能侥幸获得商业成功——例如，像惠普公司或通用电气公司（GE）这样的大企业。但是，“联想”算是一个强大的品牌吗？或许在中国是一个强大的品牌。那么，“联想”应该聚焦在哪里？这是一个很容易做出的决定。目前，笔记本电脑的销售数量，已经超过了台式机电脑的销售数量。有理由相信：在将来的某一天，台式计算机可能就会被淘汰。因此，“联想”的品牌焦点，应该聚集在笔记本电脑业务上。

（2）聚焦公司名称。Legend（传说）是一个糟糕的英文名字，Lenovo（联想）同样是一个更糟糕的英文名字。Lenovo 这个英文名称，听起来有点像意大利甜点。所幸的是，联想集团公司收购了 IBM 公司个人电脑业务。“ThinkPad”——IBM 公司专门用于笔记本电脑的品牌名称。对于联想集团公司来说，“ThinkPad”是一个与众不同的名称。“ThinkPad”这个品牌名字，能够传达出更好的品牌信息。“ThinkPad”所能传递出的信息，就是这个品牌本身的焦点——“笔记本”（Note-Book Computer)。联想集团公司应该将名字改为“ThinkPad”。

（3）聚焦品牌属性。要想建立一个品牌，需要在潜在顾客的心智中形成一种代表性的认知。那么，ThinkPad 应该代表什么？与台式机电脑相比，笔记本电脑的弱势在哪里？笔记本电脑的弱势在于：电池的寿命很短。台式机电脑的优势在于：一天可以 24 小时保持通电工作状态”。笔记本电脑的劣势在于：一块电池完成一次充电，仅维持 2 ~ 3 小时开机工作时间。ThinkPad 应该生产出一种“长命”笔记本电脑——只需要进行一次充电，就能持续运行一天。这就意味着：不需要任何外接电源，可以一整天使用笔记本电脑。在结束一天工作时，再对笔记本电脑进行充电，为第二天的工作做准备。这样，ThinkPad 就有了品牌焦点——能持续运行一整天的笔记本电脑。

（4）聚焦运营模式。联想集团公司应该重新考虑 ThinkPad 产品设计，使电池寿命达到“持续运行一整天”。“可以持续运行一整天”的笔记本电脑，在技术与工艺上并不难产生出来。戴尔公司推出了 Latitude E6400 笔记本电脑，电池寿命“接近 19 个小时”。但是，这不影响 ThinkPad 构建一个品牌焦点。戴尔公司已经采取的行动——仅有一部分产品为全天运行的笔记本电脑。联想集团公司应该创建的模式——全线生产全天运行的笔记本电脑。目前，“联想”这个品牌的成功，源自于中国的低人工成本制造。但是，随着经济水平的提高，以及工资水平的提升，这种成本优势正在慢慢消失。趁着这种优势还在的时候，联想集团公司有机会建立一个全球性品牌——一个“代表着某种与众不同价值”的全球性品牌。

简单明了的代名词

——拥有一个简洁、明确的品牌代名词

【观点】 在信息过度化传播的环境里，只有简洁信息才能产生穿透力。这意味着，品牌所选择的代名词，应该是简明的代名词。品牌的代名词，应该是那些“能够体现和表达品牌独特价值”的简单词语。一个品牌的价值或者一种品牌的利益，聚集在一个简明的词语上，总是能给人留下深刻的印象。与宣称自己拥有多种价值或利益相比，简洁、明了的词语更加能够令人深信不疑，更加能够令人印象深刻。无论是不是周密计划的结果，那些极具竞争力量的品牌，多数在人们头脑里拥有一个简明的代名词。

【诠释】 ⌖ 📖《尉缭子·武议》：胜兵似水，夫水至柔弱者也，然其所以触，丘陵必为之崩。无异也，性专而触诚也。㊣ 对定位属性来说，“性专触诚”同样具有重要意义。“简洁单一”为性专，“可信不疑”为触诚。性专者，价值也；触诚者，心智也。性专才能“所触者诚”，所处才会“必为之崩”。因此，攻占心智的力量，源于品牌的专一。

【案例】 ⌖ 宝洁公司（P&G）旗下拥有许多品牌，例如：飘柔（Rejoice）、潘婷（Pantene）、海飞丝（Head & Shoulders）、沙宣（VS）、伊卡璐（Clairol）、舒肤佳（Clairol）、玉兰油（Olay）、护舒宝（Whisper）、帮宝适（Pampers）、佳洁士（Crest）、欧乐－B（Oral B）、汰渍（Tide）、碧浪（Ariel）、品客（Pringls）、吉列（Gillette）、博朗（Braun）、金霸王（Duracell）……宝洁公司的品牌战略任务是：让人们相信这些品牌，拥有一种简单的价值概念。

- 飘柔（Rejoice）——柔顺头发
- 潘婷（Pantene）——营养头发
- 海飞丝（Head & Shoulders）——去头皮屑
- 沙宣（VS）——专业时尚发型
- 伊卡璐（Clairol）——天然植物成分洗发水
- 舒肤佳（Safeguard）——除菌香皂
- 佳洁士（Crest）——没有蛀牙
- 欧乐－B（Oral B）——专业级口腔护理
- 品客（Pringls）——薯片
- 吉列（Gillette）——剃须刀
- 金霸王（Duracell）——电池

……

在这些品牌名称之后——那个简单、清晰的词汇，就是这些品牌成功的全部秘密。即在人们的心智里，拥有一个简洁、易懂的品牌代名词。这些品牌代名词，要么代表一个产品类别，要么代表一种价值概念。在人们的心智里面，如果一个品牌拥有一个简单的代名词，那么这个品牌一定会成为一个成功的品牌。

抢先占有的代名词

——抢先在人们心智中占有一个简单的价值词汇

【观点】 对于一个品牌的代名词而言，要么属于己方品牌，要么属于竞争品牌。究竟会属于哪个品牌，关键是要看谁能抢先占有这个代名词。企业明白了拥有一个代名词的重要性，企业不清楚抢先占有一个代名词的重要性。这是因为：在人们的头脑中，一旦对品牌形成了某种价值概念，很难说服人们改变这种价值概念。在人们的头脑中，人们一旦赋予某个品牌一个代名词，很难再把这个代名词赋予其他品牌。这意味着：如果一个品牌抢先占有了某个代名词，那么其他品牌就失去了把这个代名词占为己有的机会。这就是说，品牌不能拥有一个已为他人所占有的代名词，品牌无法抢夺一个已为他人所拥有的代名词。如果品牌要想拥有一个属于自己的代名词，那么品牌必须抢先把这个代名词占为己有，而不能让竞争对手抢先把这个代名词占为己有。

【诠释】 《孙子兵法·九地》：兵之情主速，乘人之不及，由不虞之道，攻其所不戒也[1]。《孙子兵法·九地》：厉于廊庙之上，以诛其事[2]，敌人开阖，必亟入之[3]。先其所爱[4]，微与之期[5]。践墨随敌，以决战事[6]。是故始如处女，敌人开户；后如脱兔，敌不及拒[7]。㊣ 就定位而言，对于竞争对手尚看到的价值概念，以及竞争对手尚未占领的心智空间，己方品牌应“乘机而入，先其所爱，据而占之”。此与兵法无二，贵在兵贵神速。

注解：

〔1〕杜牧：此统言兵之情状，以乘敌间隙，由不虞之道，攻共不戒之处。此乃兵之深情，将之至事也。陈皞：此言乘敌人有不及、不虞、不成之便，则须速进，不可迟疑也。盖孙子之旨，用兵贵疾速也。梅尧臣：兵机贵速，当乘人之不备。乘人之不备，行不虞之道，攻不戒之所也。王皙：兵上神速，夺爱尤当然也。张预：用兵之理，惟尚神速。所贵乎速者，乘人之仓卒，使不及为备也。出兵于不虞之径，以掩其不戒，故敌惊扰散乱，而前后不相及，众寡不相待也。

〔2〕曹操：诛，治也。杜牧：厉，揣厉也。言廊庙之上，诛洽其事。成败先定，然后兴师。

〔3〕曹操：敌有间隙，当急入之。

〔4〕曹操：据利便也。梅尧臣：先察其便利爱惜之所也。杜牧：凡是敌人所爱惜倚恃以为军者，则先夺之也。

〔5〕曹操：后人发，先人至。杜牧：微者，潜也。言以敌人所爱利便之处为期，将欲谋夺之，故潜往赴期，不令敌人知也。

〔6〕曹操：行践规矩无常也。贾林：践，除也，墨，绳墨也。随敌计以决战事，惟胜是利，不可守以绳墨而为。

〔7〕王皙：处女，随敌也，开户，不虞也，脱兔，疾也。张预：守则如处女之弱，令敌懈怠，是以启隙，攻则犹脱兔之疾，乘敌仓卒，是以莫御。

【案例】 1955 年之前，高露洁—棕榄公司（Colgate-Palmolive）生产的高露洁牙膏（Colgate），占据整个美国市场大约 45% 的市场份额。1955 年，宝洁公司突破了在牙膏里面添加“氟”的技术问题，推出了佳洁士牙膏（Crest）——具有防蛀功效的牙膏。在牙膏的历史上，这是具有里程碑意义的大事件。从此，广受蛀牙伤害的消费者，不用再为蛀牙而烦恼。佳洁士牙膏很快从众多品牌中脱颖而出，很快占领了大约10%的市场份额。

由于具有独创的含氟配方，以及卓越高效的防蛀功能，世界权威牙防组织——美国牙医学会（ADA），为佳洁士牙膏颁发了惟一的“防蛀认可”证明。凭借“惟一防蛀认证”，竞争天平进一步倾斜向佳洁士牙膏。经过多年努力，佳洁士牙膏的市场份额由10%上升到了40%，高露洁牙膏的市场份额则由45%下降到了15%。终于，佳洁士牙膏打败了一路领先的高露洁牙膏，并在牙膏市场上建立起了领导地位。在这个领导位置上，佳洁士牙膏一坐就是35年，在全球牙膏市场上享有盛誉。

【案例】 20世纪90年代初，中国国家卫生部的情况调查表明，超过67%的消费者曾被蛀牙问题所困扰。宝洁公司的市场调查表明，中国牙膏市场规模达到美国市场的2倍。10年之后，牙膏产品的市场规模将达到美国市场的4倍。在经过几年的市场考察和调研之后，宝洁公司就像发现了新大陆一样兴奋——中国的防蛀牙膏市场前景不可限量。1996年6月，风靡全球的Crest牙膏，拥有了自己的中文名字——佳洁士。佳洁士（Crest）——美国牙膏第一品牌——开始进入中国市场。

在市场测试阶段，人们对佳洁士牙膏的欢迎程度，远远高于宝洁公司旗下的最成功品牌——汰渍洗衣粉（Tide）。在广州上市3个月之后，佳洁士牙膏的购买率已高达21%，远远高于宝洁公司其他成功品牌的同期购买率。1997年1月，在经过广州、北京、上海的试验推广之后，佳洁士牙膏开始全面进入中国城市牙膏市场。为此，宝洁公司投人了极大的市场推广力量。宝洁公司在市场计划中声称，为了使佳洁士牙膏成功进入中国市场，宝洁公司将会提供中国历史上最强大的营销支持投入。

（1）宝洁公司提供了中国历史上最强大的广告攻势。在中央电视台黄金广告时段，消费者将看到 4 ~ 5 次佳洁士牙膏的宣传广告，超过其他品牌广告播出时间的 2 倍。当时，广告还是有效的营销进攻武器。

（2）宝洁公司提供了中国历史上最强大的市场支持。与宝洁公司的其他品牌相比，佳洁士牙膏的市场支持费用高达 2.5 倍。与高露洁牙膏和洁诺牙膏（Signal）的广告相比，在看过佳洁士牙膏的广告之后，表示愿意试用佳洁士牙膏的消费者超过 2.7 倍。

（3）宝洁公司启动了规模庞大的学校护牙教育项目。在广州市场，54% 的家长表示肯定会购买佳洁士牙膏，57% 的家长实际购买了佳洁士牙膏。在其他 13 个城市市场，69% 的家长表示肯定会购买佳洁士牙膏。

（4）宝洁公司制作了高品位的销售现场广告和货架。宝洁公司十分重视店内销售推动。在中国华南市场的测试显示，与比没有货架的商店相比，拥有任何一种货架的商店，牙膏与牙刷的销售量均有不同程度提高。

（5）宝洁公司开展了家庭免费派送牙膏推广行动。在 21 个城市开展了覆盖率达到 50% 的入户派送活动——包括：中国牙防组织签发的宣传资料、两种口味的“试用装”佳洁士牙膏。佳洁士牙膏的知名度、试用率、购买率等指标显著提高了。

在进入整个中国市场的时候，与测试推广期间相比——势如破竹的攻城掠地，佳洁士牙膏却遭遇了尴尬的处境。直到 2002 年，佳洁士牙膏的市场份额，远远赶不上高露洁牙膏。然而，佳洁士牙膏市场推广费用，却远远多于高露洁牙膏。2002 年，在中国牙膏市场上，佳洁士牙膏的市场份额一直徘徊在 5% 左右。高露洁牙膏——在中国市场上，占据着“防蛀”的市场定位——则拥有牙膏市场约 15% 的市场份额。佳洁士牙膏相形失色！佳洁士牙膏问题出在哪里？问题出在竞争对手——高露洁牙膏身上。在美国市场上，佳洁士牙膏为防蛀牙膏第一品牌。但是，在中国市场上，佳洁士牙膏却是迟到者。

1992 年，高露洁牙膏抢先一步进入中国牙膏市场。从 1992 年到 1996 年，足够一个品牌建立强大的市场领导地位。在这 4 年多的时间里，足够高露洁牙膏牢牢地占据“防蛀牙膏”的品牌定位。佳洁士牙膏要想夺回“防蛀牙膏”的品牌定位，行动的时机成为关键因素——这个时机应该是在1992年，而不是1996年。佳洁士牙膏应该在高露洁牙膏之前——在竞争对手还没有在人们心智里扎根之前，针对竞争对手采取主动拦截行动，争夺“防蛀牙”这个品牌代名词。不幸的是，在中国市场上，佳洁士牙膏变成一个迟到者，变成了高露洁牙膏的品牌跟随者。在人们的心智里，高露洁牙膏成为“防蛀牙”这个概念的代表者。

【案例】 人们心智空间里的同一个位置，是一种不能共同占有的稀缺资源。当竞争对手已经占据了“防蛀牙膏”这个定位的时候，佳洁士牙膏应该采取完全不同的竞争策略。佳洁士牙膏应该将攻击目标锁定在高露洁牙膏固有的弱点上。佳洁士牙膏不应该告诉消费者：佳洁士牙膏比高露洁牙膏更好。佳洁士牙膏应该告诉消费者：为什么佳洁士牙膏比高露洁牙膏更好。佳洁士牙膏应该告诉消费者：佳洁士牙膏与高露洁牙膏的差别在哪里。然而，在市场营销策略上，佳洁士牙膏出现了严重的失误。

（1）攻击毫无效力。佳洁士牙膏首先应该承认高露洁牙膏（Colgate）“防蛀牙”的领先地位，然后应该围绕着高露洁牙膏固有的弱点展开营销攻击行动。然而，佳洁士牙膏的营销做法，却是在“为高露洁牙膏做嫁衣”，而不是“站在高露洁牙膏肩膀上”。佳洁士牙膏有一个极好的攻击点：佳洁士牙膏采用的防蛀技术更先进——“氟物质”以离子形式存在，离子容易被牙齿吸收。高露洁牙膏使用的防蛀技术较落后——“氟物质”以化合物——氟化钙的形式存在，牙齿吸收的氟成分要少得多。但是，在广告传播和市场推广的过程中，佳洁士牙膏没有围绕这一点展开攻击。这是第二品牌本应采取的进攻策略。

（2）广告效仿错误。高露洁牙膏为了证明含氟牙膏的“防蛀“有效性，采用了“贝壳比较篇广告”——佳洁士牙膏在美国市场上播出的广告。这个广告仅是佳洁士牙膏“美国版”广告的改头换面，高露洁牙膏直接拿到中国市场上使用。佳洁士牙膏看到广告被竞争对手盗用，立即推出类似的比较篇广告。这个被“二次盗用”的广告，无论是主调还是场景和人物，几乎与高露洁牙膏完全类似。但是，高露洁牙膏占据着“防蛀”领先地位。这种广告效仿做法，除了增强高露洁牙膏的市场领先地位，对佳洁士牙膏起不到任何积极的营销作用。广告监测表明：，佳洁士牙膏所推出的比较篇广告，被许多消费者误认为是高露洁牙膏播放的广告，而不是佳洁士牙膏播放的广告。这意味着：佳洁士牙膏在为高露洁牙膏做广告。

（3）认证武器失效。在美国市场上，佳洁士牙膏是惟一通过“美国牙齿协会”（ADA）认证的防蛀牙膏。但在中国市场上，有很多组织都发放这种认证——中国牙防组织、中华医学会——这样的组织都可以认证，中华牙膏（ZhongHua）、高露洁牙膏……还有许多其他牙膏品牌，都获得了类似机构的认证。当大家都获得认证的时候，认证就不是一件很好的攻击武器了——这大大减少了认证的效力。这意味着：佳洁士牙膏原有的“第三方证明”失去了定位支撑作用。

（4）攻击指向不明。佳洁士牙膏强调自己的品牌“防蛀不磨损”。但是，佳洁士牙膏没有指明，谁使用了磨损牙齿的材料。人们不会想到“防蛀第一品牌”——高露洁牙膏，使用了磨损牙齿的填充材料。佳洁士牙膏的广告——“防蛀不磨损”，只是简单指明了有些牙膏会磨损牙齿，但是没有指明磨损牙齿的严重后果。对于高露洁牙膏来说，这种含蓄的攻击毫无杀伤效果。此外，“不磨损”并不是一个非常有效的攻击点。佳洁士牙膏在推出“防蛀不磨损”广告之后，高露洁牙膏在所有包装上特别注明：“高露洁牙膏选用高档优质的洁齿材料，完全符合国家标准，优于国际标准，不磨损牙齿，保持牙齿表面洁净光滑”。此外，人们从都没感觉到：牙膏会磨损牙齿。对这个问题毫不关心。

他人拥有的代名词

——避免抢夺一个已为他人所占有的价值词汇

【观点】在争夺头脑的战争中，有一种十分不可取的做法。这种不可取的做法就是：放弃品牌已经拥有的代名词，转而争抢一个已为他人所拥有的代名词。争夺他人所拥有的代名词，往往徒劳无益，经常无功而返。事实上，争夺他人所拥有的代名词，往往会使人们认为这个代名词愈加重要，反而提升了竞争者在人们心智中的地位。如果品牌在人们心智里拥有了属于自己的代名词，那么品牌应该维护好在人们心智里所拥有的代名词，不要给竞争对手机会抢走自己在人们心智里所拥有的代名词。如果品牌丧失了自己的聚焦点，那么竞争对手会毫不犹豫地抢走品牌所拥有的代名词，如果品牌放弃了自己的代名词，那么竞争对手会毫不客气地夺走品牌所拥有的代名词。这就是说，一个已经获得成功的品牌，必须维护好自身的品牌焦点。（1）必须抵制住扩张的诱惑，不要让品牌焦点逐步扩散。（2）必须抑制住扩展的冲动，不要让品牌焦点渐渐模糊。（3）必须压制住延伸的欲望，不要让品牌焦点慢慢消失。

【诠释】《庄子·庚桑楚》：夫函车之兽〔1〕，介而离山〔2〕，则不免于罔罟之患〔3〕；吞舟之鱼，砀而失水〔4〕，则蚁能苦之。故鸟兽不厌高，鱼鳖不厌深。《三十六计》（秘本兵法）：调虎离山。〔出处〕《管子·形势解》。虎豹，兽之猛者也，属深林广泽之中则人畏其威载之。人主，天下之有势者也，深居则人畏其势。故虎豹去其幽而近于人，则人得之而易其威，人主去其门而迫于民，则民轻之而傲其势。故曰：虎豹托幽而威可载也。〔解语〕待天以困之，用人以诱之，往蹇来连（往蹇来连，语出《易经·蹇卦》。意为往来皆难，行路艰难。蹇，困难。连，艰难）。〔按语〕下策攻城。若攻坚，则自取败亡矣。敌既得地利，则不可争其地。且敌有主而势大——有主，则非利现其前，不来趋；势大，则非天人合用，不能胜。故此，若遇强敌，诱其离巢，丧其优势，处处皆难，乘困攻之。㊣ 对于定位来说，诱使对手放弃固有的代名词，似乎是不太可能的事情，除非对手自己放弃其代名词。这大概就是"待天以困之"。相反，那些不是老虎的品牌倒是应该谨记，不要"明知山有虎，偏向虎山行"。若老虎还在这座山上，那么就不要到这座山打猎了。反之，那些已经成为老虎的品牌，应该谨记"不要随便离开自己占据的山林"。所谓虎，就是代表品类的品牌，亦或代表某种价值的品牌；所谓山，就是品牌所占据的心智地位。

注解：

〔1〕函车之兽，大可容车。

〔2〕介（xiá），通"黠"。聪慧、聪敏。

〔3〕罔罟（wǎng gǔ），渔猎用的网。

〔4〕砀（dàng），通"荡"。游荡。砀溢而失水。

【案例】 美国雅达利公司（Atari）曾经是"电脑游戏"的先驱，拥有"电子游戏机的概念"。当时，电子游戏机只流行了一阵子，雅达利公司决定改行进入电脑行业。1982 年，雅达利公司开始放弃了"电子游戏机"这一概念，试图拥有"个人电脑的概念"。1983 年，詹姆斯·摩根（James J. Morgan）——菲利普·莫里斯公司（Philip Morris Companies Inc.）出色的营销专家——成为雅达利公司的首席执行官。他说道："雅达利这个名字的号召力，将会成为进入电脑行业的绊脚石。雅达利是电脑游戏的代名词，顾客在购买电脑的时候，一看到这个名字就想起了电子游戏"。这就是问题的关键所在。怎么办呢？詹姆斯·摩根认为，"雅达利"这个品牌应该重新定位，扩大品牌含义，成为一种"电子消费品"。这就是说，"雅达利"这个品牌想要同时脚踏两条船。

当时，"个人电脑"这个概念，已为 IBM 公司所拥有。雅达利公司很难再拥有"个人电脑"这个概念。问题的关键在于：雅达利公司放弃了自己拥有的专有概念，转而去争抢别人已经拥有的概念。结果：雅达利公司既没能在游戏机市场生根，又没能在计算机市场上立足。1986年，任天堂公司（Nintendo）接过了雅达利公司放弃了的概念，进入电子游戏机市场，进而成为游戏机市场上的领导者。20世纪90年代，成为雅达利公司的灾难时代。1992年，雅达利公司销售额为1.27亿美元，亏损额达到7400万美元。1993年，雅达利公司销售额只有2900万美元，亏损达到4900万美元。像雅达利公司这样的企业，怎么可能在两个战场上同时打赢两场不同的战争？在个人电脑市场上，与康柏（Compaq）、苹果（Apple）和IBM这样的品牌竞争。同时，在电脑游戏市场上，又与世嘉（Sega）、任天堂（Nintendo）这样的品牌竞争。

1994年，雅达利公司在年度报表中写道：鉴于来自大公司的竞争日趋激烈，并且电脑行业利润日益减少，公司决定放弃计算机业务，重新定位成为一个交互式媒体娱乐产品企业。为了保证竞争优势，雅达利公司开发了一种名为“美洲虎”（Jaguar）的64位游戏系统，是当前市场上惟一64位交互式媒体娱乐系统。1993年第4季度，“美洲虎”正式面世，但是媒体称“美洲虎”为32位系统，雅达利公司的信誉度受到影响。最终，雅达利公司回归到自己曾经拥有的核心业务。但是，雅达利公司这一步走得太迟了。此时，世嘉公司和任天堂公司早已经声名鹊起，如今，雅达利公司又在哪里呢？我们只能设想：当初，假如始终坚持电脑游戏这个核心，而没有把业务盲目拓展到个人电脑行业，那么雅达利公司如今的情况将会怎样呢？

聚焦点与代名词

聚焦经营与品牌代词

——企业及其品牌只有聚焦经营，才能形成品牌代名词

【观点】 如果想拥有一个属于自己的代名词，那么必须为品牌

寻找一个核心焦点。反过来说，如果想让一个焦点形成品牌代名词，那么必须把品牌聚集在一个焦点上。这意味着，必须围绕核心焦点展开营销活动，必须围绕核心焦点组织运营方式，必须围绕核心焦点进行资源配置。进一步说，品牌焦点与营销活动，必须在方向上保持一致。运营方式与资源配置，必须相互匹配在一起。进而，在人们的头脑里，才能形成一个清晰的概念，才能产生一个简明的词语，才能拥有一个品牌代名词。聚焦的秘密：让品牌在一点上强大无比！太阳拥有巨大的能量，但是只有聚集在一起，才能发挥更大的作用。

【诠释】 《投笔肤谈·家计》：夫兵不贵分，分则力寡；兵不贵远，远则势疏。是不惟寡弱在我，而强众在敌也，虽我强我众，亦防敌之乘我也。苟能审势而行，因机而变，则敌亦焉能乘我哉？《战争艺术》（若米尼，Antoine Henri Jomini）：所谓战略，就是一种把兵力的最大部分集中在要点上的艺术。㊣ 集中火力，攻其一点，就是要形成“以实击虚”的态势，这同样是定位所要遵循的原则。对于定位战术来说，所选取的攻击点，应该是领先者在人们心智里的空虚之处。这个空虚之处，就是领先者在人们心智中所不具备的价值属性。当然，要想取得攻击成效，则必须“毕其力于一点”。

【案例】 奥地利蓝精公司（Len Zing），是一家很大的纤维生产企业，其多种纤维产品在国际上占有重要地位。在经济全球化过程中，如果没有一个差异性的定位概念，那就必须拥有一个极具竞争力的价格。奥地利（Austria）生产成本很高，蓝精公司不希望采用低价格战略。因此，蓝精公司需要寻找一个有号召力的品牌定位，以在全球市场上建立有利的竞争地位。

蓝精公司最初使用过一个传播口号——“一个具有国际地位的企业”。经过评估认为，这是一个毫无意义的宣传口号。这个口号不能标示企业独特的定位，因为有很多企业都具有这种地位。蓝精公司还曾使用过一个传播口号——“奥地利工业的代表”。经过评估同样否定了这个提法，人们不会关心谁是奥地利工业的代表，顶多知道华尔兹（Waltz）在奥地利就够了，对奥地利的其他东西全不在意。

蓝精公司曾经用过一个很有意义的宣传口号——“世界纤维领先者”。尽管“全球领先”是非常有号召力的定位策略，但是蓝精公司的市场份额支持不了这个定位。蓝精公司的市场地位并不稳固。有时候，蓝精公司是全球领先者。有时侯，蓝精公司不是全球领先者。当时，纤维产品的全球市场份额分布为：中国公司占 16.4% 的市场份额，Birla 公司占 16.4% 的市场份额，Coun traulds 公司拥有 12.4% 的市场份额，蓝精公司拥有 15.1% 的市场份额。从数据上来看，蓝精公司市场地位并不稳定——不一定是纤维产品的全球领先者。

经过细致研究发现：蓝精公司可以通过收缩品牌焦点，找到属于自己的领先定位。在世界纤维市场上，蓝精公司领先推出了许多高科技纤维产品，其中包括技术领先的粘胶纤维。在粘胶纤维技术方面，蓝精公司获过很多技术奖项，拥有各种各样的技术获奖证书，还开发出了一些新的粘胶纤维产品。蓝精公司可以把品牌焦点聚集在技术方领先上。这样，蓝精公司找到了属于自己的品牌定位——“粘胶纤维技术全球领导者”。

蓝精公司围绕着这个品牌焦点——“粘胶纤维技术全球领导者”，开展了整合营销传播活动。在所有营销传播活动中，蓝精公司反复强调品牌焦点——“粘胶纤维技术全球领导者”，以及“粘胶纤维技术全球领先地位”。在所有营销活动过程中，“粘胶纤维技术全球领导者”这个概念，都得到了充分的体现与强化。蓝精公司强调，自己一直在不断地改善与进步，以确保粘胶纤维技术全球领先地位。

有一种典型的沟通方式：通过介绍各种先进产品，体现自身技术领先地位。首先介绍 Modal 纤维、Lyocell 纤维的特点与应用，然后提及蓝精公司如何制造这种纤维产品。或者，提及其他粘胶纤维技术与产品——例如，在高纯度粘胶纤维领域，蓝精公司创造了一种纯度非常高、适用于医药行业使用的粘胶纤维。如今，在全球纤维产品市场份额上，蓝精公司真正成为“全球领先者”。

收缩战线与经营焦点

——要想形成经营焦点，必须收缩品牌战线

【观点】人们很容易相信一种思维逻辑——扩张可以增加业务收入和营业利润。人们很少看到一个经营事实——收缩比扩散更能产生经营回报。当企业极力扩大经营范围的时候，结果毫无例外地会失去经营焦点，最终渐渐地失去原有的市场地位。因此，要想保持一个清晰的经营焦点，必须收缩企业的经营范围，而不是扩大企业的经营范围。只有收缩企业的经营范围，才能在某个领域中突出出来，才能在人们心智里印刻出品牌印记，才能拥有自己的品牌代名词。拳头产生力量的秘密在于：把五根手指收拢在一起，然后朝着一个方向击打出去。

【诠释】《孙子兵法·始计》：实而备之[1]。《孙子兵法·军形》：不可胜者，守也[2]；可胜者，攻也[3]。守则有余，攻则不足。《孙子兵法·军形》：故善战者，立于不败之地，而不失敌之败也[4]。是故胜兵先胜而后求战，败兵先战而后求胜[5]。《孙子兵法·九变》：故用兵之法，无恃其不来，恃吾有以待也[6]；无恃其不攻，恃吾有所不可攻也[7]。㊣ 对于攻守这个问题，企业界的理解似乎过于简单，把“进攻”与“扩张”简单地等同起来，把“防守”与“被动”简单地联系在一起。岂不知，立于不败之地的基础，乃是积极的防守策略。盲目扩张，往往是“侵蚀根基”的开始，往往又为对手提供“可乘之机”。收缩经营焦点，是一种积极的防御策略，不应该被理解为一种“被动无奈”的策略。即要以“吾有以待”，实现“吾不可攻”。

注解：

〔1〕李筌：备敌之实。何氏：彼敌但见其实，而未见其虚之形，则当蓄力而备之也。张预："角之而知有余不足之处。"有余，则实也；不足，则虚也。言敌人兵势既实，则我当为不可胜之计以待之，勿轻举。

〔2〕曹操：藏形也。梅尧臣：且有待也。杜牧：言未见敌人有可胜之形，己则藏形，为不可胜之备，以自守也。杜佑：藏形也。若未见其形，彼众我寡，则自守也。何氏：未见敌人形势虚实有可胜之理，则宜固守。

〔3〕梅尧臣：见其阙也。杜牧：敌人有可胜之形，则当出而攻之。张预：知彼有可胜之理，则攻其心而取之。

〔4〕李筌：兵得地者昌，失地者亡。地者，要害之地。何氏：自恃有备，则无患，常伺敌隙，则胜之不失也。立于不败之地利也，言我常为胜所。王皙：常为不可胜，待敌可胜，不失其机。杜牧：不败之地者，为不可胜之计，使敌人必不能败我也。不失敌人之败者，言窥伺敌人可败之形，不失毫发也。梅尧臣：善候敌隙，我则常胜。

〔5〕曹操：有谋与无虑也。李筌：计与不计也。贾林：不知彼我之情，陈兵轻进，意虽求胜，而终自败也。梅尧臣：可胜而战，战则胜矣，未见可胜，胜可得乎？何氏：凡用兵，先定必胜之计，而后出军。若不先谋，唯欲恃强，胜未必也。张预：计谋先胜，然后兴师，故以战则克。

〔6〕梅尧臣：所恃者，不懈也。

〔7〕王皙：备者，实也。梅尧臣：所赖者，有备也。曹操：安不忘危，常设备也。李筌：预备不可阙也。杜佑：安则思危，存则思亡，常有储。张预：言须思患而预防之。传曰："不备不虞，不可以师"。

【案例】 在界定业务范围的时候，大部分航空企业都开展多样经营。美国联合包裹服务公司（United Parcel Service）曾经悄悄地开始了一项新业务——利用原来的货运飞机在周末开展客运业务，并有周末乘客包机的服务。或许，可以将其名称改为 UPPS——United Parcel & Passenger Service（美国联合包裹及旅客服务公司）。客运航空企业情况如何？没什么两样！在进行业务选择的时候，大部分航空企业都开展多样经营。

第一个问题：经营范围的选择问题。是仅做客运业务，还是做货运业务？航空企业不约而同地回答：两个都要做！飞机客舱下面还有剩余空间，为什么不用来开展货运业务？这是不用想都能回答的问题。所以，大航空企业都开展客货并运业务。事实上，客运飞机的货运业务量并不多。2007 年，美国航空公司（American Airlines）的货运收入为 8.25 亿美元。这听起来好像不少，但是只占总收入的 4%。

第二个问题：飞往地点的选择问题。是仅飞往商务城市，还是飞往度假胜地？航空企业不约而同地回答：两个都飞吧！为什么要局限在一种地方呢？休斯敦（Houston），或者檀香山（Honolulu），这两种地方都要飞。

第三个问题：飞行范围的抉择问题。是仅飞国内航线，还是飞国际航线？答案已经存在了——老规矩，两个都拿下！所以，人们已经看到一个事实——美国各大航空公司，既开展客运业务又经营运货业务，既飞国内航线又飞国际航线。

第四个问题：舱位等级的提供问题。是分别提供头等舱、商务舱、经济舱服务，还是仅提供经济舱服务？又是一次不约而同地回答：三个都要，一个都不能少！所以，大航空企业都提供多种级别的客舱服务。舱位级别的数目不断增加，以满足顾客的各种不同需要。例如，美国航空公司提供八个级别的客舱服务，包括超省经济舱、特省经济舱、灵活经济舱、即时升级舱、特别级商务舱、灵活商务舱、灵活头等舱和头等舱。

【案例】 美国西南航空公司（Southwest Airlines），是一家“与

众不同”的航空企业，甚至可以称其为一家“胆大妄为”的航空企业。西南航空公司只飞商务城市，不飞度假胜地；不提供头等舱，不提供商务舱，只提供经济舱；只飞国内航线，不飞国际航线。此外，西南航空公司的“聚焦战略”还体现在很多不同的方面。例如：飞机上只提供花生，不提供其他食物；乘客只能携带行李，不能携带宠物；不能提前预定座位，不能托运行李；不给予企业优惠价格机票；只采用波音（Boeing）737 这一种机型……与之相对应，达美航空公司（Delta）一共拥有 8 种机型，美国航空公司（American Airlines）同样拥有多种机型。2008 年，达美航空公司（与西北航空公司（Northwest Airlines）合并。合并之后，除非卖掉一些机型，否则达美航空公司的采用的机型将达到 13 种之多。那么，美国西南航空公司奉行“单一策略”的结果如何？

狭窄聚焦可以提升运营能力。以顾客投诉率为例。西南航空公司顾客投诉率常年保持最低。其关键原因在于：保持简洁有效的运营能力。2007 年，与美国五大航空公司相比，西南航空公司的乘客投诉率，比竞争对手的零头还低。

2007 年，美国各大航空公司顾客投诉率

中文名称	英文名称	10 万乘客投诉率
西南航空公司	Southwest Airlines	0.26 件投诉
西北航空公司	Northwest Airlines	1.43 件投诉
美国航空公司	American Airlines	1.65 件投诉
达美航空公司	Delta Air Lines	1.81 件投诉
联合航空公司	United Airlines	2.25 件投诉
全美航空公司	US Airways	3.16 件投诉

狭窄聚焦还提升了飞机的维护能力。如果机械工和维修工只操作一种机型，那么整体维护和服务水平将更容易掌控。或许，更好的维护跟这没有关系。但是，在过去 30 多年的运营中，西南航空公司保持了零事故的记录。全球惟一能与其相媲美的大航空企业，只有澳大利亚的

Qantas 航空公司。不但如此，自从成立的第二年开始，西南航空公司一直保持着盈利。现在，回头看看执行“多样战略”的航空企业，他们处在什么样的经营状态之下？

2007 年美国各大航空公司经营状况

中文名称	英文名称	经营状况
联合航空公司	United Airlines	2002 年 12 申请破产保护
达美航空公司	Delta Air Lines	2005 年 9 月申请破产保护
西北航空公司	Northwest Airlines	2005 年 9 月申请破产保护
全美航空公司	US Airways	2004 年 9 月申请破产保护

在过去 10 年之中，美国各大航空公司销售收入 1952 亿美元，亏损了 43 亿美元。现在，航空业的生存的状况变得越来越糟糕。近几年，燃油成本不停震荡。那些“采用多样化战略”的航空企业，会考虑调整自己的战略吗？没有任何改变。为了应对西南航空公司所带来的威胁，这些大航空企业仍然采用一贯的做法——还在追逐“多样化战略”。对于美国的大航空企业而言，是应该经营一个体提供全方位服务的航空业务，还是应该经营一种廉价的航空业务呢？两个都要！因此，达美航空公司很快推出了 Song 这个品牌，结果很快归于失败。联合航空公司推出 Ted 这个品牌，结果依然是很快的失败。

对其他航空企业来说，如果采用一种完全相反的策略——与美国西南航空公司的策略相反，那么或许是一个很好的业务机会。这个反向策略是：只追逐一个经营项目，做一个“只经营头等舱业务”的航空企业。在北大西洋航线上，Eos Airlines 和 MAXjet Airwayst 尝试过这种策略。但是，这两家航空企业都失败了。今天，要想在商业战场上取得成功，必须拥有一个恰当的竞争策略。不要妄想在竞争对手的主营航线上分得一杯羹——比如，从纽约（New York）到伦敦（London）的航线。

西南航空公司没有开通从纽约到洛杉矶（Los Angeles）的航线。西南航空公司的的第一条航线，从达拉斯（Dallas）到休斯顿（Houston）的航线，以及从达拉斯（Dallas）到圣安东尼奥（San-Antonio）的航线。

直到8年之后，西南航空公司才开通从德克萨斯（Texas）到新奥尔良（New Orleans），以及从俄克拉荷马（Oklahoma）到塔尔萨（Tulsa）的航线。对于小企业来说，由于缺少足够资源，在开始的时候要避开大企业的领地，直到建立起稳固的市场地位。当大企业明白过来的时候——西南航空公司为什么能够获得成功？结果为时已晚了，大公司已经束手无策了。

【案例】 1973年4月，在联邦快递公司（Federal Express）成立之初，就已经拥有了自己的飞机、卡车，还有“以点带面”的独特分销网络。联邦快递公司的竞争策略是：以更低的价格，将更好的产品，通过直销方式，卖给大宗客户。联邦快递公司的竞争对手是：艾米瑞航空货运公司（Emery Air Freight）——行业历史最长、经营规模最大、经营业绩最好。

联邦快递公司根据自己选择的竞争策略，推出了“级别依次下降”的三种不同业务：一级优先业务——隔日送达；二级优先业务——两日送达；三级优先业务——三日送达。这三种“级别依次下降”的服务项目，完全针对艾米瑞航空货运公司设立——艾米瑞航空货运公司拥有的业务，联邦快递公司同样拥有，而且价格更加便宜。

如果一个品牌不是人们心智中的第一品牌——不是一个行业的代表品牌，那么“更低的价格，更好的产品”很难获胜。在开始的两年中，联邦快递公司亏损2900万美元。因此，联邦快递公司又回到了聚焦的道路上。联邦快递公司采取了新的竞争策略。以一级优先业务为核心——以隔日送达业务为核心，放弃了三级优先服务，将二级优先更名为“标准航空服务”。同时，联邦快递公司推出了“特快信使”服务业务。“特快信使”专门运送两磅重的文件，这使人们清楚地看到“隔日送达”这个概念。

联邦快递公司的客户群体更加清晰了——专门针对企业的业务经

理，而不再针对邮件处理主管，以及装卸码头经理。联邦快递公司的广告，同样拥有了新的传播焦点。新广告主题是："对于你的邮件，绝对、肯定、必须要隔日送达"。这次，联邦快递公司丝毫没有提到价格更低的问题。"隔日送达"成为联邦快递公司的奋斗口号。在一夜之间，联邦快递公司开始起死回生。

1975 年 7 月，联邦快递公司经营业绩跌至最低点。从那以后，联邦快递公司开始一步步走出低谷。1978 年 4 月，联邦快递公司以 25 美元的价格公开发行股票。此后，在 3 年的时间内，联邦快递公司进行了两次股份细拆，在股票市场上的价格达到了 180 美元。1980 年，联邦快递公司营业利润超过了 5000 万美元。

联邦快递公司不仅改变了竞争策略——从"优质便宜"到"隔日送达"，而且还抬高了服务价格——服务价格高于竞争对手。高价格产生两个方面的好处——不仅增加了收入，还提高了声誉。人们会本能地进行假设性猜想：如果一项服务花费更多，那么这项服务质量会更好。对于这项新策略，人们或许还有一个疑问——为什么还要搞"标准航空服务"？联邦快递公司十分幸运，人们没注意到"两日送达"业务。在人们的心智中，"联邦快递"这个名字，仅仅意味着"隔日送达"这个概念。

【案例】 在联邦快递公司走向成功的时候，艾米瑞航空货运公司却开始走下坡路。由于联邦快递公司集中经营"小邮件"隔日送达业务，艾米瑞航空货运公司不得不把业务转向重量邮包。1987 年 4 月，艾米瑞航空货运公司花了 3.13 亿美元，收购了波若雷特信使公司（Purolator Courier Corp.），该企业专营信件文件的隔日送达业务。

在大量的合并和收购的浪潮中，艾米瑞航空货运公司收购波若雷特信使公司，被人们认为是"绝妙搭配"的业务组合。艾米瑞航空货运公司的优势在重邮包，波若雷特信使公司的优势是小邮件，两者结合就可以满足顾客所有的要求。但是，理论上看上去绝妙的做法，实际操作起来未必如此绝妙。艾米瑞航空货运公司失去了经营焦点，开始出现巨额亏损。1987 年 12 月，董事会解雇了头脑顽固的小约翰·艾米瑞（John C. Emery Jr.）——艾米瑞航空货运公司创始人的儿子。

1989 年 4 月，艾米瑞航空货运公司以 4.89 亿美元的价格，卖给了联合航运公司（Consolidated Freightways），这家公司的名称改为“艾米瑞国际公司”（Emery Worldwide）。然而，情况并没有好转，而是继续恶化了。1990 年，艾米瑞国际公司花光了联合航运全部的现金。在一年后，艾米瑞国际公司亏损 1 亿美元。雷蒙德·奥布莱恩（Raymond O'Brien）——艾米瑞国际公司的首席执行官被解雇了，唐纳德·威廉·莫菲特（Donald E. Moffitt）出任新的首席执行官。历史会重演。艾米瑞国际公司要解决存在的问题，方法就是业务聚焦。

艾米瑞国际公司的新管理者，放弃了信件与小邮件“隔日送达”业务，集中力量从事“大邮件”隔日送达业务——重量超过 70 磅的重型邮件隔日送达业务。这正是联邦快递公司曾经做过的事情，现在只不过是反过来而已。艾米瑞国际公司以重型邮件为焦点。这与联邦快递公司正好相反——以小轻邮件为核心。现在，在重逾 70 磅的邮件业务领域里，艾米瑞国际公司成为绝对的领先者，其所占据的市场份额为 24%。伯灵顿全球货运公司（BAX Global）是排在第二名的企业，其所占据的市场份额达为 13%。1995 年，艾米瑞国际公司营运利润达到 7700 万美元。20 世纪 90 年代，联邦快递公司平均年净收益仅为 6600 万美元。由此看来，艾米瑞国际公司聚焦经营效果十分不错。

在航空运输行业，还有一些聚焦经营的成功例子。例如：索尼克航空运输公司（Sonic Air）。1976 年，雷·萨斯顿（Ray Thurston）建立了索尼克航空运输公司，由此创立“当日抵达”航空货运业务。在“当日到达”货运市场上，索尼克航空运输公司的市场份额达到了 40%。1995 年，雷·萨斯顿以 6500 万美元的价格，将索尼克航空公司卖给了联合包裹服务公司。与此同时，雷·萨斯顿出任 UPS 物流集团公司

（UPS Logistics Group）的首席执行官。UPS 物流集团公司，是联合包裹服务公司旗下业务单位之一。

企业分拆与经营焦点

——要想形成经营焦点，需要拆分掉无关的业务

【观点】在多元化经营的诱惑之下，许多企业变成了“九头怪兽”。大多数管理人员认为，企业规模与实力、地位、权力、心理满足感成正比关系。因此，拆分往往遭到管理层的普遍抵制，很少有人愿意把多样化的业务拆分出去。然而，面对专业化的竞争对手，“九头怪兽”仅仅是貌似恐怖，实际上则很是不堪一击。当这些“九头怪兽”纷纷惨遭失败的时候，拆分就成了一种集中经营的有效工具。竞争力的秘密在于：首先把全部资源整合在一起，然后朝着一个方向奋力奔跑！

【诠释】《荀子·劝学》：螣蛇无足而飞，鼫鼠五技而穷。螣蛇，据说是龙类，能兴云雾而游于天空。鼫鼠，形状像兔子。据说这种鼠“能飞不能上屋；能緣不能穷木；能游不能渡谷；能穴而不能掩身；能走不能先人。所以說，鼫鼠五技而穷。㊣ 企业经营亦是如此，与其什么都去做，什么都做不精，不如只去做一种事情，把一种事情做精。否则，就会像鼫鼠“五技而穷”。

【案例】1759 年，在爱尔兰都柏林郊区 St. James Gate，阿瑟·健力士（Arthur Guinness）创建了一家小酿酒厂——James's Gate Brewery, Dublin。这家小酿酒厂逐渐发展出健力士公司（Guinness PLC）。1886 年，健力士公司成为伦敦证券交易所（London Stock Exchange，LSE）第一家酿酒企业。不久之后，健力士公司成为世界上最大的啤酒制造商。健力士公司因为一种口感顺滑的黑啤酒而闻名于世。

在第二次世界大战之后，健力士公司开展了多元化经营战略——扩展到了250多种非核心业务上面。

20世纪80年代初期，健力士公司遇到了麻烦——业务发展停滞，股票严重贬值。惟一的希望是，回到原来的发展道路上，回到原来的核心业务上。因此，健力士公司实施了一个积极的剥离计划——在18个月的时间里，卖掉了150个非核心业务，将回收的资金重新投资于啤酒行业——积极研制开发新产品，建设自动化生产体系，重新塑造了品牌形象，开始向国际市场扩张。幸运的是，健力士公司及时地重新回到了盈利性的核心业务上。此后，在8年的时间里，健力士公司的股票价值飞速飙升。

【案例】 收购与拆分，许多企业都玩过的一种危险游戏。既然收购了一家企业，为什么又要拆分出去？在收购之前，收购企业无不认为，收购将导致更大的成功。在收购之后，收购企业经常发现，收购引起了更大的麻烦。因此，企业的拆分行动，又变成一种自我挽救行动。这产生一个现象——以“收购行动”为起点，以“拆分事件”为终点。例如：

- 1982年，可口可乐公司收购了哥伦比亚影片公司（Columbia Pictures）。1989年，可口可乐公司又将这个公司卖出。
- 1984年，IBM公司收购了罗姆公司（Rolm）——电讯公司。1989年，IBM公司将这个公司卖出。
- 1985年，莱斯勒公司收购了湾流航空航天公司（Gulfstream Aerospace）。1990年，莱斯勒公司将这个公司卖出。
- 1985年，大都会人寿保险公司（Metropolitan Life Insurance Company）收购了21世纪房地产公司（Century 21 Real Estate Corporation）。1995年，大都会人寿保险公司将这个公司卖出。
- 1988年，伊士曼·柯达公司（Eastman Kodak Company）收购了斯塔

林药业公司（Sterling Drug）。1994 年，伊士曼·柯达公司又将这个公司卖出。

- 1989 年，陶氏化工公司（Dow Chemical Company）收购了玛利安·梅罗尔·道公司（Marion Merrell Dow）——制药公司。1995 年，陶氏化工公司将这个公司卖出。
- 1990 年，松下公司（Panasonic）收购了 MCA 公司（环球唱片）。1995 年，松下公司又将这个公司卖出。

这些业务的收购时间，与这些业务的卖出时间，基本上相隔了 6 年的时间。这好像存在一个“6 年周期”。6 年的时间，收购方正好认识到一个问题——收购了一个“蹩脚”公司。6 年的时间，收购方正好忘掉了一个期望——“强强联合”的美丽泡沫。在认识到这个问题之后，收购方迅速采取行动——卖掉了这种“蹩脚”业务。

【案例】 多年之前，彼得·费迪南·德鲁克（Peter Ferdinand Drucker）曾经建议说：“集中经营是获得经济效益的关键，要获得经济效益，管理者必须将精力放在产出最多的 1 ~ 2 项业务上”。对于聚焦经营原则，人们经常置之不顾。人们的座右铭似乎是：什么都试一试吧！在经历多元化的灾难之后，一些企业终于开始采纳了集中经营的建议。

- 1994 年 5 月 4 日，《华尔街日报》报道：在大规模重组的过程中，伊士曼·柯达公司宣布，将出售斯塔林药业公司，以及其他两项非核心业务，以集中经营胶卷这项核心产业。1994 年 5 月 27，《华尔街日报》报道：当许多美国企业争相推出数字电子产品及其服务的时候，米德公司（Mead Corp.）在抢占传统纸制品和笔记本市场。为此，米德公司决定，卖掉 Lexis/Nexis 数字电子服务业务，以支持其传统的纸制品、包装，以及纸浆业务。米德公司没有追寻下一项新技术，而是认定传统核心业务——如果纸制品做得好，那么纸制品也大有赚头。

- 1994年6月1日，《纽约时报》(*The New York Times*) 报道：花旗集团 (Citigroup) 继续出售其非战略性资产，以积累资金集中经营核心金融业务。花旗集团昨天宣布，已经出售旗下 I/B/E/S 公司。1994年9只29日，《华尔街日报》报道：在办公用纸业务终于出现转机的时候，詹姆斯·瑞佛公司 (James River Corp.) 决定出售这项业务。该公司准备出售的其他业务，或许还包括盈利丰厚的包装业务。相反，弗吉尼亚州里士满公司 (Richmond) 则打算集中经营其核心纸制消费品业务。这项业务包括：迪克西纸制品公司 (Dixie)、布罗尼纸巾公司 (Brawny)。分析家认为，这个一个不错的主意。
- 1994年11月5~6日《国际先驱论坛报》(*International Herald Tribune*) 报道：博瓦特公司 (Bowater) 宣布，将出售其在意大利亚的卫生纸和木材业务，以便集中经营核心印刷和包装业务。1994年11月11日，《华尔街日报》报道：西尔斯百货公司 (Sears) 决定重新回归零售业务，打算出售全州保险公司 (Allstate) 90亿美元的控股权。如果卖掉全州保险公司的控股权，西尔斯百货公司将回归到传统零售业务上。西尔斯百货公司开展邮购业务的历史，可以追溯到1886年。自1992年9月起，西尔斯百货公司已经卖掉了添惠公司 (Dean Witter) 的股份，以及探索公司 (Discover Corp.) 的股份，还有 Coldwell 银行房地产业务的股份。
- 1994年11月14日，《广告时代》(*Advertising Age*) 杂志报道：R. L. 波克公司 (R. L. Polk & Co.) 正逐渐走出直销服务业务，以支持其核心业务——收集和分析数据信息。1995年3月2日，《华尔街日报》报道：由于投资人看好圣乔纸业公司 (St. Joe Paper Co.) 打算出售8亿多美元的资产，以及集中经营运输和房地产业务的决定，该公司的股票价格上涨了14%。1995年4月27日，《纽约时报》报道：在削减成本和回归核心业务的重组过程中，皮特尼·鲍斯公司 (Pitney Bowes Inc.) 宣布，将以4.5亿美元的价格出售 Dictaphone 公司的业务，卖给了纽约一家投资集团公司。

- 1995 年 6 月 22 日，《国际先驱论坛报》报道：从 20 世纪 70 年代至 20 世纪 80 年代，在经历疯狂的并购浪潮之后，健力士公司决定固守核心业务。除啤酒和酿酒业务之外，已经卖掉了几乎所有剩余业务。在最近一次采访之中，健力士公司董事长安东尼·A·格林纳（Anthony A. Greener）说道：因为我们坚信，一个人擅长做的事情绝对有限。1995 年 8 月 23 日，《纽约时报》报道：多姆塔公司（Domtar）打算卖掉其石膏和装饰木板业务。该公司的新战略是：将集中经营核心业务——木材业务、纸制品业务，还有包装业务。1995 年 8 月 30 日，《华尔街日报》报道：费森斯公司（Fisons PIC）“售卖非核心业务”计划已近尾声。该公司实验室用品的大部分业务，将以 3.119 亿美元的价格卖给了一家企业——美国费西尔国际科技公司（Fisher Scientific International Inc.）。

一种新趋势或许已经形成——一些有远见的企业领导人，正悄悄地收缩企业经营战线。各种各样的多种业务，不但分散了经营者的资金，而且还分散了管理者的精力。从长远一点来看，那些“专心核心业务”的企业，将成为“获得成功”的企业；那些“业务多而不精”的企业，将成为“遭遇失败”的企业。在对手不太多、竞争不激烈的时代，“业务多而不精”的企业，或许有机会继续生存下去。如今，这样的模式根本“行不通”。在激烈的竞争过程中，只有“业务非常专一”的企业，才能市场上争得“一席之地”。

企业合并与经营焦点

——通过合并核心业务，形成强大的经营焦点

【观点】从市场控制的角度看，并购与自身产品和服务相匹配的核心业务，能够产生一定程度的市场垄断效果，至少能够产生一定程

度的市场控制效果。从战略定位的角度看，并购与自身产品和服务相匹配的核心业务，有利于形成明确而又清晰的经营焦点，有利于巩固在顾客心智里的品牌地位。成功的合并，强调“控制与垄断”，强调“聚焦与强化”。一项合并成功与否，取决于能否“强化业务焦点”，取决于能否“增强市场控制”。与相互匹配的企业或者业务合并，能够“强化”企业的核心业务。与不相匹配的企业或者业务合并，则会“削弱”企业的核心业务。由此可见，成功且有效的合并，应该以强化焦点为基本原则。

【诠释】 《孙子兵法·谋攻》：识多寡之用者胜[1]。《孙子兵法·军形》：胜兵若以镒称铢，败兵若以铢称镒[2]。镒、铢，皆古代重量单位。一镒等于二十四两，一两等于二十四铢；铢轻镒重，相差悬殊。㊣ 此处比喻：力量相差悬殊，实力上的绝对优势，决定胜兵与败兵。在同一个战场上，其他条件相同的情况下，兵力的多寡决定胜负。商战也是如此，控制的市场领地越大，拥有的竞争优势也越明显。这种绝对优势，无疑又会映射到人们的心智之中。

注解：

〔1〕李筌：量力也。杜牧：先知敌之众寡，然后起兵以应之。杜佑：言兵之形，有众而不可击寡，或可以弱制强，而能变之者胜也。王皙：谓我对敌兵之众寡，围、攻、分、战是也。张预：用兵之法，有以少而胜众者，有以多而胜寡，在乎度其所用，而不失其宜则善。

〔2〕曹操：轻不能举重也。张预：二十四两为镒,；二十四铢为两。此言有制之兵对无制之兵，轻重不侔也。李筌：轻重异位，胜败之数，亦复如之。梅尧臣：力难制也。王皙：言铢镒者，以明轻重之至也。

【案例】 家得宝公司（Home Depot）——全球最大家居建材连锁商店。2000 年，罗伯特·纳德利（Robert Nardelli）担任家得宝公司首席执行官。在家得宝公司工作6年之后，罗伯特·纳德利大约领走了2.1亿美元的薪酬，因此被冠以“全球要价最高首席执行官”的头衔。从纵向的账面数字来看，家得宝公司取得了巨大的成功。在罗伯特·纳德利任职的6年时间里，家得宝公司总销售额增长了99%，利润增加了125%。

劳氏公司（Lowes）——美国第二大家居装修连锁零售商。从横向的对比数字来看，家得宝公司存在着很大的问题。罗伯特·纳德利在刚刚出任首席执行官的时候，家得宝公司的销售额达到劳氏公司销售额的2.4倍。在离开家得宝公司的时候，这个数字下降为1.9倍。就在这个时期，家得宝公司的股票价值下跌了8%。与此相反，劳氏公司的股票价值则上涨了188%。

全球最大家居建材连锁商店——家得宝公司的发展步伐，为什么反而跟不上位居第二品牌——劳氏公司。问题出在哪里？家得宝公司没有持续聚焦于家居消费品业务。相反，家得宝公司花费60亿美元，收购批发业务，扩大经营范围。从此，家得宝公司开始面对专业级的客户，进入建筑材料市场，成立了批发业务机构——Home Depot Supply 和 THD Landscape Supply。结果：家得宝公司失去固有的业务焦点——家居装修材料连锁零售业务。

【案例】过去有一种观念认为，一个“拥有两项糟糕业务”的企业，要比“拥有一项优秀业务”的企业更好。但是，这种观念现在正在改变。英特尔公司（Intel）首席执行官安德鲁·格罗夫（Andrew Grove），身价已经达到了100亿美元，他总结了许多首席执行官的想法：“我们宁可把所有鸡蛋放在一个篮子里，然后用全部时间去考虑这个篮子是否合适，我们不会在各个篮子里都放一个鸡蛋”。

- 洛克希德公司（Lockheed）——与马丁·玛利塔公司（Martin Marietta）合并之后，成立的洛克希德·马丁公司（Lockheed Martin），成为世界上最大的军用飞机企业。

- 奥迪恩影院公司（Cineplex Odeon）——与美国喜满客公司（Cinemark）合并之后，成为世界上最大的连锁影院公司。
- 第一数据公司（First Data）——以66亿美元的价格，收购了第一金融管理公司（First Financial Management），成为美国最大的独立信用卡交易公司；
- 美国州际饼屋（Interstate Bakeries）——在收购大陆饼屋（Contineatal Baking）之后，成为美国最大的饼屋公司。
- 来德爱公司（Rite Aid）——以18亿美元的价格，收购了Revco D. S公司，巩固了美国最大连锁药店的领先地位。
- 皇冠木塞封条公司（Crown Cork & Seal）——以近40亿美元的价格，收购了卡诺德金属盒公司（CarnaudMetalbox），成为世界上最大的包装公司。
- 美国国际纸业公司（International Paper）——以27亿美元的价格，收购了联邦纸板公司（Federal Paperboard Company），成为美国包装用漂白纸板领头企业。
- 葛兰素公司（Glaxa）——以140多亿美元的价格，收购了伟康公司（Wellcome），成为世界最大的处方药生产商。
- 联合医疗保健公司（United Healthcare）——以16.5亿美元的现金和股票，收购了Metra医疗保健公司，成为美国最大的医疗保健管理公司。
- 爱比医疗保健公司（Abbey Healthcare）——与家庭保健公司（Homedco）合并之后，成为美国最大的家庭医疗保健服务公司。
- 医疗合作伙伴公司（Medpartners）——以3.6亿美元的价格，收购了木里克金医疗企业（Mullikin Medical Enterprises），成为美国最大的医疗管理公司。
- 哥伦比亚医疗保健机构（Colombia/Health Care Agency，Colombia/HCA）——收购了得克萨斯州（Texas）的两家大医院，成为美国最大的私人医疗保健服务公司。在收购 2 家医院 8 年之后，Colombia/HCA 拥有了 326 家医院，以及 100 多个门诊手术中心，年营业收入超过 150 亿美元，规模超过最大竞争对手 3 倍。

企业合并结果只有两种——成功的结果与失败的结果。成功的合并，强调市场垄断。从理论上讲，理想的合并能够占领整个市场份额——两个各占 50% 市场份额的竞争对手合二为一。失败的合并，强调市场融合。从实际上看，失败的合并将会削弱市场控制力量——2 种毫不相干的业务，强行安排融合在一起，以扩大企业经营范围。结果：企业渐渐失去了对市场的控制力。

专业化与多元化

专才企业与通才企业

——要做专才企业，不做通才企业

【观点】⊕世界上有两种企业类型。一种为通才型企业——业务高度分散的企业。一种为专才型企业——业务高度集中的企业。在人们的意识里，通才型企业什么“都能做”，但是样样“做不精”。专才型企业只会“做一样”，但是能够“做得精”。在现实世界中，“集中经营”比“分散经营”的力量更加强，“专才企业”比“通才企业”的数量更加多，“专才企业”比“通才企业”的优势更加大。在现实世界里，人们愿意选择专才品牌，不愿意选择通才品牌。在真实世界里，权威都是源自于专才，而不是来自于通才。正因为如此，只有专业化的经营，才能聚集出经营焦点，才会固守住经营焦点；只有专业化经营，才能产生投资回报，才会实现有利可图。

【诠释】⊕ 📖《孙子兵法・虚实》：形人而我无形，则我专而敌分[1]。我专为一，敌分为十，是以十攻其一也[2]，则我众而敌寡[3]。能以众击寡者，则吾之所与战者约矣[4]。《尉缭子·攻权》：力分者弱……夫力弱，故进退不豪，纵敌不擒。㊣ 对于企业而言，“通才企业”往往是“一分为十”，“专才企业”则能够“众合为一”。故能“我众敌寡”，故可“以众击寡”。因此，“专才企业”往往能够控制更大的市场份额。“通才企业”处处出击，处处薄弱，此所谓“形人”——容易被挑战者找到薄弱环节。“专才企业”专注一个领域，能够巩固自己的领地，此所谓“我无形”——不容易被挑战者发现空虚之处。

注解：

〔1〕梅尧臣：他人有形，我形不见，故敌分兵以备我。杜佑：我专一而敌分散。张预：敌形既见，我乃合众以临之；我形不彰，彼必分势以防备。

〔2〕杜佑：我料见敌形，察其虚实，故所备者少，专为一屯。以我之专，击彼之散卒，为十共击一也。

〔3〕杜佑：我专为一，故众；敌分为十，故寡。张预：见敌虚实，不劳多备，故专为一屯。彼则不然，不见我形，故分为十处。是以我之十分击敌之一分也。故我不得不众，敌不得不寡。

〔4〕杜牧：约，犹少也。梅尧臣：以专击分，则我所敌少也。王皙：多为之形，使敌备己，其实攻者则无形也，故我专敌分矣。专则众，分则寡。十攻一者，大约言耳。张预：夫势聚则强，兵散则弱。以众强之势，击寡弱之兵，则众力少而成功多矣。

【案例】 在经济全球化的背景下，市场变得越来越大，机会变得越来越多。这不意味着：伴随着经济的全球化发展，企业应该开展多元化经营。相反，在经济全球化过程中，企业要想成功，必须变得越来越专业。企业要想生存，必须要走专业化道路。

企业名称	品牌名称	业务领域	全球份额
微软公司	Microsoft	操作系统	>90%
英特尔公司	Intel	微处理器	>80%
可口可乐公司	Coca-Cola	可乐饮料	>70%
诺基亚公司	Nokia	移动电话	>60%
谷歌公司	Google	网络搜索	>64%

似乎可以得出一个结论：在全球化背景下，市场范围变得越来越大，专业化程度要求越来越高。这个道理并不难解释——在一方面，只有精力集中在一起，才能占领更大范围的市场空间。另一方面，只有成为专业化企业，才能战胜更多数量的竞争对手。

【案例】 戴姆勒—奔驰公司（Daimler-Benz）拥有世界上最具影响力的汽车品牌——梅塞德斯—奔驰（Mercedes-Benz）。人们可能会认为，戴姆勒—奔驰公司一直都财源广进。但是，事实并不是这样好。1995 年，戴姆勒—奔驰公司损失超过 10 亿美元。问题出在何处呢？

问题并不是出在汽车本身上，梅塞德斯—奔驰汽车一向都能获取丰厚的利润。戴姆勒—奔驰公司的问题，出在多元化经营策略上面。20 世纪 80 年代，戴姆勒—奔驰公司开始多元化经营，广泛涉足各个领域，经营内容无所不包——从火车到卫星，从喷气飞机到直升飞机。结果可想而知——戴姆勒—奔驰公司陷入了多元化经营陷阱。

在经济全球化过程中，戴姆勒—奔驰公司应该朝着相反的方向走——聚焦在豪华轿车品牌上，在全球构建汽车装配与营销网络。梅塞德斯—奔驰所创造的业务利润，应该用于自身优势强化上，不该浪费在多元化经营上。尤其危险的是，一旦分散了竞争注意力，等于是在为竞争对手创造可乘之机。

【案例】 飞利浦公司（Philips），是全球最大电子产品制造商之一。但是，与专业化竞争对手相比，飞利浦公司不具有决定性竞争优势。这不是因为，飞利浦公司缺乏足够的资金支持。这是因为，飞利浦公司业务过于多元化，资源过于分散化。“多元化”很难战胜“专业化”。

在芯片制造领域，飞利浦公司与英特尔公司（Intel）进行竞争。在电子游戏领域，飞利浦公司与世嘉公司、任天堂公司进行竞争。在照明产品领域，飞利浦公司与通用电气公司（GE）进行竞争。在录像机和摄像机制造领域，飞利浦公司与索尼公司，以及许多其他企业进行竞争。此外，在业务扩展的过程中，飞利浦公司还涉足了许多业务——电脑制造业务、有线电视业务、录像带出租业务。

对于飞利浦公司来说，多元化业务几乎不产生经营利润。例如：1990 年，飞利浦公司亏损达到 23 亿美元，几乎达到破产边缘。1992 年，飞利浦公司花费 1.75 亿美元，投资惠特通讯公司（Whittle），这项投资几乎颗粒无收。从长期来看，飞利浦公司迫切需要形成核心业务。

【案例】 雅固拉公司（Accuride）是一家生产卡车轮胎钢圈和车轮产品的企业。主要客户为卡车制造商——例如：福特公司（Ford）、沃尔沃公司（Volvo）、通用汽车公司（GM）、MAC 公司、福莱纳公司（Freightliner）。雅固拉公司有许多竞争对手——例如；巴德公司（Budd）、固特异轮胎橡胶公司（Goodyear）……对这些企业来说，轮胎钢圈和车轮产品，在业务系统中都属于次级业务——处在非核心业务地位上。

雅固拉公司曾经隶属于费尔斯通轮公司（Firestone）。费尔斯通轮公司的核心业务为轮胎业务和橡胶业务。轮胎业务和橡胶业务，与雅固拉公司的业务范围完全不相关。这就是说，对于费尔斯通轮胎公司来说，雅固拉公司的业务处在非核心地位上。对于费尔斯通轮胎公司来说，卖掉雅固拉公司有十分充分的理由——资金预算紧张、业务地位低下、经营管理不善、业绩表现不良。终于，费尔斯通轮胎公司做出正确决定——卖掉了雅固拉公司。

贝恩资本公司（Bain Capital）——美国一家私人股权投资公司，趁机收购了雅固拉公司。贝恩资本公司总裁米特·罗姆尼（Mitt Romney）指出：雅固拉公司已经到生死关头。雅固拉公司的新管理人员，对于市场和竞争形势进行了重新研究与分析。他们得出结论：假如能够 100% 控制几个主要客户的市场份额，那么将可以按自身意愿再造整个行业发展动力，从而使企业长期获得整个行业大部分经营利润。这就是说，雅固拉公司应该采用集中性进攻策略。

在这样一种竞争格局中，集中经营策略还会产生一个好处——促使竞争对手做出取舍选择，不再进行大量生产投资，生产轮胎钢圈与车轮产品。这是因为：对于竞争对手来说，这些业务处在非核心地位上。对于任何企业成长战略来说，如果出现竞争者对手缩减投资的结局，那都将是一件十分值得庆幸的事情。为了达到这个战略意图，雅固拉公司开始先发制人，抢先发起攻击——例如：增加生产能力投资，降低产品成本价格，提供优惠交易条件……结果如何？

雅固拉公司的主要竞争对手，对于这种集中进攻策略似乎感到有些不知所措——或者不能跟进，或者不愿跟进——提供相同的交易条件，或者同样的竞争条件。例如：固特异公司反应非常缓慢，不主张与雅固拉公司进行竞争。马斯科公司（Masco）不知如何应对，停止投资厂房建设。巴德公司仅在墨西哥开了一家工厂……米特·罗姆尼总结道：一切都结束了——局点、盘点与赛点。

相对于竞争对手来说，雅固拉公司市场份额迅速增长。在不到 2 年的时间里，雅固拉公司市场份额增长了 2 倍，经营收益率提高了 66%。一项经营不善的非核心业务——在贝恩资本公司收购之后，变成了一项焦点集中的核心业务，并与其他经营不善的非核心业务竞争，从而为投资人带来了 25 倍的投资回报。聚焦经营的核心价值在于：一个仅拥有单一产品的企业，与一个分散经营的企业竞争，获取了决定性的竞争优势。

专家企业与信服程度

——专家型企业更加具有市场谁说服力

【观点】 人们普遍认为，专家拥有丰富的专业知识，专家拥有更多的专业经验。专家这个词汇的含义为：在一个特定的领域中，接受过更多的专业训练，拥有着更多的专业知识。那些专注于某种活动的个人或者组织，往往被人们视为某个方面的专家，并以此给人们留下深刻印象。从表面上来看，通才型企业或者个人似乎什么都懂得，似乎什么都会做。在人们的意识中，即便是一个通才型企业或者个人，人们依然会将其与某种专长联系在一起。无论通才型企业或者个人多么优秀，人们依然会认为：通才型企业或者个人只在某个领域最优秀。常识告诉人们：不管是一个人，还是一个企业，不可能什么都精通。在人们的头脑中定位，拥有专家这种身份或者地位，是“抢先把专长根植于人们心智”的有效武器。那些专家型企业和机构，可以围绕某一方面的独特专长，构建起一项有效的战略定位。

【诠释】 📖《孙子兵法·九地》：凡为客之道，深入则专，主人不克〔1〕。📖《孙子兵法·九地》：凡为客之道，深则专，浅则散〔2〕。📖《荀子·劝学》：蚓无爪牙之利，筋骨之强，上食埃土，下饮黄泉，用心一也。蟹六跪而二螯，非蛇鳝之穴无可寄托者，用心躁也。㊣ 用心一则深，用心躁则浅。对于人们的心智而言，这个道理没什么差别。客入主地，不专而散，岂有不败？对付那些“大而全”的竞争对手，“以专克之”才是有效的策略。

注解：

〔1〕李筌：夫为客，深入则志坚，主人不能御也。杜牧：言大凡为攻伐之道，若深入敌人之境，士卒有必死之志，其心专一，主人不能胜

我也。克者，胜也。梅尧臣：为客者，入人之地深，则士卒专精，主人不能克我。张预：深涉敌境，士卒心专，则为主者不能胜也。克者，胜也。

〔2〕梅尧臣：深则专固，浅则散归。张预：先举兵者为客，入深则专固，入浅则士散。

【案例】 多年之前，通用电气公司推广一种“交钥匙电厂”概念，提供一站式电力建设服务。这个概念十分简单——通用电气公司凭借设备配套组合能力，接管电力工程建设业务。在电厂建设工程结束之后，将电厂钥匙交给电力公司。结果如何？电力公司怎么想？采购通用电气公司的涡轮发电机组，但是其他配套设备和工程项目——控制装置和开关设备，则由其他专业机构提供与负责。尽管通用电气公司是电力设施的发明创造者。但是电力企业的想法不一样——选择各个领域的专家选手。

多年之前，通用电气公司还推广一种“整体式厨房”概念，提供一站式厨房装修服务。这个概念十分简单——通用电气公司凭借家用电器配套组合能力，接管家庭厨房装修业务。在家庭厨房装修结束之后，将厨房钥匙交给家庭主妇。结果如何？家庭主妇怎么想？购买通用电气公司的电冰箱，购买厨帮公司（KitchenAid）的洗碗机，购买美泰克公司（Maytag）的洗衣机。尽管通用电气公司是家电领域的重量级选手，但是家庭主妇的想法不一样——想要家电领域的专业品牌。

【案例】 1954 年，特里 · 埃里奇（Terry Ehrich）创建了《亨利斯汽车新闻》杂志（*Hemmings Motors News*）——老汽车和零部件广告杂志（月刊）。《亨利斯汽车新闻》杂志，不以汽车新闻而闻名，而是以分类广告而闻名——主要内容由小幅分类广告组成。通常，一期《亨利斯汽车新闻》杂志有 800 页的内容，杂志里面塞满了 20000 条广告，广告的内容则应有尽有。例如：福特 T 型车轴承——开价 55 美元、1932 年劳斯莱斯（Rolls-Royce）生产的亨利（Henry）敞篷汽车——交易价格 650000 美元。

《亨利斯汽车新闻》是一本获得终极成功的专业化杂志。该杂志一个月销售数量超过 265000 本，一年销售收入超过 2000 万美元。广告费通过支票预付，或者采用信用卡预付，从而成为出版业巨大现金牛之一。在所属杂志类别里面，《亨利斯汽车新闻》杂志不但发行规模最大，而且出版历史最长。特里·埃里奇说道：这份杂志顺应了汽车收藏与汽车修复的热潮。我只是一名骑上千里马的平庸骑手而已，这是一匹具有极好专业创意的千里马。

专业经营与焦点扩散

——保持专业化经营路线，不要让经营焦点扩散

【观点】一个成功的专家型企业，必须保持住专业化地位。涉足毫不相关的活动领域，会侵蚀人们对专家身份的认同。这意味着：聚焦是一种长期行为，而不是一个短期行为。企业必须持续地聚焦在专业上，才能在人们的心智中留下清晰的印迹。品牌必须持续地聚集在焦点上，才能在人们的头脑中守住优势的地位。因此，企业必须保持经营焦点集中，不要让经营焦点扩散。企业必须保持经营焦点清晰，不要让经营焦点模糊。不幸的是，绝大多数商家不喜欢把自己限定在一个行业里，亦不喜欢把自己锁定一种专业上，而是希望把自己的触角伸入更多的经营领域。一个专家型的企业，一旦四面出击进入其他领域，等于为竞争对手——“打算成为本行业专家的企业”——敞开了进攻的大门。一只小小的凸透镜，聚集起一缕阳光，只需持续上一段时间，就能燃起熊熊火焰，这就是聚焦的效果。

【诠释】⊕ 📖《荀子·劝学》：骐骥一跃，不能十步；驽马十驾，功在不舍。锲而舍之，朽木不折；锲而不舍，金石可镂。㊣ 定位的关键在于：一是集中，二是坚持。集中，就是把力量聚集在一点上；坚持，就是随着时间推移不舍弃。“时间推移”加上“力量聚集”，才能产生定位的战略效果。

【案例】⊕ 美国有三大航空公司——美国航空公司（American Airlines）、联合航空公司（United Airlines）、达美航空公司（Delta Airlines），服务于所有业务领域——商业性航线、娱乐性航线，提供所有舱位等级——经济舱、商务舱、头等舱，飞往世界各地城市——北美、南美、亚洲、欧洲、加勒比海……美国这三大航空公司没有明显的领先者。当然，亦没有一家企业在人们头脑中留下一个词语，或者在人们头脑中形成一个概念。联合航空公司拥有一个持续的传播战略——飞翔在联合的友好天空。有常识的人都不会相信，联合航空公司的空中服务人员，会比其他竞争对手更加友善。例如：美国航空公司，或者达美航空公司。

如果所有航空企业都提供所有服务，那么没有一家航空企业会有自己的特色。顾客究竟该选哪一家航空企业呢？很简单，只要打电话给旅行社，然后告诉旅行社：什么时候要去哪里，再询问最便宜的票价。这样，必然导致价格竞争的结果。问题的关键是，价格竞争的结果往往是没有赢家。从 1992 年至 1995 年，美国航空业亏损达到 120 亿美元。美国各大航空公司早已习惯了责备他人——责备航空乘客、政府管制、竞争对手、工作人员……责备除了他们自己以外的所有人。在美国各大航空公司亏损的时候，美国西南航空公司则一直保持着赚钱的状态。1971 年，美国西南航空公司开业。到 1995 年，美国西南航空公司连续 22 年保持盈利。到 2008 年，美国西南航空公司连续 36 年保持盈利。这个盈利记录，其他任何大航空企业都无法企及。

1971 年，赫伯·凯莱赫（Herb Kelleher）收购了美国西南飞机公司（Southwest Aircraft），成立了美国西南航空公司。这是一家只有一种舱位等级、一种机票价位的航空服务企业。甚至在选购飞机上，也只选择一种飞机机型——波音 737 飞机。这样，可以大大简化培训、航班安排和维修的管理过程。经过一系列取舍和安排，西南航空公司有了一个强大的焦点——价格低廉的航空公司，这就是西南航空公司在人们头脑中的印象。当然，西南航空公司的价格并不是总是最低。因为其他公司会时不时大打折扣，从西南航空公司手里抢夺生意。但是，西南航空公司持续不变的低价，使乘客相信在这里永远不会受骗上当。

人们信任西南航空公司，不用担心会陷入“票价骗局”。对于这种票价骗局，人们有时候能看得出来，有时候却看不出来。在报纸或者广告上，人们经常会看到打折机票的消息。但是，当打电话给旅行社的时候，回答总会不能打折，理由是：（1）打折机票已售完；（2）某日不在打折范围内，因此不能购买打折机票；（3）如果不想周六在飞往地过夜，则不能购买打折机票。此外，不断变化的机票价格，尤其让乘客迷惑不解。利用所谓的“收益管理制度”，航空企业几乎一小时变动一次价格。在 24 小时之内，美国各航空公司票价的调整次数可以达到 25 万次。在有些时候，票价调整会达到 100 万次。在电影《西雅图未眠夜》（*Sleepless in Seattle*）里面，乔纳（Jonah）问道：知道到纽约去要花多少钱吗？麦琪（Maggie）回答：没有人能知道。实际上，机票价格天天都在变。

【案例】华卢吉特航空公司（ValuJet）成立于 1993 年。华卢吉特航空公司效仿美国西南航空公司——采取低价位策略。同样，仅采用一种型号的飞机——39DC－9－30 喷气式飞机。在创立后的第一年，华卢吉特航空公司总收入达到 1.34 亿美元，净利润 2100 万美元。第二年，总收入和净利润又翻一番。在股票市场上，华卢吉特航空公司公开发行了股票。自此之后，华卢吉特航空公司股票价格暴涨了 400%。

华卢吉特航空公司一直保持盈利状态，营业毛利率达到 25%，创下美国航空业最高盈利水平。华卢吉特航空公司总裁莱维斯·约丹（Lewis Jordan）说道："我们最担心失去经营焦点，或者偏离经营计划"。如果能够找到一个经营焦点，那么就能在任何一个行业里做得很好。这就是焦点的价值。令人感到遗憾的是，华卢吉特航空公司安全事故不断，结局不言而喻。1996 年 5 月，华卢吉特航空公司一架航班坠毁，机上人员无一幸存，原本良好的开端毁于一旦。

【案例】 美国西南航空公司的成功，以及华卢吉特航空公司的业绩，似乎为未来的航空运输企业传递了一个错误的信息。航空运输企业的经营策略，似乎只有一种方法——单舱级、经济舱、低票价。但是，这种经济型航空客运服务策略，在很多地方已经采用过了。若想再创立一家新的航空服务企业，那么只能寻找其他商业机会。那么，有什么可行的办法？

事实上，存在着一个十分明显的策略：朝相反的方向走——采用"商务航班"策略。商务航班的舱位与价位，介于头等舱和经济舱之间。在商务航班上，乘客受到更好的照顾——更加可口的食物、更加称心的服务。同时，商务航班吵闹较少——没有哭哭啼啼的婴儿、吵吵闹闹的孩子。因此，商务航空企业的航班能够吸引最大的航空乘客群体——商务旅行人士。

1984 年，金佰利—克拉克公司（Kimberly-Clark）创立了 Midwest Express 航空公司——一家专业的"商务"航空企业。Midwest Express 航空公司既没有头等舱，又没有经济舱。在 Midwest Express 的机舱里，仅配有单一等级的舱位——商务舱座位，两个座位排在一起，不存在中间座位。同是，飞机上一餐的成本需要 10 美元。在竞争对手的飞机上，一餐的成本还不到 5 美元。从 1987 年开始，Midwest Express 航空公司一直对外宣布盈利。

1996年，《消费者报道》(*Consumer Reports*) 问卷调查显示，Midwest Express 航空公司的服务最优秀，乘坐最舒适，遥遥领先于18家大航空企业。Midwest Express 航空公司赢得了最有价值的顾客赞誉——The Best Care In The Air (天空中的最好照顾)。对于商务航空企业来说，这样一个赞誉价值无限。如今，Midwest Express 航空公司拥有了自己的焦点口号——"The Best Care In The Air" (天空中的最好照顾)。Midwest Express 航空公司知道这句口号的营销价值，还对这个口号进行了商标注册——The Best Care In The Air®。

【案例】 1981年，简·卡尔森 (Jane Carlson) 接管了SAS航空公司 (Scandinavian Airlines System，斯堪迪纳维亚航空系统)。当时，SAS公司一直处于亏损状态。为了扭转亏损局面，简·卡尔森采取了聚焦"商务航线"的经营策略。SAS航空公司成为一家商务航空公司，专门为频繁旅行的商业人士提供服务，并努力成为全球最好的商务航空公司。SAS航空公司取消了欧洲航班上的头等舱，用经济型商务舱取而代之。自此之后，SAS航空公司声称自己是一家"商务航空公司"。1982年底，SAS航空公司走出困局——摆脱亏损，开始盈利。简·卡尔森的经营策略一直卓有成效。直到后来，SAS航空公司决定扩展经营领域，经营状况才开始发生变化。

1989年，在哥本哈根 (Copenhagen) 多媒体社交聚会上，简·卡尔森宣布，SAS航空公司将采取新的经营政策。SAS航空公司打算转变角色——不仅是一家单纯的商务航空企业。SAS航空公司将扮演新角色——国际性旅行服务公司。简·卡尔森认为：对于服务性企业来说，在一架飞机客舱里面，SAS航空公司能做的文章十分有限。所以，SAS航空公司必须增加地面上的服务。SAS航空公司设立了新目标——增加地面服务业务，将经营利润率翻一番。当时，SAS航空公司的利润率为

25%。SAS 航空公司利润目标是：到 1991 年，利润率争取达到 50%。

于是，简·卡尔森决定构建国际旅行服务联合体，成立了北欧用餐者俱乐部（Diners Club Nordic）、SAS 服务伙伴公司（SAS Service Partner）——斯堪迪纳维亚（Scandinavian）最大的旅行社。此外，为了充实国际旅行服务联体，SAS 航空公司还采取一系列收购行动。例如，收购国际酒店集团公司（Intercontinental Hotels Corp）40% 的股权、收购得克萨斯航空公司（Texas Airlines）18.4% 的股权、收购 LanChile 航空公司 42% 的股权、收购米德兰航空公司（British Midland）20% 的股权，收购西班牙航空公司（Spanair）95% 的股权，收购格凌兰航空公司（Air Greenland）100% 的股权。

SAS 航空公司的国际旅行服务联合体，从一开始经营状况就非常糟糕。1990 年，SAS 航空公司出现严重财政赤字。国际旅行服务联合体持续亏损达到 2 亿美元。糟糕的经营状况一直持续直到 1993 年。1993 年，简·卡尔森被解雇。1993 年，简·斯坦伯格（Jane Steinberg）接任首席执行官，停止了这种毫无核心的经营活动，重新回归并聚焦于航空业，1994 年，SAS 航空公司出售了北欧用餐者俱乐部，以及大量的附属企业。国际酒店集团公司的股权则在 1992 年被出售。到了 1994 年，SAS 航空公司又重新开始盈利。

【案例】 阿利吉斯（Allegis），是一个“大杂烩式”旅行业实体。这个大杂烩包括：联合航空公司（United Airlines）、希尔顿国际饭店（Hilton International）、威斯汀饭店和度假村（Westin Hotels & Resorts）、赫兹出租车公司（Hertz）……理查德·菲瑞斯（Richard J. Ferris）——联合航空公司（United Airlines）的领导人，亲自制作了这个大杂烩。结果：“大杂烩”不好吃。很快，理查德·菲瑞斯（Richard J. Ferris）被迫离职。然后，阿利吉斯解体——保留航空业务，卖掉其他业务。

AMR 集团公司——拥有世博集团公司（SABRE）80% 的股份，拥有美国航空公司（American Airlines）100% 的股份。世博集团公司是航空信息技术系统全球领先者、旅游电子分销系统全球领先者。AMR 集团公司建立一个“大杂烩式”饮食集团实体——Confirm，其中包括：美国航空公司（American Airlines）、万豪酒店（Marriot）、希尔顿酒店（Hilton）、巴吉特租车公司（Budget）。最终，Confirm 项目破产。Confirm 饮食集团这个经营项目，不但造成 1.6 亿美元的经济损失，还令 AMR 集团公司名声扫地。

多元经营与美丽陷阱

——多元化经营是一个美丽的定位陷阱

【观点】 企业管理者做出的多元化经营决策，从短期来看总是显得十分正确。但是，从长期角度来看，多元化经营决策总是以失败告终。在企业发展的过程中，多元扩张的现象十分普遍。从短期来看，这种多元化扩张的做法，确实能够增加销售收入。在有些时候，多元化还能带来短期利润。但是，从长远一点来看，一旦业务的焦点出现扩散，这种战略就变得不堪一击。然而，当回顾过去的时候，人们往往难以发现“多元化战略”的荒谬逻辑。多元化的问题在于：从短期来看，多元化似乎提供了更多的机会，多元化或许带来了一定的效益。这是人们热衷多元化的根本原因。从长期来看，多元化势必会分散企业的资源，多元化必定会弱化经营的焦点。这是人们不愿意承认的潜伏危险。尤为严重的是，当多元化削弱了核心焦点的时候，专一经营的竞争者则会乘虚而入，直捣多元化经营者空虚了的阵地。从这个意义上看，多元化经营是慢慢地作茧自缚，为竞争者提供了获胜的机会。

【诠释】 📖《孙子兵法·作战》：其用战也胜，久则钝兵挫锐，攻城则力屈[1]，久暴师则国用不足[2]。夫钝兵挫锐，屈力殚货，则诸侯乘其弊而起，虽有智者，不能善其后矣[3]。📖《尉缭子·攻权》：远堡未入，戍客未归，则虽有人无人矣。📖《尉缭子·攻权》：夫城邑空虚而资尽者，我因其虚而攻之。📖《三十六计》（秘本兵法）：趁火打劫。〔解语〕敌之害大，就势取利，刚夬柔也。〔按语〕敌害在内，则劫其地；敌害在外，瞀则劫其民；内外交害，则劫其国……国内空虚，因而捣之，大获全胜。㊣ 战略定位，贵专不贵散，贵实不贵虚。专则不生散，散则即生虚。多元化的问题在于：一是自取其乱，二是防御空虚。当竞争者乘虚而入的时候，多元经营者往往又鞭长莫及，难以自救。实际上，多元化把战线拉得太长，时间久了就会顾此失彼——久则钝兵挫锐，专业化的竞争对手乘机而入，多元化经营者容易陷入被动局面。

注解：

〔1〕曹操：钝，弊也，屈，尽也。杜牧：胜久，谓淹久而后能胜也。言与敌相持，久而后胜，则甲兵钝弊，锐气挫衄，攻城则人力殚尽屈折也。贾林：战虽胜人，久则无利。兵贵全胜，钝兵挫锐，士伤马疲，则屈。梅尧臣：虽胜且久，则必兵仗钝弊，而军气挫锐，攻城而久，则力必殚屈。王皙：屈，穷也。求胜以久，则钝弊折挫，攻城则益甚也。张预：及交兵合战也，久而后能胜，则兵疲气沮矣。千里攻城，力必困屈。

〔2〕孟氏：久暴师露众千里之外，则军国费用不足相供。梅尧臣：师久暴于外，则输用不给。张预：日费千金，师久暴，则国用岂能给？

〔3〕李筌：十万众举，日费千金，非唯顿挫于外，亦财殚于内，是以圣人无暴师也。杜牧：盖以师久不胜，财力俱困，诸侯乘之而起，虽有智能之士，亦不能于此之后，善为谋划也。杜佑：虽当时有用兵之术，不能防其后患。梅尧臣：取胜攻城，暴师且久，则诸侯乘此弊而起袭我。我虽有智将，不能制也。王皙：以其弊甚，必有危亡之忧。何氏：其后，谓兵不胜而敌乘其危殆，虽智者不能尽其善计而保全。张

预：兵已疲矣，力已困矣，财已匮矣，邻国因其罢弊，起兵以袭之，则纵有智能之人，亦不能防其后患。

【案例】 莱克航空公司（Laker Airways）成立于 1977 年。从此，“空中火车”（Skytrain）——低价航空客运服务，被进入北大西洋航空市场。莱克航空公司提供便利的折扣航班服务，不提供食品和其他奢侈的供应品。因此，莱克航空公司被人们称为通往英国“既便宜又欢乐”的交通方式。

在开业 2 年之后，莱克航空公司就开始添加奢侈品的服务。最终，莱克航空公司推出了 5 种价位的机票——包括专门针对商务旅行市场的高级豪华服务。《商业周刊》杂志评论道：除了模糊了公众印象——“空中火车”的品牌印象，这些新服务不仅增加了运输成本，还破坏了原先的简单理念。

莱克航空公司带着一种“征眼世界”的雄心，订购了 10 架 A300 空中客车（Airbus）。同时，提交了一连串开辟欧洲航线的申请，包括穿梭于欧洲 35 个城市之间的热点航线。1982 年——在破产之前，莱克航空公司还计划推出“环球火车”——能够进行环球飞行、并在航空业占据重要地位。

【案例】 人民快车航空公司（People Express Airlines）成立于 1981 年春天。从美国纽瓦克机场国际机场（Newark International Airport）开始出发，开通了到美国其他机场的航线——例如：布法罗（Buffalo）、哥伦布（Columbus）、诺福克（Norfolk）、弗吉尼亚（Virginia）、佛罗里达（Florida）。“人民快车”（People Express）——“无奢侈品”航空公司，机票价格十分低廉。由于受到低票价吸引，哪怕周末短途旅行，人们都选择坐飞机。早期，“人民快车”只在飞机上收取机票费用——只收取现金。在同一条航班上，所有的票价都相同。略有不同的是，高峰时段与非高峰时段，机票价格略有差别。

在美国航空业，“人民快车”是第一家收取托运行李费用。乘客被允许携带一件随身携带行李，托运行李被收取 3 美元的费用。“人民快车”还收取收取少量的食物或饮料费。例如：汽水一罐 50 美分，一份蜂蜜烤花生 50 美分，一种名叫“Rachel's brownies”的食品收费 50 美分，还有“人民快车”的套餐—— Snak-Pak（各式各样的奶酪，饼干和香肠）非常受乘客欢迎，但是销售价格仅为 2 美元。

在短时间内，“人民快车”获得了巨大成功。在股票市场上，“人民快车”公开发行股票——股票价格为 8.5 美元。在不到 3 年的时间里，“人民快车”股票价格已飙升到将近 50 美元。一旦品牌获得了成功，就开始拓展产品线。人民快车航空公司开始拓展业务。其中包括：快速增加航线和航班。

1983 年，“人民快车”购买了波音 747 客机，开通了从纽瓦克（Newark）至伦敦盖特威克（London's Gatwick airport）的直飞航线，单程机票价格仅为 149 美元。这个廉价航班立刻获得巨大成功。24 小时之内，卖出去了几个月的机票。这是“人民快车”的第一个国际航线。

1985 年，“人民快车”花费了 3 亿美元的资金，收购了边疆航空公司（Frontier Airlines）。这样，“人民快车”成为美国第五大航空公司。这次收购并不成功，破坏了“人民快车”的运营体系，因为两者根本不属于 个类型。整合边疆航空公司，还造成劳方与资方之间的斗争。边疆航空公司的客户群体，对于“低票价”与“无奢侈”不敢兴趣。第二年，“人民快车”卖掉了边疆航空公司。

在这个时期，“人民快车”开通了飞往美国主要城市的航线，开通了飞往多个国家的国际航线，例如，开通了飞往法国的蒙特利—尔米拉贝尔（Montréal-Mirabel）的航线，还开通了飞往荷兰的布鲁塞尔（Brussels）的航线。在此期间，“人民快车”还收购了 Britt Airways、Provincetown-Boston Airlines——这是两家区域性航空企业，在佛罗里达（Florida）与新英格兰（New England）之间，拥有多条国际航线网络。

由于疯狂的进攻性收购，“人民快车”承担着巨大的债务压力。同时，竞争对手开始改善自己的营运方式，与“人民快车”展开价格竞争。于是，“人民快车”开始改变经营理念，尝试改变无奢侈品的低价航空服务业务，开展提供全面服务的国际航线业务，试图吸引愿意支付更高费用的商务旅行人士——飞机机舱被重新设计，增设飞机头等舱座位，发起飞行常客计划。“低票价”与“无奢侈”被抛弃，“收益管理定价方案”被启动。

由于收购整合的失败与巨额的债务，“人民快车”被迫延伸业务。结果，面临着已成定局的破产局面。1987 年，得克萨斯航空公司收购了“人民快车”。“人民快车”的创始人唐·伯尔（Don Burr）没有意识到一个问题——即品牌不是一张狩猎许可证，可以拿去肆意捕杀所有狩猎对象，而且猎杀越多效益越好。品牌更像是一颗天然钻石，只有集中精力精雕细琢，才能变成一件璀璨的艺术品。在一段时间内，人们只能专心做好一件事情——一家企业、一项业务、一个品牌。这样，业务才能发展壮大起来，才能获得成功的保障。但是，一项业务一旦获得了成功，企业毫无例外地开始业务延伸。结果：新业务没有成效，老业务失去了根基。

【案例】 维珍集团公司（Virgin Group）——英国最大私营集团企业，旗下拥有近 200 家独立经营的企业。维珍集团公司总裁——理查德·布兰森（Richard Branson）对一部分子公司拥有全部股权，对其余子公司拥有一部分股权。维珍集团公司旗下的所有经营项目，均统一使用同一个品牌名称——“维珍”（Virgin）。对于“维珍”这个品牌，理查德·布兰森拥有控制权。“维珍”这个品牌名称，被授权应用在 40 多种经营项目上。

- 1984 年，理查德·布兰森创立了一家航空企业——维珍大西洋航空公司（Virgin Atlantic Airways）。在北大西洋航空市场上，这家航空企业引起了不小轰动。但是，理查德·布兰森不满足于只拥有一家航空企业。于是，维珍集团公司开始扩展产品线。

- 1994年，理查德·布兰森成立了维珍饮料公司（Virgin Drinks），生产维珍可乐（Virgin Cola）——这个品牌包括：维珍可乐（Virgin Cola）、健怡维珍可乐（Diet Virgin Cola）。为了推广维珍可乐，维珍大西洋航空公司将一架波音747客机重新涂装，样子像是一个可乐饮料罐子。
- 20世纪90年代中期，维珍集团公司还酝酿推出“维珍”饮用水产品——包括：一种带气泡的饮用水、一种不带气泡的饮用水，以及维珍7号饮料——一种泡沫丰富的酸橙饮料。维珍集团公司还建立了Virgin Wines公司，生产维珍伏特加（Virgin Vodka）。
- 1996年，理查德·布兰森成立了维珍铁路公司（Virgin Trains），接管英国国营火车运营业务。1999年，理查德·布兰森宣布，成立维珍电信公司（Virgin Mobile），致力于成为全球性移动电话公司。此外，维珍集团公司还拥有维珍金融服务公司（Virgin Money）——包括：一项公积金计划、一个指数证券投资基金。

维珍大西洋航空公司遭受到两面夹击——英国航空公司（British Airways）和美国航空公司（American Airlines）的攻击，维珍伏特加和维珍可乐，分别遭受可口可乐（Coca-Cola）与斯米尔诺夫（Smirnoff）攻击。伴随着多元化业务的不断扩张，维珍大西洋航空公司开始亏损。从1994年至1995年——在2年内的时间里，理查德·布兰森拿出5000万美元，弥补维珍大西洋航空公司的业务亏损。

〔**参考资料**〕维珍行动（Virgin Active）——健康俱乐部连锁店，分布于英国、南非、意大利。维珍美国（Virgin America）——低价航线，在美国营运。维珍大西洋航空（Virgin Atlantic Airways）——基于伦敦希思罗机场（Heathrow Airport）的国际航空公司。维珍气球航线（Virgin Balloon Flights）——热气球运营商。维珍蓝天（Virgin Blue）——航空公司，营运于澳大利亚（Australia）与南太平洋（South Pacific）地区。太平洋蓝天（Pacific Blue）——航空公司，营运于新西兰（New Zealand）。波利尼西亚蓝天（Polynesian Blue）——萨摩亚（Samoa）低价国际航线。维珍出版（Virgin Books）——书籍出版、零售、发行业务。维珍婚礼（Virgin Brides）——婚礼用品店，设立于曼彻斯特（Manchester）。维珍汽车（Virgin Cars）——英国廉价汽车销售商。维珍电影（Virgin Cinema）——已经停业。维珍化妆品（Virgin Cosmetics）——专网上或店铺销售化妆品品牌——Virgin Vie。维珍数码（Virgin Digital）——网上数码音乐销售业务。维珍饮料（Virgin Drinks）——生产包括“维珍可乐”（Virgin Cola）在内的软饮料。维珍电器（Virgin Electronics）——原为“维珍脉冲公司”（Virgin Pulse），主要销售日用电器。维珍体验日（Virgin Experience Days）——组织各种公司或消费者体验活动。维珍特快（Virgin Express）——廉价欧洲航线。维珍银河（Virgin Galactic）——商务航线运营商。维珍游戏（Virgin Games）——从事在线游戏业务与在线赌博业务。维珍假日（Virgin Holidays）——英国旅游中介服务公司。维珍互动（Virgin Interactive）——游戏发行商。维珍珠宝（Virgin Jewellery）——珠宝装饰销售。维珍限量版（Virgin Limited Edition）——高级酒店业务。维珍房车（Virgin Limobike）——自行车服务，位于英国伦敦。维珍房车（Virgin Limousines）——客车服务业务，在旧金山（San Francisco）与北加利福尼亚（North California）运营。维珍大卖场（Virgin Megastores）——在主要街道上，或者在网络上，从事CD、DVD、游戏销售业务。维珍移动（Virgin Mobile）——移动电话网络供应商。维珍理财（Virgin Money）——财经服务公司。维珍信用卡（Virgin Credit Card）——信用卡发行业务。维珍尼日利亚（Virgin Nigeria）——在尼日利亚（Nigeria）运营国际、国内航线。维珍游戏（Virgin Play）——西班牙（Spain）游戏发行商。维珍电台（Virgin Radio）——主要业务在英国，延伸至法国及亚洲地区。维珍唱片（Virgin Records）——隶属于百代唱片公司（EMI MUSIC）。维珍温泉（Virgin Spa）——化妆品零售店。维珍铁路（Virgin Trains）——铁路运输，主要运营于英国境内。维珍联合（Virgin Unite）——慈善机构。维珍假日（Virgin Vacations）—— 美国旅游中介服务公司。维珍洁品（Virgin Ware）—— 服饰品牌。维珍酒（Virgin Wines）—— 生产包括“维珍伏特加”（Virgin Vodka）在内的酒精饮料。Virgin. net——互联网业务，隶属于NTL公司。V2唱片（V2 Records）—— 独立唱片公司。V盛会（V Festival）—— 音乐盛会，主要在英国举办。The Trainline. com ——网上火车票订购服务。蓝天假日（Blue Holidays）—— 旅游中介服务公司。

【结语】 一个企业要想达到成功巅峰，聚集策略比任何策略都有效。聚焦是力量，扩散成弱点。这是营销战争应该遵循的基本法则。今天，一些最成功的品牌，属于那些懂得如何聚焦经营的企业，属于那些拥有明确经营焦点的企业，属于那些在人们心智里拥有自己代名词的企业。如果不能在潜在顾客心智中树立起一个鲜明的品牌形象，那么所做的一切营销努力都将毫无意义。在今天的商业战争中，聚集就是企业最强有力的武器。在潜在顾客的心智中，拥有一个属于自己的品牌焦点，是最具营销价值的竞争方法。

1.5 属性法则

【释义】 对于任何一个属性，都存在着一个对立的、有效的定位属性。营销是一场认知之战，不是一场产品之战！头脑争夺战的关键在于：在人们的头脑中，建立起某种不同凡响、与众不同的声誉。如果不能充当行业中的领先者，那么可以寻找一个独特的价值属性，然后用这个独特的价值属性攻占人们的心智。在许多时候，寻找定位焦点的过程，就是一个捕捉独特价值属性的过程。这就是说，首先应该寻找一个特有的价值概念，或者寻找一个独有的价值特性，然后抢先占有这种价值特性或者价值概念——在人们的心智中，抢先将这种价值属性据为己有，再尽量渲染这种属性的价值——以此攻占人们的心智，扩大自己的市场份额。

与众不同

产品更好和与众不同

——不要更好的产品，而要不同的品牌

【观点】如果不能在人们心智中成为领先者，那么应该采取什么样的竞争策略？更低的价格，更好的产品？在针对行业领导者的竞争过程中，大多数人采用“产品更好、价格更低”这种策略。问题的关键在于：在针对行业领导者的竞争过程中，“产品更好、价格更低”这种策略，根本不占有竞争优势。处于竞争格局之中的品牌，无一不认为己方产品更优质，无一不认为己方价格更合理。“产品更好、价格更低”这两个因素，或许能够成为获取胜利的必要条件，但是绝对不能成为获取胜利的充分条件。实际上，“产品更好、价格更低”这种策略，不足以获取营销战争胜利。如果要赢得营销战争胜利，那么首先必须做到与众不同——在人们的心智中做到与众不同。

【诠释】《孙子兵法·谋攻》：故上兵伐谋[1]，其次伐交[2]，其次伐兵[3]，其下攻城[4]。攻城之法，为不得已[5]……将不胜其忿而蚁附之，杀士三分之一而城不拔者，此攻之灾也[6]。《乾坤大略·兵起先知所向》：敌弱，或可直冲其腹；敌强，断宜旁剪其支。《战略论》（李德·哈特，B. H. Liddell Hart）：敌弱时可采取直接路线，而敌强时则须采取间接路线。㊣ 不主张强攻，道理何在？那就是“避实而击虚，乘势而趋利”。在营销战中，“拼产品、拼价格”，实乃攻城之策，必有攻城之灾。直接与人们心智中的领先者竞争——比拼谁的产品更好，无疑会招致攻城之灾——消耗巨大，获利微小，甚至惨败，此实乃强攻之灾也。

注解：

〔1〕曹操：敌始有谋，伐之易也。李筌：伐其始谋也。梅尧臣：以智胜。王皙：以智谋屈人最为上。张预：敌始发谋，我从而攻之，彼必丧计而屈服。或曰：伐谋者，用谋以伐人也。言以奇策秘算，取胜于不战，兵之上也。

〔2〕曹操：交，将合也。李筌：伐其始交也。孟氏：交合强国，敌不敢谋。梅尧臣：以威胜。王皙：谓未能全屈敌谋，当且间其交，使之解散。彼交，则事巨敌坚；彼不交，则事小敌脆也。何氏：伐交者，兵欲交合，设疑兵以惧之，使进退不得，因来屈服。旁邻既为我援，敌不得不孤弱也。张预：兵将交战，将合则伐之。传曰：先人有夺人之心。或曰：伐交者，用交以伐人也。言欲举兵伐敌，先结邻国为掎角之势，则我强而敌弱。

〔3〕梅尧臣：以战胜。贾林：善于攻取，举无遗策，又其次也。故太公曰：争胜于白刃之前者，非良将也。

〔4〕王皙：士卒杀伤，城或未克。张预：夫攻城屠邑，不惟老师费财，兼亦所害者多，是为攻之下者。

〔5〕张预：攻城则力屈，所以必攻者，盖不获已耳。

〔6〕杜牧：传曰：“二女乘城，可敌十夫。”以此校之，尚恐不啻。杜佑：守过二时，敌人不服，将不胜心之忿，多使士卒蚁附其城，杀伤我士民三分之一也。言攻趣不拔，遗为己害。故韩非曰：夫一战不胜，则祸暨矣。张预：攻逾二时，敌犹不服，将心忿躁，不能持久，使战士蚁缘而登城，则其士卒为敌人所杀三中之一，而坚城终不可拔，兹攻城之害也已。

【案例】 在企业的营销会议上，几乎很少听到“六个西格玛”（Six Sigma）、“标杆管理”（Benchmarking）这种质量管理词汇——六个西格玛和标杆管理，都是企业质量管理的方法。但是，在企业高级管理层里面，这种质量管理词汇则非常流行。谁会反对采用“标杆管理”的方法，以提升产品质量来应对竞争对手？谁会反对实践“六个西格玛”的方法，以提升产品质量来减少产品瑕疵？“六个西格玛”质量管理方法——在100万次生产或服务过程中，才出现平均3~4个错误？

企业高层管理者总是千篇一律地想要一样东西——更高的效率、更低的成本、更好的产品。这本身并没有什么错误。但是，这不是占据市场领先地位的方法。无数市场竞争的失败者，都曾经使用“更好的产品”这种策略，或者“更好的服务”这种策略，以试图超越现有的领先者。在商业的历史上，几乎没有一个第二品牌，因为“更好的产品”超越市场领先者。诸如：

第一品牌	第二品牌
维萨(Visa Card)	万事达(Master Card)
金霸王(Duracell)	劲量(Energizer)
麦当劳(McDonald's)	汉堡王(Burger King)
可口可乐(Coca-Cola)	百事可乐(Pepsi Cola)
《时代周刊》(*Times*)	《新闻周刊》(*Newsweek*)

万事达、劲量、汉堡王、百事可乐、《新闻周刊》……这些处在第二位置的品牌或者企业，依靠“更好的产品”策略，或者“更好的服务”策略，很难战胜排在前面的领先者。这些品牌或者企业，注定要在第二名的位置上挣扎——除非改弦易辙，改变竞争策略，做到与众不同。艾维斯出租汽车公司，一心想要超越赫兹出租汽车公司。“我们工作更努力”——这是艾维斯出租汽车公司的竞争策略。但是，艾维斯出租汽车公司，从未缩短与赫兹出租汽车公司之间的差距。“我们工作更努力”——这几乎是全球企业的管理格言。但是，“产品更好”这种竞

争策略，从来都不会奏效。

戴尔电脑公司（Dell）——在个人电脑领域超越了 IBM 公司，这不是因为比 IBM 公司产品更好，而是因为与众不同——以直销方式取代零售方式，销售个人电脑产品；亚马逊公司（Amazon）——图书的网络销售领先者，这不是因为比巴诺书店（Barnes & Noble）的图书更好，而是因为与众不同——用网络购书取代了零售书店；企业出租车公司（Enterprise Rent-A-Car）跃居汽车租赁的领先者，不是因为比赫兹出租车公司服务更好，而是因为与众不同——专门提供郊区租车服务，而不是挤在机场的中转站。这些案例告诉我们一个事实——无法依靠更好的产品获胜，必须依靠不同的产品获胜。

【案例】 赫兹出租汽车公司成立于 1918 年——首先进入出租汽车这个行业，成为美国最大出租车企业。赫兹出租汽车公司第一家营业店开设在哪里？芝加哥（Chicago）的闹市区——赫兹出租汽车公司第一个营业店开设在乘客络绎不绝的地方。请注意，赫兹出租汽车公司开始营业的时候，在查尔斯·林德伯格（Charles Lindbergh）独自飞越北大西洋 9 年之后。在这个时候，还不存在“飞机乘客”这个说法。当时，航空工业尚未诞生。

艾维斯出租汽车公司创建于 1946 年。在这个时候，航空工业已经诞生。艾维斯出租汽车公司没有与赫兹出租汽车公司正面竞争，而是选择站在对立的地方——将业务焦点放在机场候机厅门口。由此，艾维斯出租汽车公司迅速成为美国第二大汽车出租公司。这家企业最早的名字为：艾维斯飞机场租车（Avis Airlines Rent-A-Car）。第二次世界大战之后，航空交通量大幅上升。所有大出租车公司，都将运营重点转向机场。这创造了一种不同的经营领域——不同于赫兹出租汽车公司。

1957 年，杰克·泰勒（Jack Taylor）成立一家出租车公司——企业出租汽车公司（Enterprise Rent-A-Car）。1960 年，企业出租汽车公司在城市郊区开始营业。企业出租汽车公司经营活动聚焦在完全不同的地方——保险经纪顾问和保险理赔顾问，专为遭遇交通事故、机械维修、汽车偷盗的顾客提供租车服务。这个品牌的焦点为：汽车保险之外的补偿。杰克·泰勒之子——安迪·泰勒（Andy Traylor）——企业出租汽车公司首席执行官，一语道破这个品牌的独特之处。他表示：企业出租汽车公司主要的销售方法，就是抛出了一个甜甜圈——在汽车保险之外，为顾客提供一种替代补偿。

2008 年，企业出租汽车公司成为美国出租车行业领先者——超过了赫兹出租汽车公司。企业出租汽车公司大约 90% 的业务都在美国。相反，赫兹出租汽车公司在全球 145 个国家设立分公司。但是，企业出租汽车公司仍然处于行业领先地位。2008 年，赫兹出租汽车公司总收入为 81 亿美元。企业出租汽车公司总收入为 90 亿美元。

在出租车行业不同竞争阶段——从闹市区，到候机厅，再到郊区，出租车行业的后进入者，不是因为更好的服务获胜，而是因为不同的方法而获胜。常规的经营思维认为，必须追求更好的服务，这符合管理层的思维——更好的产品或者更好的服务。从相反方向上看，这验证了一种营销思维——向相反的方向走，用不同的方法获胜。

定位属性

价值属性与定位区隔

——运用独特属性，区分竞争品牌

【观点】 属性这个词汇，是一个被广泛使用的词汇。同时，属性这个词汇，也是一个未被真正理解的词汇。什么是属性？所谓的属性，就是一个人或者一件事在各个方面所具有的、各种性质的东西。在客观事实上，一个人或者一件事都是各种属性的集合体。属性这个词汇的含义：一个人身上或者一件事身上，所具有的、或相同的、或不同的、或独具的、或共有的、各个方面的东西。在一个人身上或者在一件事身上，能够寻找一种独自拥有的属性，可以寻找一个与众不同的属性，或者寻找一项特别突出的属性，用来区别于另一个人或者另一件事。尤其值得注意的是，人们经常使用这种方法，为不同事物贴上不同的属性标签，以对纷繁复杂的事物进行区分。在一个事物身上，某种具有显著差别的、拥有区分意义的属性，构成了事物所独具的东西——事物身上这种独具的属性，被人们称作为特性。因此，那些可以称为特性的东西，构成了一种有效的区分标志——区分“一个事物与其他事物”的标志、区分“一个人物与其他人物”的标志、区分“一个品牌与其他品牌”的标志。从这个意义上看，品牌的定位就是抢先占据独特属性。这个过程是：首先寻找那种能够成为特性的属性，然后抢先把这种属性送入人们心智，最终成为品牌独自占有的价值属性。

【诠释】 《孙子兵法·兵势》：三军之众，可使必受敌而无败者，奇正是也[1]；兵之所加，如以碫投卵者，虚实是也[2]。凡战者，以正合，以奇胜[3]。故善出奇者，无穷如天地，不竭如江河[4]。《孙子兵法·兵势》：声不过五，五声之变，不可胜听也。色不过五，五色之变，不可胜观也。味不过五，五味之变，不可胜尝也。战势不过奇正，奇正之变，不可胜穷也[5]。奇正相生，如循环之无端，孰能穷之[6]？《百战奇法·奇战》：凡战所谓奇战，攻其无备，出其不意也。㊣ 对于定位而言，品牌独有的、独占的、独特的价值属性，均可以称之为奇。以己方品牌独具之奇，攻彼方品牌不备之虚，则为“奇战”——攻其无备，出其不意，如此胜负可见矣。可以用于定位的属性之多，似乎亦不可穷之。实际上，对于定位属性的运用，亦如“奇正之变，不可胜穷”，唯善用者能为胜败之用。

注解：

〔1〕李筌：当敌为正，傍出为奇。将三军，无奇兵，未可与人争

利。贾林：当敌以正陈，取胜以奇兵，前后左右俱能相应，则常胜而不败也。梅尧臣：动为奇，静为正，静以待之，动以胜之。

〔2〕曹操：以至实击至虚。李筌：碫实卵虚，以实击虚，其势易也。梅尧臣：碫，石也。以实击虚，犹以坚破脆也。何氏：用兵识虚实之势，则无不胜。张预：善战者，致人而不致于人，此虚实彼我之法也。引致敌来，则彼势常虚，不往赴彼，则我势常实。以击虚，如举石投卵，其破之必矣。夫合军聚众，先定分数；分数明，然后复习形名；形名正，然后分奇正；奇正审，然后虚实可见矣。四事所以次序也。

〔3〕曹操：正者当敌，奇兵从傍击不备也。梅尧臣：用正合战，用奇胜敌。张预：两军相临，先以正兵与之合战，徐发奇兵或捣其旁、或击其后以胜之。

〔4〕杜佑：言应变出奇无穷竭。张预：言应变出奇，无有穷竭。

〔5〕张预：引五声、五色、五味之变，以喻奇正相生之无穷。战陈之势，止于奇正一事而已。及其变而用之，则万途千辙，乌可穷尽？梅尧臣：奇正之变，犹五声、五色、五味之变，无尽也。

〔6〕张预：奇亦为正，正亦为奇，变化相生，若循环之无本末，谁能穷诘？何氏：奇正生而转相为变，如循历其环，求首尾之莫穷也。

【案例】 “美国著名商学院年度排名榜”——《商业周刊》杂志年度的例行惯例，有5所学校始终列居前五名。这5所学校分别是：哈佛大学商学院（Harvard Business School）、斯坦福大学商学院（Stanford Graduate School of Business）、芝加哥大学布斯商学院（University of Chicago Booth School of Business）、西北大学凯洛格商学院（Northwestern University Kellogg School of Management）、宾夕法尼亚大学沃顿商学院（The Wharton School of the University of Pennsylvania）。那么，一般人对这五所学校有怎样的认知呢？

商学院名称	商学院认知
哈佛大学商学院	管理学
斯坦福大学商学院	高科技
芝加哥大学布斯商学院	定量分析学
西北大学凯洛格商学院	市场营销学
宾夕法尼亚大学沃顿商学院	金融学

事实上，这些商学院并非都独擅其长。哈佛商学院与凯洛格商学院一样，两者都是教授营销学的学院。相反，凯洛格商学院与哈佛商学院一样——两者都是教授管理学的学院。这是因为：这些商学院都教授全面的商业课程。那么，什么使一个“商业学院”与“市场营销”联系在一起，并借此跻身顶级商学院之列？完全是由于机缘巧合。在凯洛格商学院，有很多国家公认的营销学教授，其中最著名的一位教授就是菲利普·科特勒（Philip Kotler）。

对于一般求学者来说，对于这些商学院的认知，只停留在学校的名字这个层面。人们凭借什么记住这些商学院的名字？方法就是：把商学院与某个特征、某个所在地或其他相关概念联系起来。因此，求学者们积极查找各种线索，以帮助自己找到合意的学校。例如，凯洛格商学院只要一两次提及菲利普·科特勒，及其在营销领域取得的学术成就，求学者们就会形成一个概念——凯洛格商学院是一所以营销学著称的商学院。

此外，还有一些不是十分顶尖的商学院，借助一个词汇或者一个概念，非常成功地推销着自己的学校品牌。例如，雷鸟商学院（Thunderbird）占据着“国际商务”这个概念。巴布森商学院（Babson）拥有着“企业家商学院”这个概念。今天，要想获得商业上的成功，必须占领人们的心智。要想占领人们的心智，就需要一个独特概念——在潜在顾客的心智中，借助一个独特的概念，争得一处容身之地。

独特的属性

——赋予品牌一个独特的价值属性

【观点】 营销是一场认知战，不是一场产品战。一个品牌要想取得认知战争的胜利，需要占据一个与众不同的价值属性，由此形成一个独具特色的价值概念。这意味着：在己方品牌与竞争品牌之间，存在着一种有效的区分方法——首先，在人们的心智中赋予己方品牌一种独具特色的价值属性。从而，在人们的心智中让己方品牌与竞争品牌有效地区分开来。进而，在人们心智中己方品牌拥有了一个与众不同的价值概念。或者说，让己方品牌拥有一种独具特色的价值属性，让一种独特的价值属性成为己方品牌的专有象征。从这种意义上看，赋予品牌某种独特的价值属性，成为品牌定位的有效途径之一。因此，在一个产品类别中，如果不能成为一个领先品牌，那么品牌应该聚焦在一个属性上。简单一点说，就是要寻找一种独特的价值属性，运用这种价值属性攻占人们的心智空间。

【诠释】 🕮《老子》（40）：天下万物生于有，有生于无。🕮《三十六计》（秘本兵法）：无中生有。〔解语〕诳也，非诳也，实其所诳。阴、太阴、太阳。〔按语〕无而示有，诳也。诳不可久而易觉，故无不可以终无。无中生有，则由诳而真，由虚而实矣。无不可以败敌，生有则败敌矣。㊣ 用于定位的属性，不一定要在物质上独自拥有，但一定要在心智上独自占有，所以要抢先占有一个属性；不一定要在物质上完全真实，但一定要在心智上可以接受，所以要抢先拥有一个属性。但是，在人们心智中占有了一个属性之后，或者拥有了一个属性之后，不管这个属性是否真实，企业营销活动与运营活动都应该围绕着这个属性展开。这不是说要“欺骗顾客”，而是说要“无中生有”。这就是说，可以抢先占有一个“在物质上”虚无的属性，然后在把这个属性转化成“在心智上”真实的属性。“欺骗”与“不骗”，只在一念之差，惟有诚者用之，方能长久不衰。

【案例】“沃尔沃”（Volvo）这个品牌名称，在人们心智中代表着什么样的概念？“沃尔沃”这个品牌名称，在人们心智中通常代表着“安全”这个概念。在沃尔沃汽车公司的历史上，找不到一宗交通事故记录。1959 年，沃尔沃汽车公司推出世界上第一批汽车安全带——肩至膝三点式安全带。沃尔沃汽车公司起初强调“耐用”这个概念。在各种广告里，沃尔沃汽车公司说道：在瑞典（Sweden）——沃尔沃汽车产自瑞典，在崎岖不平的山路上，沃尔沃汽车平均能开 13 年。在美国，90% 的沃尔沃汽车仍然行驶在公路上。但是，“耐用”这个品牌概念，逐渐演变成为“安全”这个品牌概念。甚至，还成立了一个“沃尔沃挽救生命俱乐部”。从 1986 年至 1996 年，在美国汽车市场上，沃尔沃汽车的销售数量，一直超过宝马汽车和奔驰汽车。在此期间，沃尔沃汽车的销售数量为 88 万辆。奔驰汽车与宝马汽车的销售数量均为 75 万辆。从 1986 年至 1996 年，在美国汽车市场上，“沃尔沃”这个欧洲豪华汽车品牌，销售数量一直居于美国进口豪华汽车的领先地位。

1971 年，佩尔·格雷海默（Pehr G. Gyllenhammar）出任沃尔沃公司首席执行官。自此，沃尔沃公司开始了多元化经营。1981 年，沃尔沃公司收购了贝耶尔投资公司（Beijer Invest）——经营范围涉及能源、工业产品、食品、金融及贸易。在同一年，沃尔沃公司收购了怀特汽车公司（White Motor）卡车分公司。1984 年，沃尔沃公司与克拉克设备公司（Clark Equipment）合资，成立了世界第三大建筑公司。1988 年，沃尔沃公司收购了英国雷兰公交公司（Leyland Bus）。在 20 世纪 80 年代，沃尔沃公司连续增加在乏玛克亚公司（Pharmacia）——药品和生物技术、卡思托斯投资公司（Custos）、帕克·瑞奇公司（Park Ridge）

的投资股份。1990 年，沃尔沃公司与国家控股的普若科迪亚公司（Procordia）联合，以巩固这家公司的食品与医药部门。

直到 1993 年，沃尔沃公司计划与雷诺公司（Renault）合并，此举沃尔沃公司的许多经理人感到震惊，并触怒了沃尔沃公司的股东。雷诺公司是一家法国汽车制造商，不但经营状况差，而且为政府所有。所有积累的矛盾终于爆发了，合并计划宣布三个月之后，这个合并项目便夭折了，沃尔沃公司董事长被迫辞职。沃尔沃公司花了 1.7 亿美元，拆除为雷诺汽车公司修建的专用车道。沃尔沃公司宣布，将重新回到经营核心上来。沃尔沃公司放弃了所有其他公司——在佩尔·格雷海默任职的 22 年时间里，积累了价值约 54 亿美元的多元化公司。重新回归核心业务之后，沃尔沃公司开始逐渐走出困境。1993 年，沃尔沃公司亏损达 4.71 亿美元。2004 年，沃尔沃公司摆脱赤字，盈利达到了 18 亿美元。

人们总是对缩小核心的逻辑提出质疑。《财富》（*Fortune*）杂志评论道："在全球小轿车市场上，沃尔沃汽车只占 1% 的市场份额，机会看上去很小"。与那些"多元化汽车制造企业"相比——拥有几十个品牌，就是没有经营核心产品，一家拥有核心产品的汽车制造企业，更加具有赚钱的潜在能力。尽管经历过惨痛的教训，沃尔沃公司仍然无法抵抗业务扩展的诱惑。沃尔沃公司投资 2 亿美元，与汤姆·华肯沙赛车公司（Tom Walkinshaw Racing）成立了一家合资企业。汤姆·华肯沙赛车公司，是一家协助设计美洲虎汽车（Jaguars）、阿斯顿·马丁（Aston Martin）DB7 型汽车的英国企业。这一举措意图十分明显——生产时髦的、敞篷的、双人的、高性能的沃尔沃 850 系列小轿车。沃尔沃公司这步棋走得并不好。尽管如此，沃尔沃公司仍然围绕安全这个核心，推出了一系列安全设计——例如：前部冲击空气袋，侧部冲击空气袋，安全罩结构，可折叠驾驶杆，以及日间车灯。

"安全"这个概念，不仅是对外营销的核心，同时应该成为内部生产的核心。假如一个品牌在市场上只占有 1% 的市场份额，更加应该将核心聚集在一个焦点上。沃尔沃汽车没有必要把精力放在设计和制造的全部细节上，而是应该把精力聚集在“安全”这个特性上。沃尔沃汽车拥有“安全”这个核心概念。但是，沃尔沃汽车开始越来越远离这个概念。

简单的属性

——寻找简单又有价值导向的属性

【观点】 产品的同质化竞争，信息的过度化传播，产生一个客观事实——简洁成为一种有效的营销力量。无论产品多么复杂，无论市场多么复杂，用于定位的属性都不能复杂。这意味着：一种属性若想产生定位效力，应该保持简单而又拥有价值。保持简单而又拥有价值的属性，可以充当占领人们头脑的有效武器——既可以在人们心智里占据一个有利的竞争地位，又能够在人们心智中获得一种充分的价值信任。保持简单而又拥有价值的属性，可以让品牌产生一个简单而又强大的焦点。定位，应该始终把品牌聚焦在一点上——聚焦在一种简单而又具有价值导向的属性上。定位，必须坚持把品牌聚集在一处上——聚焦在一种简单而又具有价值导向的属性上。聚集在一种价值属性上，还能产生某种光环效应——人们还会赋予品牌一些其他价值利益。与此相反，如果想要同时拥有几种价值属性，那么与脚踏两只船一样危险——什么都想得到，什么都得不到。相对于“多重的价值属性”，聚焦在“简单的价值属性”上，能够获取人们的更大信任，容易赢得顾客的更多选择。

【诠释】 《孟子·告子》：鱼，我所欲也；熊掌，亦我所欲也。二者不可得兼，舍鱼而取熊掌者也。㊣ 对于定位而言，同样存在着价值属性取舍问题——二者不可得兼，舍鱼而取熊掌者也。不可兼得，择其贵者。选择竞争效力较大的价值属性，充当攻占人们心智的定位武器。二者兼得如何呢？将“鱼”与“熊掌”放在一起，生产一种

“熊掌鱼”一样的东西，谁会相信这种东西？如果将两种不同的价值属性放在同一个品牌身上，从而推出一个“熊掌鱼”式的品牌，那么谁会相信这种产品？“鱼”与“熊掌”，不可兼得于一体。若想二者兼得，应该分配在两个品牌身上——一个品牌代表着“鱼”，一个品牌代表着“熊掌”。

【案例】 当面临太多选择的时候，人们心智就会产生混乱。定位可以利用这种混乱，使己方品牌从众多品牌之中突围出来。“波依定”（Plendil）作为一个药品的品牌，成功地利用人们心智的混乱进行了定位。“波依定”作为治疗高血压与心脏病的药品，可以帮助患者有效地降低血压。“波依定”这类药品通常被叫做“钙离子阻断剂”。在“波依定”进入市场之前，市场上已经存在着 12 个同类药品品牌。这就是说，市场上的品牌本来就把人们的心智弄得十分混乱了。

那么，“波依定”应该如何进行品牌定位，才能从 12 个品牌之中脱颖而出？一个有效的策略是，充分利用人们心智的混乱。对于处方药来说，医生处在核心位置上——针对不同的患者，医生开出不同的药物。所以，可以充分利用医生的心智混乱——对“钙离子阻断剂”的认知混乱，帮助医生理清对不同药物认知的混乱状况，借机帮助“波依定”确立有利的品牌定位。

（1）对内科医生提出一个问题。你被“钙离子阻断剂”弄糊涂了吗？13 个同类品牌放在一起，放在内科医生面前的时候，医生肯定回答：糊涂了，非常糊涂。实际上，内科医生也很难区分——这 13 个品牌有什么不同。定位的理论认为：人们的心智喜欢简单，害怕混乱。因此，定位一定要简洁、清晰、明确。否则，人们会在头脑里把品牌放入回收站。同样的道理，当帮助内科医生理清头脑里的混乱时，医生会沿着定位设计好的线路，愿意按照定位的思路听从意见和建议。

（2）对药品进行一次分类处理。指出这 13 个品牌可以分为两大类，新一代药物是二氢吡啶。这 13 个品牌就被分为两个阵营——“新一代产品”与“老一代产品”，前者有 5 个品牌，后者有 8 个品牌。对于内科医生来说，当然喜欢使用新一代药物。这样，8 个竞争品牌——老一代产品——就被淘汰出局了。定位的理论认为：不但可以给己方品牌定位，还可以给竞争品牌定位——给竞争品牌贴上消极的属性标签，从而突出己方品牌的积极属性。这 8 个竞争品牌被贴上消极的属性标签——老一代的产品。在此，“波依定”不完全是突出己方品牌的积极属性，而是突出己方品牌所属类别——二氢吡啶药物的积极属性——新一代药物。至此“波依定”，还剩下 5 个竞争品牌。

（3）对剩余品牌再做一次分类。告诉内科医生：在剩下的 5 个品牌之中，只有 2 个品牌一天只需服用一次——对竞争品牌再次重新定位。但是，这次使用的消极属性标签，不是“老一代产品”，而是“一天服用两次”。对病人和医生来说，一天多次服用药品十分麻烦。所以，医生喜欢开出服用简单的药品。在第二次分类中，又淘汰了 3 种竞争品牌。“波依定”又一次进入“优先产品”行列。现在，“波依定”仅剩下一个竞争对手了。因此，运用属性再做一次区分，惟一的竞争对手就出局了。这样，赛场上就剩下惟一的选手了——“波依定”。

（4）把惟一剩余竞争品牌干掉。再来一次！“波依定”终于到达了赛点，终于可以告诉医生——“波依定”的与众不同之处在何处？在剩余的两个品牌之中，仅有一个“二氢吡啶”药品——“波依定”能够保证“选择血管”。这时，医生一下子就记住了“波依定”。这样，“波依定”就突出了“血管选择”这个概念。“波依定”——可以选择血管。剩下的、充当陪衬的那个品牌，是否拥有同样的价值属性？如果没有这种价值属性，那么就淘汰出局吧。至此，“波依定”终于到达了想要的定位点！

（5）开启一致性营销传播活动。“波依定”必须围绕着“选择血管”这个定位属性，开展整合性的营销传播活动——学术推广、医生推荐、改进包装……从多方面强调“选择血管”这种特性，从多角度强化

“选择血管”这个定位。定位理论认为，必须依靠传播活动，才能将一个概念送入人们心智。在寻找到定位路径之后，必须依靠一致的整合性传播活动，让定位属性产生竞争效力。在定位的过程中，这个环节不可或缺。如果想让一个定位属性深入人心，必须保持一致性的传播活动。这构成定位的战略观——实现战略定位的保障。

在定位的过程中，“波依定”充分体现了一个定位原则——市场或许十分混乱，产品或许十分复杂，定位必须保持简洁。实际上，“波依定”作为一个药品品牌，经历了一个十分复杂的过程，才呈现一个非常简单的焦点——选择血管的药品。这个定位属性简单而又清晰、独特而又难得。经过巧妙的设计与一致的传播之后，“波依定”从12个竞争品牌之中脱颖而出，并成为“心血管药品”全球领先品牌。

寻找属性

本质的属性

——抓住代表品类本质的属性

【观点】 在争夺人们头脑的战争里，不是什么属性都具有定位价值。对某些产品来说，有些属性比其他属性更加重要。对于某些顾客来说，有些属性比其他属性更有价值。正是因为如此，必须竭力寻找、获取那些价值尤为重要的属性，必须努力发掘、占有那些引人注目的价值属性。要在人们头脑里建立起不同凡响的声誉，品牌必须抢先抓住那些重要的价值属性。如果不能抢先占有某种重要的属性，那么只能占据一个次要的属性，只能宣扬这个次要属性的价值，只能吸引一个特定群体的注意，只能占据一个较小的市场领域。在任何一个品类里，都存在着代表品类本质的价值属性。在任何一个行业中，都存在着代表行业本质的价值属性。抢先抓住代表本质的属性，等于抓住了营销的命脉。运用属性进行定位的原则是，首先考虑代表行业或品类的本质属性，然后抢先抓住行业或品类的本质属性。

【诠释】《三十六计》（秘本兵法）：擒贼擒王。〔出处〕《前出塞》（唐·杜甫）：挽弓当挽强，用箭当用长。射人先射马，擒贼先擒王。〔解语〕摧其坚，夺其魁，以解其体。龙战于野，其道穷也。〔按语〕攻胜则利不胜取。取小遗大，卒之利、将之累、帅之害、功之亏也。舍胜而不摧坚擒王，是纵虎归山也。㊣ 俗语云："打蛇要打七寸"。这就是说，在打蛇的时候，应从其要害处下手。如果不一击而中其要害，那么反而会处于被动的地位。在寻找定位属性的时候，应该首先抓住关键的本质属性。否则，如果对手抓住了本质属性，那么自己就陷入被动地位了。一旦自己抓住了本质属性，对手就会陷入的被动境地——龙战于野，其道穷也。实际上，抢先占有代表品类本质的价值属性，就是"擒贼擒王"之计。

【案例】对于沃尔玛（Wal-Mart）来说，品牌的独特销售主张（Unique Selling Proposition，简称 USP）是什么？几年之前，沃尔玛公司广告合作伙伴负责人——首席执行官被问及这个问题。这位首席执行官毫不犹豫地回答说：价值、忠诚和质量。这个答案会让"独特销售主张论"创始人——罗瑟·里夫斯（Rosser Reeves）大惊失色。价值、忠诚和质量？这样的字眼和词汇，在许多企业的宣传册上都能看得到。

对于沃尔玛来说，最具有代表性的本质属性是什么？在沃尔玛商场的周围，人们总能看到"售价更低"之类的广告。在沃尔玛所有的广告中，都会看到"天天低价"（Every Day Low Price）之类的字眼。"沃尔玛"在顾客心智里拥有什么样的字眼？不是"价值、忠诚和质量"，而是"便宜"这个字眼。"便宜"这个字眼并不坏。"沃尔玛"能够成为全球最大零售商，完全凭借"便宜"这个字眼。人人都会对"便宜"

感兴趣吗？不是。但是，在人们的心智中，正是“便宜”这个字眼，成为“沃尔玛”的全部优势所在。

在认知的战争中，对所有人都有吸引力的字眼，不会发挥营销作用。沃尔玛公司认为：“天天低价”这个字眼，对于“沃尔玛”这个品牌有点过时了。沃尔玛公司想增加一个新字眼——时尚。于是，“沃尔玛”有了一个新的宣传标语——更省钱，更优质的生活。一个伟大的营销口号——天天低价——又一次被陈词滥调所取代了。

【案例】 20 世纪 50 年代，齿缺病症仍然是人们一定年龄阶段的正常现象，这从生理和心理上同时加速人类的老化过程。直到 20 世纪 60 年代，人们的牙齿仍然平均拥有 15 个蛀洞。多年的研究结果表明，在饮用水里含有氟化钠（NaF）的地区，与缺少氟化钠的地区相比，人们的蛀牙和其他牙科疾病要少得多。于是，宝洁公司的科学家开始研制含有氟化钠的牙膏配方——想把氟化钠添加到牙膏里面。但是，这过程没有想象的那样简单，牙膏里的其他成分会与氟化钠产生化学反应。

宝洁公司的 3 位化学家——约瑟夫·米勒（Joseph Charles Muhler）、哈里·戴（Harry Day）、威廉·内伯格尔（William H. Nebergall），在美国印第安纳大学（Indiana University）持续进行研究，使用了 500 种化合物进行试验。在历时 9 年之后，约瑟夫·米勒终于发现了氟化亚锡（SnF2）。在用不成氟化钠的情况下，使用氟化亚锡这种化合物能够很好地解决问题。1955 年，佳洁士（Crest）——第一个含氟牙膏品牌诞生了，氟（F）是一种能防止牙齿溃烂的物质。佳洁士牙膏在其专有的混合物中加入了 SnF2——氟化亚锡。这样，佳洁士牙膏承诺，要实实在在地改变人类的面貌。

在任何一个行业里，最初市场上只有一个统治者，然后会出现颠覆性的挑战者。在佳洁士牙膏登上舞台的时候，高露洁充当着牙膏市场的统治者。其次为 Pepsodent 和 Ipana 这两个牙膏品牌，但是这两个品牌只是昙花一现。因此，牙膏市场的真正参战者——只有“佳洁士”和“高露洁”这两个品牌。最终，“佳洁士”成为最大胜利者，从市场的谷底直窜云霄。“佳洁士”胜过“高露洁”的秘密就是“氟化亚锡”，还有宝洁公司推广这个创意的能力。

“佳洁士”运用广告的传播功效，对防蛀属性大做文章。这里面就包括一则经典的广告——妈妈，看！没有蛀牙。在《经典电视广告：流金岁月，1948 ~ 1958 年》（*Television's Classic Commercials*：*The Golden Years*，*1948 ~ 1958*. New York：Hastings House 1971）一书里，作者迪亚曼特·林肯（Diamant Lincoln）描述了这则经典广告的场景。

轿车的车门打开，一个 6 岁的小女，扎着一个马尾辫，蹦蹦跳跳地穿过草坪，手里抓着牙科医生签发的报告，突然喊出不朽的广告名言——妈妈，看！没有蛀牙。含氟牙膏时代到来了！妈妈对小女孩说道：戈莉，佳洁士牙膏的区别……画外音宣布：对！佳洁士牙膏是一种有用的牙膏。因为，佳洁士牙膏是一种含氟牙膏，拥有特殊的含氟配方。你知道，氟就是牙科医生用的防蛀剂。

妈妈，看，没有蛀牙！这则广告不但令人印象深刻，而且与“自我告白式”广告不同——宣称品牌具有特殊功效，但是缺乏充分证据支持。妈妈，看！没有蛀牙——惟有佳洁士牙膏的这则广告，可以找到充分的证据支持。然而，在问世几年之后，佳洁士牙膏仅占有 10% 的市场份额。对于一个新品牌而言，这还不算十分糟糕。宝洁公司的经理人知道，自己手上抓着一项突破性技术。同时，宝洁公司还知道，高露洁—棕榈公司正打算推出自己的氟化物牙膏品牌——一个叫做“Cue”的牙膏品牌。佳洁士牙膏的市场份额，很可能会被“Cue”这个牙膏品牌完全吃掉。

当此之时，宝洁公司广告部经理约翰·斯梅尔（John Smale）正在悄无声息地策划着发动一次奇袭——这对佳洁士牙膏的未来命运产生了巨大的市场影响。约翰·斯梅尔向美国牙科协会提出了申请，希望认可佳洁士牙膏与氟化亚锡的功效——具有预防蛀牙的功效特性。约翰·斯梅尔相信，如果获得美国牙科协会的认证，那么可以让人们彻底倒向佳洁士牙膏。这样，“佳洁士”就可能打败“高露洁”。

关键问题在于：美国牙科协会从未认可过任何一个牙膏品牌，并且无意对一个牙膏品牌做认证。经过几年的申请之后，同时陈述了可靠的附加证据，美国牙科协会终于颁发了认证书。自此之后，在佳洁士牙膏的广告中，这个认证书成了主要的诉求证据。因此，迪亚曼特·林肯认为：美国牙科协会带着不朽的名言，前来救援佳洁士牙膏。美国牙科协会写道：佳洁士牙膏被证实是一种有效的防蛀牙膏。在口腔卫生和日常护理中，佳洁士牙膏效用显著。幸亏有了这个认证书，佳洁士牙膏很快控制了30%的市场份额。从此，在牙膏市场上，佳洁士牙膏占据着长达35 年的领先地位。

【案例】为了有效抑制蛀牙，人们开始把氟化物加入饮用水之中，儿童蛀牙现象逐步消失。1960 年，人均有 15 个蛀洞需要填补。到了1987 年，人均只有3 个蛀洞需要填补。防蛀这个概念渐渐失去号召力，这为佳洁士牙膏提出了一个课题——随着蛀牙的消失，“佳洁士”需要进行重新定位。佳洁士牙膏的市场份额开始下滑，那些定位准确的品牌开始脱颖而出。于是，在牙膏市场上，出现了强调各种特性的牙膏。例如：碳酸氢钠牙膏——怀旧牙膏；缅因汤姆牙膏（Tom's of Maine）——天然牙膏；洁宝牙膏（Topol）——除烟渍牙膏；舒酸定牙膏（Sensodyne）——防过敏牙膏。此外，市场上还有美容牙膏。例如：尤特白（Ultra Brite）、皓清（Close-Up）、家护（Aquafresh）……市场上这些不同的牙膏品牌，各自强调不同的美容特性——美白牙齿、净化口气、呼吸清新、精神清爽。对于佳洁士牙膏而言，这些竞争品牌采取了积极的市场分割策略。

佳洁士牙膏陷入了一种两难境地——该不该“为一切人，做一切事”？佳洁士牙膏该不该推出一系列口腔护理产品——佳洁士漱口水、佳洁士美白牙膏、佳洁士碳酸氢钠牙膏、佳洁士防过敏牙膏？对于佳洁士牙膏而言，如果采取“延伸式”品牌策略，那么必将弱化“牙齿保护”这个有力定位。不但如此，高露洁牙膏——“护牙孪生兄弟”，或将乘虚而入，侵入佳洁士牙膏占据的市场领地。同时，佳洁士牙膏还面临着一个问题——“取与舍”的两难困境。例如：爱玛牙膏（Aim），曾经一度定位为“好口味的牙膏”，占领着 10% 的市场份额。爱玛牙膏的品牌主题简洁清晰——“嘿，妈妈！孩子们喜欢这种口味，刷牙时间会长一些”。不幸的是，爱玛牙膏带着“除牙垢”与“薄荷胶”两个版本，掉入了品牌延伸陷阱——为一切人，做一切事。今天，爱玛牙膏只占有 0.8% 的市场份额。宝洁公司若想玩一场美容牙膏游戏，就必须针对不同的细分市场，采用不同的品牌策略。“为一切人，做一切事”——最终，往往变得一无是处。

对于佳洁士牙膏的定位，一直存在着一种建议——针对人生的不同时期，开发不同的佳洁士牙膏。这种建议认为：佳洁士牙膏应该涵盖 70 年的人生时间——从孩提时代、青年时代，直到年长时代。然而，针对人生各个阶段的牙膏，在市场上已经各有主导品牌。例如：孩提时期——爱玛牙膏；青年时期——家护牙膏；成年时期——佳洁士牙膏；年长时期——舒酸定牙膏。答案十分明显，关于“不同时期”策略，这一招不会起什么大作用。那么，佳洁士牙膏应该怎么做？应该做的事情，“佳洁士”没有做。在些有时候，定位同样需要发展变化。首先，佳洁士牙膏应该永远站在“疗效牙膏”市场这一边——在潜在顾客心智中已经占据了这个位置。佳洁士牙膏应该认认真真地做好“牙齿护理技术”，从“防蛀牙”自然进化成“牙齿护理先锋”。不幸的是，佳洁士牙膏从未把这看成一条应该走的道路。对牙齿问题略加研究，便能发现其中趋势——蛀牙数量正在减少。人类寿命在延长，牙齿寿命需要延长了。清除牙齿污垢，治疗牙龈疾病，变得愈加重要。

【案例】1985 年，宝洁公司开发了一种“除牙垢”牙膏。令人感到遗憾的是，宝洁公司从未利用“除牙垢”这个概念——极具营销竞争力，对市场分割者奋起一击。其中一个原因是：在广告画面里，从未出现过一种戏剧性场面——战胜牙垢。广告只是在宣传：如果牙斑减少了，那么在牙科医生那里清洁牙齿就容易了。对于大多数人来说，这不过是枝端末节的事情。宝洁公司似乎忘记了历史——在 1955 年的时候，佳洁士牙膏获得成功的路径。佳洁士牙膏应该如何讲一个“除牙垢”的故事？“除牙垢”故事：蛀牙不再成问题了，其中一部分原因应该感谢佳洁士牙膏。今天牙齿的大问题是，牙垢问题或者牙斑问题。牙垢问题或者牙斑问题，能够引起牙龈疾病，甚至引起牙齿脱落。

宝洁公司还忘了一个关键因素——在“除牙垢”故事里，应该存在一种神奇元素，并扮演一个关键角色。从“防蛀牙”故事开始，宝洁公司有了“氟化物”。从“除牙垢”故事开始，宝洁公司应该推出一种“除垢物”。令人感到可惜的是，宝洁公司彻底忘记了这一点。遗忘自有原因——在 30 多年之前，佳洁士牙膏的开发负责人早已不在。此外，在“除牙垢”故事上，宝洁公司从未投放过注意力。宝洁公司的注意力分散在不同牙膏版本上。1955 年，佳洁士牙膏只有一种版本。最终，高露洁—棕榈公司从中汲取了教训。在佳洁士牙膏的分散力量的时候，高露洁牙膏则乘虚而入。高露洁—棕榈公司抓住“减少牙垢”这个特性，为“除牙垢”产品大做广告。结果，“佳洁士”被“高露洁”赶得没有容身之地。在私下里，高露洁—棕榈公司说不定将这种情况称为“氟的失败”。

人类牙齿状况的发展趋势，表明了护齿产品的进化过程——防蛀牙，除牙垢，牙龈炎。但是，真正的战役打响在牙龈上。首先“抓住 3 种护齿好处”的品牌，极可能成为最终的胜利者。对于这一点，“佳洁士”和“高露洁”一样心知肚明。但是，宝洁公司某些个人或者某个部门，宁愿让“高露洁”抢先一步——抓住“牙龈”这个优势。宝洁公司不想成为领先者，亦不采取防御措施——封锁“高露洁”的攻击行动，这等于把优势拱手送给了“高露洁”。结果，高露洁—棕榈公司首先推出全效牙膏——带着“防蛀牙，除牙垢，牙龈炎”三种属性，抢先进入牙膏市场。这个产品获得了巨大成功，在失去领先地位 30 年之后，“高露洁”重新夺回了牙膏市场的领导者地位。在高露洁—棕榈公司，品牌经理笑容满面，跑进总经理办公室，手里抓着市场份额数据，骄傲地宣布——老板，看！我们是领导者。

对立的属性

——寻找与领先者对立的属性

【观点】 在营销战争中，大多数企业都模仿领先者。领先者做什么，模仿者就跟着做什么。其结果是：消费者对模仿者不买帐，模仿者往往以失败告终。在人们头脑里定位，需要运用一些逆向思维。当大家都向同一个方向走的时候，不妨向相反方向走走看。在定位的游戏里，对于任何一种属性，都存在着一个“对立且又有效”的属性。一个有效的策略是：寻找与领先者对立的属性。这也就是说，不要模仿领先者，不要使用与领先者类似的属性。相反，应该寻找一个与领先者相对立的属性，采用一个对立的属性与领先者相抗衡。其中的关键在于：应该“对立”，而不是“类似”，“对立”比“类似”更有效。“类似”——无法让品牌在人们头脑里立足，“对立”——能够让品牌在人们头脑里扎根。

【诠释】 《老子》（40）：“反者，道之动。弱者，道之用。《潜书》：必攻之地常固，必攻之城常坚，必攻之时常警，不可以就功。善用兵者，不攻所当攻，攻所不当攻，欲取其东，必击其西，欲取其后，必击其前，能误之者胜。㊣ 定位主要原则之一：强者居正，弱者用反。这是因为：在人们的心智中，强者的正面往往十分强大，强者的反面往往十分空虚。站在领先者的对立面——强者的反面，往往能收到很好的定位效果。这既符合“相反相成”的规律，又遵循“避实击虚”的原则。

【案例】 美国的汽车制造商曾经一直热衷于加长和降低车身，使车型一年比一年气派、流畅、美观。任何一次正规的市场调查都表明，绝大多数人都想要比邻居更大的汽车。按照传统的营销理论，应该满足顾客的这种需求——大众汽车公司（Volkswagen）应该生产大型轿车。然而，大众汽车公司反其道而行之，与居于领先地位的通用汽车公司形成了鲜明的对立——通用汽车公司制造大型汽车，大众汽车公司制造小型汽车。通用汽车公司的汽车发动机在车身前部，大众汽车公司的汽车发动机在车身后部。通用汽车公司的汽车车型优美，大众汽车公司的汽车车型丑陋。

大众汽车公司所推出的甲壳虫汽车（Beetle）——又短又宽，丑陋又笨。如果按照传统的营销思路，应该淡化甲壳虫汽车的弱点，强调甲壳虫汽车（Beetle）的优点——产品性能的可靠度。大众汽车公司没有采用传统营销思路。大众汽车公司明确地陈述了甲壳虫汽车的定位意图。在广告中，大众汽车公司大胆提议：想想小吧（Think Small）！凭借“小”这个概念，甲壳虫汽车向“大”的观念发起了挑战。

往小处想（Think Small）——“小”这种策略有什么好处？这种好处取决于：在人们头脑中，是否存在着“大”的汽车概念，又是否存在着“小”的汽车概念。当年，甲壳虫汽车推出的时候，市场上是否存在着小型汽车？当时，市场上确实存在着小型汽车。但是，在人们的头脑中，不存在“小型车”这个概念，没有品牌占据着“小型车”这种顾客心智地位。相反，在人们的头脑中，“大型车”这个概念早已经根深蒂固。大众汽车公司利用了人们头脑中“大”的概念地位，抓住了人们头脑中“小”的概念空挡。在广告宣传中，不是宣传购买甲壳虫汽车有哪些好处，而是填补人们头脑中“小”的概念空缺。这种方法效果如何？甲壳虫汽车取得了巨大的成功。

【案例】 戴姆勒—奔驰公司（Daimler-Benz）是汽车制造行业的世界第一。1885 年，卡尔·弗里德利希·本茨（Karl Friedrich Benz）发明了世界上第一辆三轮汽车。1886 年，戈特利布·威廉·戴姆勒（Gottlieb Wilhelm Daimler）推出了世界上第一辆四轮汽车。1926 年，两人联合成立戴姆勒—奔驰公司。“奔驰”（Benz）成为举世闻名的、地位显赫的豪华汽车象征。怎样才能成为地位显赫的品牌？惯常策略路径为：首先能够成为第一，然后保持很高价位。两者一旦结合在一起，魅力无人可挡。

宝马汽车公司（BMW）的起步则完全不同。“宝马”汽车的品牌名称——BMW，源自“巴伐利亚汽车厂”（德文：Bayersche Motoren Werke，英文：Bavarian Motor Works，简称 BMW）。原先，宝马汽车公司是一家生产摩托车和飞行器引擎的企业，直到 1928 年才开始生产汽车。“宝马”汽车不是汽车行业的领先者。因此，“宝马”汽车不能以“高价、豪华”获取成功。“宝马”汽车需要一个完全不同的品牌焦点。直到 1961 年，“宝马”汽车才找到了自己的品牌焦点。其方法就是：与领先者的起点相同，但是与领先者的方向相反。

“奔驰”汽车是汽车制造行业的先行者，生产宽大的豪华汽车。相反，“宝马”汽车应该集中经营相对小型的豪华汽车。“奔驰”汽车以宽敞舒适而闻名，被誉为“轮子上的沙发”。相反，“宝马”汽车则应该着重强调“驾驶”这个概念。在一场持久的广告大战之中，“宝马”汽车把品牌焦点表现得十分清楚——“终极驾驶机器”。

“宝马”汽车能够成为一代白领阶层青睐的品牌，时代所赋予的机遇扮演了一个重要角色。年轻的上班族想开什么样的汽车？显然，白领阶层的汽车必须是进口汽车。这是因为：人们对美国汽车的评价不高，必须昂贵但又不能太贵，还要开起来很惬意。除了“宝马”汽车之外，人们似乎找不到其他选择啦！

无论宝马汽车公司，还是奔驰汽车公司，双方都不愿意满足于各自的地位。这两家德国汽车制造商，同时采取了传统的营销做法，坚决要打一场产品战——在全球汽车市场上，极力进行着产品线延伸。宝马汽车公司推出了更加长、更宽敞、更昂贵的 7 系列宝马汽车。如今，又推出了 8 系列宝马汽车，售价高达 69900 美元。奔驰汽车公司推出了体型更小的、价格更低的 190 系列奔驰汽车。如今，又推出了 C 系列奔驰汽车，价格仅为 30950 美元。无论宽敞昂贵的宝马汽车，还是小型便宜的奔驰汽车，延伸出来的产品都不十分成功。

在美国汽车市场上，宝马汽车公司的高档车型仅占全部销售数量的 17%，奔驰汽车公司的低档车型仅占全部销售数量的 35%。相对于“低档品牌的昂贵产品”而言，“高档品牌的便宜产品”会卖得多一些。这种现象总会引起一个看似合理的想法——把品牌拓展成全线产品。这是一种最顽固、最错误的经营观点。从长期的角度来看，品牌焦点将遭受严重破坏。无论宝马汽车，还是奔驰汽车，如果始终如一地坚守着各自的品牌焦点——驾驶机器 VS. 显赫地位，那么这两个品牌都会成为大赢家。如今，“宝马”与“奔驰”均落后于日本豪华汽车品牌——雷克萨斯（Lexus）。

【案例】 在“星巴克”（Starbucks）之前，“唐恩·都乐”（Dunkin' Donuts）咖啡连锁店已经取得了巨大成功——一家拥有 58 年历史的企业，成为咖啡连锁店巨头。由于“星巴克”的入侵，“唐恩·都乐”失去了主导地位。看到原本由自己主导的领域被抢走，“唐恩·都乐”一定感到十分烦恼。

在过去的几年里，“唐恩·都乐”一直都在追随流行趋势——百吉饼、松饼、热三明治、高端咖啡。对于这些产品，“唐恩·都乐”都纳入经营范围之内。问题的关键在于：在所有这些产品领域，“唐恩·都乐”都缺乏足够的公信力。

“星巴克”不仅仅为“唐恩·都乐”敲响了警钟。同时，还为“唐恩·都乐”提供了机会。“星巴克”是高价的、慢成的、凸显身份与地位的咖啡连锁店。对于建立一个高端品牌而言，这无疑是一个很好的特性。显然，“唐恩·都乐”的有效策略，关键在于迅速回归到咖啡上，然后站在“星巴克”的对立面上。

“唐恩·都乐”是人人能买得起的、速成的、亲民的咖啡连锁店。但是，“唐恩·都乐”应该抓住“快速”这个属性，同时放弃“买得起”这个属性。“买得起”不是一个利益点，这等于告诉消费者：“唐恩·都乐”似乎没有“星巴克”那样好。

“快速”这种属性包含着一个利益点——这样等于告诉消费者：时间是宝贵资源与财富。对于“星巴克”的顾客——高层次消费者，“快速”这种价值属性同样具有特殊的吸引力。在“星巴克”咖啡店，等待时间成为顾客抱怨的第一大问题，咖啡价格成为顾客抱怨的第二大问题。

“唐恩·都乐”要想打败“星巴克”，应该着眼于速度。否则，消费者宁可在“星巴克”排队等候，也不愿在“唐恩·都乐”排队等候。“唐恩·都乐”着眼于速度，就要减少菜单上的食品选择项目。如今，“快速”成为“唐恩·都乐”的品牌关键核心。从客户点餐到结束，一套服务时间必须在 3 分钟完成。

2007 年，根据 Brand Keys 公司顾客忠诚度指数调查结果，在 57 个品类与 382 个品牌当中，“唐恩·都乐”在“咖啡及甜甜圈”品类上的消费者忠诚度位居第一。2007 年 9 月，根据 The NPD Group 公司的调查资料，与竞争品牌相比，“唐恩·都乐”在 4 个品类里的销售量位居全球第一。这 4 个品类分别为：贝果（Bagel）、甜甜圈（doughnut）、冰咖啡（Frappe）、美式咖啡（Americano）。

【案例】 从 1846 年起，为满足人们珍爱美感与品味的需要，“克洛斯”（Cross）制作永不退时尚的优质书写工具。“克洛斯”这个书写工具品牌，深受众多世界知名人士的喜爱。例如：在美国总统就职大典上，乔治·沃克·布什（George Walker Bush）选用 Townsend 系列钢笔签署就职宣言，这款钢笔还被刻上“George Walker Bush”亲笔签名，作为美国政府馈赠各国贵宾的礼品。简洁与时尚——“克洛斯”钢笔的设计理念，细长与细致——“克洛斯”钢笔的主要风格。“克洛斯”钢笔——长相“细长”的钢笔品牌。

“Montblanc”这个名字——欧洲第一高峰“白朗峰”的法文名字，这名字被注册成为品牌名称。“万宝龙”（Montblanc）——创建于 1906 年，一直以制作精致优质的书写工具而闻名。1909 年，“万宝龙”改良了墨水笔的技术，推出“Montblanc”型号墨水笔，从而照亮了此后文具用品的发展之路。古典与经典——“万宝龙”产品的设计理念。丰满与圆满——“万宝龙”产品的主要风格。“万宝龙”钢笔——长相“胖胖”的钢笔品牌。

【案例】 索尼（Sony）、三洋（Sanyo）、松下（Panasonic）、佳能（Canon）、三星（Samsung）、JVC……这些大型消费电子产品制造企业，都生产体积较大、操作复杂、价格高昂的摄像机。Flip 与大品牌形成了对立，专门生产一种小巧、简化的摄像机。在一年时间之内，Flit 在美国摄像机市场上所占领的市场份额达到 13%，成为最畅销的小摄像机品牌。

“家得宝”（Home Depot）——美国第一大仓储式家居百货连锁品牌。“劳氏”（Lowe’s）——美国第二大仓储式家居百货连锁品牌。“劳氏”怎样抗衡“家得宝”，才能在竞争过程中获得进步？从一开始，

"家得宝"为了吸引男性顾客，店面设计成随意堆放货品。"劳氏"反其道而行之，着力将卖场陈列布置得整齐干净，宽敞的走道和明亮的光照，使之产生对女性顾客特有的吸引力。在此过程中，"劳氏"迅速成长——成为美国增长最快的家居百货连锁品牌。

在传统上，订婚或者结婚戒指多数为黄金戒指。于是，Scott Kay——聚焦于铂金首饰，成为美国最畅销珠宝品牌——铂金一代。Scott Kay 的传播策略为：我们不想戴"妈妈辈"的黄金戒指，我们要戴铂金戒指，我们是铂金一代。这种做法效果非常好，女性戴的戒指发生了变化——新一代不再戴黄金戒指，新一代要戴铂金戒指。一项调查表明：38% 的新娘，更喜欢铂金戒指；37% 的新娘，更喜欢白金戒指；24% 的新娘，更喜欢黄金戒指；1% 的新娘，更喜欢钻石戒指。

【案例】 "弗拉席克"（Vlasic）——美国最畅销的腌菜品牌，是放在货架上销售的包装产品。于是，"克劳森"（Claussen）把产品从货架移到冷柜里，自称为"新鲜"腌菜。由此，"克劳森"成为美国腌菜第二大品牌。

卡拉威高尔夫公司（Callaway Golf Company）的竞争对手，普遍出售常规的高尔夫球杆。卡拉威高尔夫公司则生产特大型高尔夫球杆——"大百发"（Big Bertha），由此成为领先的高尔夫产品制造企业。

1976 年，针对以往网球拍"甜区较小"的缺点，王子体育用品公司（Prince Sports Inc）发明了第一个超大拍面球拍，从而引发了网球运动的革命。由此，"王子"成为网球拍的领先品牌

"李施德林"（Listerine）——美国漱口水领先品牌。"李施德林"是味道不佳的漱口水。市场上所有漱口水品牌口味都不是很好。于是，"斯科普"（Scope）漱口水诞生，并成为漱口水品类的第二品牌。"斯科普"漱口水——口味好的漱口水。

关注属性

明显的属性

——不要忽视那些明显的属性

【观点】在寻找、捕捉独特属性的过程中，不应该忽视显而易见的属性或者特征。人们常常认为显而易见的特征太简单，没有什么特别之处，亦没什么新鲜感，是没有价值的旧东西。实际上，寻找定位视角的过程，有时就是寻找明显特征的过程。越是显而易见的东西，对于人们的头脑越显而易见，对于人们的头脑越具有定位效力。许多有效的定位思想，看起来都十分显而易见。许多有效的定位视角，都是抓住了一些显而易见的东西，从而在人们头脑里建立起强大的品牌地位。或许，这会令人感到奇怪：这太明显不过了，原先怎么没有想到呢？这就像一个人在爬山。当爬到上山顶向下俯视的时候，才能发现上山的最佳路径。但是，人们在爬山的时候，往往却看不见上山的最佳路径。

【诠释】《孙子兵法·军形》：见胜不过众人之所知，非善之善者也[1]；战胜而天下曰善，非善之善者也[2]。故举秋毫不为多力，见日月不为明目，闻雷霆不为聪耳[3]。古之所谓善战者，胜于易胜者也[4]。故善战者之胜也，无智名，无勇功[5]。故其战胜不忒[6]。不忒者，其所措必胜，胜已败者也[7]。㊣ 这似乎有点相互矛盾，前者曰“见胜不过众人之所知，非善之善者”，后者云“所谓善战者，胜于易胜”，何以如此？所说对象不同而已，前者是指“不要直线强攻硬夺”，后者是说“找到敌人虚弱之处”，两者在本质上完全一致，不过是一个问题的两个方面而已。对于那些显而易见的属性，如果正好是对手所不具备的价值属性，那么就更容易抢先占有了。从本质上讲，这仍然属于

“以实击虚”之策。

注解：

〔1〕曹操：当见未萌。李筌：知不出众知，非善也。王皙：常众之人，见所以胜，而不知制胜之形。张预：众人所知，已成已著也，我之所见，未形未萌也。杜牧：众人之所见，破军杀将，然后知胜。我之所见，庙堂之上，罇俎之间，已知胜负者矣。

〔2〕曹操：争锋也。李筌：争锋力战，天下易见，故非善也。杜牧：言天下人皆称战胜者，故破军杀将者也。我之善者，阴谋潜运，攻必伐谋，胜敌之日，曾不血刃。陈皞：潜运其智，专伐其谋，未战而屈人之兵，乃是善之善者也。

〔3〕李筌：易见闻也。以为攻战胜，而天下不曰善也。夫智能之将，人所莫测，为之深谋，故孙武曰：难知如阴也。王皙：众人之所知，不为智；力战而胜人，不为善。

〔4〕曹操：原微易胜，攻其可胜，不攻其不可胜也。梅尧臣：力举秋毫，明见日月，聪闻雷霆，不出众能也。故见于著则胜于艰，见于微则胜于易。张预：交锋接刃，而后能制敌者，是其胜难也；见微察隐，而破于未形者，是其胜易也。故善战者，常攻其易胜，而不攻其难胜也。

〔5〕李筌：胜敌而天下不知，何智名之有？杜牧：胜于未萌，天下不知，故无智名，曾不血刃，敌国已服，故无勇功也。梅尧臣：大智不彰，大功不扬，见微胜易，何勇何智？何氏：患销未形，人谁称智？不战而服人，人谁言勇？张预：阴谋潜运，取胜于无形。天下不闻料敌制胜之智，不见搴旗斩将之功。

〔6〕张预：力战而求胜，虽善者亦有败时；既见于未形，察于未成，则百战百胜，而无一差忒矣。

〔7〕曹操：察敌必可败，不差忒也。李筌：胜于已败之师，何忒焉？杜牧：措，犹置也。忒式，差忒也。我能置胜不忒者何也？盖先见敌人已败之形，然后攻之，故能致必胜之功，不差忒也。梅尧臣：睹其

可败，胜则不差。张预：所以能胜而不差者，盖察知敌人有必可败之形，然后措兵以胜之云耳。

【案例】 矿泉水是一种极其乏味的产品。但是，即便是矿泉水这种乏味的产品，仍然可以按照某种属性进行品牌定位区分。“布鲁”矿泉水（Bru），是一种轻度发泡的矿泉水。产地在比利时阿登（Belgium Ardennes）。确切一点说，“布鲁”矿泉水的水源地在斯图蒙（Stoumont），位于安布莱维河谷（Amblève），这是一个自然保护区。

“布鲁”矿泉水含有少量气泡，介于普通矿泉水和苏打矿泉水之间，因而缺乏苏打矿泉水的特点。但是，“布鲁”矿泉水仍然推出了“轻度气泡”这个特性——这种“轻度气泡”被称为“珍珠”。由于具有轻度气泡这个明显的差异特性，从 1981 年到 1996 年，“布鲁”矿泉水的销售数量，从 100 万升上升到 4200 万升。如今，比利时拥有超过 50 个矿泉水品牌。“布鲁”矿泉水成为最畅销的矿泉水。

【案例】 “帕姆佩罗”番茄酱（Pampero），是委内瑞拉（Venezuela）的一个大品牌。在委内瑞拉，“帕姆佩罗”番茄酱做得非常成功。对于当地经济来说，“帕姆佩罗”番茄酱无疑成为一个重要品牌。委内瑞拉对外开放之后，“亨氏”（Heinz）、“德尔蒙”（Del Monte）等世界级品牌进入市场，“帕姆佩罗”番茄酱很快被推离了第一位置。“帕姆佩罗”应该如何捍卫本土市场，以免遭到这些大品牌的颠覆？这就是“帕姆佩罗”面临的大问题。

一个国家在世界上的经济地位，在一定程度上影响着该国品牌的市场地位。因此，品牌往往由于国籍的差别，遭受到不公正的待遇或者歧视。在大多数发展中国家，这种情况普遍存在。当外资品牌大举进入发展中国家市场的时候，一些本土品牌失去了自信和勇气，开始以外资品牌为标杆和榜样。结果，只能在外资品牌的阴影下艰难地挣扎。这恰恰证明了定位的观点——如果跟在领先者后面亦步亦趋，那么只能说明领先品牌愈加重要。自我品牌，永远只能扮演一个效仿品的角色。“帕姆佩罗”番茄酱面临着同样的问题。

“帕姆佩罗”番茄酱与“亨氏”“德尔蒙”这样的国际大品牌有何不同？颜色不太相同。这是制作方法的原因。“亨氏”“德尔蒙”这样的大品牌，在自动化生产线上直接把番茄砸碎做成酱。“帕姆佩罗”番茄酱则完全不同。在搅碎之前，“帕姆佩罗”要把番茄逐个人工去皮。这个生产过程非常耗时、耗力，“帕姆佩罗”能够采用这种生产方法，完全得益于发展中国家人力成本方面的优势。但是，这种成本优势并不可靠。“帕姆佩罗”不能把劳动力成本视为竞争优势，因为跨国企业同样可以在发展中国家设厂，或者寻找或扶持当地的企业贴牌生产，以达到同样的低成本制造。

正如人们所看到的一样，依靠降低劳动力价格产生的成本差距，在市场竞争中并不能形成持久竞争优势。几乎所有提供贴牌生产的企业，只能赚取低廉的生产加工费用。这些贴牌生产企业制造的产品，绝大部分要贴上国际知名品牌的标识，才能在全球市场上卖一个好价钱。否则，只能被当作低档货销售，甚至根本卖不出去。这说明什么问题？这说明一个事实：如果一个品牌不能在人们心智中代表一种价值，那么这个品牌注定是一个廉价商品，甚至无人问津。这就是我们为什么要对品牌进行定位的原因所在。

“帕姆佩罗“打算引进不去皮的自动化生产流程，以使企业告别过时的、落后的生产方式——向现代化生产方式迈进。这是因为：”帕姆佩罗”面临着经济学上的比较劣势——落后的生产方式。然而，这种落后的生产方式，实际上可以转化为营销学上的品牌优势——独特的品牌地位。这种转化的桥梁就是定位——在心智中建立起品牌地位。“帕姆佩罗”番茄酱独特的制作方法，本身就蕴含着一个极具营销价值的定位——最高级的番茄酱。因此，“帕姆佩罗”必须停止迈向现代化的计划，坚持手工去皮的制作方法。令人感到遗憾的是，“帕姆佩罗”接受不了这个战略定位。

定位的宗旨是：要在人们心智中与众不同。在许多时候，转换一个视角思考定位问题，或许能够找到意想不到的定位视角。为了找到一个有效的定位视角，当所有人都朝着一个方向行走的时候，落后品牌不妨考虑向相反的方向行进。从工业生产效率的角度来看，“帕姆佩罗”番茄酱的生产方式十分落后。但是，如果转换一个视角来看——从品牌属性的角度来看，那么这种落后的生产方式又是一个极具竞争价值定位。“帕姆佩罗”番茄酱的生产方式，本身就具有一个明显的特征属性，只是没有人发现其营销定位价值而已。

仅拥有一个定位视角还远远不够。对于发展中国家的消费者而言，通常认为进口品牌更加高级。“帕姆佩罗”面临一个艰巨而重要的工作——要让消费者感受并认同这个定位。为此，“帕姆佩罗”还需要一个有力的定位支点。“帕姆佩罗”应该围绕着不同的产品颜色，以及独特的制作方法，制定出一套品牌传播方案，讲述了一个耐人寻味的品牌故事——为了制作出最高级的番茄酱，“帕姆佩罗”番茄酱采用逐个去皮的番茄。从番茄酱的不同颜色上，可以看出“帕姆佩罗”番茄酱的与众不同。

对于任何一个定位来说，都需要有效的定位支撑点，以让人们相信这个定位。“帕姆佩罗”番茄酱的不同颜色，可以成为“最高级的番茄酱”的定位支撑点。“帕姆佩罗”应该利用颜色的差别，帮助人们区分“最高级的番茄酱”。如此一个品牌故事的传播，可以帮助“帕姆佩罗”在人们心智里成为“最高级的番茄酱”。实际上，如果“帕姆佩罗”采用这样的品牌战略定位——“最高级的番茄酱”，那么就能够成功地与国际大品牌区分开来，从而狙击了国际大品牌——“亨氏”“德尔蒙”在委内瑞拉市场上的持续扩张，甚至重新夺回属于自己的领先地位。

新生的属性

——不要轻视那些新出现的属性

【观点】 人们无法预知未来，无法预知一种新特性的营销力量和价值。因此，不要忽视一种新特性的营销力量和价值。特别是领先品牌，必须克制领先者的傲气，不要嘲笑与主流产品不一致的新特性。领先者应该认真对待新特性，特别是要关注那些具有潜在威胁的新特性。对于具有潜在威胁的新特性，领先者应该打一场快速阻击战。领先者应该利用领先优势，抢先拥有这种新特性。领先者应该抢先拥有一种新特性，或许不会让领先者获得更大成功。但是，一个品类中的领先者，如果抢先拥有一种新特性，那么则可以避免遭受竞争者发起的侧翼袭击。相反，如果竞争者抓住了新特性，借此对领先者发起一场侧翼突袭战，那么领先者将会陷入被动应战的不利境地。事实确实如此，对竞争者的新特性，领先者往往不屑一顾，等到竞争者获得了成功，领先者才翻然醒悟，可往往为时已晚。

【诠释】 《老子》(69) 祸莫大于轻敌，轻敌几丧吾宝。《六韬 · 龙韬 · 军势》：动莫大于不意，谋莫大丁不识。《孙子兵法 · 九变》：是故智者之虑，必杂于利害[1]。杂于利，而务可信也[2]。杂于害，而患可解也[3]。《投笔肤谈 · 持衡》：不能悉其利害，妄于攻，怯于守，则未有不败者，必察形审机行之。《投笔肤谈 · 家计》：用兵之道难保其必胜，而可保其必不败。不立于不败之地，而欲求以胜人者，此侥幸之道也，而非得算之多也。㊣ 对于新属性，领先者应该“识其利，察其害。”识其利，就是要意识到新属性潜在的优势——自己抢占；察其害，就是要意识到新属性潜在的威胁——对手居先。对于新属性而言，领先者应该给予高度重视——牢记“祸莫大于轻敌，轻敌几丧吾宝”这个教诲。否则，就会面临失去领先地位的危险。“动莫大于不意，谋莫大于不识”这个兵法原则，则可以从相反的方面提醒领先者，注意识别新属性的潜在威胁。

注解：

〔1〕曹操：在利思害，在害思利，当难行权也。李筌：害彼利此之虑。张预：智者虑事，虽处利地，必思所以害，虽处害地，必思所以利。此亦通变之谓也。

〔2〕梅尧臣：以害参利，则事可行。王皙：曲尽其利，则可胜矣。张预：以所害而参所利，可以伸己之事。

〔3〕曹操：既参于利，则亦计于害，虽有患可解也。李筌：智者为利害之事，必合于道，不至于极。贾林：在害之时，则思利而免害。故措之死地则生，投之亡地则存，是其患解也。梅尧臣：以利参害，则祸可脱。王皙：周知其害，则不败矣。杜牧：我欲解敌人之患，不可但见敌能害我之事，亦须先以我能取敌人之利，参杂而计量之，然后有患乃可解也。

【案例】 1943年，宾夕法尼亚大学（University of Pennsylvania）教师约翰·威廉·莫奇利（John William Mauchly），还有研究生约翰·普莱斯普·艾克特（John Presper Eckert），研制出了世界上第一台电子数字计算机，并将其命名为“ENIAC”——“电子数字积分计算器”（Electronic Numerical Integrator and Calculator）的英文缩写。宾夕法尼亚大学认为ENIAC属于职务发明，要求两位发明人把ENIAC专利归还学校。在完成专利归档工作后，两位计算机发明人被迫向学校递交了辞呈。

1946年，两位计算机发明人组建了电子控制公司（Electronic Controls）——未正式注册。他们宣布，将遵照“储存程序”原则，设计一台新型计算机。但是，他们必须首先找到产品的购买者。当时，美国

10 年一次的人口普查，已经过去了 4 年的时间。美国人口普查局（United States Bureau of Census）应该愿意采用计算机替代机械制表机，快速处理人口普查统计数据。电子控制公司这个想法，与美国人口普查局不谋而合。美国政府要求下一次人口普查扩大调查项目，老式制表机的数据处理能力不能满足需要。于是，美国人口普查局设法筹集了 30 万美元经费，签订了购买计算机的合同。

凭着设计制造 ENIAC 的技术，重新制造一台电脑并非难事，计算机发明人马上拿出了设计方案，这台计算机将由 5000 只电子管组装，名字就叫“通用自动电子计算机”（UNIVersal Automatic Computer，简称为 UNIVAC）。但是，科学家缺乏经商理财能力。在合同上签字之后，在核算成本过程中发现了问题。按照买卖双方达成的协议，一旦 UNIVAC 制造完成，不仅挣不到钱，还要倒贴 2.5 万美元。情急之下，计算机发明人想起了“品牌效应”。这两位发明人的名字本身就具有品牌效应，完全可以用这个品牌去吸引客户——再寻找一个客户，先把资金缺口赚回来。1948 年，电子控制公司正式注册为：艾克特—莫齐利电脑公司（Eckert-Mauchly Computer Corperation，EMCC）——世界上第一家商业电脑公司正式诞生。

Eckert-Mauchly 的品牌效应果然奏效了。一家飞机制造商订购了一台同类计算机，取名“二进制自动计算机”（BINAC）。BINAC 计算机的实际支出，与预算费用之间出现巨大差额——“BINAC”合同造价为 10 万美元，实际花费了 17.8 万美元。同时，UNIVAC 计算机的合同约定造价为 30 万美元，实际造价达到了 40 万美元。当 BINAC 计算机交货的时候，艾克特—莫齐利电脑公司亏损金额到达 18 万美元。1950 年，雷明顿·兰德公司（Remington Rand）趁机收购艾克特—莫齐利电脑公司。

雷明顿·兰德公司十分庞大，从军火到家用电器什么都生产。雷明顿·兰德公司的多元化经营战略，实际上分散了计算机阵地上的兵力，这为 IBM 赢得大型计算机领先地位埋下了伏笔。1951 年，雷明顿·兰德公司推出了著名的“Univac”计算机。1951年，雷明顿·兰德公司Univac事业部，卖出了世界上第一台Univac商用电脑——美国人口普查局订购的计算机。1955年，雷明顿·兰德公司与斯佩里公司（Sperry）合并，共同组建了斯佩里·兰德公司（Sperry Rand）。1986年，斯佩里·兰德公司又与Burroughs公司合并，改名为优利系统公司（Unisys）。至今，优利系统公司（Unisys）依然为电脑业著名厂商，以大型主机、服务器制造、系统集成为主要业务。

【案例】 IBM公司，即国际商业机器公司（International Business Machines Corporation）。IBM公司的历史，可以追溯到计算机诞生之前30年。1911年，三个独立公司——列表机公司、计算表公司、国际时代唱片公司，合并建立了CTR公司。1924年，CTR公司改名为“国际商用机器公司”（IBM）。20世纪30年代初期，IBM开始进入打字机行业，生产打字机、打孔卡片，以及打孔机、分类机、会计计算机等系列产品，并推出电动打字机、字母制表机等新产品。20世纪30年代末期，IBM公司销售额达到3950万美元，利润达到了910万美元，超过其他4家同类大企业的总和，成为美国最大的商用机器企业。在第二世界大战期间，同盟国军队广泛使用IBM设备。在研制原子弹的“曼哈顿计划”（Manhattan Project）中，洛斯阿拉莫斯国家实验室（Los Alamos National Laboratory）广泛使用IBM穿孔卡片机做计算。

在计算机诞生之初，IBM公司对计算机产生了兴趣。IBM公司创始人之子——小托马斯·沃森（Thomas Watson Jr.），亲自拜访了艾克特—莫齐利电脑公司（EMCC），听取约翰·普莱斯普·艾克特介绍计算机的应用前景。对此，小托马斯·沃森并未受到真正触动。1949年末，艾克特—莫齐利电脑公司遭遇空前的财务危机。艾克特—莫齐利电脑公司提出请求，希望IBM公司能够帮助解决财政危机——收购艾克特—莫齐利电脑公司。IBM公司创始人——托马斯·约翰·沃森（Thomas J. Watson）拒绝了艾克特—莫齐利电脑公司的请求。对于 IBM 公司来说，这意味着：错过了一次抢先的机会——掌握一个新品类的控制权。

在 20 多年之后，IBM 公司成为世界电脑业领导者。小托马斯·沃森当回忆起当时情形的时候，对此仍然深到十分自责。当时，IBM 公司对“ENIAC”计算机不屑一顾——就像最初人们嘲笑莱特兄弟（Wright brothers）在空中摇摇晃晃的飞机一样。但是，这样一个体积庞大、价格昂贵、又不可靠的机器，竟然会成为一件真正的商品。而且，计算机产品越做越小型，越卖越便宜，越用越好使。直到有一天，像烤面包机一样，到处在卖计算机。像冰箱、电视一样，计算机走进了千家万户。然后，淘汰了 IBM 公司引以为自豪的打孔卡片机。正是由于缺乏远见，IBM 公司进军电脑的领域整整拖后了 5 年的时间，这就是说，在计算机的始创阶段，IBM 公司并没有参与到这个领域里面。对于 IBM 公司来说，真是痛失良机。小托马斯·沃森在回忆录中写道：如果 IBM 公司当初能够理解眼前的东西，那么整部计算机历史就要被改写。

【案例】 1952 年，在美国总统选举的前夜，Univac 计算机通过主要性能测试。在投票结束 45 分钟之内，Univac 只用了 7% 的抽样选票，就通过计算机得出选举结论——德怀特·戴维·艾森豪威尔（Dwight David Eisenhower）击败阿德莱·史蒂文森（Adlai Ewing Stevenson Ⅱ）。在全部选票统计完毕之后，德怀特·戴维·艾森豪威尔果然当选美国第 34 任总统。由此，Univac 得到了广泛的认可，还卖出去了好几台产品。小托马斯·沃森意识到情况十分不妙。于是，IBM 公司坐不住了。当时，斯佩里·兰德公司立足未稳。IBM 公司全力进军计算机行业。至关重要的是，20 世纪 50 年代，IBM 公司来与斯佩里·兰德公司之间的战斗，决定了 20 世纪最重要产品的控制权。对于 IBM 公司来说，这是一场决定未来命运的奠基之战。

双方都有自己的强势之处，两者都有获胜的可能性。斯佩里·兰德公司拥有领先的技术优势，IBM 公司在办公设备市场上则拥有稳固的地位。谁会赢得胜利？这取决于早期的艰苦努力，以及对兵力的正确运用。卡尔·冯·克劳塞维茨（Carl Von Clausewitz）曾经指出："在第一场战斗中，指挥官必须倾尽全力，希望并努力一战赢得胜利。"优秀的商业将领尤其应该关注领先的竞争地位——在商业战争中，尽早确立起领先地位。从表面上看，斯佩里·兰德公司似乎更加具有竞争优势。但是，IBM 公司的兵力更加集中。因此，IBM 公司慢慢打破均势，抢先获得领先地位。然后，一直就盘踞在这个位置上。在获取战争胜利之后，IBM 公司开始不断巩固胜利战果。虽然不断有竞争者闯入大型计算机市场，但是 IBM 公司依然占据着大型计算机 60% ~70% 的市场份额。这种竞争局面被人们称为：白雪公主和七个小矮人。20 世纪 70 年代初期，其中一个"小矮人"——美国无线电公司（RCA），首先向 IBM 发起了正面进攻。然而，"RCA"对战"IBM"，对 IBM 公司没有构成任何威胁。

在营销的战争里，模仿领导者往往无法获胜。然而，模仿者总是执迷不悟，总是首先观摩领先着的做法，然后再对领先者进行模仿。美国无线电公司甚至雇用 IBM 公司的高层经理，以管理自己的计算机业务。正确的做法应该恰好相反——首先找到有效的致胜战术，然后才有机会战胜领先者。首先找出领导者的薄弱环节，然后集中兵力发起猛烈攻击。或者发动一场进攻战，或者发动一场侧翼战，或者发动一场游击战。美国无线电公司、通用电气公司都没找到有效的攻击战术。结果：在被"计算机巨人"——IBM 公司吞噬之后，市场上只剩下了 5 个竞争对手——宝来公司（Burroughs）、尤尼维克（Univac）、国家现金出纳机公司（NCR）、控制数据公司（Control Data）和霍尼维尔公司（Honeywell）。哪一个能对 IBM 公司构成威胁呢？显然，这几个企业都不行。

【案例】 20 世纪 60 年代中期，各家计算机企业都在绞尽脑汁，试图在大型计算机市场里分一杯羹。一家刚刚诞生不久的企业——DEC（Digital Equipment Corporation），赢得了计算机市场的一次重大胜利。1965 年，DEC 推出了 PDP-8 小型计算机，这是小型计算机系列的第一种机型。IBM 生产大型计算机，DEC 生产小型计算机；IBM 面向最终用户，DEC 面向 OEM 用户（OEM 含义为：原始设备制造商）；IBM 提供计算机提供软件，DEC 计算机不提供软件。

IBM 公司犯了一种常见的错误——对于 DEC 小型计算机，没有及时进行反击回应。IBM 公司的自大影响了判断力。IBM 公司认为，没有 IBM 软件与技术的支持，有谁愿意购买这种廉价的、半成品的小型计算机？实际上，许多机构都想购买小型计算机。在科学研究、工业控制、学校教育、医学治疗等众多领域，这种小型计算机产品得到广泛应用。DEC 小型计算机的销售，像火箭一样的飞速增长，销售收入突破了 40 亿美元。

惠普公司（Hewlett Packard）、通用数据公司（Data General）、霍尼维尔公司（Honeywell）……以及其他一些计算机企业，纷纷进入小型计算机的市场。惟独 IBM 公司例外，没有推出小型计算机产品。直到 1976 年，“计算机巨人”——IBM 公司，才第一次推出了小型计算机系列，开始进入了小型计算机市场。然而，即使像 IBM 这样的计算机巨人，在浪费了 11 年时间之后，在小型计算机市场上根本无望超越 DEC。在小型计算机上，IBM 公司的市场份额从未超过 10%。然而，DEC 的市场份额则持续保持在 40% 左右，并主宰着小型计算机市场。

【案例】 20 世纪 70 年代末期，计算机世界快速变化。Apple 公司、Commodore 公司、Radio Shack 公司……这些计算机业后起之秀，在计算机这本字典中添加了一个新词汇——个人计算机。1974 年，因特尔公司（Intel）生产出 8 位微处理器——Intel8800。世界上第一台个人电脑——MITS Altair 8800 采用了 Intel 8800 微处理器。自此开始，许多企业开始生产个人电脑。人们能用个人电脑做什么？运用个人电脑，人可以做许多事情。例如，放在家里面，人们可以玩游戏；放在学校里，可以学习电脑课程；放在办公室里，可以处理文字，或者用来记账。事实上，个人电脑可以完成的工作还远不止这些。从本质上来看，个人电脑或者家庭电脑本身就是一种小型通用计算机。一台个人电脑售价只有几千美元，但是具备大型计算机的许多功能。像这样一种计算机设备，本来应该属于 DEC 的领地。然而，在个人电脑诞生之后，DEC 和 IBM 这两家公司，都站在一旁冷眼旁观。

20 世纪 70 年代末期，DEC 在小型计算机市场上地位空前强大。对于 DEC 来说，小型计算机已经成为一次成功的侧翼战。由于 IBM 没有及时反击，DEC 在小型计算机市场上取得了领先地位。此时，DEC 应该采用防御战略，以巩固小型计算机领地。防御战的原则是：对自己小型计算机的地位发起自我挑战，推出更加小型化的计算机。然而，DEC 没有这么做。或者说，DEC 缺乏远见。DEC 创始人兼董事长肯尼思·奥尔森（Kenneth Harry Olsen）认为：个人电脑产品将在商用市场上被打倒在地。假如 DEC 及时并坚定地推出个人电脑，那么 DEC 很可能成为一个电脑巨人，或许能够超过 IBM 这个计算机巨人。对于许多企业来说，获胜的机会只有一次。竞争对手一旦抢先抓住机会，原来的领先着将陷入被动的局面。因此，错过了一次领先机会，意味着走向危机的边缘。

20 世纪 70 年代末期，大多数商界人士对“个人电脑”存在错误的观念。确切地说，忽视了一个主要特征——可以放在办公室中，用于处理商务。这意味着一个趋势，“个人电脑”不仅属于私人用品，还将成为办公用品。对于“个人电脑”来说，存在着两个认知问题。（1）对于“个人电脑”产品，人们当作一种“私人用品”。（2）对于“个人电脑”厂商，在“商用电脑”方面缺乏足够的商业信誉。像 Commodore Pets、Rash 80、Apple Ⅱ这些个人电脑品牌，仅在私人用户或者爱好者市场上拥有良好的品牌信誉。这意味着：在商用电脑市场上，这些主要的“个人电脑”厂商或者品牌不具有专业方面的信誉。DEC 和 IBM，在商用电脑方面拥有信誉，具备推出“个人商用电脑”的顾客心智条件。在“个人商用电脑”上，DEC 的顾客心智基础优于 IBM。对此，DEC 却视而不见。

【案例】 当 IBM 公司加班加点准备推出 IBM 个人电脑的时候，DEC 仍旧在虚度时光。DEC 本应集中精力，保卫自己的小型计算机领地。但是，DEC 却把兵力分散到互不相干的领域上。一方面，在小型计算机核心业务的周围，DEC 维持着许多边缘业务。一方面，DEC 又拒绝推出真正能保卫其业务根基的个人电脑。

（1）DEC 开设了一些计算机零售店，与 Radio Shack、Computer Land、其他独立经销店竞争。对那些步步为营的竞争对手而言，这是一种毫无力度的进攻。

（2）DEC 冒险进军文字处理器领域，试图与强大的王安公司（Wang），以及这一领域的其他专家企业相对抗。例如：CPT、NBI 和 Lanier。

（3）DEC 继续提升、扩展小型计算机的性能。实际上，这是与 IBM 的大型计算机展开直接竞争。这种超级小型计算机耗费了 DEC 大部分的人力和财力。

（4）DEC 花费了大量精力和资源，开发复杂的办公自动化系统。毫无疑问，DEC 开始偏离核心业务。

（5）DEC 出资 2400 万美元资，资助特罗奇有限公司（Trilogy Ltd.），意图研制一种超高速计算机，以与 IBM 最先进的大型计算机相抗衡。

根据 DEC 员工的说法，在 IBM 推出商用个人电脑之前，肯尼思·奥尔森 11 次拒绝推出“第一台比较完备的商用个人电脑”。肯尼思·奥尔森说道：我不想当第一。让 IBM 当先锋吧，我们会趁机打击他。DEC 坐失成为个人计算机领先者的战机。

【案例】1980 年，DEC 是世界上最大的小型计算机制造商。1981 年，IBM 这个"计算机巨人"终于推出了商用个人电脑。商用个人电脑一经推出，IBM 就取得了巨大的成功。传统的观念认为，这一胜利归功于 IBM 这个强大的名字。然而，事实并不尽然。当然，IBM 在计算机领域占据着强大的地位。但是，IBM 占据着大型计算机领域的领先地位。在小型计算机方面，IBM 并无这方面的信誉。相反，DEC 拥有小型计算机的市场信誉。但是，在个人电脑市场上，由于 DEC 故意缺席，IBM 公司乘虚而入。在夺取个人电脑市场时，IBM 公司根本没有遇到任何阻力。接着，人们注意到从一开始就显而易见的现象——个人电脑更适用于商用市场，超过了在家用市场上的应用。运气在商战中起了很大作用。甚至像 IBM 这样的大企业，有时还要靠运气的帮助。

1975 年，微型仪器与自动测量系统公司（Micro Instrumentation and Telemetry Systems，MITS）推出第一台个人电脑——MITS Altair 8800。在 MITS Altair 8800 推出 6 年之后，1981 年 IBM 公司推出商用个人电脑。在此期间，没有一家拥有商用市场信誉的企业，推出任何像样的商用个人电脑。在商用个人电脑这个方向上，虽然曾有过两次小规模的进攻，但是都没有起什么大的作用。1980 年 1 月，惠普公司推出了 HP－85 型电脑，这是 Apple Ⅱ家用电脑的一种简单翻版产品，这种产品是为科学应用而研制的专业电脑，不是一种商用个人电脑。1981 年 7 月，施乐公司（Xerox）推出了一款 820 型电脑。在人们的心智中，施乐公司是一家生产复印机的企业，仅靠一个月的时间难以改变人们的这种认知。1981 年 8 月 12 日，IBM 投下了商用个人电脑的重磅炸弹，战局骤然发生转变。

IBM 公司是第一家推出商用个人电脑企业，从此迅速控制了个人商用电脑的战局。没有一家企业捍卫这个市场，因为没有一家企业主导了这个市场。此外，商务人士早就开始从家用电脑企业那里购买个人电脑，商用个人电脑早已是一个潜在的市场。当 IBM 建立起市场地位之后，DEC 和惠普公司的机会丧失殆尽。1965 年，IBM 对小型计算机视而不见，DEC 以小型计算机获得成功。1981 年，DEC 对个人电脑不屑一顾，IBM 以商用个人电脑成功获得成功。直到 1982 年 5 月 10 日，DEC 才对 IBM 的商用个人电脑作出回应，推出了自己的个人电脑。在这一轮竞争中，DEC 扮演了“进攻者”的角色——对 IBM 发起直接攻击。

令人难以置信的是，DEC 推出了不止一款个人电脑，而是一次推出 3 款个人电脑——即 Rainbow（彩虹）、Professional（专业型）和 DEC mate（DEC 伙伴）。品种齐全，这是领导者才有资格享受的奢侈。由于缺乏焦点，这 3 款个人电脑产品注定要失败。1984 年，IBM 个人电脑的销量超过了 DEC 的 10 倍。1985 年初，由于库存积压越来越多，DEC 不得不停止了 Rainbow 的生产——Rainbow 是 DEC 个人电脑最畅销的产品。到了 1990 年，DEC 营业额为 130 亿元美元，刚刚维持收支平衡。从 1991 年至 1994 年，尽管 DEC 营业额超过了 550 亿美元，但是却出现了近 50 亿美元的亏损。关键的问题，不是金钱的损失，而是对新属性的漠视。

抢占属性

属性的独占性

——抢先把一个属性占为己有

【观点】 如果找到了能够占领人们心智的属性，那么应该抢先将定位属性据为己有。这意味着：在人们的心智之中，将定位属性变成品牌的专有属性，从而使定位属性成为品牌的专有权力。要想将一个属性灌输到人们的头脑中，需要寻找一个恰如其分的词汇，使用一个恰当的词汇表达这个属性，从而引导这个属性进入人们的头脑，让这个词汇成为品牌的代名词。抢先将一个属性占为已有，关键在于这个属性仍然没有被其他品牌占领，这个属性在人们的头脑中还不属于其他品牌。抢先将一个属性占为已有，关键在于要始终如一地坚守住这个属性，不要让品牌在各种属性之间跳来跳去。

【诠释】 ⌖ 📖《六韬·武韬·兵道》：兵胜之术，密察敌人之机，而速乘其利，复击其不意。📖《投笔肤谈·达权》：兵者，必先自备其虞，然后能乘人之不备……兵贵乘人，不贵人所乘也。㊣ 定位之道与兵法原则一样：见机而起，乘虚而入，出其不意，攻其不备。此与兵法相通，所攻不同而已。兵家攻城略地，定位攻心占位。在营销战争中，品牌抢先占有一种价值属性，犹如抢先占领一个战场制高点。所不同的是，在营销的战争中，这个制高点在人们的心智之中。

【案例】 ⌖ 对于电池这种产品类别来说，最重要的属性是什么？最重要的属性就是耐用性。人们在使用电池时遇到的最大问题，就是在关键的时候没电了。所以，对于电池产品来说，最大的属性就是“持久性”。

在美国市场上，“金霸王”（Duracell。Dura，耐久之意；Cell，电池之意），首先推出碱性电池，其电量为领先品牌“永备”（Everyday，碳锌电池品牌）2 倍。因此，凭借“经久耐用”这个概念，“金霸王”电池深入人心。在“金霸王”推出 6 年之后，“永备”认识到“持久”这个属性十分重要，于是推出了自己的碱性电池产品。看似理所当然，这个碱性电池品牌被命名为“永备”。然而，“永备”这个名称代表着碳锌电池，而不代表碱性电池。“永备”无法战胜“金霸王”。

“永备”推出了“劲量”碱性电池品牌，想让自己的“劲量”电池拥有“持久”有这个重要属性。但是，“劲量”想要抢占“持久”这个属性为时已晚，金钱和广告都无法弥补时间的损失。“劲量”投入个巨额的广告预算，试图与“金霸王”争夺“持久”这个属性。“劲量”的“小兔子广告”，被《广告时代》（*Advertising Age*）杂志评为“20世纪最好的100个广告”之一。但是，无论“劲量”投入多少精力大肆宣传，“金霸王”始终占据着“持久”这个重要属性，并一度占据着电池行业45%的市场份额。

“劲量”为什么不能战胜“金霸王”？一般的观点认为，“金霸王”占领了市场。但是，这样的观点过于笼统。事实上，“金霸王”抢先占领了人们的心智。在人们的心智中，“金霸王”占领着电池品类的制高点——这个制高点就是“持久性”。

【案例】 安达信会计师事务所（Arther Andersen），曾是美国第一大会计师事务所。伴随着经济全球化的进程，安达信会计师事务所有机会做出战略调整——由“国内领先”转向“世界领先”。令人感到惋惜的是，“安达信”这个品牌由于误入歧途，最终分崩离析。2001年10月，安然公司（Enron Corporation）财务丑闻爆发，“安达信”卷入丑闻，全球合作伙伴和业务纷纷解体。如今，“安达信”早已退出“会计师事务所”业务。

毕马威会计师事务所（KPMG），曾是美国第四大会计师事务所。“毕马威”的成员机构遍及全球148个国家和地区。“毕马威”发现：在“四大会计师事务所”中，自己的国际业务居于领先地位。于是，“毕马威”抢先宣称自己是“世界领先”的会计师事务所。“毕马威”开始部署一套营销战略，以树立自己“世界第一”的品牌形象。“毕马威”这样宣传自己：“经济全球化是一个正在形成的趋势。一家国际化的企业，需要一个国际化的会计师事务所”。“毕马威”想要告诉人们一个品牌概念——毕马威："世界领先"的会计师事务所。

在今天的世界上，使用"四大会计师事务所"服务的企业，还有哪一家不是国际化企业呢？"世界领先"这个品牌属性，成为"毕马威"势在必得的品牌概念。但是，这个概念并不十分明显。当时，安达信会计师事务所还是美国第一大会计师事务所。毕马威会计师事务所仅是美国第四大会计师事务所之一。但是，伴随着全球化障碍的逐步消除，人们会把两者混淆、颠倒过来——"国际领先的概念"会被理解为"国内领先的概念"，"世界第一"会被转化成为"国内第一"。毕马威会计师事务所抢占"世界第一"这个概念属性，其营销意义正在于此。幸运的是，"安达信"自动淘汰了自己。"毕马威"的障碍在一夜之间消失了。

如果不是第一品牌，那么营销任务将更加艰巨。同时，品牌应该选择的策略方向更加明显——必须缩小品牌的聚焦点，占据行业中的某一块领域。对于"毕马威"来说，既然做不了第一品牌，那么就应该收缩品牌的焦点。这个品牌的焦点就是国际业务领先——"世界第一"，并用这个焦点攻占人们的心智。如果打算将产品或服务推出国界，那么应该首先将"可以占领人们心智"的词汇推出国界。实际上，品牌在人们心智中的词语，是所能出口的"最重要的产品"。如今，"四大会计师事务所"都走上了国际化的道路。"世界第一"这个品牌概念，在竞争过程中显得愈加重要。

属性的排他性

——无法与他人共享一个属性

【观点】 在人们的头脑之中，同一种价值属性只能赋予一个品牌，两个品牌不能共同分享同一个价值属性。在人们的心智之中，同一种价值属性不会被分成两部分，不能一部分给这个品牌，一部分给那个品牌。在人们的认知之中，同一种价值属性要么属于这个品牌，要么属于那个品牌。在人们的头脑之中，哪个品牌抢先占有一种属性的使用权，这个品牌就获得了这种属性的专有权。在人们的头脑之中，如果一个属性已经被一个品牌所占有，那么这个属性不可能再被其他品牌所拥有。这是因为：竞争品牌很难改变人们头脑中已经形成的观念，竞争品牌很难从他人那里抢夺已被占有的属性。这意味着：在一个产品类别中，一个品牌无法与他人共享一个价值属性。

【诠释】《荀子·劝学》：行衢道者不至（衢道：四通之道），事两君者不容。目不能两视而明，耳不能两听而聪。㊣ 在人们的心智之中，“事两君者”的属性，同样不能够相容。在人们的心智之中，用于品牌定位的价值属性，往往不能两属而存——无法与他人共享一个价值属性。否则，将造成人们心智的混乱。对于定位属性来说，惟有先据者而能得之，惟有先拥者而能用之。

【案例】在欧美市场上，“沃尔沃”轿车在人们心智中拥有了“安全”这一概念。其他汽车制造商——例如，奔驰汽车公司、通用汽车公司……许多汽车生产企业及其品牌，都曾经开展过“以安全概念为核心”的营销活动，都曾经想拥有“安全汽车”这种价值概念。结果是：除了沃尔沃汽车之外，没有任何汽车品牌能够成功地以“安全概念”深入人心。

奔驰汽车、宝马汽车、奥迪汽车（Audi）、雷克萨斯汽车……像这样的高级豪华汽车品牌，难道不具有“安全”这种属性吗？绝对不是。事实上，人们找不到充分的证据表明：像这样的汽车品牌均为豪华高级轿车，在安全性能上逊于沃尔沃汽车。但是，在人们的心智中，能够代表安全这个概念的轿车品牌，就只有“沃尔沃”这个品牌了。因此，“沃尔沃”的竞争品牌，难以一起分享“沃尔沃”的品牌专有属性——

"安全汽车"的概念。

对于汽车这种产品来说，"安全"成为一个极其重要的价值属性。全球有多少人因交通事故失去生命？2009 年 1～6 月份，3 万中国人由于道路交通事故失去生命。不管对于汽车司机来说，还是对于路上行人来说，"安全"都是第一位的交通概念。但是，"沃尔沃"认为，仅有"安全"还不远远不够。于是，"沃尔沃"偏离了"安全"这个重要概念，争夺其他品牌拥有的价值属性。

"沃尔沃"命运如何？2010 年 7 月，中国吉利控股集团有限公司（Geely），收购了沃尔沃汽车公司（Volvo）。"沃尔沃"的品牌前景如何？一片黯淡！一个"危险而又疯狂"的想法诞生了。吉利汽车公司（Geely）——一家小型廉价汽车制造商，打算把"沃尔沃"打造成大型豪华轿车品牌。如果"沃尔沃"变成大型豪华轿车，那么"沃尔沃"将与哪些品牌竞争？奔驰汽车、奥迪汽车、雷克萨斯汽车……"沃尔沃"胜算的机会如何？以己之短，攻彼之长，胜算机会十分渺茫。

属性的归属性

——慎重对待调研获得的属性

【观点】 市场调研报告往往会给出一种结论——人们喜欢什么样的属性。市场研究报告不会表明，这种属性是否已经被某个品牌抢先占有。如果市场调研想找出人们喜欢的某种属性，那么市场调研应该同时搞清楚一个问题——即这种属性是否已经为他人所占有。或者说，在人们的心智中，这种属性是否已经为他人所占有，这种属性是否已经成为他人的专有属性。市场调研报告存在风险：如果想找到人们喜欢的某种属性，又没有弄清楚属性的归属状况——这种属性是否已被他人所占有，那么采用这种属性进行定位，则犹如一场冒险的赌博。在人们的心智中，如果人们喜欢的某种属性已经为他人所拥有，尽管己方品牌同样具有这种人们喜欢的属性，但是人们仍然不会把己方品牌与这种受人喜欢的属性联系在一起。这是因为：在人们的心智中，人们已经把同样的价值属性赋予了竞争品牌。

【诠释】 ⌖ 🕮《老子》（02）：天下皆知美之为美，斯恶已；皆知善之为善，斯不善已。㊣ 皆知美之为美，此种“美”就会蜂拥而至了。当此之时，这种“美”就开始泛滥了。凡是泛滥的东西，即便是拥有了这种东西，那么也不会再有什么太大价值了。对于定位属性而言，其道理莫出于此。相反，不要关注对手拥有的东西，要关注对手没有的东西。这又是“避实击虚”之策。

【案例】 ⌖ 对于快餐业来说，最重要的特性是什么？市场研究表明：快餐业最重要的属性，就是“快”（Fast）这种属性。所以，“汉堡王”决定以“更快”作为品牌焦点促进快餐业务发展。“汉堡王”在广告里说道：“如果世界需要快，那么我们的广告应该告诉人们，我们就代表着快”（If the world wants fast, our advertising should tell them we are fast）。那么，“汉堡王”能够占有“快”这种属性吗？在市场调研中，并没有指出这个问题。

在美国快餐业中，“快”这种品牌属性，实际上为“麦当劳”（McDonald's）所拥有。或者说，“快”已属于“麦当劳”，“麦当劳”代表着“快”。尽管如此，“汉堡王”仍然展开了口号为“快速时代的最好食品”（Best food for fast times）的市场营销运动。这几乎是一场灾难。随之而来的后果是：广告代理机构被解雇，管理团队被解雇，“汉堡王”被迫售出。许多人们正因为触犯了市场中的排他法则而付出代价。

【案例】在经济全球化背景之下，对于快递服务来说，全球范围这个概念越来越重要。“联邦快递”（FedEx）试图拥有全球化这个概念。由于这个原因，“联邦快递”打算放弃“隔夜送达”（Over Night），开始转向“世界范围”（World Wide）。于是，“联邦快递”包裹上的字样——“隔夜送达邮件”（Over Night Letter），变成了“联邦快递邮件”（FedEx Letter）。“联邦快递”的广告基调——“绝对、当然、必须隔夜送达”（When It Absolutely, Positively Has To Be There Over Night），开始转变为“全球范围”。

那么，在人们的心智中，“联邦快递”是否能够占有“世界范围”这种价值属性？不能。这是因为：“世界范围”这种价值属性，已经被“敦豪”（DHL）抢先占有。“敦豪”的传播口号就是：DHL World wide Express。因此，对于“联邦快递”来说，如果凭借“世界范围”这个概念，那么将难以从“敦豪”那里抢到市场份额。同时，对于“世界范围”的领先地位，“敦豪”没有丝毫放弃的意思。在企业的网站上，“敦豪”这样说道：“敦豪”是全球货运物流领导者——全球空运与海运的市场领导者。“敦豪”为大型物流项目提供定制化的解决方案，以及综合性的物流通关服务，能够在客户要求的送货时间，按照预先约定的服务价格，将货物或者商品运送至顾客指定的交货地点。

对于“联邦快递”而言，通过抢夺“世界范围”这个概念，很难实现全球化发展战略。相反，“联邦快递”应该扬长避短，充分利用自己在人们心智中的价值概念，通过“快速”使世界变得“扁平化”，从而才能在全球市场上与“敦豪”进行抗衡。“联邦快递”宣传概念应该聚焦在速度上——“更快到达世界更多地方”（Faster to more of the world）。对于“联邦快递”来说，“速度”本来就是其专有的品牌概念。所不同的是：如今，“联邦快递”必须将“速度”概念全球化。“联邦快递”应该这样宣传：“联邦快递”——全球最快的快递企业，因此让世界变得更加扁平化。

【案例】 在中国大陆，宝洁公司的品牌家喻户晓。不管飘柔洗发水（Rejoice）、潘婷洗发水（Pantene）、海飞丝洗发水（Head & Shoulders）、沙宣洗发水（VS），还是舒肤佳香皂（Safeguard）、玉兰油润肤露（Olay），或者护舒宝卫生巾（Whisper）、佳洁士牙膏（Crest）、碧浪洗衣粉（Ariel）、汰渍洗衣粉（Tide）……这些品牌无不享有盛誉。1997 年，宝洁公司在中国酝酿一个新的产品，推出一种全新的、展示现代东方女性黑发美的润发产品，并将其命名为“润妍”（Ascend），意指“滋润”与“美丽”。为此，宝洁公司先后邀请 300 名消费者，对产品概念进行测试和调查。

- 提问：理想中的黑发是什么？
- 回答：具有生命力的黑发。
- 提问：什么是具有生命力的黑发？
- 回答：就像一颗钻石一样，只是蒙上了尘埃。只要擦去钻石上的灰尘，就可以让钻石发出本身的光芒……

在市场调查过程中，宝洁公司又进一步了解到人们的想法——东方人向来以皮肤白晰为最美，而头发越黑就越可以反衬皮肤的白晰美。经过反复 3 次的概念测试，宝洁公司基本把握住了消费者心智中理想的护发产品。当时，绝大多数中国人已习惯使用二合一洗发水，专门的护发产品能被广泛接受吗？宝洁公司认为，使用专门润发露的护发方法，已经成为全球的消费趋势。在欧美地区，80% 的消费者长期使用润发露。在日本，使用润发露的消费者达到 85%。在中国，专门使用润发露的消费者不到 6%。

根据市场调研的结果，宝洁公司认为：在中国，润发露拥有巨大的潜在市场。根据对消费者的普遍调查，宝洁公司（日本）技术中心研制出了两款“润妍”润发产品——冲洗型和免洗型。其中：“润妍”免洗型润发露专门为职业女性创新研制。“润妍”新产品研制出来之后，宝洁公司并没有马上投放市场，而是继续邀请消费者进行测试。根据消费者的要求，宝洁公司进一步对“润妍”产品进行了改进。

在经过反复测试的之后，宝洁公司向市场推出了“润妍”倍黑中草药润发露。“润妍”强调专门为东方人设计的润发露，在配方露中加入了独创的水润中草药精华，融合了国际先进技术和中国传统中草药成分，特别适合东方人的发质和发色。令人感到遗憾的是，“润妍”并没有获得预期的成功。为什么？对于“润妍”的失败，人们做出了很多解释。普遍的看法是：“润妍”不符合人们的使用习惯——中国人习惯使用“二合一式”洗发水，专门护发产品不被广泛接受。

问题的关键不是出在产品本身上，问题的关键出在人们心智上。在人们的心智中，“乌亮黑发”这种品牌概念，已经被“夏士莲”（Hazeline）黑芝麻洗发水所占有，“润妍”已经不能占有“乌亮黑发”这个概念。反之，“润妍”完全可以改变产品形式——推出“二合一式”洗发水，以适应人们的使用习惯。这说明了一种情况：市场调研可以告诉企业一个调查结果——消费者喜欢什么样的产品属性。但是，市场调研往往没有告诉企业：在消费者的心智之中，这种重要的产品属性已经被哪个品牌所拥有。这就是说，消费者不会告诉调查人员，什么品牌拥有自己喜欢的产品属性。

人们的使用习惯——使用“二合一式”洗发水，是否构成“润妍”品牌失败的关键原因？这是一个极具辩证性的问题。对于“润妍”来说，如果占有一个重要的价值属性，那么属性价值的重要性，会吸引人们逐渐改变原有的使用习惯。这就是说，价值属性的重要性，会帮助品牌克服使用习惯的障碍。在这种情况之下，使用习惯不会构成太大的阻碍。反之，人们的使用习惯，则会构成品牌的成功障碍。对于“润妍”来说，问题的关键在于：不能占有“乌亮黑发”这种价值属性。在这种情况之下，人们的使用习惯构成了“润妍”的品牌障碍。

重新定位

给对手重新定位

——为竞争品牌贴上消极属性标签

【观点】 所谓给竞争品牌重新定位，是指给竞争品牌贴上某种消极的属性标签，从而利用竞争品牌的消极属性，对照己方品牌的积极属性，与己方品牌形成鲜明的对比，从而反衬己方品牌独特的价值属性。值得注意的是，给竞争品牌贴上某种特性标签，决不是要去恶意攻击竞争品牌。给竞争品牌重新定位，是利用竞争品牌广为人知的消极属性，反衬己方品牌特征显著的积极属性，从而把己方品牌送入人们的心智。因此，重新定义竞争品牌的属性，就是给竞争品牌重新定位。给竞争品牌重新定位，就是给己方品牌进行定位。“给竞争品牌重新定位”的关键在于：所谓的竞争品牌，不应该是“无名之辈”。这意味着，“给竞争品牌重新定位”，攻击对象应该锁定在：行业的领先者、强大的竞争者，甚至是主流品类。否则，“给竞争品牌重新定位”毫无意义。“给竞争品牌重新定位”关键之处在于“借力”——借助于攻击对象在人们心智中的地位，衬托己方品牌在在人们心智中的地位。“不知名的品牌”或者“非主流的品类”，在人们心智中不具有地位不具备“借力”的客观条件。

【诠释】 《荀子·劝学》：假舆马者，非利足也，而致千里；假舟楫者，非能水也，而绝江河。君子生非异也，善假于物也。㊣定位的战术视角，往往不在自己身上寻找，而是在对手身上寻找。关键在于：能否发现这种视角，然后对其加以有效利用。这就是说，要善于利用对手身上的东西，把自己的品牌送入人们的心智阶梯。无他，善假于物也。此亦可谓“因敌而制胜”之法。“善假于物”可以正着用——借助领先者的优点，亦可以反着用——借用领先者的缺点。这又符合“奇正相生”之法则。

【案例】 “斯科普”漱口液（Scopt），是宝洁公司声势最大的项目之一。“斯科普”漱口液，一反传统漱口液的理念——强调是一种“口味好”的漱口液。无论是从产品的角度看，还是从定位的角度看，“口味好”的漱口液都是一个好的策略。不但如此，“斯科普”漱口液——“口味好”的漱口液，还给领先品牌进行了重新定位，即“李斯特灵”漱口液（Listerine）是一种“口味差”的漱口液。

“给竞争品牌重新定位”，宝洁公司仅用了两个字，这两个字就是“药味”。“口味好”的漱口液，无疑在提醒消费者一个事实——“李斯特灵”漱口液，是一种口味很差的漱口液。在漱口的时候，有一种难闻的“药味”。对于这种药味，消费者再熟悉不过了。消费者非常清楚，“李斯特灵”漱口液有一种“药味”。这是一个不争的事实。正是这种带有“药味”不争的事实，成为“给竞争对手重新定位”的基础。

运用“给竞争对手重新定位”策略，“斯科普”漱口液从“李斯特灵”漱口液那里夺走了几个百分点的市场份额，牢牢地占据了第二品牌的位置。此外，这两个品牌之间的较量，还殃及了几个其他品牌。“Micrin”和“Binaca”被淘汰出局，“Lovoris”市场份额大幅萎缩。在非洲大陆，有一个古老的谚语——“大象打架，蚂蚁遭殃”。这种竞争结果，归功于“给竞争对手重新定位”策略。

【案例】 “瑞古”（Ragu）面条酱，曾是头号意大利面条调味酱品牌。但是，“瑞古”面条酱的市场份额却降低了不少。原因在于：“普雷戈”面条酱成功地给“瑞古”面条酱进行了重新定位。“普雷戈”面条酱把“瑞古”牌面条酱定位为“稀汁”面条酱，把自己定位成

"浓汁"面条酱。

在电视广告上，"普雷戈"面条酱指名道姓地比较这两个品牌。"普雷戈"面条酱说道："稀汁"调味酱未必就不好。意大利（欧式）面条调味酱就是"稀汁"面条调味酱。如果喜欢"稀汁"面条调味酱，那么就购买"瑞古"面条酱。如果喜欢"浓汁"面条调味酱，那么就购买"普雷戈"面条酱。

"普雷戈"面条酱给竞争品牌重新定位——"瑞古"面条酱："稀汁"面条调味酱，获得成功的基础是什么？第一个基础："瑞古"面条酱是意大利"头号"面条调味酱的品牌地位。这种领先的品牌地位，早已存在于人们心智中。第二个基础："瑞古"面条酱不是"浓稠"的面条酱。十分明显，这是一个不争的事实。人们很容易看到这种事实。如果没有这两个基础，那么"瑞古"面条酱——"稀汁"面条调味酱，就不会获得定位成功。

给自己重新定位

——重新为己方品牌寻找价值属性

【观点】定位理论强调定位的稳定性。一个价值属性及其一种价值概念，或者一个品牌代名词，应该深深地植入顾客心智中，并且应该保持稳定不变。但是，在不断变化的世界里，没有永远不变的东西。一切事物都将发生改变，只是时间问题而已。战略定位同样会发生改变，只是时间的问题而已。总会有那么一天，品牌要被迫改变自己的定位——改变所占有的定位属性，改变所代表的价值概念，改变所拥有的品牌代名词。在人们的心智中，如果品牌定位失去了价值吸引力，那么品牌不得不放弃曾经拥有的定位，不得不放弃曾经拥有的价值属性，不得不放弃曾经拥有的品牌代名词。定位同样会有过时的时候，过时的定位就要放弃。如果品牌定位失去了顾客吸引力，那么必须对品牌进行重新定位——必须重新寻找一个价值属性，必须重新占据一个心智地位，必须重新拥有一个品牌代名词。值得注意的是，重新定位受到品类范畴的限制——难以跨越品类范畴，为自我品牌进行重新定位。或者说，必须在原有定位的相邻或者相近领域，重新寻找一个可以占领顾客心智的空白地带。

【诠释】 📖《老子》（23）：飘风不终朝，骤雨不终日。孰为此者？天地。天地尚不能久，而况于人乎？📖《老子》（22）：洼则盈，敝则新。㊣ 一劳永逸的定位，恐怕是难以找到了。定位迟早都会变化，只是时间长短罢了。旧的不去，新的不来，重新定位就是了。不要忘记了，重新定位是有条件的。一是难以跨越品类，二是要放弃老定位。如此，品牌则有望重获新生。

【案例】 在美国，制作电视节目并不容易。有时候，刚刚想出一个好的点子，没过多久就发现其他电台播出类似节目。看看小道消息节目，看看脱口秀节目，再看看喜剧短片……充满了各个电视频道。对于电视节目来说，要想获得真正持久的成功，几乎是不可能完成的任务。由于这种原因，不少电视节目都需要重新定位。

1984 年，“今夜娱乐新闻”（Entertainment Tonight，ET）节目，达到了收视率鼎盛时期。此后，收视率连续 4 年持续下降。后来，“今夜娱乐新闻”节目更是雪上加霜。一些地方电视台甚至拒绝在黄金时段播出这个节目。从调查资料中发现，当观众被问到对这个节目满意程度的时候，85% 定期收看节目的观众都表示：在看完节目之后，“很少”或是“没有”感到失望。这表明：大多数观众对“今夜娱乐新闻”还是相当喜欢。当观众被问到：如果“今夜娱乐新闻”停播，大家是否会感到遗憾。71% 的观众表示“不太会”感到遗憾，或者只是“稍微会”感到遗憾。观众的理由是：同类节目太多了。就算“今夜娱乐新闻”停播，影响也不会太大。由此可见，在节目播出多年之后，“今夜娱乐新闻”已经不再特别，而大众对这个节目不像以往那般珍惜了。

“今夜娱乐新闻”的竞争者太多了，节目一枝独秀的时代已不复存在。在电视上播报娱乐新闻的节目已经多达十几个，甚至二十几个。像“今天”（Today）、“早安！美国”（Good Morning！ America）一样的电视节目，都是“今夜娱乐新闻”的竞争对手，这些竞争节目的后半部分，都把重点放在娱乐新闻上。一些地方性新闻节目同时还兼报娱乐消息。例如：“芭芭拉·华特斯特别节目”（Barbara Walters）、“绅士名流生活透视”（Life-styles of the Rich and Famous）这两个节目，就是典型的地方节目代表。还有“脱口秀”节目——以耸人听闻的小道消息为主题，其中娱乐新闻占了很大的一部分。此外，有线电视亦不甘落后于人，例如：HBO的“银幕背后”（Behind the Scenes）、CNN的“好莱坞时间”（Hollywood Minute），以及USA电台的“好莱坞内幕”（Hollywood Insider）都播放娱乐新闻。竞争日益加剧，不仅影响了收视率，同时也降低了观众对节目的忠诚度。这当然不是什么好消息，因为观众的忠诚度才是收视率的保证。

在越来越成熟的市场中，所有企业都会感受到持续不断的压力。解决之道在于：不断地找出更新、更好的点子。如果保持不改变，那么自然就会成为别人攻击的目标。如果不断改变更新，那么别人就永远沾不到便宜。“今夜娱乐新闻”既然不能将竞争对手都赶跑，那么就得重新进行定位，将节目从“新闻”的重心转移到其他地方。但是，要转移到什么地方呢？找出人们喜欢的东西和喜欢的方式，然后投其所好。找出人们的喜好，并不一定要花费巨资去研究，看看那些喜欢探人隐私的读者，就能从中能找出诀窍。人们就是想要知道“谁对谁做了什么”。“今夜娱乐新闻”要去开发这个市场。对于这方面的消息，美国人根本就是贪得无厌，永远不会嫌多。

基于这样一种事实，“今夜娱乐新闻”节目应该把重心转移到“更加内幕”的消息上，那就是观众所喜欢的东西。所以，不妨投其所好，制作出一个让人难以抗拒的节目。“内幕消息”与“闲话节目”有别。从定义上来说，所谓“内幕消息”，就是指只有内部人员才会知道的事情。为了走好“内幕消息”这条路线，“今夜娱乐新闻”节目必须把所有新闻栏目的名称加重“内幕”色彩。例如，可以分为“电影内幕”“电视内幕”“摇滚音乐内幕”等等。除此之外，还应该在节目未开播之前，多进行一些“内容预告”宣传，让观众知道节目所做的改变，宣传做得越刺激越煽动人心，效果就会越好。“今夜娱乐新闻”节目从“新闻”转移到了“幕后消息”之后，节目大获成功。“今夜娱乐新闻”节目的收视率又回复到了从前的顶点。

【结语】 定位就是要发掘自己的各种属性，从中捕捉到能够成为特性的东西。定位就是要在人们心目中赋予产品或品牌特性，这种特性可以是客观上具备的特性，亦可以是主观上赋予的特性。无论客观上具备的特性，还是主观上赋予的特性，关键是要在人们的头脑中把属性抢先占为已有，使之在人们的头脑中成为品牌的专有属性。当然，属性法则可以反过来运用——利用竞争品牌广为人知的消极属性，给竞争品牌贴上消极的属性标签，这就是给竞争对手重新定位。

1.6 牺牲法则

【释义】 为了获得某个东西，必须先放弃一些东西。什么是聚焦？聚焦是把力量聚集在一个点上。聚焦的作用是：通过聚焦能够产生一个强大的焦点。然后，用这个焦点攻占人们心智，用这个焦点在人们头脑里占据有利的竞争位置。什么是牺牲？牺牲就是必须要放弃一些东西。牺牲的作用是：通过牺牲来保证实现聚焦，避免在经营过程中出现焦点扩散，进而削弱品牌在人们心智里的营销吸引力。当选择聚焦的时候，意味着同时选择了牺牲。这就是说，必须放弃那些与焦点无关的东西。这意味着：要想实现聚焦，就要进行取舍，就要选择放弃，就要作出牺牲。聚焦和牺牲，像是一枚硬币的两个面。聚焦是正面，指明品牌应该怎样实现定位；牺牲是反面，告诉品牌应该如何保证聚焦。在争夺的头脑战争里，必须学会聚焦，必须学会取舍，必须学会牺牲。

战略取舍

战略聚焦

——要做什么事情，不做什么事情

【观点】 在当今的世界上，没有任何一家企业能够占领所有市场，没有任何一个产品能够满足所有需要，没有任何一个品牌能够迎合所有喜好。企业一旦认识到这个事实，那么就应该很容易接受“取舍”这个概念。企业不必理会耳边的咒语：不能放弃任何扩张机会。企业应该要做的事情，首先是确定不做什么事情。这就是说，企业应该界定出经营领域，界定出顾客群体，界定出品牌个性，界定出品牌定位，界定出运营活动。然后，将与此无关的东西统统舍弃。什么是战略？有人说，战略就是首先确定不做什么。这句话的含义是：知道应该做什么固然重要，知道不该做什么更加重要。做应该做的事情会让企业获得成功，做不该做的事情会令企业遭遇失败。应该做的事情是取舍，不该做的事情是贪婪。

【诠释】 《老子》（22）：少则得，多则惑。㊣ 对于定位而言，少则能够做到精专，又因精专而在人们心智中清晰，故可得者多；多则陷于混乱失序，又因混乱而在人们心智中模糊，故所见者惑。战略定位，贵在清晰且明确，败在混乱而困惑。战略取舍，重中之重，不可不明，不可不察。

【案例】 1971年，赫伯·凯莱赫（Herb Kelleher）收购了美国西南飞机公司（Southwest Aircraft）。1976年，罗林·金（Rollin King）和赫伯·凯莱赫成立了美国西南航空公司（Southwest Airlines）。美国西南航空公司成立之时，美国的航空业已经比较成熟，利润较高的长途航线基本被瓜分完毕，新进入者很难找到立足的缝隙；短途航线则因单位成本高、利润薄而无人去做。

美国西南航空公司审时度势，选择了短途航空客运市场，并把汽车作为竞争对手。赫伯·凯莱赫说道："我们的竞争对手是公路交通，我们要与行驶在公路上的福特汽车（Ford）、克莱斯勒汽车（Chrysler）、丰田汽车（Toyota）、尼桑汽车（Nissan）展开价格战，我们要把高速公路上的客流搬到天上来"。美国西南航空公司把自己定位为快捷、低成本、短距离的航空公司。但是，航空企业高额固定成本的行业特性，"与汽车竞争"的低价和快捷定位，以及狭小的短途航空运输市场空间，无疑都给美国西南航空公司提出了巨大的挑战。

在美国，那些提供全面服务的航空企业，几乎能将乘客从任何一个地方送到其他任何一个地方。为了到达多个目的地，方便乘客转机，他们经常采用"以繁忙的大型机场为中心枢纽"的辐射系统；为了吸引那些希望旅途舒适的乘客，他们还提供头等舱和商务舱服务；考虑到那些要转机的乘客，他们在航班安排上做出了调整，并且提供行李代运和转运服务；对于那些需要长时间飞行的乘客，他们还会提供餐饮服务。

对自己所有的运营活动，西南航空公司都进行了精心的取舍和设计，一切都以成本和快捷为中心。例如：西南航空公司不在大型枢纽机场开设停靠港，只在中等城市和大城市中的二级机场开设停靠港，这样既避开了与大航空公司正面竞争，又避开了高额的枢纽机场费用，同时还避开了由于枢纽机场繁忙所造成的时间延耽。西南航空公司在飞机上只提供一些软饮料和花生米，这样既节省了人力，又节省了成本。西南航空公司在登机口设立了自动售票处，鼓励乘客跳过旅行社直接购买西南航空公司的机票，这样就节省下了大笔机票销售代理佣金。西南航空公司的登机牌都是塑料做的，用完后回收起来，以备下次再用。

西南航空公司全部采用波音（Boeing）737 客机，这样不但大大地节省了飞机的维护成本，还大大地节约了包括飞行员在内的技术人员的培训成本。同时，西南航空公司统一的机型，使飞行员对飞机相当熟悉，飞行员可以随时接飞任何一架波音 737 飞机，许多飞行员和空中服务人员经常不停地倒换飞机飞行，飞行员的月平均飞行时间是其他航空企业的 2 倍，从而大大节省了人力资源成本。

西南航空公司的航班都是点对点的飞行，从不中途停靠其他机场，因此总是比别的航空企业迅速。西南航空公司不对号入座，也没有公务舱和经济舱之别，乘客上去就找空座位坐下，这样就可以很快登机完毕起飞。西南航空公司不提供行李联运托运业务，从而大大减少了在航空港的滞留时间。

经过精心和大胆的取舍，西南航空公司真正做到了快捷、便宜，而且又有利可图。20 世纪 90 年代初期，在美国航空业中，西南航空公司成为惟一获利的航空企业。进入 21 世纪，美国航空业状况令业界人士不堪回首。2001 年，经济衰退已经使供过于求的美国航空业处境艰难，“9·11”事件又使航空企业雪上加霜。客流量大幅度下降，运营成本不断提高，一系列难题使绝大多数航空企业严重亏损。联合航空公司（United Airlines）和美国航空公司（American Airlines）相继宣布申请破产保护，美洲航空公司（Americana de Aviation）也濒临破产，其他几家大企业亦陷入严重的经营困难。在这前所未有的逆境中，西南航空公司始终保持着盈利，让许多人不得不刮目相看。

从 2001 年至 2002 年，美国八家主要航空公司经营情况惨淡——美洲航空公司亏损 52.7 亿美元，联合航空公司亏损 53.6 亿美元，德尔塔航空公司（Delta AirLines）亏损 24.9 亿美元，西北航空公司（Northwest Airlines）亏损 12.2 亿美元，大陆航空公司（Continental Airlines）亏损 5.5 亿美元，美国航空公司亏损 37.6 亿美元，美国西部航空公司

（Western Airlines）亏损5.8亿美元，西南航空公司则盈利7.5亿美元。2003年，美国航空业仍然在减少运力、大量裁员，以求维持生存。在第一季度，西南航空公司又盈利2400万美元，与上年同期的2100万美元相比，增长了14.3%；经营收入为13.5亿美元，与上年同期的12.6亿美元相比，增长了7.5%。

市场取舍

市场聚焦

——宁愿在一处强，不要在处处弱

【观点】人类的本性不愿意放弃任何东西，人们不愿意放弃任何一个获取的机会。人们不愿意把自己锁定在一个位置上，人们相信自己能够在多个位置上游刃有余。人们总是感到自己的市场空间有限，人们总想把自己拓展到想要的位置上。对于取舍、放弃和牺牲，人们首先感受到的是痛苦、遗憾、无奈和不情愿。营销战，即是一场认知之战，又是一场资源之战。营销战争的关键是：要保证有足够的战争资源——防御或者进攻，在必要的时候投入到自己的防御或者进攻阵地上。如果战线拉得太长，那么无论防御，还是进攻，都难以做到得心应手，甚至陷入捉襟见肘的被动局面。营销战的秘诀是：宁愿在一处强，不要再处处弱。在营销战争中，迫使自己同时在多条战线上作战，很难在各条战线上都取得优异的战绩。在营销的战场上，必须舍弃那些占领不了的市场，必须放弃那些敌人固守的市场。相反，企业应该把资源集中起来，巩固自己固守着的营销领地。

【诠释】《孙子兵法·九变》：涂有所不由[1]，军有所不击[2]，城有所不攻[3]，地有所不争[4]。《孙子兵法·虚实》：敌所备者多，则吾所与战者寡矣。故备前则后寡，备后则前寡；备左则右寡，备右则左寡；无所不备，则无所不寡。寡者，备人者也；众者，使人备己者也[5]。㊣ 对于企业而言，在多个市场上征战，同时想打赢多场营销战争，则是一件难上加难的事情。其道理很简单："所备者越多，所战者越寡"，投入营销战的资源被分散了。与其如此，不如择一强势领域，固守而待敌。多元化经营的问题恰恰自于此处。

注解：

〔1〕梅尧臣：避其险阨也。杜佑：阨难之地，所不当从也；不得已从之，故为变也。道虽近而中不利，则不从也。

〔2〕曹操：军虽可击，以地险难久，留之失前利，若得之，则利薄。困穷之兵，必死战也。杜佑：军虽可击，以地险难久，留之失前利，若得之，利薄也。穷困之卒，隘陷之军，不可攻，为死战也。当固守之，以待隙也。

〔3〕曹操：城小而固，粮饶，不可攻也。梅尧臣：有所害也。王皙：城非控要，虽可攻，然惧于钝兵挫锐，或非坚实，而得士死力；又克虽有期，而救兵至，吾虽得之，利不胜其害也。张预：拔之而不能守，委之而不为患，则不须攻也。又若深沟高垒，卒不能下，亦不可攻。

〔4〕曹操：小利之地，方争得而失之，则不争也。杜牧：言得之难守，失之无害。梅尧臣：得之无益者。王皙：谓地虽要害，敌已据之，或得之无所用，若难守者。张预：得之不便于战，失之无害于己，则不须争也。又若辽远之地，虽得之，终非己有，亦不可争。

〔5〕孟氏：备人则我散，备我则彼分。杜佑：敌分散而少者，皆先备人也，敌所以备己多者，由我专而众故也。梅尧臣：使敌愈备，则愈寡也。王皙：左右前后俱备，则俱寡。张预：左右前后，无处不备，则无处不兵寡也。所以寡者，为兵分而广备于人也。所以众者，为势专而使人备己也。

【案例】 1941年，喜利得（Hilti）兄弟俩人——马丁·喜利得（Martin Hilti）、欧根丁·喜利得（Eugen Hilti），创建了喜利得公司（Hilti Corporation）。在成立之初，喜利得公司只是将自己设计的“DX钻枪”设计商业化罢了。“DX钻枪”能够利用自带的动力系统，把金属栓扣打入水泥混凝土之中。因此，喜利得公司成了生产钻孔和加固工具的革新者和领先者，销售规模大约达到18亿美元。在20世纪90年代早期，喜利得公司发现，自己所在行业处在发展停滞时期，发展速度处于历史最低水平——增长速度不足1%。因此，喜利得公司采取了生产各种新产品的策略——包括：生产钻头、扣钉、基础配件、螺丝钉、化学制品……这些多元化扩张策略，使收入增长速度达到了4%。但是，喜利得公司的策略却降低了边际贡献和经营利润。

喜利得公司认为，必须对分散经营的战略做一个全面评价。在经过详细研究顾客群和产品线之后，喜利得公司的管理者发现：实际上，所有企图提高销售额的新产品，都不能产生利润。喜利得公司得出结论：喜利得公司偏离了核心业务——通过创新工程产品和优秀顾客支持服务，为顾客解决各种复杂的、专业的问题。在这个时期，亚琛工业大学（RWTH Aachen）的一项研究认为：喜利得公司是欧洲南部最具有创新精神的企业。例如：喜利得公司研发出了第一个使用真空隔离钻头的钻孔机。使用这种钻孔机，在工作时就不会把灰尘掉在地板上。喜利得公司执行总裁派厄斯·巴斯克尔（Pius Baschera）博士经过一翻努力，把喜利得公司重新回归到了核心业务上面。派厄斯·巴斯克尔将新战略称为“3C”战略——3C即为顾客（Customer）、集中（Concentration）和竞争力（Competency）。

喜利得公司大量投资于产品创新，生产出一系列质优价高的新产品——即更加专门化的钻孔机和加固工具。例如：钻木头的钻孔机、钻石头的采矿机——一种有专门技术要求的高风险设备、一种小小的DX水泥钉——在被钻枪打入水泥墙中后非常坚固，能够承受5辆轿车的重量。同时，喜利得公司停止生产技术含量低、收益不大的产品线。从 20 世纪 90 年代中期开始，通过开发一系列新技术产品，喜利得公司收入增长率达到 9%，利润增长率达到 14%。喜利得公司通过回归核心业务，产生持续的盈利性增长。如今，喜利得公司围绕核心业务，利用高新技术，不断设计和生产出质优价高的钻孔机和加固工具，既提高了技术含量，又保护了品牌地位。

【案例】1973 年 4 月，联邦快递公司成立的时候，有自己的飞机、卡车，还拥有独特的“以点带面”分销网络。联邦快递公司的策略是：以更低的价格，将更好的产品，通过直销方式，向大宗客户提供快递全面的服务。联邦快递公司的目标竞争对手，是艾米瑞航空货运公司（Emery Air Freight）——货运行业历史最长、规模最大、最赚钱的企业。

按照直线竞争的策略，联邦快递公司推出三种不同的业务：一级优先业务——隔日送达、二级优先业务——两日送达、三级优先业务——三日送达。这三种服务业务级别依次下降，直接针对艾米瑞航空货运公司，艾米瑞航空货运公司拥有的业务，联邦快递公司同样拥有，而且价格更加便宜。凭借直线进攻策略，联邦快递公司能否战胜艾米瑞航空货运公司？

如果不是最好的企业——在人们心智中不是一个行业的代表者，那么“以更低的价格销售更好的商品”很难获胜。在开始的两年，联邦快递公司亏损了 2900 万美元。因此，联邦快递公司又回到聚焦的路上。联邦快递公司采取了新的策略，以一级优先业务——隔日送达业务为核心，放弃了三级优先业务，将二级优先业务更名为“标准航空服务”。同时，联邦快递公司推出“特快信使”服务。“特快信使”服务仅运送重量在两磅之下的文件，人们清楚地看到了“隔日送达”这个概念。

联邦快递公司的广告重新有了焦点，专门针对执行官，而不再是邮件处理室的主管和装卸码头的经理。新的广告主题是：“邮件绝对、肯定、必须要隔日送达”。丝毫没有提到价格更低的问题。

“隔日送达”，成为联邦快递公司的奋斗口号。在一夜之间，联邦快递公司起死回生。1975 年 7 月，联邦快递公司经营业绩跌至最低点。从那以后，联邦快递公司开始一步一步走出低谷。1978 年 4 月，联邦快递公司以 25 美元的价格公开发行股票，经过 3 年中两次股份细拆，在股票市场上的价格达到了 180 美元。到 1980 年，联邦快递公司的年利润超过 5000 万美元。

联邦快递公司不仅改变了经营策略，从原来的“更优质更便宜”，改为现在的“隔日送达”，而且还抬高了价格，其价格甚至高于竞争对手。这有两方面的益处。不仅能赚更多的钱，还能借此提高声誉。人们会本能地设想，如果一项服务花费更多，那么服务质量就会更好。

对于联邦快递新策略，人们惟一的问题就是：为什么公司还要花功夫搞出一项“标准航空服务”？幸亏人们似乎没有注意这项两日送达的业务，在人们的心目中，联邦快递只意味着“隔日送达”。

【案例】 联邦快递公司在逐步获得成功的时候，艾米瑞航空货运公司却开始走下坡路。由于联邦快递公司集中经营小邮件隔日送达业务，艾米瑞航空货运公司不得不把业务转向重量邮包。1987 年 4 月，艾米瑞航空货运公司花了 3. 13 亿美元，收购波若雷特信使公司，该公司专营信件文件的隔日送达业务。

在大量的合并和收购浪潮中，艾米瑞航空货运公司收购波若雷特信使公司，被人们认为是“绝妙搭配”。艾米瑞航空货运公司的优势在于重量邮包，波若雷特信使公司的优势在于小件包裹，人们认为把这两者结合在一起，能够满足顾客所有的需要。

理论上看起来绝妙的做法，实际上做起来未必如此。艾米瑞航空货运公司失去了经营焦点，开始出现巨额亏损。1987 年 12 月，董事会解雇了头脑顽固的小约翰 · 艾米瑞（John Emery Jr.）——艾米瑞航空货运公司创始人的儿子。

1989 年 4 月，艾米瑞航空货运公司以 4.89 亿美元的价格，卖给了联合航运公司（Consolidated Freightways），这花去了联合航运公司的全部现金。同时，艾米瑞航空货运公司变更了企业名称——艾米瑞国际公司（Emery Worldwide）。然而，情况并没有好转，而是继续恶化了。在收购一年后，艾米瑞国际公司亏损 1 亿美元，首席执行官被解雇，更换了新的执行官。

历史往往会重新上演，只是人们总是遗忘历史。解决艾米瑞国际公司的问题，关键就是聚焦经营。艾米瑞国际公司新管理者，放弃了信件和小邮件隔日送达的业务，集中力量从事重逾 70 磅的中型邮件、以及重型邮件的隔日送达业务。这是联邦快递公司曾经做过的事情，艾米瑞国际公司现在只不过是反过来做而已。

艾米瑞国际公司以重型邮件为焦点，这与以轻邮件为主的联邦快递公司恰好相反。如今，在重逾 70 磅的邮件业务领域中，艾米瑞国际公司成为绝对的领先者，市场份额达到了 24%。第二名为：伯灵顿航空快运公司（Burlington Air Express），市场份额达到 13%。1995 年，艾米瑞国际公司营运利润到达 7700 万美元。20 世纪 90 年代，联邦快递公司年平均净收益仅为 6600 万美元。由此看来，艾米瑞国际公司的聚焦经营效果不错。

业务取舍

业务聚焦

——经营范围狭小，市场范围广大

【观点】 在定位的游戏中，理想的效果是：“经营范围小，市场范围大”。糟糕的状况是：“经营范围大，市场范围小”。这就是说，或许企业的经营范围十分狭窄，但是顾客群体应该非常广泛。这意味着，业务焦点越小越好，顾客的群体越大越好；经营范围越小越好，吸引的顾客越多越好。这种经营效果的实现途径为：把力量、行动和声音整合起来，聚焦在一个相对狭小的领域上，以此建立起不同凡响的声誉，以此引起人们的注意与关注，以此吸引人们购买己方品牌和产品。这就是说，只有聚焦在一个业务领域上，才能成为这个领域中的专家。为此，必须作出取舍，必须学会聚焦，必须懂得牺牲。

【诠释】《老子》（42）：故物或损之而益，或益之而损。㊣损者，减少也；益者，增加也。减少为舍，增加为得。所谓舍得，就是“有舍，才有得；先舍，然后得。”在此处减少，则会在彼处增加；在此处舍弃，才能在彼处获得。对于战略定位而言，经营与市场之间损益取舍，应以“损经营项目，益市场范围”为原则。如此，方可做到精专，才能成为领袖，进而扩大市场，成为一个市场主导者。

【案例】在内什·凯文内特公司（Nash-Kelvinator）与哈德逊摩托汽车公司（Hudson Motor Car）的废墟之上，合并成立了美国汽车公司（Ameriean Motors Corporation）。这两家企业都曾经名噪一时，但是最后都一败涂地。美国汽车公司没有创作出经久不衰的作品，其所生产的产品都是昙花一现。例如：Hornet、Javelin、Gremlin 和 Pacer……这些都是昙花一现的产品。从 1954 年美国汽车公司建立，到 1987 年卖给克莱斯勒公司，这期间曾有两次黄金机会。令人感到遗憾的是，美国汽车公司错失了这两次黄金机会。

在 20 世纪 60 年代早期，美国汽车公司错失了主导小型轿车的机会。美国汽车公司第一个推出小型轿车——纳什·兰宝乐（Nash Rambler），这是美国第一款小型轿车。当然，这为美国汽车公司造就了领先机遇。不幸的是，汽车行业领先企业随之打入小型轿车市场，开始与

Rambler-Classic 汽车，以及美国汽车公司的其他小型轿车产品抢夺生意。在这个关键时刻，合理的做法应该是：集中进行小型轿车的经营。但是，美国汽车公司没有这样做。相反，美国汽车公司试图全线出击——推出豪华型的“大使”汽车（Ambassador）、以及敞篷汽车，还有五花八门的引擎可供选择。这种全线产品策略，成为美国汽车公司致命性的错误。

在 20 世纪 70 年代中期，美国汽车公司错失了聚焦“吉普车”（Jeep）的机会。1970 年，美国汽车公司从凯泽工业公司（Kaiser Industries）收购了凯泽吉普公司（Kaiser-Jeep Corporation），获得了吉普车的生产权。在开始的时候，吉普车销售增长很慢。到了 1978 年，美国汽车公司在美国市场上售出的吉普车，已经超过了小轿车的数量——数量必为 163000 : 158000。此外，吉普车利润很高，小轿车利润则相对较低。在这一年，美国汽车公司在小轿车上亏损了大约 6500 万美元。但是，美国汽车公司的销售额仍然达到 26 亿美元，总体盈利达到 3700 万美元，大部分利润来自吉普车的销售贡献。这一年，美国汽车公司高举吉普车的旗帜，宣布自己现在生产的是四轮驱动的、能在路面以外行驶的汽车。美国汽车公司这样说道：“把公路让给通用汽车、福特汽车、克莱斯勒汽车，我们负责其余地方”。

令人遗憾的是，美国汽车公司没有坚持这种策略。美国汽车公司总裁——杰尔瑞德·迈尔斯（Gerald C. Meyers）——告诉《时代》（*Time*）杂志，在其有生之年，美国汽车公司不会停止生产小轿车。《时代》杂志说：“长时间以来，美国汽车公司一直坚持必须继续生产小轿车，以分摊车辆生产的总成本，从而使经销商有更多产品来提供给顾客”。美国汽车公司本来应该采取的做法，显而易见且又无须一提——放弃轿车生产，全力投入生产领先品牌及其产品——吉普车。然而，经营者总想“扩展经营”，以分摊成本，扩大销量。

【案例】 20 世纪 70 年代末期，雷诺公司（Renault）投资美国汽车公司。当时，美国汽车公司的经营状况确实一塌糊涂。除了自有品牌——协和（Concords）、雄鹰（Eagles）、吉普（Jeep）之外，美国汽车公司还想销售雷诺公司（Renault）的品牌——联合（Alliance）、安可（Encores）和Fuegos，这种经营状况非常不容乐观。到了1986年，美国汽车公司惟一留下的资产，就是长期的经营亏损。《华尔街日报》（*The Wall Street Journal*）写道，美国汽车公司首席财务官毫不惭愧地说道："本汽车生产商本世纪都不用再纳税了，因为我们是5亿美元的减税大户"。

1987年，克莱斯勒公司收购了美国汽车公司——雷诺公司持有的46%股份，以及美国汽车公司持有的剩余股份。克莱斯勒公司迅速采取了聚焦策略——美国汽车公司本应该采取的措施，放弃了其他所有的产品，只保留了"吉普""雄鹰"这两个品牌。"雄鹰"这个品牌用在雷诺公司生产的另一系列的小轿车上。

聚焦吉普车的策略非常有效。1987年，吉普车在美国的销售数量为208000辆。1995年，吉普车在美国的销售数量增长到427000辆。在美国汽车公司31年的历史上，1973年曾在美国售出460000辆吉普车。除此之外，美国汽车公司再没有取得过这样好的销售业绩。销售的车型比别人少，并不意味着销售的数量比他人少，结果可能正好相反。车型更少意味着一种优势，拥有比他人更强有力的焦点。在今天的商业战争中，聚焦就是公司成功的驱动力。

1978年，雷诺公司收购美国汽车公司46%股权，认为从此多了一条分销渠道，可以销售雷诺公司的LeCar、Fuego和Sprotwagon汽车。在7年之后，美国汽车公司和雷诺汽车公司出现了将近7.5亿美元的亏损。1987年，克莱斯勒公司收购美国汽车公司之后，没有抱有雷诺公司一样的幻想。克莱斯勒公司立刻停止了客车生产，专攻吉普车的经营。

克莱斯勒公司不明智的地方在于：与雷诺公司达成了一项协议，销售雷诺公司生产的一种小轿车。这种轿车被冠以"雄鹰"的品牌名称，并与吉普车一同出售。"雄鹰"这个品牌，从来没有为克斯勒公司赚过钱，甚至比吉普车的销量要小得多。1995 年，克莱斯勒公司的吉普车销售数量达到“雄鹰”轿车的 7 倍。实际上，要不是因为吉普车在展厅里的魅力被“雄鹰”冲淡，吉普车会成为更引人注目的品牌。集中经营策略总是比分散经营更强有力。

在轻型乘用车市场上，“吉普”这个品牌名称是一个十分特别的名字，是惟一成为“品类代名词”的品牌名称。克莱斯勒公司应该问自己同一个问题：我们为什么不放弃轿车，全力经吉普车和小型货车？吉普车在美国的年销售量达到 40 万辆，“Jeep”为什么不能作为一个企业或者一个品牌而单独存在？

品类取舍

品类聚焦

——在这里做聚焦，在那里做牺牲

【观点】 在定位的游戏中，品牌必须把焦点聚焦在一个品类上，才能成为人们心智中的品类专家，才能成为人们心智中的品类精品，才能成为人们心智中的品类代表。在定位的游戏中，品牌必须把焦点聚焦在一个品类上，才能在人们心智中突显与众不同，才能在人们心智中留下深刻印象，才能在人们心智中成为首选对象，才能在人们心智里建立领先地位。这意味着：对于消费者来说，聚焦能够产生心智效应。但是，聚焦意味着牺牲。当选择聚焦的时候，意味着必须做出牺牲！要想聚焦这个品类，就要牺牲那个品类。这就是说，如果想把焦点聚集在某一个产品类别上，那么就应该舍弃那些干扰焦点的品类项目。对于“骑墙”的想法和行动，像是脚踏两只船一样危险——哪一只脚都“踩不牢”，哪一只脚都“踏不稳”——既经不起风浪，又经不起碰撞。其结果必然为：一败涂地，翻身落水。

【诠释】 《三十六计》（秘本兵法）：李代桃僵。〔出处〕《乐府诗集·鸡鸣》：桃生露井上，李树生桃旁。虫来啮桃根，李树代桃僵。〔解语〕势必有损，损阴以益阳。〔按语〕敌我之情，各有长短。战争之事，难得全胜，而胜负之诀，即在长短之相较，乃有以短胜长之秘诀。如以下驷敌上驷，以上驷敌中驷，以中驷敌下驷之类。此则诚兵家独具之诡谋，非常理之可测也。㊣“李代桃僵”意思是说，借助于某种手段，以一事物的损失、牺牲，换取其他一个事物的安全、成功。即以局部或者部分的牺牲，换取全局的安全或者成功。战略定位，同样需要以牺牲换成功。为了实现具有战略价值的定位，企业必须牺牲一些业务项目。这就是“李代桃僵”之计。

【案例】 1865年，在芬兰（Finland）诺基亚河畔（Nokia River），诺基亚公司（Nokia）从一个纸浆磨坊起家。1967年，诺基亚公司与生产胶鞋和轮胎的芬兰橡胶厂（Finnish Rubber Works）合并；在同一年，又与生产电缆和电子产品的芬兰电缆厂（Finnish Cable Works）合并。1981年，诺基亚公司购入一家电信企业的大部分股权。1981年，诺基亚公司把斯堪迪纳维亚（Scandinayia）最大的彩电生产商纳入旗下。在同一年，诺基亚公司又将瑞典一家电子和电脑厂商纳入名下；1986年，诺基亚公司又获得芬兰最大电子产品批发商的控股权。1988年，诺基亚公司收购爱立信（Ericsson）的IT部门之后，创建了斯堪迪纳维亚最大的信息技术集团公司。直至20世纪90年代初期，诺基亚公司才停止这种多元化扩张。

1992年，约玛·奥利拉（Jorma Ollila）出任诺基亚公司总裁。他认为，一个企业的产品项目过于复杂，很不利于企业的业务发展。约玛·奥利拉认为：如果要想在世界范围站住脚，那么必须在所从事的领域里挤进前三名。如此，企业才有可能取得盈利性增长。一个企业不可能方方面面都领先，因此必须学会专注于某个方向。于是，诺基亚公司作出决定：专注于移动通信领域，决定把移动通信作为专注发展的方向。

当决定专注于移动通信领域的时候，诺基亚公司在移动通信领域并不赚钱。诺基亚公司甚至曾一度考虑，是否取消移动通信这项经营业务。但是，为了专注于这个眼前并不赚钱的移动通信业务，为了推行以移动通信为中心的专业化发展新战略，约玛·奥利拉一上任就抓住时机清理无关的经营项目。造纸、轮胎、电缆、家用电器等多元化业务，或者被出售卖掉，或者被独立出去，或者被压缩到最低限度，甚至忍痛砍掉了"欧洲第二"的电视机生产业务。诺基亚公司集中了 90% 的资金和人力，加强对移动通讯器材和多媒体技术的研究和开发。

当时，对于摩托罗拉公司（Motorola）来说，诺基亚公司在实力上并不占优势。然而，经过 6 年专业化发展之后，诺基亚公司超越了摩托罗拉公司。1998 年，诺基亚公司卖掉 4000 多万部手机，销售数量超过摩托罗拉公司，从而跃升为全球第一的手机生产商。自此，诺基亚公司一直保持着手机行业龙头老大的市场地位，并以此在股票市场上跻身世界十大企业之列。手机的发明者——摩托罗拉公司却变成一个落后的品牌。

【案例】 在诺基亚公司聚焦手机业务的时候，摩托罗拉公司一直朝着相反的方向走去。摩托罗拉公司最初靠生产汽车收音机起家，"摩托罗拉"这个名字就由此而来——Motor 这个词汇，本来就是"汽车"的意思。多年以来，摩托罗拉公司涉足了众多的行业领域——包括：传呼机、半导体、有线电视机顶盒、电脑、电信、工具等经营项目。

- 1983 年，摩托罗拉公司推出第一部商用手机——Motorola Dyna TAC 8000X。20 世纪 80 年代后期，手机行业开始逐步起飞。此时，摩托罗拉公司本应将所有资源都聚焦到手机上，但是摩托罗拉公司却选择继续同时追逐更多的经营项目。
- 1990 年，摩托罗拉公司推出电脑工作站系列产品。在同一年，摩托罗拉公司耗资 50 亿美元，启建拥有 66 颗卫星的铱星通讯系统，该项目在1998年建成。在两年之后，摩托罗拉公司以2500万美元贱卖铱星通讯系统。1991年，摩托罗拉公司、苹果公司、IBM公司联合研发PowerPC芯片，并将其用在个人电脑产品上。

- 1995年，摩托罗拉公司自称是“无线通信、半导体、电子系统、零件和服务的全球顶尖供应商之一，业务涵盖了手机、双向无线电、传呼机和数据通讯、个人通讯、汽车、防御、空间电子和计算机”。
- 1997年，摩托罗拉公司宣布将用129亿美元建立一个全球卫星系统。2000年，摩托罗拉公司以170亿美元买下通用仪器（General Instruments）。在此后几年里。摩托罗拉公司收购一家有线网络设备公司、一家嵌入计算机系统公司、一家无源光纤网络设备生产商。
- 2004年，摩托罗拉公司将半导体业务拆分出去。自从那时起，摩托罗拉公司多元化战略不断膨胀，并在2008年达到了巅峰。在同一年，摩托罗拉公司计划分拆手机业务，这比诺基亚公司晚了大约20年的时间。

决定企业成功的关键，不在于能生产多少产品，而在于能赚多少利润。在过去10年中，摩托罗拉公司销售总收入为3293亿美元，诺基亚公司销售总收入为3701亿美元，两者在销售额上相差不大。但是，在过去的10年中，摩托罗拉公司净利润为54亿美元，净利润率为1.6%。诺基亚公司净利润为440亿美元，净利润率达到11.9%，超过摩托罗拉公司7倍还多，摩托罗拉公司在股票市场上价值90亿美元，诺基亚公司在股票市场上价值482亿美元，后者超过前者5倍还多。

在全球最具价值品牌排行榜上——由国际品牌集团（Interbrand）评选，摩托罗拉公司以37亿美元的价值排在第87位，诺基亚公司以359亿美元的价值排名第5位。2007年，在全球手机市场上，诺基亚公司的市场份额达到37.8%，摩托罗拉公司的市场份额为14.3%。摩托罗拉公司扩散自己的经营焦点，诺基亚公司则收缩自己的经营焦点。谁是这场战争的赢家？毫无疑问，诺基亚公司成为了赢家。但是，摩托罗拉公司的高层管理者则持有完全不同的观点。摩托罗拉公司首席执行官格雷戈里·布朗（Gregory Brown）认为：在手机业务上，“矛盾执行”给摩托罗拉公司带来很大的麻烦。当经营出现问题的时候，企业管理层总是倾向于将责任归咎于执行。

品牌取舍

品牌聚焦

——一个品牌，仅扮演一个角色

【观点】在定位游戏中，一个品牌只能扮演一个角色。这意味着：一个品牌不能既代表这种东西，同时又代表那种东西。在定位游戏中，一个品牌只能突出一个属性。这意味着：一个品牌不能既代表这个概念，同时又占据那个位置。在定位游戏中，一个品牌只能形成一个代名词。这意味着：一个品牌不能既满足人们这方面的需要，同时又满足人们那方面的需要。否则，人们的心智必将陷入混乱——这个品牌到底代表着什么东西？在人们的心智中，如果一个品牌已经代表了一种东西，那么就不要再让这个品牌代表其他东西。如果一个品牌名称用到各种产品上，那么品牌注定要在人们头脑中陷入混乱，注定要在人们头脑中失去焦点。如果让一个品牌在定位游戏中扮演多个角色，那么品牌注定会失去在人们头脑中的价值地位，品牌注定会失去不断积累起来的顾客群体。

【诠释】《孙子兵法·军争》：言不相闻，故为金鼓[1]；视不相见，故为旌旗[2]。夫金鼓旌旗者，所以一人之耳目也[3]。人既专一，则勇者不得独进，怯者不得独退，此用众之法也[4]。故夜战多火鼓，昼战多旌旗，所以变人之耳目也[5]。㊣ 金鼓、旌旗，都是战场信息传播工具而已。企业对于潜在顾客，言不相闻，所以才做广告、公关。视不相见，所以才有品项、标识。对于定位而言，一个品牌就是一种象征，或者代表一个品类，或者代表一种价值。广告所表达的内容，标识所联系的意义，都是要统一地传递同一种价值，都要一致地传播同一个象征，才能“一人之耳目”，而不是“乱人之耳目”。一个品牌，如果要扮演多种角色，其所传播出来的价值和象征信息，一定是“乱人之耳目”，必定不能“一人之耳目”。因此，也必定会“乱人之心智”，亦很难“一人之心智”。

注解：

〔1〕杜佑：金，钲铎也。听其音声，以为耳候。

〔2〕杜佑：瞻其指麾，以为目候。

〔3〕张预：夫用兵既众，占地必广，首尾相遗，耳目不接，故设金鼓之声，使之相闻，立旌旗之形，使之相见。视听均齐，则虽百万之众，进退如一矣，故曰：斗众如斗寡，形名是也。

〔4〕梅尧臣：一人之耳目者，谓使人之视听齐一而不乱也。鼓之则进，金之则止，麾右则右，麾左则左，不可以勇怯而独先也。张预：士卒专心一意，惟在于金鼓旌旗之号令。

〔5〕李筌：火鼓，夜之所视听。旌旗，昼之所指挥。杜牧：令军士耳目，皆随旌旗火鼓而变也。

【案例】 1904年，威廉·杜兰特（William Crapo Durant）创建了通用汽车公司。当时，通用汽车公司的核心理念是：通过收购一批汽车制造企业，进行组合生产可以节约大量资金；当一个企业下滑的时候，还有其他企业做支撑。直至1910年，威廉·杜兰特已经收购了17家汽车制造企业，这其中包括：奥兹莫比尔（Oldsmobile）、别克（Buick）、凯迪拉克（Cadillac）。1918年，阿尔弗雷德·斯隆（Alfred P. Sloan）出任通用汽车公司生产副总裁，接管了一个被称为“非理性的产品线”，通用汽车公司旗下众多的汽车品牌，根本没有一个指导政策，各种品牌在市场上经常自相残杀。

品　　牌	价　　格
雪佛兰(Chevrolet)	795 美元～2075 美元
奥克兰(Oakland)	1395 美元～2065 美元
奥兹莫比尔(Oldsmobile)	1445 美元～3330 美元
斯克里普斯·布思(Scripps Booth)	1545 美元～2295 美元
谢里登(Sheridan)	1685 美元
别克(Buick)	1795 美元～3295 美元
凯迪拉克(Cadillac)	3790 美元～5690 美元

通用汽车公司亟待一个品牌政策。阿尔弗雷德·斯隆采取的基本政策为：大批量生产质量、价格依次提高的 5 个汽车品牌和车型，把消费者带入通用汽车公司的产品家族；通过塑造品牌的形象，提高通用汽车公司的市场竞争力。于是，5 个强大的不同品牌问世了——雷佛兰（Chevrolet）、庞帝克（Pontiac）、别克（Buick）、奥兹莫比尔（Oldsmobile）和凯迪拉克（Cadillac）。20 世纪 50 年代中期，在美国汽车市场上，这 5 大品牌的市场份额达到了 57%。

品　　牌	价　　格
雪佛兰(Chevrolet)	450 美元～600 美元
庞帝克(Pontiac)	600 美元～900 美元
别克(Buick)	900 美元～1700 美元
奥兹莫比尔(Oldsmobile)	1700 美元～2500 美元
凯迪拉克(Cadillac)	2500 美元～3500 美元

1958 年，弗雷德里克·唐纳（Frederic Donner）出任通用汽车公司总裁，通用汽车公司品牌战略开始改变——阿尔弗雷德·斯隆坚持的“多品牌、多定位”战略开始改变，采用了所谓的“产品同一化”战略。弗雷德里克·唐纳认为：不就是汽车吗？为什么不相互交换零件，进行交叉生产？结果，通用汽车公司的品牌，无论内部上看，还是从外部上看，都渐渐地丧失了原有的个性。这种“产品同一化”战略，为通用汽车公司带来了一些利润。但是，这种战略损害了品牌的差异性。从此，通用汽车公司的品牌战略，从“多品牌、多定位”战略转向了

“多品牌、同定位”战略。

1981年，罗杰·史密斯（Roger Smith）担任通用汽车公司主席。自此，“产品同一化战略”被推到了极至。1983年8月22日，通用汽车公司的孪生兄弟品牌——雷佛兰（Chevrolet）、奥兹莫比尔（Oldsmobile）、别克（Buick）、庞帝克（Pontiac），登上了《财富》（*Fortune*）杂志的封面故事，还配上了看上去都一模一样的4款汽车图片。《财富》（*Fortune*）杂志封面故事标题很有启示性：成功会毁掉通用汽车公司吗？通用汽车公司的各个品牌不仅外形相似，价格也相互接近。

品牌	价格
土星(Saturn)	10570美元~21360美元
雪佛兰(Chevrolet)	13995美元~45705美元
庞帝克(Pontiac)	16295美元~32415美元
奥兹莫比尔(Oldsmobile)	118620美元~35314美元
别克(Buick)	26095美元~37490美元
凯迪拉克(Cadillac)	31305美元~48045美元

通用汽车公司品牌差异性又模糊不清了！又相互残杀了！又乱成一团了！市场份额从57%跌至了28%！

属性取舍

属性聚焦

——选择一个属性，充当定位武器

【观点】一个品牌可能拥有多种属性，如果想用属性在人们头脑中定位，那么只能选择其中一种充当定位武器。这不是说，品牌其他属性毫无用处。这意味着：只能选择一个属性，承担在人们心智中定位的任务。不要忘记：人们的心智喜欢简单，害怕混乱。在信息过度化传播的环境里，人们缺乏足够的耐心和精力，倾听一个完整的品牌故事介绍。一个品牌，不能既占有这种属性，同时又占有那种属性，人们不相信全能型产品。把品牌聚焦在一个独占的属性上，胜过向人们讲述一个拥有多重特性的品牌故事。这意味着：一个品牌应该只向人们展示一个独特侧面，而不是向人们展示所有方面。因此，如果打算采用属性在人们头脑中定位，那么必须对品牌属性作出选择与取舍，必须对品牌属性做出牺牲和放弃。

【诠释】 《孙子兵法·虚实》：进而不可御者，冲其虚也。退而不可追者，速而不可及也[1]。㊣ 对于定位而言，所谓独特的属性，意即为“他人无有，独我所有”的属性；所谓独占的属性，意即为“未被占有，我能抢先”的属性。采用这种属性定位，即为“冲敌之虚也”，才能“进而不可御”。因此，选择定位属性，应该择其专而弃其纷，持其简而摒其繁，毕全力而集一点，才能对人们的头脑产生更大的冲击力。一旦以此攻占人们心智，竞争对手则不可追，亦不可及。

注解：

〔1〕梅尧臣：进乘其虚，则莫我御；迟因其弊，则莫我追。杜牧：既攻其虚，敌必败；败丧之后，安能追我？我故得以疾退也。李筌：进者，袭空虚懈怠，退者，必辎重在先，行远而大军始退，是以不可追。张预：对垒相持之际，见彼之虚隙，则急进而捣之，敌岂能御我也？获利而退，则速还壁以自守，敌岂能追我也？兵之情主速，风来电往，敌不能制。何氏：兵進则衝虚，兵退則利速。我能制敌，而敌不能制我也。

【案例】 在可口可乐与百事可乐的战争中，可口可乐最先进入潜在消费者心智，并建立了一个强有力的品牌地位。在20世纪50年代末期，可口可乐与百事可乐的销售数量之比为5:1。在20世纪80年代之前，百事可乐一直惨淡经营，被可口可乐远远甩在后头。1983年，罗杰·恩里克（Roger Enrico）担任百事可乐公司总裁。罗杰·恩里克上任伊始，就把目光盯在百事可乐的定位上了。对软饮料而言，百事可乐和可口可乐的产品，在味觉上很难分清孰优孰劣，因此，焦点便在于品牌在人们心智中的印象上了。

为给自己品牌进行定位，百事可乐公司进行了一次市场调查。调查人员发现：当消费者在挑选软饮料的时候，人们实际上做出了三项选择——第一步：人们拿定主意喝软饮料，而不是果汁、水或者牛奶。第二步：人们选择了可乐饮料（Cola），而不是选择雪碧（Sprite）、七喜(7-Up)，或者选择其他饮料品类。第三步：人们才开始从可乐饮料（Cola）中做挑选——可口可乐，或者百事可乐。对品牌调查结果还表明：在消费者的认知中，百事可乐公司是一家年轻的企业，具备新的思想，富有朝气和创新精神，同时是一个发展很快、敢于赶超第一的企业。不足之处在于：鲁莽，甚至有点盛气凌人。可口可乐得到的积极评价为：可口可乐是美国的象征，是“真正的”可乐饮料，具备明显的保守传统。不足之处在于：老成迟钝、自命不凡，还有点社团组织的味道。

最终，百事可乐公司开发了一个基于牺牲的概念战略。罗杰·恩里克做出决定：牺牲十几岁年轻人之外的市场，选择青少年作为自己的品牌形象。年轻人充满情趣，令人振奋，富有创新精神——这正是百事可乐生机勃勃、大胆挑战的写照。针对美国青年要独树一帜的消费方式，百事可乐找到了品牌定位——百事可乐：新一代的选择。新一代的选择，鲜明地与“老一代”划清界限，提出“新一代”的消费品味及生活方式。结果，在美国市场上，百事可乐销售数量扶摇直上。1985 年，可口可乐与百事可乐的销售数量之比为 1. 15:1。尽管百事可乐的定位是：百事可乐——新一代的选择，但是 购买百事可乐的消费者，实际上不只是十几岁年轻人，其他人同样会购买百事可乐。这是因为：人们认为自己也是年轻人。

【案例】 1902 年，英国烟草制造商菲力普·莫里斯（Philip Morris），在美国纽约设立了自己的公司，开始销售自己的烟草品牌。1924 年，在万宝路香烟（Marlboro）推出的时候，并不是卖给男人抽的香烟，而是定位为“柔若五月”的女性香烟。广告表现的画面，则是以“优雅姿态的时髦女性，两指间夹着香烟”为主题。1936 年，万宝路香烟又加上红色的美丽滤嘴，广告主题为：“唇指间的天作之合”。然而，女性对香烟的消费量十分有限，万宝路香烟的市场反应始终非常冷淡。直到 1953 年，万宝路香烟的市场占有率还不到 0.25%。万宝路香烟成为一个奄奄一息的品牌。幸运的是，“万宝路”作为女性香烟默默无闻。这反而成为“万宝路”转移阵地的优势——为万宝路香烟重新定位提供了条件。

于是，菲力普·莫里斯盯上了男性消费者市场。1953 年，菲力普·莫里斯作出决定，改变万宝路香烟的品牌定位，否则难以吸引“既吸烟上瘾、又频繁消费”的男性消费者。为此，“万宝路”采取了一系列重新定位行动。（1）放弃了红色的过滤嘴，换上了新型过滤嘴。（2）采用首创的硬盒翻盖包装，以红色作为烟盒的主要色彩——看起来十分显眼、硬朗。（3）品牌名称文字锐角化，使之显得富有男性的刚强之气。（4）广告强调男子汉气概，广告主题定调为“释放男人风味”，以吸引爱好和追求这种气质的男人。结果：猎人、水手、飞行员……这些男子汉形象，都曾经成为“万宝路男人”的主角。“万宝路”新形象是：一种朴实的、放松的、在户外工作的硬汉。最后，这个理想的男子汉形象，落到了一个美国牛仔身上——一个浑身散发着粗犷、豪气的男子汉，目光深沉、皮肤粗糙，袖管高高卷起，露出多毛的手臂，指间总是夹着一支冉冉冒烟的香烟——万宝路香烟。

美国牛仔——男子汉形象的效果十分显著。“美国牛仔”渐渐开始深入人心，并为“万宝路”带来巨大财富。从 1954 年至 1955 年期间，万宝路香烟的销售数量提高了 3 倍，一跃成为美国第 10 大香烟品牌。

1968 年，在美国市场上，万宝路香烟的市场占有率上升到第二位。如今，万宝路香烟全球年销售数量超过 3000 亿支。这相当于多大的规模？要用 5000 架波音 707 飞机才能装完；全球香烟市场消费掉 4 支香烟，就有 1 支是万宝路香烟。由此，万宝路香烟成为世界第一香烟品牌。事实上，美国牛仔是越来越少了。吸万宝路香烟的消费者，并不是真正的“美国牛仔”。但是，万宝路香烟的定位——美国牛仔：男子汉的形象，却深深印在人们心智里。

【结语】 无论做什么事情，都不应该贪得无厌，贪欲越多损失越多。在头脑争夺战中，应该记住一个关键原则——“少”才能“多”，“多”就是“少”；“加”就是“减”，“减”才能“加”。如果希望获得成功，那么就必须学会舍弃一些东西，以此保证能够把精力聚集在一个焦点上，以此保证能够在人们头脑中建立不同凡响的声誉。为此，必须舍弃一切与焦点无关的东西——包括舍弃拥有的产品项目、具备的品牌特性、甚至看好的目标市场。

第 2 章

基础法则：遵循共通性的品牌定位法则

【题义】定位的核心任务，是在人们心智中构建一个差异性的价值地位。实现差异化的根本途径，包括获得领先的顾客心智地位——领先法则所要达到的定位效果，以及拥有独特的品牌价值概念——聚焦法则所要到达的定位效果。要想实现差异性定位，不但需要找到实现差异性的途径，而且还要遵循一些共通性的定位原则。所谓共通性的定位原则，就是无论想要获得领先的顾客心智地位，还是打算拥有独特的品牌价值概念，两者都必须共同遵循的基本性原则。这就是说，无论打算选择什么定位目标，都必须遵循一些基本性的定位原则。不遵守这些基本性的定位原则，任何定位努力都难以收获最终的营销结果。这意味着：定位的核心法则告诉人们从何处开始实现差异化，定位的基础法则告诉人们如何保证实现差异化。具体一点来说，要想获得领先的顾客心智地位，或者打算拥有独特的品牌价值概念，还必须遵循四个基本的定位原则——趋势法则、资源法则、长效法则、诚信法则。否则，定位的目标将难以实现。

2.1 趋势法则

【释义】成功的定位必须建立在趋势基础之上，而不是建立在潮流基础之上。定位不应该以时尚为依据，定位应该以趋势为依据；定位不应该以媒体的宣传为依据，定位应该以现实的情况为依据。时尚与趋势的区别，就像波浪和潮汐——波浪来去迅速，潮汐涨落缓慢。时尚来得疾去得快，趋势来得缓去得慢；时尚很易被发现，趋势很难被察觉；时尚总被大肆炒作，趋势很少引人注意；时尚可能在短期内有利可图，趋势却会在长期中发挥威力。时尚之所以受到媒体的关注，是因为时尚都是正在迅速发生的事情，因此很明显，很容易被发现，很容易被关注；趋势之所以很少受到媒体的关注，是因为都是长期缓慢发生的事情，因此很隐蔽，很难被发现，很难被关注。

趋势与时尚

定位应以趋势为依据

——要顺应趋势，不追逐时尚

【观点】 不要依靠追赶时尚来驾驶企业的航船，必须依靠追赶趋势来驾驶企业的航船。追赶时尚，只能令企业不断地调整方向，企业很难在不断的调整中保持不迷失方向。跟随趋势，则会使企业一直保持着方向，企业很容易随着趋势的前进逐步走向成功。然而，人们往往会被时尚迷住眼睛，往往错把时尚当作趋势。当时尚销声匿迹之后，追随时尚的企业经常会遭受严重的冲击。

【诠释】 📖《六韬·龙韬·军势》：善战者，见利不失，遇时不疑。失利后时，反受其殃。故智者从之而不释，巧者一决而不犹豫。是以迅雷不及掩耳，迅电不及瞑目，赴之若惊，用之若狂，当之者破，近之者亡。孰能御之！㊣ 对于定位来说，抓住时机至关重要。然而，机会亦有大小之分，机会亦有长短之别。大的机会隐蔽，小的机会易见；长的机会缓慢，短的机会迅速。大且长的机会，因为隐蔽且发展缓慢，不会引起人们的强烈关注；短且小的机会，因为显见而传播迅速，则会吸引人们蜂拥而至。定位，应该“抓大放小”，应该“取长舍短”。

【案例】名人、明星——时尚的天然载体。在一个短时期内，像明星、名人一样的时尚人物，可以帮助促进商品和服务的销售。但是，明星、名人无法保证品牌获得长期的成功。“缤纷好莱坞”，是一家以好莱坞（Hollywood）明星为主题的餐馆，拥有一大批明星投资人。例如：布鲁斯·威利斯（Bruce Willis）、阿诺德·施瓦辛格（Arnold Schwarzenegger）、戴米·摩尔（Demi Moore）、乌比·戈德堡（Whoopi Goldberg）、西尔韦斯特·史泰龙（Sylvester Stallone）……这些时尚明星都是餐馆的投资人。但是，这些时尚因素——明星、名人，不能帮助“缤纷好莱坞”获得成功。

1991 年，在“缤纷好莱坞”开业之初，这家连锁餐馆受到了非常广泛的社会关注。“缤纷好莱坞”扩张十分迅速，很快在全球设立了近 80 家餐馆。然而，1999 年，“缤纷好莱坞”突然宣布破产，大量餐馆停业关闭。在不到 10 年的时间之中，为什么一个备受关注的品牌会遭遇失败？餐饮企业要想取得长久的成功，必须以食品和饮料为主题。例如：人们选择在“麦当劳”就餐，关键原因是：价钱便宜和消费便利。不是因为“麦当劳”食品的味道。尽管事实如此，像“麦当劳”一样的连锁企业，同样需要围绕着食品展开宣传活动。对于大多数人来说，出去吃饭是为了品尝食品。“缤纷好莱坞”这家由明星投资的餐馆，从未在食品方面进行广告宣传。

一位葡萄酒鉴赏家——马尔科龙·格鲁克（Malcolm Gluck），在英国《卫报》（*The Guardian*）上发表评论：“缤纷好莱坞”完蛋了——奶牛、素食主义者、食品评论家，还有各种嫉妒的餐馆，一定会为此而欢呼雀跃。这是因为：在烹饪历史上，被吹嘘得天花乱坠的餐馆垮台了！“缤纷好莱坞”倒闭消息传出之后，“缤纷好莱坞”失去了更多的顾客。结果：“缤纷好莱坞”只保留了最初开设的几家餐馆。这是因为：“缤纷好莱坞”获得了沙特阿拉伯（Saudi Arabia）投资者的投资——沙特阿拉伯的投资者，对“缤纷好莱坞”进行了相对谨慎的投资。马尔科龙·格鲁（Malcolm Gluck）写道：那些像笨蛋一样投资人认为，有了“好莱坞”这个背景，就足以使“缤纷好莱坞”获得成功。伙计，搞错了！

“缤纷好莱坞”餐馆，不过是吸引那些“一次性”顾客——顾客被时尚的因素所吸引。马尔科龙·格鲁克（Malcolm Gluck）认为：“缤纷好莱坞”对人们的吸引力，不过是去这样的地方可以被别人看见、并见识一下这里有哪些时髦人物。人们总希望能够在这里见到餐馆的投资人、或者投资人的朋友、或者一些时尚名人。这些时尚名人，在开业时蜂拥而至。这是因为：这里有宣传的机会，还有免费的食品和饮料。此后，这些名人再也没有出现过。

Harden出版公司《伦敦餐馆指南》联合编辑——理查德·哈登（Richard Harden）写道：如果人们打算陪孩子出来玩一天，或者对于旅游者来说，“缤纷好莱坞”是再好不过的地方了。对于“缤纷好莱坞”来说，这仅是“一次性”的惠顾。这是因为：人们找不到“再来一次”的合理理由。对于大多数人来说，这大有“既来之，则安之”的意味。“缤纷好莱坞”的教训在于：不要把时尚当根本。时尚就像是一阵风——来得快，去得快。品牌要想获得成功，必须抓住趋势的发展方向。

【案例】 “必胜客”（Pizza Hut）——美国匹萨饼行业的领先者，主宰着匹萨饼这个行业。位居第二、第三的匹萨连锁店，不是与“必胜客”进行直接竞争的连锁店，而是在匹萨行业某一方面集中经营的连锁店。“小凯撒”（Little Caesars），是美国匹萨连锁店行业中排在第二位的匹萨连锁店，以匹萨外卖为主营业务。“达美乐”（Domino's），是美国匹萨连锁店行业中位居第三位的匹萨连锁店，经营特点则是送货上门。

如果品牌找到了经营焦点，那么就应该深入一步——即要在人们心智中形成一个词语，或者一种概念，使品牌焦点更加具有营销效果

“达美乐”匹萨连锁店在鼎盛的时期，占据送货上门匹萨 45% 的市场份额。这归功于一个有名的承诺：“我们保证，在 30 分钟之内送货上门”。

由于存在着大量交通事故——“达美乐”匹萨连锁店的送货人员出过若干起交通事故，为了员工安全起见，“达美乐”匹萨连锁店被迫放弃了自己的品牌承诺，“达美乐”匹萨连锁店销售额随之下降。“达美乐”匹萨连锁店需要重新寻找一个能够深入人心、能够体现送货上门的特色的词语或概念，以代替从前那个深入人心的品牌承诺。

“小凯撒”匹萨连锁店，是美国发展最快的快餐连锁店之一。主要从事匹萨外卖业务。这是花费最少的一种匹萨连锁店。无需餐桌，无需侍者，无需货车，无需司机。“小凯撒”匹萨连锁店的品牌口号是：两个匹萨，卖一个匹萨的价钱。“小凯撒”匹萨连锁店的崛起，顺应了当时两股主要的社会趋势。由于这种原因，“小凯撒”匹萨连锁店的业务大幅度增长。

对于“小凯撒”匹萨连锁店来说，市场策略能够顺应时代趋势，部分原因是因为运气较好，部分原因是因为眼光独到，部分原因是因为才智不凡。第一股趋势是：饭店外卖食品的迅猛增长。在正餐外卖市场上，匹萨占了很大的比例。在此之前，在正餐营业中外卖食品所占比例要少 36% 。当然，人们依然保持着在饭店内用餐的习惯，但是同时外卖食品开始飞速增长。第二股趋势是：外卖匹萨的迅速风靡。在此之前，汉堡占了外卖食品比例的 30%。匹萨占了外卖食品比例的 26%。然后，匹萨在外卖食品中的比例开始遥遥领先。

“小凯撒”匹萨连锁店的成功，说明一个重要的定位原则——谨慎选择定位的重要性。在可能的情况和条件之下，品牌所选择的战略定位，不仅能说明品牌的过去，还应该适应品牌的未来。令人感到不幸的是，“小凯撒”匹萨连锁店增加了送货上门的业务。这是一个严重的战略失误。一旦品牌获得成功，增长愿望总是诱使企业扩展战线，这反过来将会分散品牌的经营焦点。

现实与炒作

定位应该以现实为依据

——盯住现实状况，不要轻信炒作

【观点】媒体宣传与现实情况之间的差距是：媒体的宣传永远超越现实的状况。媒体经常夸大微小的变化，鼓吹世界很快会彻底改变。如果翻看一下报纸和杂志，那么不难发现这样的特点：在报纸的世界上，或者在杂志的世界上，这个世界天天都在发生着翻天覆地的变化。在真实的世界中，则呈现出一幅完全不同的景象。世界缓慢地发生变化，不会一夜之间彻底改变。其关键原因在于：人们的思维和行为模式变化十分缓慢，人们的生活和消费习惯变化非常缓慢。现实中的真实世界，并不像报纸和杂志所宣传的那样——会在一夜之间彻底改变。当监控趋势的时候，企业应该明白一个道理：媒体的夸大宣传，是为了吸引人们的眼球和注意，是为了销售自己的报纸和杂志，而不是为了销售企业的品牌和产品。媒体时常夸大微小的变化，使人们误以为世界马上就要改变了，或者世界已经彻底改变了。因此，定位应该以事实为依据，不要轻易受媒体宣传的误导。

【诠释】📖《吕氏春秋·察传》：闻而审，则为福矣；闻而不审，不若不闻矣。📖《孙子兵法·始计》：兵者，国之大事，死生之地，存亡之道，不可不察也[1]。㊣ 所谓察传，就是对传闻加以核实，搞清楚所闻是否如所实。定位，应该以事实和趋势为依据。事实怎么样？趋势如何走？这些是“不可不察”的东西，是决定“生死存亡”的东西。此乃定位“国之大事”也。

注解：

〔1〕杜牧：国之存亡，人之死生，皆由于兵，故须审察也。贾林：地，犹所也，亦谓陈师、振旅、战陈之地。得其利则生，失其便则死，故日死生之地。道者，权机立胜之道，得之则存，失之则亡，故日不可不察也。梅尧臣：地有死生之势，战有存亡之道。王皙：兵举，则死、生、存、亡系之。张预：民之死生兆于此，则国之存亡见于彼。然死生曰地、存亡曰道者，以死生在胜负之地，而存亡系得失之道也，得不重慎审察乎？

【案例】 如果看一看报纸、杂志——有关高胆固醇食品危害健康的文章，那么是否意味着：没有人会再吃高胆固醇食品了？或者，吃高胆固醇食品的消费者，是否会在一夜之间大量减少？如果相信媒体的报道，那么企业一定会走入“死胡同”。原因十分简单，改变人们的习惯，不但十分困难，而且十分漫长。

美国皮尔斯伯瑞公司（Pillsbury Company）旗下的快餐连锁店——思迪克—艾尔（Steak & Ale）快餐连锁店相信，没有人吃胆固醇含量较高的牛肉食品了。因此，在思迪克—艾尔餐厅菜单上，增加了虾、鱼和鸡——低胆固醇食品，减少了牛肉食品的供应。

结果怎么样？思迪克—艾尔销售量猛烈下降。鉴此，思迪克—艾尔快餐连锁店迅速回到原来的轨道上。但是，进军健康食品所走的弯路，破坏了思迪克—艾尔的品牌焦点，营业额一直难以恢复到原来的状态。这个教训意味着：企业的战略定位，应该以现实为基础，而不应该以媒体报道为基础。

【案例】 2004 年，美国资深纪录片导演——摩根·斯普尔洛克（Morgan Spurlock）策划了一部著名的纪录片——《大号的我》（*Super Size Me*）。纪录片内容十分简单，摩根·斯普尔洛克以自己的身体做实验，一天 3 餐都吃“麦当劳”食品和饮料，实验连续进行 30 天。在 30

天之后，摩根·斯普尔洛克体重增加15公斤，血压上升、体能下降。“麦当劳”成为垃圾食品的代名词。

尤其不幸的是，在一年的时间之内，“麦当劳”的两任首席执行官因为消化系统疾病相继去世。对于“麦当劳“的首席执行官来说，对“麦当劳”的食品进行品尝，本身就是工作的一个组成部分。在媒体报道的传播效果之下，人们对垃圾食品的恐惧达到了顶峰。“麦当劳”陷入了巨大的公关危机之中。“麦当劳”迅速展开公关行动，反复强调食品的安全性，增加食品制作过程的透明度。如果健康食品是一种趋势，那么企业应该顺应趋势。但是，这仅仅意味着跟随趋势，并不意味着要超越趋势。“趋势”的发展过程是：一步一步渐渐变为现实。所谓“顺应趋势”，就是随着趋势变为现实的节奏行进。所谓“超越趋势”，就是在趋势尚未变成现实之前，就采取脱离现实的行动。

在中国以及其他许多地区，“麦当劳”成为垃圾食品的代名词。同时，“麦当劳”自然成为舆论批评谴责的焦点。在中国大陆，营养专家在媒体上含泪控诉——垃圾食品对儿童造成的健康危害。对于垃圾食品这个概念，几乎没有人不知道是指什么。那么，垃圾食品销量是否会大幅度减少？现实的情况是：无论“麦当劳”，还是“肯德基”，在就餐时间都会令人感到人满为患——难以找到空座位。“麦当劳”是否应该不再卖汉堡包食品了？“肯德基”是否应该不再卖炸鸡食品了？如果情况果真如此，那么结果会怎么样？不言而喻——顾客将会大量流失。这是因为：人们之所以去“麦当劳”，就是为了吃汉堡包；人们之所以去“肯德基”，就是为了吃炸鸡食品。

对于消费者来说，难道不需要更加健康的食品？人们当然需要更加健康的食品。但是，顾客的需求在竞争中获得满足。这意味着：必须出现一个针对垃圾食品的品牌——替代“麦当劳”“肯德基”的健康快餐食品及其品牌，人们才会渐渐改变自己的消费选择。在没有更好的消费替代品牌之前，在人们尚未认可一个更加健康的替代快餐品牌之前，人们不会放弃对垃圾食品的消费选择。况且，改变人们的饮食消费习惯，是一个缓慢而又漫长的过程。人人都知道吸烟的危害，但是让人们解除吸烟的习惯，则是一件十分困难的事情。

【结语】⊕在选择定位之前，应该慢慢观察趋势的方向，不要被时尚迷住眼睛。同样的道理，在展开营销行动之前，应该看看现实的状况，而不是仅听信媒体的宣传。对于营销人员来说，往往宁愿相信夸大其词的宣传，而不愿意相信摆在眼前的现实。往往宁愿去追逐当下的时尚，而不肯思考一下趋势的方向。其结果是：经常落入时尚与媒体的陷阱之中。

2.2　资源法则

【释义】⊕如果缺乏足够的资金，那么任何创意都无法从地面起飞。定位游戏的规程是：第一，要有独特的想法。第二，要有足够的资金。第三，运用足够的资金，把独特的想法植入人们心智。第四，运用足够的资金，让独特的想法驻留在人们心智之中。这就是说，如果拥有一个很好的商业创意，那么需要运用资金推动市场的车轮。

资金与创意

定位与资金

——没有充足资金，创意毫无价值

【观点】⊕在定位的游戏中，资金不是万能的东西。但是，如果没有足够的资金，则是万万不能的事情。如果没有足够的资金，无论多么绝妙的想法都无法启动。如果没有足够的资金，无论多么优秀的创意都毫无价值。如果没有足够的资金，无论多么宏伟的构想都无法实现。这就是说，如果没有足够的资金，无论多么伟大的想法，只能是一个想法而已。事实上，一个极其普通的想法，如果拥有足够的资金，那么要比仅有一个伟大的想法收获得更多。

【诠释】 📖《孙子兵法·作战》：凡用兵之法，驰车千驷，革车千乘，带甲十万，千里馈粮，内外之费，宾客之用，胶漆之材，车甲之奉，日费千金，然后十万之师举[1]。㊣ 无论有形的资源，还是无形资源，都是竞争或战争的基础。缺乏必要的资源基础，战术将难以产生效果，战略也难以发挥作用。争夺人们心智的战争，如果没有足够的资源，则难以实现定位战略。

注解：

〔1〕贾林：计费不足，未可以兴师动众。梅尧臣：举师十万，馈粮千里，日费如此，师久之戒也。何氏：老师费财，智者虑之。

【案例】 1975年，史蒂芬·乔布斯（Steve Jobs）和史蒂芬·沃兹涅克（Steve Wozniak），在卧室中开始开发Apple Ⅰ计算机。1976年，Apple Ⅰ计算机开发工作完成——在史蒂芬·乔布斯的车库里，制造出了Apple Ⅰ计算机的原型机。史蒂芬·沃兹涅克向惠普公司（HP）介绍Apple Ⅰ计算机。但是，惠普公司没有人对Apple Ⅰ计算机感兴趣。在遭到拒绝之后，他们认为应该自已生产Apple Ⅰ计算机。

为了生产Apple Ⅰ计算机，史蒂芬·乔布斯卖掉了自己的汽车，史蒂芬·沃兹涅克卖掉了自己的可编程计算机。他们一共筹集了1250美元，开始生产Apple Ⅰ主板。1976年4月1日，史蒂芬·沃兹涅克、史蒂芬·乔布斯，还有罗纳德·杰拉尔德·韦恩（Ronald Gerald Wayne），三人共同成立了苹果电脑公司（Apple）。1976年5月，一个电脑商店——Byte Shop购买了50台Apple Ⅰ计算机，一台Apple Ⅰ计算机售价为666.66美元，1977年秋季，史蒂芬·沃兹涅克完成了Apple Ⅱ的开发工作。从此，史蒂芬·乔布斯——一个天生的创业家，创业雄心开始迅速窜升，打算继续扩大苹果电脑公司。于是，史蒂芬·乔布斯求助Atari公司进行战略投资。Atari公司创始人——诺兰·布什内尔（Nolan Bushnell）拒绝对苹果电脑公司进行战略投资。然后，史蒂芬·乔布斯被辗转介绍给迈克·马库拉（Mike Markkula）——曾任英特尔公司（Intel）高级经理人。

迈克·马库拉向苹果公司注资92000美元，从而获得了苹果公司33.3%股权。Apple Ⅱ电脑如期发布，售价为1295美元。史蒂芬·乔布斯、史蒂芬·沃兹涅克拥有一个伟大的商业创意。但是，迈克·马库拉注入的91000美元，使这个伟大的商业创意变成为现实。可以这样说，如果没有当初的91000美金，那么就没有今天的苹果公司。

【案例】 一项获得23个国家的专利权、5次获得国际发明金奖的发明专利，因为无力支付专利年费，在2002年2月28日之后即将在一些国家失效。专利发明人——范朝来无奈之下前往北京寻求帮助，在一个多月之后仍然一无所获。时间一天天过去，燃眉之急谁能够帮助解决？一项在国际上处于领先水平、享有独立知识产权的原始发明专利，怎么会落到这种地步？（2002年2月24日，新华网·北京消息）

从20世纪80年代末期，范朝来——“范氏螺纹”的发明人，就开始研制“自动同步开合式螺纹装置”，将台钳等螺杆机构五金工具的工效提高10多倍。1999年10月，在“范氏快夹台钳”技术鉴定会上，由中国科学院、中国工程院两院院士——王大珩等知名专家组成的鉴定委员会，给予“范氏螺纹”高度的评价：“这是一项在国际上享有独立知识产权的原始发明专利的成果，在国际上处于领先水平”。同时，这一技术被专家誉为“世界机械螺纹史上具有划时代意义的重大发明”，被一些媒体誉为“专利国宝”。目前，“范氏螺纹”的发明者——范朝来已开发成功8代专利产品。

如果利用“范氏螺纹”专利技术，组建全球性的行业生产组织，那么不但能以这个专利技术产品占据国际市场，而且还能创造出巨额利润。然而，世界上没有免费的午餐，要想获得市场垄断地位，必须借助专利保护。但是，巨额的专利费用却成为沉重负担。近十几年来，范朝来花在专利上的资金——例如：专利申请费、专利维持费已经高达500多万人民币。如果算上新一代产品的开发研制费、模具费等等，“范氏螺纹”已经花去了2600万人民币。

近十几年来，“范氏螺纹”发明人——范朝来多次向社会各界求助。但是，在融资过程中却屡屡碰壁，融资的记忆令人痛苦不堪。广东、江苏、北京……这些地方已跑了许多遍，同时想了各种办法寻求有关企业、风险投资、银行和政府进行投资，虽然对“范氏螺纹”充满信心，但是谁都不愿意冒险投资。

“范氏螺纹”所涉及的应用工具领域十分广泛，潜在的市场规模高达100亿美元/年。但是，这种潜在的市场规模和效益，无法取得立竿见影的效果，将创意转化为效益并不能一蹴而就。近十几年来，“范氏螺纹”能够勉强支撑运转，完全依赖亲戚、朋友、个体业主的支持。事实上，在技术发明创造的背后，隐藏着巨大的资金要求。如果没有足够的资金支持，那么专利技术就发挥不了市场价值。

“范氏螺纹”这项专利技术，虽然在一些国家失去了专利权，但是保住了在核心地区的专利权。2008年，“范氏快夹台钳”——采用“范氏螺纹”技术——通过了“中间阶段试验”鉴定，这是正式投产前的试验鉴定，初步进入工业生产阶段。“范氏快夹台钳”以其产品性能的可靠性，成为台钳行业具有世界领先技术的新一代产品。

资金与承诺

承诺与资金

——考虑创意资金，是否支持承诺

【观点】 在开展一项营销行动之前，企业必须考虑一个前提性条件——营销行动是否拥有足够的资金。或者说，企业是否有足够的资源，以实现所期望的经营目标？是否有足够的资源，以兑现所做出的品牌承诺？在一个充满怀疑与讥讽的时代，品牌必须做到言出必行、言行一致。人们一旦发现品牌言行不一致，不会为品牌留下改正的时间与机会。因此，在实施营销行动之前，必须拥有足够的营销资源，以保证所做出的品牌承诺。这意味着：获取足够的创意资金，是保证创意成功的根本基础。如何获取创意资金？创意不但能吸引消费者，创意还能吸引投资者。如果缺乏充足的资金，那么必须用创意寻求资金——应该用创意换取资金。当然，为了获得投资资金，企业必须准备放弃一些权利。

【诠释】 ⊕ 📖《孙子兵法·军争》：军无辎重则亡，无粮食则亡，无委积则亡[1]。㊣对于战争来说，没有必要的战争资源，很难赢得战争的胜利。如果缺乏足够的战争资源，那么无论多么高明的战术和战略，都将难以发挥出应有的效果。因此，人们得出一种结论——战争打的是综合国力。定位——攻心之战，亦是资源之战。这不仅是因为：用一种价值概念占领人们心智，需要动用足够的资金资源。而且还是因为：定位意味着一种品牌价值承诺。为了兑现品牌价值承诺，品牌必须动用足够的资源，围绕品牌的价值承诺展开运营活动。

注解：

〔1〕曹操：无此三者，亡之道也。李筌：无辎重者，阙所供也。王皙：委积，谓薪蒭蔬材之属，军恃此三者以济，不可轻离也。张预：无辎重，则器用不供，无粮食，则军饷不足，无委积，则财货不充，皆亡覆之道。此三者谓委军而争利也。

【案例】 ⊕ 如果品牌选择了战略定位，那么就意味着品牌做出了承诺。企业的运营活动，必须围绕品牌的定位与承诺展开。“亚马逊”（www. amazon. com）会作出承诺，订购的图书何时准时送到。为此，在在线技术方面，“亚马逊”斥以重金，以确保配送时间。如果在线配送没有按时送达，而收货人又安排了约会，那么企业麻烦就开始出现了。如果“亚马逊”不能实现其承诺，那么顾客和媒体都会对“亚马逊”进行批评——指责在说谎、在欺骗。如果“亚马逊”获得了说谎、欺骗的恶名，那么“亚马逊”这个品牌就彻底毁掉了。因此，品牌必须集中所有资源，兑现品牌做出的价值承诺。品牌要想获得商业成功，必须拥有足够的资源和能力，保证品牌所做出的承诺。否则，优秀的商业创意，将会被顾客的愤怒所淹没。此外，媒体更会乘机而入，发起不懈的围追攻击。因此，如果企业没有充足的资源，以保证兑现品牌的承诺，那么在品牌在进入心智轨道之前，“优秀创意”就会被自己的承诺所击落。

【案例】 1850 年，美国运通公司（American Express）刚成立之时，仅是一家快递企业——位于美国纽约州（State of New York）。后来，美国运通公司的核心业务发展为与政府邮政汇票竞争的汇票业务。这种服务打入欧洲市场所遭遇的困难，促使美国运通公司在 1891 年推出其核心产品——旅行支票（Travelers Cheques）。这是与政府邮局竞争的付款渠道之一，是欧洲兑现银行付款的有效方法。第一次世界大战期间，政府将快递服务国有化，美国运通公司维持了其金融服务业务，以方便商业贸易及帮助旅客。美国运通公司的旅行支付系统不断扩大——从 1958 年启动的运通借记卡，到 1987 年启动的最佳周期借记卡，再到 2000 年通过电子数据系统采购 4500 多台自动取款机，旅行支付成为了美国运通公司业务扩张的核心。

美国运通公司在提供高安全保证和高水平服务上，建立起十分可靠的声誉。20 世纪 70 年代，旅行者最关心的问题，就是现金或者旅行支票丢失了该怎么办？美国运通公司针对旅行者的担心推出了产品——Express Card。Express Card 的品牌创意，源自一个简单的品牌定位承诺——安全（Security）、服务（Service）、声望（Prestige）。美国运通公司自始至终围绕着品牌定位，展开一致性的运营活动。尽管时代发生了很大变化，但是品牌从未动摇过核心价值理念——美国运通公司总会在顾客需要的时候出现。安全、服务和声望，构成了 Express Card 的品牌承诺。

美国运通公司作出承诺：可以在 24 小时之内，为顾客补上丢失的信用卡。在处理顾客支付账单的时候，如果发现存在疑问的交易，在问题被搞清楚之前，美国运通公司则会把这些交易从账单中剔出。保护与安全，成为 Express Card 的品牌支柱。在安全与服务的基础上，美国运通公司积极地建立起 Express Card 的品牌声望。几乎所有人都担心信用卡被拒收，即便知名人士同样毫无例外。例如：在重要的客户餐会上，因为信用卡问题而出现尴尬局面。Express Card 的承诺是：Express Card 是一种签账卡。这意味着，Express Card 没有预先设定支出限制。Express Card 的客户可以根据实际需要进行自由支付。Express Card 告诉人们：顾客可以有足够的自信—— Express Card 在哪里都会被接受。Express Card——成为持卡人一种尊贵而广为接受的身份象征。

Express Card 做出的品牌承诺——安全、服务和声望，则是建立在运营活动基础之上——不但要“说得好”，而且要“做得到”。对于品牌定位来说，消费者不但听其言，而且观其行。品牌必须做到言行一致，才能获得消费者的接受与认可。所谓听其言——听品牌有何不同之处。消费者听其言，要求品牌开展一致性的品牌传播活动。所谓观其行——看品牌能否兑现承诺。消费者观其行，要求企业展开一致性的企业运营活动。对于企业及其品牌来说，无论一致性的品牌传播活动（言），还是一致性的企业运营活动（行），均需要足够的资金做支撑。否则，所谓战略定位，就会沦为一个空洞的概念。

1891 年，美国运通公司首次推出知名产品旅行支票；1958 年，美国运通公司推出第一张借记卡。直到 30 年之后，肯·奇诺特（Ken Chenault）构想出提高“客户钱包占有率”战略的时候，借记卡的概念并没有多大改变。在 20 世纪 70 年代中期，美国运通公司的业务十分赚钱。1977 年，詹姆斯·罗宾森（James Robinson）担任美国运通公司首席执行官，并开始脱离品牌核心进行业务扩张。1981 年，美国运通公司以 10 亿美元的价格，购买了讲求创新且颇为成功的证券经纪商——Shearson Loeb Rhoades。在接下来的 6 年时间内，詹姆斯·罗宾森努力使美国运通公司成为世界上最大的“金融超级市场”，在短时间内相继并购了一系列金融企业——The Boston Company（资产管理公司）、TradeDevelopment Bank Holdings S. A.（一家欧洲银行）、Investors Diversified Services. First Data Resources（商家交易处理）、Lehman Brothers Kuhn Loeb（投资银行），还有 E. Flutton（股票经纪商）。不幸的是，这些业务与消费者的“组合购买行为”没有真正的关联性，即便对利润有所帮助亦不算很大。例如，开设账户、办信用卡、购买基金，被认为是一种组合式购买行为。相反，这些并购计划令人感到困惑，同时摧毁了品牌的价值承诺。从 1987 年至 1991 年，美国运通公司的市场价值跌幅超过了 50%。

1992 年，由哈维·高勒伯（Harvey Golub）与肯·奇诺特领导的新管理团队，正式接管了美国运通公司。这一次，美国运通公司的做法则以 Express Card 业务为经营核心，转向了一种提高“顾客钱包占有率”的战略。事实上，肯·奇诺特早已开发并推崇这个模式多年，但是无奈没有获得足够的资源支持。到了 1995 年——美国运通公司历经 10 年股价零增长之后，提高“顾客钱包占有率”的战略取得了辉煌的成果，美国运通公司的市场价值增加了 290%。美国运通公司的这种战略，完全是基于对客户的深入了解。这种战略主要由三个要素构成。第一个要素是：任何一项产品要素的设计，都针对精准的市场细分客户群体——根据精确的客户需要，量身订做新产品，目标在于提高客户使用 Express Card 的消费比率。除了基本的“Express Card”——Green Card、Gold Card、Platinum Card 之外，还推出许多不同的信用卡产品，以及一系列特殊用途的商用卡——例如，企业采购卡，还有具有特殊网络付款功能的 Blue Credit Card、Centurion Card。第二个要素是：推出“会员酬宾计划”，持卡人可通过消费累积点数，换取赠品与服务。第三个要素是：积极地为持卡人提供新一轮的附加服务，包括信用保险、旅游险、寿险与行李险。

美国运通公司的战略就像许多杰出的战略一样，在运营上拥有显著的“自我强化”效果，从而在产品与服务环节中繁衍出其他的服务。例如，如果持卡人遗失钱包，打电话给美国运通公司要求补办新的信用卡，那么电话接线生以及电话自助服务都能告知客户，只要付一点钱就可以购买各式各样的保险产品，成为“信用卡全面登记系统”的会员。这样，就可以得到更多、更好的服务。因此，美国运通公司将单一的、没有任何附带服务的信用卡产品，转变为瞄准消费者、小型企业、大企业等不同市场，而且利率水平、限制条件、信用额度、联合服务、酬宾计划等功能均不相同的庞大金融工具体系。这种做法带动企业增长了 12%，由 1993 年的 142 亿美元，提高到 2001 年的 226 亿美元。其中：大多数的增长来顾客平均消费额的增加，这就是“钱包占有率”的提升。

【案例】 1997 年，格扎维埃·纳维尔（Xavier Naville，中文名字：李文志）从法国巴黎来到中国上海，担任跨国餐饮企业——金巴斯集团公司（Compass Group）中国分支机构的首席财务官。由于语言的障碍和环境的改变，李文志（Xavier Naville）就像一个匆匆过客，并没打算在中国长期停留。

1998 年，一个商机引起了李文志的关注，并最终让决定留在中国。当时，日本从美国进口大量新鲜切割蔬菜，年贸易额达到了 7 多亿美元。相对于美国来说，中国距离更近，蔬菜价格更低。如果从中国出口新鲜切割蔬菜到日本，那么既可以保证运输质量，又可以保证价钱便宜，这样就可以抢夺美国人在日本的市场。

在发现这个商机之后，李文志感到兴奋不已。金巴斯集团公司在中国有一块附带的蔬菜供应业务，专门为一家快餐连锁店提供新鲜切割蔬菜。李文志认为，金巴斯集团公司技术过关，利用中国蔬菜的低价优势，完全可以进入日本的新鲜切割蔬菜市场。

李文志将自己的想法推荐给金巴斯集团公司，对此，金巴斯集团公司并不感兴趣，并做出了明确答的复：新鲜切割蔬菜业务，不是金巴斯集团公司的专业。金巴斯集团公司专注于餐厅业务——不是工业企业，不是农业企业。对于新鲜切割蔬菜业务，金巴斯集团公司不感兴趣。但是，如果李文志打算开拓这项业务，金巴斯集团公司则愿意提供帮助。

当时，中国人对新鲜切割蔬菜并不很了解。人们简单地认为：新鲜切割蔬菜，就是对蔬菜简单切割后形成的产品。实际上，新鲜切割蔬菜对温度有严格的要求，整个生产和销售环节都要在1℃～4℃的环境里完成。面对日本市场的诱惑，在几经考虑之后，李文志打算自己组建公司。但是，李文志面对的最大问题，就是缺少启动业务的资金。

李文志出身财务专业，熟悉融资渠道。因此，李文志决定寻求风险投资的支持。于是，为找到投资资金，李文志开始四处奔波，走访了许多风险投资机构。当时，金巴斯集团公司提供了很大的帮助，把自己的一些客户转给李文志，这为寻求风险投资增添了的筹码。在走访了165家风险投资机构之后，终于有一家投资机构愿意进行风险投资。

2000年4月，李文志建立了创立食品（中国）有限公司（Creative Food），风险投资机构成了企业股东。由于有风险资金做后盾，李文志开始雄心勃勃，斥资800多万美元进口了一批生产设备，又从国外招聘了一批管理人员，并完全按国际照标准方式开始运作。

创立食品（中国）有限公司的产品——新鲜切割蔬菜，很快进入了日本市场。然而，问题很快暴露出来。新鲜切割蔬菜，主要是直接供给快餐连锁店，要求保证供应的稳定性。然而，由于没有自己的蔬菜种植基地，创立食品（中国）有限公司只能从菜农手里收购新鲜蔬菜。因此，新鲜蔬菜供应的稳定性受到很大的影响。这意味着：创立食品（中国）有限公司不能兑现自己的承诺——以较低价格，连续稳定供应新鲜切割蔬菜。

由于不能保证连续稳定的供货，日本企业不再向李文志订购新鲜切割蔬菜。创立食品（中国）有限公司只好暂停新鲜切割蔬菜出口业务。无奈之下，李文志再次筹集资金，以在中国建自己的蔬菜基地。为了缓解资金压力，李文志不得不缩减了开支。为了增加现金流入量，李文志被迫将蔬菜沙拉摆上了商店的货架。

资金与竞争

竞争与资金

——积累足够资金，应对竞争需要

【观点】博弈竞争格局之中品牌，永远在两种角色之间转换——要么进攻，要么防御。无论对于进攻者来说，还是对于防御者来说，都需要投入足够的资金，用以争夺或者维护在人们心智中的价值地位。无论发动进攻，还是展开防御，总是一方开始行动，然后一方做出相应反应。无论开始的一方，还是反应的一方，其行动都存在着两个共同的要素——速度和力度。速度与时间有关，力度与资金有关。(1) 从速度的意义上来看，意味着相差的时间距离——从开始一方开始行动的时间，直至反应一方作出反应的时间，两者之间产生的时间差代表着速度的含义。对于开始的一方来说，时间差意味着抢先的时间。对于反应的一方来说，时间差意味着落后的时间。对于定位来说，时间资源——应该称之为“时间差”资源，成为一种特殊资源。领先的时间差越大越好，我们可以称之为正资源。落后的时间差越小越好，我们可以称之为负资源。在大多数情况下，时间正资源的多少，取决于竞争对手的反应速度。时间负资源的多少，则取决于品牌自身的反应速度。这意味着：

己方的时间资源越多，对方的时间资源就越少。时间资源的意义在于：占领人们的心智，需要足够的时间。品牌拥有的时间资源越多，品牌在人们心智中的价值地位越牢固。因此，正时间资源越多越好。如果与抢先者争夺一个价值概念，那么就不要给抢先者太多时间。在抢先者尚未占领人们心智之前，展开快速争夺行动。否则，抢先者一旦占领人们心智，一切努力都将徒劳无功。因此，负时间资源越少越好。(2) 从力度的角度上来看，意味着资金投入的大小。对于抢先的一方来说，拥有的正时间资源越多，资金投入的优势越大，就越容易在人们心智中建立起稳固的价值地位。对于落后的一方来说，拥有的负时间资源越少，资金投入的优势越大，就越有利于缩短在人们心智中存在的品牌地位差距。在双方拥有的时间资源相差不大的情况下，双方持续保持的资金投入优势决定着最终的结局。资金投入优势越大的一方，获得领先地位的机会就越大。在时间资源相差不大的情况下，资金投入优势对于获取领先地位具有特殊意义——能够产生“倍速”的加速效应。资金投入较多的一方，市场份额增长越快。反之，资金投入较少的一方，市场份额增长越慢。这意味着：对于增长较快的一方来说，其市场份额的增长更多来自于增长较慢一方。结果，强者变得更强，弱者变得更弱。强弱差距一旦明显拉大，落后者很难有机会翻身。可见，在争夺心智的战争中，有两种至关重要的资源。第一种资源是时间资源，第二种资源是资金资源。时间资源和资金资源，如果能够与竞争策略有效配合，那么在争夺心智的战场上将无往而不胜。

【诠释】 《百战奇法·粮战》：凡与敌垒相对持，两兵胜负未决，有粮则胜。若我之粮道，必须严加守护，恐为敌人所抄。若敌人饷道，可分遣锐兵以绝之。敌既无粮，其兵必走，击之则胜。法曰：军无粮食则亡。㊣ 对于定为来说，资金就是攻占人心的粮食和弹药。缺少粮食和弹药，任何策略都难以发挥营销作用。《孙子兵法·作战》：善用兵者，役不再籍，粮不三载[1]；取用于国，因粮于敌，故军食可足也[2]。《孙子兵法 · 作战》：智将务食于敌。食敌一钟，当吾二十钟；萁秆一石，当吾二十石[3]。《孙子兵法 · 作战》：是谓胜敌而益强[4]。定位的资金，可以有三个方面的来源。一是来自于己方（自有的资金），二是来自于友方（他人的投资），三是来自于敌方（对手的业务）。自己的资源，以及他人的投资，比较容易理解。所谓“来自于敌”，就是在心智上分割对手的顾客，在市场上夺取对手的份额，从而获得“自我循环，自我成长、自我发展”的资金，进而削弱了竞争对手拥有的竞争资源。胜敌益强——强者愈强，弱者愈弱，其关键原因就在于此。

注解：

〔1〕李筌：籍，书也。不再籍书，恐人劳怨生也。曹操：籍，犹赋也。言初赋民而便取胜，不复归国发兵也。始载粮，后遂因食于敌，还兵入国，不复以粮迎之也。

〔2〕曹操：兵甲战具，取用国中，粮食因敌也；李筌：具我戎器，因敌之食，虽出师千里，无匮乏也。

〔3〕李筌：將之智也，務食於敵，以省己之費也。

〔4〕杜牧：得敵卒也，因敵之资，益己之強。张预：胜其敌，而获其卒，既为我用，則是增己之强。

【案例】“肯德基”小将力敌“麦当劳”巨头。弱小的“肯德基”如何在中国市场扭转战局？从全球市场范围看，“肯德基”与根本不是同一个重量级别上的竞争对手。“麦当劳”是美国排名第一的快餐领先品牌，在全球拥有 3 万多家营业店，市场价值达到 644 亿美元。“肯德基”是美国排名第七的快餐连锁品牌，在全球拥有 1 万多家营业店，“肯德基”的控股公司——Yum！Brands 的市场价值仅为“麦当劳”1/5。在美国市场上，“麦当劳”压着“肯德基”叫卖。但是，在中国市场上，“麦当劳”跟着“肯德基”吆喝。2010年，“肯德基”在中国市场上开设2600家营业店，“麦当劳”在中国市场上开设1100家营业店。“麦当劳”还不到“肯德基”的一半。在中国市场上，“麦当劳”与“肯德基”为何落差如此之大?

第一个进入人们心智的品牌，在市场竞争中总是能够占得先机。1987年，“肯德基”抢先进入中国市场。在3年之后，“麦当劳”进入中国市场。实际上，“麦当劳”最早对中国市场产生兴趣。当时，“麦当劳”经过一番考察之后，认为中国人饮食口味差异极大，各地饮食习惯和口味很难达到一致。于是，“麦当劳”得出结论——中国人不会吃汉堡包。因此，“麦当劳”的中国计划就此搁浅。不久之后，“肯德基”开始考察中国市场。在经过一年多的市场考察之后，“肯德基”得出完全相反的结论——中国将成为全球最大的快餐市场。在中国市场上，“肯德基”将更加具有优势——“肯德基”炸鸡快餐，更符合中国人的饮食口味。

1987年11月12日，在中国大陆——北京·前门，“肯德基”开设第一家营业店。开业第一天，“肯德基”就人满为患。“肯德基”开业之后，出现了戏剧性的场景。一到星期天，总会有人在“肯德基”举行婚礼。当时，人们感觉西餐新鲜时尚。“肯德基”仅仅用了10个月的时间，就收回了中国第一家营业店的投资。自此之后，“肯德基”一路狂奔，在中国快餐市场上占据了第一的位置。“肯德基”抢先登陆中国市场，在人们心智中树立起快餐标杆的地位。“麦当劳”起了一个“大早”，但是却连“晚集”都没赶上。1990年，“麦当劳”开始登陆中国市场，在深圳开设了第一家营业店。当时，在中国大陆市场上，“肯德基”仅开设了4家营业店。对此，“麦当劳”根本就没把“肯德基”放在眼中。这是因为：无论从规模、资金的角度看，还是从历史、品牌的角度看，“麦当劳”远远优于“肯德基”。在开始10年之中，“麦当劳”与“肯德基”在产品上井水不犯河水——“肯德基”主营炸鸡快餐，“麦当劳”主营汉堡包快餐，双方各自沿着自己的预定路线发展。“肯德基”持续保持着领先地位，“麦当劳”跟在后面紧追不舍。

【案例】 1998 年，“麦当劳”首先开始发难，介入了“肯德基”的产品领地——推出“麦辣鸡翅”产品。“肯德基”立刻用广告回击——推出“东施效颦”广告。“东施效颦”广告：世界上有第二个西施吗？60 年的烹鸡经验、独有的神秘配方，是否能够随便克隆？绵羊能够克隆，“肯德基”能够克隆吗？当然，“麦当劳”不会承认模仿“肯德基”。然后，“麦当劳”开始转移公众视线，回避“肯德基”的神秘炸鸡配方，强调“麦当劳”薯条的独特性——原料取自独特的夏波蒂马铃薯（Shepody），精挑细选的加拿大品种，不是在哪里都能卖到“麦当劳”薯条。“肯德基”进一步反击——推出“脆皮甜筒”，价格与“麦当劳”一样，价格定为 2 元人民币。“麦当劳”立即反击，“脆皮甜筒”价格降为 1 元人民币。“肯德基”紧随其后——“脆皮甜筒”价格降为 1 元人民币，“鸡翅产品”买二送一。双方剑拔弩张，火药味十足。但是，在降价产品面临亏损之前，双方同时停止了价格战。在价格战上，双方打成了平手。从此，“麦当劳”与“肯德基”展开激烈的市场争夺。“麦当劳”与“肯德基”，谁在竞争过程中保持着领先地位？“肯德基”一直保持着领先地位。

“麦当劳”与“肯德基”发展速度对比

品牌名称	200 家营业店	400 家营业店	600 家营业店
肯德基	1997 年	2000 年	2001 年
麦当劳	1999 年	2001 年	2003 年

从营业店增长速度上看，“肯德基”始终领先“麦当劳”1～2 年。从单店年均收入上看，“肯德基”超过“麦当劳”25%。“麦当劳”的资金优势，敌不过“肯德基”的先行优势。在市场争夺的过程中，“肯德基”所积累起来的时间资源，起到了至关重要的作用。从 2002 年至 2004 年，在已经失去先机的情况之下，“麦当劳”扩张速度开始下降。

“麦当劳”平均年增加60～70家营业店，“肯德基”平均年增加200～300家营业店。“麦当劳”与“肯德基”之间的差距进一步扩大。2004年，“肯德基”营业店数量达到1200家，“麦当劳”营业店数量只有680家。从2002年至2004年，在与“肯德基”竞争的关键时期，“麦当劳”由于全球扩张速度太快，出现了资金供应困难。2002年12月，自从公开发行股票之后，“麦当劳”出现了首次季度亏损。此后，“麦当劳”连续关闭全球3179家营业店。“麦当劳”在中国市场的扩张，受到了极大的波及和影响。当“麦当劳”喘过气来的时候，“肯德基”已经摇摇领先。“麦当劳”彻底失去在中国市场翻身的机会。

【案例】 在中国市场上，“麦当劳”的竞争策略并非全部一无是处。“麦当劳”针对市场的领先者——“肯德基”，成功地发动了两次侧翼突袭。侧翼突袭的含义是：在领先者尚未设防的阵地上，或者在领先者防御薄弱的阵地上，集中兵力发起突然袭击，迅速占领领先者正面阵地的侧翼地带。侧翼突袭的战术效果，完全取决于领先者的反应速度。

2006年，“麦当劳”发起了营业时间侧翼突袭——首次推出24小时营业店。在一开始的时候，“肯德基”对此不屑一顾——全天营业，无利可图。几年之后，24小时营业的策略，让“麦当劳”尝到了胜利果实。24小时营业从亏损变为盈利，夜间销售额达到全天营业额的10%～15%，个别单店营业额甚至超过了“肯德基”，“麦当劳”士气大震。在3年之后，“麦当劳”80%营业店改造成为24小时营业店。

2008年7月——在2年之后，“肯德基”才开始反击。针对“麦当劳”的24小时营业——随时都能吃，“肯德基”推出“宅急送”外卖服务——在哪里都能吃。从早上7：00至晚上10：00，“肯德基”提供有偿送餐服务，一次收费7元人民币。对此，“麦当劳”快速予以回击。

2009 年 1 月——在 6 个月之后，“麦当劳”推出了“麦乐送”外卖服务——无限时 24 小时送餐。“肯德基”立即回击——“宅急送”降价到 6 元/次。

2007 年，“麦当劳”发起了第二次侧翼突袭——汽车快餐店。“麦当劳”与中国石化（Sinopec）进行战略合作，在加油站设立汽车快餐店。“麦当劳”试图通过一场侧翼进攻战，在中国市场上彻底扭转落后的局面。在美国市场上，“麦当劳”汽车快餐店的数量，达到“麦当劳”营业餐厅总数的 50% ~60%。在美国整个快餐行业，汽车快餐店营业额比例达到 60%。随着中国个人汽车消费的快速增长，汽车快餐店成为一块必争之地。

在中国快餐市场上，“肯德基”最早设立了汽车快餐店。但是，在汽车快餐店业务发展上，“肯德基”并没有建立起牢固的阵地。或者说，在“麦当劳”之前，“肯德基”没有与加油站展开大范围的合作。在“麦当劳”之后——2009 年，“肯德基”与中国石化进行战略合作，大规模开展汽车快餐店业务。对于“麦当劳”来说，存在一个战略性疏漏——没有与中国石化签订独家合作协议。“麦当劳”为“肯德基”留下了空隙。目前，“麦当劳”的汽车餐厅数量，依然摇摇领先于“肯德基”。

“麦当劳”的两次侧翼突袭，成功的关键之处在于：拥有比较充裕的时间资源。“麦当劳”的竞争对手——“肯德基”为“麦当劳”提供了足够的时间资源。在“肯德基”的侧翼阵地上，“麦当劳”得以建立稳固地位，或者取得领先优势。在 24 小时营业上，“肯德基”在两年之后作出反应。在汽车快餐店上，“肯德基”在一年之后作出回应。相反，在送餐服务上，“麦当劳”在 6 个月之后就做出回击——拦截“肯德基”的送餐服务。反过来看，如果“肯德基”及时做出回应，那么“麦当劳”的侧翼攻击很难奏效。

【结语】 在市场营销的游戏中，富人将变得越来越富有。关键原因在于：富人拥有使想法变成现实的资源。如果拥有一个优秀的商业创意，那么需要用资金转动市场的车轮。如果仅仅拥有一个绝妙的商业创意，那么还远远不能产生商业效果。对于一个普通的想法来说，如果拥有足够的资金，那么足以让企业收获更多。这意味着：一个普通的想法，如果加上足够的资金，将胜过仅有一个伟大的创意。因此，在营销的战场上，资金是攻城掠地的武器和弹药。如果没有充足武器和弹药，无论多么出色的战术，都将难以发挥出应有的作用。资金不是打赢一场营销战争的充分条件。但是，资金是打赢一场营销战争的必要条件。在定位的过程中，资金并非惟一资源。从某种程度上看，时间资源的作用与价值，丝毫不逊于资金资源的作用与价值。时间资源的含义是：从第一方采取一项行动开始，至第二方采取反制行动为止，两者之间相距的时间间隔。对于第一方来说，时间间隔越长越好。对于第二方来说，时间间隔越短越好。这意味着：行动方的时间资源，由反制方决定。反制方的时间资源，由其自己决定。

2.3 长效法则

【释义】 ⌖定位必须经过一段时间之后，才能产生市场营销策效果。A 理论 vs. B 理论。A 理论——代表“飞机”（Airplane），指像飞机起飞一样推出新品牌。一个新品牌，要在跑道上缓慢滑行数千英尺，在巨大推力下飞离跑道。然后在空中飞行了一段时间后，才能开始加速进入巡航高度。B 理论——代表“大爆炸”（Big Bang），指像火箭发射飞船一样推出新品牌。一个新品牌，像火箭发射一样轰然升空，然后迅速把飞船推入高空轨道。应该用“火箭发射”的方式推出一个新品牌，还是用“飞机起飞”的方式塑造一个新品牌？塑造品牌，需要一个长期的过程，无法在短时间内发射升空。对于一个新品牌来说，必须像“飞机”一样，在跑道上滑行一段时间，然后才能腾空起飞。

两种品牌起飞思路

期望的方式

——品牌快速发射升空

【观点】⊕在企业管理层当中，一直流行着一种心态——新品牌必须在短期内起飞，就像大爆炸一样迅速暴发。企业高层管理者，总是希望能够在最短的时间里推出新产品。管理层倾向于“火箭式”推出一个新品牌。这是因为：在营销传统上，习惯用广告大轰炸方式推出的新产品。因此，管理层认为必须竭尽所能，利用资源引发广告“大爆炸”。在传播过度化的社会环境中，没有人会注意小规模广告。如果不用足够的资金压过市场噪音，那么整个广告开支就会全部浪费掉。因此，广告经常以“大爆炸”的方式展开。用密集的广告火力轰炸出一个市场，是广告最常用的进攻策略。广告“大轰炸”的惟一希望，就是花费足够的资金，打破人们对广告熟视无睹的状态。但是，这种广告“大轰炸”的方式，是一种拙劣的进攻策略。关键原因在于：广告缺乏足够的信任度，难以迅速取得人们信任。

【诠释】⊕📖《论语·子路》：无欲速，欲速则不达。㊣这个意思是说，主观性急图快，违背了客观规律，反而无法实现目标。📖《论语·子路》：无见小利，见小利则大事不成。㊣这个意思是说，不要为眼前的利益所诱惑，如果只关注眼前的短期利益，就难以成就长远的大利益。战略定位的道理同样如此——应该从小处入手，从大处着眼。在人们心智中为品牌定位，必须要捷足先登，争取获得领先地位。但是，从操作过程上看，又不能急于求成、盲目出击。“兵贵神速”与“欲速不达”，似乎构成了一对矛盾。“见胜则起，见不胜则止”——见胜则速起，见不胜则缓。这意味着什么？如果没有找到有效的进攻视角，那么就不要急着把兵力全部投入市场。因此，“神速”与“徐缓”，不取决于指挥者的主观意志，取决于是否发现了有效的攻击点。动则速——找到了有效的进攻点，静则缓——尚未发现可以攻击之处。有效的攻击点是什么？对于定位来说，就是人们心智中尚未被占领的空白点。

【案例】 2001 年，金佰利公司（Kimberly-Clark）第一个推出了一次性卷筒湿纸巾——Cottonelle Fresh Rollwipes。金佰利公司认为，Cottonelle Fresh Rollwipes 湿纸巾会像个人电脑一样，这种产品很快会被人们广泛接受。金佰利公司投资了 1 亿美元，用于 Cottonelle Fresh Rollwipes 产品研发，这种新产品取得了 30 项专利。在新闻发布会上，金佰利公司宣称：继 1890 年之后，Cottonelle Fresh Rollwipes 湿纸巾成为最具革命意义的品类革新——1890 年，金佰利公司第一个推出了卷筒卫生纸。

金佰利公司希望：美国第一个、惟一的卷筒湿纸巾——Cottonelle Fresh Rollwipes 能够快速起飞。第一年广告预算为 3500 万美元，期望第一年销售收入 1.5 亿美元。在不出 6 年的时间内，希望销售额能达到 5 亿美元/年。但是，事情并未按照预期一样发展。在新产品推出的 8 年之后，Cottonelle Fresh Rollwipes 湿纸巾仍然是一个挣扎中的弱小品牌。但是，Cottonelle Fresh Rollwipes 还是显示出一些生命的迹象。

Cottonelle Fresh Rollwipes 湿卫生纸确实是一个革命性概念。但是，越是具有革命性的概念，越是需要较长的时间，人们才能接受这种概念，并在日常生活中使用。在推广一个新概念的时候，不要试图用广告将信息传达到所有人。在企图改变人们基本习惯的时候，运用公关手段能够获得更好的传播效果。这意味着：企业应该运用公共宣传的手段，以推动一个新品类成长和发展。因此，金佰利公司应该重磅推出新品类的地方，应该选择在高端餐厅和酒店，而不是市场上所有的消费群体。

就像电脑技术人员推动了个人电脑增长一样。Cottonelle Fresh Rollwipes 湿卫生纸同样需要一个先行使用群体，充当推动湿卫生纸增长的示范群体。早期使用者会认为，自己正在发起一种消费趋势，从而成为推动新品类发展的社会力量。因此，在一个新品类成长的初期，可以考虑选择聚焦于一个狭窄的消费群体。对于 Cottonelle Fresh Rollwipes 这个品牌而言，需要为大多数人构建一个模仿对象。此外，Cottonelle Fresh Rollwipes 这个延伸式的品牌名称，成为一个关键的品牌错误——Cottonelle 是干卫生纸品牌名称。Cottonelle Fresh Rollwipes 这个品牌名称，不但会造成心智混乱，而且令人感到复杂难记。金佰利公司发明的卷筒湿纸巾，应该寻找一个更加简短、更加具有特色的品牌名称。

现实的方式

——品牌缓慢滑行起飞

【观点】 ⌖在品牌世界中，真实情况怎么样？对于一个新品牌来说，究竟会像火箭一样发射升空，还是会像飞机一样滑行起飞？任何一种新的、不同的东西，在一开始都会处于被怀疑状态之中。无论对于新产品来说，还是对于新品牌来说，消除人们心智中的怀疑，成为不可逾越的成长经历。这意味着：新品类或者新品牌，必须等待足够的时间，以获得人们的广泛接受。越是崭新的东西、越是不同的东西，越需要更多的时间，才能根植在人们的心智之中。无论一种新的品类、还是一个新的品牌，如果打算植入人们的心智之中，那么必须要有耐心和恒心，以渡过塑造品牌所需的漫长孕育期。

【诠释】 ⌖ 📖《庄子·逍遥游》：适莽苍者，三餐而反，腹犹果然；适百里者，宿舂粮；适千里者，三月聚粮。㊣ 要想到达的地方越远，准备的时间就越长。对于一个品牌来说，要想飞得越高，起飞过程就会越长。📖《庄子·逍遥游》：水之积也不厚，则负大舟也无力。覆杯水于坳堂之上，则芥为之舟；置杯焉则胶，水浅而舟大也。风之积也不厚，则其负大翼也无涨力。㊣ 品牌首先必须经过一定的积累，然后才能具备起飞的条件。品牌的定位，要想根植在人们的心智中，必须经过一定时间的积累。📖《尉缭子·兵谈》：兵起，非可以忿也。见胜则兴，不见胜则止。患在百里之内，不起一日之师；患在千里之内，不起一月之师；患在四海之内，不起一岁之师。㊣ 在军事战争中，军事行动不能意气用事。发现获胜的机会，才能采取行动。否则，不可贸然行动。战争一旦发生，总是旷日持久，必须做长期准备。这意味着：用兵之道，不可以旦暮期，动则久稽岁月。对于定位来说，道理完全一样。在争夺人们心智的战争中，不但要寻找有效的进攻视角，而且需要旷日持久的坚持。在人们的心智之中，品牌必须先有“量的积累”，然后才能产生“质的飞跃”。没有之前积累的“量”，就没有之后飞跃的“质”。

【案例】 ⌖ 21 世纪初期，尤为成功的新产品和新品牌，当属苹果公司的 iPod 播放器。大部分人会认为 iPod 几乎在一夜之间起飞。从消费品的标准来看，iPod 从推出到成熟的时间确实不长。但是，iPod 播放器逐年销售数据显示，像所有严肃的产品一样，iPod 播放器有一个缓慢成长的过程。iPod 播放器推出之后，在最初 6 个财年度中，销售数量一样呈“爬坡式”增长。

年　度	全球销量	年　度	全球销量
2002 年	345000 台	2005 年	22497000 台
2003 年	1306000 台	2006 年	39409000 台
2004 年	4540000 台	2007 年	51630000 台

对于新品类来说，抑或对于新品牌来说，在获得成功之前，必须经历一个成长过程。新品类或者新品牌成长的过程十分缓慢——至少需要

几年的时间，甚至需要十几年、或者几十年的时间。在成长的过程中，新品类逐渐在人们心智中形成概念，新品牌逐渐在人们心智中占据地位。在成长的过程中，只有坚持不懈，才能获得成功。由此可见，品牌之间的竞争是一次“马拉松式”的长跑比赛，不是一次“百米赛式”的短跑比赛。

【案例】 “红水牛”（Krating Daeng）是什么？出了泰国（Thailand）这个地区，几乎没人知道是什么。“红水牛”一种含有微量二氧化碳、高浓度咖啡因的调制饮料，富含草本、复合维生素B和氨基酸。“红水牛”这种饮料，并不是在泰国大受欢迎之后，才成为全球性的大品牌。迪特里奇·马特基茨（Dietrich Mateschitz）——奥地利人（Austrian），发现了这种混合饮料的市场潜能。

对于这种亚裔混合饮料，迪特里奇·马特基茨为其起了一个品类名称——能量饮料（Energy Drink）。然后，又起了一个品牌名称——“红牛”。“红牛”这个品牌名称，为泰语“红水牛”的英文翻译。于是，“红牛”成为第一款能量饮料。“红牛”这个品牌像飞机一样慢慢滑行起飞。在最初5年中，“红牛”销售额最高只达到1000万美元/年。

年　度	销售额
1987年	8.00万欧元
1988年	16.0万欧元
1989年	28.0万欧元
1990年	52.0万欧元
1991年	116万欧元

在“红牛”推出5年之后，如果按照1991年的汇率计算，那么“红牛”的年销售额只有1000万美元。因此，一些大饮料企业——例如，可口可乐公司，都忽视了“红牛”这个品牌的市场潜力。在“红牛”推出12年之后——直到1999年，可口可乐公司终于推出能量饮料

品牌——KMX。当然，KMX 注定不会获得成功。

几乎所有大品牌的成功，都从跑道上开始慢慢起飞。人们或许很难相信：许多成功的大品牌，在跑道上滑行起飞所花费的时间比“红牛”还要多。例如：跨上“1 亿美元/年”这个业务台阶，“红牛”花了 9 年时间，微软公司则用了 10 年的时间，沃尔玛公司花了 14 年时间。

2007 年，“红牛”全球销售额达到 44 亿美元，成为能量饮料代表品牌。2008 年，沃尔玛公司全球销售额达到 4000 亿美元，成为全球最大的零售商。2009 年，微软公司全球销售额达到 584.4 亿美元，成为全球软件巨头。品牌成功的过程表明：只有经过滑行之后，品牌才能开始起飞。

【案例】 新品类的成长往往十分缓慢。1975 年，第一台个人电脑——MITS Altair 8800 问世。当年，比尔·盖茨（Bill Gates）辍学离开学校——哈佛大学（Harvard University），为 MITS Altair 8800 计算机编写一个基础软件程序。但是，事情并不总是一帆风顺。1976 年 2 月 3 日，比尔·盖茨写了一封公开信——写给 Altair 个人电脑用户，抱怨盗版软件问题。

比尔·盖茨的公开信发表在《Homebrew 计算机俱乐部》（*Homebrew Computer Club*）杂志上面。比尔·盖茨写道：卖给兴趣爱好者的软件，其所带来的顾客忠诚度，使我们花在 Altair BASIC 软件上的劳动时间变得十分廉价——还不到“2 美元/1 小时”。对于大部分人来说，如果辛勤劳动只值“2 美元/1 小时”，那么多数人会选择从事其他工作。但是，比尔·盖茨没有选择从事其他工作。

1977 年，数字设备公司（DEC）的创始人——肯·奥尔森（Ken Olsen）得出结论：人人家中都拥有一台个人电脑，这是绝对不可能的事情。相反，对于个人电脑前景的信心，为比尔·盖茨带来巨大回报。如今，比尔·盖茨所创立的微软公司，成为世界上最具价值的企业之一。在股票市场上，微软公司的市场价值达到 1806 亿美元。然而，在个人电脑推出之后，市场需求增长十分缓慢。

年　度	全球估计销量	年　度	全球估计销量
1975 年	< 2000 台	1990 年	20000000 台
1980 年	1050000 台	1995 年	50000000 台
1985 年	7100000 台	2000 年	138000000 台

从 1975 年至 2000 年，个人电脑市场需求逐步转移增长——首先始自技术市场，然后进入商务市场，最后进入消费市场，整个过程用了 25 年的时间。直到进入 21 世纪，个人电脑市场开始逐渐稳定下来，进入了相对成熟的全球普及阶段。在这个漫长的过程中，一些个人电脑品牌相继获得成功——IBM、惠普（HP）、戴尔（Dell）、宏基（Acer）、联想（Lenovo）……这些成功的电脑品牌，绝对不是依靠"火箭式"营销获取成功。相反，这些品牌的成功过程，无一不是"先滑行，后起飞"。

两种品牌塑造工具

广告轰炸

——不能发射品牌升空

【观点】 品牌获得成功的关键在于：品牌名称及其所代表的价值概念，深深地根植在潜在顾客的心智之中。如果不能赢得夺取顾客心智的战争，那么就无法建立一个具有竞争优势的品牌地位。一些产品项目或者服务项目，往往是由于占领了顾客心智而成为大品牌。但是，不要指望采用广告"大轰炸"方式，将一个新品牌发射进入顾客的心智轨道。塑造一个成功的品牌，事实上是一项很缓慢、有条理、要耐心的工作。在绝大多数情况之下，一个品牌要用许多年才能成功地树立起来。

如果想用广告“大轰炸”的方式，越过品牌塑造的漫长过程，那么品牌将会遇到大麻烦。广告数量的增加，广告言辞的夸张，使人们变得警觉与多疑，人们不相信广告自夸式的自我表白。这意味着，人们对广告信息的怀疑正在增加，广告对顾客缺乏足够的可信度。广告总是被看成单方面的、不客观的、以企业为导向而非以顾客为导向的虚假信息。人们相信广告中的信息吗？大多数人不观看广告，不关注电台和电视上播出的商业广告。由于这种原因，人们随时都有可能拒绝接受广告信息。广告已经失去将一个新品牌送入人们心智的力量。如果考察一些成功品牌的历史，那么不难发现一种规律性现象——许多获得成功的品牌，并不依赖“大轰炸式”的广告宣传，而要依靠“循序渐进”的媒体报道。

【诠释】 ⌖ 🕮《老子》（24）：企者不立，跨者不行。自见者不明，自是者不彰。自伐者无功，自矜者不长。㊣ 不明、不彰、无功、不长，此皆因自夸之过。在信息过度化传播的环境中，人们时刻暴露在自夸声浪之中。“自是、自伐、自矜”的广告噪音，人们避之唯恐不及，何谈信而从之？这不是在说，广告毫无用处。广告的有效作用，在于维护品牌在人们心智中已经形成的地位。如果使用广告狂轰乱炸，将难以击中人们心智的标靶。

【案例】 ⌖ 2001 年，通用汽车公司花费了 8. 192 亿美元的广告费，用在一个汽车品牌上——雪佛兰。其中：电视广告所占比例达到了 70%。花费了 8. 192 亿美元广告费支出，“雪佛兰”得到了什么？“雪佛兰”成为销量最大的汽车品牌吗？事实上，“雪佛兰”不是销量最大的轿车品牌。在 2001 年，“福特”成为销量最大的轿车品牌。那么，“雪佛兰”成为销量最大的卡车品牌吗？实际上，“雪佛兰”不是销量最大的卡车品牌。在 2001 年，“福特”成为销量最大的卡车品牌。多年以来，“雪佛兰”一直保持着美国最大广告用户的地位。那么，“福特”

投入的广告费是否多于“雪佛兰”？真实情况是：相对于“福特”汽车，“雪佛兰”所花的广告费用高出了 33%。人们可能会提出一个疑问——如果“雪佛兰”的广告宣传不管用，那么“雪佛兰”就不会花那么多钱了。在竞争博弈的环境中，对于一个落后品牌来说，“雪佛兰”的品牌负责人会怎么做？增加广告预算，还是减少广告预算？为了“安全”起见，当然增加广告预算。

从 1996 年至 2001 年，在广告投入上，“雪佛兰”连续 5 年超过“福特”。但是，在销售数量上，“雪佛兰”连续 5 年低于“福特”汽车。1996 年，“福特”汽车的销售量远远超过“雪佛兰”汽车——超过了 28%。然后，“雪佛兰”汽车发动了广告战。在 5 年的时间中——到 2001 年，在广告上的投入，“福特”汽车累计花了 29 亿美元，“雪佛兰”汽车累计花了 34 亿美元。在广告投入上的超越，并不意味着在销量上超越竞争对手。2002 年，“福特”汽车继续拉大优势差距——相对于“雪佛兰”汽车，“福特”汽车的销售优势差距，从 28% 上升到了 33%。在单位销量分摊的广告成本上，“福特”汽车的优势差距则更加显著——“雪佛兰”汽车分摊的广告费为 314 美元，“福特”汽车分摊的广告费为 170 美元。单位销量广告成本的差距，会继续扩大优势差距。依靠“轰炸式”广告攻势，“雪佛兰”很难缩短差距。

【案例】 谁是世界上被报道最多的公司？根据 Carma International 公司的媒体监测结果，微软公司是世界上被报道最多的企业。微软公司只有 27 年的历史，但是微软公司已经成了全球第二大最有价值的品牌。根据 International Brand 公司的评估，微软公司的品牌价值达到 650 亿美元。人们可能会认为，微软公司成为一个强大的品牌，完全是因为比尔·盖茨建立了一个大型的、成功的软件企业，微软公司的规模决定了品牌的力量。

事实果真如此吗？卡迪纳健康公司（Cardinal Health）、德福汽车公司（Delphi Automotive）、英迈国际公司（Ingram Micro）、莱曼兄弟控股公司（Lehman Brothers Holdings）、麦卡森公司（McKesson HBOC）、信赖能量公司（Reliant Energy）、南方托斯卡公司（Southern Tosco）、教师退休基金会（TIAA-GREF）、公用事业联合公司（Utilicorp United）……这些机构的规模都超过了微软公司。但是，这些大机构建立的品牌，则没有一个能够匹敌微软公司。例如，教师退休基金会。1991 年，教师退休基金会收入 380 亿美元，微软公司收入只有 230 亿美元。但是，微软公司成为一个强大的品牌。教师退休基金会听起来则像是一个笑话。因此，规模并不意味着拥有一个强势品牌。

广告界的学院派领袖，不断重复着广告的营销颂歌——伟大的广告能塑造伟大的品牌。广告塑造了“微软”这个品牌吗？在“微软”27 年的历史中，如果没有推出一则商业广告，那么人们会怀疑“微软”是世界第二大最有价值的品牌吗？不会有人会产生怀疑，绝对没有人怀疑。什么塑造了“微软”这个品牌？媒体信息——大量的媒体报道，成就了“微软”这个品牌。人们肯定能记得关于“微软”的许多公共报道。但是，人们很难记起一则关于“微软”的宣传广告。“微软”广告的标题是什么？“微软”广告讲述了什么内容？值得注意的是，人们对“微软”相关事情的了解，是通过广告宣传，还是通过媒体报道？人们对“微软”及其品牌的了解，几乎完全源自媒体的公共报道。

【案例】 微软公司主要有两个品牌系列：Windows 品牌系列——Windows 95、Windows 98、Windows NT、Windows 2000、Windows XP、Windows vista、Windows7，以及 Office 品牌系列——包括 Word、Excel、PowerPoint、Outlook ……这两个品牌系列依靠什么获得成功？依靠广告轰炸，还是公共报道？如果人们对“微软”的品牌认知主要源自媒体的公共报道，那么广告对“微软”这个品牌的作用就微乎其微。实际上，微软公司品牌的成功，没有一个因为广告宣传。相反，微软公司品牌的成功，则应该归功于媒体的公共报道。

Windows 95 所获得的品牌成功，归功于广告宣传吗？为了推出 Windows 95，微软公司确实进行了广告宣传——在广告促销方面耗资 2 亿美元；支付滚石乐队（Rolling Stone）800 万美元购买电视广告歌曲——《从我开始》（*Start Me Up*）的使用权。那么，《从我开始》能够让人们在深夜排队，等候几个小时购买 Windows 95 吗？答案十分明显——不能。因此不难得出结论：如果没有《从我开始》这首歌曲，那么 Windows 95 一样将会获得成功。Windows 95 能够获得成功，其关键原因在于：产品的革命、公共的报道，以及媒体的评论——Windows 95，将成为 PC 的未来。媒体的大肆报道，使 Windows 95 成为超级明星产品。

微软公司为了推出 Windows XP，购买了麦当娜（Madonna）演唱的歌曲——《光线》（*Ray Light*）的使用权。然而，微软公司并不掌握 Windows XP 品牌的传播权。对于 Windows XP 来说，品牌的有效传播渠道和途径，不是广告的狂轰乱炸，而是媒体的公共报道。人们不随着明星的歌声而摇摆，人们随着媒体的报道而摇摆——转换自己所使用的操作系统。与此同时，比尔·盖茨成为全球著名的首席执行官。显然，比尔·盖茨这已经成为一个品牌——一个强大的个人品牌。但是，这不是广告宣传的结果，而是公共报道的结果。

【案例】 公共宣传如何塑造了一个品牌？Linux 操作系统的品牌传播，成为一个极好的案例。Linux 操作系统是一个从来不做广告的品牌。这是因为：Linux 操作系统既不属于任何个人，又不属于任何企业。Linux 操作系统是一种“开放资源”软件，程序开发人员可以免费获取——不但可以查看源代码，而且可以根据需要修改。

在高科技领域，Linux 操作系统的认知度达到了极高的程度——99%。Linux 操作系统的发明者——李纳斯·托沃兹（Linus Trorvalds）

由于 Linux 操作系统闻名世界。Linux 操作系统堪称 Windows 的主要竞争对手。微软公司首席执行官——史蒂夫·鲍尔默（Steve Ballmer）公开攻击 Linux 操作系统。从这个时候起，人们就应该知道：Linux 这个品牌出名了！

史蒂夫·鲍尔默抨击道：从知识产权的意义上看，Linux 是把自己粘附到所接触的所有东西上的毒瘤。对于媒体来说，微软公司称为“知识产权毒瘤”的东西，一定值得深入跟踪报道。媒体的公共报道引起人们的广泛关注。相对昂贵的 Windows 操作系统，Linux 操作系统则不用花钱，因此 Linux 不失为一个不错的选择。Linux 操作系统自己不做广告，微软公司则免费帮助启动公共宣传。

公共报道

——能让品牌滑行起飞

【观点】 采用公共报道的方式推出品牌，效果胜过采用广告宣传的方式推出品牌。一项多方参与的合作研究——施奈德协会（Schneider & Association）主持，波士顿大学（Boston University）、哈佛商学院（Harvard Business School）参与研究，针对 91 项新推出的产品进行调查。调查和研究结果显示：与“不太成功的品牌”相比，“较为成功的产品及品牌”，更多地采用了公共报道的策略和活动。调查研究人员认为：公共宣传的作用没有得到充分的发挥与利用。如果启动公共宣传，那么传播效果将极其显著。在实际操作过程中，公共报道不能像广告一样——不能采用“爆炸式”的方式升空，而是采用“滑行式”的方式起飞。或者说，不能把“大爆炸式”的宣传方式，用在媒体公共宣传策略上。(1) 媒体公共报道优势：在可信度方面，公共报道优于广告宣传。人们更愿意相信媒体报道的真实性。对于绝大多数人来说，媒体的报道或者媒体的评论，成为一片汪洋中客观公正的岛屿。人们没有大量的时间，独立地检查商品和服务的品质或者特色。人们不可能仅凭自己的眼睛和耳朵，独立地观察和理解这个纷杂的世界。人们不得不依赖第三方——“站在人们与现实之间的”第三方，借助第三方的眼睛和耳朵，帮助人们观察和理解这个纷杂的世界。第三方提供的独立信息，特别是媒体报道的信息，成为人们生活行为的向导。当然，人们不可能完全相信所有的媒体报道——在媒体上看到的所有信息、在媒体上听到的所有信息。但是，媒体的报道深刻地影响着人们的观念。人们愿意向独立的、第三方的、有权威的信息来源寻求建议和参考，例如：家人和朋友、邻居和同事，还有媒体的报道，都是具有可信度的信息来源。（2）媒体公共报道缺点：需要沿着时间轴线的顺序，线性地展开公共宣传行动。关键原因是，企业不可能对媒体下达命令：采用“爆炸式”的方式报道企业及其品牌的消息。这意味着：采用媒体公共报道进行宣传，需要足够耐心与时间。采用媒体公共报道打造品牌，就像把品牌推向媒体的山峰一样。在攀登山峰的过程中，品牌惟一可选的策略就是“展开品牌”，接受媒体愿意提供的所有东西。公共报道的宣传方式，经常从一个小型媒体开始。在引起大型媒体注意之前，企业必须耐心等待传播效果。杂志、报纸、电视的媒体宣传——一次报道、一次提及、一次评论，必须沿着时间轴线慢慢展开。一个媒体连着一个媒体，一个故事接着一个故事，构成一个关联在一起的整体——相互连接、相互连贯、相互强化，塑造出一个具有可信度的新概念。在媒体报道的缓慢宣传之下，人们才会逐步认识一个新东西，渐渐接受一个新东西。一个新产品或者一个新品牌，才会慢慢进入人们心智之中。（3）媒体公共报道要点：对于塑造一个品牌来说，媒体公共报道的关键在于：帮助品牌在人们心智中建立起可信度。媒体公共报道所扮演的角色，就是弥补广告可信度的缺陷。媒体的公共报道，总是追逐具有新闻价值的信息。任何产品及其品牌，总有一天会用尽潜在的媒体资源。这就是说，无论任何产品及其品牌。总有一天会失去对媒体的吸引力。因此，一旦借助媒体的公共报道建立起品牌信任，广告宣传就可以粉墨登场了。定位理论认为，公关与广告应该扮演不同角色。公关的作用是“点火”——将品类概念及品牌概念送入人们心智，在人们心智中建立品牌信任，广告的作用是“煽风”——提醒、巩固品牌在人们心智中形成的概念和地位。因此，理想的品牌塑造方式是：先用公关手段建立品牌信任，再用广告手段维护品牌地位。单纯运用公关手段，存在着媒体资源的瓶颈。单纯运用广告手段，存在着缺乏信任的问题。对于公关与广告来说，应该配合使用、各用所长，应该公关先行、广告随后。

【诠释】 📖《司马法·仁本》：上贵不伐之士，不伐之士，上之器也，苟不伐则无求，无求则不争。㊣ 所谓自伐，就是自夸。自夸者不贵，自古及今，道理一样。📖《老子》（22）：不自见，故明；不自是，故彰；不自伐，故有功；不自矜，故长。㊣ 换而言之，不能自己说自己好。若自己说自己好，可信度就不高了。这就是说，本身的好处或者优点，应由别人嘴里说出来。公共宣传的道理，中国自古有之，无人发掘而已。因无人发掘，故不成系统。当然，难以成为一个专门学科。

【案例】 在品牌世界中，大量品牌没有依靠“爆炸式”广告宣传，就在人们的心智中建立起强大的竞争地位。例如：星巴克（Starbucks）、美体小铺（The Body Shop）、亚马逊（www. Amazon. com）、雅虎（Yahoo!）、易趣（eBay）、谷歌（Google）、Botox、Linux、PlayStation、哈利·波特（Harry Potter）、红牛（Red Bull）、微软（Microsoft）、英特尔（Intel）、黑莓（BlackBerry）……这些大品牌所获得的成功，都是依靠点滴积累的、逐步展开的媒体报道，而不依靠“爆炸式”的广告宣传。

“星巴克”在广告上一直都没有花费很多钱。在最初 10 年中，“星巴克”在美国的广告投入不超过 1000 万美元。对于“星巴克”来说，相对于 13 亿美元销售额，1000 万美元的广告投入简直是微不足道、不值一提。“星巴克”的创始人兼总裁——霍华德·舒尔茨（Howard Schultz）说道：“现在，要想通过广告的方式推出一种新产品相当困难，因为消费者不像过去那样关注广告，人们甚至不相信广告里的信息。我们关注花在广告上的费用。令人感到吃惊的是，居然还会有人相信：在这方面的投资会有回报”。

沃尔玛公司，是全球最大的消费品零售商，一年销售额超过 4000 亿美元。但是，沃尔玛公司的广告并不多。“沃尔玛”的姊妹店——山姆俱乐部（Sam's Club）几乎不做广告。但是，山姆俱乐部单店年均销售额却达到了 5600 万美元。安妮塔·罗迪克（Anita Roddick）——The Body Shop 的创建人，几乎不用广告就使 The Body Shop 成了一个全球性连锁品牌。安妮塔·罗迪克周游全球，为自然化妆品寻找原料。在这种寻找的过程中，为品牌带来持续不断的公共报道。除此外之外，各种相关的公共活动和主张，为品牌带来持续深入的公共宣传。

在药品行业中，万艾可（Viagra）、百忧解（Prozac）、万络（vioxx）……几乎不做广告就成了全球领先品牌。在玩具行业中，豆宝宝（Beanie Babies）、搔痒娃娃（Tickle Me Elmo）、宠物小精灵（Pokemon）……几乎不做广告就成了非常成功的品牌。在高科技领域中，SAP、甲骨文（Oracle）、思科（Cisco）……几乎不做广告就成了价值几十亿美元的企业，或者价值几十亿美元的品牌。

【案例】 美体小铺国际股份有限公司（The Body Shop International Plc），是一家高质量面部肌肤及身体护理产品零售商。1976 年，安妮塔·罗迪克（Anita Roddick）在英国创立了 The Body Shop（美体小铺）。如今，The Body Shop 的零售业务遍布全球 55 个国家和地区，拥有超过 2200 间营业店铺。The Body Shop 的整个成长和发展过程，伴随着大量的公共报道，而不是大量的广告宣传。

The Body Shop 坚持不用 Super Model 扮演代言人——不采用年轻貌美、肌肤无瑕的 Super Model 充当代言人。安妮塔·罗迪克认为，护肤就是护理皮肤，不需用夸张的广告欺骗消费者。尤为离经叛道的是，The Body Shop 创造了一个虚拟的胖娃娃—— Ruby，充当品牌的形象代表。Ruby 这个人物形象十分普通——相貌平平、身材普通；臀部硕大、大腿粗壮。

The Body Shop——Ruby 这种人物的形象，就像是一个的大众女性代表。实际上，The Body Shop 使用一种贴近消费者的传播方式——就像大众自己一样的形象，向消费者传递品牌信息。这个品牌信息就是：消费者就像 Ruby 人物形象一样，不必迫使自己变成象 Super Model 一样，同样可以使自己变得快乐、美丽。The Body Shop 使用 Ruby 这个人物形象提醒消费者，并不是使用 Super Mode 宣传的化妆品，就能变成像 Super Mode 一样。

The Body Shop 不使用动物做产品测试。在化妆品行业中，成为第一个获颁“化妆品人道准则”的品牌。The Body Shop 按照“公平贸易原则”采购天然原材料。在化妆品行业中，The Body Shop 成为全球惟一采用“公平贸易方式”采购原料的品牌。“公平贸易采购计划”涉及 24 个国家，以及 31 个原材料供应商。

The Body Shop 率先提倡提高企业透明度，并根据五项价值观发起各项公关行动——支持公平贸易、维护人权、反对动物测试、积极支持自尊、保护地球，对推动社会和谐和环保改革不遗余力。The Body Shop 设有慈善基金会。1990 年，The Body Shop 基金会成立。其宗旨是：资助不能获得传统基金支持、并以促进人权和民权进程、保护环境和动物为理念的机构。

The Body Shop 并非公益性组织。但是，The Body Shop 的公益行动，为 The Body Shop 带来大量公共报道。不仅如此，The Body Shop 的公益行动，与其品牌战略紧密匹配在一起。公平贸易、维护人权、反对动物测试、支持自尊、保护地球，无不与品牌概念与运营联系在一起，构成了经营战略的有机组成部分。

The Body Shop 的公益行动与其品牌及经营战略紧密相连。例如：公平贸易——与原材料供应商紧密相关；保护地球——与品牌的天然概念紧密相连；反对动物测试——最能获得女性消费者的支持；支持自尊——普通女性一样可以通过美丽获得自尊。维护人权——家庭暴力的受害者，绝大多数是家庭中的妇女。可以说，The Body Shop 的公益行动，本身就是品牌战略的有机组成部分。

The Body Shop 这个案例，为品牌战略提出一个问题。品牌应该怎样开展公益行动？或者，品牌应该选择什么样的公益行动？或者，公益行动应该怎样与品牌紧密结合在一起？从而，实现品牌战略与公益行动的相互优化——相互匹配、相互强化、相互促进。The Body Shop 把公益行动与品牌及其运营紧密结合在一起——涉及供应商、消费者、品牌概念，以及社会焦点等多个层面，构成了品牌的立体式定位战略体系。

〔**参考资料**〕1985 年，The Body Shop 成为“绿色和平组织”赞助商。1986 年，The Body Shop 成立环保策划部，与“绿色和平组织”合作，举办“拯救鲸鱼”活动。1990 年，The Body Shop 成立基金会——The Body Shop Foundation，专门资助人权和环保组织。1991 年，The Body Shop Foundation 推出《大事报》（*The Big Issue*）——专为无家可归人士而设。1993 年，The Body Shop 发起人权运动，呼吁国际社会关注人权事件——奥干尼族（Ogoni）及其族长肯萨洛维瓦（Ken Saro-Wiwa）遭受压迫事件，并抗议砚壳公司与尼日利亚政府勾结，强占奥干尼族（Ogoni）家园。1995 年，The Body Shop 创办新商学院（The New Academy of Business），在英国巴斯大学（University of Bath）设立新管理学学士课程，教授社会责任、环保和道德。1996 年，The Body Shop 发起大规模请愿行动，共收集得四百万个签名，向欧盟执行委员递交请愿书——“反对动物测试”。1997 年，The Body Shop 率先实行《化妆品人道准则》（*Humane Cosmetics Standard*）——由国际保护动物组织发起。1995 年及 1997 年，The Body Shop 价值观报告（Values Reports)，被联合国环境规划署誉为：“可持续发展先驱”．获得企业环境报告书最高评级。1998 年，《大事报》（*The Big Issue*）在美国洛杉矶（Los Angeles）推出，The Body Shop 基金会成为赞助商之一。1998 年，联合国《世界人权宣言》颁布 50 周年，The Body Shop 与国际特赦组织发起联合行动，呼吁人们关注人权人士的困境，鼓励消费者为人权事业“出一分力”，行动成功获得 300 万人参与和支持。1998 年 11 月，The Body Shop 推广“反对动物测试计划”获得成功，英国全面禁止使用动物测试化妆产品和原材料。2001 年，The Body Shop 继英国总部转用环保能源。然后，越来越多 The Body Shop 店铺转用环保能源，其余店铺亦陆续效法。2002 年，The Body Shop 与“绿色和平组织”合作，发起使用再生能源的国际宣传活动，并征集到 600 万个顾客签名，递交给“世界持续发展高峰论坛”——在约翰内斯堡（Johannesburg）举行。The Body Shop，还在再生能源方面投资，资助发展中国家节能计划，并在产品包装上使用回收物料，以实行保护环境的原则。2002 年，The Body Shop 为协助停止家庭暴力，推出全球性反对家庭暴力行动。反对家庭暴力行动，源自 The Body Shop 之前在加拿大、美国和马来西亚等市场所举行的地区性行动。行动旨在提升社会对家庭暴力事件的关注，为有关团体筹款协助受害者，并确保顾客和雇员清楚知道，如何向有关事件的受害人提供建议和援助。2004 年，The Body Shop 成为全球首个零售商，加入“可持续发展棕榈油圆桌会议”（Roundtable on Sustainable Palm Oil)，并与非政府组织和发展商合作，保护热带雨林和改善工人和原住民人权状况。2005 年，The Body Shop 加入安全化妆品运动联盟，并因为对化学品方面的政策和负责任态度，获得“绿色和平组织”和“乳癌基金会”嘉奖。2005 年，The Body Shop 由于在保护动物方面表现优异，英国（皇家）保护动物协会（Royal Society of Prevention of Cruelty to Animals）独立评审委员会，根据 The Body Shop 反对动物测试的政策，在首届颁奖礼中，向 The Body Shop 颁授年度大奖。2006 年，The Body Shop 赢得人道对待动物协会（PETA）进步奖（Proggy）。

两个品牌塑造要点

品牌焦点

——需要用时间来印刻

【观点】⊕塑造一个品牌需要具备两个条件：一个条件是耐心，一个条件是恒心。一个品牌的营销价值取决于在人们心智里留下什么印记。一个品牌的价值定位，只有经过连续不断地坚持和积累，才能在人们的头脑中铭刻出价值印记，才能在人们心智中占据一块根据地，才能在认知战争中发挥出营销效果。如果一个品牌抛弃了在人们心智中所留下的印记，那么人们心智中品牌就不再是的原先的品牌了。对于一个品牌来说，如果离开了在人们头脑中拥有的根据地，那么就失去了存在和生存的顾客心智基础。在经过一个相对较长的时间之后，品牌在人们的头脑中积累起来的焦点概念，会渐渐模糊起来，渐渐淡出人们的头脑，渐渐失去市场力量。

【诠释】⊕🕮《老子》（64）：合抱之木，生于毫末；九层之台，起于累土；千里之行，始于足下。🕮《老子》（63）：图难于其易，为大于其细。天下难事必作于易，天下大事必作于细。🕮《中庸》：君子之道，譬如远行，必自迩；譬如登高，必自卑。㊣ 对于定位来说，时间是一种不可或缺的特殊资源。时间对于定位，必须一点一点地累积，才能在人们心智中印刻出概念。因此，定位无法一飞冲天，必须用时间慢慢进行印刻。

【案例】⊕土星汽车（Saturn）的悲剧传奇。“土星”汽车迅速发展正如其名。当时，土星火箭 V-12 将“阿波罗”飞船（Apollo）宇航员送上了月球。1994 年——在“土星”推出仅 4 年之后，便创下了最高销售记录——销售 286003 辆汽车。1994 年,”土星”汽车经销商单店平均销售量超过所有竞争品牌。

品　牌	单店平均销量	品　牌	单店平均销量
土星(Saturn)	960 辆	本田(Honda)	677 辆
丰田(Toyota)	841 辆	日产(Nissan)	661 辆
福特(Ford)	746 辆	雪佛兰(Chevrolet)	553 辆

与许多汽车品牌不同的是，“土星”汽车仅有一种车型。当然，人们可以选择双门车型、四门车型、旅行车型。实际上，这些车型属于同一种车型——”土星”S 车型。1994 年，在”土星“汽车的制造工厂——位于美国田纳西州（Tennessee）斯普林希尔（Spring Hill），4.4 万名车主及其家人参加了土星的“回家”活动（Homecoming）。1995 年，J. D. Power and Associates 按照惯例发布《销售满意度指数年度报告》，“土星”汽车消费者满意度位居第一。在消费者的心智中，“土星”建立了什么样的认知？“土星”汽车成为一款为年轻人设计的、价格便宜的、外型美观的小型汽车。

【案例】 “土星”接着应该做什么？“土星”应该扩大小型汽车的市场份额？还是开发车型更大、价格更贵的“土星”汽车？汽车行业专家提出建议——“土星”应该延伸产品线。《华尔街日报》（*The Wall Street Journal*）写道：“许多分析家认为，当客户渐渐年长、变得富有的时候，“土星”汽车应该开发一款更大的车型，维系积累起来的客户基础。”1998 年,《汽车新闻》（*Automotive News*）杂志写道：通用汽车公司要咬紧牙关，让“土星”展开翅膀——尽快开发“土星”轿车全线产品、“土星”轻型卡车全线产品。通用汽车公司做出一致的回应——将竭尽所能，为人们提供更多的产品选择。

1999，辛西娅·楚戴尔（Cynthia Trudell）掌管了“土星”汽车。

辛西娅·楚戴尔上任之后所采取的第一个行动，就是扩展“土星”汽车产品线。2002 年，辛西娅·楚戴尔从“土星”离任。安特妮·克莱顿（Annette Clayton）接管“土星”汽车。但是，扩展“土星”汽车产品线的战略并没有因此而改变。安特妮·克莱顿表示：做好增加产品内容的准备——在不久的将来，重点推出“土星”SUV 车型。

1999 年，“土星”推出了较大的汽车——“土星”L 系列汽车。2002 年，“土星”推出了运动型汽车——“土星”VUE 系列汽车。2002 年，“土星”推出了升级型汽车——“土星”ION 系列汽车，对“土星”的老车型进行升级。2004 年，通用汽车公司高级管理人员鲍勃·鲁兹（Bob Lutz）宣称：通用汽车公司正在为“土星”汽车的未来进行投资。他认为“土星”具有内在的良好状态，只是需要一个更强大、更令人振奋的产品。在此后几年之中，“土星”汽车销售状态很不稳定，根本达不到历史最高水平——1994 年，土星”汽车经销商单店平均销售 960 辆汽车。2007 年，“土星”汽车经销商单店平均销量为 553 辆。当时，“土星”汽车拥有 5 个系列车型——Aura、Ion、Outlook、Sky、Vue。

【案例】 当高层管理者不再染指的时候，“土星”不再是一种小型廉价汽车了。“土星”更大的车型、更高的价格，破坏了“十星”品牌形成的价值定位。“土星”汽车不再是一种属于年轻人的汽车了。事实上，在“土星”产品线延伸的背后，初衷是当客户渐渐变老、渐渐变富有的时候，仍能继续“为客户服务”。在 17 年之后，“土星”代表什么？什么都代表不了。

在品牌获得成功之后，品牌应该怎么做？如果按照管理型的思维，无不选择开展产品线延伸。但是，定位的思路则完全不同。定位理论的首要目标，就是成为一个产品类别的主导者。在品牌主导一个品类之后，当面对竞争威胁的时候，品牌就会变得坚不可摧。1994 年，“土星”汽车创下最高销售记录，“土星”汽车占领着“小型”轿车市场，或者“紧凑型”轿车市场份额的16%。1994年，美国市场上存在着23个小型汽车品牌。“土星”汽车销售数量，仅次于“福特·雅仕”汽车（Ford Escort）。

品牌名称	市场份额
雅仕（Escort）	19%
土星（Saturn）	16%
思域（Civic）	15%
花冠（Corolla）	12%
骑士（Cavalier）	11%
杰傲·普林斯（Geo Prizm）	7%

1994年，“土星”汽车的市场份额达到16%。但是，在小型汽车领域中，“土星”并不是领先者。“土星”距离行业领先地位，仍然相差一定距离——市场份额相差3%。当此之时，“土星”汽车必须作出选择。应该花费几千万美元开发更大型、更昂贵的车型？还是应该把资金花在基本车型改善上——集中经营力量，发展小型汽车？从竞争优势的角度看，“土星”应该努力成为小型汽车领先者。“土星”应该效仿“甲壳虫”汽车的做法——在20世纪50~60年代，在紧凑型汽车市场上建立起小型汽车主导地位。

令人感到遗憾的是，“土星”汽车没能把握住机会。在“土星”汽车推出11年之后，“土星”才进一步推出S系列汽车——“土星”升级版小型汽车。在11年的时间中，本田汽车公司相继推出了三代“思域”汽车（Civic）——紧凑型轿车。1994年，“土星”S系列汽车单店平均销售量超过“思域”7%。2007年，“思域”的销售数量远远超过“土星”S系列汽车——由Ion和Aura相结合而成。“思域”汽车的领先幅度令人感到吃惊——超过“土星”汽车207%。“土星”错失了获得领先地位的机会——可能占领小型汽车市场份额84%，成为小型汽车市场主导者。对于“土星”来说，如果坚守小型汽车领地，那么状况则会有很大不同。

品牌聚焦

——必须保持好一致性

【观点】 一个品牌只有代表了某种价值概念，才能长久驻留在人们的心智中。在人们的心智中，一个品牌只有简单而又精确地代表着什么，才能产生长久的营销竞争效果。如果品牌在人们头脑里代表了什么，那么应该限制住这个品牌概念的变化。如果品牌在人们心智中已经占据了某种价值地位，那么就不要找一些理由破坏来之不易的品牌定位。品牌的定位及其效果，关键在于保持连贯性和持久性，这是打造品牌应该遵循的基本原则。品牌竞争是一场耐久力竞赛，而不是一场爆发力竞赛。品牌定位是一场长跑比赛，不是一场短跑比赛。这意味着：随着时间的推移，必须保持品牌焦点的一致性。

【诠释】 《荀子·劝学》：积土成山，风雨兴焉；积水成渊，蛟龙生焉。不积跬步，无以至千里；不积小流，无以成江河。㊣所谓“积”，就是朝着一个方向或者一个地方累加。不指向一个方向或者一个地方，就不能称之为“积”，而是应该称之为“散”——即”四向分散”之散。对于定位而言，就是始终向一个方向努力，就是始终向一个地方努力，而不是向四外分散。定位的指向，随着时间的推移，应该保持一致性，避免产生方向歧误。

【案例】 20世纪50～60年代，在大众汽车公司（Volkswagen）成功进入美国市场之后，欧洲许多汽车品牌入侵美国市场。其中包括：菲亚特（Fiat）、海尔曼（Hilman）、欧宝（Opel）、标致（Peugeot）、雷诺（Renault）、西姆卡（Simca）、凯旋（Triumph）、沃克斯豪尔

(Vauxhall)、沃尔沃（Volvo）。如今，在美国汽车市场上，许多欧洲汽车品牌已经销声匿迹了。沃尔沃汽车成为为数不多的幸存品牌之一。

“沃尔沃”是什么？在人们的心智中，“沃尔沃”代表着安全汽车。相反，美国市场上的许多欧洲汽车品牌，几乎没能在人们心智中构建起一种代表性的价值认知。尤为糟糕的是，甚至没有进行任何尝试——在人们心智中构建起一个价值概念。“沃尔沃”能够获得成功，关键原因在于：在人们心智中拥有一个价值概念——安全。“沃尔沃”汽车首创了座位三点式安全带。“沃尔沃”不断进行实验研究，改进汽车的安全性能，开发出许多汽车安全保护装置。在人们的心智中，“沃尔沃”汽车成为拥有卓越安全性能的汽车。进而，在美国汽车市场上成为销量最大的欧洲汽车品牌。1992 年，“沃尔沃”美国汽车市场上的销售数量，甚至超过了“宝马”汽车和“奔驰”汽车。

品牌名称	市场份额
沃尔沃(VOLVO)	67916 辆
宝马(BMW)	65691 辆
奔驰(BENZ)	63312 辆

许多管理思维认为，对于像汽车一样昂贵的产品来说，人们看重产品的多重利益属性。例如：优雅的外形设计、强劲的推动力、乘坐的舒适性、高度的可靠性、卓越的操控性，以及低耗油率、低维修率、低折旧率……从表面上来看，这些想法十分符合逻辑。但是，关键问题在于：在传播过度化的社会中，如何将所有概念植入消费者心智？在产品同质化的环境中，如何让品牌拥有众多的价值概念？在人们的心智中，一个价值概念或者一个描述词汇，如果能够与品牌联系在一起，那么品牌已经十分幸运了。对于一个品牌来说，让人们相信拥有众多的价值概念，几乎是一项不可能完成的任务。

“沃尔沃”在获得成功之后，就像许多成功品牌一样，忘记了什么使“沃尔沃”获得成功。沃尔沃公司认为：对于“沃尔沃”汽车来说，仅有安全这个概念还远远不够。“沃尔沃”开始偏离“安全”概念，推出了“沃尔沃”跑车型汽车，推出了“沃尔沃”敞篷型汽车。“沃尔沃”的宣传攻势，开始转移核心阵地——宣传“安全之外”的性能，强调“安全之外”的特征。结果怎么样？在人们的心智中，“沃尔沃”渐渐失去品牌焦点——卓越的安全性能。如今，“宝马”汽车和“奔驰”汽车，已经将“沃尔沃”远远地甩在后面。在美国汽车市场上，“宝马”汽车和“奔驰”汽车，各自的销售量超过了“沃尔沃”汽车的两倍。2010 年，在全球金融危机冲击下，中国微型汽车制造商——吉利公司（Geely）收购了沃尔沃汽车公司。“沃尔沃”汽车前景一片迷茫。

许多管理思维认为，品牌应该宣传多种价值利益，从多重角度吸引人们购买。品牌仅有一种价值属性，难以吸引人们购买品牌。例如：人们不会仅因为安全性能，就购买一辆“沃尔沃”汽车。基于这样一种思维方式，“沃尔沃”像许多品牌一样，开始强调品牌的多重价值属性。相反，定位的思维模式则完全不同。对于一个品牌来说，聚集在一种价值焦点上，就会产生一种光环效应。光环效应会使消费者产生“由此及彼”的想法——“安全汽车”这个价值概念，会使消费者产生自然联想——如果“沃尔沃”知道如何制造安全的汽车。那么，“沃尔沃”肯定知道如何制造可信赖的、省油的、可靠的、耐用的汽车。一个价值概念——安全，会导致另一个价值概念——好车。“沃尔沃”汽车能否持续聚焦于“安全”？从管理者思维角度看，可能性不是很大。“沃尔沃”汽车品牌竞争地位危危可岌。

【结语】 一个品牌成功与否，不能用几年的时光来衡量，必须用十几年、甚至几十年的时间来验证。一个品牌要想获得长久发展与成功，必须保持始终坚持聚集在品牌定位的焦点上，以此树立和赢得在人们头脑中的优势竞争地位。这意味着两个方面的含义。第一个含义：品牌的定位——价值概念，需要经过较长的时间之后，才能在人们心智中铭刻出印记，才能在营销过程中产生效果。第二个含义：品牌的定位——价值焦点，在长期的竞争过程中，要保持高度聚焦，不要四向分散。这就是说，随着时间不断向前推移，品牌价值概念应该保持前后一致性。

2.4 诚信法则

【释义】 当品牌承认自身不足的时候，潜在顾客将对品牌做出积极的评价。信誉是品牌的担保品，信誉是品牌成功的基础要素。如果拥有良好的品牌信誉，那么人们几乎相信品牌讲述的任何故事。在产品同质化和传播过度化的社会里，建立和维护品牌信誉要把握住几个方面内容。这几个方面内容包括：建立领先地位、定位诉求可信、勇敢面对危机、坦诚自身不足。在品牌的生命过程中，必须从多方面、多角度考虑如何维护品牌信誉。品牌的定位，必须建立在信誉的基础之上。否则，定位就像建立在沙滩上的高楼，迟早要轰然倒塌。

主动性方法

建立领先地位

——获得品牌信誉的有效方法

【观点】 传统的思维方式认为：“没有人关心谁是领先者，顾客不关心谁是领先者。还是忘掉领先地位吧！把精力集中在产品的益处上吧”。尽管人们确实不关心谁是领先者，但是千万不要忽视领先地位的作用。大多数人都对产品毫无经验，对于可获得的品牌知之甚少，购买变成一项充满风险的行为。当人们想在众多品牌里做出选择的时候，自然会倾向于信任领先品牌。如果成为人们心智中的领先者，那么人们总是倾向于相信品牌所说的任何东西。如果不是人们心智里的领先者，那么人们总是倾向于怀疑品牌所说的任何东西。因此，抢先在一个领域中建立起领先地位，是建立品牌信誉的首选途径。

【诠释】⌖ 📖《老子》(45)：大直若屈，大巧若拙，大辩若讷。📖《老子》(02)：处无为之事，行不言之教。📖《老子》(37)：道常无为而无不为。侯王若能守之，万物将自化。㊣ 对于定位而言，大智若愚的办法，就是在人们心智中建立起领袖地位。建立起领先地位，则能处无为之事，则能行不言之教。处无为之事——不用与竞争者短兵相接（无为），则居竞争者之上；行不言之教——不用劝消费者相信品牌（不言），则让消费者自己信任品牌。

【案例】⌖ 在 1923 年，25 个产品类别中的领导品牌，在 77 年之后——到 2000 年，仍然有 20 个品牌处在第一位置上。这意味着：在 77 年的时间中，仅有 5 个品牌失去了其领先地位。时间和数据说明，领先地位具有极大的竞争作用。

在 5 个失去领先地位的品牌中，其中 4 个品牌并不是输给了更好的产品，而是输给了不同的产品。从这种意义上看，一个产品类被中的领先品牌，很难被同一品类中的竞争品牌所取代。这完全是因为：在人们的心智中，领先品牌具有极高信任度。

1923 年，25 个产品类别中的领导品牌

Campells、Eveready、Hersheys、Lipton
Sherwin-Williams、Del Monte、Life Savers、Price Albert、Gold Medal、Coca-Cola
Carnation、Gillette、Ivory、Manhattan、Singer
Colgate、Kelloggs、Nabisco、Swift
Crisco、Goldyear、Kodak、Palmolive、Wrigleys、Hammermill

在这 25 品牌之中，Manhattan（曼哈顿）、Kelloggs（家乐氏）、

Palmolive（棕榄）、Ivory（象牙）、永备（Eveready）先后失去了领先地位。在5个失去领先地位的品牌中，仅有1个品牌被同一品类中的竞争者所取代，剩余4个品牌被不同品类中的的竞争者所打败。这意味着：一旦获得领先地位，很难被竞争对手所取代。

（1）在5个失去领先地位的品牌之中，“曼哈顿”的遭遇不同于其他4个品牌。“曼哈顿”——时尚衬衣的领先品牌，直接被时尚品牌打败。在时尚产品类别中，领先品牌终将会失去领先地位。时尚的主要特征是，不停搜寻“新颖”与“不同”的东西，搜寻新颖而不同的品牌。这意味着：时尚很难成为定位的基础。

（2）家乐氏（Kelloggs）——谷类食物的领先品牌，并没有输给一个更好的玉米片品牌，而是输给一种不同的产品——形状独特的燕麦片——欢乐（Cheerios）。

（3）棕榄（Palmolive）——沐浴香皂的领先品牌，并没有输给了一个同类产品，而是输给了第一款除体臭香皂——黛亚（Dial）。

（4）象牙肥皂（Ivory）——洗脸香皂的领先品牌，并没有输给一个更好的产品——以100%的纯净替代99.44%的纯净，而是输给了一种不同的产品——含有1/4润肤乳成分的多芬香皂（Dove）。

（5）永备电池（Eveready）——普通干电池的领先品牌，并没有输给一个更好的碳锌电池品牌，而是输给了一种不同的电池产品——碱性电池品牌：“金霸王”碱性电池。在“金霸王”推出之后，“永备”推出了碱性电池。但是，“永备”碱性电池，依然无法战胜“金霸王”。于是，“永备”推出了碱性电池品牌——“劲量”（Energizer），“劲量”依然不能战胜“金霸王”。

定位诉求可信

——获得品牌信誉的基本方法

【观点】⊕品牌定位的真实性与可靠性，是品牌信誉的抵押品和担保品。大多数品牌的自我宣传，经常遭受人们的普遍怀疑。如果翻开一堆印刷广告，或者观看一系列电视广告，会看见无数无法取信顾客的自我宣传。有多少人会相信这样的自我宣传？在人们的心智中，多数品牌缺乏可信性。人们普遍的观念是："广告都在自吹自擂，广告都会隐瞒真相，广告都是欺骗工具"。对于品牌诉求的宣传，人们认为不真实和不可靠。如果人们不相信品牌的定位诉求，那么很难在人们心智里建立起品牌信誉。在寻求定位的过程中，品牌所选择的定位诉求，必须具备一定程度的真实性，或者必须具备一定程度的可信性，至少应该具有一定程度的可接受性。定位诉求可信，才能使品牌定位深入人心，才能使品牌定位产生功效。在人们的心智中，如果品牌定位诉求构成了品牌信誉度，那么品牌定位诉求将极具营销说服力。因此，在定位的过程中，需要寻找强有力的证据支点，支撑品牌的价值定位。

【诠释】 📖《论语·颜渊》：子贡问政。子曰：足食，足兵，民信之矣。子贡曰：必不得已而去，于斯三者何先？曰：去兵。子贡曰：必不得已而去，于斯二者何先？曰：去食，自古皆有死，民无信不立！📖《老子》（17）：信不足焉，有不信焉。悠兮其贵言。功成事遂，百姓皆谓我自然。㊣ 品牌定位的关键：在于让人们相信定位的诉求。定位，亦"无信则不立"。无信，则"资源无所用"。信足，则"功成而事遂"。然后，人们"皆谓我自然"。如果定位可信，人们就会说本来就是如此！

【案例】 "霸王"（Bawang）防脱洗发水，从前拥有一个完全不同的名称——"丽涛"（LiTao）。在"丽涛"推出之后，品牌定位十分混乱。在"丽涛"这个品牌名称之下，推出了各种各样的产品，洗发水产品上标出了"美国配方"字样。

丽涛（LiTao）产品系列

- “丽涛”SPA沐浴露——温泉浴、冰爽浴、玫瑰浴、牛奶浴、香薰浴。
- “丽涛”体香清爽沐浴露——阳离子嫩白精华，天然茉莉精液。
- “丽涛”头屑净——黑亮焗油、杏仁油+橄榄油、天然薄荷、黑芝麻。
- “丽涛”SPA水润香氛系列——各种香型的洗发护法露。
- “丽涛”防脱育发系列——育发液、乌发液、防脱洗发液。
- “丽涛”SPA沐浴露——温泉浴、冰爽浴、玫瑰浴、牛奶浴、香薰浴。
- “丽涛”维生素系列——绿茶去屑、海藻去屑柔顺、维生素润养修护、首乌黑亮。

在“丽涛”推出之前，市场上已经存在许多洗发水品牌了。例如：飘柔（Rejoice）、海飞丝（Head & shoulders）、潘婷（Pantene）、夏士莲黑芝麻（Hazeline）……这些品牌都有自己独特的定位。“丽涛”究竟代表着什么？不会有多少人相信，“丽涛”拥有如此之多的功效和作用。“丽涛”不可能找到各种证据支持众多的产品功效。在众多竞争品牌中，“丽涛”找不到自己的位置，其结果可想而知。

在市场竞争的格局中，找不到合适位置的品牌，或者找不到独特定位的品牌，注定逃不过失败的命运。“丽涛”逃不过失败的命运。对于一个品牌来说——无论成功品牌，还是失败品牌，一旦曝光在人们的视线之下，再想转变一个印象并不容易。在一开始的时候，“丽涛”找不到合适的定位。相反，像一只无头苍蝇一样，四处乱飞乱撞。对于“丽涛”洗发水来说，如果突然聚焦在一个新概念上，那么消费者多少会产生疑问——在一开始的时候，“丽涛”洗发水怎么不宣传这个新概念？无疑，这将引起消费者的怀疑——分明是在骗人！

对于“丽涛”洗发水来说，品牌的定位潜力早已耗尽——不但没找到合适的定位，反而开始四面出击。如今，尽管发现一个具有营销价值的品牌概念，但是不能再把希望寄托在没有潜力的品牌上。况且，为了保证新的品牌概念获得成功，不能用“丽涛”这个品牌进行冒险。因此，一个新概念必须赋予一个新品牌——重新开始十分必要。于是，诞生了一个新的洗发水品牌——“霸王”，抢占了一个新概念——防脱、固发。“霸王”洗发水的起步，从“防脱、固发”这个概念开始了。所有的成功品牌，均始自一个独特概念。

【案例】 ⌖ “霸王”——在聚焦于“防脱、固发”的时候，在洗发水市场上充斥着许多竞争品牌，且都拥有各自坚守的阵地——品牌定位。例如：“潘婷”占据的阵地——滋润头发、增加弹性；“海飞丝”占据的阵地——去头皮屑；“飘柔”占据的阵地——头发柔顺；“夏士莲黑芝麻”占据的阵地——黑亮。“霸王”洗发水发现了一个狭窄的阵地——中草药防脱洗发水。

防脱、育发、固发，成为“霸王”洗发水宣传的核心功效。防脱与固发，构成了一个不错的进攻方向。毕竟，对于现代人来说，脱发成为困扰许多消费者的大问题。尤为关键的是，“防脱固发”这个概念，没有被任何品牌所抢占——对于人们心智来说，仍然是一片空白地带。因此，从战术的角度来看，“防脱固发”这个概念，构成了一个有效的攻击视角，能够轻易占领人们的心智。

“霸王”洗发水终于拥有了一个品牌焦点。于是，“霸王”洗发水开始展开广告攻势——宣传产品的防脱、固发功效。为了增强人们对品牌的信任度，寻找一个公众信任度较高的品牌代言人，成为“霸王”洗发水的合理选择。寻找谁充当品牌代言人，能够增强人们对品牌的信任度？“霸王”洗发水瞄准了香港功夫影星——成龙（Jacky Chan）。对于中国大陆观众来说，“成龙”这个名字本身就是一个品牌——不但是国际功夫影星，而且还是中国的形象代表，给人们留下了十分积极的形象。

什么塑造了“成龙”这个品牌——成功者、爱国者、慈善家、中国文化传播者。中国大陆媒体的持续报道，塑造了“成龙”这个品牌。对于“霸王”洗发水来说，“成龙”——拥有十分正面的个人形象，以及较高公众信任度的品牌代言人，似乎再合适不过了。当然，十分重要的是，品牌代言人要有一头浓密、粗壮的黑发。于是，“成龙”充当了“霸王”洗发水品牌证明人。在电视广告上，成龙开始讲述品牌代言故事。

成龙——讲述品牌故事

当知道要拍洗头水广告的时候，我拒绝拍这个广告。
不能让我拍，我就马上去拍。
我要试用一下这个产品。
因为
我不愿意拍完了之后，再加一些特技上去——头发看上去很亮、很柔。
这样
观众出来一定会骂我，根本没有这样的头发，证明这个广告很虚假。
经过证实，确实是纯中草药产品。
我用了大概一个月左右，感觉还不错。
在拍广告的时候，我要求不要加特技。
因为
我要让观众看到，我用完之后是这个样子，你们用完之后也会是这个样子！

对于许多消费者来说，这个品牌代言故事听起来比较“真实”。第一个原因是，“成龙”用讲故事的方式，宣传“霸王”洗发水。第二个原因是，“成龙”讲述的故事会令许多人信以为真。在这种因素的作用下，“霸王”洗发水销售迅速攀升。于是，为了获得更大的成功，“霸王”洗发水继续在“成龙”身上加大投资，“成龙”继续讲述代言品牌的故事。至此，人们可能会认为，“霸王”洗发水——防脱、固发的定位获得了令人满意的成效。“霸王”洗发水的定位——防脱、固发看起来已经完美无缺。但是，定位没有这么简单。在初步获得成功的背后，隐藏着致命的问题。“防脱、固发”的定位，支撑点——证据在何处？

【案例】 所谓品牌定位，就是在人们心智中拥有一个独特的概念。从这个角度上看，“霸王”洗发水——防脱、固发，获得了初步的定位成功。至少，“霸王”洗发水抢先拥有了一个概念——防脱、固发。对于竞争品牌来说，若想插足“防脱、固发”领地，已经变得十分困难。但是，定位不是说谎，定位不是欺骗。这意味着：有效的定位策略，必须拥有可信的证据——定位支撑点。如果缺少证据——支撑点，那么定位就缺乏可信度，甚至变成了欺骗，或者说谎。

对于定位来说，寻找一个独特的进攻视角——占领人们心智的品牌概念，尚不能构成定位的全部，还要找到支撑品牌定位的可信证据。然后，才能围绕着品牌的定位概念，展开一致性的品牌传播活动。否则，品牌的定位概念，就成了空中楼阁——缺乏稳固的顾客心智基础。对于“霸王”洗发水来说，找到了有效的进攻视角——防脱、固发，找到了合适的品牌代言人——传播品牌价值概念。但是，恰恰缺少关键的中间环节，缺少品牌定位的支撑点——关于防脱、固发的证据。

“霸王”把赌注全部压在了品牌代言人上。事实上，在品牌起步的初期阶段，品牌代言人发挥着关键作用——争取获得消费者信任。但是，无论品牌代言人多么具有公信力，都不能保证品牌获得长期成功，更不能充当品牌定位的支撑点。品牌代言人的作用，在于恰倒好处地传播品牌定位概念，支撑不起品牌定位的价值概念。事实十分清晰，“霸王”根本没有关注品牌定位支点的问题。否则，在面对媒体质疑的时候，“霸王”不会束手无策。

2010 年，媒体曝出“霸王”产品检测出致癌化学品——二恶烷（Dioxane）。“霸王”作出回应，声称遭到竞争对手恶意诋毁。“霸王”获得政府食品药品管理机构的积极响应。政府食品药品管理机构发布声明：经现场检查并对相关产品进行抽检之后，检测结果显示：抽检样品“二恶烷”的含量水平不会对消费者健康产生危害。在“二恶烷”事件上，“霸王”勉强过关。但是，品牌代言人的广告，受到媒体的严重质疑。品牌代言人的广告——“霸王”使用祖传配方做洗发水。品牌代言人宣称：自己用过这种产品，还在继续使用这种产品。自己跟大家一样，喜欢自然、天然的东西。人们对此提出疑问——那么，纯天然的中草药产品，怎么会含有化学制品——表面活性剂？

媒体继续追寻事实真相——“霸王”防脱洗发水，采用了“丽涛”

洗发水的批准文号。这意味着："霸王"防脱洗发水，只是翻版的"丽涛"洗发水。"霸王"洗发水的防脱功效受到质疑。媒体继续指出：在国家药监局网站上，"霸王"育发液、"霸王"乌发液、"霸王"防脱洗发液的批准文号，分别与"丽涛"育发液、"丽涛"乌发液、"丽涛"防防脱洗发液的批准文号完全一样。"霸王"终于承认——"霸王"与"丽涛"两个品牌的产品成分相同，实际上属于同一种产品。对此，"霸王"的解释是：批号可以续用，名称可以变更。

对于"霸王"防脱洗发水的功效，"霸王"则拿不出有效的证据。在"霸王"的《特殊用途化妆品卫生许可批件》上，审批结论为：经审核，该产品符合《化妆品卫生监督条例》有关规定，现予批准。在许可批件上，加注了一条补充说明：卫生部未组织对本产品所称功效进行审核，本批件不作为对产品所称功效的认可。这意味着："霸王"防脱洗发水没有令人信服的功效证明。接着，媒体又提出疑问："霸王"洗发水既然具有防脱、固发功效，那么为什么企业创始人头发稀疏？对于定位来说，有效的定位支撑，莫过于可靠的第三方证明。但是，对于"霸王"防脱洗发水来说，恰恰缺少可靠的第三方证明。无疑，缺乏可靠或者可信的定位支撑点，成为"霸王"品牌战略的极大缺陷。

〔**参考资料**〕："霸王"两产品因虚假宣传受查处。（2010年新华网北京9月9日电）2010年9月9日，国家食品药品监督管理局通报了"霸王男士固发强根洗发液"和"霸王男士固发去屑洗发液"两款产品虚假宣传的查处情况。近日，根据媒体反映和地方食品药品监管部门日常监督检查情况，国家食品药品监管局发现霸王（广州）有限公司有关产品存在涉嫌虚假宣传问题，广东省食品药品监管局对霸王公司进行了监督检查。

经过调查核实，"霸王男士固发强根洗发液"和"霸王男士固发去屑洗发液"在未取得特殊用途化妆品批准文号的情况下，在其产品包装上标注"坚固发根、韧发防落、专为男士油性头屑头痒及易掉发质研制"等字样，虚假宣传育发类特殊用途化妆品功效，违反了《化妆品卫生监督条例》等有关规定。

广东省食品药品监管局就霸王（广州）有限公司有关违规问题，已约见该企业负责人及相关部门负责人，进行诫勉谈话，并依法下发《责令改正通知书》，提出警告，责令该公司立即改正，包括改正现有成品及包装材料；要求该公司在非特殊用途化妆品宣传中，应遵守国家相关规定，避免使用易与功能或疗效混淆的描述和术语，不得有扩大宣传。同时，广东省食品药品监管局已责成广州市食品药品监管局，对霸王（广州）有限公司整改情况进行跟踪检查。

【案例】 “霸王”产生重大的战略失误。“霸王”的战略失误，不在于品牌定位概念的选择错误——防脱、固发，而是在于品牌塑造过程中存在的漏洞——没有积极寻找、建立品牌定位的支撑点。为什么说是战略性失误？或者说，为什么把这种失误提升到战略高度？原因在于：在品牌竞争的格局之中，品牌的成败决定着企业的成败。品牌定位遭受严重的信誉危机，无疑直接影响着企业的发展。

“霸王”的品牌战略失误，从一开始便埋下了信任危机的导火线。“霸王”品牌战略失误的表现，在于过于相信品牌代言人，以及广告轰炸的作用。在运营活动层面上，忽视了与定位概念保持一致性运营活动的作用。这意味着：“霸王”没有沿着品牌定位的方向——防脱、固发，展开相互匹配的运营活动。或者说，品牌定位——防脱、固发，没有被提升到战略的高度，没有转变为深入的行动。那么，“霸王”应该怎么做？或者说，在运营活动上，“霸王”应该怎么做？“霸王”应该围绕着品牌的定位概念，展开相互匹配的运营活动。

“霸王”防脱洗发水，首先应该寻找、构建品牌定位的支撑点。那么，什么可以成为定位的支撑点？品牌定位的支撑点可以从几个方面构建。第一个方面，独立的第三方证明，可以成为定位的支撑点。例如，“佳洁士”牙膏获得了美国牙医学会（American Dental Association）颁发的证明——含氟牙膏能够有效防止蛀牙。第二个方面，人们心智的固有认知，可以成为定位的支撑点。例如，“九龙斋”酸梅汤，人们心智本身就存在酸梅汤的产品概念，“九龙斋”只需要抢先将这种概念品牌化，自然很容易获得品牌成功。第三个方面，产品自身的固有属性，可以成为定位的支撑点。例如，“农夫山泉”矿泉水，水源地设在千岛湖——坚持不在销售地附近取水、建立罐装厂，本身就是产品固有的属性，自然能够成为定位的有效证明。第四个方面，企业的研发方向，可以成为定位的支撑点。例如，“沃尔沃”汽车，坚持在汽车安全方面进行研究和发明，在汽车安全方面建立起领先的声誉。企业在研发上建立起的声誉，可以构成品牌定位的支撑点。对于“霸王”来说，能够从哪些方面构建品牌定位支撑点？

（1）利用人们心智固有的认知，建立品牌定位支撑点。对于防脱洗发产品来说，人们心智中不存在固有的认知。但是，在人们的心智中，对一些中草药的功效存在着天然认知。因此，“霸王”产品的中草药成分，可以成为品牌定位的支撑点。强调产品的含有中草药成分，可以增强人们对品牌定位的信任。例如，“九龙斋”酸梅汤强调全天然熬制，不添加香精、焦糖色、山梨酸钾（防腐剂），构建起有力的品牌定位支撑点，有效地抵御竞争品牌的进攻。“九龙斋”酸梅汤强调不含有什么成分。“霸王”防脱洗发水则应该反其道而行之，强度含有什么中草药成分。在人们的心智中，许多中草药都有养发、护发的功效。

（2）通过对产品的研究和开发，建立品牌定位支撑点。所谓定位，就是在人们心智中占有一个独特的品牌概念。但是，这不意味着：品牌定位仅仅是一个概念。在定位概念的背后，是围绕着定位概念展开的、具有战略意义的运营活动。如果没有这种与定位保持一致的战略性运营活动，那么定位就缺少了有效的支撑基础。即便是成功的大品牌——例如，“奔驰”汽车、“宝马”汽车、“沃尔沃”汽车，仍然要围绕着品牌定位展开运营活动。在防脱、固发产品的研究和开发上，“霸王“应该投入大量资金，不断获得研发成果，以巩固在防脱、固发领域的领先地位。在定位理论上，这种作法被称为防御战术。从长远一点的角度来看，这种防御战术的营销价值，远远大于品牌代言人的作用。

（3）通过获得可靠的第三方证明，建立品牌定位支撑点。但是，可靠的第三方证明，并不是轻易就能获得的东西。任何一个可靠的认证机构，不会轻易地对一项产品进行认证。例如，“佳洁士“牙膏经过了多年的申请，不断地提供研究资料，才获得”美国牙医学会“出具的证明。凭借”美国牙医学会“的证明，”佳洁士“牙膏战胜了市场领先品牌——高露洁（Colgate）。对于”霸王”来说，应该在产品研发的基础之上，积极获取可靠的第三方机构认证。对于“霸王”来说，如果获得可靠的第三方证明，那么意味着建立起坚实的定位支点。

“霸王”的战略性失误，不仅在于没有建立有效的品牌定位支点。像所有获得成功的品牌一样，“霸王”开始进行业务扩张。在“中药世家”的概念之下，推出各种含有中草药成分的产品。然后，让品牌代言人把各种东西卖出去。在“霸王”防脱洗发水之后，又开始推出 3 个品牌和产品。“追风”（Royal Wind）——中草药洗发护发去屑系列、沐浴露系列、香皂系列、美发造型系列，与众多领先品牌争夺阵地；“霸王”凉茶——清凉型、无糖型、活力型，试图争夺王老吉的阵地；“本草堂”化妆品——与众多品牌争夺的阵地。在“霸王”看来，品牌代言人是成功的关键。在“成龙”之后，王菲、甄子丹相继成为“霸王”的品牌代言人。“霸王”四面出击——分散力量。“霸王”落入了疯狂的品牌扩张陷阱。

“霸王”真正要做的事情，是把精力集中在品牌定位上——防脱、固发。从这个意义上看，定位具有战略性质，因此又被称为战略定位。从定位的角度看，“霸王”能够获得成功，关键原因在于：打了一场漂亮的游击战——抢占了一个狭小的根据地，聚焦于男性脱发消费者领地。对于“霸王”来说，无论多么成功，都无法像领先者一样行动。“霸王”不可能像宝洁公司一样——拥有全线产品，在各条战线上发起攻击，并获得令人满意的进攻成效。脱离了自己的根据地，“霸王”没有任何竞争优势。“霸王”所能做的事情，就是在自己的领地上——防脱、固发，进行持续的巩固、防御工作。

被动性方法

积极面对危机

——获得品牌信誉的积极态度

【观点】 在品牌生命的过程中，无法预料会出现什么样的危机事件。当危机事件出现的时候，大多数企业的第一反应，是否认事件与自己有关，誓言自己的产品绝对可靠，逃避和拒绝承担责任。在传播过度的社会里，企业自我辩解的声音，敌不过媒体报道的声音。人们愿意相信媒体的声音，不愿意相信企业的声音。在人们的意识中，媒体代表着独立的、公正的第三方评价机构。在危机事件中，企业代表着一个自私的、自利的责任逃避机构！对于危机事件，惟一正确的选择，就是积极面对危机——查清事件真相，勇于承担责任，努力化解危机。

【诠释】 《老子》（56）：知者不言，言者不知。《老子》（22）：曲则全，枉则直……夫唯不争，故天下莫之能与之争。古之所谓曲则全者，岂虚言哉？㊣ 定位之道：危机当前，少说为妙；委屈求全，不争为上。这不是说，面对危机装聋作哑，而是要少说多做，不要与公众的“意识”直接对立。否则，就失去化解危机的机会了。

【案例】 “泰诺”胶囊（Tylenol），是强生公司（Johnson & Johnson）生产的解热止痛药。1981 年，“泰诺”胶囊销售额达到 43.5 亿美元。在强生公司的全部产品线中，“泰诺”的销售额达到了总销售额的 7%，“泰诺”的利润额占总利润的 17%。因此，“泰诺”胶囊成为强生公司的核心产品之一。

1982 年 9 月 29 日，在服用了“泰诺”胶囊之后，玛丽·凯勒曼（Mary Kellerman）当天死亡。随后，在服用了来自同一瓶的“泰诺”胶囊之后，亚当·贾纳斯（Adam Janus）、斯坦·贾纳斯（Stanley Janus）、特里萨（Theresa）相继死亡。接着，玛丽·麦克法兰（Mary McFarland）、保拉·普锐斯（Paula Prince）、玛丽·雷纳斯（Mary Reiner），在服用在服用了“泰诺”胶囊之后相继死亡。消息迅速传遍了整个美国。在美国止痛药市场上，强生公司的市场份额从 35.3% 下跌到了不足 7% 。强生公司面临着巨大信誉危机。对此，强生公司迅速做出反应。

第一步，调查、澄清事实真相。（1）强生公司迅速收集了有关信息，包括：受害者、死因原因、有毒药品批号、有毒药品零售点、药品生产日期、送往分销网的途径。为此，强生公司特别邀请了 100 名联邦调查局探员和有关各州的侦探，追查了 2000 条事件线索，研究了 57 份调查报告。（2）向媒体进行求助，希望媒体提供准确及时的消息，以避免恐慌。通过调查证实：有毒的“泰诺”胶囊，是有人从药店买了药品之后，掺入氢化物又退回给商店所致，并不是强生公司生产过程出现的问题。强生公司决定，把这个消息传达给客户和媒体，仅电报费就花了 50 万美元。

第二步，评估、遏制事件影响。在“泰诺”胶囊中毒事件中，强生公司的直接经济损失超过了 1 亿美元。但是，最大的损失不是金钱的直接损失，而是对“泰诺”这个品牌的负面影响。强生公司事后进行民意调查发现，49% 的消费者做出积极的回答——仍会使用“泰诺”胶囊。于是，强生公司又把药摆到了货架上。

第三步，重振、重塑品牌信任。为了实现重塑品牌信任的目标，强生公司采取了“稳住老客户，渗透新顾客”的策略。（1）在广告中，邀请开发此药的麦克奈尔实验室（McNeil）药学博士——托马斯·盖茨（Thomas N. Gates），向使用“泰诺”胶囊的美国人民致谢。（2）为了避免再次发生类似事件，强生公司把胶囊改成片剂。鼓励“泰诺”胶囊的顾客试用“泰诺”片剂（Tylenol Tablets）。（3）强生公司作出承诺：在“中毒事件”发生之后，把“泰诺”胶囊扔掉的顾客，仅需打一个免费电话，就可获得2.5美元的赠券。（4）强生公司设计了一种新型防破坏的包装，增强人们对“泰诺”的信任感。

结果怎么样？通过一系列周密的计划和行动，强生公司仅用了8个月的时间，就重新赢得了35%的市场份额。“泰诺”的市场份额一直维持到1986年，为强生公司赢得了巨额利润。

坦诚自身不足

——获得品牌信誉的必备勇气

【观点】对于企业和个人而言，承认自身的问题有悖本性。因此，几乎没有人愿意承认自己的产品存在问题。在人们的潜意识中，维护“正面形象”的思维模式根深蒂固，人们总想通过维护“正面形象”取信于人。然而，在信息过度传播的社会里，对于“正面形象”的宣传，人们早已经变得麻木，早已经变得熟视无睹。对于任何形式的“正面形象”宣传，人们都存有谨慎的怀疑和防范心理。品牌若想用“正面陈词”建立信誉，必须拿出可信的证据，证明自己的“正面陈词”真实可信。反之，如果坦白自身存在的不足，则不需要任何证据证明。坦诚自身不足，承认品牌存在某些广为人知的缺点，反而可能获得人们的信任。在面对危机的时候，承认自己存在不足，反而是一种有利于信誉的行为。为什么一点点的诚实，就能够赢得人们的信任？在商业战场上，如果询问人们缺少什么，那么答案肯定是缺少诚信。诚实将帮助你解除人们的戒备心理。当坦白自己存在不足的候时，人们总是倾向性地认为：这家企业很诚实，敢于承认自己的不足。这样的行为值得尊敬，当然也值得人信赖。

【诠释】 ⊕ 📖《老子》（81）：信言不美，美言不信。善者不辩，辩者不善。📖《孙子兵法 · 九地》：故为兵之事，在于顺详敌之意[1]，并敌一向，千里杀将[2]，此谓巧能成事者也[3]。㊣ 对于品牌的自身不足来说，辩解没有多少积极意义。自我赞美的话，自我辩解的话，还是不说为好。顺应人们的心理认知，坦诚自身的不足之处，倒是一个巧妙的策略。别忘了，定位是要获得人心，定位不是违背人心。这就是兵法的原则：顺详敌之意，并敌一向，千里杀将，此谓巧能成事者也。

注解：

〔1〕曹操：佯，愚也。或曰：彼欲进，设伏而退；彼欲去，开而击之。陈皞：顺敌之旨，不假多说。但强示之弱，进示之退，使敌心不戒，然后攻而破之必矣。杜牧：夫顺敌之意，盖言我欲击敌，未见其隙，则藏形闭迹，敌人之所属，顺之勿惊。假如强以陵我，我则示怯而伏，且顺其强，以骄其意，候其懈怠而攻之。假如欲退而归，则开围使去，以顺其退，使无斗心，遂因而击之。皆顺敵之量旨也。

〔2〕梅尧臣：随敌一向，然后发伏出奇，则能逮擒其将。王皙：顺敌意，随敌形，及其空虚不虞，并兵一力以向之，乘势可千里而覆军杀将也。

〔3〕曹操：是谓巧攻成事。梅尧臣：能顺敌而取胜，机巧者也。何氏：能如此着，是巧攻之成事也。张预：始顺其意，后杀其将，成事之巧也。

【案例】 ⊕ 赫茨公司和艾维斯公司，是美国两大出租车企业。赫茨公司曾经一直居于行业领先者的地位。艾维斯公司曾经连续 13 年都处于亏损状态。艾维斯公司认识到了赫茨公司的地位之后，没有直接与对方较量，而是承认自己位居行业第二名。在广告中，艾维斯公司承认位居第二。

艾维斯（Avis）广告词

在出租车行业中，艾维斯公司（Avis）屈居第二，那么为什么还选择我们？
因为我们工作更努力。
尤其是：
我们不能忍受带有污垢的烟灰缸而坐视不管；
不能忍受汽油箱未加满汽油以及性能不佳的雨刷器；
不能忍受车身沾有灰尘、轮胎磨损或者无法调整的座位；
更不能忍受没有温暖的加热器和不能去雾的除冰机；
因为我们无法将这种汽车交给各位。
坦白而言，我们努力的目标是为了求进步。
请您下一次使用我们的车子，我们随时都有清洁优质的汽车。

在广告播出之后，艾维斯公司开始盈利——第一年盈利 120 万美元，第二年盈利 280 万美元，第三年盈利 500 万美元。为什么指出缺点反而会带来成功呢？不护短处便是长处，勇于承认缺点被人们视为一种优点。这就是说，对于一些比较隐蔽的缺点，若能处理得当则能够转化为优点。或者说，如果能够对缺点善加利用，就可以把缺点转变为优点。

对于“艾维斯”来说，将缺点转化为优点的路径就是：首先强调自己位居“第二”这种不足，然后再着重强调“我们会更加努力”的品牌价值。由于艾维斯公司大胆的、独创的宣传，艾维斯公司的董事长罗伯特·汤森（Robert Townsend）又被人们称为“第二先生”（Second Mr.）。

许多人员认为：艾维斯公司的成功，是因为更加努力工作的结果。实际上，任何位居第二的企业工作都会更加努力。艾维斯公司的成功，在于敢于承认自己位居第二。这是一种坦诚的态度，符合人们对艾维斯公司的地位认知。艾维斯公司充分利用了人们对坦诚和地位的认同，给人们一种诚实和积极向上的企业形象。

在出租车行业中，艾维斯位居第二，那么为什么还找我们？因为我们工作更努力……艾维斯公司的这则宣传广告：可以使人们产生一种联想——“艾维斯”比“赫兹”更加努力。艾维斯公司位居第二，那么谁位居第一？人们自然会想起：“赫茨”位居第一。这样，艾维斯公司与赫茨公司就紧密联系在一起。这样，艾维斯公司就成功地占据了人们心智中品牌阶梯的第二层。这正是这则广告“值得引人注意”的关键之处。

美国国际电信电话公司（ITT）收购了艾维斯公司。艾维斯公司认为，不能再满足于屈居第二了。于是，在广告中，艾维斯公司说道：“艾维斯”正在成为第一。从品牌认知的角度来说，这是一种错误。从营销战术角度来说，这仍然是一种错误。在人们的心智中，出租车行业的品牌阶梯位：“赫茨”位居第一，“艾维斯”位居第二，“国民”（National）位居第三。

“艾维斯”正在成为第一！这只是艾维斯公司单方面的愿望。当人们提起“艾维斯”的时候，头脑中冒出的概念仍然是：“艾维斯”位居第二。“艾维斯”忽视了自己在人们头脑里形成的地位——在人们的头脑中，“艾维斯”仍然只位居第二。人们会这样认为：艾维斯公司必竟还不是第一，仍然是位居第二。否则，艾维斯公司就不必想要成为第一了。同时，赫茨公司却在提醒人们，“赫茨”才是真正的第一。在广告中，赫茨公司说道：有了“赫茨”，不找别人。

顺势转化局面

——获得品牌信誉的基本技巧

【观点】品牌不是一个完美的艺术品。品牌存在的某些不足之处，可能与品牌定位紧密相连。从正面看是品牌的定位，从反面看是品牌的不足。如果品牌的不足被广泛认知，或者已经引起了人们的同感，那么就应该坦诚地面对自己存在的不足。当然，这种不足仅仅是不足，而不是什么严重性缺陷。坦白这种自身存在的不足，应该掌握好两个关键要点。首先，不足之处可能或者已经被人们广泛认知，可能或者已经在人们心智中引起了同感。相反，如果品牌的不足不会或者尚未引起人们的广泛认知，那么坦诚不足就会引起人们的疑惑——这究竟是怎么回事？甚至引发一场营销灾难。其次，坦白品牌自身存在的不足，不是为了向人们表示道歉，而是让这种不足迅速转化为产品优点和利益。这就是说，如果人们对品牌的不足产生了广泛的认识，反驳和默认都没有任何积极意义，反而会加深人们对这种不足的认识，反而会把自己定位在这种“不足”上面。相反，应该顺应人们头脑里对品牌不足的认识，利用人们对品牌不足的认识，把品牌在人们头脑中的不足转化成独特的价值利益，用品牌的不足来证明品牌的独特定位价值。要让人们相信：品牌的不足点，正是人们应该选择品牌的合理理由。

【诠释】 ⊕ 📖《孙子兵法·军争》：军争之难者，以迂为直，以患为利[1]。📖《老子》（58）：祸兮福之所倚，福兮祸之所伏。孰知其极？㊣ 定位之道：面对不足，反驳为直，转化为迂。转化之难：用迂而不用直，故能以迂为直。迂直之利：能以迂为直者，则能化患为利。走直线达不到效果，走曲线能达到效果。

注解：

〔1〕梅尧臣：能变迂为近，转患为利，难也。张预：变迂曲为近直，转患害为便利，此军争之难也。

【案例】 ⊕ 在推出“斯科普”（Scopt）漱口液的时候，宝洁公司一反传统漱口液的理念，把“斯科普”漱口液定位为“味道不错”的漱口液。无论是从产品的角度上看，还是从定位宣传的角度上看，“味道不错”的漱口液都是一个有效的战术策略。不但如此，这样一个定位策略，还给市场领导品牌——“李施德林”（Listerine）漱口液进行了重新定位。在给“李施特林”进行重新定位的时候，“斯科普”漱口液仅用了俩字——这俩字就是“药味”，这从反面暴露了“李施德林”漱口液的弱点——“味道非常糟糕”的事实。

那么，“李施特林”应该如何进行应对呢？“李施德林”不能告诉人们：“自己的品牌味道不是很糟糕”。如果“李施德林”直接否认品牌自身的不足，那么只会加深人们对品牌的负面印象，事情只会变得越来越糟。相反，“李施德林”明智地承认了品牌的不足，即这个产品的味道确实难闻，而且还承认人们确实憎恨这种味道。“李施德林”在广告中承认：这是让人们一天憎恨两次的味道。然而，这恰恰强化了“李施德林”一直强调的品牌价值——“李施德林”能够杀死更多细菌。这会让潜在消费者认为，尝起来像消毒水一样的漱口液，一定能真正杀死细菌。利用坦诚法则，“李施德林”度过了一场危机。

【案例】 在做广告的时候，美国的汽车制造商总是一味强调车子的外形——美观、优雅。美国汽车公司曾经反其道而行之，刻意强调自己产品的缺点——不优美。恒美广告公司（Doyle Dane Bernbach，DDB）策划了一则十分大胆的广告——外型虽不美观，却能运载乘客到任何地方去。这则自揭短处的广告刊登在美国《生活》（*Life*）杂志上。

美国汽车公司的广告画面设计为：在登陆月球的太空飞船图片下方，写上了一句广告词——“外型虽不美观，却能运载你到任何地方去”。其含义就是：美国汽车公司的产品，外形确实不那么好看，可是太空船就未必好看。然而，无论美国汽车公司的产品，还是太空飞船，都能确保将乘客运载到任何地方去。这则广告极其简短，其创意却十分大胆巧妙。通过与样子不好看的太空飞船进行类比，说明自己品牌的性能和特点。这确实是一种超凡的构思，广告的大胆构思和幽默令人赞叹不已。

恒美广告公司直言不讳产品缺点——产品样子不好看，经常用“丑陋星”“鞘翅目”“狮子鼻”等自嘲的形容词，刻意表现自己的产品缺陷。然而，广告总是接着笔锋一转，突出强调产品性能——尽管如此，但是产品十分耐用，能够很好地工作。结果，本来具有轻蔑之意的“不好看”，却被人们视作“很耐用”的代名词，从而给人们留下深刻印象。

【案例】 在爱尔兰（Ireland），如果想在酒吧喝一杯“健力士”（Guinness）啤酒，那么必须要有足够的耐心等待。首先，酒吧的调酒师仅到满杯子的3/4。接着，顾客必须一直等着，直到泡沫停止上升。然后，又过去了很长时间，调酒师才慢慢将杯子斟满。整个倒酒的过程，需要持续了好几分钟。但是，人们都不介意等待。事实上，“慢慢倾到”这种习俗，成为品尝“健力士”啤酒的愉快所在。那么，这种习惯又从何而来？原来，这种习俗并非出自偶然事件。20世纪90年代，人们的生活节奏已经变得很快。在大不列颠群岛的酒吧中，“健力士”啤酒的销售量持续低迷。为什么？这是因为：人们没有耐心花10分钟的时间，等待一杯“健力士”啤酒的泡沫平息。

对此，健力士啤酒公司不但大胆承认自身的不足，而且还将产品的不足转化为一种独特的品牌价值——利用人们对“等待”的烦恼和不满，把“等待”转化成品牌“优势”。于是，“健力士”在广告中说道：好东西总是会留给那些肯等待的人。只需等待119. 53秒，就可以喝到这完美的“健力士”啤酒。甚至，在电视广告中，甚至播出了“正确方法”——如何到满一杯“健力士”啤酒。这种“慢慢倾到”的习俗在消费者中蔓延开来。由于这种明智的广告策略，这种充满“艺术性”的到酒方式，成为饮用“健力士”啤酒的必须步骤。“健力士”啤酒希望人们知道，要想倒满一杯“健力士”啤酒，绝不像倒其他液体那么简单。

【结语】 人们知道品牌信誉的重要性。但是，人们总是存在着一种侥幸心理。人们总是一厢情愿地认为：“真相可以被隐瞒”。事实证明，这种“掩耳盗铃”的行为，无不招致更大的“品牌灾难”。在信息全球化传播的时代，没有什么“坏消息”能够一直隐瞒下去。明智的做法是：在发现问题时，以最快的速度把问题解决掉。不要让问题继续遗留下来，成为品牌信誉的隐患。更不要让问题遗留下来，成为品牌灾难的发酵剂。

第 3 章

定位陷阱：步入危险性的品牌思维误区

【题义】在企业经营和市场营销的过程中，许多看似合理的行为，都为定位带来了破坏性的效果。对定位效果的破坏行为，往往又十分隐蔽。隐蔽性的破坏作用，构成了一系列定位陷阱。概括起来说，品牌定位的陷阱有两种类型。一种类型与品牌的名称有关，包括：品牌延伸陷阱、缩写名称陷阱、搭顺风车陷阱、通用名称陷阱。一种类型与品牌的增长有关，包括：人人满意陷阱、仿效他人陷阱、品牌成功陷阱、增长欲望陷阱。

3.1 品牌延伸陷阱

【释义】从广义的角度讲，延伸就是把经营业务向一个本质上不相关的领域扩展，或者是把经营业务向一个没有优势竞争位置的领域扩展。从狭义的角度讲，延伸是把一个已经代表了某种概念品牌名称，用在一个概念上不相干的产品或者产品类别上。毫无疑问，品牌延伸十分受欢迎。人们总是能够找到品牌延伸的理由。人们普遍认为，品牌延伸能够带来多重好处——减少投入，降低成本，增加收入，提升形象。经济学家支持品牌延伸，管理学家乐意品牌延伸。于是，几乎所有获得品牌成功的企业，都疯狂地进行品牌延伸——一个成功品牌，拼命地延伸到一切可能的领域。但是，对于定位来说，品牌延伸却是一个致命的陷阱。

品牌延伸会适得其反

——品牌延伸掩盖了品牌的独特价值

【观点】 几乎所有成功品牌总是会被无限延伸。品牌延伸的原动力，源自对成本—效率的追求与假设。企业普遍持有一种观点——采用品牌延伸的方法能够提高经营效益，获得更高的“产出与投入”比率。或者，借助成功品牌的知名度，促进新产品的传播与推广。因此，一个高度聚焦的品牌经常被迫分散品牌焦点——原本概念清晰的品牌及其名称，延伸进入至少两个、或者三个、甚至更多的产品领域。从头脑品牌标记的角度看，品牌延伸进入的种类越多，人们头脑里的品牌焦点就越分散，并逐渐在人们头脑里失去意义。这就是说，品牌延伸越多，品牌焦点就越分散。品牌焦点丧失越严重，品牌越容易受到伤害。从头脑品牌标记的角度看，专一品牌会更加具有优势——容易保持焦点清晰，容易创造价值标记，容易产生专家印象，容易成为品类代表。这就是说，从创造品牌标记的角度看，专一品牌容易在人们心智中形成品牌标记，延伸品牌难以在人们心智中产生品牌标记。

【诠释】 《吕氏春秋·处方》：故凡乱也者，必始乎近而后及远，必始乎本而后及末（近，喻小；远，喻大）。为乱之君，先小后大也。㊟ 品牌延伸所引起的心智混乱，一样由近及远、由本及末。在开始的时候，品牌延伸走得并不远，品牌延伸的危害比较小。伴随着延伸思维模式的形成与固化，品牌延伸走得越来越远，品牌延伸的危害越来越大。

【案例】 《哈佛商业评论》（*Harvard Business Review*）：“未经核实的品牌延伸，能够弱化品牌形象，破坏商业联系，掩盖增加的亏损”。《消费者营销日报》（*Journal of Consumer Marketing*）提到，尼尔森公司（Nielsen）曾进行过一次大规模的调查，调查范围包括：在美国和英国等

5个市场上推出的115种新产品。尼尔森公司将新推出的产品分成两种情况。第一种情况：在老品牌商标名称下推出的新产品。第二种情况：在新品牌商标名称下推出的新产品。在两种情况下推出的新产品，隔两年计算一次市场份额。然后，对这两种情况下推出的新产品所赢得的市场份额进行比较。结果，"老品牌"获得的市场份额，远不如"新品牌"获得的市场份额大。

【案例】 百得公司（Black & Decker）成立于1910年，美国《财富》（*Fortune*）杂志世界最大500家企业之一，全球最大的电动工具制造和销售商。"百得"这个电动工具品牌，因为产品在恶劣条件下的出色表现，在电动工具市场享有盛誉。在专业建筑市场上，以及在自己动手工具市场，"百得"均为一个公认的好品牌。百得公司希望延伸拓展产品线。于是，收购了通用电气公司的家用器具制造业务，成为烤面包机和手提式充电吸尘器的生产商。

在一夜之间，"百得"这个名字出现在各种产品上——咖啡壶、熨斗、动力钻和磨沙机。虽然这种战略看上去符合逻辑，拓展了"百得"品牌的产品线，但是这一举动却带来了不良结果。在"百得"从车库到厨房进行产品线拓展的时候，把原有的品牌核心概念抛到了脑后。"百得"品牌的核心概念——在恶劣条件下表现出色的电动工具，遭到品牌延伸的严重削弱。在专业建筑市场上，"百得"的信誉被严重损害了。"百得"的专业用户——那些严肃的工程承包商，不愿意看到工地上所使用的电动工具，与家庭中使用的烤面包机共享一个品牌名字。

所幸的是，百得公司很快就意识到了问题的严峻性，并快速有效地推出了新品牌——"得伟"（DeWalt），作为高端专业电动工具的专门品牌。1992年，百得公司，推出了一系列"得伟"电动工具产品。百得公司认识到一个问题——推广专业工具和家用器具产品，所面对的是两个不同市场，必须采取截然不同的推广方法。所以，在"沃尔玛"商店的货架上，人们不会看到“得伟”的产品。但是，在“家得宝”（Home Depot）的货架上，则可以找到“得伟”的产品。

百得公司重新获得了成功，关键原因在于：针对专业电动工具市场——完全不同的目标顾客群体，启用一个完全不同的新品牌——“得伟”。事实上，“得伟”这个品牌的推出，解决了两个问题。第一问题：“得伟”与“百得”彻底区分开来——一个针对专业市场，一个针对家用市场，品牌焦点变得更加清晰。第二个问题：减少品牌延伸所引起的消极影响，避免品牌延伸引发灾难性结果。如今，在百得公司的旗下，“得伟”已经成为最有利润的经营项目。

品牌名称犹如橡皮筋

——在一个品牌名称上不要悬挂多种产品

【观点】 ⌖ 从物理的角度看，品牌名字像是一根橡皮筋。橡皮筋可以被拉长，但是不能超过某种极限，超过了一定极限就会断裂。从认知的角度看，品牌的名字延伸得越长，品牌在人们心智中的概念就越混乱，品牌在人们心智中的地位就越脆弱，品牌在人们心智中的印象就越模糊。品牌的名称，是把品牌挂在人们头脑品牌阶梯上的挂钩。品牌的延伸，是在一个品牌挂钩上吊上各种各样的产品。品牌延伸的结果：品牌挂钩上的产品越来越多，品牌挂钩的强度越来越弱。一旦品牌挂钩断裂，品牌就是去了价值概念，失去了竞争地位，失去了品牌声誉，失去了品牌力量，失去了利润土壤。

【诠释】 ⌖ 📖《尹文子 · 大道》：善名命善，恶名命恶。故善有善名，恶有恶名。圣贤仁智，命善者也；顽嚚凶愚，命恶者也。📖《尹文子 · 大道》：名贤不肖为亲疏，名善恶为赏罚，合彼我之一称而不别之，名之混者也。㊣ 品牌名称的作用，在于区别彼此所代表的独特价值概念。多种品牌共同使用一个名称，无法发挥品牌名称代表独特概念的作用。相反，恐怕只能使品牌概念混淆不清。

【案例】 高露洁—棕榄公司（Colgate-Palmolive），拥有各种品类的产品，并都冠以“高露洁”（Colgate）和“棕榄”（Palmolive）的品牌名称。例如：“高露洁”牙膏、“高露洁”牙刷、“高露洁”牙粉、“高露洁”一次性剃须刀、“高露洁”100 口腔消毒水。此外，还有“棕榄”洗涤剂、“棕榄”脂皂、“棕榄”剃须膏、“棕榄”快速剃须刀。

“高露洁”这个品牌的延伸，甚至达到不可思议的程度——在一系列食品上冠以“高露洁”这个品牌名称——称为“高露洁”食品。毫无疑问，“高露洁”食品并未获得成功，而且仅在美国本土出现过。“高露洁”的想法似乎十分简单——消费者吃完“高露洁”食品之后，再用“高露洁”牙刷和牙膏刷牙。问题的关键之处在于：对于大多数人来说，“高露洁”这个品牌名称，不能激起人们的食欲。“高露洁”同样将品牌延伸到香皂领域，结果同样没有获得成功——不但没有吸引消费者，而且降低了“高露洁”牙膏的销售量。

宝洁公司（P&G，英文 Procter & Gamble 的缩写）——Proctor 英文含义是“铁”的意思；Gamble 英文含义是“赌博”的意思。宝洁公司同样经营着许多产品类别。但是，人们却看不到用“宝洁”（P&G）命名的产品。宝洁公司为所有产品逐一进行定位，逐一进行命名。在人们的心智中，宝洁公司的产品及其品牌，分别都占据着一个独特的地位。例如，汰渍（Tide）——洗涤能力强，去污彻底；奇尔（Cheer）——杰出的洗涤能力和护色能力，能使家庭服装显得更干净、更明亮、更鲜艳；奥克多（Oxydol）——可使白色衣服更洁白，花色衣服更鲜艳；格尼（Gain）——干净、清新，如同太阳一样让人振奋。

高露洁—棕榄公司曾经拥有 65 个产品项目，均以“高露洁”和“棕榄”这两个名称命名。宝洁公司曾经拥有 51 个产品项目，均有自己的品牌名称，无一用“宝洁”这个名称命名。那么，市场表现如何？宝洁公司的业务规模，达到高露洁—棕榄公司的两倍。宝洁公司的经营利润，达到高露洁—棕榄公司的 3 倍。

定位的思维方式

——由外而内的思维方式

【观点】 品牌定位，是一种“由外而内”的思维方式——从消费者观念的角度出发，思考如何让品牌进入人们心智，如何让品牌根植人们心智。或者说，在人们的心智中，让品牌代表一个独特的价值概念。定位的最理想状态是：使品牌名称成为某类产品的代名词，使人们在不知不觉之中把品牌名称当作某类产品的名称，从而用品牌名称代替某类产品的名称。品牌名称的替代现象越普遍、越频繁、越广泛，品牌在人们心智中的地位就越牢固，品牌在市场竞争中的地位就越稳固。品牌延伸的做法，不利于让品牌名称在人们心智中成为品类的首席代表，不利于让品牌名称在人们头脑里代表独特的价值概念。

【诠释】 《老子》（54）：故以身观身，以家观家，以乡观乡，以国观国，以天下观天下。何以知天下之然哉？以此。㊣ 定位是以心观心。所谓“以心观心”，就是从顾客的心智概念出发，然后再去占领顾客的心智。定位首先应该从消费者的心智观念出发，然后确定知道应该从何处开始发动进攻——从顾客的心智观念出发，寻找品牌定位路径。以此知天下之然——知道竞争品牌强弱，知道己方品牌虚实。品牌定位，由外而内，则知胜负。

【案例】 救星公司（Life Savers）——一家糖果生产企业，专门生产一种中间带有圆圈的糖果。“救星”很受市场欢迎。在《纽约时报》上，救星公司执行副总裁这样说道：与消费者的对话表明，“救星”这个品牌名称所传递出的概念含义，不仅是中间带有圆圈的糖果。“救星”还意味着好滋味，超值享受和可靠的质量。我们坚信，如果把“救星”这个有份量的名称转用在一个具有类似特点的新产品上，将成为提高成功率的有效办法。

救星公司是一厢情愿。事实上，如果向消费者询问：什么品牌的糖果意味着好滋味、超值享受、质量可靠？那么恐怕没有消费者回答：救星糖果意味着好滋味、超值享受、质量可靠。不会有人这样回答。相反，如果向消费者询问：中间带有圆圈的糖果叫什么名字？那么绝大多数人会回答：“救星”糖果中间带有一个圆圈。在消费者的心智中，“救星”糖果就是中间带有一个圆圈的糖果。中间带有一个圆圈的糖果，就是“救星”糖果。

在人们的心智中，“救星”这个品牌名称就代表中间带有一个圆圈的糖果，不代表其它什么东西。但是，救星公司并不这样认为。救星公司认为，“救星”可以很好地代表口香糖。于是，救星公司将“救星”延伸向口香糖产品。结果如何？“救星”口香糖的市场份额从未超过10%，1978年，“救星”口香糖就已经消声匿迹了。

在口香糖方面，救星公司还是取得了巨大的成功，但是，那不是在普通泡泡糖领域，而是在泡泡口香糖领域，而且不叫“救星”泡泡糖，而是叫“宝宝乐”（Babble Yum）泡泡糖——第一个软质泡泡糖品牌。在泡泡糖领域，救星公司拥有充当第一的领先优势，而且又避开了品牌延伸陷阱。因此，“宝宝乐”泡泡糖取得了压倒性的产品成功，销售数量甚至超过了救星糖果。

延伸的思维方式

——由内而外的思维方式

【观点】品牌延伸，是一种“由内而外”的思维方式——不是从消费者头脑中的观念出发，而是从企业自己头脑中的观念出发。企业往往认为品牌延伸的想法，完全符合消费者头脑中的观念。品牌延伸的想法认为：人们喜欢知名品牌，己方品牌又具有知名度。如果将己方品牌名称用在其他产品上，那么人们同样会喜欢这个知名品牌的产品。尤为重要的是，人们一看到品牌名称，就会认出本企业的产品。然而，事实恰恰相反。从消费者的角度来看，人们所以喜欢某一个品牌，其关键原因在于：品牌代表着某种独特的东西，而不是代表着其他什么东西。如果一个品牌不再代表着独特的东西，那么这个品牌就不再是人们心智中原本的那个品牌了。品牌延伸意味着：一个品牌的名称，既代表着这种产品，又代表着那种产品；一个品牌名称，既代表着这种东西，同时又代表着那种东西。品牌延伸，会使品牌在人们头脑中所代表的概念产生混乱，会使品牌在人们心智中所形成的价值变得模糊。

【诠释】《老子》（32）：始制有名，名亦既有，夫亦将知止。知止，所以不殆。《吕氏春秋·正名》：凡乱者，形名不当也。㊣品牌获得成功，无不从一个价值焦点开始。这意味着：成功品牌的名称，无不代表着一个独特的价值。在获得成功之后，品牌及其名称应该限制住所代表价值概念的变化——知止，止于价值概念。知止，所以不殆。不知止，则必乱。品牌及其名称所代表的概念，所以在人们的心智中产生混乱，完全由于“形”与“名”不当所致——品牌名称所代表的概念，与所指代的产品不一致、不相符。

【案例】拜耳公司（Bayer）发明了一种解热镇痛药——阿司匹林（Aspirin），并为其品牌命名为“拜耳”（Bayer）。在解热镇痛药领域，“拜耳”阿司匹林一直保持着领先地位。强生公司发明了一种解热镇痛药——对乙酰氨基酚（Acetaminophen），并为其品牌命名为“泰诺”（Tylenol）。针对阿斯匹林止痛药存在的副作用，“泰诺”对“拜耳”进行重新定位，并获得了巨大的成功。

泰诺（Tylenol）广告：给拜耳（Bayer）重新定位

为千百万不应服用阿司匹林的人着想
如果你胃容易不舒服
如果你患有胃溃疡
如果你患有哮喘、过敏，或者缺血性贫血
在服用阿司匹林之前，应该请教一下医生
阿司匹林会刺激胃黏膜，引起哮喘或过敏反应，造成胃肠道隐性微量出血
幸好，还有“泰诺”
……

“泰诺”对乙酰氨基酚的销售数量大增，超过了所有阿司匹林止痛药品牌——例如：拜尔、安纳心（Anacin）、百服宁（Bufferin）。“泰诺”取得了巨大的成功，成为解热镇痛药的领先品牌。然后，拜耳公司开始组织反击，推出了“拜耳”对乙酰氨基酚（Bayer Acetaminophen）——不含阿司匹林的止痛药（Non-Aspirin Pain Reliever），希望购买“泰诺”的消费者重新回头，购买“拜耳”对乙酰氨基酚止痛药——不含阿司匹林的止痛药。“拜耳”是阿斯匹林止痛药市场的领先品牌。因此，拜耳公司相信：在对乙酰氨基酚止痛药市场上，“拜耳”对乙酰氨基酚——不含阿司匹林的止痛药，同样会具有市场影响力。竞争结果如何？在对乙酰氨基酚市场上，“拜耳”对乙酰氨基酚止痛药的市场份额微乎其微。

从消费者的角度来看，“拜耳”在人们的心目中拥有牢固的价值地位。这意味着：“拜耳”这个品牌名称变成了阿斯匹林的代名词——人们用“拜耳”这个品牌名称代替阿斯匹林这种品类名称。“拜耳”延伸出来的品牌名称——“拜耳”对乙酰氨基酚：不含阿司匹林的止痛药——与人们头脑中的观念相抵触，相冲突。在人们的心智中，“拜耳”这个品牌名称代表着阿斯匹林这类产品。如果“拜耳”不含阿司匹林，那么就意味着“拜耳”不是优质的阿司匹林解热止痛药。这样，那些打算购买阿司匹林的消费者，不会再购买“拜耳”解热止痛药。这是因

为："拜耳"变成了不含阿司匹林的止痛药。相反，那些打算购买对乙酰氨基酚的消费者，同样不会购买"拜耳"对乙酰氨基酚——不含阿司匹林的拜耳止痛药。这是因为：在人们的心智中，"泰诺"才是优质的对乙酰氨基酚止痛药。"拜耳"对乙酰氨基酚——不含阿司匹林的止痛药，仅仅是一个效仿品牌而已。

"拜耳"对乙酰氨基酚——不含阿司匹林的止痛药，在市场竞争中彻底失败。拜耳公司仍然不死心，又推出了"拜耳优质系列"（Bayer Select Line）——包括五种不同的止痛药品，不但都不含有阿斯匹林，而且还都使用了延伸式的品牌名称——"拜耳"。拜耳公司花费了 1.1 亿美元宣传"拜耳优质系列"。在第一年中，"拜耳优质系列"销售额只有 2500 万美元。"拜耳"的品牌延伸策略："拜耳"对乙酰氨基酚——不含阿司匹林的止痛药，以及"拜耳优质系列"向人们发出一种错误的品牌信号——"拜耳"只是一个品牌名称而已，不专门代表任何概念。这样，当消费者打算购买阿斯匹林的时候，不会再用"拜耳"这个品牌名称代替阿斯匹林这类产品。从而，在人们的心智中，"拜耳"——高级阿斯匹林的品牌地位就会遭到严重的破坏。

【案例】 1992 年，百事可乐公司发现了一个市场空缺。百事可乐公司认定，市场期待着一种清澈的可乐饮料。毕竟，市场上已经有了健怡可乐饮料、樱桃可乐饮料、无糖可乐饮料、无咖啡因可乐饮料、咖啡因增强型可乐饮料。这些可乐饮料品类，在一定程度上都获得了成功。那么，为什么不可以有一种清澈的可乐饮料？

经过几个月的测试和试验之后，百事可乐公司确定了配方——新型的、清澈的可乐饮料，并将其命名为"水晶百事可乐"（Crystal Pepsi）。百事可乐公司还推出了健怡型的"轻怡水晶百事可乐"（Diet Crystal Pepsi）。百事可乐公司认为，这两种产品都能满足人们对"纯洁饮料"的消费需求。当时，消费者像选择可乐饮料一样，选择瓶装的"依云"

（Evian）矿泉水和“巴黎”（Perrier）矿泉水。

在人们的心智中，一个带有“百事”名样的产品，尝起来就应该有可乐饮料的味道。但是，“水晶百事可乐”没有可乐饮料的味道。事实上，几乎没有人知道，“水晶百事可乐”尝起来是什么味道。一年之后，百事可乐公司停止了生产“百事水晶可乐”。接着，百事可乐公司开始研制一种新的清澈可乐饮料配方。1994 年，在经过改造之后，新型清澈可乐饮料——“水晶”（Crystal）重新出现在饮料市场上。但是，“水晶”仅定期供应市场。然而，“水晶百事可乐”其负面影响依然存在。“水晶”还不如“水晶百事可乐”受欢迎。

百事可乐公司不得不承认失败——最终放弃对清澈可乐饮料的构想。但是，百事可乐公司仍然没有放弃清澈饮料的想法——满足人们对纯洁饮料的需求。1994 年，百事可乐公司作出决定，要在瓶装水市场上分一杯羹。于是，百事可乐公司推出了瓶装水产品——命名为 Aquaftna。在瓶装水项目上，百事可乐公司没有使用延伸的品牌名称。在美国市场上，Aquaftna 所取得的成功要比“水晶”大得多。

品牌延伸的长效机制

——从长期角度看，品牌延伸效果不好

【观点】 从长期角度来看，品牌延伸的效果十分糟糕。如何理解品牌延伸的危害？关键之处在于：将短期效果与长期效果分开进行考察。品牌延伸的效果，就像酒精对于酗酒者的作用。从短期角度来看，酒精能够产生强烈刺激的作用——令酗酒者感到兴奋。从长期角度来看，酒精则会产生完全相反的作用——令酗酒者感到颓废。品牌延伸所以广受欢迎，一个关键原因在于：能够产生某种短期效应。从一个较短时间阶段来看，品牌延伸能够顺便带动增加额外收入。在品牌开始延伸的时候，借助固有的分销渠道，凭借固有的品牌效果，企业能够获得可观的销售收入数据。人们很容易看到品牌延伸的眼前利益——扩大销售、分摊成本、增加利润。在经过不断的品牌延伸之后，越来越多的产品被冠以同一个品牌名称，品牌在人们头脑中所代表的价值概念开始逐渐淡化。或者说，一个品牌延伸越长，品牌在人们心智中所代表的价值概念就越模糊。一个品牌名称代表多种概念所引的混乱，缓慢而又稳步地削弱着品牌的营销力量。经过一个较长的时间之后，品牌概念渐渐开始产生歧义，渐渐开始失去焦点，渐渐开始丧失市场力量。如同潜伏在身体里面的疾病，迟早招致灾难性的结果。

【诠释】 📖《庄子·人世间》：道不欲杂，杂则多，多则扰，扰则忧，忧而不救。㊣ 品牌及其名称所代表的价值概念，贵在精确、专一。精确意味着概念清晰，专一意味着价值独特。品牌及其名称所代表的概念越多，所代表的东西越杂，对品牌在人们心智中的地位干扰就越大。品牌延伸得越长，品牌隐忧就越大。当品牌延伸达到一定程度的时候，品牌命运就面临着难以挽救的局面。

【案例】 绝大多数日本大企业都采用延伸品牌推出新产品。除了不赚钱之外，日本企业规模庞大而焦点涣散。例如：索尼（SONY）、NEC、日立（HITACHI）、三洋（SANYO）、东芝（TOSHIBA）……这些声名远播的大品牌，所提供的产品包罗万象、数不胜数。日本的大企业和大品牌，虽然营业收人都很庞大，但是没有几家企业盈利水平令人满意。对日本企业财务状况的追踪调查表明：从 1994 年至 2003 年，日本大企业的销售净利润率达不到 1% 。

1994 年～2003 年，日本大企业经营状况

企业名称	销售收入	税后净利润	销售净利润率
索尼（Sony）	5561 亿美元	+48 亿美元	+0.863%
东芝（Toshiba）	4770 亿美元	+8 亿美元	+0.178%

续表

企业名称	销售收入	税后净利润	销售净利润率
松下(Panasonic)6647 亿美元	+7 亿美元	+0.105%	
三洋(Sanyo)	1636 亿美元	+2 亿美元	+0.122%
日立(Hitachi)	7080 亿美元	-7.22 亿美元	-0.101%
NEC	3970 亿美元	-13 亿美元	-0.327%
富士通(Fujitsu)3820 亿美元	-16 亿美元	-0.418%	

从 1994 年至 2003 年，日本消费电子企业陷于延伸陷阱。甚至行内最优秀的索尼公司，销售净利润率还不到 1%。如此低的利润，尚不够偿还银行的贷款，更不用说为股东发放红利了。那么，哪些日本企业盈利水平相对较高？与品牌焦点高度分散的日本企业相比，品牌焦点相对较为集中的日本企业，盈利水平表现要好得多。例如：夏普公司净利润率为 1.8%；丰田公司净利润率为 3.1%；本田公司净利润率为 3.3%；佳能公司净利润率为 3.8%。

美国企业的情况则完全不同，平均净利润率达到了 5%。例如：索尼公司生产包括个人电脑在内的许多产品。戴尔公司则仅生产个人电脑产品。从 1994 年至 2003 年，戴尔公司总销售额为 2123 亿美元，税后净利润为 132 亿美元，税后净利率达到 6.2%。而索尼公司总销售额为 5561 亿美元，远远高于戴尔公司。但是，索尼公司税后净利润仅为 48 亿美元，税后净利率为 0.863%。那么，戴尔公司的利润率水平，是否处在十分出众的企业之列？

实际上，戴尔公司身处高度竞争的行业，业务边际利润很低。戴尔公司的净利润率——6.2%，并不是特别出众的水平，但是已经超出了平均水平。从 1994 年至 2003 年，《财富》（*Fortune*）杂志 500 家最大企业，平均净利润率为 4.7%。那些聚焦经营的美国企业，其经营业绩还要好得多。微软公司平均净利润率为 31.7%。英特尔公司平均净利润率为 21.6%。可口可乐公司平均净利润率为 6.5%。相比之下，索尼公司税后净利率只有 0.863%。这意味着：索尼公司并非是强者俱乐部的会员。

如果企业使用一个品牌名称制造和销售一系列产品，那么要把这个品牌名称打造成强势品牌十分艰难。关于品牌延伸的长期效果，考察日本的大企业和大品牌，足以说明品牌延伸的长期效果。在全球市场上，大多数日本企业享有质量声誉，而且大多数日本企业都理应获得这样的声誉。那么，日本大企业为什么不赚钱？原因不在产品质量上。品牌延伸的长期效果，为日本企业打造强势品牌带来了破坏性效果。

【案例】 哈雷—戴维森（Harley-Davidson），一个富有神话意义的摩托车品牌。“哈雷—戴维森”拥有的不仅仅是顾客忠诚。驾驶者热爱“哈雷—戴维森”摩托车，甚至达到了一种狂热的程度。驾驶者并不在意：自己所驾驶的“哈雷—戴维森”摩托车，并不是技术上最好的摩托车，甚至偶尔还会出现漏油等问题。他们在意的是驾车者的神话——在平坦宽阔的公路上，尽情驰骋的自由，以及所体现的男子汉气概。

对于驾驶者来说，“哈雷—戴维森”真正吸引人的地方在于：摩托车所发出的轰鸣声——驾驶者都喜欢那种隆隆的声音。“哈雷—戴维森”的驾驶者，喜欢摩托车的低级转矩和原始力量。事实上，“哈雷—戴维森”驾驶者并不喜欢高速驾驶，他们喜欢在低级转矩的状态下，摩托车发动机所发出的轰鸣声——这给人以力量之感。虽然日本制造的摩托车一样有力，但是缺乏那种给人力量的感觉。

“哈雷—戴维森”有什么独特之处？阳刚之气，以及由此形成的消费者品牌忠诚。实际上，在许多驾驶者身上，都刺有“哈雷—戴维森”的字样，及其品牌标识的纹身。于是，哈雷—戴维森公司利用消费者的品牌忠诚，以及由此产生的独特优势，开始延伸“哈雷—戴维森”这个品牌。在“哈雷—戴维森”连锁经营店，销售各种贴有“哈雷—戴维森”标识的产品——T 恤、袜子、打火机，以及其他饰品。此外，还推出了贴有“哈雷—戴维森”香水，以及各种剃须润肤露。20 世纪 90 年代，又推出了“哈雷—戴维森”葡萄酒冷藏柜。毫无疑问，“哈雷—戴维森”陷入了品牌延伸陷阱——品牌延伸得越多，销售量就越大。在短期之内，情况确实如此——销售量确实开始越来越大。但是，从长远的角度来看，延伸产生了巨大的负面影响。

具有讽刺意味的是，“哈雷—戴维森”的品牌延伸策略，与最初创立品牌的宗旨背道而驰。在一本书中写道：几十年来，“哈雷—戴维森”一直拥有大型摩托车市场的巨大份额，控制着越野摩托车市场份额的50%。日本摩托车生产企业控制着剩余50%的市场份额。正是因为如此，“哈雷—戴维森”对消费者有些傲慢。一位“哈雷—戴维森”官员说道：足够数量的摩托车到处都有。如果我们生产足够数量的摩托车，那么就会失去神秘感。于是，哈雷—戴维森公司不但专心致志地生产摩托车，而且还精心地控制着生产量和销售量，不想让人们轻易购买到“哈雷—戴维森”摩托车，以此保持着“哈雷—戴维森”在消费者心智中的神秘感。

对于“哈雷—戴维森”摩托车的热爱者来说，“哈雷—戴维森”这个品牌的延伸走得太远了。查尔斯·布里默（Charles E Brymer）——Interbrand公司首席执行官指出，“哈雷—戴维森”的价值在于：体现着强壮、粗犷、阳刚之气。进入一个不能体现这种价值的领域，对“哈雷—戴维森”来说将是一场灾难。一个顾客讲述了在“哈雷—戴维森”连锁店的体验：我为眼前似乎无限多的产品种类感到头晕目眩。天哪！这里几乎有天下所有的东西——不仅有短袜、香水、领带，还有各种装饰品和收藏品，甚至还有婴儿装、儿童服饰。店铺里所有这些东西——无论好的，还是丑的，都标有“哈雷—戴维森”商标。然而，店铺里就是没有一款真正的“哈雷—戴维森”摩托车，甚至连零部件没有。只是在橱窗里摆着一辆“比尔”（Buell）摩托车——一款“哈雷—戴维森”摩托车，上面还附着一个提醒标志——“请勿触摸”。实际上“哈雷—戴维森”这个摩托车巨人，已经疏远了其核心消费者。

令人感到欣慰的是，哈雷—戴维森公司认识到品牌延伸的问题，停止了香水产品以及一些不适当的产品的生产。乔·尼斯（Joe Nice）——

哈雷—戴维森公司的传播总监，在接受《商业知识网络》（*The Business Knowledge Network*）采访的时候，非常坦诚地承认“哈雷—戴维森”在品牌延伸上的失误。他说：几年来，我们尝试了许多不同的经销方法，并赋予了一些商品以“哈雷—戴维森”的品牌名称。现在看来，我们或许欠缺周密的考虑。

品牌延伸分散聚焦点

——品牌的核心竞争力，必须以聚焦为基础

【观点】 大企业与小企业竞争，大企业不一定就能战胜小企业。关键原因在于：小企业定位明确、焦点清晰。大企业的规模固然较大，小企业的规模固然较小，但是，品牌的影响力往往不是源自企业规模，而是源自品牌在人们心智中的价值地位。小企业的规模固然较小。但是，如果小企业能够把力量聚集起来，并在一个经营焦点锲而不舍，以此在人们心智中建立不同凡响的声誉，那么小企业未必能输给大企业。大企业规模固然较大。但是，如果大企业四面出击，从而分散了经营力量，那么大企业难以在所有经营领域都建立起强大的价值地位。事实上，大企业喜欢四处延伸经营业务，四处拓展经营范围，结果，尽管大企业整体规模较大，但是并不意味着拥有强大的影响力。无论大企业，还是小企业，品牌延伸必然会分散经营注意力，品牌延伸必然会分散品牌聚焦点。焦点分散的大企业，当遭遇焦点集中的小企业的时候，大企业就开始遇到麻烦了。

【诠释】 《尹文子·大道》：名不可不辨也。名称者，别彼此而检虚实者也。自古至今，莫不用此而得，用彼而失。失者，由名分混；得者，由名分察。㊣ 名称有两种作用：区分作用与指代作用。在人们的心智中，一个品牌所以能够区分其他品牌，关键之处在于：品牌名称及其所代表的价值概念。因此，品牌名称必须有所区别，必须能够表达出品牌独特的价值概念。凡是遵循如此的原则命名，品牌就能在人们心智中形成价值区分。凡是不按如此的原则命名，势必在人们心智中引起品牌概念的混乱。这意味着：专用的品牌名称及其所代表的概念，在人们心智中形成了价值焦点。品牌延伸的做法，势必混淆、分散了品牌在人们心智中形成的价值焦点。

【案例】 在美国纸制品消费市场上，各种纸制消费品——纸巾、餐巾纸、卫生纸、纸尿布……市场规模达到了数十亿美元。“斯科特”(Scott) 曾经是卫生纸市场的领先品牌。在纸制品消费市场上，“斯科特”看似十分强大。实际上，“斯科特”十分脆弱。关键问题在于：“斯科特”这个品牌名称，已经被延伸到所有纸制产品上面了。例如：“斯科特”纸巾、“斯科特”卫生纸、“斯科特”面巾纸、“斯科特”餐巾纸、“斯科特”纸尿布。那么，人们用“斯科特”擦什么？“斯科特”是卫生纸领先品牌。除此之外，“斯科特”还想让人们用来擦什么？擦嘴！擦脸！对此，消费者会产生什么样的心理感受？结果不言而喻，可想而知。

“斯科特”所有延伸的品牌名称，都削弱了“斯科特”的品牌基础。越多的产品使用“斯科特”这个名称，“斯科特”在人们心智中的概念就越淡薄，在人们头脑中的印象就越模糊。当然，“斯科特”品牌地位就越脆弱。在卫生纸市场上，“斯科特”曾经位居第一品牌的位置。在经过拼命延伸之后，“斯科特”的领先地位变得十分虚弱。然后，“斯科特”不但失去了卫生纸领先品牌的地位，而且还落到了第三名的位置上。在卫生纸市场上，市场份额分布状况为：恰敏（Charmin）的市场份额为 30%、北方（Northern）的市场份额为 14%、斯科特（Scott）的市场份额为 12%、柔软天使（Angel Soft）的市场份额为 10%。

实际上，“斯科特”的问题非常严重。在营销战争中，领先地位是最强大的地位。失去了领先地位，不仅是失去一部分业务，还失去了力量、声誉和利润。斯科特公司开始认识到品牌延伸的问题。于是，斯科特公司推出了“万岁”（ViVa）——一个纸巾新品牌，并没有使用“斯科特”这个品牌名称，结果销售情况极好。斯科特公司又推出了“棉柔”（Cottonelle）——卫生间擦手纸，并没有使用“斯科特”这个品牌名称，结果销售情况很好。事实上，在市场竞争的过程中，四面出击的大企业，或者战线太长的大品牌，并不像看起来那样强大。遭遇专业化的企业或者专业化的品牌，大企业或者大品牌未必能够赢得胜利。

品牌延伸的跷板效应

——这种产品升起，那种产品落下

【观点】当一个新产品问世的时候，人们总想把一个妇孺皆知的品牌名称，用在一个新产品头上。人们根本不知道：一个妇孺皆知的品牌名称，所以能够妇孺皆知，其原因恰恰在于：在人们心智中代表着某种独特的概念，在人们头脑中占据了一个独特的位置。人们根本不知道：一个妇孺皆知的品牌名称，所以能够妇孺皆知，其原因恰恰在于：在一个品牌（品类）阶梯上，扮演着品类的领先者、代表者。这意味着：品牌所以能够成功或者知名，完全在于其所具有的代表性。如果脱离了品牌所具有的代表性，那么品牌及其名称就失去了本来的价值意义。从定位的角度来看，一个品牌名称很难代表两种不同的东西。如果代表了这种东西，就不能代表那种东西。反之，如果代表了那种东西，就不能代表这种东西。从长期的角度来看，延伸式的品牌名称——试图代表两种不同的东西，存在着翘板效应的可能性——这一个产品翘起来，那一个产品落下去。这是因为：在人们的心智中，品牌以及品牌名称所代表的概念发生了变化。

【诠释】《尹文子·大道》：大要在乎先正名分，使不相侵杂。㊣ 对于品牌定位而言，关键在先正名分，然后则不相侵杂。所谓正名分，首先应该拥有代表品牌概念的专用名称（正名），然后才能在人们心智中区分彼此（名分）。如此，在人们心智中品牌概念才不至于相侵、相杂。从本质上来看，品牌延伸所产生的跷板效应，就是一个品牌名称代表多种概念，从而引起品牌所代表的概念相互侵袭。在人们的心智中，品牌所代表的概念发生了变化——拾起一个新概念，丢掉一个老概念。品牌新近代表的产品升起，品牌原本代表的产品落下。品牌延伸所产生的跷板效应，尚不失为一种令人欣慰的结果。这是因为：品牌毕竟还代表着一种产品，品牌毕竟还拥有一个焦点。尤为糟糕的情况是，在品牌延伸的过程中，品牌失去了在人们心智中原本的焦点，却又无法在人们心智中建立起新的焦点。

【案例】“亨氏”（Hernz）代表着什么？在美国市场上，“亨氏”曾经代表着泡菜。在泡菜市场上，“亨氏”第一个进入人们的心智。因此，“亨氏”在泡菜市场上曾经拥有领先地位。然后，亨氏公司还想让“亨氏”代表番茄酱。亨氏公司此举十分成功。“亨氏”成为番茄酱市场的领先品牌。

那么，跷跷板另外一头怎么样？亨氏公司在泡菜市场上的领先地位，让给了弗拉西克公司（Vlasic）。亨氏公司的规模和名望，远远超过了弗拉西克公司（Vlasic）。但是，在泡菜市场上，弗拉西克公司销量超过了亨氏公司。在婴儿食品市场上，情况依然如此。格伯公司（Gerber）超过了亨氏公司。

【案例】20 世纪 70 年代初期，“米勒好生活”啤酒（Miller High Life），年均增长速度达到了 27%。“米勒好生活”啤酒的成功，源自“米勒时刻”营销活动——专门针对蓝领大众采取的营销活动。营销活动鼓励人们：在下班之后，慰劳自己一杯啤酒——“米勒好生活”啤酒。“米勒时刻”营销活动，有效促进了米勒好生活啤酒的增长。

1974 年，米勒酿造公司（Miller Brewing Company）第一个推出了清淡啤酒——这是一个出色的品类概念。糟糕的是，起了一个糟糕的品牌名称。第一个名称是“莱特”（Lite）——英文 light 的变体与谐音，含有“清淡”的意思。实际上，“莱特”听起来就是一个品类的名称。然后，竞争对手纷纷效仿“莱特”——推出以“Light”命名的清淡啤酒品牌。结果，“莱特”被迫更改品牌名称。第二个名称是“米勒莱特”啤酒（Miller Lite）——实际上就是“米勒”清淡啤酒。毫无疑问，米勒莱特”这个品牌名称，构成了一个延伸式的品牌名称。在较短的时期内，两个“米勒”啤酒品牌和睦相处——“米勒好生活”适合于蓝领大众，“米勒莱特”适合于文雅阶层。

从长远一点的时间来看，品牌进行延伸的必然结果，将导致一个品牌销量下降。在 1979 年——“米勒莱特”推出 5 年之后，“米勒好生活”达到了鼎盛时期。在 5 年的时间中，“米勒好生活”年销量几乎增长了两倍，从 860 万桶增加到 2360 桶。“米勒莱特”的年销量达到了 1140 万桶。因此，从短时期来看品牌延伸效果不错。但是，从长期来看品牌延伸的效果十分悲观。在达到顶峰之后，“米勒好生活”销量连续 13 年下降——从 1979 年的 2360 万桶，下降到 1991 年的有 580 万桶，而且下降趋势还在继续。那么，清淡啤酒是否取代普通啤酒，成为啤酒中的主流产品？在“米勒莱特”推出 18 年之后，淡啤酒仍然仅占啤酒市场总销量的 31%。

“米勒莱特”亦不能免遭品牌延伸所带来的厄运。1986 年，米勒酿造公司又推出了“米勒真酿“（Miller genuine draft）——生啤酒。幸运的是，”米勒真酿“成为生啤酒品类中第一个品牌。不幸的是，”米勒真酿“仍然使用”米勒“这个品牌名称。历史往往会重演。在 5 年之后，“米勒莱特”销量达到顶峰，此后销量便开始下降。下降一旦开始，便几乎不可能停止。1991 年，米勒酿造公司三个品牌——“米勒好生活“、“米勒莱特”、“米勒真酿“，销售量加在一起仅有3200万桶。

品牌延伸的必要条件

——有多少历史机遇可以重新上演

【观点】 采用延伸式的品牌名称，极有可能成为一种定位陷阱。但是，这绝非是一个绝对错误。在某些特定条件下，用老名称并没有什么不好，不会对定位有什么不好的影响。那么，什么时候可以使用老名称？决定性因素在于：第一个占领人们心智。如果延伸式的品牌能够抢先占领人们心智，能够在人们心智中抢先取得领先地位，那么用什么名字都会比较有效。相反，如果延伸式的品牌不能抢先进入人们心智，不能在人们心智中取得领先地位，那么延伸式的品牌名称必然导致失败。第一个进入人们心智的延伸式品牌，在一定程度上弥补了延伸式名称的不足。但是，采用延伸式的品牌名称，依然充满风险与变数。这种风险就在于：在占领人们心智的过程中，或者在占领人们心智之后，遭遇专业性品牌发起的聚焦性进攻。关键原因在于：在人们的心智中，与延伸式的品牌及其名称相比，专业性品牌及其名称容易形成独特的价值焦点。

【诠释】 📖《吕氏春秋·处方》：凡为治必先定分。📖《尹文子·大道》：定此名分，则万事不乱也。㊣ 对于人们心智中的认知来说，人们对事物所形成的概念，依赖于对事物名称所产生的理解。事物的名称各不相同，对事物所产生的理解自然不会相同。从而，实现在人们心智中对事物的区分。所谓定名分，就是借助确定名称，界定事物的概念界限。事物的概念一旦被界定，事物之间的差别就区分清楚了。所以说，事因名以分，名定则分清。由此，则万事不乱。对于品牌定位来说，首先需要定名分，然后才能不为乱。反之，乱则不治。

【案例】在产品生产的时代，一家企业往往只生产一类产品。企业所经营的业务，从企业的名称上就可以一览无遗。但是，科技发展创造了新机遇，企业纷纷开始把业务扩展到新领域。最终，诞生了被称为"联合企业"的经济组织——不专门生产任何东西。联合企业通过开发或收购，可以进入任何一个有钱可赚的领域。通用电器公司（GE，英文 General Electric 的缩写）就是一个联合企业——生产各种各样的产品——包括核电站、飞机发动机，还有塑料制品等等。通用电器公司甚至成为联合企业的成功典范。通用电器公司违反了"定位理论"的许多原则，那么通用电器公司为什么仍然能获得成功？

通用电器公司拥有多数企业所不具备的条件。（1）企业历史：拥有 130 年的企业历史——在没有竞争的时代就已经深入人心了。（2）心智地位：美国第五大企业，在人们心智中拥有心智地位优势。（3）业务地位：所从事的业务，达到了"数一数二"地步——取得领先地位。否则，就将业务剥离掉。（4）竞争对手：绝大多数为联合企业——不专门生产任何东西。（5）业务选择：避开了"未来型业务"，诸如电信、软件、计算机、互联网、移动电话等等。在"未来型业务"上，将遭遇"专家型"竞争对手。面对"专家型"对手，通用电器公司将遭受灭顶之灾。

对于计算机产品来说，GE 这个品牌名称并不是一个好名称。在计算机领域，GE 不是第一进入人们心智的品牌。因此，在计算机领域 GE 惨遭失败——早就退出了计算机制造领域。对于计算机产品来说，IBM（International Business Machine）这个名称不是一个好的品牌名称。在人们的头脑中，IBM 曾经占据办公设备的市场地位。但是，这没什么关系——不影响 IBM 成为计算机的领先者。原因很简单：在计算机市场上，IBM 成为第一个进入人们心智的商用电脑品牌。

值得注意的是，通用电器公司在收购一些业务之后，保留了所收购业务原有的品牌名称。例如，通用电器公司收购了美国全国广播公司

(NBC)，并没有改名为GE——通用广播公司（GEBC）。同样，美国无线电公司（Radio corporation of America，RCA）收购了赫茨出租汽车公司，保留了“赫茨”这个品牌名称。不管过去，还是现在，“赫茨”在出租车行业中都是一个有影响力的品牌名称，在人们头脑里象征着特殊的地位。

通用电器公司获得的成功，成为许多企业纷纷效仿的对象。然而，通用电器公司的成功，实际上根本无法效仿和复制。历史不会为所有企业提供同样的机会——拥有130年的历史；美国第五大企业；在各个经营领域达到了“数一数二”的地步；愿意放弃“未来业务”。如果具备如此资格和条件，那么才可以模仿通用公司的战略。因此，通用电器公司成功，其他企业无法效仿和复制。实际上，通用电器公司的成功，更多是历史机遇的结果。在历史进程中，一个企业抓住了机遇，从而成为行业中的领导者，进而保持着行业中的领先地位。

【案例】 国际收割机公司（lnternational Harvester）——在1900年，是美国最有价值的企业。多年来，在卡车制造、农业机械和建筑设备三大领域，国际收割机公司确立了自己的领导地位，领先地位优势一直保持到20世纪50年代。1954年，在《财富》杂志全美500家最大工业企业中，国际收割机公司排在第22位，销售收入超过其三大专业竞争对手的总和。

- 在农业机械领域：国际收割机公司的竞争对手是迪尔公司（Deer）——排在第296位。
- 在建筑设备领域：国际收割机公司的竞争对手是卡特彼勒公司（Caterpillar）——排在第75位。
- 在卡车制造领域：国际收割机公司的竞争对手是太平洋汽车与铸造公司（Pacific Car&Foundry）——排在第356位。

20世纪80年代，国际收割机公司已滑落到濒临破产的边缘。20世纪 50 年代末期，在农业机械领域的领先地位，被迪尔公司所取代。20 世纪 60 年代，在建筑设备领域的领先地位，被卡特彼勒公司所取代。同时，在汽车制造领域，太平洋汽车与铸造公司、福特公司取代了国际收割机公司，分别成为重型卡车和中型卡车市场的领先者。

如今，国际收割机公司早已不复存在——被出售之后该名为航星公司（Navistar），潜心于卡车和校车制造。在《财富》（*Fortune*）杂志上的排名，国际收割机公司从前的三大竞争对手，遥遥领先于今日的航星公司。三大竞争对手的销售额合计达到了航星公司的 5 倍，利润额合计达到了航星公司的 20 倍。无论业务的延伸，还是品牌的延伸，当遭遇专业化竞争对手的时候，迟早会被专业化竞争对手所取代。

【结语】 品牌延伸失败十分普遍。在分析失败原因的时候，极少有人注意品牌延伸的负面影响。对于延伸失败的原因，人们总是认为：项目、人才、时机和背景出了问题。大多数人认为，惟一重要的是产品、服务和质量。实际上，品牌延伸的失败，大部分与“品牌及其定位”有关。在产品同质化和传播过度化的社会，一个品牌只能代表一种产品，一个品牌只能拥有一个含义，一个品牌只能占据一个位置。只有恰当的名称和恰当的定位，那些平平常常的产品才能在认知的战场上占有一席之地。品牌延伸的做法忽略了一个关键问题——成功的品牌及其名称所以能够获得成功，其关键原因在于：在人们心智中代表着某种独特的东西。这意味着：在人们的心智中，一个成功的品牌及其名称一定代表着某种独特含义。反之，一个代表独特概念的品牌及其名称，如果用在本质上不相关的各种东西上，那么在人们心智中必然产生名称意义的混乱。

3.2　搭顺风车陷阱

【释义】 企业一般靠两种战略拓展新业务——内部开发和外部

并购。无论企业从内部开发一种新业务，还是企业从外部并购一种新业务，人们都喜欢把企业的名字套在新业务上面。企业的想法是：我们是一家有知名度的企业。如果让新业务搭上企业知名度的顺风车，那么人们很快就会认识我们的新业务。从表面上看来，品牌搭乘顺风车，既经济又合理。实际上，品牌搭乘顺风车，是定位过程中一个的品牌陷阱。

顺风车不起作用

——复合式品牌名称，往往起到画蛇添足的反作用

【观点】 如今，品牌已经成为战略话题。但是，在品牌问题上，许多地方甚至走得过头了。管理者忙着把企业的名字放在所有产品上，甚至放在所有品牌名字上。管理层的想法是：如果企业名称已经声名远播，那么将品牌名称与企业名称加在一起，无疑会使品牌更具竞营销竞争力。从逻辑上看，这似乎合情合理。但是，实际上却削弱了品牌的力量。一个关键原因是：顾客在面临选择的时候，大多数人会使用一个品牌名称，而不是将两个品牌名称合在一起使用。复合品牌的策略，不过是增加了一个令人混淆的因素，对品牌自身并无多大益处。相反，复合式的品牌名称，只能起到画蛇添足的反作用。

【诠释】 《吕氏春秋·不二》：一则治，异则乱；一则安，异则危。㊣一个品牌同时使用两个名称，必然在人们心智中引起认知的混乱，必然在人们心智中引起品牌概念的歧义。一旦品牌概念出现混乱，品牌的前途就走上了危途。

【案例】 “麦馨”（Maxim），是冷冻干燥速溶咖啡的第一个品牌。但是，“麦馨”并没有成为该品类中的领先品牌。在美国市场上，“行家之选”（Taster's Choice）成为冷冻干燥速溶咖啡的领先品牌。其

关键原因是："行家之选"是一个好的品牌名称，"麦馨"则不是一个好的品牌名称。这是因为："行家之选"这个名称暗示着品牌的优势——味道像人工研磨的咖啡一样，所以才能称为"行家之选"。相反，"麦馨"这个名称暗示着一个延伸式的产品——由"麦氏"（Maxwell）延伸出来的品牌。当时，"麦氏"是咖啡市场上的领先品牌。但是，"麦氏"这个品牌名称，并不代表着冷冻干燥速溶咖啡的概念。非但如此，"麦氏"的延伸式名称——"麦馨"在文字上没有实际含义，而且容易与"麦氏"这个名称混淆在一起。结果，"麦馨"这个名称就成为一个延伸陷阱。

关于"行家之选"这个品牌名称，有一个鲜为人知的命名故事。最初，雀巢公司（Nestle）瑞士总部的管理者，曾经打算把产品命名为"金雀巢"（Nescaft Gold），以利用"雀巢"的品牌优势——全球销量最大的速溶咖啡品牌。从本质上来看，如果使用"金雀巢"命名品牌，那么将与"麦馨"这个品牌一样——犯下品牌延伸的错误。但是，雀巢公司的美国营销人员则坚持选用"行家之选"这个名称。最终，"行家之选"在内部分歧中获胜，并在外部市场上击败了竞争对手。

雀巢公司瑞士总部的管理者，最终还是对"行家之选"进行了名称改造。从 2003 年开始，在"行家之选"的名称之上，正式加上了"雀巢"的名字。但是，顾客怎么称呼这个产品呢？人们可不会叫出全名——雀巢行家之选（Nescaft Taster's Choice）——这实在太拖沓、太冗长。人们不会称之为"雀巢"——"雀巢"不代表着结晶速溶咖啡。人们一如既往，仍然称之为"行家之选"。对于拥有复合名称的品牌，人们一样不会使用复杂的品牌名称——企业名称往往被省掉。例如，对于索尼公司生产的视频游戏机叫做，人们称之为 PSP，而不会称之为"索尼 PSP"（Sony PSP）。对于丰田公司生产的混合驱动汽车，人们称之为"普锐斯"（Prius），而不会称之为"丰田—普锐斯"（Toyota Prius）。

【案例】复合品牌名称，毫无疑问会削弱品牌的营销力量。但是，复合品牌名称，似乎已经成为一种趋势。金佰利公司把两个品牌名称合并在一起，于是诞生了一个混合品牌名称——Kleenex Cottonelle——由 Kleenex 与 Cottonelle 两个名称合并而成。宝洁公司犯过同样的错误，牙线产品的品牌名称——Glide 变成了 Crest Glide。旋转牙刷的品牌名称——SpinBrush 变成了佳洁士旋转牙刷（Crest SpinBrush）。漱口水品牌名称——Pro-Health 变成了 Crest Pro-Health。在收购吉列公司之后，宝洁公司又将两家的品牌融合在一起。例如，欧乐 B 牙刷（Oral-B），变成了 Oral-B CrossAction ProHealth——又是一个十分绕口的品牌名称。

爱立信公司（Ericsson）与索尼公司（Sony），双方将移动电话制造业务合并在一起。那么，移动电话品牌应该如何命名？索尼公司——全球著名的电子产品制造商，Sony 这个名称拥有极高的品牌知名度。爱立信公司——在移动通讯领域拥有技术优势。为了使合并之后的品牌更加强大，双方决定将两个品牌名称和在一起。于是，移动电话品牌被命名：索尼·爱立信（Sony Ericsson）——又一个复杂的复合品牌名称。在中国市场上，几乎没人使用如此复杂的名称——索尼·爱立信（Sony Ericsson）。相反，人们为品牌创造了一个简单的名称——“索爱”（Suo-Ai）。结果又如何？两个知名品牌合在一起，不如一个二流的独立品牌。

企业的思维往往难以与消费者的思维相对接。人们如何称呼一个复合品牌？对于拥有复合名称的品牌，人们习惯于使用一个品牌名称，而不习惯使用两个品牌名称。在采购清单上，人们不写复合名称，而是只写简化名称。例如：（1）人们不写 Nescaft Taster's Choice，人们只写 Taster's Choice。（2）人们不写 Crest Glide，人们只写 Glide。（3）人们不写 Kleenex Cottonelle，人们只写 Cottonelle。（4）人们不写 Oral-B Cross Action ProHealth，人们只写 Oral-B。毫无疑问，面对复杂的复合品牌名称，人们只能避繁就简——选择使用简单的品牌名称。无论在书面语言上，还是在口头语言上，人们都喜欢选择和使用简单的品牌名称。在这一点上，经营着与消费者的想法完全不一样。

顺风车带来麻烦

——企业名称，模糊品牌名称所代表的价值概念

【观点】 ⌖ 任何一个强大的品牌，品牌名称都代表着一种独特的价值概念。反过来说，任何一个专有的品牌名称，只有代表着一种独特的品牌概念，才能有机会塑造出强大的品牌力量。成功的品牌及其名称，不需要附带着企业名称充当身份标注，亦不需要借助其他品牌名称标识身份血统。一个企业的名称或者一个品牌名称，如果附加到一个代表独特概念的独立品牌名称上，那么不但不会增强独立品牌的力量，反而将会减弱独立品牌的力量。关键问题在于：复合品牌名称，会干扰人们对品牌形成的价值认知，会混淆人们对品牌拥有的价值概念。尤为糟糕的是，人们会感到复合品牌名称不伦不类。在大多数情况下，在品牌名称上附加企业的名称，会让品牌面目变得模糊不清——本应该成为传播概念主体的品牌名称，反而变成了企业名称的标注。或者说，企业名称——无论是否同时充当品牌名称，如果附加在一个单独品牌名称之上，那么单独的品牌及其名称则难以突出体现一种独特的价值概念。简而言之，企业名称——无论是否同时充当品牌名称，都会影响一个独立品牌形成独特的价值概念。

【诠释】 ⌖ 🕮《老子》（70）：言有宗，事有君。🕮《吕氏春秋·执一》：军必有将，所以一之也。国必有君，所以一之也。天下必有天子，所以一之也。天子必执一，所以专之也。一则治，两则乱。㊣品牌是否有宗？品牌是否有君？那么，何为品牌之宗？何为品牌之君？品牌之宗者，品牌在人们心智中所拥有的独特价值概念。品牌之君者，

品牌在人们心智中所拥有的独特价值地位。对于品牌来说，执一以成——在人们心智中，占据一种独特价值地位，从而在营销战争中获得品牌营销的胜利。品牌名称，执一则清，执二则乱。将两个名称混合在一起，究竟代表什么价值，究竟突出什么概念？对企业自身来说，或许还比较清楚。对于顾客心智来说，结果则完全不同。

【案例】 一些强大的品牌及其名称，无不代表着一个独特且又专一的概念。例如，泰诺（Tylenol）、芭比（Barbie）、黑莓（BlackBerry）、戴尔（Dell）、施乐（Xerox）、飒拉（Zara）、谷歌（Google）、舒洁（Kleenex）、雪碧（Sprite）、微软（Microsoft）、金霸王（Duracell）、佳得乐（Gatorade）、劳力士（Lolex）、赛百味（Subway）、李施德林（Lsterine）、绝对伏特加（Absolut）、亚马逊网站（www. Amazon. com）。设想一下：在这些品牌名称上，如果附加上其他企业或者品牌名称，那么效果将会怎样？毫无疑问，如果在一个独立的品牌名称上，如果附加上其他企业或者品牌名称，那么会产生画蛇添足的效果。

如果雀巢公司（Nestle）收购了“红牛”（Red Bull），那么“红牛”是否应该改为“雀巢—红牛”（Nestle-Red Bull）？这绝对荒唐的想法！人们甚至产生误解——用速溶咖啡制成的能量饮料？与咖啡不会有太大区别吧！算了吧，不喝“雀巢—红牛”。宝洁公司收购了“金霸王”。那么，“金霸王”是否应该改成“宝洁—金霸王”（P&G-Duracell）？这是绝对疯狂的想法！人们会产生疑问——难道生产洗涤和化妆用品的原料，同样能用来生产碱性电池？算了吧，不购买“宝洁—金霸王”。使用复合品牌名称，无疑会为品牌带来大麻烦。

【案例】 人们喜欢用企业名称命名产品。如果企业名称已经成为品牌名称，那么人们更加倾向于用企业名称命名产品。此外，在一些高科技企业中，人们喜欢用复杂的工艺技术方式为产品命名。当然，产品的技术工艺方式描述十分复杂。于是，人们使用工艺技术的简称，充当品牌名称的一个组成部分。当然，在工艺技术简称基础之上，必然附加上企业的名称。于是，诞生了许多复杂、难懂、奇怪的复合品牌名称。关键问题是：企业名称所代表的含义，与新产品、新品牌所要表达的概念并不完全一致，而且工艺技术简称又表达不出新产品、新品牌的概念。结果，复合式的品牌名称，产生的负面效果显得尤为突出。

（1）“索尼” Bravia 电视机。“索尼”是一个企业名称，同时还是一个品牌名称。那么 BRAVIA 是什么？是品牌名称？还是品类名称？实际上，BRAVIA 是一个英文缩写名称，全称为“Best Resolution Audio Visual Integrated Architecture”，含义为“最佳分辨率视听集成架构”。如果 BRAVIA 是一个品类名称，那么 BRAVIA 需要一个代表这个品类的专有品牌名称，“索尼”这个名称难以专门代表 BRAVIA 这类产品。如果 BRAVIA 是一个品牌名称，那么有谁知道 BRAVIA 是什么含义？从字面意义上看，BRAVIA 不能给人们留下任何概念。在 BRAVIA 上附加“索尼”这个名称，只能说明“索尼”生产了这种产品，因此无法体现、突出“索尼” Bravia 电视机有什么独特之处。“索尼” Bravia 电视机，是一个充满品牌定位麻烦的名称。有多少人会说：我购买了一台“索尼” Bravia 电视机？几乎没有多少人如此称呼。“索尼” Vaio 计算机存在着同样的问题。Vaio 同样为一个英文缩写名称，全称为“Video Audio Integrated operation”，含义为“视频和音频融合运作”。有多少人会说：我购买了一台“索尼” Vaio 计算机，几乎没有多少人如此称呼。“索尼” Vaio，是一个没有什么实际意义的品牌名称。

（2）“松下” Viera 高清电视机。Viera 由英文单词 Vision（映像）和 Era（時代）两个词汇组合而来。那么，对于消费者来说，Viera 代表什么含义？关键问题是：有多少人能够猜出 Viera——由 Vision（映像）和 Era（時代）两个词汇组合而成。人们看到 Viera 这个名称的时候，根本联想不到 Vision（映像）和 Era（時代）这两个词汇。或者说，消费者根本不知道 Viera 的含义。当然，人们知道“松下”这个名称的含义。“松下”代表什么含义？一般来说，“松下”这个名称给人留下“电子产品生产商”的概念。但是，这并没有什么独特之处。可以称之为“电子产品生产商”的品牌，不止“松下”这一个名称。“索尼”“夏普”“东芝”这些名字都能给人留下“电子产品生产商”的概念。“松下”这个名称不专门代表着高清电视机，“Viera”这个名称看不出哪里能够代表高清电视机。“夏普”Aquos液晶电视机存在着同样的问题。Aquos由英文单词Aqua（液体）和Quality（品质）两个词汇组合而来，引伸含义为“液晶材质流动带来的图像品质”。对于Aquos电视机，夏普公司称之为“21世纪的电视机”。但是，不管Sharp这个品牌名称，还是Aquos这个品牌名称，都无法体现“21世纪电视机”的产品概念。

（3）索尼公司开发出第一架商务数码照相机——将其命名为“索尼—马维可（SonyMavica）。“马维可”（Mavica）这个品牌名称，取自“Magnetic Video Camera”这个词组，其含义是“磁性视频照相机”。索尼公司选取了三个单词开头的两个字母，组合出了“Mavica”（马维可）这个品牌名称。在若干年之后，数码照相机趋于增长。索尼公司重新启用“马维可”个品牌名称。索尼公司第一款小型数码照相机，被命名为“索尼数字马维可”（Sony Digital Mavica）。“索尼数字马维可”照相机，这是一个“复杂而又奇怪”的品牌名称。首先，“马维可”是什么？一个词组的缩写名称，没人知道具体含义是什么。“马维可”既不是一个品类名称，又不是一个品牌名称。关键原因在于：不管从字面意义上看，还是从发音意义上看，“马维可”都没有任何意义。“马维可”作为一个产品名称，传递不出任何品牌或者品类概念。其次，磁性视频照相机（Magnetic Video Camera），作为一种完全不同的照相机新品类——即数码照相机（Digital Camera），则需要一个专有的品牌名称——扮演新品类的代表品牌。在人们的心智中，“索尼”这个名称，并不意味着数码照相机。因此，如果索尼公司想拥有一个领袖品牌——专门代表数码相机的品牌，那么品牌名称就不应该附带企业名称——“索尼”这个名称。

管理人员都喜爱自己企业的名字，想把企业名称用在所有产品上面。如果在品牌的名字上附加企业的名称，那么就会让品牌概念变得模糊不清，本应成为传递品牌概念主体的品牌名称，反而变成了企业名称的附件。事实上，企业开发的许多新产品，都有建立新品牌的机会。但是，在品牌名称加上了企业名称，则扼杀了新品牌的独特个性，错过了让新品牌成为新品类代表的机遇。犹如“索尼—马维可”一样的品牌名称——Panasonic Viera、Sharp Aquos、Sony Vaio 和 Sony Bravia，终究会被人们丢入认知的废纸篓。在认知的战争中，无法代表独特价值概念的品牌，必然败给拥有独特价值概念的品牌。

品牌勿搭顺风车

——品牌需要拥有自己的独立名称

【观点】 从品牌定位角度来看，如果企业打算进入一个新品类，那么需要使用一个专门的品牌。使用一个专用的品牌名称，将有助于在人们头脑中形成定位——帮助人们对品牌形成“独特且又强烈”的认知——既包括对品牌领先地位的认知，又包括对品牌独特属性的认知。一些成功品牌的名称，甚至能够成为一个品类的代名词。在大多数产品类别中，那些取得代表性地位的品牌，大多数拥有一个专用的品牌名称。这意味着：使用一个专用的品牌名称——新品牌，抢先进入并占领一个新品类，成为新品类的领先者，充当新品类的代表者。相反，延伸式的品牌名称，或者复合式的品牌名称，则很难成为新品类的代表者。一个品牌能否获得成功，关键原因在于：在人们的心智中，能否成为一个品类的代表，能否代表某种独特的价值。使用延伸式的品牌名称，或者复合式的品牌名称，惟一看似合理的理由就是搭乘既有品牌的顺风车——借助既有品牌的知名度。一个品牌所以具有知名度，恰恰因为代表了某种独特的价值，或者代表着某种独特的概念。在人们的心智中，如果品牌代表了这种东西，那么很难代表那种东西。这意味着：延伸式的品牌，或者复合式的品牌，不足以帮助品牌在新品类中获得成功——在人们心智中成为一个新品类的代表者，充当某种独特价值的代表。相反，延伸式的品牌，或者复合式的品牌，干扰了品牌在人们心智中发挥代表作用，破坏了品牌在人们心智中形成有利概念。因此，要想塑造一个伟大的品牌，就不要搭乘既有品牌的顺风车。

【诠释】 📖《尹文子·大道》：故人以“度”审长短，以“量”受少多，以“衡”平轻重，以“律”均清浊，以“名”稽虚实，以“法”定治乱，以简治烦惑，以易御险难。万事皆归于一，百度皆准于法。归一者，简之至；准法者，易之极。如此则顽嚚聋瞽，可与察慧聪明同其治也。㊣ 企业名称与品牌名称，各自有各自的用途。企业名称用以区分产品提供者，品牌名称用以区分产品独特性。从企业自身的角度上看，两者合二为一，似乎十分合理，期望能够产生“1 +1 >2”的认知效果。从顾客认知的角度上看，企业名称与品牌名称和在一起，则必然产生“1 +1 <2”的认知效果。企业名称与品牌名称，各归所用，各司其职，则简之至，则易之极。

【案例】 在品牌世界中，一些专用的品牌名称意味着一个产品类别——成为一个品类的代名词。例如：“思尔克”（Silk）这个品牌名称，意味着豆奶这种品类。“飘宣”（Softsoap）这个品牌名称，意味着洗手液这种品类。“思高”（Scotch）这个品牌名称，意味着着透明胶带这种品类。“卡路驰”（Crocs）这个品牌名称，意味着着橡胶凉鞋这种品类。“浣丽”（Woolite）这个品牌名称，意味着冷水清洁剂这种品类。“Roller Blades”这个品牌名称，意味着着滚轴溜冰鞋这种品类。

在数码相机领域，柯达公司发明了第一款实验数码照相机。索尼公司推出了第一架商用数码相机。但是，“柯达”和“索尼”这两个品牌，无一能够成为数码相机市场上的主导着——不能成为数码照相机的代表者。2008 年，在美国数码照相机市场上，“佳能”的市场份额为 20%，“索尼”的市场份额为 17%，“柯达”的市场份额为 16%，“尼康”的市场份额为 10%。这些数码相机的品牌名称，没有一个是数码相机专用的品牌名称——均为延伸式的品牌名称，要么从照相胶片领域延伸进入了数码相机领域，要么从电子产品领域延伸进入了数码相机领域。因此，在数码相机领域，难以产生一个主导品类的领先品牌。

如果把数码相机与饮料品类做一下对比，那么不难看到一个完全相反的局面。在美国市场上，存在着数以百计的饮料企业。一些专门的饮料品牌——品牌名称仅用于单一的产品类别，控制着整个品类的绝大部分市场份额。例如：“佳得乐”——在运动饮料市场上市场份额到达 82%。“可口可乐”——在可乐饮料市场上市场份额到达 60%。“红牛”——在能量饮料市场上市场份额到达 43%。

在美国市场上，许多品牌充当品类的主导者。例如：“塔巴斯科”（Tabasco）——在辣椒酱市场上，市场份额为 90%。“坎贝尔”（Campbell's）——在罐装汤料市场上，市场份额为 82%。“特伯税务”软件（TurboTax）——在税务软件市场上，市场份额为 79%。“星巴克”（Starbucks）——在高端咖啡连锁店市场上，市场份额为 73%。“苹果”（iPod）——在 MP3 音乐播放器市场上，市场份额为 70%。“塔可钟”（TacoBell）——在墨西哥式快餐市场上，市场份额为 70%。“谷歌”（Google）——在互联网搜索引擎市场上，市场份额为 63%。

【结语】 从本质上来讲，搭顺风车与品牌延伸没有什么根本差别。两者共同之处在于：一个妇孺皆知的名字，用在各种各样的东西头上。有所不同的是，品牌延伸——把成功品牌的名称用在新产品上，搭顺风车——把知名企业的名称用在新业务上。从本质上看，两者都想借助一个广为人知的名称，促进一个新东西快速成长。名称的作用是什么？名称的主要作用包括两个方面——区分作用与指代作用。区分作用的意思是：名称是一种符号标志，被用于区分彼此身份。指代作用的意思是：名称是一种语义概念，人们赋予其某种独特含义。搭顺风车的做法——在品牌名称上附加企业名称，——实际上是用企业名称发挥区分作用，用品牌名称发挥指代作用。关键问题在于：在市场竞争过程中，品牌充当争夺消费者选择的竞争单位。品牌名称的指代作用——活动赋予品牌名称某种价值概念，对消费者的选择影响极大。搭顺风车的做法，影响了品牌名称指代作用的发挥。实际上，企业名称——所发挥的区分作用，分散了消费者对品牌名称的注意力，淡化了品牌名称所指代的价值意义。从而，在争夺人们认知的竞争过程中稍逊一筹。相反，一个独立、单独的品牌名称，既可以发挥区别作用，又可以发挥指代作用。尤为重要的是，能够更好地发挥具有关键营销意义的指代作用。

3.3　缩写名称陷阱

【释义】采用英文缩写名称越来越成为一种命名潮流。1980年，在《财富》（*Fortune*）杂志世界500家最大企业名单上，只有27家企业使用缩写名称，到了2001年，在《财富》杂志世界500家最大企业名单上，有44家企业使用了缩写名称。能否被列入《财富》杂志世界500家最大企业名单，似乎取决于有没有众所周知的缩写名称。有没有缩写名称，好像已经成为是否获取了成功的标志。有人借助《商业周刊》订户名单，对“全称名字”和“缩写名字”做了一次调查。调查结果显示，对于使用“缩写名称”的企业，调查对象的平均知晓率为49%。对于使用“全称”的企业，调查对象的平均知晓率为68%。品牌使用缩写名称，成为看不见的品牌认知陷阱。关键问题在于：对于大多数缩写名称来说，几乎没有人知道代表什么意思。对于中国企业来说，实在没有必要效仿外国企业，为企业或者品牌安上一个缩写名成。如果打算在国外开展业务，那么不妨寻找一个具有本地化意义的名称。

书写方便

——缩写名称，是为了企业自己书写方便

【观点】 在初始的时候，为了节省打字时间和方便文件保存，人们把冗长的企业名称转换成缩写名称，以便于企业内部人员使用。企业管理层渐渐地看惯了印在内部文件上的缩写名称，认为人人都知道“缩写名称”代表着什么意思。然而，“缩写名称”在用于外部的时候，则很难让人们对品牌产生恰当的理解。因此，“缩写名称”难以发挥传递品牌概念的作用。对于品牌定位来说，“缩写名称”等于没有名称。

【诠释】 📖《尹文子·大道》：大道无形，称器有名。📖《尹文子·大道》：然形非正名也，名非正形也。则形之与名居然别矣。不可相乱，亦不可相无。㊣ 凡事应该有自己的名称，即便被认为无可名状的“无形大道”，尚且勉强拥有自己的名称——被称之为“道”。名称用于代表事物。名称本身不是事物，事物本身不是名称，从本质上看两者并不相同。但是，事物离不开名称，名称离不开事物。即不可相乱，亦不可相无。否则，事物就无法分别，必然陷入概念混乱。品牌的“缩写名称”——相当于没有名称，为人们区分品牌价值概念带来障碍。

【案例】 New York（纽约）这个名字并不长。但是，人们在书面语中，经常把 New York（纽约）缩写为“N. Y.”。这是因为，在书面语中，人们经常会遇到 New York（纽约）这个词汇。为了书写方便，就用“N. Y.”这个缩写名称，代替 New York（纽约）这个词汇。

看不懂的缩写名称

AT&T、AMF、ACF、AMP、A-T-O、AMP、AON
BB&T、BJS Wholesale Club
CPC、CBS、CSX、CVS、CHS Electronics、CF Industries、CMS Enery、CNF Transportation
DPF
EG&G、EMC
FMC、FDX、FPL
GAF、GATX、GPU、GET
ITT、IBM、IBP、IBPXL、ITT Industries、IMG Global、IC Industries
KN
LTV、LG&E Enery、LTV Holding
3M、MCA、MAPCO
NVF、NCR、NL Industries
P&G、PPG
RCA
SCM
TRW、TJX、TRW、TIAA-CREF
USX、USL、USG
U. S. Industries、U. S. Bancorp、U. S. Foodservice、U. S. Office Products、U. V. Industries
VF

发音方便

——缩写名称，是为了企业自己称呼方便

【观点】 考虑英文发音便利，人们愿意使用“缩写名字”。一个完整名称与一个缩写名称相比，如果两者英文发音的音节长度相同，那么人们总是愿意使用“全称名字”，而不愿意使用“缩写名称”。问题的关键在于：“全称名字”意味着一个具体含义，可以传递出完整的概念意义，帮助品牌在人们心智中形成某种具体概念。如果人们不知道“缩写名字”的本来面目，那么“缩写名字”难以达到“全称名字”的效果。尽管“缩写名字”在发音上存在便利，但是“缩写名字”依然存在严重缺陷。在人们的头脑中，人们借助声音语言进行思考。这意味着：声音的语言含义，在人们头脑中成为思维活动处理的对象。当人们思考的时候，声音语言总是同时人们头脑中出现。但是，这种声音语言必须具有可以被人们理解的意义。否则，声音语言无法被头脑理解、处理。因此，在为企业或品牌命名的时候，宁愿使用一个有意义的简短名称，也不要使用毫无意义的“缩写名字”。

【诠释】 📖《吕氏春秋·正名》：名正则治，名丧则乱。㊣ 名称能够正确表达事物的特征，事物在人们心智中的概念就清晰、准确、不混乱——则治。名丧——没有名称，或者没有一个能够准确表达事物概念的名称，事物在人们心智中的概念就会混乱、模糊、不清。或许，缩写名称可以带来语言发音上的方便、便利。但是，对于不熟悉缩写名称由来的人们来说，缩写名称不能代表任何概念和意义，实际上等于没有名称。那么，使用相当于没有名称的缩写名称，必然产生“名丧则乱”的结果。发音上便利了，概念上就麻烦了。

【案例】 Radio corporation of America（美国无线电公司），这个名字中有 12 个音节：Ra-di-o-cor-po-ra-tion-of-A-me-ri-ca，故简称 RCA。R-C-A 只有三个音节。General Electric（通用电器公司），这个名字中有 6 个音节：Ge-ne-ral-E-lec-tric 故简称 GE。G-E 只有 2 个音节。America Motors（美国汽车公司），这个名字中有 5 个章节：A-me-ri-ca-Mo-tors，故简称 AM，A-M 只有 2 个音节。Ford Motors（福特汽车公司），这个名字中只有 3 个音节：Ford-Mo-tors，几乎没有人称之为 FM，因为只说出一个音节“Ford”就足够了。New York（纽约），这个名字中只有两个音节：New-York。在口语中，很少有人称 New York 为 N. Y.，因为 N. Y. 同样是两上音节。但是，如果人们不知道 RCA、GE、AM 的全称是什么，那么 RCA、GE、AM 就没有多大意义。

视觉效果

——缩写名称，忽视了名称的听觉意义

【观点】人们在给企业或品牌起名字的时候，往往都从视觉效果上考虑。为了使名字看上去顺眼，人们往往会花费大量精力和时间。人们很少考虑名字听上去会是什么效果。人们很少考虑应该如何从听觉效果的角度给企业或品牌起名字。人们往往没有想过应该如何利用名字的听觉效果，在潜在顾客头脑中给己方的品牌定位。结果：许多品牌都成了“缩写名称”这种时尚的牺牲品。从定位的观点上看，缩写名称不是真正的名字，在听觉上没有任何意义。当人们看到缩写名字的时候，第一个疑问是：这些缩写代表什么意思？人们头脑的思维依赖于对声音语言的处理。实际上，思维过程就是对声音的处理过程。名称的声音语言意义，能够帮助人们形成有效的品牌概念。“缩写名称”无论看上去多么美观，都很难到达“完整名称”的效果。

【诠释】《尹文子・大道》：名也者，正形者也。形正由名，则名不可差。㊣ 名称的作用在于：帮助人们对事物形成正确的概念。在人们心智中能否对事物形成正确概念，关键的一点是能否恰当地命名事物——能否找到一个准确表达事物的名称。因此，要想发挥名称对事物的表达作用，命名所采用的名称不应该出现概念偏差。品牌的缩写名称，往往只顾名称的视觉美观，而不顾名称的文字含义以及语音含义，势必导致名称所表达概念的偏差。尤为糟糕的是，看上去美观的缩写名称，大多数人看不出代表什么概念和意义。

【案例】世界上一些著名大企业的缩写名称，看起来都很整洁、整齐、漂亮。但是，人们知道这些缩写都是什么意思吗？人们知道这些企业从事什么业务吗？恐怕没有多少人知道。如果人们第一次看到却不知道代表什么意思的缩写名称，那么人们会对缩写名称留下具体印象吗？恐怕很难留下什么印象。

美观的缩写名称

AT&T、AMF、ACF、AMP、A-T-O、AMP、AON
BB&T、BJS Wholesale Club
CPC、CBS、CSX、CVS、CHS Electronics、CF Industries、CMS Enery、CNF Transportation
DPF
EG&G、EMC
FMC、FDX、FPL
GAF、GATX、GPU、GET
ITT、IBM、IBP、IBPXL、ITT Industries、IMG Global、IC Industries
KN
LTV、LG&E Enery、LTV Holding
3M、MCA、MAPCO
NVF、NCR、NL Industries
P&G、PPG
RCA
SCM
TRW、TJX、TRW、TIAA-CREF
USX、USL、USG
U. S. Industries、U. S. Bancorp、U. S. Foodservice、U. S. Office Products、U. V. Industries
VF

如果从符号外形上看，这些缩写名称都很美观、漂亮。至少，与全称名字比较起来，视觉效果要美观、漂亮很多。但是，如果从听觉意义上考虑，效果则完全相反。当看到这些缩写名称的时候，大多数人不知道是什么意思。那么，对于定位而言，听觉效果与视觉效果相比，哪种效果能够发挥更大作用？实际上，听觉效果的作用远远大于视觉效果的作用。

掩盖过时

——缩写名称，有时为了掩盖过时的全称

【观点】时代不断发展，一些完整名称显得过时了。为了避开过时名称的影响，企业放弃了“全称名字”转而采用“缩写名字”。在看到缩写名称之后，人们很难记住这个缩写名称。如果不挖掘出缩写名称的原义，那么人们根本无法理解缩写名称的含义。从营销的角度来看，过时的名字都应该被彻底改掉。对于名字过时的问题，“立足于过去”容易落入缩写名称的陷阱。“定位于未来”反而可以树立起崭新的形象。这意味着：如果一个名称过时了，那么不妨放弃名称的过时部分，或者重新赋予企业或品牌一个恰当名称。

【诠释】《尹文子·大道》：无名，故大道无称；有名，故名以正形。㊣ 由于没有恰当的名称表达“大道”这种东西——无名，因此“大道”这种重要东西都不可称谓（表达）——大道无称。有一个恰当的名称——有名，事物才能在人们心智中形成正确的概念——以正形。因此，名称的作用在于：帮助人们在心智中形成正确的概念。人们不知道代表何意的缩写名称，很难在人们心智中形成正确的概念。如果品牌的名称过时了，那么就为品牌寻找一个新名称——能够代表品牌未来价值的“正式”名称，不要在原有名称基础上做改造——缩写。实际上，大多数改造后的缩写名称，对人们来说同样意味着一个新名称。但是，从这个新名称上，人们看不出多少概念意义。

【案例】AT&T——America Telephone And Telegraph（美国电话电报公司）的缩写名称，电话（Telephone）并没过时，电报（Telegraph）却已经过时了；P&G——Procter & Gamble（宝洁公司）的缩写

名称（Proctor，是铁的意思；Gamble，是赌博的意思）。铁（Proctor）和赌博（Gamble），与日常化工用品没有任何关系。AT&T 和 P&G 这两个缩写名称，均掩盖了其全称中过时的含义与组成部分。事实上，P&G 从未充当过品牌名称。宝洁公司旗下绝大多数品牌，均有自己独立的品牌名称，P&G 仅仅充当企业名称的角色。AT&T 则完全不同，AT&T 既是企业名称，又是品牌名称。所幸的是，人们知道 AT&T 的含义是什么——America Telephone And Telegraph。P&G 这个名称，则不像 AT&T 那么幸运——几乎没有多少人知道 P&G 的含义是什么。即便人们知道 P&G 的含义——Procter & Gamble，P&G 这个缩写名称对传递品牌概念没有任何意义，甚至产生完全相反的负面效果。因此，宝洁公司从不使用“P&G”充当品牌名称。因此，宝洁公司塑造出许多成功的大品牌。

BMW——Bavarian Motor Works（巴伐利亚汽车厂）的名称缩写。从一开始，Bavarian Motor Works 就没什么独特的含义，BMW——这个缩写名称避开了没有营销意义的过时名称——Bavarian Motor Works（巴伐利亚汽车厂）。幸运的是，人们赋予“BMW”这个缩写名称一种独特的价值含义——一种终极驾驶机器。FedEx——Federal Express（联邦快递）的组合缩写名称。20 多年之前，Federal（联邦）这个词汇，拥有国有财产的概念和含义。因此，美国非官方邮政业务——Federal Express，就拥有了一种无形的概念资本。但是，伴随着时间的推移与环境的变化，企业的名称产生了问题。Federal 这个词汇的含义，与办事效率低和官僚主义挂上了钩。此外，Federal Express 有 5 个音节，名字显得有些太长了。在拉丁美洲（Latin America），Federal Express 这个名字使人们联想起了一个不受欢迎的名称——Federales。在美国南北战争时期，Federales 为“北部联邦同盟”的名字。因此，Federal Express 这个名称，变成了简写名称“FedEx”。幸运的是，FedEx 这个缩写名称成为隔夜送达的代名词。

先繁后简

——使用缩写名称，应该先让人们熟悉全称

【观点】 人们总得先熟悉全称之后，才能对简称产生相同的反应。那些广为人知的缩写名称，大多数是在成名之后才使用简称。如果想使用缩写名称，那么应该首先看看自己的企业是否已经声名远扬。如果企业已经声名远播，那么缩写名称就会很容易让人看懂了，人们就不会对缩写名称产生歧意了。但是，如此一种因果关系，并不应该成为使用缩写名称的理由。在从简到繁的转化过程中，必须花费大量的传播资金，建立起简称与全称之间的联系。然而，这种繁简之间联系的结果——一个众所周知的缩写名称，对于营销没有多少实际的价值意义。惟一的好处在于：经过简化后获得的缩写名称使用起来更加简短方便——在书写上更加简洁，在发音上更加便利。实际上，在为企业或者品牌命名的时候，完全可以寻找一个有意义的简短词语，直接充当企业名称或者品牌名称。这就是说，使用简短而又有意义的词汇充当企业或者品牌名称，同样能够达到这种“简便”效果。

【诠释】 📖《尹文子·大道》：名以定事，事以检名。察其所以然，则形名之与事物，无所隐其理矣。㊣ 名称对事物起到定义作用，事物对名称起到验定作用。缩写名称所以能够代表品牌概念，由于人们熟悉完整名称所代表的意义。品牌所要表达的价值概念，所以可以用缩写名称表达，由于人们知道完整名称所表达的意义。知道了这个道理，就明白了因果的先后顺序——缩写名称与品牌概念之间的逻辑关系。否则，必然陷入无名陷阱。

【案例】 IBM——International Business Machine（国际商用机器

公司）；AT&T ——America Telephone And Telegraph（美国电话电报公司）；LG——Lucky Goldstar（幸运金星公司），GE——General Electric（通用电气公司）；GM——General Motors（通用汽车公司）……这些名称在本国出名之后，才开始使用缩写名称。政府组织的缩写名称一样，需要先熟悉全称，然后才能使用简称。例如：FBI——Federal Bureau of Investigation（联邦调查局）、IRS——Internal Revenue Service（国内税收署）。对于美国人来说，FBI 和 IRS 这两个缩写名称妇孺皆知。人们一看到 FBI 和 IRS 这两个简称，马上就能联想到上述两个政府部门。但是，如果人们听到或者看到 UHD 这个缩写名称，大多数就不知道代表着什么含义。关键原因在于：大多数人不知道一个政府部门——Departmen of Housing and Urban Development（住房与城市发展部）。因此，如果打算让人们理解 UHD 代表什么含义，那么首先需要让人们熟悉 UHD 的完整名称——Departmen of Housing and Urban Development（住房与城市发展部），并在两者之间建立概念联系。通用苯胺与薄膜公司（General Aniline & Film），不是一家众所周知的企业。如果使用缩写名称——GAF，那么没有人会知道 GAF 代表着什么意思。如此，通用苯胺与薄膜公司的业务合作伙伴，必须花上一段时间才能适应 GAF 这个缩写名称。

杜撰新词

——宁愿杜撰一个新词，也不使用缩写名称

【观点】 如今，品牌商标全球飞舞。所有可用的词汇，已被用得山穷水尽——很难找到一个没有被人占用的正式词汇，很难找到一个适合自己的正式词语。因此，品牌可以杜撰一个新造词，杜撰出一个有意义、有实效的新造词汇。用新造词汇给企业或者品牌命名，从而启动在人们头脑中的定位程序。与毫无意义的缩写名称相比，杜撰的词汇更容易让人理解，更容易让人记忆，更容易引起人们的联想。

【诠释】 📖《尹文子·大道》：名者，名形者也；形者，应名者也。📖《尹文子·大道》：故形名者，不可不正也。㊣ 名称命名事物，事物合乎名称。名称与事物，应该相符、相应。名称必须能够反映事物所要表现的特征，事物必须与名称所表达的概念相吻合。即便使用一个杜撰的新词汇，亦要考虑杜撰词汇所能表达的概念，是否与品牌价值特征相一致、相符和。否则，即为形名不正、形名不当。

【案例】 Viagra（伟哥）——一种阳痿治疗药品的品牌名称。Viagra 这个品牌名称，为实意词 vigor（强壮、茁壮、精力，活力、强健）的变体，发音与 vigor 比较接近。Aleve（阿利弗）——一种止痛药的品牌名称。Aleve 这个品牌名称，为实意词 Relieve（减轻、缓解）的谐音拼写。Compaq（康柏）——一个电脑制造商的名称。Compaq 这个品牌名称，为实意词 Computer（电脑、计算机）的变体，发音与 Computer 谐音。International Multi Foods（国际多样化食品）——一家食品生产企业的名称。International Multi Foods 这个名称，用了一个很响亮的合成词——Multiply（多样化）+ foods（食品）。

eBay（易趣）——一个网络拍卖网站名称。eBay 这个品牌名称，由 E（电子）与 Bay（港湾）两个部分构成。这两个部分结合在一起，人们能够看懂“电子港湾”的含义。Microsoft（微软）——个人电脑操作系统全球领袖企业的名称。Microsoft 这个企业名称，由 Micro（微型）与 Soft（软的）两个部分构成。这两个部分结合在一起，人们能够看懂“微型软件”的含义。DieHard（死硬）——一个蓄电池品牌名称。DieHard 这个品牌名称，由 Die（死）与 Hard（硬）两个部分构成。这两个部分结合在一起，人们能够看懂“长效”的含义。DuraCell（金霸王）——一个碱性电池品牌名称。DuraCell 这个品牌名称，由 Dura

（硬，持续）与 Cell（电池）两个部分构成。这两个部分结合在一起，人们能够看懂“长命”的含义。

【结语】无论经营什么样的企业，不管开展什么样的业务，都要为其起一个名称。在定位的过程中，名称能发挥什么作用？在占领人们心智空间的过程中，名称起到了至关重要的作用——名称起到了“挂钩”的作用。名称，是产品与人们头脑的第一个触点。名称，是把品牌挂上品牌阶梯上的钩子。在定位的过程中，要想让名称地发挥作用，必须让人们一看就懂，一看就知道代表什么含义。

3.4　通用名称陷阱

【释义】企业在起名字的时候，许多人喜欢使用一个通用式名称。一个原因在于：通用式名称似乎让人感觉能够涵盖一切、无所不能。好像拥有一个通用式名称的企业，就具有向所有人提供所有东西的非凡能力。另一个原因是：在一些成功的大企业之中，不乏使用通用式名称的企业，这给人们提供了很好的示范效应。这两个方面的原因，让人们相信：通用式名称能够帮助企业获得成功。在定位的游戏中，通用式名称是招致失败的最快途径之一。

成功不在于通用式名称

——抢先占据人们心智，是获取成功的关键

【观点】一些获得成功的企业拥有通用式的企业名称。但是，获取成功的根本原因，不在于拥有通用式的企业名称，而是在于进入市场的有利时机，还有开展营销的战术策略。那些拥有通用式名称的企业，其获得成功的关键原因是：大多数企业成为某些经营领域的第一个进入者，大多数企业在人们头脑中占据了第一的领先位置。在获取成功的过程中，市场时机扮演了关键角色。在市场经济的早期阶段，绝大多数企业都是区域性小企业。在相互竞争的作用之下，一些小企业突破区域市场的限制，将业务扩展到更大的区域市场，大企业由此开始诞生。为了向人们证明自己是大企业，大企业往往选择采用通用式企业名称，并以此把小企业圈定在自己的经营活动范围之内。从竞争的角度上看，大企业采用通用式名称，完全是为了在概念上压制小企业——借助通用式名称，在人们心智中制造“大”的概念。然而，这不是大企业获得成功的关键所在。获得成功的关键原因是：在一个更大的区域市场上，抢先成为人们心智中的领先者。这意味着，如果能够抢先在人们的头脑中建立领先地位，那么使用通用式名称并不会引起什么大问题。反之，如果不能抢先在人们头脑中占据领先位置，那么使用通用式名称将引起灾难性的结果。

【诠释】 ⌖ 📖《尹文子·大道》：今万物具存，不以名正之，则乱。㊣ 人们需要借助名称，以实现事物彼此之间的区别——在人们心智中，实现概念上的区分。命名事物的基本原则是：名称必须反映、体现认知对象的本质、特点。否则，即命名不当——名不正。名不正，则言不顺。言不顺，则事不成。如果品牌没有一个恰当的名称——能够有效表达品牌价值概念的名称，则难以在人们心智中建立起价值概念。通用式的品牌名称，所表达出来的概念，大多像是一个品类概念。将一个表达品类概念的名称用在品牌身上，无疑将抹杀、掩盖品牌所拥有的独特价值概念。此外，当竞争品牌纷纷采用通用式名称的时候，品牌独特性将淹没在众多通用式名称浪潮之中。结果，名不正，则生乱——在人们心智中，引起品牌独特概念的混淆、混乱。

【案例】 ⌖ 许多拥有通用式名称的企业所以能够获得成功，不是因为拥有了一个通用式的企业名称，而是因为第一个进入了人们的心智，在人们心智中建立起领先者位。例如："国民饼干公司"（National Biscuit）就是一个典型的通用性企业名称。如果考察国民饼干公司的成长过程，那么不难发现其获得成功的关键原因——在广泛的市场区域内，抢先在人们心智中建立起领先地位。

- 1792 年，Pearson & Sons Bakery 公司在美国马萨诸塞州开业，并生产一种称为"点式面包"的食品——一种专门用作远航消耗的食品。
- 1801 年，Josiah Bent Bakery 公司首次创造了"饼干"这个食品品类术语，并将这个品类名称用于他们所生产的一种脆饼上。
- 1889 年，William Moore 收购了 Pearson & Sons Bakery 公司，Josiah Bent Bakery 公司，以及其他 6 家面包生产商，组建了纽约饼干公司（New York Biscuit Company）
- 1890 年，Adolphus Green 在收购了 40 家面包制造商之后，成立了美国饼干制造公司（American Biscuit & Manufacturing Company）。
- 1898 年，纽约饼干公司和美国饼干制造公司合并，组建了国民饼干公司（National Biscuit Company）。
- 1971 年，国民饼干公司变更了企业名称，新企业名称由 National、Biscuit、Company 三个单词组合而成—— Na + Bis + Co = Nabisco（纳贝思克）。

许多企业都拥有通用性的企业名称。例如，通用电气公司（General Electric，GE）、国际收割机公司（International Harvester）、国际商用机器公司（International Business Machine，IBM）……他们获取成功的关键，都因为第一个占领了人们心智的制高点，成为人们心智中的领先者。事实上，帮助企业获得成功的关键原因，并不是企业拥有一个通用式企业名称，而是企业进入人们心智的市场时机——抢先占领了人们心智的制高点。

【案例】 人们热衷于抢注通用性域名。这是因为：人们普遍认为，通用性域名得天独厚，易于记忆，方便键入，便于搜索。因此，在域名转售的市场上，通用性域名的售价屡屡创造价格高峰。例如：一家打算创建男人门户网站的企业，以 130 万美元的价格购买了“男人网”——www. men. com。一家打算开展“B to B”服务的企业，以 750 万美元的价格购买了“商务网”——www. business. com。除此之外，“酒类网”——www. wine. com 卖出了 300 万美元的价格。“贷款网”——www. loans. com 卖了 300 万美元的价格。“电话网”——www. telephone. com 卖出了 175 万美元的价格，“赌博游戏网”——www. bingo. com 卖出了 110 万美元的价格……这些不惜重金购买通用域名的企业能够获得成功吗?

事实上，通用式名称早已经泛滥成灾。因此，人们记住一个通用式名称并不容易，更不要说留下什么深刻的印象了。例如：www. pets. com——一个专门销售宠物用品的网站，曾经创造了一个极为成功的“短袜小狗”形象，因此赢得了顾客、媒体和营销专家的赞誉。然而，大多数宠物主人不能区分“短袜小狗”——究竟属于 www. pets. com，还是属于 www. petstore. com，或者属于 www. petopia. com。结果，在 6 个多月的时间里，www. pets. com 的营销费用支出超过了营业收入 3 倍——营业收入仅为 2200 万美元。短袜小狗成功了，www. pets. com 网站则倒闭了。

像 www. pets. com 一样的悲剧，又发生在 www. etoys. com 的身上。1999 年 5 月，在公开发行股票的第一天，www. etoys. com 的股票价格就飞涨了 4 倍，市场价值高达 77 亿美元。玩具反斗城（Toys “R” Us）的市场价值仅为 www. etoys. com 的 65%。在当年的圣诞节期间，www. etoys. com 花了 200 万美元精心打造广告。然而，在 15 个月之后，www. etoys. com 倒闭了。存货、设备、办公家具、固定资产、商标和网址等总共只卖了 1000 万美元。一个玩具网站——www. toysmart. com，其经营只持续了 482 天。这些网站所面临的共同问题是：如何与名称类似的网站竞争？例如：www. toy. com、www. toys. com、www. etoy. com、www. itoy. tom、www. itoys. com、www. toystore. com、www. etoystore. com。

无论对于网站来说，还是对于企业来说，通用式名称都不是好名称。相反，独特的名称更加具有代表性意义，因此更加具有定位价值。例如：全球最大的书籍零售网叫“亚马逊”（Amazon）——www. amazon. com，而不是叫“图书网”（Book）——www. book. com。第一个网络搜索网站叫“雅虎”（Yahoo）——www. yahoo. com，然后叫“谷歌”（Google）——www. google. com，而不是叫“搜索网”（Search）——www. search. com；全球最大的拍卖网叫“易趣网”（eBay）——www. ebay. com，而不是叫“拍卖网”（Auction）——www. auction. com。

通用式名称存在的问题

——难以让品牌在人们心智中突出出来

【观点】 通用式品牌名称所存在的问题是：不能把己方品牌从竞争品牌中区分开来，不能把己方品牌从产品类别中突出出来。无论听起来，还是看上去，通用性名称都像是一个产品类别的名称，都像是一个行业领域的名称。对于潜在顾客而言，通用式名称缺乏敏感度，难以引起人们的注意力，难以在人们心智中留下一个深刻的印象，难以在人们心智中代表一个独特的概念。通用式名称的问题在于：虽然品牌拥有了自己的名称，但是不能表达独特的价值概念。

【诠释】 《尹文子·大道》：大道不称，众有必名。生于不称，则群形自得其方圆。名生于方圆，则众名得其所称也。㊣ 所有的品类，应该有自己的独特名称。所有的品牌，应该有自己的独特名称。所谓独特的品牌名称，意指能够体现品牌独特价值概念的名称。品牌从诞生之日起，本来各有其方圆——各自所要占据的价值地位，各自所要代表的价值概念。品牌的名称，应该生于方圆——品牌的独特个性。此谓众名得其所称——名正。品牌用一个通用式名称，掩盖了品牌本来就应该具备的方圆——独特的价值属性。

【案例】 智能芯片公司（Intelligent Chip），一个令人生厌的通用式名称。英特尔公司（Intel Corp），则是一个很棒的企业名字。“智能芯片在里面”（Intelligent Chip Inside），是一个令人生厌的营销口号——任何电脑内部都有智能芯片。“内置英特尔”（Intel Inside），则是一个很棒的营销口号——惟有顶级产品才会内置英特尔。通用名称与专有名称的根本区别恰恰在此。服务商品公司（Service Merchandise），是一家资产达到40亿美元的企业。“服务商品”（Service Merchandise）像是一个品类名称，充当企业理念还不错，但是作为品牌名称太糟糕了。“服务商品”这个名字，注定让品牌概念含糊不清。人们根本不知道：“服务商品”究竟是指什么东西？从“服务商品”这个名称上看，什么都看不出来。那么，“服务商品”这个名称还有什么定位价值？

【案例】 在营养滋补品领域，有一个品牌名叫“自然资源”（Natures Resource）。“自然资源”一年要花掉500万美元的广告费，想以此打入这个发展中的市场。在商店的货架上，人们会发现一系列各种各样的“自然资源”产品。例如：自然答案（Natures Answer）、自然礼品（Natures Bounty）、自然草药（Natures Herb）、自然秘密（Natures Secret）、自然方法（Natures way）、自然最佳（Natures Best）、自然之门（Natures Gate）、自然附加（Natures plus）、自然作品（Natures works）、自然阳光产品（Natures Sunshine Products）。“自然资源”这个品牌名称，听起来都像是某种自然产品的类别名称。这种品牌名称，很难在消费者心智中留下“品牌”本身的印象，更不用说能够成为一个品类的主导品牌了。

不要给品牌起品类名称

——品类名称与品牌名称，各自发挥不同的作用

【观点】在起名字的时候，不要给起一个过头式名字。所谓过头式名字，是指名字的含义过于接近产品类别名称，以至于听起来像是一个产品类别的通用名称，而不是代表某种价值属性的品牌名称。过头式名字的问题在于：人们不知道这是一个品类名称，还是一个品牌名称。在人们购买选择的过程中，人们首先选择什么品类的产品，然后选择购买品类中的品牌。当人们看到过头式名字的时候，根本无法将品牌从产品类别中突出出来，根本无法将品牌从竞争品牌中突出出来。

【诠释】《尹文子·大道》：上下不相侵与，谓之名正。名正而法顺也。㊣ 在人们的心智中，品类概念处在品牌概念之上。实际上，人们把品牌概念置于品类概念之下。当人们进行消费选择的时候，首先人们对所要消费的品类作出选择，然后对所要购买的品牌作出选择。在这个过程中，人们用对品牌的选择，表达出对品类选择的结果。这是因为，一个品类的概念相对比较统一、一致，各种品牌的概念则比较各具特色。或者说，对品牌的选择，所要考虑的、各种品牌所拥有的特色因素更加多样、更加复杂。因此，在人们的心智中，品类的名称归品类概念，品牌的名称归品牌概念，两者不可相互侵杂，亦不可相互干扰。反之，则名不正，则法不顺。

【案例】米勒酿造公司（Miller Brewing Company）第一个推出了淡啤酒，并为淡啤酒起了一个通用名称——“莱特”啤酒（Lite Beer）。“莱特”（Lite）这个名字，不但是英文单词“Light”的变体，

而且与英文单词“Light”发音相同——谐音。而且，“Light”本身就是“轻淡”的含义。对于淡啤酒来说，从表面上看“莱特”似乎是个不错的品牌名字。“莱特”的字体与发音，非常切合产品特性——“清淡”。然而，米勒酿造公司忽视了“莱特”这个名字可能产生的负面作用——“莱特”的英文发音，与“Light”发音完全一样，因此听起来更像一产品类别的名称。“莱特”这个看上去不错的名字，没能在发音上将自己与产品类别名称区分开来，从而涵盖了所有的清淡啤酒产品，听起来更像是“轻淡啤酒”产品类别名称。

“莱特”啤酒推出之后，市场上很快出现了许多以“清淡”（Light）字样命名的啤酒品牌——施利茨莱特淡啤酒（Schlitz Light）、安霍伊泽—比施天然莱特啤酒（Anheuser-Busch Natural Light）、百威淡啤酒（Bud Light）、库尔斯淡啤酒（Coors Light），以及各种品牌的“Light”啤酒。公众、媒体和竞争对手，很快就用滥了莱特（Light）这个名字。从此，米勒酿造公司丢掉了“莱特”（Lite）这个名字及其发音的专用权。米勒酿造公司认识到了问题的严重性，被迫将“莱特”（Lite）这个名称改为“米勒莱特”（Miller Lite），以区别市场上几十种以“莱特”（Light）命名的啤酒。从此，“米勒莱特”（Miller Lite）与众多“莱特”啤酒（Light beer）混作一团。最终，“米勒莱特”的领先地位让给了“百威莱特”（Bud Light）。

“莱特”（Lite）啤酒本来拥有极大的营销优势。关键优势在于：“莱特”啤酒（Lite beer）第一个进入人们头脑的清淡啤酒品牌，成为清淡啤酒品类中的抢先品牌。十分不幸的是，“莱特”（Lite）这个品牌名称听起来与“清淡”（Light）一样。“莱特”（Lite）这个名称反而成了一个巨大的劣势。通用性名称的劣势在于：听起来更像一个品类名称。一个品类名称充当了品牌名称，不但无法将品牌与品类区分开来，而且无法将己方品牌与竞争品牌区分开来。问题的关键在于：人们首先选择消费什么品类的产品，但是人们用品牌名称表达对品类的选择。例如。人们首先选择喝“可乐饮料”，然后人们会告诉餐馆服务员自己想要哪个品牌——请给我一瓶“可口可乐”。这就是说，人们使用“可口可乐”这个品牌名称，表达对“可乐饮料”这个品类的选择——选择这个品牌的可乐饮料。因此，营销人员应该明白一个事实——品牌与品类是完全不同的两个概念，品牌与品类的名称不能相互混淆。否则，在人们心智中，品牌很难形成独特的价值概念。

品牌名称需要独具内涵

——品牌名称应该表达产品的价值点

【观点】 在为品牌起名字的时候，不应起一个没有任何具体内涵的名称。没有任何具体内涵的名字，看起来用在哪里都合适，听起来不知代表什么意思。对于不知道代表什么具体意义的名字，人们总会感到一头雾水、莫名其妙。因此，在起名字的时候，应该寻找一个具有特定含义的词语，寻找一个代表行业特性的词语，寻找一个切合市场环境的词语。在为品牌起名字的时候，应该采用拥有特定含义的词语，阐述产品或服务的关键价值属性，表达产品或者服务主要利益特点。

【诠释】 《尹文子·大道》：名以检形，形以定名。《尹文子·大道》：万名具列，不以形应之，则乖（不顺）。《尹文子·大道》：名称者，不可不察也。㊣ 名称与品牌的关系为：品牌名称用来表达品牌价值概念，品牌价值概念决定品牌名称。各种品牌名称，如果不能与品牌所要表达的价值概念相符、相应，那么在占领人们心智的旅途中必然不顺、不畅。因此，不可不仔细斟酌、查验品牌的名称，以与品牌所要表达的价值概念相应、相符。

【案例】 在影碟出租行业中，振撼影碟（Blockbuster Video）和通用影碟（General Video），这两个名字哪个更切合行业的环境特点？

“振撼影碟”这个名字更切合行业的环境特点。这是因为，“好莱坞”（Hollywood）总是大肆吹嘘，其影片多么具有“振撼性”。“振撼影碟”借用了与“好莱坞”电影相关的词汇——震撼，暗示所出租的都是最好的电影。相比之下，“通用影碟”这个名字就很难与行业环境相切合，听起来更像是影碟这种产品本身的类别名称，更像是适合于灌制各种制式的视频文件的空白光碟产品。犹如通用影碟一样的通用性名称，注定会让品牌与含糊不清有关。

【案例】 大陆集团有限公司（The Continental Group Inc.）和大陆公司（The Continental Corporation），这两者之间的区别是什么？从名字上来看，看不出两家企业有什么本质上的区别。实际上，大陆集团有限公司是一家罐头企业。大陆公司则是一家保险企业。为什么要放弃能够表达“罐头”（Can）和“保险”（Insurance）本质特性的词汇，却喜欢使用“大陆”（Continental）和“集团”（Group）这样的词汇——对于一个品牌而言，这样的词汇说明不了多少问题。答案是：不想只卖罐头和保险。

使用一个没有具体内容的通用性名字能说明企业身份吗？不大可能。许多企业都在使用“大陆”（Continental）充当自己的名称。例如：大陆航空公司（Continental Airlines）、大陆石油公司（Continental Oil）、大陆电话公司（Continental telephone）、大陆谷物公司（Continental Grain）……这些以“大陆”（Continental）命名的企业，全都是身价数十亿美元的企业。当有人提及“大陆”这个企业名称的时候，人们搞不清楚究竟指哪一家“大陆”企业。人们分不清所指的“大陆”，究竟是“此”大陆企业，还是“彼”大陆企业。当然，对于以“大陆”命名的企业，人们很难有什么深刻印象。

如今，大陆集团有限公司和大陆公司已不再是独立的企业。大陆集团有限公司把名字改了回来了——叫做“大陆罐头公司”，成为休茨食品公司（Suiz Foods）的一个业务分支机构。大陆谷物公司并没能从中吸取什么教训，把企业名字改成了“大陆集团联合公司”（ContiGroup Companies）。大陆航空公司则与美国联合航空公司（United Airlines）合并在一起。从此，“大陆航空公司”这个名字就消失了。

【结语】⌖在早期的市场上，拥有通用性名称的企业，由于其领先地位而获得了成功，由此起到了巨大的示范作用——人们总想给自己起一个通用性的大名字。人们甚至错误地认为，企业要想获得成功，应该起一个通用性的大名字。让人们看到、听到通用性名字，产生无所不能、无处不在的印象和联想。从而，让人们信任通用性名称，让人们记住通用性名称。然而，通用性名称为品牌设下了定位陷阱。

3.5　品牌成功陷阱

【释义】⌖成功是自负的最大根源，自负是成功的最大敌人。在营销的世界中，品牌成功导致企业自大，企业自大则又导致品牌失败。当品牌获得成功之后，人们常常习惯性地认为：成功品牌能使其他产品获得同样的成功。因此，人们总是扩展产品线项目，把成功品牌的名称贴在所有可能的产品上面。品牌成功是导致品牌延伸的直接原因，越是认同并依靠成功品牌的作用，就越容易陷入延伸的陷阱。从这个意义上讲，品牌成功往往又是品牌核心的最大敌人。

成功导致不客观

——小心，成功是失败之始

【观点】⌖当品牌获得成功之后，企业往往变得更加自负，从而变得不够客观。客观是什么？在争夺人们头脑的战争中，客观意味着顾客头脑里的想法，而不意味着企业自己头脑里的想法。企业经常用自己头脑里的想法代替顾客头脑里的想法，经常认为自己头脑里的想法符合顾客头脑中的想法。企业总是会认为：成功品牌能将任何产品打入任何市场领域，成功品牌能将任何产品送上任何品牌阶梯。于是，企业把所有可能的产品贴上成功品牌的标签，从而开始漫长而又没有尽头的品牌延伸之旅。在认知的战争中，客观才是品牌成功的关键东西。明智的市场营销做法是：将自己头脑中想法与顾客头脑中的想法联系在一起，让自己头脑中的想法符合顾客头脑中的想法。而不是恰恰相反——将自己头脑中的主观想法强加在顾客的头脑上。

【诠释】 ⊕ 📖《吕氏氏春秋·决胜》：军虽大，卒虽多，无益于胜。军大卒多而不能斗，众不若其寡也。夫众之为福也大，其为祸也亦大。譬之若渔深渊，其得鱼也大，其为害也亦大。📖《老子》（54）：祸兮，福之所倚；福兮，祸之所伏。㊣ 对于品牌来说，获得成功无疑为“福事”。但是，品牌获得巨大的成功，亦可能成为品牌的“祸事”。一旦品牌获得成功，无不认为自己强大无比，无不打算进行品牌扩张。结果又会如何？多数会落入品牌成功陷阱。品牌强大的关键所在，不在于拥有多少资金，而在于所代表的价值概念。如果品牌偏离了所代表的价值概念，或者品牌没有找到有效的攻击视角，那么资金虽多，亦无益于品牌赢得更多的胜利。相反，战线拉得太长，资金耗费太大，则可能为品牌带来大麻烦。

【案例】 ⊕ 1970 年，门南公司（Monnen）推出了一种洗发护发二合一香波（Shampoo）——蛋白质 21（Protein 21）。在香波市场上，“蛋白质 21”的市场份额很快达到了 13%。在品牌获得成功之后，门南公司经不住品牌延伸的诱惑，不久便推出了“蛋白质 21”定型水——有常规和特殊两种配方，又分有香型和无香型。此外，门南公司还推出了“蛋白质21”护发素、“蛋白质21”香水，以及专供男士使用的“蛋白质29”。结果：“蛋白质21”洗发护发二合一香波的市场份额从原先的13%跌到了2%。

【案例】 历史证据表明：品牌延伸并不起作用。但是，成功的品牌还是疯狂地进行品牌延伸。企业的想法非常简单而又明确——既然这个品牌已经获得了成功，那么就让这个品牌带领其他产品一起成功。因此，经常会看到一系列品牌，在成功之后开始疯狂地延伸。

- “象牙”（Ivory）肥皂——“象牙”香波
- “救世”（Life Savers）糖果——“救世”口香糖
- “比克”（Bic）打火机——“比克”连袜裤
- “香奈儿”（Chane）女士香水——“香奈儿”男士香水
- “坦克里”（Tanqueray）杜松子酒——“坦克里”伏特加
- “科斯”（Coors）啤酒——“科斯”纯净水
- “亨氏”（Heinz）番茄酱——“亨氏”婴儿食品
- 《今日美国》（*USA Today*）报纸——《今日美国》电视版
- “阿迪达斯”（Adidas）跑鞋——“阿迪达斯”香水
- “李维斯”（Levi's）牛仔裤——“李维斯”休闲鞋
- “皮尔·卡丹”（Pierre Cardin）服饰——“皮尔·卡丹”葡萄酒

对于品牌延伸而言，企业总会乐此不疲。品牌延伸永远不会停止。企业领导人发挥着关键的推动作用。那么，企业领导人为什么痴迷于品牌延伸？企业领导人认为：那些已经获得成功的品牌，能够带动所有产品一起成功。因此，应该把成功的品牌名称延伸至尽可能多的产品项目上。

- 埃德·福格蒂（Edward T. Fogarty）——高露洁—棕榈公司（Colgate-Palmolive）总裁：“我们想要利用我们基本的核心品牌优势，把我们的品牌名称拓展到新的产品类别中去”。

- 戴维·约翰逊（David W. Johnson）——金宝汤料公司（Campbell Soup Company）首席执行官："利用和拓展高质量的、被消费者重复购买的品牌名称，要比重新开发一个新品牌名称更好"。
- 埃瓦恩·麦克唐纳（Ewan MacDonald）——德尔·蒙特公司（Del Monte）总裁："我们致力于单一品牌概念。我们会把"德尔·蒙特"这个名称持续不断地拓展到新的产品领域"。
- 丹尼尔·亚伯拉罕（Daniel Abraham）——超级减肥食品公司（Ultra Slim-Fast）董事会主席："今后我们会推出以"超级减肥"为后缀命名的汤料、通心粉、色拉酱、苏打水、果汁以及新的更浓的减肥饮料"。

落入陷阱三步曲

——成功、贪婪与失败

【观点】 ⌖品牌落入成功陷阱一般会经过三个步骤。第一步：大突破和大成功。品牌找到了一个大空档，抓住了机会并加以出色利用，获得了大突破和大成功。同时，品牌聚集了经营的焦点，占有了强大的属性，登上了品牌的阶梯，获取了巨大的成功。第二步：大贪婪和大向往。企业开始变得无限贪婪，相信自己的品牌无往不胜。企业追求更快、更大的业务增长，开始毫无限度的品牌延伸，开展毫无关联的多元化经营。第三步：大麻烦和大败局。企业开始失去经营核心，品牌开始失去价值焦点。品牌渐渐失去市场影响力，品牌逐步失去消费号召力。

【诠释】 ⌖ 🕮《老子》（60）：治大国，若烹小鲜。🕮《老子》（30）：善者果而已，不敢以取强。果而勿矜，果而勿伐，果而勿骄，果而不得已，果而勿强。物壮则老，是谓不道，不道早已。㊣ 管理大品牌，犹如管治大国。烹小鲜，不可胡乱翻腾。善于塑造品牌者，在人们心智中占据一独特地位而已。在人们心智中，一旦品牌建立起、巩固了价值地位，则应戒骄、戒矜、戒强、戒伐。不要因为品牌获得成功，自恃强大而四处延伸。在获得成功之后进行品牌延伸，则难以逃避“物壮则老”的宿命。但是，在获得成功之后，又有多少品牌不采取延伸策略？品牌延伸，是谓不道，不道早已。

【案例】 20 世纪 40 年代，美国人都想购买一辆大型轿车。德国大众汽车公司反其道而行之，推出了又小又丑的“甲壳虫”汽车，并取得了巨大的成功。在美国市场上，大众汽车公司树立起了微型轿车的地位。大众汽车公司广告主题简洁而又清晰——想想小吧（Think Small）。或许，“想想小吧”是有史以来最著名的定位广告——毫不含糊地说明了“小”这个定位。

在美国市场上，“甲壳虫”汽车凭借着“小”这个定位，建立了一个极其稳固的微型轿车地位。在人们的心智中中，“大众”不仅仅是一个品牌名称，还代表了一种生活态度。人们会说：我们开的是“大众”。这不仅仅是说，人们开着大众汽车公司制造的汽车，而且还表达了人们的一种生活方式——讲究实际，对自己的社会地位感到自信，开着一种简单而又实用的交通工具。在广告中，“甲壳虫”大胆承认“丑陋”的特点——1970 年的车型将会更丑。广告充分表达了“甲壳虫”汽车的自信态度。人们对“甲壳虫”的态度，暗含着讽刺的意味——贬低向邻居炫耀豪华大轿车的人们。

大众汽车公司凭借丑陋的“甲壳虫”汽车，在美国市场上获得了巨大的成功。1972 年 2 月 17 日，大众汽车公司打破汽车制造史上的记录。“甲壳虫”以 15007034 辆汽车的销售记录，超过福特汽车公司创造的销售记录——从 1908 年至 1927 年，福特 T 型车创下了 15000000 辆汽车的销售记录。在“甲壳虫”获得巨大成功之后，大众汽车公司开始变得越来越贪婪，开始向个头更大、价格更高、更加豪华的汽车延伸，开始向越野车和公交车延伸。最终，大众汽车公司推出了“冲刺者”（Dasher）汽车，在广告中，大众汽车公司说道：“冲刺者”是优雅的“大众”汽车。“大众”自毫地进入了豪华轿车领域。“冲刺者”——豪华的“大众”汽车，拥有豪华的内部装潢，齐全的设施配置。“大众”汽车的忠实客户悲叹道：这还是“大众”汽车吗？我们信赖“大众”汽车，“大众”却不信赖自己的汽车。

人们心智中的“大众”汽车，及其追求实用和实际的品牌方针，出现了严重的偏离问题。“冲刺者”冲出了“大众”的原有位置，冲破了“大众”的品牌形象——“大众”汽车在人们心智中讲究实际和实用的定位。但是，大众汽车公司不愿意改变自己的想法——“大众”汽车坚持面向所有人，满足所有人的路线。在广告中，大众汽车公司说道：不同的“大众”汽车，服务于不同的大众。结果：除了“甲壳虫”汽车之外，大众汽车公司还拥有5种不同的“大众”汽车。

结果如何呢？这5种“大众”汽车加在一起，还不如一个“甲壳虫”汽车。人们相信这个结果吗？无论人们是否愿意相信这个结果，事实就是如此。最初，大众汽车公司的“甲壳虫”汽车，曾经是美国进口汽车的领先品牌。结果：大众汽车公司落到了第4名的位置上——位于“丰田”“Datsun”和“本田”之后。具有讽刺意味的是，“本田”的主题却是“简单到底”（Keep it Simple），这与“甲壳虫”汽车关于“小”的定位完全一样。1965年，大众汽车公司仅提供一种汽车——“甲壳虫”汽车，在进口汽车市场上的市场份额达到了67%。1971年，大众汽车公司的市场份额降到了35%。1979年，大众汽车公司的市场份额下跌到了12%；1993年，大众汽车公司的市场份额还不足3%。于是，大众汽车公司又推出了“甲壳虫”汽车。结果，销售数量随之骤升。

一个永远无法知道答案的问题是：如果大众汽车公司聚焦于生产像“甲壳虫”一样的小型汽车，并且不断地维护、巩固关于“小”的品牌地位，那么情况会怎样呢？一个已知的答案是：如今，大众汽车公司不占有小型车的领先地位。在大众汽车公司偏离小型汽车的位置之后，日本汽车制造商及时抓住了机会，攻占了小型汽车的领先地位。如今，在小型汽车领域，丰田汽车公司远远领先于大众汽车公司。

【结语】 成功——延伸——衰落，这种过程似乎变成了品牌生命过程中的一种宿命。当然，任何品牌都有衰落的时候，不要指望品牌长生不老。但是，品牌生命的“自然衰老”，完全不同于品牌延伸引起的“过劳衰老”。从本质上来看，品牌从成功到衰落的“过劳衰老”过程，就是品牌从聚焦到分散的延伸过程。从一般规律的角度上看，小企业发现机会的机会较大，大企业抓住机会的机会较大。反之则正好相反。小企业比大企业更有机会发现机会，大企业比小企业更有机会抓住机会。企业规模越大，管理层越容易远离市场前线，故此大企业发现机会的机会较小。企业规模越小，管理层越容易贴近市场前线，故此小企业发现机会的机会较大。大企业管理层的可支配资源较多，故此抓住机会的机会较大。小企业管理层的可支配资源较少，故此抓住机会的机会较小。正是由于这种原因，小企业比较珍惜所抓住的机会，故此能够将焦点聚集在一处。当小企业由于聚焦获得成功之后——小企业变成了大企业，抓住机会的机会大大增加。面对增长机会的诱惑，大企业开始落入成功的陷阱，走上了品牌延伸的道路。结果：成功的品牌开始失去焦点，并由此开始了衰落之旅。

3.6　增长欲望陷阱

【释义】 人们普遍表现出了“多多益善”的天性。人们总是喜欢做“加法”，总是寻找机会扩大经营范围，总是想方设法地扩展品牌内容。人们不愿意做“减法”，很少想到要收缩经营范围，很少寻找机会巩固品牌焦点。企业总是倾向性地认为，如果将经营锁定在某一个领域，那么就会将其他业务增长机会排除在外，会有形或无形地限制收入的增长。在增长欲望的驱使之下，经营者总是跃跃欲试，从而一步一步地突破聚焦的限制。从长远一点来看，扩展对于企业发展不会有什么益处。如果一个企业试图向所有顾客提供所有可能的商品，那么企业往往会因为产品线扩展而不断丧失市场，往往会因为失去经营焦点而无法盈利，往往会因为增长欲望而落入陷阱。

业务不会无限增长

——不要寻求脱离核心业务的增长

【观点】企业管理者总是想方设法促进业务快速增长。企业管理者认为：业务快速增长能够解决所有问题。促使业务不断快速增长成为企业管理者的共同目标。因此，企业管理者经常提出高速增长目标——例如，要求年度业务增长目标达到10%、15%，或者20%，增长目标幅度的大小似乎取决于管理者的决心。即便无法达到预期销售增长目标，制定出一个“弹性增长目标”，仍然被认为有利于业务增长。对于业务增长问题，应该从品牌的角度出发，而不应该从企业的愿望出发。事实上，品牌业务增长需要时间。剔除自然增长因素——水涨船高式销售增长，品牌要想获得更大的市场份额，需要持续坚持品牌所做出的价值承诺。而且，品牌在加速增长之后，需要用时间缓冲、吸收快速增长带来的矛盾。对于一项成熟的业务，如果剔除人口增长因素和物价增长因素，那么业务的销售增长往往十分有限。任何业务都不会无限增长——永无止境的持续销售增长，从数学上看就不可能实现。

【诠释】《老子》（12）：驰骋田猎，令人心发狂；难得之货，令人行妨。《庄子·逍遥游》：子独不见狸狌乎？卑身而伏，以候敖者；东西跳梁，不避高下，中于机辟，死于罔罟。《老子》(44)：知足不辱，知止不殆，可以长久。㊣ 品牌之道，亦犹如是。田猎之事，驰骋追逐，心狂不止。难得之货，倾力欲得，行陷不戒。定位之道，知足知止，不殆不辱。所谓知足者，足于所位；所谓知止者，止于至善。品牌如此，则可无怠，则可守固，则可无败，则可长久。

【案例】 对于一个成熟的业务来说，业务长期持续高速增长——例如，以 25% 的速度持续增长 50 年，本是一项不可能完成的任务。例如，斯堪纳集团公司（Scana）曾经为《财富》杂志世界 500 最大企业之一——在 500 家最大企业中规模最小。2007 年，斯堪纳集团公司销售额为 46 亿美元。如果斯堪纳集团公司连续 50 年以 20% 的速度增长，那么在 50 年之后销售额将达到 42 万亿美元——不包括通货膨胀因素，这个数字为美国现在 GDP 的三倍。事实上，绝不可能达到这种规模。

在不断竞争与发展的过程中，一个成熟的品牌或者一项成熟的业务，迟早都会达到一个成熟的顶点。在成熟的业务达到顶点之后，业务销售增长多数源自人口增长、通货膨胀，或者新兴市场。对于跨国企业来说，业务增长无非依靠两种要素——要么寻找价格更低的成本要素，要么寻找人口更多的消费要素。这就是说，任何一个企业都会面对着增长的限制与制约。否则，就不会有跨国业务诞生。认识到业务增长的有限性，成为营销思维必须具备的要素之一。企业管理者难道想到不断增长的荒唐？关键原因在于：管理者以短期利益为导向。

【案例】 从 1998 年至 2007 年，“麦当劳”（McDonald's）在美国的单店销售额增长缓慢，并且由于快餐市场接近饱和，连锁餐厅的数量亦没有增加。

年　度	美国餐厅数	单店销售额
1998 年	12472 家	1458500 美元
1999 年	12629 家	1514400 美元
2000 年	12804 家	1539200 美元
2001 年	13099 家	1548200 美元
2002 年	13491 家	1527300 美元
2003 年	13609 家	1632600 美元
2004 年	13673 家	1788100 美元
2005 年	13727 家	1871700 美元
2006 年	13774 家	1974100 美元
2007 年	13862 家	2068000 美元

在 10 年之中，“麦当劳”餐厅单店年均销售额增加了 41.8%。但是，“麦当劳”的业务增长，大多归功于同期消费物价指数上涨——消费物价指数上涨了 29%。如果扣除消费物价指数，那么“麦当劳”年均单店销售实际增长仅为 1%。这意味着：在美国市场，“麦当劳”已经到达了增长成熟期。在过去 10 年之中，为了促进“业务的增长”，“麦当劳”管理者做了什么？投入了大量的精力在新的菜单、新的设备和新的促销上，并予以大规模的广告支持。或许，对于规模稳定、地址固定的“麦当劳”餐厅而言，年均 200 万美元的单店销售额已经达到了最佳销售水平。“麦当劳”无须感到挫败，在 2007 年美国“汉堡王”(Burger King) 餐厅单店平均销售额只有 124 万美元。

如果“麦当劳”已经达到了最佳销售水平，那么对于“麦当劳”的营销战略意味着什么？“麦当劳”应该减少菜单上的食品选择，减少广告预算，减少促销活动，与其试图提高单店的平均销售额，还不如在减少成本开支、提高收益的前提下，尽力维持单店年均 200 万美元的销售额。这是否意味着：“麦当劳”应放弃业务增长？事实并非如此。“麦当劳”可以选择推出新品牌，进入新一轮的成长循环：起步—积累—增长—成熟。实际上，“麦当劳”的做法恰恰相反。2006 年，“麦当劳”拆分了“契普多墨西哥餐厅”(Cllipotle Mexican Grill)。2007 年，

“麦当劳”卖掉了“波士顿市场快餐店”（Boston Market）。如今，“麦当劳”仅仅剩下汉堡连锁业务。如果宝洁公司只坚持生产香皂产品，那么宝洁公司今天会是什么样子？像宝洁公司一样，任何一家拥有强大的储备系统、操作程序和营销能力的企业，都可以推出第二个品牌、第三个品牌、第四个品牌……

在“麦当劳”菜单上，增加可选择的食品未必是一件好事。最初，“麦当劳”的菜单上仅有三种主食——牛肉汉堡、吉士汉堡、炸薯条，以及一种奶昔和五种饮料——咖啡、可口可乐、牛奶、根啤和橙汁饮料。如今，在“麦当劳”菜单上，可能提供 80 多种食品，而且还在不断增加花样。例如，沙拉、鸡肉卷、浓缩咖啡饮料等等。从逻辑思维的观点来看，这些增加的食品都有促进业务增长的意义。例如，肥胖症为健康食品提供了市场，于是“麦当劳”增加了沙拉和鸡肉；“星巴克”的兴起为高端咖啡饮料开拓了市场，于是“麦当劳”增加了意式浓缩咖啡。对于管理层来说，“麦当劳”菜单上增加的食品都十分有意义。只不过对于营销来说，这没有什么太大意义。如果企业想要建立一个主导性品牌，那么需要在人们心智中代表某一样东西。“麦当劳”曾经代表了牛肉汉堡。今天，“麦当劳”这个品牌的代表性不再那么显著了。如今，凭借铺天盖地的门店，以及大量的媒体投放，“麦当劳”才能在快餐行业中保持领先地位。

【案例】 In-N-Out 汉堡连锁店——美国西海岸地区快餐连锁店——是一个不可思议的成功案例。2007 年，In-N-Out 单店平均销售额达 2251200 美元，与“麦当劳”相比，In-N-Out 单店平均销售额高出了 9%。In-N-Out 汉堡的理念，与最初的“麦当劳”十分接近。今天，在 In-N-Out 汉堡的菜单上，只有 3 种奶昔（Milk shake）、8 种饮料、4 种主食——牛肉汉堡、吉士汉堡、双层汉堡、炸薯条。现在的问题是：如果“麦当劳”保持最初简单的菜单，那么结果又会如何？“麦当劳”年均单店销售额能否达到 225 万美元？或许，“麦当劳”需要面对现实，并寻找新的盈利路径。

忘记了成功的焦点

——所有品牌的成功，源自一个价值焦点

【观点】⌖品牌所以能够获得成功，往往始于一个基点——基于领先或者聚焦而形成的价值焦点。在品牌获得成功之后，企业又总会忘记品牌获取成功的基点——什么使品牌获得了成功。许多成功品牌已经形成了明确的价值焦点。但是，在增长欲望的驱使下，品牌又开始脱离使其获得成功的基点，逐步尝试着走上了折中路线，渐渐朝着竞争对手的方向发展。一个品牌在获得成功之后，总是寻找机会将品牌延伸到所有可能的项目上。一些普遍的现象是：（1）不断拓展延伸产品系列，收购不相关的经营业务；（2）模仿竞争对手的经营活动，相互抄袭各自的产品项目；（3）试图生产各种各样的产品，销售给所有的客户群体。在增长欲望的驱使下，企业忘记了使自己获得成功的经营焦点，最终落入增长欲望陷阱。

【诠释】⌖ 🕮《老子》（39）：昔之得一者：天得一以清，地得一以宁，神得一以灵，谷得一以盈，万物得一以生，侯王得一以为天下正。其至之，一也。🕮《老子》（64）：慎终如始，则无败事。㊣ 对于品牌来说，得一定位者则可以成。关键问题在于：品牌得一定位之后，能否保持慎终如始，以无竞争之败事？事实上，在“得一”之后，许多品牌开始“失一”，以至于酿成败事。凡是超级成功的品牌，无不在一个价值焦点上做足文章。令人感到遗憾的是，人们往往忘记了“得一”的意义，以至于最终不能像开始一样——精心维护使品牌获得成功的价值焦点。

【案例】 美泰克公司（Maytag Corporation）曾经一直生产经久耐用的洗衣机、烘干机和洗碗机——这是“美泰克”的主攻方向，美泰克公司因此而收益颇丰。20 世纪 80 年代，在电器生产行业中流行一种观念——生产、销售全套产品。考虑到行业日趋缓慢的增长速度，综合家电制造商的激烈竞争，还有经销商的要求等压力，美泰克公司最终决定扩大自己的产品线。美泰克公司仍然以“美泰克”这个品牌进军冰箱和厨房电器领域。同时，美泰克公司又积极收购其它家电品牌，其中包括“尊爵”（Jenn-Air）、“哈德威克”（Hardwick Stoye）、“胡佛”（Hoover）、“将军”（Admiral）和“厨宝”（Magic Chef）。美泰克公司的销售额开始迅速增加，从 1985 年的 6.84 亿美元猛增至 1994 年的 34 亿美元。但是，美泰克公司的销售利润率却在迅速下降，从 20 世纪 70～80 年代的 8%～12% 跌至了不到 1%。从根本上保证美泰克公司盈利的产品，仍是洗衣机和洗碗机这两类产品。

【案例】 采用单一品牌的企业——在一个品牌名称之下，推出各种各样产品的企业，由于各种产品过分地集中在一个品牌之下，而使整个企业处于危险的境地之中。全球商业咨询公司——AlixPartners 曾经对美国的 5000 名消费者做了一次调查。“索尼”被列为最可信的品牌之一，品牌评估价值排名在强生（Johnson & Johnson）、卡夫（Kraft）、丰田（Toyota）、惠普（Hewlett-Packard）、可口可乐（Coca-Cola）、耐克（Nike）和其他知名品牌之前。

“索尼”作为一个品牌似乎十分强大。但是，“索尼”作为一个企业却是十分糟糕。在过去 10 年里，“索尼”已经创造了 6583 亿美元的销售额，以及 121 亿美元的税后净收益，但是纯利润率只有 1.8%。“索尼”是采用单一品牌的企业，宝洁公司是采用多品牌的企业。在过去的 10 年中，宝洁公司已经创造 5373 亿美元的销售额，以及 646 亿美元的税后净收益，纯利润率达到了 12%。相对于索尼公司而言，宝洁公司业务规模则小得多。但是，宝洁公司创造的纯利润，超过了索尼公司5倍之多。

企业的生命过程就像星球的演变过程一样，通常会经历从诞生到衰亡的发展过程。星球的演变过程包括："黑洞""星云""恒星""红巨星""白矮星""行星""彗星""小行星"等几个阶段。企业的生命过程，通常会经历从聚焦到成功、从扩散到衰亡的的发展历程。星球的演变过程，同样经历一个从聚集到形成、从扩散到解体的发展历程。

星球的演变过程

- 从"黑洞"阶段到"星云"阶段，实际上就是一个"由外向内"的聚焦过程。"星云"聚集到一定程度的时候，"星云"就演变成为"恒星"——自身可以发出强烈的光和热。
- 从"恒星"阶段到"红巨星"阶段，实际上是一个"由内向外"的扩散过程。"红巨星"的基本特征是：星球内部引力减小，开始"由内向外"膨胀，体积变得非常大，能量和辐射都小于"恒星"。
- "红巨星"扩散到一定程度的时候，"红巨星"由内向外产生"大爆发"，然后"红巨星"就演变成为"白矮星"——只有微弱的光辐射。"白矮星"由于外壳的冷却收缩，体积大大缩小。
- 由于天体之间互相吸引力和离心力平衡的改变，"白矮星"沦为其他"恒星"的卫星——即不发光的"行星"。从"白矮星"阶段到"行星"阶段，是一个由氢、氧类元素组成的气态、液态等表层物质不断减少的过程。
- "行星"自身吸引力逐步削弱。当离心力超过吸引力的时候，"行星"便开始四分五裂，直至分解成许多小的碎块，星球就进入了演变的最终阶段——彗星、小行星是这一阶段的主要形态。

在现实世界里面，许多企业都像"红巨星"一样，不断地使自己向外膨胀、散射品牌的能量。例如：索尼公司就像是"红巨星"一样的企业——"索尼"这个名称被用在各种产品上，以至于"索尼"这个品牌过度向外膨胀。通用汽车公司就像是"红巨星"一样的企业——旗下所有汽车品牌都过度膨胀，以至于品牌名称不能代表任何独特的东西。这两个像"红巨星"一样的企业——拥有耀眼的品牌、巨大的规模，以及微小的利润，是否能逃过演变成“白矮星”一样的命运？时间或许能给出明确的答案。那些不断向外膨胀的品牌，如果要想摆脱演变成“白矮星”一样的命运，那么必须砍掉过多的产品项目，重新聚焦在占有领先地位的分支领域。

杰克·韦尔奇（Jack Welch）——通用电气公司首席执行官，曾为企业制定了完全不同的增长战略——基于内核式的业务增长战略，即在所要从事的业务领域，要么做第一，要么做第二，否则就不做。这意味着：品牌应该在核心业务上寻求增长，不应该在核心业务之外寻求增长。如果品牌脱离核心业务寻求增长，那么迟早会耗尽核心业务的营销能量。

【案例】 企业首席执行官普遍信奉增长的教条——在短期内将业务发展壮大，寻求快速盈利的业务领域。大多数企业都盯着增长的速度，而忽略了最基本的东西。自然规律告诉人们一个道理——慢慢来，不要急于求成。生长缓慢的阔叶树，比生长迅速的针叶木活得更加长久。快速生长的结果利小弊大，其道理对品牌和树木都一样。像“红巨星”一样的企业——例如索尼公司，财政收入超过了一些小国家的GDP。但是，几乎在所有电子领域，索尼公司都寻求业务增长。索尼公司的业务增长方式，难以为品牌带来竞争优势。在索尼公司所从事的经营领域中，“索尼”这个品牌并不像业务规模那样强大。

任天堂（Nintendo）——既是一个强大的游戏机品牌名称，由是一个强大的游戏机企业名称。但是，任天堂公司只生产视频游戏机和控制台。从 2000 年至 2006 年期间，任天堂公司年度销售额从 53 亿美元减少到 43 亿美元，下降幅度达到了 19%。但是，如果从收益的角度看，结果则恰恰相反。2000 年，任天堂公司的收益为 5.313 亿美元。2006 年，任天堂公司收益达到了 8.366 亿美元。此外，任天堂公司利润率同样十分惊人。在过去 10 年中，任天堂公司税后净利润率达到了 15.5%。

相比之下，索尼公司一定伤心到了极点——索尼公司的税后净利润率仅为1.83%。

【案例】"亚马逊"（Amazon）是世界上最大的河流名称。此外，"亚马逊"（www.amazon.com）还是世界上最大的网上书店名称。最初，"亚马逊"的传播口号就是：全球最大的书店（Earth，s biggest bookstore）——这是一个很好的定位传播口号。现在，"亚马逊"的传播口号是什么？全球最大的百货商店（Earth's biggest selection）。图书被规整起来了，为32种其他产品腾出了空间，其中包括"亚马逊"的新产品——食品。"亚马逊"越来越像已经破产的在线零售商——Webvan网络货车公司。

1995年7月，"亚马逊"在互联网上开通了网上书店。在13年间。"亚马逊"卖出了价值585亿美元的商品，这是一个不错的销售业绩。在"亚马逊"的总销售额之中，书籍、CD和DVD仍然占有超过50%的比例。在13年间的运营中，"亚马逊"的亏损达到了14亿美元。"亚马逊"何时会倒闭？如果从利润水平的角度上来看，那么"亚马逊"早就该倒闭关门了。此外，对那些只想买书的顾客来说，所有那些附加的产品都影响了的浏览速度。据估计，在"亚马逊"网站上，搜索一本书所需要的时间，现在是10年前的5倍。

在激烈的竞争过程中，"亚马逊"靠什么支撑着自己不倒闭？当品牌把自己吹捧起来之后，人们会从各方面获得对品牌的印象：业务前景、媒体报道、投资方和消费者，以及由此创造的大量正面公关。同时，"亚马逊"可以公开发行股票，以获得支撑目前运营的财力。在人们的心智中，"亚马逊"是什么？几乎所有人都会给出相同的答案——全球最大网上书店。这意味着：当人们打算从网上购书的时候，首先会想到选择登录"亚马逊"的网站。如果"亚马逊"把图书放在一边，把一些无关的其他东西纳入自己的网上商店，那么势必影响到图书的网上销售业务。“亚马逊”应该做的正确事情是：不让“亚马逊”变成“红巨星”，然后由“红巨星”变成“白矮星”。

【案例】谷歌公司（Google），由于聚焦“网络搜索”而获得了巨大的成功。像所有获得成功的企业一样，谷歌公司早就开始向着“红巨星”的方向演变。现在，谷歌公司有各种各样的网络产品，提供各种各样的网络服务。此外，还有了应用于个人计算机和手机的软件产品。同时，谷歌公司还计划把品牌扩张到广播、电视，以及报纸定向广告领域。

- “谷歌”地图——Google Maps，与 Mapquest 争夺地图查询市场。
- “谷歌”聊天——Google Talk，与 AIM 和 MSN 争夺即时信息市场。
- “谷歌”金融——Google Finance，与 Yahoo 争夺金融服务市场。
- “谷歌”邮箱——Gmail，与 Hotmail 和 Yahoo 争夺电子邮箱市场。
- “谷歌”支付——Google Checkout，与 PayPal 争夺在线支付市场。

谷歌公司所有的产品延伸，都在稀释“谷歌”这个品牌的聚焦点。从长期的角度来看，“谷歌”在搜索引擎市场上的压倒性领先优势，正遭受着潜在竞争者的挑战威胁。然而，谷歌公司所面临的挑战威胁，并非来自传统的竞争者——例如，像 Yahoo 和 MSN 一样的竞争者。Yahoo 和 MSN 这样的竞争者与“谷歌”一样——正在扩散品牌“焦点”。正在向“白矮星”的方向发展。

谷歌公司面临的最大潜在威胁，来自“www. cuil. com”搜索网，这是一个“单纯”的搜索网。www. cuil. com 所采用的搜索方式，与“谷歌”完全不同。在 www. cuil. com 网站上，不会像“谷歌”的网站一样——拥有各种工具供使用者选择。www. cuil. com 仅提供一种网络功能，就是“网络搜索”。www. cuil. com 的所有搜索结果，就像一本杂志一样——均配有相应的图片。此外，www. cuil. com 的品牌名称——“Cuil”的英文发音，与英文“Cool”（酷）发音十分相近。

失去了独特的概念

——成于形成焦点，败于失去焦点

【观点】对于大多数企业来说，不相信取舍会增加业务和利润，不相信牺牲会增加业务和利润，不相信聚焦会增加业务和利润，不相信定位会增加业务和利润。相反，对于大多数企业来说，认为取舍和牺牲制约了业务增长，认为聚焦和定位会限制了业务增长。在增长欲望的驱使之下，企业竭力模仿竞争对手，逐渐增加产品种类，不断扩大客户群体。在经过一连串增长变革之后，企业开始慢慢失去明确的经营焦点，开始渐渐放弃清晰的战略定位。企业不断追求增长的欲望，不断淡化了品牌的独特概念，不断破坏着品牌的心智地位，不断削弱了品牌的竞争优势，并给竞争对手留下可乘之机。事实上，一味地追求业务增长，犹如“揠苗助长”的效果一样，往往产生适得其反的效果，对企业成长有百害而无一利。

【诠释】《老子》(46)：罪莫大于可欲，祸莫大于不知足，咎莫大于欲得。故知足之足，常足矣。《吕氏春秋·权勋》：利不可两，忠不可兼。不去小利则大利不得，不去小忠则大忠不至。故小利，大利之残也；小忠，大忠之贼也。圣人去小取大。《老子》(38)：大丈夫处其厚，不居其薄；处其实，不居其华，故去彼取此。定位之道，去小取大，去彼取此。㊣ 大者，坚守品牌在人们心智中的价值地位；小者，脱离品牌在人们心智中的价值地位。此者，品牌所代表的价值概念；彼者，品牌所延伸的价值概念。若非如此，罪祸必至。品牌将失去所拥有的独特价值概念。对于定位来说，品牌应该懂得知足。所谓知足，不意味着不思进取。知足的含义是：品牌应该满足于所占有的价值地位，并在所占据的价值地位上不断进取，不应该脱离所占据的价值地位，肆意向不相关的产品领域扩张。

【案例】1853 年，雅各布·博士伦（Jacob Bausch）在美国纽约州洛彻斯特（Rochester）开了一家小商店，主要销售欧洲进口的眼镜产品，这就是博士伦公司（Bausch & Lomb）。在此后的 120 年之中，博士伦公司的业务慢慢地、一步一步地、小心谨慎地发展起来。1973 年，博士伦公司的销售额已增长到 2.35 亿美元，已经成为眼镜产品和设备行业的领先者。

20 世纪 70 年代中期，博士伦公司购买了一项旋转浇铸技术——隐形眼镜的制造技术。采用旋转浇铸技术生产隐形眼镜，不仅产品令人感到十分舒适，而且生产成本十分低廉。当时，标准的镜片生产技术还比较落后——要把一块纽扣一般大小的硬塑胶放在车床上加工成镜片。旋转浇铸技术则十分简单——首先把一滴液体聚合材料放在一个镜片模具盘子上旋转，然后在紫外线的作用下凝固形成镜片。相对于硬塑胶材料而言，液体聚合材料更加柔软和富有弹性。因此，采用旋转浇铸技术生产的镜片十分柔软，对保护眼睛健康更加有利。采用旋转浇铸技术生产镜片，大大提高了整个价值链的生产效率。

软性隐形眼镜生产技术的出现，成为眼镜行业的一大突破，从而引发了整个行业的竞争格局和市场规模的变革。20 世纪 80 年代中期，博士伦公司（Bausch & Lomb）制定、实施了具有长远前景的战略，竞争者一个又一个地被排挤出了市场——硬质塑胶镜片生产商，由于生产成本过高，不得不退出镜片生产领域。在新型镜片市场上，博士伦公司的市场份额达到了 40%，是最大的竞争对手——美国海德明视公司（American Hydron and Coopervision）的几倍。博士伦公司继续在镜片行业投资，收购了先进的透气隐形镜片生产商——宝莱尔化学公司（Polymer Chemical Company），以改进自己的镜片生产技术。博士伦公司盈利状况持续高速增长，股票价格涨幅超过同期市场的 200%。

当竞争者开始采用新技术，例如铸型生产技术——这是一种成本更低的生产技术，以此挑战博士伦公司领导地位的时候，博士伦公司开始将注意力从核心业务转移开，把镜片和清洗液业务产生的现金流投资到新领域。其经营逻辑是：核心业务正逐步被侵蚀，当竞争者闯入的时候，利润会逐步减少……因此应该把资金投到新的增长领域。于是，管理层开始投资于健康产品——例如，电动牙刷、皮肤药膏和助听器。但是，这些产品与镜片业务之间并没有什么内在联系。由于企业资源和管理力量被分散，博士伦公司隐形眼镜业务开始下滑。

博士伦公司股票价格开始大幅滑落。1973 年，博士伦公司股票价格仅为 3 美元/股。1991 年，博士伦公司股票价格升到了 56 美元/股。然后，博士伦公司股票价格暴跌至不到 33 美元/股。尤为糟糕的情况是，强生公司通过兼并维斯塔肯公司（Vistakon）——发明了可抛弃式镜片，加入了隐形眼镜市场的争夺。事实上，可抛弃式镜片——一个包装有 12 或 24 个镜片，除了更加便宜之外，与普通镜片没有什么不同。那么，为什么发明这种新产品的企业，不是成本和技术的领先者——博士伦公司？这个问题的答案既简单又明确——博士伦公司失去了焦点。

博士伦公司的市场份额降到了 16%，在镜片制造行业中的排名落到了第三位，落后于强生公司和视康公司（Ciba Vision）。起初，博士伦公司采取了几乎所有可能的方法扭转局势，甚至大幅度降价并改变渠道分销。最终，博士伦公司不得不换了管理层。新管理层迅速采取行动，努力改善在镜片制造行业中的竞争地位。新管理层砍掉了非核心业务——包括助听器、牙科设备和太阳眼镜等产品项目，以重新聚焦于核心业务——镜片制造业务。

1998 年，在年度报告的封面上，博士伦公司重申了品牌的使命——“世界的眼睛”。博士伦公司重新回到了原来的核心业务上，希望借此重新提升品牌竞争地位，重新夺回失去的市场份额。但是，从前的基础、时机和资金早已经失去了。尤为严重的是，强大的竞争者乘虚而入——强生公司已经牢牢地站稳了阵脚。本来，博士伦公司完全可以守住自己的领先地位。现在，博士伦公司所做的一切努力都已经为时太晚了。

【结语】 人们普遍相信一种逻辑：扩大经营范围，可以增加业务和利润。在增长欲望的驱使之下，企业很容易落入“增长欲望陷阱”。在短时期内，扩展经营范围确实能够增加业务规模，甚至能够产生一定销售利润。业务增长的短期效果，使人们坚信扩大经营范围的正确性。从长期的观点看，一个企业希望获得长久的发展，需要把力量集中在经营焦点上，以便在人们心智中赢得优势竞争地位。一旦企业把经营范围从焦点上扩散开来，毫无例外地会失去业务的竞争力。

3.7　仿效他人陷阱

【释义】 企业界普遍认为：成功的捷径，就是仿效他人的成功。人们总是在错误的地方寻找成功，总是想做成功者正在做的事情。获得成功的秘诀是：如果要想获得像成功者一样的成就，那就不能做成功者正在做的事情，而是要做成功者在获得成功之前所做的事情。成功者在获得成功之前，无一例外地都聚集自己的“焦点”。成功者在获得成功之后，无一例外地都拥有自己的“焦点”。人们看不见成功者拥有的“焦点”，单纯地效仿成功者正在做的事情——维护自己的焦点，或者扩散自己的焦点，使人们很容易陷入“模仿陷阱”之中。

关键不在“更好”

——效仿者，不要与领先者比更好

【观点】 人们经常习惯性地认为：在市场争夺的过程中，只要仿效出更好的产品，一定能赢得最终的营销胜利。在产品竞争同质化环境中，以及在信息传播过度化社会里，仅仅凭借仿效出更好的产品，不能保证在竞争中获取成功。要想获取营销的胜利，优质的产品只是一个基础性的要素。关键不在于品质方面，关键在于人们的头脑方面。这就是说，关键在于能否到一条通往人们头脑的进入通道，在人们的头脑中找到一个属于自己的品牌位置。

【诠释】 《列子·黄帝》：天下有常胜之道，有不常胜之道。常胜之道曰柔，常不胜之道曰强。二者亦（易）知，而人未之知。《老子》（69）：坚强者，死之途；柔弱者，生之途。是以兵强则不胜，木强则易折。强大处下，柔弱处上。㊣ 定位之道，不是以强对强。定位之道，关键在于以柔克刚。对于品牌来说，在比自己更加强势的竞争对手面前，应该避免以硬碰硬。以硬碰硬的结果，弱势品牌很难赢得胜利。但是，这不意味着，弱势品牌应该放弃对强势品牌的进攻。相反，弱势品牌要想以弱胜强，首先必须找准强势品牌薄弱之处，然后再发起猛烈攻击。

【案例】 在美国，“麦当劳”是什么？专门吸引小小年轻人而设的快餐厅，尤其是被“麦当劳”叔叔吸引，拽着大人衣角、两到六岁的小朋友。“麦当劳”好吃又好玩，吃完“麦当劳”还可以玩滑梯、荡秋千。

“汉堡王”（Burger King），是美国仅次于“麦当劳”的第二大的汉堡连锁店。“汉堡王”应该采取的战略，是对准“麦当劳”餐厅里的儿童滑梯和秋千，打一场“大孩子和青少年”战役。但是，“汉堡王”执意要跟在对手身后，采取“努力做得更好”战略。

“汉堡王”采用了“更好”策略。面对“麦当劳”的强势地位，“汉堡王”发起了正面进攻——搭建起更大的游戏场地，提供更好的儿童套餐。毫无疑问，“更好”策略基本上以失败告终。“汉堡王”坚信：“更好”战略能够战胜“麦当劳”。但是，“汉堡王”生意毫无起色，首席执行官换了一任又一任。

从销售总额来看，“汉堡王”是美国第二大汉堡连锁店。但是，与其他竞争对手相比，“汉堡王”单店销售额则显得远远落后了。Wendy's、White Castle、Carl's、Jack in the Box、Steak n Shake 和 Whataburger 的单店销售额，无不高于“汉堡王”。2007 年，Whataburger 单店销售额高出“汉堡王”28%。

【案例】 1987 年，“红牛”的推出可算是历史上最成功的新产品案例。今天，“红牛”全球销售额超过 33 亿美元。“红牛”获得成功的秘密：似乎在于那个 8.3 盎司的小罐子，就像一截魔棒一样的小罐子，可以成为一个绝佳的能量饮料视觉标志，暗示里面装着的东西效用很强劲。伴随着“红牛”的崛起，世界上的饮品企业都想进入能量饮料市场。如今，在杂货店和便利店的货架上，摆放着各种各样的“类红牛”饮料。

“红牛”的效仿品牌

“红线”（Redline）、“红色警戒”（Red Alert）
“红牡马”（Red Stallion）、“红魔鬼”（Red Devil）
“蓝牛”（Blue Ox）、“黑狗”（Dark Dog）
“公牛万岁”（Viva Toro）
“能量爆炸”（Bomba Energy）、“极致能量”（Extreme Energy）
“大麻苏打水”（Hemp Soda）
“铁杆派卫士”（Pit Bull）、“美国大力骑士”（Power Horse USA）
Invigor8、Hype、Wired、Deezel
Go-Go Energy、Adrenaline Rush
……

这些效仿品牌的包装毫无例外——像“红牛”一样，都装在 8.3 盎司的小罐子里。“魔怪”（Monster）所采取的包装策略则完全不同——这是第一个采用 16 盎司易拉罐包装的能量饮料。当然，“魔怪”成为美国销量第二大能量饮料品牌。无论品牌名称，还是产品包装，“魔怪”

看不出任何抄袭“红牛”以及其他8.3盎司包装饮料的痕迹，汉森天然企业公司（Hansen Natural Corporation）——“魔怪”的生产商，采用了与“红牛”对立的策略，并由此获得了营销成功。对能量饮料这种产品来说，16盎司的“大包装”与“能量”这个概念并不匹配。采用8.3盎司的包装形式，在“能量”的暗示上更加具有表现力。但是，“魔怪”获得了成功。成功的关键之处在于：“魔怪”拥有一种不同寻常意义——第一个16盎司包装的能量饮料，这与“红牛”及其效仿者完全不同。

2002年，汉森天然企业公司推出“魔怪”。2007年，在《福布斯》（*Forbes*）杂志上，汉森天然企业公司被评为“美国200家最佳小企业”的第一名。在过去5年的时间里，汉森天然企业公司股票价格增长了84倍。当能量饮料战争打响的时候，世界最大的饮料企业——可口可乐公司在做什么呢？当然是忙着模仿竞争对手了。可口可乐公司的第一个反应是：推出了KMX能量饮料，同样采用8.3盎司的包装设计。接着，可口可乐公司又推出Full Throttle能量饮料，同样采用16盎司的罐子包装——照抄“魔怪”能量饮料。问题的关键在于：看到放在货架上的Full Throttle，消费者心里十分明白——这不是“魔怪”。最后，可口可乐公司采取了大企业常用的招数——产品线延伸，推出了Tab女性能量饮料。在挤满了跟风品牌的品类中，Tab女性能量饮料没有什么独特之处。

关键在于“更快”

——模仿者，要考虑能否做到后发先至

【观点】 人们仿效领先者的活动，应该把重点放在“更快”上，而不是把重点放在“更好”上，这是仿效成功的关键之处。领先者常犯的错误之一是：经常陷入品牌延伸的陷阱，使用一个延伸式的名字推出新品类。仿效者的仿效机会在于：在先行品牌进入人们头脑之前，给仿效的产品起一个有真对性的品牌名称，趁局势不明之机发起进攻，启动大规模的营销宣传攻势，以期在人们头脑中打开一个缺口，抢先在人们的头脑中建立领先地位。

【诠释】《吕氏氏春秋·决胜》：凡兵，贵其因也。因也者，因敌之险以为己固，因敌之谋以为己事。能审因而加，胜则不可穷矣。胜不可穷之谓神，神则能不可胜也。夫兵，贵不可胜。不可胜在己，可胜在彼。圣人必在己者，不必在彼者，故执不可胜之术以遇不胜之敌，若此则兵无失矣。凡兵之胜，敌之失也。胜失之兵，必隐必微，必积必搏。隐则胜阐矣，微则胜显矣，积则胜散矣，搏则胜离矣。诸搏攫柢噬之兽，其用齿角爪牙也，必托于卑微隐蔽，此所以成胜。兵法云：见胜则起，见不胜则止。㊣ 效仿领先者，亦须见胜而起。见胜在彼而不在己。“在彼”的含义是：彼尚未占领人们的心智。若彼已经占领人们的心智，效仿领先者则难以获得成功。因此，品牌定位亦须“因敌制胜”——根据竞争对手的虚实状况，制定针对性的进攻策略。一旦找到竞争对手的虚弱之处，则速起而攻之——抢先占领人们心智。

【案例】“麦馨”（Maxim）是第一个冷冻干燥咖啡品牌。但是，“麦馨”没能成为冷冻干咖啡的第一品牌。当时，通用食品公司凭借“麦氏”（Maxwell）这个品牌占据着咖啡市场领先地位——市场份额最大，赚钱最多。通用食品公司发明了一种新的咖啡加工方法——快速冷冻干燥法。从表面上来看，新的咖啡加工方法似乎能够帮助扩大市场份额。结果又如何呢？

通用食品公司为冷冻干燥咖啡起了一个延伸式的品牌名称——“麦馨”，不但是一个由“麦氏”延伸形成的品牌名称，而且是一个没有代表意义与含义的品牌名称。“麦馨”这个品牌名称，给竞争对手提供了一个绝好的机会。关键问题在于："麦馨"这个品牌名称，在外形上与"麦氏"十分相像——在发音上亦有些相近。消费者很容易受到误导——"麦馨"与"麦氏"没有什么差别，"麦馨"不过是又一个"麦氏"罢了。实际上，"麦馨"造成了人们心智的混乱，延缓了进入人们心智的时间。

在开始的时候，雀巢公司内部发生激烈争论，争论的焦点问题是品牌的名称问题——抗衡"麦馨"冷冻干燥咖啡，应该采用什么品牌名称？雀巢公司瑞士的管理层，希望借助全球最大的速溶咖啡品牌——"雀巢"（Nestle），用延伸式的方法命名自己的冷冻干燥咖啡——"金雀巢"（Nescaft Gold）。雀巢公司美国的管理机构则坚持要求使用独立的品牌名称——"行家首选"（Taster's Choice）。最终，雀巢公司还是选择了独立的品牌名称——"行家首选"。

针对"麦馨"冷冻干燥咖啡，"行家首选"发起了反击，所选择的反击时机恰到好处。在"麦馨"尚未进入人们心智之前，"行家首选"杀进了冷冻干燥咖啡市场。此外，雀巢公司借助"行家首选"，向用"焙烤磨碎"方法加工法制造的咖啡发起进攻。在广告中，"行家首选"强调："味道和焙烤磨碎的咖啡一样"。这个广告含有一种暗示：味道和焙烤磨碎的咖啡一样，所以才称为"行家首选"。

最终结果如何？尽管通用食品公司发明了冷冻干燥咖啡，并且"麦馨"抢先进入了市场，但是"麦馨"却没能成为最终赢家。相反，"行家首选"则成为大赢家，销售数量为"麦馨"的两倍。"麦馨"的问题出在何处？使用了一个延伸式的品牌名称，延误了进入人们心智的时间。相反，"行家首选"则乘虚而入。尽管"行家首选"不是冷冻干燥咖啡发明者，但是"行家首选"抢先进入了人们心智，在人们心智中代表着冷冻干燥咖啡。

【案例】 "杰根斯"（Jergens）护手液，曾是护手液市场上的头号品牌。“杰根斯”护手液首先推出了乳膏状护手液——“杰根斯”特干燥护手液（Jergens Extra Dry）。在当时的市场上，所有护手液都是液态状的产品。“杰根斯”特干燥护手液，则成为惟一的乳膏状护手液产品。当时，乳膏状的产品确实是一项重大发明。但是，“杰根斯”的乳膏状护手液产品，被相似的品牌名称所埋没，人们看不出其中的根本区别。

“杰根斯”护手液的竞争对手看出了其中的要害所在。切斯布拉夫—旁氏公司（Chescbrough-Ponds）趁机推出了“呵护”护手液（Intensive Care）。“呵护”成为乳膏状护手液专用的品牌名称，并在消费者头脑中占据了代表性的地位，从而在市场上迅速流行起来。在认识到眼前发生的事情之后，“杰根斯”护手液开始进行了防御反击，为乳膏状护手液推出了一个专门品牌——“体贴”（DircctAid）。

“杰根斯”护手液的反击行动为时已晚。在人们的心智中，乳膏状护手液的概念已经属于“呵护”护手液。“杰根斯”为乳膏状护手液推出的专门品牌——“体贴”根本无力回天。“呵护”成为乳膏状护手液第一品牌。“杰根斯”护手液“杰根斯”特干燥护手液还有“体贴”三个品牌的销售数量加在一起，依然无法超过“呵护”护手液。

“呵护”护手液的成功过程，反映了一个重要的定位理念。一个拥有新概念的产品，如果使用一个延伸式的品牌名称，那么往往会给竞争对手创造一次超越的机会。潜在的竞争对手——那些没能抢先推出新概念产品的潜在进入者，如果采用一个切合新概念产品特性的品牌名称，迅速进入新概念产品类别，并以新概念产品代表者的身份进入人们心智，那么新概念产品的市场竞争态势往往会按照竞争者的意愿发展。

【结语】 效仿成功品牌的做法，不能让模仿者获得同样的成功。品牌的成功，源于正确的、适当的市场策略。即抢先进入了一个市场，聚集了自己的经营力量，抓住品牌的本质属性，使之根植于人们的头脑中。或者说，品牌所采取的市场行动，应该符合认知战争的基本法则。在产品同质化竞争以及信息传播过度化社会里，“仿效成功”的思维和做法成为致命性的品牌定位陷阱。

3.8 人人满意陷阱

【释义】企业管理层总是十分贪婪——总想拥有所有的客户群体。管理层的想法总是雄心勃勃——一个企业，可以通过让所有客户都满意的方式，争得更大的市场份额，获得更大的经营收益。从表面上看，人人满意的想法很不错。但是，这常常会引导企业走上错误的道路。人们选择品牌，完全基于品牌在人们心智中形成的价值概念，以及其定位是否与人们身份、需要相匹配。一个品牌，如果试图满足所有人需要，那么这个品牌就很难再代表一种独特价值，就会失去了吸引人们选择的力量。

不要讨好所有顾客

——一个品牌，无法满足所有人的需要

【观点】多数营销人员反对定位观念。人们认为品牌不应被固定在某个特定的位置上。许多人认为，定位限制了把产品卖给所有人的销售机会。企业总是希望销售更多的产品——让自己的产品吸引所有人的注意，让自己的产品满足所有人的需要，让自己的产品适合所有人的需求。因此，在制定营销计划的时候，企业总是希望把所有人考虑在内，希望自己的产品无所不能，希望自己的产品卖得更多。

【诠释】《鬼谷子·忤合》：合于彼而离于此，计谋不两忠[1]。反忤，反于此，忤于彼；忤于此，反于彼。㊣ 这意味着：与此合必与彼离，计谋不可能同时得利于两个方面，必与其中一个方面相违背。对于品牌来说，价值定位亦不可能“两忠而全”。品牌定位的道理一样：忤于此，必反于彼；反于此，必忤于彼。这就是说，一个品牌无法讨好所有顾客。

注解：

〔1〕尹桐阳：忠，得也。陶弘景：合于彼必离于此，忠谋不得两施。

【案例】“莱茵黄金”（Rheingold）是一个美国啤酒品牌，打算抢占美国纽约劳动阶层的啤酒市场。“莱茵黄金”啤酒准确地选择了目标消费群体。在劳动阶层市场上，喝啤酒的消费者的数量庞大。为此，“莱茵黄金”啤酒制作了一则“绝妙”的广告。在广告中，“莱茵黄金”啤酒大肆宣传：“意大利人（Italian）喝“莱茵黄金”啤酒。黑人（Negro）喝“莱茵黄金”啤酒。爱尔兰人（Irishman）喝“莱茵黄金”啤酒。犹太人（Jew）喝“莱茵黄金”啤酒……“莱茵黄金”啤酒想满足所有人的需要，让人人都喝“莱茵黄金”啤酒。结果如何？“莱茵黄金”啤酒的广告，非但没有吸引所有的人，反而被所有的人冷落。道理十分简单：偏见是人类的通病。如果一个民族喝了“莱茵黄金”啤酒，那么肯定不会打动其他民族跟着喝“莱茵黄金”啤酒。人们心智中的种族地位观念，阻碍着人们选择“莱茵黄金”啤酒。特别是种族歧视的观念，会使人们存在这样的想法：我不想喝那个种族人喜欢的啤酒。事实上，打算满足所有人需要的宣传，只能产生一个惟一的结果——所有的人都对其退避三舍。

不要追求终生客户

——一个品牌，应该专注一项使命

【观点】营销人员提出终生客户的观念。随着顾客年龄、收入和地位的增长，营销人员希望继续留住顾客——在同一个品牌之下，为顾客提供不同的产品。营销人员该知道一个事实——品牌是人们生命阶段的显著标志。当人们的生活逐步提高的时候，人们会把那些旧品牌逐渐抛掉。当人们沿着生命的阶段向上行走的时候，更换品牌就成为衡量生活进步的标志。因此，当顾客沿着生命的阶段向上行走的时候，企业应该允许顾客离开已方品牌的覆盖范围。不要想着跟随顾客的生命阶段，从而让品牌占领更多的市场地盘。在属于自己的土壤中，坚持不懈地施肥灌溉，才能建立一个更好的品牌。

【诠释】 《尹文子·大道》：天下万事，不可备能。责其备能于一人，则贤圣其犹病诸。设一人能备天下之事，则左右前后之宜、远近迟疾之间，必有不兼者焉。苟有不兼，于治阙矣。全治而无阙者，大小、多少，各当其分；农商工仕，不易其业。老农、长商、习工、旧仕，莫不存焉。㊣ 对于治事来说，不可能由一人包揽，世界上没有全能的人才。对于营销来说，不可能由一个品牌包揽，世界上没有全能的品牌。品牌各司其职，各当其分。不同的品牌，扮演不同的角色，满足不同的需要。

【案例】 1985 年，通用汽车公司专门创立了一家生产小型汽车的企业——土星汽车公司（Satum）。“土星”成为专门应对日本“小型汽车”竞争的品牌。1991 年，土星汽车公司推出的第一款汽车——“土星”S 系列汽车，S 系列汽车取得了很大的成功。1993 年，在 JD Power 的新车质量调查中，“土星”汽车排在第三的位置上，仅次于日本豪华汽车——Lexus 与 Infiniti，“土星”汽车胜过了“丰田”汽车。1997 年，在 JD Power 的新车质量调查中，“土星”汽车与 Lexus 汽车并列第一。

无论是对事业刚刚起步的年轻人来说，还是对于尚未结婚的单身者来说，“土星”S 系列汽车都是十分不错的选择。从 1990 年到 1994 年——在 4 年时间里，“土星”汽车的市场份额就达到了 16%，仅次于丰田“雅仕”（Escort）——市场份额达为 17%，略高于本田“思域”（Civic）——市场份额为 15%。此时，“土星”汽车应该怎么做？正确的策略选择是：继续巩固自己在小型汽车领域的市场地位，努力赶超市场领先者——“雅仕”。

“土星”汽车并不看重自己的品牌地位。“土星”不但什么都没做，相反开始分散品牌焦点。“土星”汽车选择策略是：追求顾客终生满意度。1999 年，为了满足不同年龄段客户的需求，“土星”又推出了 L 系列汽车，L 系列汽车专门针对年龄更大的顾客群体——相对于“土星”S 系列汽，L 系列汽车体积更大、价格更高。那么，市场反映结果如何？“土星”S 系列汽车的销售开始下降，“土星”L 系列汽车的销售业绩平平。

1999 年，在“土星”推出了 L 系列汽车的时候，“土星”S 系列汽车已经变成了“老掉牙”的产品。从 1990 年到 1999 年——在 9 年的时间里，“土星”S 系列汽车一直都没做过改进升级。直到 2001 年——在“土星 S 系列汽车推出 11 年之后，“土星”才推出了升级版的 S 系列汽车。在此期间，本田汽车公司已经推出了第三代“思域”汽车。2007 年，“思域”汽车的销售量超过“土星”207%。一个未知的问题是：如果“土星”汽车坚持走“小型车”路线，不断对“小型车”进行升级、改造，那么“思域”汽车还会有多大的增长潜力？

对于“土星”汽车来说——一种小型汽车品牌，L 系汽车的价格显得太高。问题的关键在于：顾客年龄渐渐增长，事业逐步提升，经济条件不断改善，是否愿意购买一辆价格更高的“土星”汽车？当人们生活上升一个台阶的时候，大多数年轻人希望拥有一辆“宝马”汽车——人们需要品牌来映衬自己的新地位。在结婚并有了小孩之后，人们是否愿意与家人一起，挤进一辆更大的“土星”汽车？此时，大多数年轻人想要一辆“沃尔沃”汽车，那代表着很关心家人的安全。按照人生发展的自然顺序，当人们离婚之后，会购买什么汽车呢？妻子会带着孩子开走“沃尔沃”汽车，拥有一辆“法拉利”汽车则显得既刺激又有吸引力。人生处在不同的阶段，需要用不同的品牌相配套。在人们的心智中，早已为不同的人生阶段，填满了不同的品牌。

【案例】 当人们还是个小孩的时候，去一趟“麦当劳”，或许是一天中最高兴的事情；当孩子慢慢长大之后，或许更愿意去Wendy's——将目标顾客锁定在20岁以上的青壮年群体；人们大学毕业之后，或许更愿意到“澳拜客”牛排店（Outback Steakhouse），这是一个不错的约会场所；当升了职之后，或许就会与妻子在“茹丝葵”餐厅（Ruth's Chris）一起就餐。结婚并有了小孩之后，又会被孩子拽回了“麦当劳”。

在人们读高中的时候，人们或许会带一块“斯沃琪”（Swatch）手表；在人们上大学之后，人们或许会带一块“精工”（Seiko）手表；当大学毕业之后，人们或许会收到一块“劳力士”（Rolex）手表。年轻的女性消费者，可能愿意选择到“盖普”（Gap）服装专卖店，在那里可以挑选一款流行的时装款式。当年龄渐渐增长之后，人们可能会选择到百货公司——例如，梅西百货商店（Macy's），在那里可以购买一款比较庄重的服装品牌。当个人财富不断增加之后，人们就可能会选择百货连锁零售商——例如，诺德斯特姆（Nordstrom），在那里可以购买到更加高档的服装品牌。

在一般的情况下，年龄不大的消费者喜欢选择啤酒，年龄较大的消费者喜欢选择红酒。啤酒的价格一般都比较便宜，所以成为年轻人的酒精饮料。此外，啤酒作为一种酒类产品，还带有年轻人的身份特征，从而促使年长的人群转向选择红酒。在一个精致的餐厅就餐，喝啤酒会让很多年长的人感到局促不安。啤酒位于酒类阶梯的底层，而红酒则是酒类阶梯的上层。正是因为如此，高价的啤酒不会卖得很好，同样便宜的红酒一样不会好卖。处在人生不同的年龄阶段，消费者根据自己的年龄阶段选择产品及品牌，从而引导人们对不同的产品及品牌的消费需求。

【结语】 在今天的市场环境中，要想开辟一个属于自己的市场领地，要想建立一个属于自己的竞争地位，必须把自己固定在一个特定的位置上，必须忘掉把产品卖给所有人的幻想，从而集中力量满足特定顾客群体的特别需要。“人人满意”的想法，意味着“人人不满意”。越是想让“人人满意”，产品就越没有个性。产品越没有个性，顾客就越不满意。“人人满意”的想法意味着：没有个性、没有焦点、没有顾客。今天，企图让人人满意，是企业常犯的最大错误之一。

第 4 章

定位步骤：启动操作性的定位实施程序

【题义】今天，消费者面临太多选择，营销者要么做到品牌的差异化定位，要么把产品低价卖给消费者。所谓定位，就是要在人们心智中实现品牌价值地位的差异化。这就是说，品牌必须借助某种价值概念，在人们的心智中把己方品牌与竞争品牌区分开来。实现品牌定位的关键之处在于：能否使品牌在消费者心智中形成独特的价值概念，能否使品牌在某一方面占据主导地位。

4.1 分析竞争环境

【释义】无论是营销理论，还是竞争理论，都会把分析竞争环境作为策略制定的前提。对于定位理论而言，分析竞争环境同样是策略制定的前提。所不同的是，定位策略所要分析的竞争环境，是品牌在人们心智中所占据的价值地位。这既包括己方品牌在人们心智中所占据的价值地位，又包括竞争品牌在人们心智中所占据的价值地位。从而，在营销者自己的头脑中，绘制出一幅品牌价值地位的消费者心智地图，以此掌握己方品牌与竞争品牌在人们心智中的虚实、强弱所在，为确定定位的战术策略提供消费者心智上的依据。从根本性质上来看，营销是一场认知之战。如果要想赢得认知战争的胜利，那么首先必须了解认知战争的战场——人们心智中品牌的价值地位分布状况。

绘制心智地图

——寻找竞争对手在顾客心智上的弱点

【观点】 定位不是从营销者自己的观念开始，而是从消费者头脑中的观念开始。品牌不是在真空中建立定位，周围的竞争者都拥有着各自的概念，定位视角必须切合市场环境与格局。首先，应该从市场上的竞争品牌开始，搞清楚竞争品牌在人们心中拥有了何种位置，以及竞争品牌的优势和劣势。其次，应该搞清楚己方品牌在人们心中占据了什么地位，以及己方品牌的长处和短处。一种有效的调查模式是：结合行业特点和市场境况，列出所要调查的品牌价值属性——既包括己方品牌和竞争品牌可能拥有的价值属性，又包括己方品牌和竞争品牌可能没有的价值属性。然后，让消费者对各个品牌的各种属性打分——分值限定在从“1 到 10”的范围之内。对比不同品牌在各个属性上的得分，这样即可得出结果——不同品牌在人们心智中所占据的不同位置，从而搞清楚建立品牌区隔的竞争环境。这就是说，要搞清楚品牌在人们心智中形成的地位格局——在人们的心智中，竞争品牌与己方品牌分别拥有了什么样的属性；在人们的心智中，竞争品牌与己方品牌分别代表了什么样的概念；在人们的心智中，竞争品牌与己方品牌分别占据了什么样的位置。

【诠释】 🕮《孙子兵法·谋攻》：知彼知己者，百战不殆〔1〕；不知彼而知己，一胜一负〔2〕；不知彼不知己，战则必殆〔3〕。🕮《孙子兵法·地形》：知彼知己，胜乃不殆〔4〕；知天知地，胜乃可全〔5〕。🕮《孙子兵法·用间》：相守数年，以争一日之胜，而爱爵禄百金，不知敌之情者，不仁之至也〔6〕，非人之将也〔7〕，非主之佐也〔8〕，非胜之主也〔9〕。故明君贤将，所以动而胜人，成功出于众者，先知也〔10〕。先知者，不可取于鬼神〔11〕，不可象于事〔12〕，不可验于度〔13〕，必取于人，知敌之情者也〔14〕。㊣ 对于定位来说，所谓知己，就是要知道自我品牌在人们心智里占据了什么样的地位；所谓知彼，就是要知道竞争对手在人们心智里占据了什么样的地位；所谓知天，就是要知道攻取人们心智的恰当时机；所谓知地，就是要知道人们心智中的虚实与空满。优秀营销将领，对此不可不知，对此不可不明。

注解：

〔1〕李筌：量力而拒敌，有何危殆乎？杜牧：以我之政，料敌之政，以我之将，料敌之将，以我之众，料敌之众，以我之食，料敌之食，以我之地，料敌之地。校量已定，优劣短长皆先见之，然后兵起，故有百战百胜也。孟氏：审知彼己强弱、利害之势，虽百战实无危殆也。王皙：殆，危也。谓校尽彼我之情，知胜而后战，则百战不危。张预：知彼知己者，攻守之谓也。知彼则可以攻，知己则可以守。攻是守之机，守是攻之策。苟能知之，虽百战不危也。

〔2〕李筌：自以己强，而不料敌，则胜负未定。杜牧：恃我之强，不知敌不可伐者，一胜一负。王皙：但能计己，不知敌之强弱，则或胜或负。张预：唐太宗曰："今之将臣，虽未能知彼，苟能知己，安有不利乎？"所谓知己者，守吾气而有待焉者也。故知守而不知攻，则胜负之半。

〔3〕杜佑：外不料敞，内不知己，用战必殆。张预：攻守之术皆不知，以战则败。

〔4〕张预：晓攻守之术，则有胜而无危。

〔5〕李筌：人事、天时、地利，三者同知，则百战百胜。梅尧臣：知彼利，知此利，故不危；知天时，知地形，故不极。

〔6〕李筌：惜爵赏，不与间谍，令窥敌之动静，是为不仁之至也。

〔7〕梅尧臣：非将人成功者也。

〔8〕梅尧臣：非以仁佐国者也。

〔9〕梅尧臣：非致胜主利者也。

〔10〕杜牧：知敌情也。梅尧臣：主不妄动，将不苟功，功必出众。所以者何也？在预知敌情也。王皙：先知敌情，制胜如神也。张预：先知敌情，故动则胜人，功业卓然，超绝出众。

〔11〕张预：视之不见，骆之不闻，不可以祷祀而取。

〔12〕曹操：不可以祷祀而求，亦不可以事类而求也。杜牧：象者，类也。言不可以他事比类而求。梅尧臣：不可以卜筮知也，不可以象类而求。张预：不可以事之相类者，拟象而求。

〔13〕李筌：度，数也。夫长短、阔狭、远近、大小，皆可验之于度数，人之情伪，度不能知也。梅尧臣：不可以度数验也，言先知之难也。张预：不可以度数推验而知。

〔14〕曹操：因人也。李筌：因间人也。梅尧臣：鬼神之情，可以卜筮知；形气之物，可以象类求；天地之理，可以度数验。唯敌之情，必由间者而后知也。

【案例】 在分析市场格局的时候，长岛信托银行（Long Island Trust Company）选择了 6 个方面的品牌属性——营业网点数量、金融服务品种、金融服务品质、资本规模实力、长岛居民受益和长岛经济受益，调查自己和 5 家竞争对手所占据的顾客心智位置。这 5 家竞争对手包括：华友银行（Chemical Bank）、大通银行（Chase Bank）、花旗银行（Citibank）、北美国家银行（National Bank of North America）、欧洲美国银行（European Bank of America）。

第 1 项：营业网点数量

银行名称	顾客评价	银行名称	顾客评价
华友银行	7.3	大通银行	6.4
北美国家银行	6.7	花旗银行	6.1
欧洲美国银行	6.6	长岛信托	5.4

第 2 项：金融服务品种

银行名称	顾客评价	银行名称	顾客评价
华友银行	7.7	北美国家银行	7.4
花旗银行	7.7	欧洲美国银行	7.3
大通银行	7.6	长岛信托	7.0

第 3 项：金融服务品质

银行名称	顾客评价	银行名称	顾客评价
华友银行	7.2	大通银行	6.9
花旗银行	7.0	欧洲美国银行	6.8
北美国家银行	7.0	长岛信托	6.7

第 4 项：资本规模实力

银行名称	顾客评价	银行名称	顾客评价
华友银行	8.2	北美国家银行	7.8
大通银行	8.2	欧洲美国银行	7.7
花旗银行	8.1	长岛信托	7.1

第 5 项：长岛居民受益

银行名称	顾客评价	银行名称	顾客评价
长岛信托	7.5	华友银行	5.1
北美国家银行	6.6	大通银行	4.7
欧洲美国银行	5.2	花旗银行	4.5

第 6 项：长岛经济受益

银行名称	顾客评价	银行名称	顾客评价
长岛信托	7.3	华友银行	5.4
北美国家银行	6.7	花旗银行	5.3
欧洲美国银行	5.4	大通银行	4.9

调查结果明确表明：竞争各方在顾客心智中所占据的地位，以及竞争各方在顾客心智中所拥有的优势和劣势。长岛信托银行应该如何制定定位策略？按照“木桶理论”，长岛信托银行应该弥补自己的短板，以与领先的竞争对手竞争。那么，长岛信托银行能否通过弥补短板战胜竞争对手？按照“定位理论”，长岛信托银行应该避实击虚，以己之长，攻彼之短。因此，长岛信托银行的定位就十分明显了，这个定位就是“长岛人自己的银行”。但是，己之所长，彼之所短，需要经过对人们心智进行调查之后，才能最终显现出来。

绘制价值曲线

——确定己方品牌所要占据的价值高地

【观点】 在分析竞争环境的时候，可以借助绘制价值曲线图，掌握竞争品牌与己方品牌的长短优劣。品牌价值曲线图绘制方法：（1）建立一个直角坐标系——包括横向坐标轴与纵向坐标轴，以两个坐标轴的焦点为原点。（2）在横向坐标轴上，按照固定的排列次序，依次列出需要做出定量评价的各项要素——所在产业中已有的竞争要素，所在行业中潜在的竞争要素，各个品牌身上拥有的价值属性。（3）在纵向坐标轴上，标示出代表要素优劣或显著程度的刻度数值单位——用于标示横向坐标轴各项评估要素的得分点。（4）逐个评估各个品牌在横向坐标轴上的各项评价要素——做出分值评估。在直角坐标系中，标示出各个品牌在横向坐标轴上各项评价要素的分值点——在横轴上所要评估的各项要素，与纵轴上代表分值的刻度线所形成的对应交汇点。（5）将同一品牌的分值点连接在一起，就构成了一个品牌的价值曲线图——价值折线图。这样，无论己方品牌，还是竞争品牌，都能获得一条价值曲线——代表品牌价值分布状态。通过绘制价值曲线图，无论己方品牌，还是竞争品牌，所具有的价值特点——优势与劣势、长处与短处，将一览无余显现在价值曲线上。在绘制价值曲线图的基础上，针对竞争品牌的价值曲线，按照“增加、减少、剔除、创造”框架，调整、确立自己品牌的价值曲线——确定品牌价值定位战略。所谓“增加、减少、剔除、创造”框架，意味着：根据竞争品牌的价值曲线分布，针对竞争品牌的价值曲线分布，在己方品牌价值曲线上，采取“增加、减少、剔除、创造”行动——调整己方品牌竞争要素，以及价值属性，从而形成一条独特的价值曲线，以明确品牌的差异性价值定位。绘制价值曲线——包括：竞争品牌的价值曲线，己方品牌的价值曲线，完全是为了搞清各自品牌价值分布状况。调整价值曲线——增加、减少、剔除、创造，完全是为了寻找独特的品牌差异化定位。

【诠释】 《孙子兵法·虚实》：形人而我无形，则我专而敌分[1]。㊣形人，则知敌之形——强弱优劣。我无形，则敌不知我形——强弱优劣。我知敌之强弱优劣，则可集中力量攻敌之虚，故我专。敌不知我之强弱优劣，则敌无法集中力量攻我之虚，故敌分。以专对分则胜。《孙子兵法·虚实》：策之而知得失之计[2]，作之而知动静之理[3]，形之而知死生之地[4]，角之而知有余不足之处[5]。㊣ 策之、作之、形之、角之，意在知敌我之形——虚实、强弱、不足、有余。《孙子兵法·虚实》：因形而措胜于众，众不能知[6]。人皆知我所以胜之形，而莫知吾所以制胜之形[7]。故其战胜不复，而应形于无穷[8]。㊣因形而胜，因形制胜。人们往往知道我之致胜之形，人们往往不知道敌之已败之形。因此，敌形之变化无穷，制胜之策亦无穷，故胜利不可复制。《孙子兵法·虚实》："五行无常胜[9]，四时无常位[10]，日有短长，月有死生〔11〕。㊣ 凡事都有虚实、强弱、有余、不足之处，抓住则可找到致胜之道。定位之道，先知敌我之形，而后避实击虚。

注解：

〔1〕杜佑：我专一而敌分散。梅尧臣：他人有形，我形不见，故第分兵以备我。张预：敌形既见，我乃合众以临之；我形不彰，彼必分势以防备。

〔2〕孟氏：策度敌情，观其施为，则计数可知。贾林：樽俎帷幄之间，以策筹备之，我得彼失之计皆先知也。杜佑：策度敌情，观其所施，计数可知。梅尧臣：彼得失之计，我以算策而知。王皙：策其敌情，以见得失之数。张预：筹策敌情，知其计之得失。

〔3〕杜佑：喜怒动作，察其举止，则情理可得。故知动静权变，为其胜负也。梅尧臣：彼动静之理，因我所发而见。王皙：候其理当勤以

否。张预：发作久之，观共喜怒，别动静之理可得而知也。

〔4〕陈皞：敌人既有动静，则我得见其形。有谋者，所处之地必生。无谋者，所投之地必死。孟氏：形相敌情，观其所据，则形势生死可得而知。贾林：见所理兵形，则可知其死所。梅尧臣：彼生死之地，我因形见而识。

〔5〕曹操：角，量也。李筌：角，量也。量其力精勇，则虚实可知也。杜牧：角，量也。言以我之有余，角量敌人之有余。以我之不足，角量敌人之不足。管子曰："善攻者，料众以攻众，料食以攻食；食不存不攻，备不存不攻。"梅尧臣：彼有余不足之处，我以角量而审。王皙：角，谓相角也。角彼我之力，则知有余不足之处，然后可以谋攻守之利也。此而上亦所以量敌知战。张预：有余，强也。不足，弱也。角量敌形，知彼强弱之所。

〔6〕曹操：因敌形而立胜也。杜牧：窥形可置胜败，非智者不能，固非众人所能得知也。梅尧臣：众知我能置胜矣，不知因敌之形。何氏：因敌置胜，众不能知。张预：因敌变动之形以置胜，非众人所能知。

〔7〕曹操：制胜者，人皆知吾所以胜，莫知吾因敌形制胜。杜牧：言已胜之后，但知我制敌人，使有败形，本自于我，然后我能胜之也。斯制胜之道，人莫知之之也。陈皞：人但知我胜敢之善，不能知我因敌之败形。张预：立胜之迹，人皆知之，但莫测吾因敌形而制此胜也。

〔8〕李筌：不复前谋以取胜，随宜制变也。贾林：应敌形而制胜，乃无穷。梅尧臣：不执故态，应形有机。王皙：夫制胜之理惟一，而所胜之形无穷也。何氏：已胜之分，不再用也。敌来斯应，不循前法，故不穷。张预：已胜之俊，不复用前谋，但随敌之形而应之，出奇无穷也。

〔9〕杜佑：五行更王。王皙：迭相克也。

〔10〕杜佑：四时迭用。王皙：迭相代也。

〔11〕梅尧臣：皆所以象兵之随敌也。王皙：皆喻兵之变化非一道

也。张预：言五行之休王，四时之代谢，日月之盈昃，皆如兵势之无定也。

【案例】 1992 年，Diane Heavin 与 Gary Heavin 夫妇创立了“曲线美”（Curves）健身俱乐部，这是一家专门针对女性消费者的健身俱乐部，总部位于美国德克萨斯州（Texas）。自从 1995 年启动特许经营之后，“曲线美”健身俱乐部的营业店，尤如雨后春笋一样在世界各地开业——平均 4 小时有一家连锁店在世界某地开张，目前已经拥有超过 10000 多家营业店，吸引了超过 200 万名会员顾客，年收入超过了 10 亿美元。更值得一提的是，“曲线美”健身俱乐部的成长，几乎完全靠口口相传和朋友介绍。

在刚开始的时候，人们普遍认为：“曲线美”健身俱乐部进入了一个过度饱和的市场，顾客不会需要其所提供的产品和服务。与竞争对手比起来，“曲线美”的产品和服务似乎令人感到淡而无味。在“曲线美”健身俱乐部之前，美国健身行业存在着两类健身方式——传统健身俱乐部和家庭健身计划。“曲线美”健身俱乐部的品牌价值定位，则完全建立在竞争品牌价值特点分析基础之上。实际上，“曲线美”健身俱乐部吸引了那些努力挣扎、又无法通过扎实的健身运动保持体型的女性顾客。由此，“曲线美”健身俱乐部开启了一个巨大的未经开垦的市场，为美国健身业带来了爆炸性的需求增长。

在美国健身行业中，市场上充斥着传统的、面向男女顾客的高端健身俱乐部——地点通常设在城市繁华地段，提供全套健身设施和运动设备。提供配套齐全的设施和设备——包括全套的增氧和力量训练器械、果汁、吧台、教练、带淋浴和桑拿的更衣室，这些设施专门为吸引高端顾客而设计，让顾客既能锻炼身体又能进行社交活动。在健身俱乐部，顾客至少要待上 1 ~2 个小时的时间，甚至待上更长的时间。顾客会员费一般为“100 美元/月”——这个水平的会员费并不便宜，这使传统健身俱乐部集中在高端消费群体，不但市场范围十分窄小——顾客只占全部人口的12%，而且几乎完全集中在大城市。投资一个提供全套服务的传统健身俱乐部，投资成本从50万美元到100多万美元不等，投资规模取决于俱乐部在城市中所处的具体位置。在低端市场上，则是家庭健身计划——包括健身录像、健身书籍、健身杂志。家庭健身计划成本低廉，适于在家庭使用，从而很少或完全不需要健身器械。家庭健身计划健身指导少之又少，只限于健身录像上的带操指导，或者书籍杂志中的解释和图示。

问题的关键在于：在传统健身俱乐部和家庭健身计划之间，什么因素促使女性消费者作出选择？大多数选择健康俱乐部的女性消费者，不是看重种种奢侈且又不必要的特殊器械、果汁吧、带桑拿的更衣室、泳池，以及邂逅男人的机会。一般来说，非运动员的普通女性顾客，甚至不想在锻炼时撞见男人——害怕暴露自己紧身衣裤下的赘肉。此外，在器械后面排队等候，还要根据自己的需要调整器械，足以让女性消费者感到兴趣索然。对于普通女性顾客而言，时间已经越来越成为稀缺资源。一个星期到健身俱乐部几次，一次花上一两个小时在健康俱乐部，很少有人能够承受得起。对广大女性消费者来说，城市繁华地带的地理位置还意味看交通困难，给人平添了几分压力，甚至令女性消费者打消健身的念头。大多数选择健身俱乐部的女性消费者，关键原因在于：自己在家健身的时候，太容易为自己找借口而偷懒了。如果不是一个全心全意热心体育运动的人，那么在自己家里健身就很难对自己严格要求。参加集体健身正好相反，与独自锻炼相比，俱乐部更能给人动力，更能鼓舞人心。一些女性消费者选择家庭健身计划，主要是为了节省时间，减少花费，保守个人隐私。

“曲线美”健身俱乐部吸收了两种健身方式的优势，避开了两种健身方式的劣势，创建了一个完全不同的健身品类。因此，“曲线美”健身俱乐部剔除和减少了不必要的元素，剔除了传统健康俱乐部中女性消费者并不感兴趣的元素。那些过多的特殊器械、食品、矿泉护理、泳池都取消了。更衣室变成了简单的更衣处——用布帘隔出来的狭小空间。

“曲线美”健身俱乐部给女性顾客留下的健身体验，与传统的健身俱乐部完全不一样。例如，俱乐部会员进入健身室之后，健身机器不是像传统健身俱乐部那样摆放——一排排地摆放，正对着前方的电视。相反，“曲线美”健身俱乐部的健身器械则呈圆圈形状摆放。在做健身活动的时候，会员之间可以互相谈话、相互鼓励。这样既可以方便会员之间交流，又能够令健身体验更为有趣。沿着呈圆圈形状摆放的器械进行健身活动，女性顾客30分钟就做完全套健身运动。QuickFit圈组塑身系统则使用了液压式健身器械，女性顾客无需用户调整，安全且便于使用，不会令人望而生畏。所有器械专门为女性特别设计，减少了冲击强度，又能锻炼肌肉力量。此外，“曲线美”健身俱乐部墙上只有几面镜子，而且不会有男人盯着女性会员观看。削减不必要的健身元素，集中力量提供基本服务，这种策略产生了有效的竞争效果——“曲线美”的会员费价格下降到30美元/月左右，由此打开了女性的大众市场。“曲线美”健身俱乐部的战略定位主题是：一天花上一杯咖啡的价格，通过适当锻炼就能换取宝贵的健康。

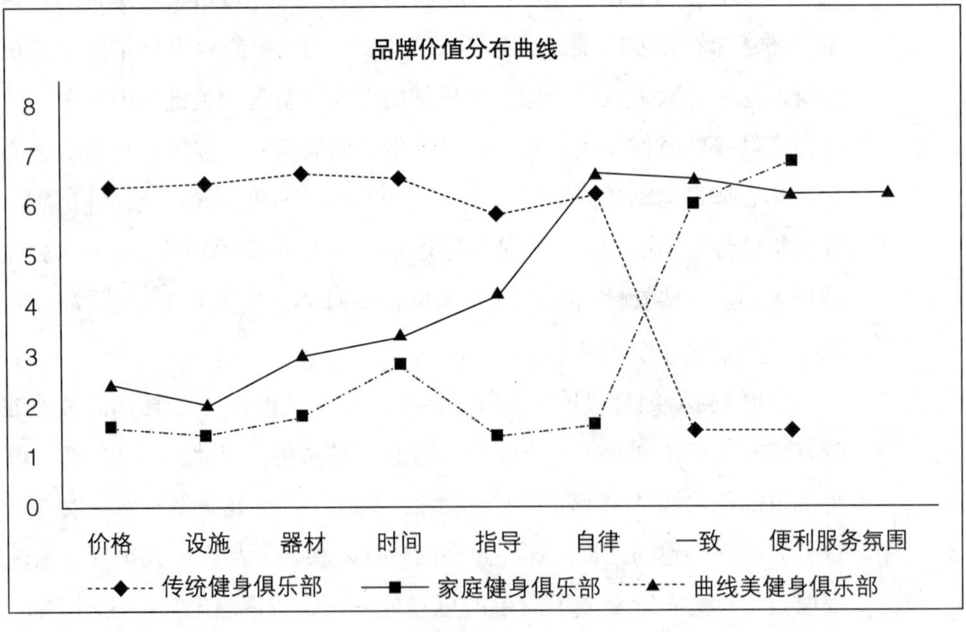

Curves：剔除—减少—增加—创造

剔　除	减　少
不适合女性的、笨重的健身器械 食物、美容等与健身无关的附加服务 游泳等奢侈项目 健身房四周的镜子	带锁的更衣室 健身耗费的时间 成本和价格 教练和健身指导
增　加	**创　造**
适合女性的健身器材 免费停车场 统一、一致的店面环境 便利程度	有趣的、女性化的交流氛围 轻松的健身环境 专门为女性制定的科学健身计划

“曲线美”健身俱乐部以更低的成本提供了独特的价值。由于剔除了多项健身元素，启动一家“曲线美”健身俱乐部投资只需 2.5 万至 3 万美元——不包括 2 万美元的特许经营费。相反，启动一家传统健身俱乐部所需要的投资，则在 50 万至 100 万美元之间。这样，“曲线美”健身俱乐部的可变运营成本随之明显降低。其关键原因在于：工作人员和健身设备的维护明显减少，房租因用地面积缩小而降低。“曲线美”健身俱乐部一般设置在郊区地段，而且只需要 1500 平方英尺左右的用地面积。传统健身俱乐部一般设在城市黄金地段，而且需要 3.5 万平方英尺～10 万平方英尺的用地面积。“曲线美”健身俱乐部所构建的低成本商业运营模式，使特许经营能够为更多加盟者的财力所承受。因此，“曲线美”健身俱乐部特许经营店蓬勃发展起来。许多特许加盟经营店在开张几个月之后，当平均吸收约百名会员的时候，就开始产生盈利。在二手市场上，“曲线美”健身俱乐部的特许经营店转手出让的价格达到了 10 万到 15 万美元。

“曲线美”健身俱乐部不是直接与传统健身俱乐部相竞争，而是开创了一个新型的健身俱乐部品类，从而获得了快速的发展与成功。“曲线美”健身俱乐部到处生根发芽，遍布世界大小城市。业务从美国扩展到北美、欧洲、澳洲、南非、拉丁美洲、亚洲……特许经营加盟店遍及世界44个国家和地区。美国快餐业巨头——McDonald's，用了25年开设了6000家分店。特许经营业龙头企业——Subway，用了26年开设了6000家分店。"曲线美"健身俱乐部，仅用了7年的时间便开设了6000家分店。

"曲线美"健身俱乐部发展速度

年　度	"曲线美"健身俱乐部成长历程
1992年	首家"曲线美"健身俱乐部开业
1995年	第一家特许经营加盟店开始营业
2000年	特许经营加盟店达到了1000家
2005年	特许经营加盟店达到了9000家
2006年	特许经营加盟店超过了10000家

2001年，"曲线美"健身俱乐部入选"吉尼斯世界记录"——世界最大特许加盟健身俱乐部。2003年，"曲线美"健身俱乐部获得"历来最快增长的特许经营公司"的称誉。2005年，"曲线美"健身俱乐部获得《企业家》（*Entrepreneur*）杂志"Franchise 500评选"颁发的3个奖项——包括"健身行业第一名"、"最低成本类别第一名"及"最高增长类别第一名"。2007年，"曲线美"健身俱乐部获得《财富》（*Fortune*）杂志颁发的奖项——"新进品牌第一名"。2007年，Curves与Subway、7-Eleven等公司，又被《特许经营时代》（*Franchise Times*）杂志评选为"世界十大特许经营公司"。

【结语】 绘制顾客心智地图，搞清品牌心智地位。这意味着：描绘出人们心智中品牌竞争态势——竞争品牌与我方品牌在人们心智中所占据的位置，这包括：品牌各自所拥有的概念、品牌各自所占据的地位、品牌各自所具备的优势，品牌各自所带有的劣势。这意味着：首先，要搞清楚谁占据着什么位置——绘制出品牌在人们心智中所占据的位置图。然后，依据品牌在人们心智中的位置图，有针对性地采取相应的定位策略。绘制品牌的顾客心智地图，既要搞清楚人们心智中拥有什么，又要搞清楚人们心智中没有什么。人们心智中没有什么，往往比拥有什么还要重要。这意味着：在人们的心智中，可能存在着某种品牌价值概念空白点。从而，品牌可以抢先占领人们心智的价值空白点。绘制价值曲线，搞清价值分布。这意味着：标绘出影响行业竞争的价值要素，以及影响品牌的价值要素——包括现行的竞争要素、潜在的竞争要素，从而呈现出行业竞争、品牌价值的整体轮廓——包括己方品牌、竞争品牌的价值属性轮廓，从而搞清行业类别、竞争品牌、己方品牌的竞争要素分布、以及价值要素分布。绘制价值曲线具有战略意义，其关键作用在于：第一，明确竞争品牌在哪些要素方面进行战略投资，在哪些竞争要素方面占据着强势地位。第二，确定己方品牌在哪些要素方面进行战略投资，在哪些竞争要素方面构建起领先优势。

4.2　寻找区隔概念

【释义】 什么是定位？简而言之，定位就是借助一个差异性的价值概念，在人们心智中将己方品牌与竞争品牌区分开来。或者说，定位是借助某种差异性的价值概念，将己方品牌从众多的同质化产品中突出出来。从而，在营销竞争的过程中，争取获得最大的消费者选择机会。为此，品牌必须寻找一个差异性价值概念，以作为所有营销活动的指导核心。或者说，品牌需要一个核心价值概念，作为品牌吸引人们购买的可靠理由。

领先或者聚焦

——在何处领先，或者在何处聚焦

【观点】 在分析行业环境之后，需要寻找一个定位区隔概念，使己方品牌与竞争品牌区别开来。从本质上来讲，定位理论有两个核心法则——一个是领先法则，一个是聚焦法则。这意味着：对于任何一个品牌来说，都可以从两个方面寻找定位的视角。首先，品牌定位应该考虑是否能够成为一个品类中的领先者——如果不是某一个类别里的领先者，那么就创造一个新类别，并努力成为新类别里的领先者。其次，如果不能成为一个品类中的领先者，那么就寻找一个能够独自占有的价值属性，将品牌焦点聚集在独特的价值属性上。特别需要指出的是，差异化不一定非得与产品本身有关，关键是要表明品牌的差异化概念，以及由此产生的差异化价值。

【诠释】 ⌖ 🕮《六韬·龙韬·立将》：勿以三军为众而轻敌。🕮《尉缭子·战威》：气实则斗，气夺则走。🕮《三十六计》（秘本兵法）：釜底抽薪。夺气之法，则在攻心。🕮《六韬·龙韬·立将》：见其虚则进，见其实则止。🕮《三十六计》（秘本兵法）：釜底抽薪。敌与敌对，捣强敌之虚，以败其将成之功也。🕮《六韬·龙韬·军势》：夫先胜者，先见弱于敌，而后战者也，故事半而功倍焉。㊣ 定位的原则，不以资金雄厚而强攻硬取。定位的核心原则，以攻心为上——占领人们的心智空间，以攻城为下——价格战、广告战。领先法则——抢占心智空白，进而以逸待劳；聚焦法则——集中营销资源，进而以实击虚。因此，寻找区隔概念，当以“避实击虚”为根本原则。

【案例】 ⌖ 在美国，大学的数量超过世界上任何国家和地区——实际上，美国拥有超过3600间大学。美国的大学在很多方面都很相似，尤其是在愿意接受政府资金用作奖学金和贷学金方面。休西岱洱学院（Hillsdale College）——位于美国底特律（Detroit）西面90英里，提出了一个品牌独特的区隔概念：拒绝政府资金，甚至包括具有联邦政府背景的贷款。几乎没有竞争者敢这样做。休西岱洱学院的口号是：摆脱政府影响。将自己定位为“保守思想的圣地”（A Mecca For Conservative Thought），并使自己的区隔概念深入人心。如一位资金筹集者所说：“我们把这个产品（学校）卖了出去。”

【案例】 佩斯大学（Pace University）坐落于美国曼哈顿（Manhattan），是一所拥有 10000 名学生的私立学校。曼哈顿以什么闻名？曼哈顿以三样东西闻名——金融、时尚和传媒。那么，曼哈顿的三个著名词汇，是否已经被一些大学抢占了？其中：“金融”这个词汇已经属于宾州大学沃顿商学院。“时尚”这个词汇已经属于时尚技术学院（Fashion Institute of Technology）。“传媒”这个词汇尚未被任何大学所占有。有鉴于此，佩斯大学应该成为一所“传媒”学院。这是因为：曼哈顿是世界的传媒中心。ABC、BBS、NBC、《纽约时报》《华尔街日报》《新闻周刊》……几乎整个杂志产业都位于曼哈顿。一家传媒学院更好的位置还会在哪里？当然是在媒体云集的曼哈顿。佩斯大学应该聚焦于“传媒”领域，并努力因“传媒”而闻名于世。佩斯大学管理者认为：学校不能那样做，学生需要各种课程。将近一个世纪，佩斯大学的宗旨一直是通过准备和教育，为纽约人的子女创造机会。事实可能确实如此。但是，大多数纽约人都希望子女能够进一所著名的大学——希望大学的盛名，多多少少会给人们带来好处。

【案例】 阿德菲大学（Aldelphi University）称自己为美国纽约州的哈佛大学。对于阿德菲大学而言，想要成为一个著名的大学品牌，必须成为一所“不一样”的大学，而不是“第二所”哈佛大学。

要想成功塑造一个教育品牌，必须成为“与众不同”的著名大学，才能有机会与哈佛大学争夺优秀的学生。哈佛大学在“管理”方面闻名于世。在“管理”方面，阿德菲大学难以与哈佛大学相互媲美。

- 宾夕法尼亚大学沃顿商学院，并不是美国宾夕法尼亚州（Pennsylvania）的哈佛大学。宾夕法尼亚大学沃顿商学院，抢先在“金融领域”建立起教育品牌声誉，在“金融”方面取得教育领先地位。
- 美国西北大学凯洛格商学院，并不是美国伊利诺伊州（Illinois）的哈佛大学。美国西北大学的凯洛格商学院，抢先在“营销领域”建立起教育品牌声誉。在“营销”方面取得教育领先地位。
- 雷鸟国际商学院，并不是美国亚利桑那州（Arizona）的哈佛大学。雷鸟国际商学院，抢先在“国际研究领域”建立起教育品牌声誉，在“国际研究”方面取得教育领先地位。

事实上，这些著名的商学院并不只专注于所著名的专长，而是提供一系列完整的商学院教育课程。但是，这些著名商学院超越别人的根本原因在于：在狭窄的领域中，创造了领先者的印象。因此，阿德菲大学——自称为纽约州的哈佛大学，很难再成为人们心智中的哈佛大学。

取舍或者增减

——在何处取舍，或者在何处增减

【观点】寻找定位区隔概念，不完全意味着寻找行业没有的竞争要素。行业现有竞争要素，完全能够成为定位区隔概念的焦点。关键之处在于：首先，搞清楚行业中的各类竞争者，在哪些竞争要素方面处于强势地位，在哪些竞争要素方面处于弱势地位。其次，针对行业中的各类竞争者——针对其强势方面与弱势方面，对既有价值要素或者竞争要素进行重新组合——进行取舍或者增减，构建一套具有针对性的价值要素组合，形成一条具有独特性的品牌价值曲线，从而与行业中的竞争品牌显著区分开来。值得注意的是，一套新的价值要素组合，或者一条新的品牌价值曲线，需要借助一种新的产品形式，或者借助一种新的服务形式，才能得以实现或者体现出来。这意味着：创建了一个新品类。从本质上来看，对既有价值要素或者竞争要素进行取舍或者增减，或者在取舍或者增减基础之上，添加行业中尚未出现的价值要素，从本质上来看完全就是在创造一个新品类——新产品类别或者新服务类别。在创建一个新品类之后，核心的任务就是：在人们的心智中成为新品类领先者。

【诠释】 《孙子兵法·兵势》：声不过五[1]，五声之变，不可胜听也。色不过五[2]，五色之变，不可胜观也。味不过五[3]，五味之变，不可胜尝也。㊣ 五声、五色、五味，变化无穷，不可胜举。关键原因在于：各种要素的调整、增减、取舍。对于定位来说，通过对各种竞争要素的调整以及组合，同样可以形成各种价值组合方案，从而产生具有针对性、独特性的品牌价值属性，创造出“与众不同”的新品类、新品牌，进而成为某一方面的领先者。

注解：

〔1〕李筌：宫、商、角、征、羽也。

〔2〕李筌：青、黄、赤、白、黑也。

〔3〕李筌：酸、辛、咸、甘、苦也。张预：引五声、五色、五味之变，以喻奇正相生之无穷。

【案例】 NetJets 创立于 1964 年，第一家私人商务包机公司，专门提供公务旅行服务。NetJets 将单架公务飞机的所有权分解，以会员制的形式出售给客户。从而，创建一个新的航空运输服务品类——私人商务包机服务。在不到 20 年的时间内，NetJets 拥有超过 500 多架飞机，在超过 140 个国家经营着超过 25 万条航线。1998 年，伯克希尔—哈撒韦公司（Berkshire Hathaway）收购了 NetJets 公司。从 1993 年至 2000 年，NetJets 年收入增长率保持在 30% ~35% 之间，年盈利能力达到几十亿美元。NetJets 获得成功的关键在于：提高了飞行的灵活性，降低了旅行时间，减少了旅行中的烦恼，增强了旅行的可靠性，以及相对较低的旅行成本。

在美国航空运输业中，企业高级管理人员的公务旅行，成为最具盈利潜力的客运市场。当企业高级管理人员出行的时候，有两种主要方式可供选择。第一种方式——企业高级管理人员可以选择乘坐商业航空公司公务舱或头等舱。第二种方式：企业高级管理人员可以自己购买私人公务飞机，用于满足公务旅行的需要。那么，对于企业来说，为什么会选择其中一种备选方案？或者说，两种商务旅行方式各自具有什么优势，从而吸引人们的选择？各自又有什么劣势，从而阻止了人们的选择？

企业为什么选择商业航空公司，而不购买私人公务飞机？企业选择商业航空公司，关键在于成本因素。第一种因素是，避免了高额固定投资成本。第二种因素是，依据需要购买机票，降低了可变成本，避免了私人公务飞机的空置成本。但是，在节省成本的同时，企业高级管理人员选择商业航空公司同样存在着一些严重缺陷——在机场候机厅挤来挤去；排长队签票、安检；忙乱不堪地转机、换机；在旅行途中滞留、过夜。

企业为什么选择购买私人公务飞机，而不选择商业航空公司？企业选择购买私人公务飞机，关键在于效率因素。第一种因素是，实行点对点飞行，大大减少旅行时间。第二种因素是，避免机场手续带来的麻烦，以及进出机场所花费的时间。第三种因素是，企业高层管理人员可以集中更多精力，全心全力投入工作。但是，购买私人公务飞机同样存在一些严重问题——购买一架私人飞机，要花费几百万美元的固定投资；组建专业飞行管理团队，负责航程安排及其事务管理；承担所要付出的“空驶成本”——飞机从基地起飞，飞到旅行起点所耗费的成本。

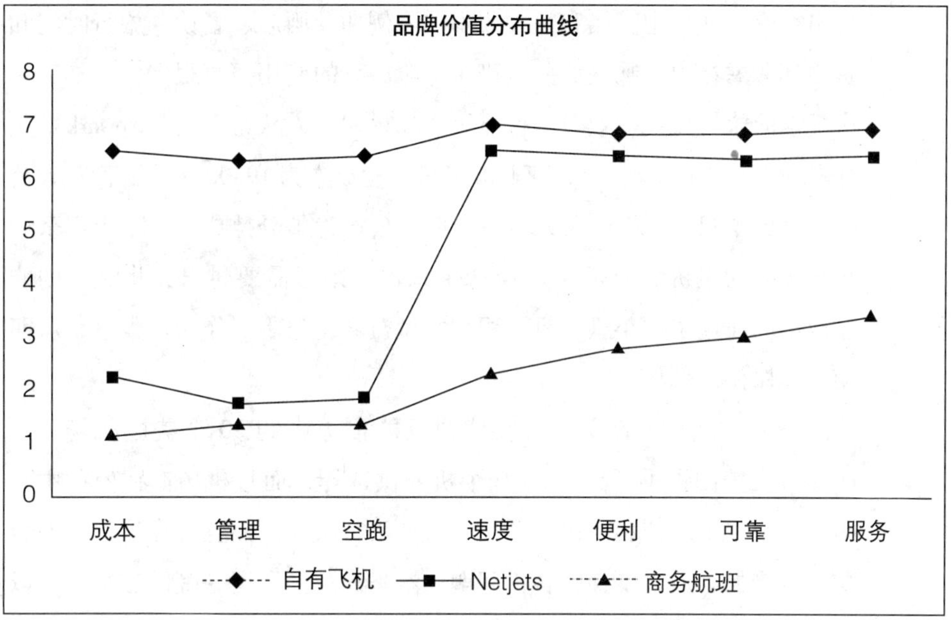

NetJets 所在行业价值曲线分布图

NetJets：剔除—减少—增加—创造

剔　除	减　少
登机手续	旅行时间
转机麻烦	综合成本
增　加	**创　造**
旅行便利	部分产权
可靠程度	会员顾客

针对两种商务旅行方式，NetJets 提供了自己的解决方案：将飞机所有权分成 16 等份，由 16 个客户共同拥有一架私人飞机。客户可以用最低 375000 美元的价格——不包括驾驶员、保养等固定的支出，拥有一架商务飞机 1/16 的所有权——一架商务飞机价值 600 万美元。一个客户一年可以享用 50 小时的飞行时间。这意味着：客户只付出了商业航班头等舱机票的成本，但是获得了私人公务飞机的便利。通过比较头等舱与私人飞机的旅行费用，美国国家商务旅游协会（NBTA）经过研究

得出结论：如果把直接和间接成本——例如，酒店、餐饮、旅行时间和费用都考虑在内，乘坐商务航班头等舱旅行的费用要高很多。例如，一次虚拟的旅行成本—效益分析显示：如果四个人从纽瓦克（Newark）飞往奥斯汀（Austin），那么商业航班头等舱成本为19400美元，而私人公务飞机成本只有10100美元。商业航空公司为了分摊成本，不得不采用越来越大的飞机。但是，对NetJets来说，则不需要付出大型飞机的购置成本。通过采用小型飞机，租用小型机场，限制工作人员数量，从而使成本保持最低。

在美国，70%的商业航空公司只能覆盖大约30个美国机场，而NetJets在美国提供了超过5500个机场供选择，而且机场都在商务中心附近，位置十分便利。由于提供点对点飞行服务，而且可降落机场的数量大量增加，所以不存在转机问题。本来需要多逗留一晚的旅行，可以在一天之内完成。从顾客下车到飞机起飞的时间，可以分钟为单位进行计算，而不像商业航班需要以小时为单位进行计算。例如，从华盛顿（Washington D. C.）飞到萨克拉门托（Sacramento），商业航班需要飞行10.5小时，NetJets只需要飞行5.2小时；从美国棕榈泉（Palm Spring）飞到墨西哥卡波圣卢卡斯（Casa Dorada Los Cabos），商业航班需要飞行6个小时，NetJets只需要飞行2.1小时。NetJets可以大幅缩短旅行时间。NetJets飞机随时可飞，顾客只需提前4个小时通知NetJets。如果NetJets没有可用的私人飞机，那么NetJets将为顾客租用一架私人飞机。尤其重要的是，选择NetJets飞机，顾客不需要担心安全问题，而且可以享受个性化客舱服务——比如，当顾客登上飞机，就可以享用自己偏爱的饮食。在国际业务方面，NetJets可以将飞机直接停靠在海关办公室附近。

通过吸收商业航班和私人飞机的优势，消除或降低商业航班和私人飞机的劣势，NetJets开辟了一个新的航空运输服务品类——顾客既可以获得私人飞机的便利性和快捷性，又可以享受商业航班较低的固定成本和变动成本。NetJets的成功，吸引了大量的竞争者加入市场争夺。那么，市场竞争结果怎么样？根据 NetJets 介绍，在短短 7 年的时间之内，57 家企业开设了飞机所有权共享业务。但是，这些竞争者最终都以关门收场。实际上，NetJets 的竞争优势在于：创建了一个航空运输的新品类，并抢先成为新品类中的领先者。当竞争者开始模仿的时候，NetJets 已经在人们心智中建立起领先地位。

太早或者太迟

——太迟难以抢到心智位置，太早人们不接受新概念

【观点】 在寻找定位概念的过程，要考虑行业环境的发展状况，要对推出定位概念的时机作出判断。就像是冲浪，太早或者太迟都有可能翻身落水。把握住最佳时机，才可能让一个定位概念深入人心。这就是说，在寻找定位概念的时候，既要考虑能否抢先占有一个定位概念，又要考虑一个定位概念能否被人们所接受。特别应该考虑的是，定位概念是否过于超前，以至于人们在相当长的一个时期内还难以接受这个概念。

【诠释】 📖《孙子兵法·虚实》：知战之地，知战之日，则可千里而会战[1]；不知战地，不知战日，则左不能救右，右不能救左，前不能救后，后不能救前，而况远者数十里，近者数里乎[2]？㊣ 战地，为人们的心智空间；战日，为攻取人们心智的时机。“知战之地，知战之日”，从本质上说就是“知虚知实，知敌之虚，知敌之实”。然后避其实而击其虚。不知虚实，虽资金雄厚，亦难以自救。

注解：

〔1〕曹操：以度量知空虚会战之日。孟氏：以度量知空虚，先知战地之形，又审必战之日，则可千里期会，先往以待之。若敌已先至，可不往以劳之。王皙：必先知地利敌情，然后以兵法之度量，计其远近，

知其空虚，审敌趣应之所及战期也。如是，则虽千里可会战而破敌矣。曹公曰：“以度量知虚空会战之日”者也。张预：凡举兵伐敌，所战之地，必先知之。师至之日，能使敌人如期而来，以与我战。知战地日，则所备者专，所守者固，虽千里之远可以赴战。

〔2〕杜牧：管子曰：“计未定而出兵，则战而自毁也。”杜佑：敌已先据形势之地，己方趣利欲战，则左右前后疑惑进退，不能相救，况数十里之间也？梅尧臣：不能救者，寡也。左右前后尚不能救，况远乎？张预：不知敌人何地会兵，何日接战，则所备者不专，所守者不固，忽遇劲敌，则仓遽而与之战，左右前后犹不能相援，又况首尾相去之遥乎？

【案例】当年，美国西雅图（Seattle）服饰零售商——诺茨罗姆公司（Nordstrom）提出“更佳服务”的区隔概念，时机把握得很好，那时整个百货业为节省成本，都忙于裁员和降低服务标准。诺茨罗姆公司反其道而行之，关键在于对时机的把握。如果变换一个时间背景考察，那么“更佳服务”的区隔概念或许就没有多大营销意义了。

当年，莲花公司（Lotus）第一个推出了 Notes 类软件——网络使用的“群组软件”（Groupware software）。当时，美国企业正在赶赴电脑联网的热潮。凭借群组软件，莲花公司不但起死回生，而且还卖出了好价钱——35 亿美元。与其说莲花公司拥有了一个好产品，不如说莲花公司拥有了一个好概念，并赶上了一个好时机。莲花公司卖出了 35 亿美元的价值，关键在于拥有一个“好概念”，还有一个“好时机”。

【案例】许多有效的定位概念，总是沦陷于适应未来的观念。这就是说，人们可能看到了某个战略定位的营销价值，但是人们不敢确定在未来这个战略定位是否还拥有营销价值。尽管人们并不知道未来的计划和要求是什么，但是人们希望能够寻找到一个定位概念，以适应未来的市场竞争和营销计划。结果，反而失去了眼前的战略机会。

在一次营销会议上，施乐公司（Xerox）的技术管理人员聚集在一起，听取战略定位咨询人员"关于激光复印技术的巨大前景"的报告。该报告提出："激光复印术"将替代"静电复印术"。在报告结束之后，几个高级工程师提出异议，声称激光复印的观念已经太陈旧了——在激光复印技术方面，施乐公司已经研究很多年了。施乐公司技术人员认为：施乐公司所需要的概念，既要包括现在，又要包括未来。定位咨询人员问道：未来的方向是什么？技术人员骄傲地回答："离子沉积"。定位咨询人员建议：今天还得做"激光复印"，应该先占领"激光复印"，然后再来做"离子复印"。然而，定位咨询人员的建议，对于施乐公司不起丝毫作用。

企业经常持有一种观点：我们不想陷入一个死角，我们想让未来的选择面大大地敞开。然而，如果不能抢先"陷入"人们的头脑，那么未来的选择面就会很窄。营销首要任务是，找出今天的成功之处。如果这样做了，那么成功的机会才会大大增加，才能为明天的事业储备资金。

【案例】 海尔公司（Haier）的品牌成长，关键在于抓住了两次时机。第一次时机与质量有关。当各家企业忙于让产品快速出厂，以满足像饥渴一般的市场需求之时，产品的质量瑕疵变成了无关紧要的事情。海尔公司利用了这个时机，在全体员工面前把一批不合格的冰箱用铁锤砸毁。这不仅仅在企业内部长生了效应，尤为重要的是在消费者的内心里产生了效应。

第二次时机与服务有关。当产品质量变得趋同之后，竞争对手开始忙着把更多的产品推入销售渠道，对于顾客服务似乎是一个比较"多余"的东西。如果消费者产品坏了或者存在故障，必须先得把产品送到指定的维修站点，然后不知要等待多久才能把产品修好。海尔公司又一次抓住了时机，率先推出"五星级"的服务。"五星级"的服务，不是在产品出现故障之后，而是从产品进入消费者家门开始。

当竞争对手还在犹豫不决的时候，海尔公司已经在人们的心智里站稳了脚跟。当竞争对手被迫推出“同等级”服务的时候，海尔公司已经成为第一家电品牌。如今，无论在质量上，还是在服务上，海尔公司都开始变得模糊不清。但是，海尔公司依然是中国家用电器第一品牌。

【结语】 寻找区隔概念，意味着寻找差异性的品牌价值概念。寻找品牌区隔概念，应该遵循四个基本原则：(1) 差异性——品牌所主张的价值概念，在某种程度上必须具有差异性或者独特性，以便能够与众多的竞争品牌区分开来。品牌价值的意义，恰恰在于与众不同的独特性——差异性。否则，品牌定位就失去了应有的价值与意义。尤其值得注意的是，品牌价值概念的差异性——品牌所主张的独特价值概念，必须保持简洁、具体、明确。否则，品牌的价值概念，很难实现真正的差异性。(2) 针对性——品牌所主张的独特价值概念应该具有竞争针对性。针对性的含义是：针对竞争者采取定位行动。定位不是双方参与的游戏——经营者和消费者，定位是三方参与的游戏——经营者、竞争者、消费者。这意味着：要想在人们心智中占据有利的竞争地位，必须针对竞争对手采取相应行动，以引导消费者选择己方品牌，放弃购买敌方品牌。(3) 相关性——品牌所主张的独特价值概念，必须与消费者存在着某种密切的关联。这就是说，对于消费者来说，定位应该具有某种消费价值。或者说，定位所主张的独特价值，能够对消费者产生某种程度的价值吸引力，从而对消费者的购买选择产生决定性的影响力。或者说，定位所主张的独特价值，能够激发消费者的购买欲望，或者满足消费者的消费需求。(4) 认知性——品牌所主张的价值概念，应该易于被消费者所理解。品牌所主张的独特价值概念，如果不能被消费者所理解、所认识，那么就不要指望能够在人们心智中建立起价值地位。人们无法理解的东西，不可能在人们心智中代表独特的价值。

4.3　寻找可信支点

【释义】 ⊕品牌定位所选择的差异性价值概念，既不是空中楼阁又不是谎言欺骗。或者说，品牌定位不仅仅是一个差异性的价值概念，还应该包括使差异性价值概念可信的证据或者依据。这种证据或者依据，成为品牌在人们心智中构建差异性价值地位的支撑点。当然，许多东西可以充当品牌定位支撑点。但是，从消费者对定位接受程度的角度上来看，尤为有效的品牌定位支撑点，不是产品身上拥有的客观优势，而是第三方权威机构提供的直接或者间接证明。这是因为：人们宁愿相信第三方机构的评价报告，而不愿意相信本企业自己的广告宣传。或者说，人们需要一个独立的第三方机构，充当营销者与消费者之间的信誉裁判员。

第三方的证明

——凭什么让人们相信定位

【观点】 ⊕定位区隔是要让人们知道：品牌何处与众不同。定位支点是要让人们相信：品牌何以与众不同。在找到定位区隔概念之后，需要寻找区隔概念的支持点，以让定位区隔概念真实可信。定位区隔不是空中楼阁，任何定位区隔概念都必须有据可依，必须能支撑起自己的定位概念。这是因为：人们需要找到证据，证明定位区隔概念。品牌处在公共舆论的法庭之中，定位概念不能靠一时哄骗得逞。如果定位概念缺乏有力的证明，那么定位概念仅仅是企业自己的主张，而不会成为人们头脑中的区隔概念。如果定位概念缺少真凭实据，那么竞争对手可能抓住机会，展开致命性的营销攻击。

【诠释】⌖ 📖《老子》（24）：自见者不明，自是者不彰。自伐者无功，自矜者不长。📖《老子》（22）：不自见，故明；不自是，故彰；不自伐，故有功；不自矜，故长。㊣ 哲理之所以成为哲理，在于哲理能够把许多现象解释得通，关于第三方的证明，不需要做过多的解释了。对于定位来说，既然自己说效果不好，那么就找一个第三方——具有权威性的、具有可信度的第三方，提供可信的证据或者证明，证明己方所说的话真实可信。

【案例】⌖ 1955 年，宝洁公司推出了“佳洁士”牙膏，与其他品牌宣称含有奇妙成分不同，惟有“佳洁士”牙膏有证据证明，自己是一种含氟牙膏。当时，“佳洁士”牙膏的市场份额只有 10%。宝洁公司清楚地知道，自己手中抓着的是一项突破性技术。宝洁公司还十分清楚，如果领导品牌——“高露洁”（Colgate）推出自己的含氟牙膏，将有很大机会把问世才几年的“佳洁士”置于死地。

当时，约翰·斯梅尔（John Smale）——注定将成为宝洁公司总裁，担任宝洁公司广告部助理经理，并在幕后悄无声息地策划着一次奇袭行动。正是这次突袭行动，对“佳洁士”牙膏产生了决定性的影响。约翰·斯梅尔向“美国牙医协会”（American Dental Association，ADA）提出请求，正式认可“佳洁士”牙膏及其氟化亚锡的防蛀特性。问题的关键在于：美国牙医协会从未认可过任何一个牙膏牌子，也不想认证任何一个牙膏品牌。经过多年申请和提供大量证据之后，美国牙医协会最终对“佳洁士”牙膏颁发了认证书。从此以后，这个认证书就成了佳洁士牙膏广告的主题。

有人评论说，美国牙医协会带着一段不朽的名言，为“佳洁士”牙膏创意人提供救援。这段不朽的名言是：“佳洁士”被证实是有效防止蛀牙的牙膏，如果用于口腔卫生和日常专业护理上，那么效果将十分显著。借助美国牙医协会的认证，“佳洁士”牙膏的市场份额，迅速上升到了 30%。最终，“佳洁士”牙膏超过了领导品牌——高露洁，并在领先者的位置上占据了 35 年的时间。可靠的第三方证明，比自夸式广告宣传有效得多。

【案例】 无论人们是否愿意承认，一些教育机构已经成为品牌。例如，哈佛大学、普林斯顿大学（Princeton University）、耶鲁大学（Yale University）……已经成为全球知名教育品牌。那么，这些全球著名的大学，靠什么成为全球强势教育品牌？依靠两个方面的要素。第一，抢占了或者选择了与众不同的研究和教育领域。第二，媒体的公共报道宣传——第三方机构的公共报道。

全球知名教育品牌的塑造，不是依靠自己的广告宣传，而是依靠大量的公共报道，从而让全球著名大学成为强势的教育品牌。大量的公共报道，尽管不是著名大学亲自导演的宣传作品，但是著名大学的名称确实又被植入了人们心智之中。此外，所有全球著名大学的名称，在人们心智中都代表着不同的教育品牌概念。这意味着：要想成为强势教育品牌，必须要做到与众不同。

阿德菲大学试图通过广告宣传的方式，打造出一个“与哈佛大学一样”的品牌。为此，阿德菲大学展开广告宣传攻势——包括做整版报纸宣传广告。问题的关键在于：对于人们的心智来说，自夸式的广告宣传，不具有多大的可信性。无论对于一所教育机构而言，还是对于一个商品品牌而言，凡是带有广告色彩的宣传，都不太容易获得人们的完全信任。

在广告中，阿德菲大学想要成为“像哈佛大学一样”的教育品牌。“好大学”成为典型的广告标题。例如：（1）有人需要这样好的教育吗？（2）在进入大学之前，有三样东西必读——柏拉图（Plato）的《理想国》、亚里士多德（Aristotélēs）全部作品，还有就是这个广告。（3）哈佛大学——马萨诸塞州（Massachusetts）的阿德菲大学。阿德菲大学——纽约州的哈弗大学。

结果怎样呢？阿德菲大学的校长遭到辞退。阿德菲大学无法依靠自己的广告宣传，成为纽约州的哈佛大学。或者说，阿德菲大学无法依靠自己的广告宣传，成为第二所哈佛大学。其原因十分简单——人们不相信第二所哈佛大学。就像人们根本不相信“哈佛大学是马萨诸塞州的阿德菲大学”一样。

【结语】第三方证明，可以成为品牌定位的有力支撑点。第三方证明，必须具有可靠性和可信性。对于一个品牌来说，可以从三个方面获得第三方证明。（1）第三方权威机构出具的直接证明，直接证明品牌定位的可信性。（2）第三方权威机构公布的间接证明，可以间接证明品牌定位的可信性。（3）第三方传媒机构发布的新闻报道，能够帮助证明品牌定位的可信性。然而，在品牌定位过程中，不是所有的品牌都能找到可靠的第三方证明。但是，在品牌定位过程中，所有的品牌必须要找到定位的支撑点。那么，什么还能成为定位的支撑点？（1）产品本身或者品牌本身，所具有的显著特征可以充当定位的支撑点。或者说，产品或者品牌所具有的显著特征，本身就可以成为品牌定位的价值焦点。这意味着：品牌定位与定位支点，两者可以合二为一。（2）人们心智中固有的观念、概念，可以成为品牌定位的支撑点。如果品牌所选择的价值定位，符合人们心智中固有的某种观念或概念，那么人们心智中固有的某种观念或概念，在某种程度上会成为品牌定位的支撑点。（3）品牌对其所做出的价值承诺，进行长期不间断的履行与兑现，从而在人们心智中建立起独特的品牌价值信誉。这意味着：如果找不到有效的品牌定位支撑点，那么需要品牌长期坚守所做出的价值承诺——差异性的品牌价值概念。

4.4　整合营销传播

【释义】何谓整合营销传播？整合营销传播的意义是：为了让一个差异性的价值概念占领人们心智，将不同的传播方法和工具整合在一起，协调一致地传播品牌的价值概念，从而以形成一致性的营销传播方向，进而对人们心智产生强大的信息攻势。事实上，认知战争的武器就是传播工具。或者说，品牌必须借助传播工具，其差异性价值概念才能被送入人们的心智轨道。然而，可以发挥传播作用的营销要素多种多样。为此，必须对营销传播工具进行协调统一，以形成攻占消费者心智的信息攻势。简单一点来说，无论采用什么样的定位策略，品牌必须借助信息传播武器，才能实现攻占消费者心智的战术目标。为此，各种信息传播工具和武器，必须沿着定位指出的统一方向，将品牌的价值概念发射出去。

一致性的方向

——保持一致的品牌战略方向

【观点】找到了定位区隔概念，并不等于可以等着顾客找上门了。企业要靠一致性的传播活动，才能将定位区隔概念植入人们的心智。从更加深入一点的层次上来看，企业要靠一致性的运营活动，才能在人们心智中建立起定位区隔地位。这意味着：要在两个方面保持一致性。第一个方面，在各种不同的传播活动中，企业要尽力体现出定位区隔概念。定位不是空洞概念，定位需要实际行动。营销活动应该一致性地体现定位区隔概念，在一切可以着力的地方贯彻定位区隔概念。第二个方面，一个真正的定位区隔概念，应该成为企业真正的经营行动指南。在现实中，企业到处充斥着“激励员工”的废话。实际上，企业员工不需要被告诉怎样发挥潜能，企业员工只想知道一个问题的答案——什么使我们与众不同？知道了这个答案，企业员工就知道了努力的方向。如果员工对品牌方向产生认同，员工就会与公司一起奋步前进。如果人们接受了品牌定位区隔概念，特别是员工和顾客接受了品牌定位区隔概念，那么企业就可以说为品牌建立了定位。品牌战略定位，需要企业整合自己的内外经营活动，从而对外形成一致性的市场营销方向，对内形成一致性的运营活动方向。一致性的市场营销方向，以及一致性的运营活动方向，构成了企业的营销战略体系。

【诠释】《尉缭子·兵令》：兵者以武为植，以文为种。武为表，文为里，能审此二者，知胜败矣。文所以观利害，辨安危；武所以犯强敌，力攻守也。专一则胜，离散则败。《荀子·议兵》：用兵攻战之本在乎壹民。弓矢不调则羿不能以中微，六马不和则造父不能以致远。《孙子兵法·兵势》：故善战者，求之于势，不责于人[1]，故能择人而任势[2]。任势者，其战人也，如转木石。木石之性，安则静，危则动，方则止，圆则行[3]。故善战人之势，如转圆石于千仞之山者，势也[4]。㊣ 对于定位来说，定位的视角为“文”（战术视角），定位的行动为“武”（战略行动），战术视角是“种子”（外人难见），战略行动是“树木”（外人可见）。若两者方向能够保持一致（专），则能取得胜利的效果；若两者方向不能保持一致（散），只能品尝失败的苦果。缺少这种一致性的行动方向，神仙亦难以发挥战术的竞争作用。因此，荀子说：“攻战之本，在乎壹民”。因此，善战者，求之于势，不责于人。所谓“势”，就是把战术视角与战略行动紧密结合在一起，对人们的心智产生的强大的攻击力量。

注解：

〔1〕杜佑：胜负之道，自图于中，不求之下，贵怒师众，疆使力唯也，若秦穆悔过，不替孟明也。

〔2〕杜牧：言善战者，先料兵势，然后量人之材，随短长以任之，不责成于不材者也。陈皞：善战者专求于势，见利速进，不为敌先，专任机权，不责成于人。苟不获已而用人，即须择而任之。梅尧臣：用人以势则易，责人以力则难，能者，当在择人而任势。何氏：得势自胜，不专责人以力也。

〔3〕梅尧臣：木石，重物也，易以势动，难以力移；三军，至众也，可以势战，不可以力使，自然之道也。张预：木石之性，置之安地则静，置之危地则动。方正则止，圆斜则行，自然之势也。三军之众，甚陷则不惧，无所往则固，不得已则斗，亦自然之道。

〔4〕杜牧：转石于千仞之山，不可止遏者，在山不在石也，战人有百胜之勇，强弱一贯者，在势不在人也。梅尧臣：圆石在山，屹然其势，一人推之，千人莫制也。王皙：石不能自转，因山之势而不可遏也；战不能妄胜，因兵之势而不可支也。张预：石转于山而不可止遏者，由势使之也，兵在于险而不可制御者，亦势使之也。

【案例】泽西联合银行（United Jersey Bank），曾经是美国纽泽西州（New Jersey）排名第三名的银行。首诚银行（First Fidelity Bank）、中大西洋（Midlantic Bank）分别是排名第一的银行和排名第二的银行。尤其糟糕的是，在纽泽西州北端的地盘上，泽西联合银行受到花旗银行、大通银行、华友银行、汉诺威银行（Hanover Bank），以及其他纽约大银行的攻击，在纽泽西州南端的地盘上，泽西联合银行则笼罩在费城大银行的阴影之下——例如：梅隆银行（Mellon Bank）、宾州第一银行（First Pennsylania Bank）。

泽西联合银行应该如何为自己的品牌定位，才能在区域市场上取得主动地位？针对那些大的竞争对手，泽西联合银行找到了一个有效的定位——“办事快速的银行”。这个“办事快速的银行”定位，由两个重点层面构成。第一个重点层面是：针对大银行与生俱来的弱点——反应缓慢，开展传播进攻活动；第二个重点层面是：围绕着“办事快速的银行”定位，展开了一致性的内部运作变革。对于内部运作的变革，泽西联合银行主要抓住七项重要内容。

（1）审批权力下移。银行将决定权一直交到当地层次，在整个纽泽西州的十个商业银行中心，当地主管可以迅速地批准商业贷款。

（2）交叉训练员工。训练银行人员，使之了解全部银行服务项目而不只是本位工作，遇到顾客询助，人人可即时给予答复。

（3）推广电子服务。银行利用自己全州最大的民营自动取款机网络，号召顾客与银行的电脑直接连线，咨询收支平衡与其他日常问题。

（4）加速信箱服务。将银行专用信箱填满顾客帐目单，增加客户当天收取支票频率，以及收取对账单的次数。

（5）增强终端功能。客户可以通过装置就绪的终端机，快速得到不用现金的转账批准，提高顾客业务处理效率。

（6）提升反应速度。不论第一家处理新产品，还是处理与竞争者并驾齐驱的业务，银行对顾客的融资需求都要尽心尽力，有所反应。

（7）迁移总部地址。将银行总部迁设于普林斯顿（Princeton），使自己位于该州地理中心，让任何工商顾客不到一小时就能驾车抵达。

在电视广告上，泽西联银行将那些大对手称为“昏睡的银行”，描述大银行批准商业贷款总是慢吞吞地需要等待，其行动像是银幕上的慢镜头。在印刷广告上，同样突出“办事快速”的定位。“快速能赚钱”和“银行不应当让人久等”，成为经典的广告标题。泽西联银行部门主管的办公桌上，都放有一个印有“时间就是金钱”的铭牌，用以提醒自己不要让顾客在桌旁苦等……。

“办事快速”的定位大获成功。在开始执行定位计划一年之后，泽西联合银行宣布，营业收入增加了26%。尤为重要的是，银行员工态度发生了转变。员工的行动很快就渗透了快速的精神，努力比大城市的竞争对手做得更快，大大地提高了贷款审批和解决投诉的速度。一位主管在报告中写道：“太棒了，我们的人员都在奋力以赴，我已看到了巨大的改变，批准更快，没有一个人坐以待事……”办事快速的银行，成了泽西联合银行的旗帜，指引着企业不断地成为赢家。

【结语】 从品牌定位实现过程上看，在人们心智中构建差异性的品牌价值地位，不能脱离品牌差异性价值概念的传播。这意味着：品牌的营销传播活动，必须以品牌定位为出发点——以品牌差异性价值概念为基础，开展一致性的营销传播活动。所谓一致性的营销传播活动，包括两个层面的含义。第一层含义：营销传播活动所传递出的信息，必须与品牌定位保持一致——与品牌差异性价值概念保持一致。否则，定位概念——品牌差异性价值概念，无法占领目标消费者心智。第二层含义：在采用多种传播方式、多种传播途径的时候，通过各种形式的传播方式、各种形式的传播渠道所传递出的品牌信息，必须在内涵上保持相互一致。或者说，在各种信息接触点上，目标群体所接收到的信息必须保持一致。否则，必然引起人们对品牌价值认知的混乱。从深入的层次上看，所谓一致性的营销活动，意味着深层次的运营整合活动。具体一点来说，为了实现品牌价值定位——构建差异性的顾客心智地位，必须对业务运营活动进行重新整合，以此与品牌所做出的价值承诺保持一致。否则，品牌定位就是空中楼阁，缺乏实现定位的运营基础。从这种意义上看，定位具有战略性意义——定位引导着企业形成一致性的运营活动。因此，定位可以称之为战略定位。

卷尾语

定位法则和定位战术

在《心战法则：攻城为下，攻心为上》一书中，讨论了四个方面的内容：（1）6个核心法则；（2）4个基础法则；（3）8个定位陷阱；（4）4个定位步骤。这四个方面内容，构成了定位理论的基本内容。其中，重点介绍了定位的核心法则。可以说，理解了定位的核心法则，就掌握了定位理论的核心思想。但是，这并不是定位理论的全部内容。定位法则强调的重点为：在顾客的心智中，占据一个差异性的价值地位。在定位法则中，尽管谈到了竞争对手的因素，但是并没有把竞争对手因素当作关注的重点。

在定位理论体系中，竞争对手的因素——竞争对手所拥有的地位，会对定位策略产生什么样的影响？定位理论认为，采用什么样的定位的策略，既由己方所处的位置决定，同时又由对手所处的位置决定。或者说，定位的策略必须具有针对性——针对竞争对手采取相应的进攻策略。《定位：攻心之战》第3卷——《攻心战术：以逸待劳，避实击虚》，将介绍定位理论的基本策略——战术。《攻心战术》包括三个部分的内容——（1）营销假设：理清前提性的营销理论假设；（2）战争要素：考察综合性的认知战争要素；（3）战术本质：寻找独特性的竞争思维视角；（4）战术形式：选择限制性的定位思维框架。要了解详细内容，请看《定位：攻心之战》第三卷——《攻心战术：以逸待劳，避实击虚》。

参考书目

第1部分：定位著作

〔01〕（美）阿尔·里斯、杰克·特劳特著．定位．王恩冕、于少蔚译．北京：中国财政经济出版社，2002

〔02〕（美）杰克·特劳特、史蒂夫·瑞维金著．新定位．李正栓、贾纪芳译．北京：中国财政经济出版社，2002

〔03〕（美）艾尔·里斯、杰克·特劳特著．营销战．李正栓、贾纪芳译．北京：中国财政经济出版社，2002

〔04〕（美）阿尔·里斯、杰克，特劳特著．营销革命．左占平、黄玉杰、李守民译．北京：中国财政经济出版社，2002

〔05〕（美）艾尔·里斯、杰克，特劳特著．22条商规．王方华、陈洁译．上海：上海人民出版社，2003

〔06〕（美）阿尔·里斯著．聚焦法则：企业经营的终极策略．王笑歌、许茜、夏菁译，梅清豪校．上海：上海人民出版社，2003

〔07〕（美）阿尔·里斯、劳拉·里斯著．品牌22律．周安柱、储文胜、梅清豪译．上海：上海人民出版社，2004

〔08〕（美）杰克·特劳特著．大品牌，大问题．莫竹芩译．海口：三环出版社、海南出版社，2004

〔09〕（美）阿尔·里斯、劳拉·里斯著．公关第一，广告第二．罗汉、虞琦译．上海：上海人民出版社，2004

〔10〕（美）阿尔·里斯、劳拉·里斯著．品牌之源．火华强译．上海：上海人民出版社，2005

〔11〕（美）杰克·特劳特、史蒂夫·里夫金著．与众不同：极度竞争

时代的生存．屈陆民译．华夏出版社，2005
〔12〕（美）阿尔·里斯、杰克·特劳特著．商战．李正栓、贾纪芳译，火华强校译．北京：中国财政经济出版社，2007
〔13〕（美）阿尔·里斯、杰克·特劳特著．22条商规．寿雯译．太原：山西出版集团/山西人民出版社，2009
〔14〕（美）杰克·特劳特、史蒂夫·里夫金著．与众不同：极度竞争时代的生存之道．火华强译．机械工业出版社，2009
〔15〕（美）阿尔·里斯、劳拉·里斯著．广告的没落，公关的崛起．寿雯译．太原：山西出版集团/山西人民出版社，2009
〔16〕（美）阿尔·里斯、劳拉·里斯著．董事会里的战争．寿雯译．太原：山西出版集团/山西人民出版社，2009
〔17〕（美）杰克·特劳特著．什么是战略．火华强译．北京：中国财政经济出版社，2004
〔18〕（美）杰克·特劳特、史蒂夫·里夫金著．简单的力量：删繁就简正确行事管理指南．金明译．杭州：浙江人民出版社，2004
〔19〕（美）杰克·特劳特著．精灵的智慧．王俭、火华强译．北京：电子工业出版社，2003

第2部分：相关网站

〔20〕www. trout. com. cn 特劳特（中国）战略定位咨询公司网站
〔21〕www. rieschina. com 里斯伙伴（中国）营销战略咨询公司网站

第3部分：其他著作

〔22〕（美）威廉·乔伊斯、尼汀·诺瑞亚、布鲁斯·罗布伯森著．4+

2：什么对企业真正有效．张玉文译．北京：机械工业出版社，2004

〔23〕（美）唐·舒尔茨、史丹立·田纳本、罗伯特·劳特朋著．整合行销传播．吴怡国、钱大慧、林建宏译．北京：中国物价出版社2002

〔24〕（美）克里斯·祖克、詹姆斯·艾伦著．回归核心，（第2版）罗宁、宋亨君译．北京：中信出版社，2004

〔25〕（美）克里斯·祖克著．从核心扩张．曾淯菁译．北京：中信出版社，2004

〔26〕（美）乔治·斯托克、罗伯特·拉舍诺、约翰·巴特曼著．硬球战略：强势竞争，王者之道．文跃然、周禹译，罗佐审校．北京：商务印书馆，2006

〔27〕（美）艾伦·亚当森著．品牌的简单之道：最佳品牌如何保持其简单与成功．姜德义译．北京：中国人民大学出版社，2007

〔28〕（美）弗朗西斯·凯利三世、巴里·西尔弗斯坦著．抢跑品牌．袁长燕译．北京：中国人民大学出版社，2007

〔29〕（英）尼克·斯凯伦著．公司战．宋欣涛译．北京：中国社会科学出版社，2004

〔30〕（美）迈克尔·波特．什么是战略．哈佛商业评论（2004年1月号）

〔31〕（加）亨利·明茨伯格．战略手艺化．哈佛商业评论（2006年4月号）

〔32〕（美）迈克尔·波特著．竞争优势．陈小悦译．北京：华夏出版社，2002

〔33〕（美）迈克尔·波特著．竞争战略．陈小悦译．北京：华夏出版社，2002

〔34〕（美）马丁·林斯特龙著．购买学：关于我们为什么会购买的真相与谎言．赵萌萌译．北京：中国人民大学出版社，2009

第4部分：古代兵法

〔35〕(台）钮先钟著．孙子三论：从古兵法到新战略．桂林：广西师范大学出版社，2003
〔36〕(春秋）孙武撰．十一家注孙子校理．（三国）曹操等注，杨丙安校理．北京：中华书局，1999
〔37〕(西周）姜尚撰．武经七书注译·六韬．《中国军事史》编写组注译．北京：解放军出版社，1991
〔38〕(战国）尉缭撰．武经七书注译·尉缭子．《中国军事史》编写组注译．北京：解放军出版社，1991
〔39〕(唐）李靖撰．武经七书注译·唐李问对．《中国军事史》编写组注译．北京：解放军出版社，1991
〔40〕(明）无名氏著．草庐经略注译：中国兵学通论．刘军保注译．郑州：中州古籍出版社，2008
〔41〕(明）何守法撰．投笔肤谈译注．军事科学院《投笔肤谈》译注组．北京：军事科学出版社，1984
〔42〕许富宏撰．鬼谷子集校集注．北京：中华书局，2008
〔43〕(台）钮先钟著．战略家．桂林：广西师范大学出版社，2003
〔44〕（明）王余佑撰．乾坤大略．呼和浩特：内蒙古人民出版社，2005
〔45〕张弓译注．三十六计（秘本兵法）．太原：山西古籍出版社，1999
〔46〕(宋）无名氏撰．百战奇法．刘彦强校释．银川：宁夏人民出版社，2008
〔47〕(明清）唐甄撰．潜书注．《潜书》注释组注．成都：四川人民出版社，1984

第5部分：古典哲学

〔48〕(清) 焦循撰. 孟子正义. 北京：中华书局，1999

〔49〕许维遹撰. 吕氏春秋集释. 北京：中华书局，1999

〔50〕(清) 王先谦撰. 荀子集解. 北京：中华书局，1999

〔51〕(清) 程树德撰. 论语集释. 北京：中华书局，1999

〔52〕(晋) 杜预撰. 春秋左传集解. 上海：上海人民出版社，1977

〔53〕(台) 南怀瑾著述. 原本大学微言. 上海：复旦大学出版社，2003

〔54〕(明) 释德清撰. 道德经释. 黄曙辉点校. 上海：华东师范大学出版社，2009

书系代码	书　　名	作　者	定 价
经营管理			
BM001	《并购成长》(Digital Deals)	Geis	29.80
BM002	《绩效！绩效！》(企业培训版)(Coaching for Improved Performance)	Fournie	39.80
BM003	《质量无泪》(Quality Without Tears)	Crosby	39.80
BM004	《海阔天空——我在DELL的岁月》	方国健	20.00
BM005	《心时代——一个情感化的世界及其经济图景》	曹世潮	20.00
BM006	《情境领导者》(The Situational Leader)	保罗·赫塞	18.00
BM007	《EMBA销售管理》(Sales Management)	Calvin	45.00
BM008	《EMBA财务管理》(Finance and Accounting for Non-financing Managers)	Weston	49.80
BM009	《EMBA兼并与收购》(Mergers and Acquisitions)	Weston	38.00
BM010	《EMBA公司战略》(Corporate Strategy)	Colley	39.80
BM011	《EMBA创业管理》(Entrepreneurial Management)	Calvin	49.80
BM012	《EMBA领导艺术》(Managerial Leadership)	Topping	35.00
BM013	《EMBA战略营销管理》(Strategic Marketing Management)	Parry	42.00
BM014	《EMBA公司治理》(Corporate Governance)	Colley等	49.80
BM015	《六西格玛是什么》(What is Six Sigma)	Pande	15.00
BM016	《六西格玛基础教材》(The Six Sigma Basic Training Kit)	Juran	80.00
BM017	《六西格玛团队实战手册》(The Six Sigma Way Team Fieldbook)	Pande, Neuman, Cavanagh	49.80
BM018	《六西格玛团队怎么做》(Six Sigma Team Pocket Guide)	Federico	16.00
BM019	《杰克·韦尔奇领导艺术词典》(Jack Welch Lexicon of Leadership)	Krames	32.00
BM020	《杰克·韦尔奇的29个领导秘诀》(29 Leadership Secrets from Jack Welch)	Slater	29.80
BM021	《通用电气"群策群力"》(GE Work-Out)	Ulrich等	39.80
BM022	《顶峰》(Million Dollar Consulting)	Weiss	48.00
BM023	《战略计划实务》(Applied Strategic Planning)	Goodstein等	48.00
BM024	《平衡计分卡实用指南》(Balanced Scorecard)	Paul Niven	49.80
BM025	《战略物流管理》(Strategic Logistic Management)	Stock	80.00
BM026	《整合——企业并购成功之道》(M&A Integration)	Schweiger	39.80
BM027	《战略领导》(The Art and Discipline of Strategic Leadership)	Freedman	32.00
BM028	《经理薪酬完全手册》(The Complete Guide to Executive Compensation)	Bruce R. Ellig	65.00

书系代码	书　　名	作　者	定 价
BM029	《突破困境的领导艺术》(Leadership When the Heat's On)	Cox, Hoover	39.80
BM030	《朱兰自传》(Architect of Quality)	Juran	50.00
BM031	《卓越领导》(The Extraordinary Leader)	Zenger 等	39.80
BM032	《精益六西格玛案例》(Learning into Six Sigma)	Wheat 等	18.00
BM033	《领袖魅力》(Executive Charisma)	Benton	39.80
BM034	《西南航空案例》(The Southwest Airlines Way)	Gittell	49.80
BM035	《危机领导》(Leader Shock)	Hicks	29.80
BM036	《应变》(Agile Business for Fragile Times)	麦卡锡 等	35.00
BM037	《绩效导向的领导力》(Results-Based Leadership)	Ulrich 等	49.80
BM038	《企业沟通的威力》(The Power of Corporate Communication)	Argenti 等	39.80
BM039	《贯彻执行　现在就做》(Why Can't We Get Anything Done Around Here?)	李夫顿 等	20.00
BM040	《高效能团队领导智慧》(Leadership Lessons of The Navy Seals)	坎农 等	39.80
BM041	《竞争性销售》(Hope is not a Strategy)	佩吉	39.80
BM042	《丰田汽车案例》(The Toyota Way)	莱克	49.80
BM043	《风险管理》(Risk Management)	科罗赫 等	80.00
BM044	《团队工作》(The Work of Teams)	卡岑巴赫	39.80
BM045	《通用电气案例》(GE Work-out)	Ulrich 等	49.80
BM046	《质量无泪》(修订版)	Crosby	39.80
BM047	《绩效改进 19 讲》(201 Ways to Turn any Employee Into a Star Performer)	霍利	29.80
BM048	《人性管理》(The Uncertain Art of Management)	奥斯曼	39.80
BM049	《透明管理》(The Transparency Edge)	佩格诺	29.80
BM050	《成本改进 181 法》(A Manager's Guide to Creative Cost Cutting)	大卫·杨	29.80
BM051	《直觉》(The Art of What Works)	杜根	39.80
BM052	《劣势者的优势》(The Underdog Advantage)	莫里	39.80
BM053	《精益六西格玛服务》(Lean Six Sigma for Service)	乔治	55.00
BM054	《活学活用博弈论》(Game Theory At Work)	米勒	39.80
BM055	《巅峰绩效》(Peak Performance)	卡岑巴赫	39.80
BM056	《丰田汽车:精益模式的实践》(The Toyota Way Fieldbook)	莱克 等	65.00
BM057	《什么是公司治理》(What is Corporate Govermance)	科利 等	18.00
BM058	《MBA 名校的 10 堂课》(What the Best MBAs Know)	纳瓦洛	49.80
BM059	《现代企业管理教程》(Understanding Business)	尼科尔斯 等	50.00
BM060	《领导艺术》(The Art of Leadership)	曼宁 等	50.00
BM061	《产品生命周期管理》(Product Lifecycle Management)	格里夫斯	49.80
BM062	《创新从头开始》(What customers want)	伍维克	29.80
BM063	《创新引擎》(Fast Innovation)	George	39.80

书系代码	书　　名	作　者	定 价
BM064	《苹果电脑案例》(The Apple Way)	Cruikshank	39.80
BM065	《企业外包实务》(The Manager's Step-by-Step Guide to Outsourcing)	Dominguez	29.80
BM066	《重塑创业精神》(Lead Like an Entrepreneur)	桑伯里	45.00
BM067	《顾客导向》(The Outside-In Corporation)	邦德	39.80
BM068	《定价与收益优化》(Pricing and Revenue Optimization)	菲利普斯	60.00
BM069	《笑梁山》	陈实	35.00
BM070	《价值流管理:面向全局供应链的精益方法》	多尔斯麦思卡罗	43.00
BM071	《新企业所得税法与会计准则比较分析》	张炜	68.00
BM072	《丰田产品开发体系》	摩根,莱克	60.00
BM073	《联想:中国 IT 企业国际化品牌行销之道》	周锡冰	39.80
BM074	《每秒千桶》(A Thousand Barrels a Second)	特扎基安	39.80
BM075	《活学活用丰田生产方式》	田鹏	26.00
BM076	《什么是精益》(Lean Production Simplified)	丹尼斯	35.00
BM077	《纳税会计》	张炜	46.00
BM078	《精益办公价值流》(The Complete Lean Enterprise)	凯特,劳克尔	35.00
BM079	《超越平衡计分卡》(Beyond the Balanced Scorecard)	布朗	39.80
BM080	《超越约束理论》(Beyond the Theory of Constraints)	莱文森	35.00
BM081	《精益企业文化》(Creating a Lean Culture)	曼恩	39.80
BM082	《银行供应链金融》	汤曙光,任建标	45.00
经济学			
E-001	《中国经济》(Chinese Economy)	蔡昉,林毅夫	39.80
E-002	《宏观经济学》(Macroeconomics)	Dornbusch	60.00
E-003	《经济学》(Economics)	McConnell,Brue	79.00
E-004	《微观经济学》(Microeconomics and Behavior)	Frank	65.00
E-005	《环境经济学》(Introduction to Environmental Economics)	Field 等	50.00
E-006	《财富的诞生》(The Birth of Plenty)	Bernstein	49.80
E-007	《ArcView GIS® 与 ArcGIS® 地理信息统计分析》(Statistical Analysis of Geographic Information with ArcView GIS® and ArcGIS®)	David Wong 等	58.00
E-008	《MBA 宏观经济学》(Macroeconomic Patterns and Stories: A Guide for MBAs)	里默	55.00
管理学			
MT001	《战略物流管理》(Strategic Logistic Management)	Stock	80.00
MT002	《物流战略咨询》(Supply Chain Strategy)	Frazelle	49.80
MT003	《组织人员配置》(Staffing Organization)	Heneman, Judge	
MT004	《战略管理》(Strategic Management)	Dess 等	40.00

书系代码	书　　名	作　者	定 价
MT005	《数据模型与决策:运用电子表格建模与案例研究》(第1版)(Introduction to Management Science)	Hillier 等	75.00
MT006	《数据模型与决策:运用电子表格建模与案例研究》(第2版)(Introduction to Management Science)	Hillier 等	75.00
MT007	《电子商务导论》(Introduction to E-Commerce)	雷波特 等	58.00
MT008	《供应链设计与管理》(Designing and Managing The Supply Chain)	辛奇—利维 等	40.00
MT009	《管理学基础》(Management)	克尼基 等	48.00
MT010	《定价》(Pricing)	门罗	65.00
MT011	《精通战略》(Mastering Strategy)	雷格斯比 等	39.80
MT012	《战略采购管理》(Harnessing Value in the Supply Chain)	班菲尔德	39.80
MT013	《逆向管理》(Don't Oil the Squeaky Wheel)	Rinke	39.80
MT014	《跨国管理》(Transnational Management)	Bartlett 等	79.80
MT015	《运营管理》(Matching Supply with Demand)	Cachon 等	50.00
MT016	《供应链与价值网创新企业案例》	任建标	35.00
MT017	《数据模型与决策:运用电子表格建模与案例研究》(第3版)(Introduction to Management Science)	Hillier 等	79.00
MT018	《供应链管理》(Supply Chain Management)	李令遐	42.00
MT019	《服务运作管理》(Services Management)	范·路易	65.00
MT020	《儒家思想与中国商务》(Confucianism and Business Practices in China)	刘芊	116.00
MT021	《供应链成本管理》(Supply Chain Cost Management)	安克莱萨里亚	35.00
营销管理			
MM001	《定位》(Positioning)	Ries & Trout	39.80
MM002	《营销战》(修订版)(Marketing Warfare)	Ries & Trout	39.80
MM003	《营销革命》(Bottom-up Marketing)	Ries & Trout	39.80
MM004	《新定位》(The New Positioning)	Trout	39.80
MM005	《颠覆广告》(Disruption)	让—马贺·杜瑞	40.00
MM006	《创意的竞赛》(Which Ad Pulled Best?)	Purvis	39.80
MM007	《广告文案名人堂》(The Art of Writing Advertising)	Higgins	29.80
MM008	《产品经理的第一本书》(The Product Manager's Handbook)	Gorchels	39.80
MM009	《全球整合营销传播》(Communicating Globally)	舒尔茨	39.80
MM010	《整合营销传播:利用广告和促销建树品牌》(IMC: Using Advertising and Promotion to Build Brands)	Duncan	298.00
MM011	《市场战略》(The Market Makers)	Spulber	48.00
MM012	《全球营销》(Global Marketing)	乔尼·约翰逊	60.00

书系代码	书　　名	作　者	定 价
MM013	《网络营销》(Internet Marketing)	默罕默德 等	65.00
MM014	《产品经理的第二本书》(The Product Manager's Field Guide)	Linda Gorchels	39.80
MM015	《营销学基础》(Essentials of Marketing)	佩罗特,麦卡锡	60.00
MM016	《文案发烧》("Hey, Whipple, Squeeze This.":A Guide to Creating Great Ads)	苏立文	39.80
MM017	《小鱼吃大鱼》(Eating the Big Fish)	摩根	45.00
MM018	《什么是战略》(Trout On Strategy)	特劳特	29.80
MM019	《整合营销传播:创造企业价值的五大关键步骤》(IMC: the Next Generation)	唐·舒尔茨 等	39.80
MM020	《促销管理的第一本书》	Schultz	39.80
MM021	《广告箴言》(And Now a Few Words From Me)	加菲尔德	29.80
MM022	《营销计划手册》(The Successful Marketing Plan)	赫宾 等	68.00
MM023	《渠道管理的第一本书》(The Manager's Guide to Distribution Channels)	哥乔斯 等	35.00
MM024	《项目管理的第一本书》(The McGraw-Hill 36 – Hour Project Management)	库克,塔特	
MM025	《细读杰克·韦尔奇》	Krame, Slater	39.80
MM026	《品牌资产管理》(Brand Asset Management)	戴维斯	39.80
MM027	《互愿营销》(Opt-In Marketing)	罗曼 等	39.80
MM028	《小技巧　大销售》(401 Killer Marketing Tactics)	费尔藤斯坦	39.80
MM029	《作业成本管理的第一本书》(Common Cents)	特尼	39.80
MM030	《产品经理手册》(The Product Manager's Handbook)	哥乔斯	55.00
MM031	《商战》(20 周年纪念版)(Marketing Warfare)	Ries & Trout	68.00
MM032	《博客营销》(Blog Marketing)	Jeremy Wright	39.80
MM033	《品牌驱动力》(Building the Brand-Driven Business)	戴维斯,邓恩	39.80
MM034	《定价的艺术》(The Art of Pricing)	Mohammed	29.80
MM035	《营销 7 堂课》(Mastering Marketing)	罗斯金 – 布朗	39.80
MM036	《心战之地:存亡之道,不可不察. 第 1 卷》	刘松涛	39.80
MM037	《游击营销调研》(More guerrilla marketing research)	卡登,林达 等	55.00
MM038	《心战法则:攻城为下,攻心为上. 第 2 卷》	刘松涛	68.00
销售管理			
SM001	《成功销售管理的 7 大秘诀》(7 Secrets to Successful Sales Management)	Wilner	39.80
SM002	《电话行销,轻松成交》	姚能笔	39.80
SM003	《摸透顾客心》(Ten Demandments)	Mooney Bergheim	39.80
SM004	《练就铁齿铜牙》(Secrets of Power Persuasion for Salespeople)	Dawson	39.80
SM005	《轻松收款》(Collections Made Easy)	卡罗尔	39.80

书系代码	书　　名	作　者	定 价
SM006	《打倒墨菲定律　挽救我的销售》(Beating the Deal Killers)	Giglio	39. 80
SM007	《增加销售的 12 种核心技术》(Beyond E)	Diorio	39. 80
SM008	《销售管理》(Sales Force Management)	Johnston 等	49. 00
SM009	《汽车销售的第一本书》	孙路弘	39. 80
SM010	《终极销售力》(Ultimate Selling Power)	莫伊,洛伊德	39. 80
SM011	《顶尖销售的 25 堂课》(Secrets of Top Performing Salespeople)	乔诺 等	29. 80
SM012	《引爆销售的 10 大黄金法则》	Desena	39. 80
SM013	《再造销售奇迹》	Eades	39. 80
SM014	《攻心式销售》	Bosworth	24. 80
SM015	《百万销售师》	Gardner	24. 50
SM016	《成交》	Victor	29. 80
SM017	《直销经理的第一本书》(Making Millions in Direct Sales)	马拉汉 等	39. 80
SM018	《直销 37 计》(The Ultimate Guide to Network Marketing)	乔·鲁比诺	39. 80
职场发展			
CD001	《外企面试宝典》(More Best Answers to the 201 Most Frequently Asked Interview Questions)	DeLuca	25. 00
CD002	《人才心理测评》(Psychological Testing at Work)	Hoffman	25. 00
CD003	《演讲的艺术》(Strictly Speaking)	Buckley	29. 80
CD004	《五大会计师行》	周年洋 等	24. 80
CD005	《职业经理自修手册》(The Manager's Self-development Guide)	Pedler	35. 00
CD006	《关键对话》(Crucial Conversations)	Patterson 等	29. 80
CD007	《静思录》(Finding Your Strength in Difficult Times)	David Viscott	19. 80
CD008	《商务英语书信写作精益求精篇》	康宁汉 等	29. 80
CD009	《商务人士日常书信写作》(Great Personal Letters for Busy People)	布赫	48. 00
CD010	《销售信函》(Sales Letters Ready to Go)	贝塞尔 等	32. 00
CD011	《商务信函》(Business Letters Ready to Go)	Bayse	39. 80
CD012	《我爱笨老板》(How to Work for an Idiot)	胡佛	29. 80
CD013	《实用英语动词短语》(Basic Phrasal Verbs)	斯皮尔斯	35. 00
CD014	《赛马》(Horse Sense)	里斯,特劳特	29. 80
CD015	《报刊装帧设计手册》(The Newspaper Designer's Handbook)	哈洛维	128. 00
CD016	《君子善言》(Speak Like a CEO)	贝茨	32. 00
CD017	《脱颖而出》(Shine)	汤普森	29. 80
CD018	《量子飞跃》	谢尔顿,刘芊	29. 80
CD019	《纳米说服力》	姚能笔	29. 80

书系代码	书　　名	作　者	定 价
CD020	《你就是品牌》(U R a Brand!)	卡普塔	29.80
CD021	《关键60秒——轻松赢面试》(The First 60 Seconds)	伯恩斯	35.00
CD022	《争论的十大金律》(How to Argue)	赫林	25.00
投资理财			
IF001	《赢得“输家的游戏”》(Winning the Loser's Game)	Ellis	29.80
IF002	《向格雷厄姆学思考,向巴菲特学投资》(How to Think Like Benjamin Graham and Invest Like Warren Buffett)	Cunningham	39.80
IF003	《巴菲特怎样选择成长股》(How to Pick Stocks Like Warren Buffett)	Vick	29.80
IF004	《最后的合伙人》(The Last Partnership)	Geisst	29.80
IF005	《财务报表分析与证券定价》(Financial Statement Analysis and Security Valuation)	Penman	98.00
IF006	《技术分析》(Technical Analysis Explained)	Pring	80.00
IF007	《技术分析A-Z》(Technical Analysis from A to Z)	Achelis	55.00
IF008	《股票价值评估》(Valuing a Stock)	Gray 等	39.80
IF009	《蜡烛图精解(第3版)》(Candlestick Charting Explained)	Morris	60.00
IF010	《技术分析习题集》(Study Guide for Technical Analysis Explained)	Pring	25.00
IF011	《股票市场的时机选择》(Timing the Stock Market)	亚历山大	48.00
IF012	《最佳卖出点》(It's when You Sell that Counts)	卡西迪	39.80
IF013	《股市名言》(Buy the Rumor, Sell the Fact)	麦洛	29.80
IF014	《向格雷厄姆学思考,向巴菲特学投资》(修订版)	Cunningham	39.80
IF015	《华尔街投资银行史》	Geisst	49.80
IF016	《信用风险:度量与管理》	瑟维吉尼	65.00
IF017	《财务报表分析与证券定价》(第二版)(Financial Statement Analysis and Security Valuation)	Penman	98.00
IF018	《信用评分模型技术与应用》	陈建	60.00
IF019	《现代信用卡管理》	陈建	80.00
IF020	《标准普尔教你做好个人理财》(The Standard & Poor's Guide to Personal Finance)	道尼	25.00
IF021	《标准普尔教你做好第一笔投资》(The Standard & Poor's Guide for the New Investor)	马蒂夫	25.00
IF022	《标准普尔教你做好长期投资》(The Standard & Poor's Guide to Long-Term Investing)	提格	20.00
IF023	《股市法则》(Stock Market Rules)	沙伊莫	29.80
IF024	《股指期货100问》	中国国际期货武汉研究中心	25.00

书系代码	书　　名	作　者	定价
IF025	《巴菲特选股魔法》	洪瑞泰	25.00
IF026	《发现机会》(Discover the Upside of Down)	科比	39.80
IF027	《对冲基金经理笔记》(Money Mavericks:Confessions of a Hedge Fund Manager)	克罗耶	39.80

(具体数据以出书为准)